Ursula Apitzsch (Hrsg.)

Migration und Traditionsbildung

Ursula Apitzsch (Hrsg.)

Migration und Traditionsbildung

Westdeutscher Verlag

Der Westdeutsche Verlag ist ein Unternehmen der Bertelsmann Fachinformation GmbH.

www.westdeutschervlg.de

Höchste inhaltliche und technische Qualität unserer Produkte ist unser Ziel. Bei der Produktion und Verbreitung unserer Bücher wollen wir die Umwelt schonen: Dieses Buch ist auf säurefreiem und chlorfrei gebleichtem Papier gedruckt. Die Einschweißfolie besteht aus Polyäthylen und damit aus organischen Grundstoffen, die weder bei der Herstellung noch bei der Verbrennung Schadstoffe freisetzen.

Umschlaggestaltung: Horst Dieter Bürkle, Darmstadt
Druck und buchbinderische Verarbeitung: Rosch-Buch, Scheßlitz
Printed in Germany

ISBN 3-531-13378-0

Inhalt

Ursula Apitzsch

Traditionsbildung im Zusammenhang gesellschaftlicher Migrations- und Umbruchsprozesse

1. Traditionsbildung als Gegenmodell zu Ethnisierungsprozessen

Displacement aufgrund von Verfolgung, Flucht und Vertreibung sowie die verschiedensten Formen von individuellen und kollektiven Arbeitsmigrationen haben in der Gegenwart des ausgehenden 20. Jahrhunderts die „Notwendigkeit des steten Tradierens der akkumulierten Kulturgüter" (Karl Mannheim) aller scheinbaren Selbstverständlichkeit entkleidet. Nicht nur die verschiedensten Ausgrenzungsprozesse und die damit für einzelne Individuen verbundenen Zwänge, soziale und geographische Orte zu wechseln, sondern auch der darin auch sich vollziehende kontinuierliche Generationenwechsel läßt es fraglich erscheinen, wie Kultur in ihrer Doppelbedeutung als selbstverständlicher „Fonds des Lebens" einerseits und als „neuartiger Zugang" zum akkumulierten Traditionsbestand andererseits fortgebildet werden kann.[1]

Die erste bedeutende soziologische Schule, die sich diesem Phänomen von Traditionsbrüchen und Traditionsneubildungen als wesentlichem Element moderner Gesellschaften und damit auch sozialer Theoriebildung widmete, war die „Chicago School of Sociology", die in einem Umfeld des rasanten Wachstums einer modernen Großstadt aus Zuwanderern der „Alten Welt" bereits vor dem 2. Weltkrieg entstanden war. Robert Park, eine der zentralen Persönlichkeiten dieser wissenschaftlichen und sozialpolitischen Gruppierung, war nicht zufällig zunächst Journalist und Politikberater, ehe er sich hauptberuflich empirischer Forschung widmete und (gemeinsam unter anderem mit Stonequist)[2] die für die Chicago School zentralen Ideen von Ethnizität als Marginalität und zugleich „bridge of transition" entwickelte. Die Intention von Parks Marginalitätstheorie zielte gerade nicht darauf ab, Einwanderer in die Herkunftskultur einzuschließen, sondern deren soziale Kreativität bei der Lösung sozialer Probleme in der Aufnahmegesellschaft sichtbar zu machen. Gerade der Fremde, der Außenstehende, wird, entlassen aus den traditionellen Bindungen, für Park „zum Träger kulturellen Wandels, zur Verkörperung moderner Subjektivität ... Die Krisenerfahrung der marginalen Situation, die zur Auflösung der Gewohnheiten des ‚cake of custom' ... führt, hat eine befreiende Wirkung auf das Individuum, das die Hemmungen konventioneller Denkweisen zu überwinden vermag".[3]

Die Vorstellung, daß aus vielen einzelnen Migrantengruppen unterschiedlicher Herkunft in der Einwanderungsgesellschaft gleichsam wie in einem „melting pot" etwas Neues entstehe, hat sich weder in den deklarierten Einwanderungsländern Nord- und Südamerikas, noch in den nord- und westeuropäischen Einwanderungsgesellschaften wider Willen in der Weise erfüllt, wie dies Robert Park und anderen Anhängern der Chicago School in den beiden ersten Jahrzehnten dieses Jahrhunderts vorgeschwebt haben mag. Dennoch ist bei aller Beschwörung der eher zunehmenden Bedeutung kultureller Differenz entlang den Linien von Ethnizität nicht zu bestreiten, daß in allen Einwanderungsgesellschaften faktisch Neues entstanden ist und in keiner dieser Gesellschaften sich einfach nur die „old world traits“ niedergeschlagen haben.[4]

Robert Ezra Park kam 1899 – damals noch als Reporter und Student – von Harvard nach Berlin und hörte Georg Simmels Vorlesungen über Soziologie. Wie er selbst später als universitärer Lehrer und Autor bezeugte, beeindruckte ihn Simmel sehr.[5] Es war gerade Georg Simmel gewesen, der in seiner Theorie den Fremden als zugleich Außenseiter und kreatives Mitglied der Gesamtgesellschaft konzipiert hatte. Simmel hatte in seinem berühmten „Exkurs über den Fremden“ das Fremdsein als „eine ganz positive Beziehung, eine besondere Wechselwirkungsform“ innerhalb der Gesellschaft beschrieben. „Der Fremde ist ein Element der Gruppe selbst, nicht anders als die Armen und die mannigfachen ‚inneren Feind‘ – ein Element, dessen immanente und Gliedstellung zugleich ein Außerhalb und Gegenüber einschließt. Die Art nun, wie repellierende und distanzierende Elemente hier eine Form des Miteinander und der wechselwirkenden Einheit bilden“, ist der Gegenstand von Simmels Erörterungen. [6] Freilich zeigt sich bereits am Ende von Simmels Exkurs, daß die „positive Beziehung“ des Fremden zur Gesellschaft, die „Einheit von Nähe und Entferntheit“ zu Lasten der Individualität des Fremden geht. Die Fremden sind als Fremde der Gesellschaft nah, weil sie „eigentlich nicht als Individuen, sondern als die Fremden eines bestimmten Typus überhaupt empfunden“ werden. Diese Bestimmung kann Simmel am Beispiel der gesellschaftlichen Stellung „des Juden“ deutlich machen, der „seine soziale Position“ als Jude hatte, „nicht als Träger bestimmter sachlicher Inhalte.“ (Simmel 1968, S. 512). Simmel bezeichnet damit nicht nur die Produktivität der Stellung des Fremden in der Gesellschaft, sondern auch die Paradoxie des Ethnisierungsvorganges, in dem der Fremde von der Aufnahmegesellschaft gerade dadurch zum Fremden gemacht wird, daß die Gesellschaft ihn als ihr bekannt und nah definiert.

Damit ist erstmals der Vorgang der Produktion des Fremden durch die Einwanderungsgesellschaft selbst bezeichnet worden, der in der pragmatizistischen Tradition der Chicago School einerseits, in der phänomenologischen Lebensweltanalyse von Alfred Schütz andererseits ihre besondere methodologische Fundierung erhalten hat.

Es erscheint mir als außerordentlich hilfreich, aus dieser von Simmel formulierten Paradoxie heraus den sehr viel später (nach Beginn des zweiten Weltkriegs und dem eigenen Eintritt ins Exil) geschriebenen berühmten Aufsatz von Alfred Schütz über den Fremden zu interpretieren. [7] Der als Fremder in der Einwanderungsgesellschaft Ankommende erleidet eine Krisis, weil er das Alltagswissen, das „Denken-wie-üblich“ der neuen Gruppe, nicht teilt und die Ressourcen des eigenen bislang selbstverständlichen Alltagswissens nicht mehr (selbstverständlich und unbefragt) nutzen kann. Die Ankunftsgesellschaft jedoch, die den Fremden über die Zuordnung zu einem bestimmten Typus als Fremden ausgrenzt und zugleich „erkennt“, gibt ihm gar nicht die Chance, die Krise produktiv zu bewältigen, indem das bisherige Alltagswissen mit Hilfe neuer Elemente und Perspektiven transformiert und in eine neue Routine überführt wird. Gerade die soziale Interaktion zwischen dem Neuankömmling und der bestehenden Gesellschaft produziert eine neue Fremdheit, die als zugeschriebene Nähe (im Sinne eines ethnisierten Wissens) möglicherweise vom Fremden selbst akzeptiert wird. Dies aber bedeutet eine

Entwertung traditionellen Wissens der Neuankömmlinge, die jedes naturalisierende Verständnis von Traditionalität sprengt. Eine naturalisierende Interpretation von Schütz würde unterstellen, daß in der Situation des Fremden gleichsam essentiell ein bisheriges kulturelles Alltagswissen gegen ein neues ausgetauscht werden müsste. Eine kritische Lektüre des Schütz'schen Textes aus der Perspektive Simmels hingegen macht deutlich, daß die faktische Enteignung des Fremden in Bezug auf seine eigenen kulturellen Ressourcen des Alltagswissens nicht durch die räumliche Entfernung selbst sich vollzieht, sondern erst durch die Rekonstruktion einer doch bei allen Differenzen geteilten sinnhaften sozialen Welt in der Interaktion zwischen dem Neuankömmling und der Mehrheitsgesellschaft.[8]

Über die Endgültigkeit eines Bruches mit bislang selbstverständlich gegebenem tradiertem Alltagswissen entscheidet im Prozeß von gesellschaftlicher Entfremdung die soziale Definition der biographischen Situation. Eine äußere Veränderung der Lebensumstände erhält für das Subjekt seine dramatische Bedeutung erst durch deren Rekonstruktion in der sozialen Interaktion, sie ist nicht „natürlich" gegeben. Fritz Schütze hat einmal diese Bedeutung der biographischen Situation für die Frage der Entwertung der Sicherheit des „Denken-wie-üblich" am Beispiel von Frank Kafkas Roman „Der Prozess" verdeutlicht. Paradoxerweise vollzieht sich in der Interaktion zwischen Franz K. und seiner Vermieterin Frau Grubach K.'s Ausschluß aus dem sozialen Leben gerade in dem Versuch der Rückkehr zur Normalität der Reproduktion der Alltagsroutinen, indem sich Frau Grubach der dringlichen Bitte ihres Mieters entzieht, die fatale Veränderung und den Einbruch feindlicher Mächte in das Leben ihres Mieters überhaupt mit ihm gemeinsam zu formulieren. Gerade indem der Schock, den K, erlebt hat, aus der interaktiven Verständigung ausgeklammert wird, beginnt der reale Ausschluß zu wirken, beginnt eine „Prozeßstruktur". [9] Betrachten wir Alfred Schütz' Fremden aus der Sicht Simmels, so schält sich ein doppelter Entfremdungprozeß heraus: Die Nähe zwischen den Fremden und der sie aufnehmenden Mehrheitsgesellschaft stellt sich „mit einer Art ‚Spiegel'-Effekt" (Schütz 1972, S. 61) für beide Gruppen in der Form von „fixfertigen Typologien" (ebd.) dar, die für die soziale Interaktionssituation nicht taugen, weil sie nicht im Rahmen des „Denkens-wie-üblich" als Bedingung der sozialen Interaktion funktionieren. Während die alten Auslegungschemata entwertet werden, können sich neue nicht bilden, weil sie „durch die Antworten der Mitglieder der fremden Gruppe weder verifiziert noch falsifiziert werden" (ebd). Was Schütz vermißt, ist eine Art „Transformationsformel" (ebd. S. 62), die das Neue, schockhaft und krisenhaft als Erschütterung des Vertrauens in die Gültigkeit habituellen Wissens Erfahrene in eine neue traditionale Alltagsroutine verwandeln könnte.

Der von Schütz beschriebene Effekt unendlicher gegenseitiger Spiegelung, die letztlich unauflöslich zu sein scheint, rührt aus der Vorstellung her, daß es keine Interferenzen zwischen der alten und neuen Alltagswelt dergestalt gibt, daß in beiden Traditionalität kritisch gesichert werden kann.

Es war Jürgen Habermas, der seiner Schrift „Zur Logik der Sozialwissenschaften" 1967 wesentlich dazu beitrug, den phänomenologischen Ansatz von Alfred Schütz aus der amerikanischen in die europäische Soziologie zu (re-)importieren und die Bedeutung von Schütz' Konzept der Alltags-Traditionen, des „stock of knowledge at hand", für die Konstruktion und Rekonstruktion der Alltagspraxis deutlich zu machen. Das Alltagswissen ist mit seinem Ausgang von der biographischen Situation nicht nur Grundlage für die Rekonstruktion der Lebenswelt, sondern zugleich auch Produzent der Deutungsschemata, an die die wissenschaftlichen Konzepte als Konstruktionen zweiten Grades anzuknüpfen haben. „Ich finde mich in diesen Koordinaten der Lebensgeschichte vor, unter Zeitgenossen und inmitten von Traditionen, die uns von Vorfahren überliefert sind und die wir an Nachfahren weitergeben. Als Kinder wachsen wir in diese Traditionen hinein, um aus ihnen unseren individuellen Lebensplan mit spezifischen Erwartungen, auf der Grundlage akkumulierter Erfahrungen und perspektivisch aufgestockter und ausgelesener Erinnerungen zu bestreiten."[10]

Habermas macht jedoch zugleich auch die Grenzen dieses phänomenologischen Ansatzes deutlich, die für ihn dort liegen, wo der phänomenologisch gerichtete Soziologe „mit seinem Gegenüber sprechen" muß (Habermas 1967, S. 119). In der Lebensweltanalyse im Anschluß an Alfred Schütz bestehe die Reproduktion der Lebenswelt „wesentlich in einer Traditionsfortsetzung und -erneuerung, die sich zwischen den Extremen der bloßen Fortschreibung von, und eines Bruches mit Traditionen bewegt."[11] Dieser nach Habermas' Auffassung einseitig kulturalistische Lebensweltbegriff übersehe, daß kommunikatives Handeln nicht nur ein Verständigungs- und Lernprozeß sei, sondern zugleich ein Prozeß der sozialen Integration und Ausschließung. Dieser „materialistische" Zugang zu Störungen der symbolischen Reproduktion der Lebenswelten verlange eine Theorie, die nicht im Horizont der „Lebenswelt" verbleibe, sondern „Phänomene der Verdinglichung auf der Linie von Deformation der Lebenswelt" analysiere. (Habermas 1988/2, S. 222) „Eine ‚verstehende' Soziologie", welche die Gesellschaft in Lebenswelten aufgehen läßt, bindet sich an die Perspektive der Selbstauslegung der jeweils untersuchten Kultur; diese Binnenperspektive blendet alles, was auf eine soziokulturelle Lebenswelt von außen einwirkt, aus." (Habermas 1988/2, S. 223). Die Lebenswelt speichert die vorgetane Interpretationsarbeit vorangegangener Generationen; indem jedoch kulturelle Überlieferung beim Übergang in das moderne Weltverständnis rationale Handungsorientierungen ermöglicht, muß sie ein reflexives Verhältnis zu sich selbst gewinnen. Sie muß „ihrer Dogmatik soweit entkleidet sein, daß die durch Traditionen gespeisten Interpretationen grundsätzlich infrage gestellt und einer kritischen Revision unterzogen werden dürfen." (Habermas 1988/1. S. 109) Tradition ist in modernen Gesellschaften daher nur in der Gestalt von Traditionsfortbildung, Traditionsneubildung und kultureller Reflexivität denkbar, die auch eine Interferenz zwischen des Lebenswelten des „Fremden" und des „Einheimischen" notwendig mitdenken läßt. Die „biographischen Situation" als Ausgangspunkt der Lebensweltanalyse ist in jeden Falle auch in gesellschaftliche Makro-Strukturen eingebunden.

Bei aller Zustimmung zur Kritik der Grenzen eines lebensweltlich eingeengten Traditionsverständnisses bleibt jedoch zu fragen, ob Deformationen der Lebenswelt notwendigerweise wie bei Habermas als Konsequenzen von Systemrationalität gedeutet werden müssen. Es ist hier nicht der Ort, die vielfach diskutierte These der „Entkopplung von System und Lebenswelt" mit ihrer Konsequenz der „Kolonialisierung der Lebenswelt" (vgl. Habermas 1988/2, S. 229f) im einzelnen zu erörtern.[12] Es sollen lediglich einige Konsequenzen für die Themenstellung des vorliegenden Bandes sichtbar gemacht werden.

Habermas versucht in seiner Kritik der Lebensweltanalyse die Kontinuität zu einer durch Lukacs vermittelten kapitalismuskritischen Verdinglichungstheorie festzuhalten, gelangt jedoch dadurch zu einer essentialistischen Verwendung des Systembegriffs im Sinne Luhmanns und einer am Strukturfunktionalismus orientierten Polarisierung von Rationalität und Tradition.[13]

Gerade wenn empirische Forschung Habermas' Aufforderung ernstnehmen will, die Wirklichkeit der Moderne nicht in den polaren Zuschreibungen von unkritischer Traditionsfortsetzung einerseits oder Traditionsauflösung andererseits zu beschreiben, erscheint das Instrumentarium, das mit dem Dualismus von System und Lebenswelt an die Hand gegeben wird, als wenig hilfreich. Habermas sieht die Möglichkeit, die modernen Formen der Anomie unter der Fragestellung zu untersuchen, „wie Prozesse der Systemdifferenzierung auf die Lebenswelt einwirken und gegebenenfalls deren symbolische Reproduktion stören." (Habermas 1988/2, S. 222). Auch wenn die *Möglichkeit* solcher Prozesse nicht in Abrede gestellt werden soll, ist mit deren Hypostasierung doch gerade einerseits der Blick auf die Aktivität der individuellen und kollektiven Subjekte bei der Produktion von Marginalität ausgeblendet, andererseits können die vielfältigen Prozesse der Neubildung von Traditionen für die Bewältigung von Migrationssituationen nicht geklärt werden.

Die Erfahrung neuer ethnischer Konflikte nach dem Ende des Kalten Krieges und der Systemkonfrontation hat gezeigt, daß Tradition offenbar sehr viel mehr mit „invention"[14] zu tun hat, als mit „Altem" und „Hergebrachtem" und schärft den Blick dafür, daß Tradition auch in der Phase der Nationalstaatsbildung enge Verbindungen mit Modernität einerseits, Irrationalität andererseits eingegangen ist.[15] Auf der anderen Seite lehren die Erfahrungen von Flucht, Vertreibung und Arbeitsmigration, daß die Suche nach sozialer und kultureller Zugehörigkeit in der neuen Aufnahmegesellschaft in einem großen Maße verbunden ist mit biographischer Anstrengung, die sich auf die Wiederherstellung eines symbolischen Raumes von Traditionalität bezieht, auf deren Hintergrund erst die Möglichkeit entsteht, als MigrantIn den eigenen Platz in der neuen Gesellschaft zu bestimmen. Nicht zufällig sind es häufig AutorInnen, die selbst Migration erfahren haben, die sich in ihren wissenschaftlichen Arbeiten mit der doppelten – sowohl repressiven als auch reflexiven und stützenden – Bedeutung von Traditionsbildung auseinandersetzen. So hat etwa Aleksandra Ålund, schwedische Staatsbürgerin ex-jugoslawischer Herkunft, in der Rekonstruktion von MigrantInnenbiographien aufgezeigt, daß Tradition weder vorgängig immer schon Gegebenes ist, noch beliebig als Patchwork-Biographie zusammengesetzt werden kann. Sie ist „Identity-work" (Ålund 1997, S. 146), die Reproduktion eines „Eigenen", welches jedoch nur im Zusammenhang der Aneignung des „Anderen", nämlich der Integration in die Ankunftsgesellschaft, einen Sinn ergibt. „The result is a sort of synthesis." (Ålund ebd., S. 150). Als diese Form der Synthese ist Traditionsbildung weder bloße Zurückspiegelung der rahmenden Bedingungen, d.h. der sich überlagernden Mikro-, Meso- und Makrostrukturen, unter denen sie erzeugt wurde, noch ist sie bloße „identity history", eine Narration, die mit nichts als sich selbst vergleichbar ist. [16] Traditionsbildung ist somit gerade nicht eine Rückkehr zu den „unhintergehbaren" nicht gewählten ethnischen Bindungen[17], sondern eine Vergangenheit, die als unverwechselbar eigene jenseits aller Beliebigkeit erst durch die biographische Arbeit sichtbar wird. Diese Auffassung der Biographie als historischer Selbstsituierung ist vermutlich nicht besser zu formulieren, als Walter Benjamin es in seinen geschichtsphilosopischen Thesen gelang: „Die Geschichte ist Gegenstand einer Konstruktion, deren Ort nicht die homogene und leere Zeit, sondern die von Jetztzeit erfüllte bildet.“[18]

2. Fallstudien zu Ethnizität und biographischer Bearbeitung von Tradition in Migrationsprozessen

Die Autorinnen und Autoren des vorliegenden Bandes haben sich in ihren Beiträgen systematisch und empirisch mit dem Phänomen der Traditionsbildung als wesentlichem Element der Gegenwartsgesellschaften auseinandergesetzt.[19] Das I. Kapitel „Zur Dialektik jüdischer Traditionsbildung nach dem Holocaust“ stellt die Möglichkeit biographischer Traditionsbildung nach dem katastrophalen historischen Traditionsbruch in den Mittelpunkt der Überlegungen und empirischen Untersuchungen. Der Beitrag von Gabriele Rosenthal thematisiert Lebensgeschichten von israelischen Juden, die aus dem multikulturellen Milieu Ost-Mitteleuropas stammen, denen in der Zeit der Nazi-Verfolgung das „Jüdischsein“ unabhängig von ihrer Selbstdefinition zugeschrieben wurde und die heute in einer multikulturellen Mehrheitskultur leben. Sie unternimmt dabei zugleich den Versuch einer prozessualen Erweiterung des Identitätskonzepts durch eine biographietheoretische Perspektive, in der der Prozeß des Gewordenseins zentral ist. Dabei kann sie an zwei Fallstudien zeigen, daß erst in der Konfrontation mit der unbekannten Kultur der Aufnahmegesellschaft die Selbstdefinition der Zugehörigkeit relevant wird. Die kontrastiven Fallstudien zeigen, daß die Definition von Zugehörigkeit zur multikulturellen Gesellschaft Israels in einem Falle als Zugehörigkeit zum jüdischen Volk, im anderen Falle als die Biographie einer „Ungarin“ herausgearbeitet wird.

Jacqueline Giere hat in ihrer Untersuchung über Traditionsbildung in Lagern für Displaced Persons in der Nachkriegszeit nachgezeichnet, daß survivor-migrants nur dann erfolgreich kulturelle Tradition erhalten oder neu bilden können, wenn sie die vergangene und gegenwärtige Zeit in die „Vision“ einer an mythischen Vorbildern entwickelten biographischen Zukunft einbinden.

Die gemeinsame Studie von Gabriele Rosenthal, Bettina Völter und Noga Gilad über Folgen der Zwangsemigration in drei Generationen aus Deutschland stammender israelischer Familien untersucht die biographische Realität des in Israel sozial wirksamen Mythos vom neuen Israeli, der die familiale europäische Tradition abgelegt habe und sich vom Bild des unterlegenen Juden aus Osteuropa abzugrenzen versuche. Am Beispiel der dritten Generation, der Enkel-Generation, wird deutlich, daß der blockierte Dialog zwischen den Eltern und Großeltern es auch ihnen erschwert, einen empathischen Zugang zur Lebensgeschichte ihrer Eltern und Großeltern zu finden. Abgewehrte Trauer und die Abwehr der Sehnsucht nach Deutschland bedingen sowohl im familialen Dialog als auch in der Dynamik der einzelnen Biographien die Möglichkeit von Aggressionen und Schuldgefühlen gegenüber diesem abgewehrten Element der eigenen Traditionsbildung.

Eine im Zusammenhang der Auseinandersetzung mit der Dialektik von Traditionsbildung bis heute kaum thematisierte Fragestellung von außerordentlicher genereller Bedeutung entwickelt Lena Inowlocki in ihrer Auseinandersetzung mit der Neubildung orthodoxer jüdischer Traditionspraxis. Es geht um das Phänomen, daß Jugendliche oder Erwachsene sich ohne die Möglichkeit des Bezugs auf familiale Traditionalität plötzlich freiwillig und in voller Unabhängigkeit von Sektenrekrutierung in einer neuen Weise religiös und traditionsbewußt orientieren. In der von Inowlocki präsentierten Fallstudie ist diese Fragestellung noch besonders zugespitzt, weil es zugleich um die Gender-Problematik geht, insofern Mädchen oder Frauen, die sich für eine Traditionalisierung entscheiden, sich freiwillig in eine Situation der Ungleichheit der Geschlechter begeben. Es erweist sich, daß Mangel an Traditionswissen biographisch als Verlust von Wahlmöglichkeit rekapituliert wird. Die stärker gewordene Orthodoxie wird als neues kulturelles und soziales Kapital begriffen. Die Dynamik der Traditionalisierung ist nicht erklärbar als neuer „Lifestyle“, sondern nur durch Rekurs auf die spezifischen sozialen und historischen Bedingungen einer Gemeinde und ihrer Mitglieder, in der im Kampf umd die Anerkennung von „Zugehörigkeit“ ein hoher Druck auf das liberale Milieu entstanden ist. Auf diese Weise ist die Paradoxie erklärbar, daß in der Umgebung eines laizistisch-liberal orientierten Elternhauses, wo kein „verpflanztes“ traditionales Milieu mehr vorgefunden wurde, die Tradition orthodoxer religiöser Orientierung neu gebildet werden konnte.

Im II. Kapitel über „Traditionsbildung und Ethnizität im Europa der Gegenwart“ geht es um das Verhältnis von Traditionsbildung und neuen Formen der Ethnizität, um die Transformation der Ost-West-Teilung Europas sowie schließlich um die traditionalen Ressourcen autonomer Entwicklungen in der Arbeitsmigration. Wolf-Dietrich Bukow beschäftigt sich mit dem erstaunlichen Phänomen, daß nicht nur in der Herkunftsländern, sondern auch in den westeuropäischen Aufnahmeregionen der Arbeitsmigration eine Ethnisierung der Lebensführung zu beobachten ist. Seine Hypothese geht dahin, daß ein Abschmelzen traditioneller Konzepte von Lebensführung durch eine ethnische Bearbeitung biographischer Entwürfe kompensiert wird. Das bedeutet konkret, daß klassen- oder milieuspezifische Muster der Traditionalität durch ethnische ersetzt werden. Besonders interessant dabei ist die „sekundäre Bearbeitung“ der Biographie, in der ein gleichsam „angeliefertes“ Fertigprodukt mit der Aura des „Althergebrachten“ installiert werde. In diesem von Bukow an biographischem Material erläuterten Typus einer sekundär ethnisierten Biographie wird ein Vorgang unterstellt, der dem von mir eingangs skizzierten und besonders an den Untersuchungen von Aleksandra Ålund verdeutlichten Typus der Autonomisierung durch Traditionsbildung diametral entgegengesetzt ist. Zwar werden auch hier noch Neubestimmungen vorgenommen im Blick auf das, was im Leben zentrale Bedeutung hat, aber diese Neubestimmung ist Ausdruck der Tatsache, daß die konkreten alltäglichen Verhältnisse unter einen ethnisierenden Druck geraten sind, der sich bis in biographisch gerichtete Entwürfe fortsetzt. Autonomieorientierte Traditionsbildung schält sich immer mehr als Gegenmodell zu einer Ethnisierung der Lebensführung heraus, hinter der sich für Bukow der Versuch verbirgt, die für fortgeschrittene Industriegesellschaften typischen Formen universaler Integration aufzuweichen und nach der Logik ethnischer Zuordnung zu reorganisieren.

Um die Herausbildung von Ethnizität im Zusammenhang der Flüchtlingsaufnahme infolge des Kriegsgeschehens im ehemaligen Jugoslawien geht es in der Studie von Gerhard Jost. Es handelt sich um eine Untersuchung der Unterbringung von Flüchtlingen in Kleingemeinden in Österreich. Dabei geht es insbesondere um die Frage, inwieweit die sprachliche und kulturelle Nähe in zweisprachigen Aufnahmegemeinden Akzeptanz- und Integrationsprozesse beeinflußt. Würde man der Kulturdifferenzhypothese folgen, so wäre davon auszugehen, daß die sprachliche und kulturelle Nähe ein entscheidendes Kriterium für die positive Bewältigung der Flüchtlingsaufnahme in der Gemeinde sei. Faktisch zeigt sich aber, daß die kulturelle Nähe bewirkt, daß sich einzelne Flüchtlinge heimischer fühlen, als die Bevölkerung der Aufnahmegemeinde wünscht. Zum Vorschein kommt dabei, daß die Flüchtlingsaufnahme nicht in Bedeutungszusammenhänge ethnischer Traditionsbildung innerhalb der Gemeinde gestellt wird. Als weitaus zentraler – so die These von Jost – als die kulturelle und sprachliche Nähe erweise sich für den Umgang mit Flüchtlingen die Ausformung eines „Wir-Gefühls" der Gemeinde im regionalen Umfeld.

Mit der Bedeutung von Ethnizität für moderne westeuropäische Gesellschaften beschäftigt sich auch der Beitrag von Marina Calloni. Calloni geht davon aus, daß Ethnizitätskonflikte in modernen Gesellschaften in der Regel konzipiert werden als Ersatz des traditionellen Konzepts von „Ethnos", welches (im Sinne des Aristolelischen Begriffs) nicht auf einer biologischen, sondern auf einer sozial-kulturellen Begründung von Differenz aufsitzt. In einem Akt der Selbstdefinition der sozialen Akteure produzieren diese kommunikativ ihr Eingebundensein in die Repräsentation machtbesetzter kollektiver Identitäten. Dabei ist in jüngster Gegenwart nach dem Ende des Dualismus der Systemkonfrontation zunehmend wieder der Prozeß der „Erfindung" von Ethnizitäten unterhalb des nationalen Zusammenhalts zu beobachten, der in Bezug auf bestimmte Teile des nationalen Territoriums definiert wird (so etwa in der krisenhaften Entwicklung der Territorien Ex-Jugoslawiens, aber auch beobachtbar am Beispiel der „Lega Lombarda" in Italien). Callonis zentrale These lautet nun, daß Ethnizität in solchen Fällen nicht assoziiert werden sollte mit neuen Formen des sogenannten Ethnozentrismus, sondern als neue Formen des Sozio-Zentrismus, d.h. einer neuen Weise der Affirmation der politischen und ökonomischen Interessen dominanter und unterlegener Gruppen. Eine am Beginn der neuzeitlichen Moderne liegende Wurzel für eine solche strategische Verbindung von Territorium und Sozio-Zentrismus sieht Calloni im Säkularisierungsprinzip am Ende des Dreißigjährigen Europäischen Krieges („cuius regio, illius religio"). Calloni bezweifelt insbesondere, daß im Zusammenhang von Migration sinnvoll von „Ethnicity" gesprochen werden könne, insofern Migration zugleich auch immer einen Bruch mit dem Herkunftsland bedeute und die Herkunftskultur daher nicht einfach in eine Ethnizität im Aufnahmeland verlängert werden könne. Calloni schlägt daher ein neues Konzept biographischer „Interkulturation" vor, innerhalb dessen die Entwicklung reziproken Verstehens unterschiedlicher kultureller Sprachen auf der Basis geteilter Erfahrung in demselben Territorium untersucht werden kann.

Einen Ausweg aus dem Nationalitäts- bzw. Sub-Nationalitätsprinzip sucht Aysegul Baykan. Sie begreift jede MigrantInnenbiographie als eine materiale, symbolische und repräsentative „Displacement-Biographie". In all diesen displacements kann das Subjekt sich nicht auf eine natürlich gegebene Situation oder eine naturalisierte Geschlechtsidentität beziehen, sondern muß die eigene Handlung auf Strategien in bezug auf den Raum gründen. Freilich könne eine solche Anerkennung des Raums als Konstitutionsprinzip der Alltagsroutinen das Problem sozialer Differenz nicht befriedigend lösen. Gerade für Identitäten, die gesellschaftlich als „different" konstruiert würden, stelle sich der Raum als umstrittenes Feld der Repräsentation dar. Biographie kann daher nach Baykan in Prozessen der Migration und des displacements in einer postmodernen und postkolonialen Situation nur begriffen werden als Transgression all dieser definiten Artikulationen von Macht und Hegemonie. Baykan dekonstruiert also Ethnizität, ebenso wie im vorliegenden Band Bukow und Calloni dies für sich beanspruchen, aber sie setzt nicht auf politische Lösungen, die letzten Endes an die räumlichen Grenzen der alten Nationalstaaten gebunden sind, sondern schreibt den globalisierten Individuen selbst die Fähigkeit zu, ihre eigenen symbolischen (damit aber keineswegs irrealen) transgressiven Identitäten zu schaffen.

Den transgressiven Aspekt von Traditionalität unterstreicht auch die empirische Untersuchung von Helma Lutz. Lutz fragt danach, inwiefern und auf welche Weise Migrantinnen und ihre Töchter an kollektiver Kulturbildung teilnehmen und welche biographischen Handlungshorizonte sie dabei entwickeln. Die Autorin untersucht dazu die Rolle der spezifischen kollektiven Migrationsgeschichte surinamesischer Einwanderinnen in den Niederlanden. Dabei geht es nach Lutz um die in der Auseinandersetzung mit zwei Kolonialmächten entwickelten kulturellen Überlebensmechanismen. Zentral wird in ihrer Analyse das von Inowlocki entwickelte Konzept der Generationenbeziehungen und Generationenarbeit verwendet.[20] Lutz belegt eindrucksvoll, daß kulturelle Ressourcen der Wanderungserfahrungen und Herkunftsgesellschaften genutzt werden, um die eigene Lage in der dominanten Kultur zu bestimmen und dabei auch die sozio-ökonomisch schwache Position zu kompensieren. Diese Bemühungen und Ergebnisse „biographischer Arbeit" verlängern und verstärken sich bei Müttern und bei Töchtern über die Generationengrenze hinweg.

Was aber geschieht in Migrationsprozessen, in denen solche kollektiven Ressourcen von Wanderungsprozessen nicht existieren? Exemplarisch untersucht dies im vorliegenden Band Johann Behrens am Beispiel gemischter Arbeitsteams bei grenzüberschreitender Berufstätigkeit in internationalen Organisationen. Behrens wirft erneut die schon oben im Anschluß an Alfred Schütz gestellte Frage auf: Werden Fremde einander fremder, je näher sie sich kommen? Oder interpretieren Organisationen und Berufe Fremde durch eine Traditionsbildung, die von unterschiedlichen Herkünften absehen kann?

Informationsquellen der empirischen Untersuchung sind biographische Interviews mit Organisationsnovizen, langjährigen Berufserfahrenen und Pensionären. In ihnen zeige sich, daß Traditionsbildung dort besonders gut gelinge, wo Standardisierung als Ausdruck höchstpersönlicher freier Wahl erscheinen könne (Beispiele: Kleidung, Repertoire-Oper). Auf der Basis der Homogenisierung und Standardisierung entwickle sich eine sekundäre Regionalisierung des Essens, des Reisens, des Urlaubs, eine Folklorisierung der eigenen Herkunft: Eigentümlichkeiten, die international für regionaltypisch gehalten würden, gingen in das Selbstbild ein. – Es fragt sich allerdings, ob hier tatsächlich von einer für die biographische Orientierung gültigen Traditionsbildung gesprochen werden kann, oder ob es sich nicht tatsächlich nur um einen Prozeß der Selbstethnisierung handelt, der postkonventionell-diskursiven Begründungsansprüchen auf Dauer nicht standhalten kann. In diesem Sinne ist das Ergebnis der biographischen Interviews mit Ruheständlern bemerkenswert, die der Autor mit früheren Mitgliedern internationaler Organisationen in Europa durchführte. Die langjährige gemeinsame Arbeit in internationalen Organisationen erwies sich zwar in gewissem Sinne als Medium wechselseitiger Anerkennung, aber dies bewahrte nicht vor der jederzeitigen Aktualisierbarkeit nationalistischer, selbst rassistischer Vorurteile.

Den gleichsam ex negativo geführten Beweis, daß auch die klassische Arbeitsmigration aus den süd- und südösteuropäischen Anwerbeländern in die industriellen Zentren Westeuropas nicht notwendigerweise eine Traditionsbildung hervorbringt, die die Kränkungen der Migration bearbeitbar macht, zeigt die extensive Einzelfallanalyse von Wolfram Fischer-Rosenthal. Am Beispiel des der türkischen Minderheit in Griechenland angehörenden Isan Akdeniz, der 1971 26jährig nach Deutschland emigrierte, zeigt er die Ausbildung einer biographischen „Verlaufskurve" (im Sinne von Anselm Strauss) auf. Methodisch wird versucht, die Ebene der gelebten Lebensgeschichte unter Einbezug des Anteils biographiekonstruierender Institutionen zu rekonstruieren. Im Falle der schicksalhaften Krankheit des Biographieträgers, in der physische und psychische Beeinträchtigungen leiblich verknüpft und biographisch bearbeitet werden, mißlingt reflexive Traditionsbildung. Familienfeiern, die Traditionalität vergegenwärtigen, verstärken die Krise. Es realisiert sich der Typus eines Migrationsverlaufs, bei dem in Wechselwirkung der Biograph selbst und das Arbeits- und Versorgungssystem der modernen Gesellschaft einen Rückzug auf die Leiblichkeit des Migranten bewirken.[21]

Ein Gegenbeispiel im Sinne des reflexiven Bezuges auf Tradition für die biographische Bearbeitung der Migrationssituation liefert der Beitrag von Maria Kontos. Es handelt sich um die Fallrekonstruktion der zum Zeitpunkt des Interviews 43 Jahre alten türkischen Migrantin Suna A., die zweiundzwanzigjährig nach ihrer Scheidung mit einem einjährigen Kind in die Bundesrepublik eingereist war. Die Fallrekonstruktion dient der Analyse der biographischen Ressourcen, die die Quelle kreativen Handelns werden, über die Suna A. Situationen des Ausgeliefertseins und des Leidens, d.h. biographischer Verlaufskurven (in dem von Fritz Schütze verwendeten Sinne) überwinden und das Projekt eines „besseren Lebens" verfolgen konnte. In diesem Zusammenhang wird die besondere Rolle postkonventioneller Weiterführung von Traditionalität freigelegt und diskutiert. Traditionalität erscheint hier als überlieferte Sinngebung, die kulturell und religiös das Alltagsleben regelt und im Verlaufe des Migrationsprozesses ständig transformiert und den neuen Verhältnissen angepaßt wird. Die Veränderungen werden bearbeitet im Zusammenhang des reflexiven Prozesses des ständigen individuellen Bezuges auf Tradition.

Die besondere Problematik von Arbeitsmigrationen, die sich als Ost-West-Migrationen im Zusammenhang der Teilung Europas auch als „Fluchtmigrationen" ereigneten, zeigt der Beitrag von Roswitha Breckner. Er rekonstruiert einen Fall von Auswanderung aus Rumänien in die Bundesrepublik Deutschland vor dem Fall des „Eisernen Vorhangs" 1989. Der Biograph Romica Sadovan (alle Eigennamen wurden geändert und sind daher fiktiv) stellt dar, daß er paradoxerweise erst in Deutschland seine rumänische Herkunft in seine Selbstdefinition positiv zu integrieren begann. Dabei fällt auf, daß er die Praktiken kollektiver Selbstdefinition in Rumänien negativ konnotierte, während er die Entdeckung der rumänischen Kultur in Deutschland in einen positiven Kontext von Selbsterkenntnis stellen kann. Zugleich wird deutlich, wie diese biographische Bearbeitung der eigenen Vergangenheit nach dem Fall des Eisernen Vorhangs 1989 eine Rückkehr im Sinne der Wiederaufnahme des alten Lebens ausschließt. Eine „lebbare“ Form biographischer Traditionalität gibt es für den Biographen inzwischen nur noch in Deutschland, nicht mehr in Rumänien. Anläßlich der Möglichkeit, den realen Ort wiederzusehen, verdichtet sich die biographische Entfernung von ihm. Dennoch ist auch die biographische Traditionsbildung in Deutschland angesichts des hier sich verstärkenden Rechtsextremismus und der Eruptionen von Ausländerhaß bedroht. Die Migrationsbiographie gerät nach der deutschen Einheit zur Lebenskonstruktion eines „Entwurzelten“. Traditionsbildung steht hier unter dem wesentlichen Vorbehalt der Anerkennung ihres konstruktiven, nichtessentialistischen Charakters.

Im III. Kapitel schließlich werden „Transformationsprozesse von Traditionalität in der globalen Peripherie“ untersucht. Die hier vorgestellten Beiträge von Hans Bosse, Elisabeth Rohr und Reinhart Kößler beziehen sich auf nichteuropäische Gesellschaften, die durch die postkoloniale Situation mit dem europäischen Diskurs des Verhältnisses von Traditionalität und Moderne verknüpft sind.

Hans Bosse will in seiner Fallstudie aus Papua Neuguinea die These erhärten, daß biographische Arbeit auch nach oder seit dem historischen Säkularisierungs-, Modernisierungs- und Individualisierungsprozeß sich in einer unauflöslichen Spannung zwischen individueller und kollektiver Sinnbildung vollzieht. Bei der Untersuchung biographischer Arbeit in Gruppen stößt er auf einen überraschenden Sachverhalt. Individuen, die sich im Gruppenprozeß mit der eigenen Biographie beschäftigen, stellen damit auch bisherige, in der Gruppe gültige Sinngebungen zur Disposition. Umgekehrt fordern Gruppen im Prozeß kollektiver Sinnbildung jedes beteiligte Individuum auf, ein „individuelles Lebensskript“ neu zu überdenken und zu formulieren. Der Modernisierungsprozeß wird dabei in der Dimension eines Kampfes um wechselseitige Anerkennung von Lebensskripten reinterpretiert. Bei der konkreten Forschung Bosses in Papua Neuguinea geht es um Oberschüler, die als Bildungsmigranten ihren Weg in die Moderne als Delegierte ihrer Clans beginnen, innerlich jedoch eigene individuelle Lebensskripte entwickeln, die auf persönliche Lebensziele ausgerichtet werden. Bosse legt dabei den Schwerpunkt seiner Fallinterpretationen darauf, nicht nur die Bedeutung religiöser Tradition für Biographie und Biographieforschung aufzuschlüsseln, sondern den Bildungsprozeß selber zu untersuchen, durch den sich biographierelevante religiöse Traditionen neu herausbilden und alte religiöse Traditionen verwendet und umgestaltet werden. Am Material der Untersuchung zeigt sich dabei, daß der im Migrationsprozeß aufgebrochene Kampf zwischen autonomisierend-progressiven und regressiven Lebensskripten in den biographischen Prozessen von Individuen und Gruppen unabgeschlossen bleibt. Für Bosse scheint damit hinreichend belegt, daß identische, inhaltliche Traditionen (im Sinne religiöser Vorstellungsinhalte) für radikal gegensätzliche Lebensskripte stehen können.

In ihrem Beitrag über die Aktivität fundamentalistischer Missionsgesellschaften aus den USA und die von ihnen betriebene Konversion katholischer Indianer in Ecuador kehrt Elisabeth Rohr die übliche Blickrichtung des Westens auf „fundamentalistische“ Bewegungen um. Es handelt sich hier nicht um „fundamentalistische“ (z.B. islamische) Migrantengruppen, deren Anpassungsprozeß in „modernen“ westlichen Industriegesellschaften untersucht wird, sondern um die Migration unternehmerisch erfolgreicher Missionsgesellschaften der USA, die den bereits zuvor vielfach kolonialisierten Lebensraum und Symbolhorizont von Indianern Lateinamerikas einem religiös begründeten Prozeß der „Rationalisierung“ der Lebensführung unterziehen wollen. Dieser Prozeß führt für die betroffenen Indianer zu einer Form innerer religiöser Migration durch Bekehrung, welche ähnlich gravierende und die Lebenssituation insgesamt verändernde Krisen bewirkt, wie die Migration in eine fremde Kultur. Durch die Bekehrung verändert sich die Lebensführung, aber auch das Geschlechterverhältnis und der individuelle und kollektive Identitätsenwurf. Bekehrung bedeutet in der von Rohr unternommenen Einzelfallstudie ebenso wie Migration eine biographische Zäsur. Sie ist zugleich Ausdruck wie Ergebnis einer lebensgeschichtlichen Krise, von deren Bewältigung die Gestaltung des zukünftigen Lebensentwurfes abhängig ist. Im Ergebnis der Studie von Rohr erweisen sich die Mormonen als „regressive Modernisierer“, die durch ihre Bekehrungsaktivitäten einerseits einer asketisch-sinnesfeindlichen Variante von Zivilsationsstandards der westlichen Welt zur universellen Gültigkeit verhelfen wollen, die andererseits die Anforderungen einer fundamentalistisch mißverstandenen Moderne auch psychisch zu verankern versuchen. Das von den Mormonen initiierte patriarchale Vergesellschaftungsmodell trägt nach Rohr entscheidend zu einer Vermännlichung der Kultur bei und verbannt Frauen in das kulturelle Abseits. Frauen werden in solchen widersprüchlichen Prozessen alphabetisiert, um zugleich ihrer kulturellen Ressourcen beraubt zu werden.

Reinhart Kößler untersucht in seinem Beitrag über Migration und lokale Identität im Süden Namibias eine Großregion, in der seit über 120 Jahren Migrationsprozesse überaus nachhaltig gesellschaftliche Zusammenhänge auf verschiedenen Ebenen geprägt und verändert haben. Kößler zeigt dabei zunächst auf, wie die Zwänge und Chancen der Kontrakt- und Wanderarbeit sich auf typische (männliche) Biographien ausgewirkt haben und noch immer auswirken und dabei auch Inhalte von kollektiver Identität bestimmen, die in der Regel ethnisch definiert wird. Dabei erweist sich, daß die Identifikationen mit „traditionellen Gemeinschaften“ und die Orientierung auf deren soziale und lokale Lebenszusammenhänge es nicht ausschließt, in „modernen“, auf Gelderwerb und Lohnarbeit ausgerichteten Wirtschaftsstrukturen nach strategischen Kriterien zu agieren. Gerade die Traditionsbindung hat – wie Kößler aufzeigt – die Entstehung langfristiger Konkurrenzverhältnisse und Ressentiments begünstigt. Es entsteht dabei in Namibia eine komplizierte Kombination unterschiedlicher Migrationssysteme, in denen Angehörige lokaler Ethnien gerade in ihrer Gruppenzugehörigkeit als Arbeitskräfte in die kommerzielle Landwirtschaft integriert werden. Weit davon entfernt, Traditionen zu schleifen, bietet gerade die Transformationsgesellschaft im Süden Namibias ein eindrucksvolles Beispiel für die Verstärkung regional spezifisch ausgeprägter Migrationsmuster im Modernisierungsprozeß. Die Frage, inwieweit solche Modernisierungsprozesse regressiven Entwicklungen oder biographischen Autonomisierungsbestrebungen Vorschub leisten, bleibt einstweilen offen.

3. Konklusion

Der vorliegende Band bietet mit seinem theoretischen Bezugsrahmen von Biographie und Ethnizität und seinen vielfältigen empirischen Materialbeispielen zu Folgen von Migrationsprozessen einen Anstoß zum Überdenken des soziologischen Konzepts von Traditionalität. Tendenzen der Essentialisierung von „Herkunftskulturen“ werden nachhaltig kritisiert, die Herstellung von Traditionen in Ankunftsgesellschaften der Migration und der Anteil biographischer Arbeit an der Ausformung dieser Traditionen wird eindrucksvoll belegt.[22] Zunehmend erscheint dabei die Fähigkeit von Subjekten, ihre eigene Biographie – ihr biographisches Wissen – in die gesellschaftliche Auseinandersetzung um einen angemessenen Platz in der Ankunftsgesellschaft einzubringen, als Maßstab für die gegenseitige Anerkennung kultureller Traditionen. Biographisches Wissen ergibt den Orientierungsrahmen, auf den sich Menschen in ihrer alltäglichen Kommunikation aufeinander beziehen. Werden in Migrationsprozessen solche latenten biographischen Strukturen bewußt und verfügbar, können sie in Frage gestellt, instrumentalisiert oder auch weiterentwickelt werden. Werden jedoch diese individuellen biographischen Ressourcen übersehen, wird Traditionalität mißverstanden als Modernitätsdifferenz oder -defizit. Die Annahme postkonventioneller biographischer Traditionsbildung stellt hingegen dem Konzept der Modernitätsdifferenz ein kontrastive Argumentation gegenüber. Neue individuelle Handlungsautonomie wird rekonstruiert in Prozessen der gegenseitigen Anerkennung biographischen Wissens, indem dieses als Element emergenter neuer sozialer Praxen verstanden wird.[23]

Anmerkungen

1 Vgl. Mannheim, K. (1964): Das Problem der Generationen, in: Ders.: Wissenssoziologie. Auswahl aus dem Werk, eingeleitet und herausgegeben von Kurt H. Wolff, Berlin/Neuwied, bes. S. 530–538.

2 Vgl. Stonequist, E.V. (1937): The Marginal Man. A Study in Personality and Culture Conflict. New York S. 85.

3 Park, R.E. zit. n. Lindner, R. (1990): Die Entdeckung der Stadtkultur. Soziologie aus der Erfahrung der Reportage. Frankfurt a.M.

4 Vgl. Park, R.E./Miller, H. (1919): Old World Traits Transplanted, New York.

5 Vgl. dazu Park, R.E./ Burgess, E.W. (1924/1969): Introduction to the Science of Sociology. Chicago/ London.

6 Simmel, G. (1968): Exkurs über den Fremden, in: Simmel, G.: Soziologie. Untersuchungen über die Formen der Vergesellschaftung (5. Aufl.), Berlin S. 509.

7 Vgl. Schütz, A. (1972): Gesammelte Aufsätze, Band 2. Den Haag.

8 Aleksandra Ålund hat in ihrem 1995 veröffentlichten Aufsatz über „Alterity in Modernity“ Simmels Exkurs über den Fremden zur Grundlage ihrer Kritik von Ethnizität sowie eines eigenen Konzeptes der Produktion einer transformierenden „Revitalization of Tradition and Demands for the Recognition of Cultural Differences“ gemacht (Ålund, A. (1995): Alterity in Modernity, in: Acta Soziologica 38, S. 320. Sie hat hier allerdings auf eine mir nicht zwingend erscheinende Weise die Konzepte von Simmel und Schütz dergestalt kontrastiert, daß sie Schütz' Konzept des „Thinking as usual“ als „based on a relatively natural conception of the world“ beschreibt. (Ålund , A. 1995, S. 313f). Meines Erachtens enthält hingegen Schütz' eigener Hinweis auf das Konstrukt einer Pseudoanonymität, Pseudointimität und Pseudotypik des Fremden gerade eine kritische Perspektive auf jede Konzeption der Naturalisierung von Heimat, Gemeinschaft oder ethnischer Zugehörigkeit.

9 Auch Fritz Schütze hat allerdings darauf hingewiesen, daß die interpretative Soziologie „lange Zeit einem Kult der rational-handlungsstrukturierten Weltsicht huldigte“, und daß dies besonders ausgeprägt

für Max Weber und Alfred Schütz gelte. Die Verletzbarkeit und Fragilität sozialer Gebilde und die Abgründe der sozialen Realität, die gerade am Beispiel von Kafkas Texten deutlich werden, seien auch bei Schütz nicht angemessen berücksichtigt worden. Schütze versucht diesen Aspekt durch eine Reformulierung der interpretativen Soziologie im Anschluß an Anselm Strauss' Konzept der „Trajectory", der Verlaufskurve des Erleidens, herauszuarbeiten und auf biographische Abläufe zu übertragen. (Vgl. Schütze F. (1996): Verlaufskurven des Erleidens als Forschungsgegenstand, in: Krüger, H.H./Marotzky, W. (Hg.): Erziehungswissenschaftliche Biographieforschung, Opladen, S. 116–157. Zur Kritik an Alfred Schütz' Definition des Fremden vgl. auch Bukow, W.-D./Llaryora, R. (1988): Mitbürger aus der Fremde. Soziogenese ethnischer Minoritäten. Opladen, S. 65–68.

10 Vgl. Habermas, J. (1967): Zur Logik der Sozialwissenschaften, Philosophische Rundschau, Beiheft 5, S. 114 f.

11 Habermas, J. (3. Aufl. 1985): Theorie des kommunikativen Handelns, Band 2, S. 210.

12 Vgl. dazu u.a. Honneth, A. /Joas, H. (Hg.) (1986): Kommunikatives Handeln, Frankfurt a.M.

13 „Die ‚kritische Verwendung eines essentialistisch verstandenen Funktionalismus bei Habermas soll zugleich das Pathos von Marx' Verdinglichungskritik und den radikalen Bruch mit den praxisphilosophischen Vorstellungen einer sich selbst völlig transparent gewordenen Gesellschaft ausdrücken." (Joas, H: (1996), Frankfurt a. M. S. 320) Kulturelle Überlieferung muß sich nach Habermas „in ihren kognitiven und evaluativen Bestandteilen so weit mit sozialisierten Argumentationen rückkoppeln lassen, daß die entsprechenden Lernprozesse gesellschaftlich institutionalisiert werden können. Auf diesem Wege können kulturelle Subsysteme für Wissenschaft, Moral und Recht, für Musik, Kunst und Literatur entstehen, in denen sich argumentativ gestützte, durch Dauerkritik verflüssigte, aber zugleich professionell abgesicherte Traditionen bilden" (Habermas 1988/1, S. 109). Damit entsteht jedoch zugleich ein neues Modell der „Dialektik der Aufklärung": Der Kern des Traditionsbestandes, der für die Sicherung unproblematischen Hintergrundwissens notwendig ist, schrumpft in modernen Gesellschaften oder verschwindet gar vollständig angesichts der Imperative der rationalisierten Subsysteme der Lebenswelt. Je weniger einerseits kulturelle Traditionen Vorentscheidungen darüber treffen, „welche Geltungsansprüche wann, wo, für was, von wem und wem gegenüber akzeptiert werden müssen" (ebd. S. 108), um so häufiger erwartet Habermas rationale Handungsorientierungen. Eben diese rationalen Handungsorientierungen können jedoch kein Äquivalent mehr abgeben für das, „was einmal mit der Idee des guten Lebens gemeint war" (ebd. S. 112). Die Imperative der rationalisierten Systeme bedeuten also in modernen Gesellschaften zugleich „die Entwertung ihrer Traditionssubstanz" (ebd. S. 113).

14 Anderson, B. (1991): Imagined Communites: Reflections on the Origin and Spread of Nationalism. London.

15 Vgl. Hobsbawm E. J./Ranger, T. (Hg.) (1983): The Invention of Tradition, Cambridge;

16 Vgl. Hobsbawm E. J (1997): Identity History Is Not Enough, in: ders.: On History, London, S. 351–366.

17 Vgl. Hondrich, K.O. (1992): Wovon wir nichts wissen wollten, in: Die Zeit vom 25.9.1992, S. 68.

18 Benjamin W. (1974): Über den Begriff der Geschichte, in: Benjamin, W. (1974): Gesammelte Schriften, Band I.2, Frankfurt a.M., S. 701.

19 Bei einem großen Teil der Beiträge handelt es sich um überarbeitete Fassungen von Vorträgen in der Sektion Biographieforschung in der DGS. Für freundliche Hilfe beim Lektorat und den Korrekturen bedanke ich mich bei Utta Müller-Handl, Bettina Dausien, Lena Inowlocki und Doris Kessel.

20 Vgl. Inowlocki, Lena (1993): Grandmothers, mothers and daughters: intergenerational transmission in displaced families in three Jewish communities. In: International Yearbook of Oral History and Life Stories, Oxford, S. 139–153.

21 Mit dem Verhältnis objektiver Kränkung in Migrationsprozessen und deren wissenschaftlicher Bearbeitung in den verschiedensten Theorien und Mythen psychischer Krankheit von Auswanderern beschäftigten sich ausführlich und exemplarisch Delia Frigessi-Castelnuovo und Michele Risso in ihrem Buch „Emigration und Nostalgia. Sozialgeschichte, Theorie und Mythos psychischer Krankheit von Auswanderern" (italienische Ausgabe Turin 1982, deutsche Ausgabe Frankfurt/Main 1986).

22 Vgl. dazu auch: Apitzsch, U. (1996): Migration und Traditionsbildung. Biographien Jugendlicher ausländischer Herkunft. In: Karpf; E./Kiesel, D. (Hg.): Politische Kultur und politische Bildung Jugendlicher ausländischer Herkunft. Frankfurt am Main, S. 11-30.

23 Vgl. dazu auch: Apitzsch, U. (1990): Migration und Biographie. Zur Konstitution des Interkulturellen in den Bildungsgängen junger Erwachsener der 2. Migrantengeneration. Bremen (Neuauflage Opladen 1999).

I.

Zur Dialektik jüdischer Traditionsbildung nach dem Holocaust

Gabriele Rosenthal

Migrationen und Leben in multikulturellen Milieus: Nationale Zugehörigkeit zur Herstellung von familien- und lebensgeschichtlicher Kontinuität

I. Identität oder Biographie?

Bin ich Tschechin, Ungarin, Deutsche oder Jüdin, was ist meine Muttersprache, zu welcher Nation oder zu welchem Volk gehöre ich? Sind dies überhaupt Fragen für jemanden, der in verschiedenen Kulturen aufgewachsen ist und der aufgrund seiner Lebensgeschichte verschiedene Möglichkeiten der Selbstverortung hat? Welcher lebensgeschichtliche Verlauf und welche biographische Konstellation führen zur Thematisierung der nationalen oder ethnischen Zugehörigkeit?

Lebensgeschichten von israelischen Juden[1], die aus dem multikulturellen Milieu Ostmitteleuropas stammen, denen in der Zeit der Nazi-Verfolgung das „Jüdischsein" unabhängig von ihrer Selbstdefinition zugeschrieben wurde und die heute in einer multikulturellen Mehrheitskultur leben, bieten sich zur Rekonstruktion lebensgeschichtlicher Bedingungen für die Entwicklung einer multikulturellen Identität und eines multikulturellen Habitus geradezu an. Diese AutobiographInnen sind im Spannungsfeld zwischen Fremd- und Selbstattribution sozialisiert, wurden meist mehrsprachig erzogen und waren in bestimmten Phasen ihres Lebens sowohl Angehörige einer Minderheitskultur (in Europa) als auch Angehörige einer Mehrheitskultur (in Israel).

Doch was bedeutet multikulturelle oder nationale Identität? Lassen sich diese Identitätsformen über die Selbstgewißheit bzw. Selbstdefinition oder über Lebenspraxis und Lebenswege bestimmen? Da Selbstdefinition und Lebenspraxis keineswegs kompatibel sein müssen, wir also von der gegenwärtigen Selbstdefinition kaum auf deren Genese schließen können, stellt sich die Frage, ob uns das Identitätskonzept, dem nur mit zusätzlichen Konstruktionen der statische Charakter entzogen werden kann, überhaupt weiterhilft. Keineswegs sollen hier die Versuche einer prozessualen Erweiterung des Konzepts entwertet werden, wie z.B. der von Peter Weinreich (1989: 50) in Anlehnung an Erikson (1963) und Laing (1961) vorgestellte, „[which] emphasizes continuity rather than sameness in identity and gives central importance to the process of construal".[2] Ich vertrete jedoch die Position, daß wir mit dem Konzept der Biographie etliche der Probleme des Identitätskonzepts umgehen und auch empirisch leichter in eine prozessuale Analyse umsetzen können. Im Unterschied zum Identitätskonzept ist das Konzept der Biographie ein genuin prozessuales: „Biography is a concept which takes temporality into account. It both constitutes and processes temporality" (Fischer-Rosenthal 1995b: 258). Während für eine biographietheoretische Perspektive der Prozeß des Gewordenseins zentral ist, konzentriert sich das Identitätskonzept auf das gegenwärtige So-Sein und die Zugehörigkeit zu etwas (ebenda).

Neben die in modernen Gesellschaften vorgefundenen multiplen Zugehörigkeiten treten die im Laufe eines Lebens wechselnden Lebensverhältnisse; weiter werden Zugehörigkeiten im Laufe gesellschaftlicher und biographischer Prozesse unterschiedlich relevant, treten in den Vorder- oder Hintergrund. Die Frage „wer bin ich" ist zunehmend schwerer zu beantworten. Diese Schwierigkeit ergibt sich sowohl aus der Perspektive der Fremd- als auch der Selbstattribution. Bedeutet dies nun, daß Autobiographien, die durch Vielfältigkeit und wechselnde Zugehörigkeiten geprägt sind, zu Identitätsdiffusionen führen? Verlieren Individuen das Gefühl dafür, wer sie sind, weil sie ihre Zugehörigkeit nur noch schwer definieren können?

Mag auch in unterschiedlichen, insbesondere administrativen Situationen die „eindeutige" Zugehörigkeit sozial eingefordert werden – wie z.B. beim Antrag auf die deutsche Staatsbürgerschaft – so werden in modernen Gesellschaften anstatt der Selbstkonstruktion „Ich bin der und der" zunehmend biographische Konstruktionen eingefordert. Individuen stehen vor der biographischen Aufgabe, lebensgeschichtliche Kontinuitäten in ihrer erlebten Lebensgeschichte[3] dadurch herzustellen, daß sie sich selbst und anderen mitteilen, wie sie zu dem geworden sind, der sie heute sind. Indem sie anderen und sich selbst ihre Lebensgeschichte erzählen, werden ihr Gewordensein und ihre Diskontinuitäten für sie selbst wie auch für andere nachvollziehbar und plausibel.

Angesichts der zunehmenden Wahrscheinlichkeit von Migrationsbiographien in Europa wird die Vorstellung, daß die Zugehörigkeit zu einer Nation oder einem Volk lebenslang die „Identität" bestimmt, von der Lebenspraxis ebenso überholt wie die in den Sozialwissenschaften zumeist in Verlustkategorien beschriebenen Migrationsverläufe (vgl. Breckner 1994; Lutz 1995). Die Analyse biographischer Verläufe von Migrationsprozessen kann uns dagegen verdeutlichen, inwieweit die biographische Bearbeitung der wechselnden Lebensverhältnisse eben nicht Identitätsproblematiken bzw. -diffusionen hervorbringt, sondern vielmehr zur Herausbildung einer multikulturellen Handlungspraxis und einer Selbstgewißheit, unabhängig von makro-sozialen Zugehörigkeitsfragen führt. „Instead of a ‚before and after' perception which treats migration as the missing link, the individual is seen as one who has lived through the changes, adapted to them or not, and created strategies of resistance" (Lutz 1995:305).

Aus diesen Überlegungen heraus und in Anlehnung an Wolfram Fischer-Rosenthal (1995b) favorisiere ich „Biographie" als umfassenderes Konzept gegenüber dem vergleichsweise statischen und eher normativen Identitätskonzept. Die empirische Analyse erzählter Lebensgeschichten[4] ermöglicht uns sowohl die Rekonstruktion der erlebten Geschichte eines Biographen als auch die seiner Biographiekonstruktion, d.h., wie sich ihm seine Vergangenheit heute – jenseits seines bewußten Präsentationsinteresses – darbietet und wie sie seiner Gegenwart und Zukunft Sinn verleiht (vgl. Rosenthal 1995b).

Die Selbstzuordnung zu einem Kulturkreis, einer Nation oder einem Volk ist lebensgeschichtlich durch Erfahrungen konstituiert. Wir sind auch nicht unmittelbar „Element" eines Kollektivs und repräsentieren es, sondern leben aus dem Erfahrungs- und Deutungspotential unserer jeweils eigenen Lebensgeschichte, die in Kollektive, Milieus und Nationen eingebettet ist. Deren vielfältige Geschichte wird, konkret biographisch handelnd, gelebt und erlebt. Vor allem gilt es zu berücksichtigen, daß sich die eigene Lebensgeschichte vor dem Hintergrund der über Generationen wirksamen Familiengeschichte aufbaut. Wir lösen in unserem Leben nicht nur aktuelle Lebensprobleme, sondern übernehmen Aufträge der Familie von der Generation unserer Eltern, insbesondere aber auch von der der Großeltern (vgl. Stierlin 1982). Insbesondere dann, wenn sie uns nicht bewußt sind, wenn wir unwissentlich von ihnen angetrieben und nicht selten auch blockiert werden, sind diese Delegationen besonders wirksam. So lassen sich m.E. weder die Kriegshandlungen im ehemaligen Jugoslawien noch der Neo-Nazismus unter deutschen Jugendlichen unabhängig von einer latenten, jeweils weiterwirkenden Familienvergangenheit verstehen.[5]

Aufgrund dieser Überlegungen muß die empirische Frage, welche nationale Identität einem Autobiographen zukommt, als stark vereinfachend zurückgewiesen werden. Sie kann der Komplexität sozialer Zugehörigkeiten kaum gerecht werden. Vielmehr gibt uns die Rekonstruktion der lebens- und familiengeschichtlichen Konstellationen, in denen die Zugehörigkeit zu einem Kollektiv für den Biographen überhaupt zum Thema wird, und die Entdeckung der lebens- und familiengeschichtlichen Funktionen der Identifikation mit einer Ethnie oder Nation eine wirklichkeitsadäquate Einsicht in die sozialen Prozesse der Selbstdefinition und Handlungspraxis. Einer empirisch fundierten Theorieentwicklung entsprechend, wie sie unter anderem von der „grounded theory" (cf. Glaser/Strauss 1967) gefordert wird, sind dabei die Konzepte nicht unabhängig von empirischen Analysen zu entwickeln oder normativ vorabzusetzen und nur noch empirisch zu testen. Um dies weiter zu konkretisieren, sind folgende empirische Fragen zu stellen:

1. In welchen Lebenssituationen – und Leben bedeutet immer die Wechselwirkung zwischen individuellen und sozialen Abläufen – wird die Zugehörigkeit zu einer Nation, Ethnie oder einem Kulturkreis für das Individuum überhaupt zum Thema?
2. Welche biographische Funktion erfüllt die Selbstdefinition? Oder anders formuliert: Inwiefern dient die Selbstdefinition zur Bearbeitung bestimmter biographischer Probleme wie Diskontinuität?
3. Inwiefern korrespondiert die Selbstdefinition mit der aktuellen Handlungspraxis und mit der Handlungsgeschichte des Biographen?
4. Wie konstituiert sich die Handlungspraxis und Selbstdefinition im Verlauf der erlebten Lebensgeschichte?

II. Ein kontrastiver Vergleich von zwei Fallstudien[6]

Zwei Lebensgeschichten von Frauen möchte ich hier nun kontrastierend vorstellen, deren Biographien durch eine multikulturelle Lebenspraxis geprägt ist, die sich jedoch in ihren Selbstdeutungen unterscheiden. Während sich die eine Autobiographin als Mitglied einer Ethnie fühlt, versteht sich die andere mit verschiedenen Nationen und Kulturen verbunden. Beide Frauen sind nach jüdischem Gesetz Jüdinnen, beide sind im multikulturellen Milieu der Tschechoslowakei vor 1938 sozialisiert und mehrsprachig aufgewachsen. Ihr Herkunftsmilieu läßt ihnen verschiedene Möglichkeiten der Selbstverortung zu. Dies erhöht die für jüdische Lebenswege typische Komplexität der Frage nach der Zugehörigkeit zum jüdischen Volk wie auch nach der Verbundenheit mit der

Kultur des Herkunftslandes oder der Zugehörigkeit zum Land und Staat, in dem man heute lebt. Beide Frauen emigrierten nach der Befreiung aus dem Konzentrationslager nach Israel, leben also heute in einer multikulturellen Nation. Der Staat Israel ist in seiner nationalen Eigenart gerade durch seine kulturelle und ethnische Vielfalt bestimmt. Im Unterschied zur Generation ihrer Kinder definieren sich beide Frauen nicht primär als Israelinnen, obwohl sie seit über 40 Jahren ein auf den Aufbau Israels konzentriertes Leben führen. Aus israelischer und generell aus jüdischer Perspektive handelt es sich hier um keine besonders ungewöhnlichen Biographien.

Beginnen wir mit Hannah Zweig[7], die Mitte der 20er Jahre in Frankreich als Kind jüdischer Franzosen geboren wird. Als sie drei Jahre alt ist, verunglückt der Vater tödlich. Zwei Jahre später heiratet die Mutter einen jüdischen Tschechen. Mutter und Tochter übersiedeln nach Prag. In der Familie wird Französisch und Tschechisch gesprochen. Hannah erhält die tschechische Staatsbürgerschaft und behält die französische. In der Schule lernt sie Deutsch; der Unterricht ist auf die deutsche Kultur und Geschichte konzentriert. Wie für besser gestellte jüdische Familien typisch, erhält Hannah außerdem Privatunterricht in Englisch. Die Familie hält die jüdischen Gesetze ein, d.h., die Mutter führt auch einen koscheren Haushalt.

Nimmt man diese Sozialisation aus der multikulturellen Perspektive ihres Herkunftsmilieus nicht als selbstverständlich, kann man sich anhand dieser lebensgeschichtlichen Daten fragen: Als was hat sich Hannah als Kind und Jugendliche verstanden? Man kann sich auch fragen, ob dieses Mädchen damals unter der Vielfalt litt, ob sie sich zwischen den verschiedenen Kulturen hin- und hergerissen fühlte und nicht wußte, wohin sie gehörte.

Bevor ich auf die Selbstdeutungen von Frau Zweig eingehe, kurz die weiteren Stationen ihres Lebenswegs: Als Hannah 12 Jahre alt ist, erwartet ihre Mutter ein Kind; Mutter und Kind sterben bei der Geburt. Hannah lebt weiterhin zusammen mit ihrem Stiefvater und heiratet dann bereits mit 16 Jahren einen aus Belgien stammenden Juden. Nach dem Einmarsch der deutschen Wehrmacht in Prag im März 1939 schließen sich ihr Mann wie auch ihr Stiefvater dem tschechischen Widerstand an. 1940 werden beide Männer verhaftet; Hannah wird erst nach der Befreiung von ihrem Schicksal erfahren. Hannah selbst wird im Januar 1942 in das Konzentrationslager Theresienstadt deportiert. Drei Jahre ist sie in diesem Lager inhaftiert und wird Opfer von medizinischen Experimenten. Ende 1944 wird sie mit anderen Häftlingen in Prag zum Bau von Panzersperren eingesetzt. Die Befreiung durch die Rote Armee im Mai 1945 ist für sie dann mit unvorstellbaren Traumata verbunden: Sie wird von etlichen Angehörigen der Roten Armee vergewaltigt.[8] Die Russen werden für sie zum meistgefürchteten Aggressor, und so flieht sie in die amerikanisch besetzte Zone in Deutschland. Mittlerweile hat sie auch erfahren, daß ihr Mann und ihr Stiefvater ermordet wurden. Sie arbeitet nun bei den Amerikanern als Übersetzerin. Hier lernt sie Arieh kennen, der als Sohn einer deutschen Mutter und eines jüdischen Tschechen als sogenannter Mischling in einem Konzentrationslager inhaftiert war.[9] 1948 heiraten Arieh und Hannah.

Frau Zweig bewegt sich also in einem multinationalen und -kulturellen Rahmen, bewahrt jedoch in ihrer Partnerwahl eine gewisse Kontinuität zur Familientradition. Gehen wir in den biographischen Daten weiter: Hannah wird wie ihr Mann 1948 noch vor der Staatsgründung Israels Mitglied in der sozialistisch-marxistischen zionistischen Jugendgruppe Hashomer Hazair (vgl. Reinharz, 1986). 1953 emigriert das Ehepaar im Rahmen dieser Gruppe mit ihren mittlerweile in Deutschland geborenen zwei Kindern nach Israel. Die Familie geht in einen Kibbuz der sozialistischen Bewegung, was auch bedeutet, daß sie in demonstrativ anti-religiöser Haltung leben. In diesen Kibbuzim wird z.B. am Shabbat Schweinefleisch gegessen.

Frau Zweig ist mittlerweile geschieden und hat den Kibbuz verlassen. Als bewußte Zionistin ist sie in eine kleine Stadt in der Wüste Negev gezogen, in der hauptsächlich orientalische Juden leben, die ihr europäisches Kulturerbe nicht teilen. Neben Hebräisch spricht sie in ihrem Alltag meist Deutsch und Englisch. Ihr Freundeskreis setzt sich u.a. aus deutschstämmigen Juden zusammen; außerdem verkehrt sie im Milieu der in ihrem Wohnort seit wenigen Jahren angesiedelten Juden aus Äthiopien. Sie hat auch Freunde bei den Beduinen, bei denen sie einige Monate im Zelt gelebt hat, um deren Lebensweise kennenzulernen.

Zu welcher Kultur oder Nation fühlen sich nun Menschen zugehörig, die von ihrer Lebensgeschichte und gegenwärtigen Handlungspraxis derart multikulturell geprägt sind? Ist dies für sie überhaupt ein Thema? Sehen wir, was Hannah Zweig dazu sagt. Zwei biographisch-narrative Interviews[10] habe ich mit ihr geführt. Frau Zweig spricht fast fehlerfrei Deutsch, und die Analyse des Interviews verdeutlicht, daß sie sich in dieser Sprache ihrer Vergangenheit vor der Alija, d.h. der Emigration nach Israel, näher fühlt. Diese Vergangenheit ist kaum Bestandteil des familialen Dialogs mit ihren Kindern[11], mit denen sie Hebräisch redet, sondern wird teilweise in den Gesprächen mit ihren Deutsch sprechenden Freunden in Israel thematisiert. Im ersten Gespräch erzählte sie mir ihre Lebensgeschichte bis zur unmittelbaren Nachkriegszeit. Das zweite Interview diente zur Erzählung der weiteren Lebensgeschichte.

Bereits im ersten Gespräch entstand eine sehr dichte, von Vertrauen geprägte Atmosphäre zwischen Hannah und der Autorin. Auf die Weise gelang es Hannah, auch über für sie stark tabuisierte Bereiche zu sprechen. Sie erzählte davon, daß sie im Lager für Lebensmittel mit anderen Häftlingen und vor allem mit Angehörigen der SS geschlafen habe. Sie betrachtet heute diese „Zwangsprostitution" im Kontrast zu den erlittenen Vergewaltigungen nach der Befreiung, bei denen sie keinerlei Handlungsfreiheit mehr hatte. Die ihr auferlegte „Prostitution" hingegen interpretiert sie als eine Art Tausch: *Und ein Mensch, der überleben will, der sieht es eben als Handelsaustausch ... und sie fühlen sich trotzdem nicht als Hure.*

Während ihre kulturelle Zugehörigkeit im ersten Gespräch, in dem sie über ihre multikulturelle Sozialisation en detail und über ihre Emigrationen (von Frankreich nach Prag und später nach Deutschland) erzählt hatte, kaum Thema war, beginnt sie das zweite Gespräch wie folgt[12]:

> *Auf der einen Seite ich bin geboren in Frankreich, also ich fühle mich sehr verbunden der französischen Kultur, und überhaupt, ich bin an und für sich in meinem ganzen Wesen bin ich ziemlich französisch angehaucht. Sie haben sicher schon gemerkt, ich rede mit Händen und mit Füßen und bin ziemlich lebhaft ... Auf der anderen Seite, bin ich auch sehr hingezogen zur deutschen und der tschechischen Kultur, wissen Sie das zieht mich sehr an ... und auch die Sprachen, das zieht mich irgendwie sehr an, und dadurch daß ich in der Tschechoslowakei bin aufgewachsen, war ich sehr viel in Kontakt mit Deutschen, also auch in der Schule, man hat uns sehr deutsche*

Geschichte gelehrt und wir haben deutsche Lyrik gelernt, und auch in Musik, sehr viel deutsche Musik. Wir hatten auch viel tschechische Musik. Ich lebe und sterbe für Smetana ja? usw. usf. aber trotzdem (1) so sehr ich mich hab irgendwie gefühlt eh, als französisch angehaucht, hab ich auch immer das Gefühl gehabt ich gehöre eigentlich auch zur deutschen und zur tschechischen Kultur.

Bis hierher zeigt sich, daß sich Frau Zweig entsprechend ihrer Familiengeschichte wie auch ihrer eigenen Sozialisation drei Kulturkreisen zugehörig fühlt. Alle drei Sprachen haben für sie auch eine lebensgeschichtliche Bedeutung, die mit etlichen Problematiken verbunden ist. Französisch bindet sie an die Eltern und damit an die frühen Verluste, Tschechisch an den von ihr sehr geliebten Stiefvater, während ihr Deutsch in den dreieinhalb Jahren Inhaftierung in einem Konzentrationslager ein wichtiger Faktor für ihre Überlebenschancen war. Die Verbundenheit mit der deutschen Kultur ist nach der Shoah nicht unproblematisch für das Selbstverständnis einer Überlebenden. Doch aufgrund von Frau Zweigs traumatischem Erlebnis mit den Russen, das sie selbst als grausamer erlebte als ihre „Zwangsprostitution" in Theresienstadt, ist dies für diese Biographin nicht so zentral. So sagt sie in diesem Zusammenhang auch explizit: *Die Russen waren noch schlimmer als die Deutschen.*

Frau Zweig fährt nun im Anschluß ihrer Ausführungen zu ihrer Zugehörigkeit weiter fort: ... *und in all dem zusammen, wußte ich, war mir bewußt ich bin eigentlich ne Jüdin.*

Hier versucht Frau Zweig, die drei Bestandteile, die sie lebensgeschichtlich bis zur Verfolgung als fraglos verknüpft erlebte, wieder zusammenzuführen. Dieser Versuch wurde für sie jedoch erst mit der Nazi-Verfolgung und Vernichtung notwendig bzw. ihr auferlegt, wie aus dem späteren Interviewverlauf deutlich wird. Erst mit der Verfolgung, mit der Einlieferung ins Konzentrationslager, der Ermordung ihres Ehemannes und ihres Stiefvaters wurde sie aus ihrer multikulturellen, europäischen Orientierung unwiederbringlich herausgerissen und wurde ihr das Nur-Jüdisch-Sein zugeschrieben. So sagt sie an anderer Stelle im Interview:

Meine christlichen Freundinnen haben mir nie das Gefühl gegeben, ich bin anders. Erst nachdem dann, dann war die Kristallnacht und so weiter und so fort und man hat mich immer gewarnt, vor dem und vor dem und vor dem. „Mach den Mund nicht auf, und red nicht zuviel, und keiner braucht das wissen, du bist Jüdin". Damals hab ich gemerkt, – ich bin anders.

Wie dann auch die Rekonstruktion der Lebenserzählung zeigt, war für Hannah bis zur Verfolgung ihr Jüdischsein eher fraglos und selbstverständlich gegeben. So wurde ihr unabhängig von ihrem Zugehörigkeitsgefühl durch die Verfolgung als Jüdin auf das grausamste verdeutlicht, daß sie „nur" als Jüdin zu gelten habe. Daß sich jedoch ihr Jüdischsein nicht vom europäischen Kulturkreis trennen läßt, bringt sie immer wieder zum Ausdruck:

Wir haben eigentlich unsre eigne Kultur, unsern Glauben, unsere eigene Tradition. Sie können nich mal sagen es ist nur eine jüdische Kultur, wir waren immer verbunden, mit der europäischen, Kultur im Gesamten ... wir können uns als sozusagen europäische Juden betrachten.

Damit grenzt sich Frau Zweig von den orientalischen Juden, die seit vielen Generationen in arabischen Ländern lebten, und ebenso von den äthiopischen Juden ab. In den folgenden Ausführungen wird dies weiter deutlich:

Aber ich besteh da drauf, daß ich bin eine Jüdin und unter allen Umständen war ich immer ne Jüdin und werd es auch immer bleiben, weil- sehen Sie ich bin hier in das Land gekommen, und das erste Zusammenprallen zwischen der europäischen Kultur, der europäischen Lebensweise, dem europäischen Milieu (1) und hier diesem, diesem orientalischen Milieu und der Kultur und der Lebensweise, also für mich war das ein ausgesprochener Schock.

Mit diesem Abschnitt wird einerseits das Jüdischsein zurückgenommen – sie kam nicht als Jüdin nach Israel, sondern als Europäerin –, andererseits wird es gleichzeitig erklärt: Frau Zweig erlebte Israel als Europäerin, da sie sich als Jüdin für die Alija entschieden hat und auf diese Weise lebensgeschichtlich ihre Zugehörigkeit zum jüdischen Volk vollzog. Die Emigration nach Israel war bei Frau Zweig die lebensgeschichtliche Konstellation, in der nach der auferlegten Zuschreibung der Nazis als Jüdin und der als Jüdin erlebten jahrelangen Traumatisierung im KZ, hier nun für sie selbst die Zugehörigkeit zum Thema wurde. In der Konfrontation mit einer unbekannten Kultur wurde für sie die Selbstdefinition der Zugehörigkeit relevant. Dies manifestiert sich dann auch in ihrer Lebenserzählung: Sie spricht im Interview über ihre kulturelle Zugehörigkeit erst im Kontext ihrer Erzählung über die Einwanderung nach Israel. In dieser Textstruktur manifestiert sich, daß für Hannah die Frage, zu welchem Kulturkreis sie gehört, in ihrer Kindheit und Jugend kein biographisch relevantes Thema war. Die Fallrekonstruktion verdeutlicht dagegen über diesen Einzelfall hinaus, wie die Zugehörigkeit erst in der lebensgeschichtlichen Konstellation von Fremdheitserfahrungen zu einem auslegungsbedürftigen Thema wird.

Im Anschluß an die zitierte Textstelle erzählt Hannah über ihre Reise nach Israel, die Ankunft in Haifa, bei der sie zum ersten Mal Falaffel aß und alles sehr fremd fand. Sie erzählt über die schweren Lebensbedingungen in der ersten Zeit, von Skorpionen, unbekannten Krankheiten und der Hitze. Fallgeschichtlich interessant ist, daß sie die Fremdheitserfahrung am detailliertesten mit dem fremden Essen, den Falaffeln, belegt. Damit assoziiere ich eine Kindheitserinnerung von Hannah, die für sie die Differenzerfahrung mit christlichen Kindern symbolisiert: Obwohl die Mutter den Verzehr von nicht-koscherem Essen verboten hatte, aß Hannah mit Vorliebe die mit Leberwurst bestrichenen Schulbrote ihrer Schulkameradinnen. Als ihre Mutter dies herausfand, wurde sie in einem leiblich unvergeßlichen Sinne bestraft: Sie mußte den Mund mit Seife auswaschen. Mit dem Essen von Schweinefleisch in Israel kehrt sie heute wieder zu den Vorlieben aus ihrer Kindheit zurück.

Evaluierend meint Frau Zweig zu ihrer Emigration nach Israel:

Ich sag Ihnen, bis ich hab mich da zurechtgefunden, also das war furchtbar, ich kann mich heute kann ich mich selber nich mehr verstehn (1) warum bin ich raus aus Europa, und bin hierher ins Land gegangen? Aber dann sag ich mir wieder warum eigentlich nicht, du wolltest immer Jüdin sein und du wolltest immer in einem jüdischen Land leben, also mußt du es eben, wie man sagt auch runterschlucken, ... hat man den Brei eingerührt, na muß man auch essen (1) und ich hab ihn mir eingerührt und jetzt hab ich ihn ausgegessen (lacht) so ist das im Leben was kann man machen?

Damit wird nun weiterhin deutlich, daß sich Frau Zweigs jüdische Identität – formulieren wir es handlungstheoretisch –, der von ihr gewählte Lebensweg als Jüdin, ihre Biographie als Jüdin, aus der Orientierung auf ein gemeinsames Land speist, die einen Bestandteil jüdischen Lebens ausmacht. Diese Orientierung, der in einer Familie, die die Feste feiert, jedes Jahr am Sederabend Ausdruck verliehen wird[13], ist ihr, im Unterschied zu einem Leben nach jüdischen Gesetzen, nach der Shoah geblieben. Damit kann Frau Zweig in einem Teil ihres Lebens, das von frühester Kindheit an von Brüchen und Verlusten geprägt ist, wieder Kontinuität herstellen. Diese Kontinuitätsherstellung ist für die psychische Stabilität von Überlebenden, deren frühere Lebenslinie durch die Verfolgung abrupt und in unheilbarer Weise durchtrennt wurde (vgl. Niederland 1980: 229), von besonderer Bedeutung.

Frau Zweig hat in Europa alle ihre signifikanten Bezugspersonen verloren. Ihre Lebenswelt in Prag war nach dem Holocaust unwiederbringlich zerstört. Sie konnte weder an ihre erste Ehe noch an eine Berufslaufbahn wiederanknüpfen. Geblieben ist ihr die Zugehörigkeit zum jüdischen Volk, die sich für sie nicht religiös, sondern durch das gemeinsame Land und die gemeinsame Geschichte herstellt.

Ist es nun zwingend, daß sich jemand mit einem solchen Lebensweg in erster Linie als Jüdin definiert und daß das Gefühl der Zugehörigkeit zum jüdischen Volk nach der Shoah wieder eine Kontinuität zur Vergangenheit ermöglicht? Kontrastieren wir die Fallstudie von Hannah Zweig mit der Lebensgeschichte einer Frau, deren Selbstdefinition sich nicht auf das Jüdischsein konzentriert.

Nachdem ich Amalia Teschner um die Erzählung ihrer Lebensgeschichte gebeten habe, beginnt sie wie folgt:

Ich gehör, zu der deutschen Sprachinsel in, der Slowakei

Frau Teschner (Jahrgang 1916), die perfekt Deutsch spricht, präsentiert sich also nicht mit „ich komme aus“, sondern mit „ich gehöre zu“. Mit dieser im Präsens formulierten Zugehörigkeit wird deutlich, daß sie sich als dorthin gehörend empfindet, obwohl sie heute dort nicht mehr lebt. Bereits im ersten Satz dieser biographischen Selbstdarstellung deutet sich hier eine Kontinuitätsherstellung an.

Es handelt sich dabei nun um eine Insel, auf der Deutsch gesprochen wird und die umgeben ist von einer anderen Ethnie mit einer anderen Sprache innerhalb des gleichen Staates. Ist Frau Teschner nun Deutsche oder verweist sie nur auf die Sprache? Sehen wir, wie sie fortfährt:

Mein Vater war Schullehrer der jüdischen, der israelischen Volksschule, die 'ne deutsche Schule war.

Sie führt ihren Vater über seinen Beruf in das Gespräch ein. Eine Hypothese, die sich hier bereits formulieren läßt, lautet: Die Biographin erklärt damit, weshalb die Familie auf dieser deutschen Sprachinsel lebte. Amalia fährt dann auch fort:

Aber eigentlich stammt meine Familie aus Ungarn.

Hier erfahren wir die nationale Abstammung der Familie. Wie Amalia selbst noch später erläutert, gehörte dieser Teil der Slowakei zu Österreich-Ungarn, wurde jedoch ein Jahr nach der Staatsgründung der Tschechoslowakei 1918 an diesen neu entstandenen Staat abgetreten. Die Eltern stammten ursprünglich aus einem Gebiet, das auch nach 1919 noch zu Ungarn gehörte und wo ihre Verwandtschaft weiterhin lebte. Der Vater entschied sich jedoch, nach der staatlichen Neuordnung, in der Slowakei zu bleiben. Hierbei muß berücksichtigt werden, daß diese Entscheidung erheblichen Einfluß auf die spätere Verfolgung der Familie hatte, da die ungarischen Juden viel länger als die Juden der Slowakei vor Deportationen in die Vernichtungslager geschützt waren.

Vielleicht deutet sich an dieser Stelle im Interview, mit dieser dritten Information über die Familiengeschichte, bereits eine familiale Konstellation an, die Frau Teschner über ihr Zugehörigkeitsgefühl bis heute weiter tradiert. M.a.W.: Die familiengeschichtliche Erfahrung der Diskontinuität staatlicher Zugehörigkeit wird über die Aufrechterhaltung des ethnischen Zugehörigkeitsgefühls „geheilt“.

Es handelt sich bei Amalias Familie also um eine jüdische Familie aus Ungarn, die somit in der Minderheitenkultur der Deutschstämmigen in der Slowakei sowohl als Juden als auch als Ungarn wiederum zu einer Minderheit gehörten.[14] Amalia fährt fort:

> *Und meine eigentliche Muttersprache*[15]*, wenn es eine Muttersprache bei uns überhaupt gibt, ist Ungarisch. Aber gesprochen wurde Deutsch und bis zur Matura hab ich nur Deutsch gelernt, und hab auch deutsche Matura gemacht. Meine Studien hab ich in unserem kleinen Städtchen am deutschen Gymnasium beendet. Dann in der slowakischen Universität in Bratislawa weiterstudiert.*

Frau Teschners voruniversitäre Sozialisation ist also sehr deutsch geprägt bzw. orientiert sich – wie für jüdische Familien nicht ungewöhnlich – am deutschen Kulturkreis. Ihre Familie stammte zwar aus Ungarn, ihre Ausbildung und sprachliche Sozialisation konzentrierte sich jedoch auf das Deutsche. So spricht sie auch noch heute mit ihrer Schwester und ihrem Bruder, die bereits Anfang der 30er Jahre nach Israel emigrierten, hauptsächlich Deutsch, wobei sie jedoch immer wieder ins Ungarische wechseln.

Frau Teschner versteht sich heute jedoch nicht als dem deutschen Kulturkreis zugehörig; sie könnte niemals wie Frau Zweig von einer Anziehung sprechen. Für sie, die das Vernichtungslager Auschwitz überlebt hat, die sofort bei Ankunft an der Rampe ihre Eltern, Schwiegereltern und ihren Ehemann verlor, ist ihre in der Vergangenheit vorherrschende Orientierung an der deutschen Kultur ein Problem. Dies wird mit eine Bedingung dafür sein, daß sich Frau Teschner heute so pointiert als Ungarin versteht. Um sich selbst vom Deutschen abzugrenzen, gewinnt das Ungarische, das bereits vor der Verfolgung familiengeschichtliche Relevanz hatte, retrospektiv weiter an Bedeutung. Obwohl Frau Teschner sich in den vier Interviews, die ich mit ihr führte, nie manifest als Ungarin bezeichnete, erschien sie mir in der Art, wie sie sich präsentierte – vor allem auch bei den privaten Begegnungen außerhalb der Interviews – wie eine Ungarin. So zweifelte ich keinen Moment an ihrer Antwort, als ich sie einmal im Zusammenhang einer Unterhaltung über jüdische Identität fragte: *Was würdest Du denn sagen, als was fühlst Du Dich, als Israelin oder Jüdin oder was.* Sie antwortete, ohne zu zögern: *Ich bin Ungarin.*

Doch weshalb definiert sich Amalia Teschner nicht als Israelin oder Jüdin? Selbst wenn man berücksichtigt, daß – im Unterschied zu den Prager Juden – gerade ungarische Juden in der Slowakei der Zwischenkriegszeit ungarisch-nationalistische Tendenzen zeigten, kann Frau Teschners Selbstdefinition als Ungarin nicht unbedingt erwartet werden. Nur begrenzt hat sie in der Slowakei in einem ungarischen Milieu gelebt, die meisten ihrer Freunde waren Slowaken oder Deutsche, und die gesamte Verwandtschaft der Familie lebte in Ungarn. Es ist jedoch gerade diese Familienkonstellation, der Verbleib der Familie 1919 in dem an die CSSR angeschlossenen Gebiet, die bereits damals die Identifikation mit der ethnischen Abstammung bedingt haben mag und an der Frau Teschner heute festhält, obwohl sie seit ihrer Emigration nach Israel 1949 ein sehr auf den Aufbau dieses Landes konzentriertes Leben führt. Obwohl sie das kulturelle und europäische Milieu Tel Aviv sehr vermißt, hat sie gemeinsam mit ihrem zweiten Mann, der wie sie Arzt ist, Tel Aviv verlassen und ist in die Wüste gegangen, um dort eine Abteilung eines Krankenhauses aufzubauen. In der Negev zu arbeiten bedeutet, als Europäerin unter hauptsächlich orientalischen Juden zu leben und außerdem für die medizinische Betreuung der Beduinen zuständig zu sein. Frau Teschner legt auch Wert darauf, daß sie und ihre Familie gute Israelis sind. Sie ist stolz darauf, daß ihr Sohn und ihre Tochter trotz der schwierigen Lebensbedingungen und der ständigen Kriegsgefahr weiter in Israel leben und sich beruflich für dieses Land engagieren.

Welche biographische Funktion hat nun bei Amalia die Identifikation mit Ungarn? Das Ungarische wurde für sie, im Unterschied zur Orientierung an Deutschland und zum Jüdischsein, in ihrem Leben nicht zum Problem. Da sie nie in Ungarn gelebt hat, hat sie auch den Antisemitismus der Ungarn nicht erlebt. Das Ungarische ist vielmehr durch ihre zweite Heirat mit einem jüdischen Ungarn ein Teil ihres Lebens, der ihr eine Kontinuität mit einer vernichteten Vergangenheit ermöglicht bzw. nach dem Krieg wiederherstellte. Frau Teschners Gewißheit der Zugehörigkeit wurde durch ihre Erfahrungen in Auschwitz viel grundlegender erschüttert als bei Hannah Zweig. Für sie wurde in Auschwitz die Zugehörigkeit zur Menschheit überhaupt fragwürdig. Für sie ist die Frage nach dem Menschsein und der Menschlichkeit viel bedrohlicher als die Frage nach der Zugehörigkeit zu einem bestimmten Kollektiv. Amalia leidet noch heute an der Dehumanisierung bzw. Deindividualisierung, die sie bei der Ankunft in Auschwitz so tiefgreifend erleben mußte. Nach der Eintätowierung der Häftlingsnummer hatte sie das Gefühl:

> *Und in dem Augenblick hat man das Gefühl (2) eigentlich bist du nicht mehr du (1) hast keinen Namen mehr (1) und du gehst wo man dich schickt, und (2) irgend, irgendeine, eine (1) Zukunft, wenn es ein Zukunft gibt.*

So war es bei Amalia auch die Tätowierung der Häftlingsnummer in Auschwitz, und nicht das Haareschneiden oder andere Demütigungsprozeduren, die, wie sie sagt, *so tief in die Seele hineingegangen ist* ..., und sie fährt fort: *die Nummer, die hab ich satt und das bis heut, ohne Namen.*

Nach der Befreiung kämpfte Amalia Teschner lange mit Suizid-Gedanken. Was sie am Leben erhielt, war ihr Medizinstudium und ihrer späterer Beruf als Ärztin. So erzählt sie von einem Gespräch mit einer Freundin aus der Zeit unmittelbar nach der Befreiung, die zu ihr sagte:

> *„Es gibt zwei Möglichkeiten, entweder machst du einen Strich (2) und was war war und du beginnst ein neues Leben oder du hängst dich auf." Und dann hab ich wieder zu handeln begonnen und habe mein unterbrochenes Studium wieder aufgenommen. Ich habe mir gesagt. Ich will weiter studieren, weil ich will mir beweisen, daß ich noch was fertigbringe.*

Einerseits spricht Amalia hier von dem Strich, den sie dem Ratschlag ihrer Freundin zufolge machen sollte, um ein neues Leben beginnen zu können. Andererseits bringt sie aber ihren Versuch zum Ausdruck, wieder an die Vergangenheit anzuknüpfen, indem sie einen abgebrochenen biographischen Strang wiederaufnahm: sie vollendete in Bratislawa ihr Medizinstudium. Ihr Beruf ist bis heute für ihr Leben zentral, und so ist auch ihre Ausbildungskarriere und berufliche Laufbahn das dominante Thema ihrer gesamten Lebenserzählung. Der Beruf ist der Lebensbereich, in dem Frau Teschners Leben auch in Israel weiterleben. Die Eheleute sprechen ungarisch miteinander, in ihrem Freundes- und Bekanntenkreis sind viele Ungarn. Im Unterschied zu Hannah Zweig hat das Ehepaar Teschner auch mit seinen Kindern in ihren ersten Lebensjahren in der Muttersprache gesprochen.

III. Zusammenfassung

Beide Frauen sind multikulturell sozialisiert, beide Frauen haben bis in die Gegenwart eine multikulturelle Lebenspraxis; vor allem führen beide ein bewußt israelisches Leben. Auch wenn sie sich selbst nicht in erster Linie als Israelinnen definieren, identifizieren sie sich mit diesem Land, nehmen aktiv an seinem Aufbau teil. Sie gehören beide nicht zu jenen Juden aus Europa, die im Geiste immer noch in den guten alten Zeiten in Europa leben und die z.B. kaum Hebräisch sprechen. Ihre Selbstdeutungen über ihre Zugehörigkeit unterscheiden sich zwar voneinander, nicht jedoch deren biographische Funktion. In beiden Fällen verhilft ihnen ihre Definition der Zugehörigkeit dazu, eine Kontinuität mit der Vergangenheit vor der Verfolgung herzustellen. Sie wählen damit eine Selbstdefinition, die bereits im Horizont der Möglichkeiten ihrer Herkunftsfamilien liegt. Dieser Horizont der Möglichkeiten ist immer ein vielfältiger. Weshalb Hannah und Amalia jeweils gerade diese eine Möglichkeit und nicht eine andere wählten, ist durch ihre konkreten Biographien bestimmt und wurde ihnen nicht bereits in der Kindheit unveränderlich auferlegt.[16]

Würden wir uns auf die Ebene der Selbstdeutungen beschränken, so würden wir nur sehr wenig von der gelebten Handlungspraxis erfahren und würden vermutlich auch bei Prognosen über die Handlungspraxis irregehen. Ohne die Rekonstruktion der Lebensgeschichte bliebe uns auch verschlossen, welche biographische Funktion diese Selbstdeutungen für die Biographinnen heute haben und wie sie sich lebensgeschichtlich konstituieren. Überhaupt stellt sich die Frage, wie wir als SozialwissenschaftlerInnen die Bedeutung einer sozialen Handlung erschließen können, wenn wir nicht die darauf hinführende Geschichte eines Individuums oder auch eines sozialen Systems kennen. Gehen wir von der grundlagentheoretischen Annahme aus, daß soziales Handeln nur mit der Analyse seiner Entstehungsbedingungen verstehbar und erklärbar wird, ist damit eine Entscheidung für eine Biographieanalyse impliziert.

Besser als die analytische Verwendung eines Identitätskonzepts, das stärker an den Selbstdeutungen der Subjekte im Hier und Jetzt orientiert ist, ermöglicht eine biographietheoretische Analyse die Rekonstruktion der Handlungsgeschichte eines Subjekts und ihrer Auswirkungen auf die gelebte Gegenwart. Identität begründet sich auch nicht über die Zugehörigkeit zu einem Kollektiv, sondern über die Zugehörigkeit zu der jeweiligen biographischen Erfahrungsgeschichte vor dem Hintergrund einer Familiengeschichte, die eingebettet ist in verschiedene Kollektive, eingebettet in die soziale Welt, und die die handlungspraktische Wahl verschiedener, wenn auch begrenzter Möglichkeiten repräsentiert. Dies genau ist, was wir unter Biographie verstehen.

Literatur

Breckner, R. (1994): „Ich war immer froh ein Entwurzelter zu sein". Aspekte biographischer Migrationsforschung in Ost-West-Perspektive. In: Balla, B./Geier, W. (Hg.): Soziologie des Postkommunismus. Hamburg: Lit., 37-59

Erikson, E. H. (1963): Childhood and Society. New York: Norton

Fischer-Rosenthal, W. (1991): Biographische Methoden in der Soziologie. In: Flick, U./Kardorff, E. v./Keupp, H./Rosenstiel, L.v./Wolff, St. (Hg.) (1991): Handbuch Qualitative Sozialforschung. München: Psychologie Verlags Union, 253-256

Fischer-Rosenthal, W. (1995a): Schweigen – Rechtfertigen – Umschreiben. Biographische Arbeit im Umgang mit deutschen Vergangenheiten. In: Fischer-Rosenthal, W./Alheit, P. (Ed.): Biographien in Deutschland. Soziologische Rekonstruktionen gelebter Gesellschaftsgeschichte. Opladen: Westdeutscher Verlag, 42-87

Fischer-Rosenthal, W. (1995b): The Problem with Identity: Biography as Solution to Some (Post)Modernist Dilemmas. In: Comenius, Utrecht (3), 250-265

Glaser, B. / Strauss, A. (1967): The Discovery of Grounded Theory. Chicago: Aldine

Laing, R. D. (1961): The Self and Others, London: Tavistock

Lutz, H. (1995): The Legacy of Migration: Immigrant Mothers and Daughters and the Process of Intergenerational Transmission. In: Comenius, Utrecht, (3) 304-317

Niederland, W.G. (1980): Folgen der Verfolgung: Das Überlebenden-Syndrom. Frankfurt a.M.: Edition Suhrkamp

Reinharz, J. (1986): Haschomer Hazair in Nazideutschland, 1933-1938 (auf englisch). In: Paucker, A. (Ed.): Die Juden im Nationalsozialistischen Deutschland. Tübingen: Mohr, 317-351

Rosenthal, G. (1994): Zur Konstitution von Generationen in familienbiographischen Prozessen. Krieg, Nationalsozialismus und Genozid in Familiengeschichte und Biographie. In: ÖZG, Österreichische Zeitschrift für Geschichtswissenschaften. Wien, November

Rosenthal, G. (1995a): Überlebende der Shoah: Zerstörte Lebenszusammenhänge – Fragmentierte Lebenserzählungen. In: Fischer-Rosenthal, W./Alheit, P. (Hrsg): Biographien in Deutschland. Opladen: Westdeutscher Verlag, 452-476

Rosenthal, G. (1995b): Erlebte und erzählte Lebensgeschichte. Frankfurt a.M: Campus

Rosenthal, G. (1995c): Familienbiographien: Nationalsozialismus und Antisemitismus im intergenerationellen Dialog. In: Attia, I. u.a. (Hrsg.): Multikulturelle Gesellschaft und monokulturelle Psychologie? Antisemitismus und Rassismus in der psychosozialen Arbeit. Tübingen: Dgvt-Verlag, 30-51

Rosenthal, G. (Hg.) (1997): Der Holocaust im Leben von drei Generationen. Familien von Überlebenden der Shoah und von Nazi-Tätern. Gießen: Psychosozial

Schütze, F. (1976): Zur Hervorlockung und Analyse von Erzählungen thematisch relevanter Geschichten im Rahmen soziologischer Feldforschung. In: Arbeitsgruppe Bielefelder Soziologen (Hg.): Kommunikative Sozialforschung. München: Fink, 159-260

Stierlin, H. (1982): Delegation und Familie. Frankfurt a.M.: Suhrkamp

Weinreich, P. (1989): Variations in Ethnic Identity: Identity Structure Analysis. In: Liebkind, K. (Ed.): New Identities in Europe. Worcester: Billing & Sons, 41-75

Anmerkungen

1 Die in Interviews der Autorin erzählten Lebensgeschichten sind Bestandteil einer Studie über jüdische ZwangsemigrantInnen und KZ-Überlebende. Vgl. Rosenthal, 1995a und Rosenthal/Völter/Gilad in diesem Band.

2 In der deutschen soziologischen Identitätsdiskussion gehört Lothar Krappmanns (1975) Versuch einer Verknüpfung des Identitätskonzepts aus der vorwiegend auf G.H. Mead (1934) zurückgehenden Tradition des Symbolischen Interaktionismus mit E.H. Eriksons psychodynamischen Ansatz (1968) zu denjenigen, die für eine biographietheoretische Diskussion anschlußfähig sind.

3 Zur Differenz von erlebter und erzählter Lebensgeschichte vgl. Rosenthal 1995b.

4 Zur Methode hermeneutischer Fallrekonstruktionen vgl. Rosenthal 1995b.

5 Zur Wirksamkeit der Nazi-Vergangenheit in Drei-Generationen-Familien vgl. Fischer-Rosenthal 1995, 57ff; Rosenthal 1994; 1995c; Rosenthal (Hg.) 1997

6 Die folgende Diskussion von zwei Fallstudien ist eine ergebnisorientierte, d.h., der Weg der Interpretation kann hier nicht nachgezeichnet werden. Deshalb sei zumindest darauf verwiesen, daß bei dem hier angewandten Analyseverfahren (Rosenthal 1995b) sowohl die Hypothesengewinnung, als auch die Überprüfung am konkreten Einzelfall erfolgt. Wesentliche Prinzipien dabei sind die der Sequentialität und der Rekonstruktion.

7 Alle Namen sind maskiert.

8 Hannah spricht von 20 Männern.

9 Diese Information stammt aus einem Interview mit Ariehs Schwester, die in der Tschechischen Republik lebt. Er selbst thematisiert in einem Interview der beiden israelischen Mitarbeiterinnen Noga Gilad und Tamar Zilberman seinen nicht-jüdischen Hintergrund nur in Andeutungen. Seine mittlerweile geschiedene Ehefrau Hannah führt ihn als Juden im Interview mit der Autorin ein.

10 Die Gesprächspartner wurden entsprechend der Methode des narrativen Interviews um die Erzählung ihrer Lebensgeschichte gebeten (vgl. Schütze 1976; Rosenthal 1995b).

11 Mit ihrer Tochter und ihrem Sohn wurden im Zusammenhang eines von der Autorin geleiteten Forschungsprojektes über Drei-Generationen-Familien (vgl. Rosenthal/Völter/Gilad in diesem Band) Interviews geführt. Beide Kinder wissen kaum etwas über die Vergangenheit ihrer Eltern vor der Alija.

12 Die Kommata stehen für kurzes Absetzen, Ziffern in Klammern stehen für Pausensekunden.

13 An diesem Abend wird beim rituellen Essen aus der Haggada, der Schrift über den Auszug aus Ägypten, vorgelesen, und er endet damit, daß alle das Glas heben und gegenseitig den Wunsch aussprechen: „Nächstes Jahr in Jerusalem."

14 Ca. 10% der Bevölkerung des Heimatortes von Amalia waren Juden.

15 Unterstreichungen stehen für Betonungen.

16 Während Amalia z.B. ein Leben führt, das sich nicht an den Glaubensregeln orientiert, es wie die Ungarn liebt, Fleisch mit Sahne zu essen, lebt ihr Bruder, der bereits vor der Shoah nach Palästina emigrierte, streng orthodox.

Jacqueline Giere

„Unterwegs, aber nicht in der Wüste"
Traditionsbildung in Lagern für Displaced Persons in der Nachkriegszeit[1]

„Mir darfn zich opgebn a cheszbon [Rechnung] fun undzer tragik. Natirlech undzer lebn in dajczland iz a cajtwajliks. Ober mir lebn szojn azoj anderthalbn jor, un wos wajter? ... Mir zajnen unterwegs, ober niszt in midber [Wüste]."[2]

Die jüdischen Displaced Persons waren unterwegs, aber nicht in der Wüste. Sie trugen mit sich die unauslöschlichen Erfahrungen der unmittelbaren Vergangenheit, sie hatten den unsicheren Wartestatus der Gegenwart und ihr Leben war voller Pläne, Ziele, aber ebenso Unsicherheit, was die Zukunft betraf. Doch zugleich besaßen sie ihre Kultur: die mitgebrachten osteuropäisch-jüdischen kulturellen Wurzeln, und es gab ein Netz von Hilfsorganisationen, die sie in ihren kulturellen Bemühungen unterstützten. Sie hatten durchaus Vorstellungen darüber, welches kulturelle Vermächtnis sie an die nächste Generation weitergeben wollten. Dahinter stand die Frage, wie die historischen Erfahrungen, die unmittelbaren Verfolgungserlebnisse und die daraus resultierenden Traumatisierungen, wie der Überlebenswille in ein zukunftsweisendes Selbstverständnis umzusetzen sei.

Die folgenden Ausführungen werden weder allgemeine internationale Entwicklungen noch die deutschlandspezifische Besatzungspolitik besonders berücksichtigen; Ausgangspunkt ist vielmehr die DP-Gesellschaft selbst. Die zugrundeliegende Forschung basierte auf drei „Säulen": Informationen über die polnisch-jüdische Kultur im Vorkriegspolen (denn 75–85% aller jüdischen Displaced Persons stammten aus Polen, das zwischen den Weltkriegen auch Wilna umschloß), Zeitdokumenten einschließlich DP-Zeitungen und -Zeitschriften, Sitzungsprotokollen und Betreuerberichten und schließlich Interviews mit ehemaligen DPs und Angestellten der Militärbehörden und Hilfsorganisationen.

Die drei Thesen, die Schlußfolgerungen aus der Forschung, die dieser Beitrag erläutern wird, lauten:

1) Die DP-Erfahrung machte die Überlebenden zu einer Gruppe von *survivor-migrants*;
2) die kulturellen Aktivitäten spielten eine entscheidende Rolle in der Verbindung zwischen vergangener Erfahrung, gegenwärtigem Leben und den Zukunftsplänen; und
3) der Übergang von Vergangenheit und Gegenwart zur Zukunft bedürfte einer Vision, die das kulturelle Vermächtnis mit einbezog.

Zunächst soll der Ausgangspunkt beschrieben werden, die Befindlichkeit, die Erwartungen und die Selbsteinschätzung der Menschen, die die kulturellen Aktivitäten initiieren und die mitgebrachte Kultur an die nächste Generation weiterreichen sollten. Reden, Aufrufe und Leitartikel der Jahre 1945–1949 entwarfen „Idealbilder" von den DPs und beschrieben das von ihnen erwünschte „Idealverhalten". In diese Idealvorstellungen gingen Erwartungen ein, wie Lehrende und Lernende aller Altersgruppen zu sein, und die Anforderungen, wie sie zu handeln hatten.

Zu Beginn sollten die DPs von den „schwarze[n] Schatten ... ihrer inneren Welt" befreit werden, Diaspora- und KZ-Erfahrung abschütteln und sich darauf vorbereiten, ein „neues Leben [und] ... ein neues Heim in einem eigenen Land zu bauen".[3] Frauen sollten „aktiv mithelfen bei der Lösung der Erziehungsprobleme. (...) Sie müssen mit jedem Wort, mit jeder Geste und jeder Handlung den Jugendlichen ästhetisches ... Benehmen beibringen. Damit ... erfüllen sie eine der wichtigsten nationalen Aufgaben."[4] Die Jugendlichen sollten die Fahne der Pionierbewegung wieder aufheben, die „auf den Ruinen des Warschauer Ghettos [und] der Bunker" lag.[5] Den Kindern fiel eine besonders schwere Aufgabe zu: Sie stellten ein lebendes Denkmal dar, ein Denkmal der verlorengegangenen Kultur und der mehr als eine Million ermordeter jüdischer Kindern.[6] Ein Lehrer bezeichnete diese Kinder als Trost „für die brennenden Wunden [des] Herzens ..., die einzige Rache für die Leiden der Vergangenheit ..., [der] große Schatz [des] armen Volkes".[7]

Wie waren diese Überlebenden in Wirklichkeit? Wie erging es ihnen, vor allem psychisch, zu Beginn ihres Lebens als jüdische Displaced Persons? Nachdem er Hunderte von Interviews mit Überlebenden ausgewertet hatte, befand Lawrence Langer: „They did not survive the death camps, they outlived them (sie hatten nicht so sehr überlebt, sie hatten einfach länger existiert als die Konzentrationslager)."[8] Zalman Grinberg, Überlebender und erster Vorsitzender des Zentralkomitees der befreiten Juden in der US-Zone in Deutschland rief im Mai 1945 aus: „Wir leben nicht; *wir sind noch tot!*"[9]

Jugendliche und Kinder hatten große Schwierigkeiten, sich neu zu orientieren, sich an ein „normales" Leben anzupassen. Die Jugendlichen hatte gelernt, sich auf eigene Faust „durchzuschlagen"; sie wußten „nur, daß man auf Gewalt mit Gewalt antworten muß und auf Stärke - mit Stärke".[10] Insgesamt gab es „viele Fälle mißlungener Anpassung: Jugendliche, die nicht zur Ruhe kommen ...; Mädchen, die für ihr Alter zu reif sind ...; 16jährige Jungen, die bei den Partisanen dienten und ungeduldig darauf warten, sich der Jewish Brigade anschließen zu dürfen; Jugendliche, die sich so an das Herumziehen, an Gefahren und Mühsal gewöhnt haben, daß ihnen ein normales, bequemes Leben und drei gesicherte Mahlzeiten täglich 'langweilig' erscheinen".[11]

Die wenigen Kinder, die überlebt hatten – in Lagern, durch die gelungene Flucht aus einem Ghetto, in Erdhöhlen in Wäldern oder im Versteck bei Bauern – hatten meist wenig Gelegenheit gehabt, Moralvorstellungen oder „bürgerliches" Verhalten zu entwikkeln. Ein DP-Lehrer berichtete von einem Gespräch mit einem seiner jungen Schüler: „‚*Lererke*, ich habe einen Menschen umgebracht, mit einer Axt', ... sagt er in fast demselben Ton, als wenn er erzählen würde, er hätte ... dem Koch zwei Portionen Suppe abgeluchst. (...) ‚*Lererke*, wenn wir ihn nicht ermordet hätten, hätte er uns umgebracht'".[12]

Die sogenannten „*infiltrees*", polnisch-jüdische Bürger, die ab Frühjahr 1946 aus ihrem Exil in der Sowjetunion nach Polen zurückkehrten und dann in die DP-Lager der westlichen Zonen im Nachkriegsdeutschland weiterwanderten, waren insofern etwas besser dran, als sie der unmittelbaren Vernichtungsmaschinerie entronnen und ihre Familien oft intakt geblieben waren. Dennoch waren auch sie vor der nationalsozialistischen Verfolgung geflohen, hatten sie in den sowjetischen Arbeitslagern Zwangsarbeit verrichten müssen, mußten sie die Strapazen von Deportationstrecks und Malaria überwinden. Bei ihrer Rückkehr nach Polen mußten auch sie feststellen, daß ihre Verwandte, Freunde, Nachbarn verschwunden, ermordet, geflohen waren.

Die Überlebenden der Konzentrations- und Todeslager und der Verstecke, die Partisanen und die, die auf der sogenannten „arischen" Seite am Leben geblieben waren, die Rückkehrer aus der UdSSR – alle diese zu Displaced Persons gewordenen jüdischen Bürger begannen, als DPs eine „alt/neue Gemeinschaft" aufzubauen. In der US-Zone zogen sie in ehemalige Wehrmachtskasernen ein, wurden sie in Arbeitersiedlungen, Flugzeughallen und Schulen untergebracht. In der britischen Zone fanden sie in Hohne-Belsen, in den ehemaligen Lagern II, IV und V ein neues, vorübergehendes Zuhause.

Neben dem Aufbau örtlicher und zentraler Selbstverwaltungen und der Wiederaufnahme aktiven politischen Lebens strebten die jüdischen Displaced Persons danach, auch das kulturelle Leben zu erneuern. Während die politischen Möglichkeiten aufgrund unterschiedlicher „Palästina"- und „DP-Politik" in den amerikanischen und britischen Zonen verschieden waren, ähnelte sich das kulturelle Leben in allen DP-Lagern der westlichen Zonen, sowohl in Deutschland wie in Österreich. Insofern wurden die folgenden Beobachtungen an vielen Orten gesammelt, während auf die Situation in Hohne-Belsen bei Bedarf gesondert einzugehen sein wird.

Von den kulturellen Aktivitäten sollen nun drei konkrete Bereiche vorgestellt werden: das Theaterwesen, die Presse und das Schulwesen. Es werden bewußt andere Bereiche ausgeklammert: Sport, Kindergärten, religiöse Unternehmungen, das Kino, die Kibbuzim und die *hachsharoth* (landwirtschaftlichen Trainingszentren), um sich auf die größeren und damit einflußreicheren Tätigkeiten zu konzentrieren. Die „Kulturmacher" unter den jüdischen DPs waren ehemalige Kulturaktive: Schauspieler, Redakteure, Lehrer, Erzieher, Jugendgruppenleiter, wie auch Idealisten: Interessierte, Amateure, solche, die in den kulturellen Aktivitäten einen neuen Lebenssinn fanden. Sie wurden dabei von einzelnen UNRRA-, Joint- und Militärangestellten unterstützt, ermutigt und z.T. finanziell gefördert.[13] Die Beziehungen zwischen DPs und den Hilfsorganisationen waren nicht immer einfach, doch meist notwendig. Die folgende Anekdote mag dies illustrieren. Josel Rozensaft war Vorsitzender des Zentralkomitees in der Britischen Zone und ein überaus aktiver Vertreter der DP-Interessen. Anläßlich eines Besuches Ende 1945 beim Joint in New York City, so erzählt ein ehemaliger Joint-Angestellter, schimpfte Rozensaft über alles, was Joint in den DP-Lagern unternahm. Die Organisation hätte dies und jenes versäumt, es fehle an Geld, der Unzulänglichkeiten gäbe es sehr viele, usw. Einer der Anwesenden antwortete ihm, wenn Joint so schlecht arbeite, sei es wahrscheinlich sinnvoll, die Mitarbeiter wieder abzuziehen. Rozensaft war entsetzt. Man habe ihn falsch verstanden. Man müsse die Lage berücksichtigen: Die jüdischen DPs stünden zwischen einer ablehnenden deutschen Bevölkerung und der ihnen ebenfalls kaum wohl gesonnenen Britischen Armee. Wen könne man anders beschimpfen, wen sonst als Ventil benützen, wenn nicht Joint![14]

Ein erster Ort der kulturellen Selbstverständigung war das Theater. Auf den Schauspielern lastete allerdings die Hypothek der nationalsozialistischen Verfolgung. Sie hatten, wie alle Überlebende, Familie, Freunde und Kollegen verloren. Israel Segal, Administrativer Leiter des Zentraltheaters MIT (*Minchener Idisher Teater*) in der US-Zone, war Schauspieler in Wilna und im Wilnaer Ghetto gewesen, eher er ins Konzentrationslager verschleppt wurde. Auf der konstituierenden Sitzung der Schauspieler-Gewerkschaft formulierte Segal die schwierigste Herausforderung an das DP-Theater wie folgt: „Obwohl wir die Betroffenen sind, genau wie jeder andere aus unserem Volk, sind wir aber auch gleichzeitig die, die Trost hereintragen müssen. (…) Wir, die wir genau wie sie des Trostes bedürfen, müssen für sie die Rolle der Tröstenden spielen."[15]

Die Schauspieler stützten sich nicht nur auf ihre früheren Erfahrungen im Vorkriegspolen, sie brachten auch ihre Verfolgungserfahrungen in ihre Arbeit mit hinein. Samy Feder, Leiter des professionellen Theaters in Hohne-Belsen, hatte bereits im Konzentrationslager Revuen präsentiert: „Wir haben eine Bühne mitten in einer stinkenden Baracke improvisiert, haben aus einer alten Decke einen Vorhang gemacht, und haben eine Show aufgeführt … zum Chanukka, zu Purim, oder auch dann, wenn wir das Gefühl hatten, einen ‚guten' Kapo zu haben, der nicht zu streng sein würde."[16]

Die Schauspieler in den DP-Lagern mußten zu Beginn ebenso improvisieren. Es gab zunächst weder Requisiten, noch Kostüme noch Texte. Es wurde aus dem Gedächtnis gespielt, gesungen und aufgeführt. Samy Feders Truppe „Kazet-Theater" bot bereits am 26. September 1945 die erste Aufführung. Neben anderen Mängeln gab es keine Theaterschminke, und die Schauspieler bemühten sich, mit farbiger Kreide Ersatz zu schaffen. Kurz bevor der Vorhang aufging, trafen der spätere britische Militär-Oberrabbiner Isaac Levy und Joint-Mitarbeiter Joe Wallhandler mit richtiger Schminke ein. Feder erinnerte sich später: „Viele der Schauspieler … hatten sich bereits geschminkt, und es war an der Zeit, den Vorhang hochzuziehen. Deshalb entschied ich, sie sollten im ersten Akt mit der primitiven [Kreide-]Schminke auftreten. (Das wurde dann zur Tradition, und in den darauffolgenden [47] Aufführungen (...) benützten wir weiterhin jene Schminke, in dem Gefühl ‚auf daß Ihr Euch erinnert', auch wenn wir reichlich Theaterschminke besaßen.)".[17]

Feders Kazet-Theater, das in Belsen entstandene Arbeitertheater der linken zionistischen Partei Poalei Zion und alle anderen DP-Theatergruppen, professionelle wie Amateure, spielten neben Revuen vor allem jiddische Klassiker, an erster Stelle Sholem Aleychem, dessen Stücke von Verfolgung und Durchhalten im Zarenreich erzählen. So lebte in den DP-Lagern das jiddische Theater des Vorkriegspolens – die *Vilnaer Truppe*, das *Varshever Yidisher Kunst Teater* und andere – wieder auf. Die Theatermacher hofften, die „Theaterkultur wieder aufzubauen," „Ring um Ring … die zerrissene Kette des jiddischen Theaters neu zu schmieden."[18] Im Mittelpunkt stand das „jiddische Wort", die zerstörte Sprache, die erneut von der Bühne erklingen sollte. Vor allem die Jugend sollte die Sprache der alten Heimat hören und die Welt des jiddischen Theaters kennenlernen. Als Teil der national-kulturellen Verwirklichung sollte das Theater ein Teil der DP-Welt sein, das Schicksal der Überlebenden teilen, sich aus ihren Sorgen und Wünschen speisen.[19]

Mit dem geschriebenen Wort sorgte die DP-Presse für eine weitere kulturelle Orientierung. Hier gab es ähnliche Anfangsschwierigkeiten wie im Theaterwesen: Es gab in den DP-Lagern weder Setzereien noch Druckereien, und vor allem mangelte es an hebräischem Bleisatz – wo sollte es ihn auch im Nachkriegsdeutschland geben? –, um die jiddisch-sprachigen Texte zu setzen. Ehemalige Redakteure und Vorkriegsjournalisten unternahmen dennoch mit Hilfe und Unterstützung des Joint und der UNRRA den

Aufbau von Zeitungen und Zeitschriften. Manche Produkte waren schlichte hektographierte Blätter, manche wurden mit der Hand geschrieben, andere wurden anfangs in deutschen Betrieben gesetzt und gedruckt.

In Hohne-Belsen erschienen zwei Veröffentlichungen jeweils einmal, beide von *faraynikter tsionistisher revizionistisher bavegung in der englisher tsone fun daytshland* herausgegeben: *Zum Sieg* (September 1946) und *Emes* [Wahrheit] (Dezember 1946). Am wichtigsten für Hohne-Belsen war jedoch die Zeitung des Zentralen Jüdischen Komitees, *Undzer Szstime*. Ab Juli 1945 wurde sie zunächst handschriftlich auf Matrizen geschrieben, später waren es maschinengeschriebene, dann schließlich gesetzte und gedruckte Nummern. Ende 1947 wurde die Zeitung durch das „*Vokhnblat. Organ fun der Sheyres-Hapelyte in der britisher Zone*" abgelöst, das bis August 1950 erschien. Weiterhin gab es ab Oktober 1945 das *Biuletin fun yidishn tsentral komitet in bergn-belsn*, dessen Redakteure Schmuel Weintrojb und ... Samy Feder waren.[20]

Die Sprache der meisten DP-Presseerzeugnisse war Jiddisch; die Hoffnung der Herausgeber war es, eine Kontinuität herzustellen – zum Pressewesen im Vorkriegspolen, zur Sprache der osteuropäisch-jüdischen Kultur. Samuel Gringauz, Ratsvorsitzender der befreiten Juden in der US-Zone faßte diese Hoffnung zusammen: „Wir wollen das große Erbe des umgekommenen Volkes heiligen. Wir wollen ein neues Leben aufbauen, ... in welchem eine solche Katastrophe nicht mehr vorkommen kann. (...) Wir wollen die Melodie unserer reichen Geschichte mit dem Arbeitslied unserer Zukunft verbinden. (...) Wir wollen die Brücke sein zwischen Gestern und Morgen."[21]

Die Zeitungen hatten zunächst eine wichtige Funktion bei der Suche nach überlebenden Verwandten und Freunden. „*Mir suchen kroyvim*" – Ich suche meine Schwester, meinen Bruder, Mutter, Vater, Ehefrau, Ehemann, Kinder – war eine der wichtigsten Spalten. Lokale Nachrichten aus dem jeweiligen Lager, internationale Nachrichten, und Berichte über jüdisches Leben damals und heute, über die früheren jüdischen Zentren Osteuropas, über Leben und Sterben in den Ghettos und Konzentrationslagern, über jüdische Feste und Feiertage füllten die Seiten der Zeitungen. Jiddische Literatur wurde besprochen, Photos zeigten das Alltagsleben in den DP-Lagern, eine Spalte in fast jeder Zeitung berichtete aus Palästina, von den Kämpfen gegen die Engländer, von den Versuchen, einen eigenen jüdischen Staat dort zu errichten, vom Geschehen im *Eretz Jisroel*, dem Lande Israel. Das Nationalbewußtsein der Zeitungen zeigte sich immer stärker: Je länger die Überlebenden in DP-Lagern auf ihre Auswanderung warten mußten, desto öfter sprachen sie die Zeitungen so an, als seien sie Bürger von *Eretz Jisroel*, die augenblicklich im Ausland weilten.

Die Leitartikel und Aufsätze der Zeitungen setzten sich kritisch mit dem Verhalten der jüdischen Displaced Persons auseinander, besprachen die Alltagspolitik und stellten die Hoffnungen und Erwartungen für die Zukunft vor. Mit großer Empfindlichkeit registrierten die DPs den verbliebenen Antisemitismus in der deutschen Bevölkerung und, wie diese mit dem Dritten Reich und dem Nationalsozialismus umging. Anläßlich des Purimfestes 1946 schrieb ein Journalist in der Landsberger Lager-Cajtung ein Feuilleton, das die Begegnung mit der nationalsozialistischen Vergangenheit humorvoll-ironisch präsentiert. Es handle sich, so der Journalist, um die Planung für einen (fiktiven)

Film im Stil des künstlerischen Realismus. Hierfür suche er drei echte Nazis. Diese Suche gestaltete sich nicht ohne Schwierigkeiten:

Der Bürgermeister könne nicht weiterhelfen, denn, so beteuert er, alle Bewohner seiner Stadt seien Judenhelfer gewesen; „die Brücke ... [hat] sich gebogen, weil ... Bürger [der Stadt] schwere Geschenke für die Juden in die Lager darüberschleppten." Fünf weitere Bürger bedauerten ebenfalls, nicht behilflich sein zu können. Der erste sei selbst Opfer gewesen, der zweite nur gezwungenermaßen Scharführer. Der dritte sei aus Versehen „durch einen Ausländer" in die Partei geraten. Die vierte sei Aufseherin geworden, damit sie ihre Nachbarin – „ eine sehr nette und saubere Dame" – retten konnte. Der fünfte sei „in die SA – ... auf Befehl von [dem Kommunistenführer] Thälmann" gewesen. Ein Ministerialdirektor aus München erklärte, er sei „ein alter Antifaschist. (...) Er war deshalb 12 Jahre ... im Auftrag seiner sehr linken Partei in der NSDAP gewesen". Zum Schluß sucht der Erzähler die nötigen Nazis beim Nürnberger Prozeß – vergeblich. Göring sei ein Opfer. Streicher ein Zionist. (Er habe gewollt, „daß alle Juden nach *Eretz Jisroel* fahren können".) Alfred Rosenberg sei Philosoph, „ein Anhänger des Juden Henry Bergson." Der Autor beendete seine Ausführung mit der Feststellung, der Film ließe sich nun doch nicht realisieren, denn: „Genossen und Freunde! Ich muß Euch eine traurige Mitteilung machen: es gibt keine Nazis in Deutschland!"[22]

Die Zeitungen haben also wie die rege jiddische Presse der 20er und 30er Jahre in Polen – *Undzer Expres* in Warschau wie 200 weitere, unter ihnen 20 Tageszeitungen – existiert. Sie informierten über Vergangenes und Gegenwärtiges und brachten ihre Meinungen zur Zukunft in den DP-Diskurs mit ein.

Die Schule war schließlich der Ort, an dem die nächste Generation, die Kinder und Jugendlichen der Überlebenden, zu erziehen war. Bereits im Juli 1945 wurde die erste Volksschule im DP-Lager Hohne-Belsen mit 92 Kindern eröffnet. Bis März 1948 waren es 340 Kinder, die hier unterrichtet wurden. (An der Tatsache, daß zu diesem Zeitpunkt rund 10.000 Bewohner im Lager lebten, kann man ermessen, wie wenige Kinder es unter den DPs gab.) Außer der Volksschule gab es ebenfalls einen Kindergarten, eine religiöse Talmud-Thora-Schule und eine Yeshiva (Hoch-)Schule, ein Gymnasium und die ORT-Berufsfachschule. Die folgenden Ausführungen beschränken sich auf die Erziehung der Volksschüler, da sie die zahlenstärkste Schülergruppe war.

Die Schulen litten zunächst unter ähnlichen Schwierigkeiten wie die Theatergruppen und die Zeitungsmacher. Tafel, Kreide, Schulbänke, Schulbücher – alles war Mangelware. Die Lehrkräfte selbst waren oft genug keine ausgebildeten Pädagogen, sondern bestenfalls ehemalige Erzieherinnen oder Jugendgruppenleiter, andernfalls Idealisten, Studenten, interessierte Menschen. Wenige waren aus Palästina und aus der Jewish Brigade in die westlichen Zonen gereist, um dort vor allem in den zionistischen Kibbuz-Schulen tätig zu sein. Unterrichtet haben die meisten, anfangs aus dem Gedächtnis, die Inhalte, die sie selbst als Schüler gelernt hatten. Vor allem aber mußten Lehrkräfte wie Kinder versuchen, die erlittenen Traumata – die Wunden, den Terror, die Verluste in Ghettos, in Konzentrationslagern, auf den Todesmärschen; die Erinnerungen an Auschwitz, an Waldhöhlen, an unsichere Verstecke, an die Ermordung der Eltern, der Geschwister, der Freunde – zu überwinden.

Die Schulklassen bestanden aus bunt zusammengewürfelten Gruppen. Lehrkräfte wie Kinder sprachen Jiddisch, Polnisch, Hebräisch und/oder Russisch. Viele der Kinder, auch wenn sie neun oder zehn Jahre alt waren, hatten vorher noch keine Schule besuchen können. Andere waren an sehr unterschiedlichen Schulen unterrichtet worden – in Polen, in Usbekistan, in Sibirien, in Ungarn, heimlich im Ghetto. Dennoch hatten Kinder wie Erwachsene ein gemeinsames Thema, einen gemeinsamen Nenner. Manche Lehrkräfte, vor allem die aus der Jewish Brigade, brachten dieses gemeinsame Moment bereits mit in die Arbeit; andere wurden durch die Jewish Agency beeinflußt. Wiederum andere waren bemüht, den Richtlinien des 1947 in der US-Zone gegründeten Erziehungsdirektoriums zu entsprechen. Der gemeinsame Nenner hieß: *Eretz Yisroel*. Der muttersprachliche Unterricht sollte Hebräisch sein, auch wenn mangels Fachkräften der Unterricht oft in Jiddisch stattfand. Das Fach Geschichte meinte meist die jüdische Geschichte in und von Palästina. Erdkunde hieß oft „Palästinographie", die Geographie Palästinas. Dieses Volkschulcurriculum gab es zwar auch vor dem Kriege in den polnischen *tarbut*-Schulen der Zionisten. Doch nur wenige polnisch-jüdische Kinder hatten das Schulgeld für diese Schulen; die meisten hatten die *powszechny*, die allgemeine polnische Volksschule besucht. Hier in den DP-Lagern hatte jedoch eine ganze Gemeinschaft beschlossen, diese Variante zur Regelschule zu machen.

Als die US-amerikanische Pädagogin Marie Syrkin Anfang 1948 einige DP-Schulen besuchte, griff sie die ihrer Meinung nach einseitige Ausrichtung auf Palästina an und bezeichnete dies als „zionistische Indoktrinierung". Die Lehrkräfte antworteten ihr: „Vielleicht ist es keine gute Pädagogik, wenn man nur eine Seite präsentiert, ... aber wir können uns einen solchen Luxus nicht leisten. Die Kinder haben nichts, gar nichts. Wovon sollen wir ihnen erzählen – von den Segnungen Polens? Sie kennen sie. Oder von Visen für die USA? Sie bekommen keine. Die Landkarte von *Eretz* ist ihre einzige Rettung. (...) Indoktrinierung mag für normale Kinder in einer normalen Umgebung schlecht sein. Aber was ist an unserer Lage normal? (...) *Oyf a krume fus past a krume shu'*."[23]

Betrachtet man das Leben in den DP-Lagern, allen voran die Schulen, die Zeitungen, das politische Leben, bekommt man das Gefühl, daß sich hier eine ganze Gesellschaft auf die Auswanderung nach Israel vorbereitet. Dieses Phänomen gilt es nun zu analysieren und zu interpretieren.

Die traumatisierten Überlebenden, die jüdischen Displaced Persons bauten eine Gemeinschaft, man könnte sagen eine *displaced society* im Transit auf. Wie war dies möglich? Kann man behaupten, dies sei eine typische zionistische Unternehmung? Oder müßte man nicht differenzieren? Ein interpretierender Blick auf das kulturelle Vermächtnis führt m.E. zu drei Schlußfolgerungen.

Ich möchte zuerst behaupten, daß die DP-Erfahrung die verschiedenen Menschen – Überlebende der Todeslager, Partisanen, Rückkehrer aus der UdSSR und ehemals Versteckte – zu einer Gruppe von *survivor-migrants* zusammenschloß. Diese Menschen befinden sich im Transit; sie sind im Augenblick weder Einwanderer im neuen Land, noch Menschen, die sich in der eigenen Heimat auf die Auswanderung vorbereiten, noch Arbeitsmigranten, die vorhaben, später in die Heimat zurückzukehren. Zur Beschreibung derjenigen, die auf der Flucht vor Verfolgung und erlittenem Unrecht sich vorübergehend in einem Land aufhalten, in dem sie nicht zu bleiben gedenken, schlage ich den Ausdruck *survivor-migrant* vor.

Die DP-Erfahrung half diesen Menschen, sich als Migranten zu definieren, die unterwegs in eine neue Heimat seien. Sie half ihnen, sich weiterhin als Teil eines verfolgten Volkes zu definieren, das – egal ob religiös, säkular, assimiliert, politisch engagiert – eine gemeinsame Geschichte besitzt. Die DP-Erfahrung bot schließlich diesen *survivor-migrants*, deren Lebensgeschichte durch den Holocaust abgebrochen worden war, eine neue Zeitlinie, eine Verbindung zwischen Vergangenheit, Gegenwart und Zukunft.

Ich möchte zweitens behaupten, daß die kulturellen Aktivitäten eine entscheidende Rolle bei der Entwicklung der Zeitlinie spielten. Im einzelnen heißt das: Für Menschen, die alles verloren hatten – Familien, Besitz, Freunde und Nachbarschaft – war das Theater eine Art Poesie-Album, in dem die Worte, die Idiome der verlorenen Kultur aufbewahrt wurden. Noch mehr aber war das Theater ein Photoalbum. Es bot „living pictures", sich bewegende Photos, die einzige visuelle Beziehung zum vorherigen Leben der jüdischen DPs.

Die Zeitungen wiederum boten ein Forum, um Vergangenheit und Gegenwart zu erforschen, um sich an die Vergangenheit zu erinnern und um sie zu analysieren. Etwa wie in den Läden auf der Ponte Vecchio über den Fluß Arno in Florenz boten die Zeitungen einen Platz, auf dem die Menschen verhandeln, sich auseinandersetzen, interpretieren, sich gegenseitig beeinflussen konnten auf ihrem Weg aus der Vergangenheit in die unbekannte Zukunft.

Die Schulen gaben die Träume der Erwachsenen wieder. Sie boten den Waisenkindern Familienersatz, den überlebenden Kindern und Jugendlichen eine gemeinsame Erfahrung. Sie boten vor allem einen Zukunftstraum an, für den es sich zu lernen lohnte, einen Traum, der aus der Vergangenheit, aus Deutschland, aus den DP-Lagern herausführte.

Ich möchte schließlich behaupten, daß *survivor-migrants* nur dann eine Gemeinschaft im Transit aufbauen, erfolgreich kulturelle Traditionen erhalten oder neu bilden können, wenn sie eine Vision entwickeln, eine zündende Idee, die die Zeitlinie logischerweise – soziologisch und psychologisch – weiterführt. Diese Idee muß vergangene und gegenwärtige Erfahrung einbinden und in ein Ziel münden lassen, das lebensgeschichtlich und handlungsrelevant ist und außerdem umsetzbar erscheint.

Für die jüdischen Displaced Persons war diese Idee der jüdische Staat in Palästina. Sicherlich muß man sich daran erinnern, daß eine Vision eine Utopie ist. Sie kann die Gruppe tragen oder gar beflügeln, ohne daß sie individuell umgesetzt werden muß. So wie heute viele in den USA oder Europa lebende jüdische Bürger froh sind, daß es den Staat Israel gibt, ohne selbst dorthin übersiedeln zu wollen, so hatte ihre Vision für die jüdischen DPs eine wichtige, lebensnotwendige Funktion. *Eretz Yisroel* war diese Vision, die Erringung eines Landes, wie es ein Zeitungsredakteur formulierte, „wo keiner in der Welt [uns] wird sagen können: ‚Haut ab!'"[24] Diese Vision war die Rückkehr in die Zukunft, der Kampf um ein zukünftiges Leben in einem 2000 Jahre alten Heimatland, in einem Land, das die meisten DPs noch nie gesehen hatten.

Im Buch Genesis kann man lesen, wie Jakob sein Gefolge in zwei Gruppen teilte, ehe sie sich aufmachten, Esau zu treffen. Jakob erklärte, sollte Esau die eine Gruppe angreifen und umbringen, solle die andere Gruppe entkommen. Dies war der erste biblische Hinweis auf einen Rest des jüdischen Volkes, der übrigbleibt. Im Laufe der Jahrtausende jüdischer Geschichte gab es immer wieder die eine Gruppe, die entkam – in biblischen Zeiten, im Mittelalter, im 19. Jahrhundert, heute. Die jüdischen *survivor-migrants*, die Displaced Persons, der kleine Rest der Überlebenden, die den Todeslagern entkamen, konnten die osteuropäisch-jüdischen Zentren nicht neu errichten. Sie konnten aber ihr Wissen und Reste ihrer Kultur bewahren. Innerhalb der DP-Gesellschaft sammelten sie sich; sie sprachen von Vergangenem, handelten in der Gegenwart und reichten ihr kulturelles Vermächtnis an die nächste Generation weiter. Wie zu Beginn zitiert: Sie waren unterwegs, aber nicht in der Wüste.

Anmerkungen

1 Eine ausführlichere Diskussion des Themas befindet sich in Jacqueline Dewell Giere, Wir sind unterwegs, aber nicht in der Wüste: Erziehung und Kultur in den jüdischen Displaced Persons-Lagern der amerikanischen Zone im Nachkriegsdeutschland 1945 - 1949, Dissertation, Frankfurt 1993. Photomaterial zum Thema befindet sich in Jacqueline Giere, Rachel Salamander, Hrsg., Ein Leben aufs Neu: Das Robinson-Album: DP-Lager: Juden auf deutschem Boden 1945 - 1948, Wien 1995. Die folgenden Fußnoten wurden, wenn nicht anders vermerkt, durch die Autorin ins Deutsche übertragen.

2 Awrohom Browar, Jidisz Teatr baj der Szejrit Hachurbn, in: Unterwegs [Frankfurt-Zeilsheim], Nr. 14, 28. März 1947, o.Sz.

3 Jakob Olejski, Schöpferische Arbeit der Sinn des Lebens. Rede anläßlich der Eröffnung der Berufsschule, Landsberg, 1.10.1945; JDC Archives Record Group AR 4564, file 406; ders.: Landsberg hojbt ojf hojch di fon fun „ORT" (Fortrag gehaltn ojfn 2-jorikn jojwl fun der landsberg „ort"-szul.), in: Jidisze Cajtung, Jg. 3, Nr. 67(135), 5.9.1947, S. 6.

4 Pauline Fischer-Sztajer, Iber di oyfgabn fun der Sheyris Hapleyta-froy in: Tsum Oyfboy, 11.12.1946, S. 3.

5 Aleuropejiszer cuzamenfor fun cijonistiszer arbeter-jugnt-organizacje „Dror" - „Dror-Habonim" in Landsberg, in: Landsberger Lager-Cajtung, Jg. 2, Nr. 12(24), 2.4.1946, S. 13.

6 Fajerlecher syjum fun der hebrejiszer folks-szul in Landsberg, in: Landsberger Lager-Cajtung, Jg. 2, Nr. 22(34), 28.6.1946, S. 9.

7 Aron Wider, Nechome, in: Undzer Hofenung [Eschwege], Jg. 2, Nr. 3(25), 31.1.1947, S. 5.

8 Lawrence Langer, Podiumsbeitrag anläßlich der Eröffnung des Research Institute, United States Holocaust Memorial Museum, Washington DC, Dezember 1993.

9 Zalman Grinberg, Rede gehalten in St. Ottilien, 27.5.1945, S. 4.

10 Leserbrief, in: Jidisze Cajtung, Jg. 3, Nr. 64(132), 26.8.1947, S. 4.

11 Dorothy Kahn Bar-Adan, When Refugee Youth Comes Home, in: The New Zealand Jewish Chronicle, Jg. 1, Nr. 9 & 10, June/July 1945, S. 205–206, Zitat S. 205 f.

12 B. Ass, Di szwere rol fun jahntikn lerer, in: Undzer Hofenung [Eschwege], Nr. 2, 14.6.1946, S. 3 f..

13 UNRRA: United Nations Relief and Rehabilitation Administration war die erste UN-Flüchtlingsorganisation; Joint: American Jewish Joint Distribution Committee (auch AJDC oder JDC genannt) bietet seit dem Ersten Weltkrieg jüdischen Gemeinden in der ganzen Welt Hilfe an, wenn diese in Not geraten.

14 Theodore Feder, Stellvertretender Joint-Direktor, Deutschland, 1946-1949, in einem Interview mit der Autorin am 25.1.1989 in New York City.

15 Israel Segal, Derefenungs rede fun tsuzamenfor fun yidishe artistn fun der amer. zone, Mai 1947, S. 1; Yad Vashem Archives, M-1/P-82.

16 Samy Feder, The Yiddish Theatre of Belsen, in: Irgun Sheerit Hapleita Me'Haezor Habriti, Hrsg., Belsen, Tel Aviv, 1957, S. 135–139, Zitat S. 136.

17 Nachma Sandrow, Vagabond Stars: A World History of Yiddish Theater, New York, N.Y. 1977, S. 355.

18 Israel Segal, Undzer premyere, Programmheft, 3.8.1946; Yad Vashem Archives, M-1/P-89; Israel Beker, „Mikt" un „Mit", in: Ibergang, Jg. 2, Nr. 6(8), 12.1.1947, S. 5.

19 M.B. Gutman, Thoughts of a Former Prisoner, o.D. [1946], S. 1; YIVO Archives Record Group 294.1, folder 427; Kulturamt Feldafing, Oyfruf tsu der yidisher befelkerung in Feldafing, o.D.; YIVO Archi-

ves Record Group 294.2, folder 524, Lea Rudnik, Wegn teater-fragen baj der Szejris Haplejto [Leserbrief], in: Jidisze Cajtung, Jg. 3, Nr. 46(114), 24.6.1947, S. 4; Segal, Premyere.

20 Angelika Königseder, Juliane Wetzel, Lebensmut im Wartesaal: Die jüdischen DPs (Displaced Persons) im Nachkriegsdeutschland, Frankfurt, 1994; YIVO Bleter: Journal of the Yiddish Scientific Institute, Vol. XXVIII, Fall-Winter 1946, S. 399–400.

21 Samuel Gringauz, Di brik cwiszn nechtn un morgn (A halb jor ‚Lager-Cajtung'), in: Landsberger Lager-Cajtung, Jg. 2, Nr. 13(25), 15.4.1946, S. 17.

22 Alkmar Digrin, Nyto kejn nacis in Dajczland, in: Landsberger Lager-Cajtung, Jg. 2, Nr. 11(23), 22.3.1946, S. 7.

23 Marie Syrkin, The D. P. Schools, in: Jewish Frontier, Jg. 15, Nr. 3, March 1948, S. 14-19, Zitat S. 19.

24 Lekh, lekh (Refleksn fun a Na-venadnik), in: Unterwegs [Frankfurt-Zeilsheim], Nr. 8, 23.1.1947, S. 6.

Gabriele Rosenthal / Bettina Völter / Noga Gilad

Folgen der Zwangsemigration über drei Generationen Israelische Familien mit Großeltern aus Deutschland

I. Die Ausgangssituation von deutschen EmigrantInnen, die zwischen 1933 und 1939 nach Palästina flüchteten

Wir waren ungefähr 200 (Jugendliche, d.V.) und man hat uns geteilt in fünf verschiedene Kibbuzim, das war August 1937 kamen wir an. Ein halbes Jahr hab ich nicht gesprochen, im Kibbuz K. sprachen die mit uns nur Hebräisch. Nach einem halben Jahr ein guter Freund von mir sagte einen Fluch auf deutsch. Sag ich: „Was, Du kannst Deutsch?" Er meinte: „Heute kannst Du es schon wissen". Das war schwer. Aber schwerer waren die Nachrichten aus Deutschland ... wir hatten mehr Angst, wir hörten mehr als die Eltern in Deutschland. Wir haben immer gesagt, kommt, kommt, kommt.

Dieses Zitat entnehmen wir einem Interview mit einem Israeli, der als 16jähriger im Rahmen der Jugendalija 1937 aus Deutschland nach Palästina emigrieren konnte, dessen Eltern jedoch die rechtzeitige Ausreise aus Deutschland nicht mehr gelang; sie wurden von den Nazis oder ihren Helfern ermordet. Herr Jarkoni[1] bringt in diesem kurzen Abschnitt die wohl bedeutsamste lebensgeschichtliche Konstellation seiner Generationseinheit zum Ausdruck: In Palästina fanden die Jugendlichen Schutz und auch Anerkennung, gleichzeitig standen sie unter starkem Anpassungsdruck, der u.a. die Verleugnung ihrer deutschen Sozialisation und ihrer Bindung an Deutschland erforderte. Der schwere Anfang im neuen Land stand jedoch auch ganz im Schatten der Nachrichten, die sie nach ihrer Migration aus Europa erreichten. Sie hörten von der Verfolgung und später von der Ermordung ihrer Familienangehörigen, ihrer Eltern, Großeltern, Geschwister, anderer naher Verwandter und Freunde. Die mit dieser Ausgangskonstellation verbundene weitere lebensgeschichtliche Dynamik bestimmt nicht nur diese Generation, sondern auch die Dynamik in ihren Familien sowie die Biographien ihrer Kinder und auch ihrer Enkel. Zentrales Thema dabei ist in jeder Generation die eigene Haltung zu Israel und zu Deutschland.

Bevor wir auf unsere empirischen Befunde zu Drei-Generationen-Familien jugendlicher ZwangsemigrantInnen eingehen (Kap. 2) und eine dieser Familie vorstellen werden (Kap. 3), zunächst einige Hinweise zur Situation in Palästina, auf die diese Jugendlichen nach dem Verlassen Deutschlands trafen.

Juden aus Europa, die zwischen 1933 und 1945 vor den Nazis flüchteten und direkt oder nach Zwischenstationen in anderen Ländern ins englische Mandatsgebiet Palästina kamen, vergrößerten dort den jüdischen Bevölkerungsanteil, den „Jishuw", um ca. 150%. Während bei den früheren Einwanderungswellen[2], die Mehrzahl der Einwanderer (Olim) aus Osteuropa stammten, waren bei dieser 5. Alija[3] viele Juden aus Deutschland und Österreich dabei. Je nach Quelle machten die deutschsprachigen Juden zwischen 20 % (Segev, 1995: 52) und 30% (Pinner, 1972: 89) der Gesamteinwanderung dieser Alija aus. Von diesen ca. 52 000 deutschsprachigen Juden kamen im

Rahmen der Kinder- und Jugendalija, die 1932 in Deutschland als Projekt ins Leben gerufen worden war, an die 5 000 12–17jährige ohne ihre Eltern ins Land[4]. Die Jugendalija, mit der auch Herr Jarkoni und weitere 3261 Jungen und Mädchen (Wetzel 1988) nach Palästina immigrierten, war ab dem 15. Lebensjahr nach einer beruflichen Ausbildung in Deutschland als organisierte Gruppenauswanderung möglich. Erklärtes Ziel der Kinder- und Jugendalija war es, die jungen Einwanderer für das Leben in einer landwirtschaftlichen Siedlung auszubilden. Kinder und Jugendliche wurden in Palästina meist in einem Kibbuz aufgenommen. Dasselbe galt für junge Erwachsene, die nach einer im allgemeinen anderthalb Jahre dauernden handwerklichen oder landwirtschaftlichen Ausbildung, die sie ab dem 14. Lebensjahr im Rahmen der zionistischen Palästinaorganisation „Hechaluz" (hebräisch: der Pionier)[5] in Ausbildungsstätten, Trainingslagern und auf Bauernhöfen absolvieren konnten, nach Palästina einwanderten. 1935 wurde in Deutschland speziell für die Jugendlichen zwischen dem 14. und 18. Lebensjahr die sogenannte Mittlere-Hachscharoth in der Hechaluz institutionalisiert (Reinharz 1986: 327).

Die deutschsprachigen Juden kamen also in ein Land, in dem die Gemeinschaft der dort lebenden Juden sich in erster Linie aus osteuropäischen ImmigrantInnen zusammensetzte, die nicht wegen des Nationalsozialismus nach Palästina eingewandert waren und die ihre Alija auch meist nicht als „Rettung", sondern als „Erlösung" erlebten. Sie waren in der Regel aus zionistischem Motiv, also um einen zionistischen Staat zu gründen und aufzubauen, ins Land gekommen. Die deutschen, österreichischen aber auch tschechischen ImmigrantInnen, die im Unterschied zu den osteuropäischen Juden meist aus der assimilierten Mittelschicht stammten, über ein hohes Bildungsniveau wie eine gute Berufsausbildung verfügten und durch den Haavara-Transfer[6] finanziell gut abgesichert waren, stießen bei der bereits ansässigen jüdischen Bevölkerung auf erhebliche Ressentiments. Abgesehen von all dem Spott und den Zuschreibungen hinsichtlich ihres deutschen Charakters, insbesondere ihrer Autoritätshörigkeit, warf man ihnen vor, daß sie keine wirklichen Zionisten seien, sondern der Zionismus für sie nur ein Mittel zur „Rettung" war. Tom Segev verdeutlicht diese Haltung u.a. am Beispiel des damaligen Ministerpräsidenten Ben Gurion, der viele der negativen Klischees in bezug auf die „Jecken" teilte und sich über „ihre Sehnsucht nach deutscher Kultur und ihre peinliche Gesetzestreue lustig" machte (Segev 1995: 84). Diese allgemein verbreitete Haltung ging so weit, daß den deutschen Juden auch eine Mitverantwortung an der Machtergreifung Hitlers zugeschrieben wurde. Während diejenigen, die mit dem sogenannten Kapitalistenvisum im jungen oder mittleren Erwachsenenalter ins Land gekommen waren[7] noch am ehesten dem Klischee des deutschen Juden entsprachen, der das kulturelle und auf den Handel konzentrierte Leben in der Stadt dem Leben in landwirtschaftlichen Siedlungen vorzog, traf es auf die Kinder und Jugendlichen, die im Rahmen der Kinder- und Jugendalija oder als junge Erwachsene im Rahmen der Hechaluz eingewandert waren, nicht zu. Die meisten von ihnen widmeten ihr Leben und ihre Zukunftspläne den Kibbuzim oder siedelten später in „Moschawim"[8] (vgl. Pinner 1972) und verkörperten damit das Bild vom neuen Israeli, dem Haluzim. Doch aufgrund der Klischees in bezug auf deutsche Juden standen diese Jugendlichen und jungen Erwachsenen in ihren Kibbuzim und generell in ihrem gesellschaftlichen Leben ganz besonders unter dem sozialen Druck, mit ihrem Lebensstil und ihrer Lebenshaltung ständig zu belegen, daß sie diesem Klischee nicht entsprachen, sondern vielmehr aufrichtige Zionisten waren – im Sinne eines Zionismus der „Erlösung" und eben nicht der „Rettung" (vgl. Segev 1995) – und als Pioniere bzw. Haluzim beim Aufbau neuer landwirtschaftlich ausgerichteter Siedlungen halfen.

II. Familien mit Großeltern der „Jugendalija-Generation"

Unser Beitrag steht im Rahmen eines seit Dezember 1992 von der Deutschen Forschungsgemeinschaft finanzierten Projektes[9], in dem wir in West- und Ostdeutschland und in Israel familienbiographische und lebensgeschichtliche Interviews mit Drei-Generationen-Familien führten, in denen die Großeltern während des Nationalsozialismus rassisch und auch politisch verfolgt wurden oder zu den Nazi-Tätern und Mitläufern gehörten. Die jüdischen Familien lassen sich nach den Migrationsverläufen der Großeltern[10] in drei Gruppen gliedern:

1. Großeltern, die im Rahmen der Kinder- und Jugendalija oder als Jugendliche im Rahmen der Hechaluz Deutschland bis 1939 verlassen konnten und in England oder Palästina Aufnahme fanden und heute in Israel leben.
2. Großeltern, die im jungen und mittleren Erwachsenenalter bis 1939 aus Deutschland nach Palästina oder andere Länder emigrierten und heute in Israel oder Deutschland leben.
3. Großeltern, die nach der Befreiung aus den Konzentrationslagern oder dem Versteck nach Israel emigrierten und Großeltern, die nach der Befreiung aus den Konzentrationslagern oder dem Versteck in Deutschland blieben oder nach Deutschland kamen.

Im folgenden werden wir uns auf die Familien der ersten Gruppe konzentrieren und unsere empirischen Befunde zu den Angehörigen der anderen Gruppen nur kontrastiv vergleichend einbeziehen.

Der kontrastive Vergleich verdeutlichte, daß die Familien dieser drei Gruppen sowohl eine unterschiedliche Familiendynamik als auch unterschiedliche familien- und lebensgeschichtliche Konstruktionen in allen drei Generationen aufweisen. Die Haupttrennlinie verläuft zwischen Familien, deren Großeltern vor 1939 aus Deutschland emigrieren konnten, und Familien von Überlebenden der Shoah[11]. Der familiale Dialog sowie die eigenen biographischen Konstruktionen sind von jeweils anderen Themen bestimmt. In Familien von Überlebenden sind die wirksamen Themen: „Tod" und „Angst vor Vernichtung", dagegen bewegen sich die Familien- und Lebensgeschichten der Familien von ZwangsemigrantInnen, ob sie heute nun in Israel, in Westdeutschland oder auf dem Gebiet der ehemaligen DDR leben, um die Themen „Emigration" und „Leben in der neuen Gesellschaft".

In Israel zeigt sich im Unterschied zu Deutschland, daß allerdings die Kinder von jugendlichen ZwangsemigrantInnen dazu neigen, das Thema „Emigration" abzuwehren, weil sie sich – im Unterschied zur 2. Generation von Holocaust-Überlebenden – als Sabres[12], als Israelis ohne europäische Wurzeln, präsentieren möchten. Die Lebensgeschichten der Angehörigen dieser Generationseinheit zentrieren sich statt dessen um die Verwirklichung zionistischer Ideale (u.a. durch eine starke Bindung an den Kibbuz bzw. an ein zionistisches Leben in Israel). Die deutsche Vergangenheit der Eltern, und damit die eigene europäische Familiengeschichte, wird dagegen abgelehnt und in ihrer Bedeutung minimiert. Erst die dritte Generation beginnt nun, sich mit dem Emigrantenschicksal der Großeltern zu beschäftigen und sich deren latenter, aber dennoch spürbarer Sehnsucht nach Europa/Deutschland zu nähern[13].

Konzentrieren wir uns auf die Drei-Generationen-Familien mit Großeltern, die mit der zionistischen Jugendalija direkt oder nach Umwegen über andere Länder nach Israel kamen und zwischen 1918 und 1924 geboren sind. Wir bezeichnen die Generationseinheit der *Großeltern* mit *„Jugendalija-Generation"*, da in den Gesprächen mit ihnen sehr deutlich wurde, wie durchdrungen ihr Lebensgefühl und ihre Lebensgeschichte von ihrer im Rahmen der Jugendalija oder Hechaluz in der Adoleszenz erfolgten Emigration und von der zunächst durch den Nationalsozialismus auferlegten zionistischen Orientierung ist. Es fällt auf, daß sich die jugendlichen ZwangsemigrantInnen im Unterschied zu den älteren deutschen ZwangsemigrantInnen viel stärker zu einer zionistischen Lebensweise im Kibbuz verpflichtet fühlten. Wenn sie später dennoch nach schweren moralischen Konflikten den Kibbuz verließen, entschieden sie sich dann auch eher zu einem landwirtschaftlich orientierten Leben in kleinen Städten und Siedlungen beispielsweise in der Wüste Negev und am Toten Meer, als daß sie sich erlaubten, ihrer Sehnsucht nach einem kulturellen Leben in der Stadt nachzugehen. Im Unterschied zu vielen älteren deutschen ZwangsemigrantInnen führte die lebensgeschichtliche Konstellation in ihrer Jugend dazu, daß sich ihr zunächst zur Rettung eingeschlagener zionistischer Lebensweg zu einem Leben für einen israelischen Staat wandelte und sie eine dezidiert zionistische Haltung im Sinne eines Zionismus der „Erlösung" entwickelten.

Die Angehörigen dieser Generationseinheit betrachten sich in ihrer manifesten Selbstdefinition auffällig unabhängig von der Shoah. Obwohl ihre Eltern und andere nahe Bezugspersonen verfolgt und ermordet wurden, versuchen sie, sich selbst nicht in diesem familiengeschichtlichen Kontext zu präsentieren. Immer wieder konnten wir in den Interviews mit ihnen feststellen, wie sehr sie bemüht sind, ihr eigenes Leben von der Shoah zu trennen. Auf die Ermordung ihrer Verwandten kommen sie nicht allzu selten erst auf Nachfragen seitens der Interviewerinnen zu sprechen.

Mit dem Versuch, das eigene Leben von der Familiengeschichte zu trennen, zeigen sie zwar eine Strategie im Umgang mit der bedrohlichen Familienvergangenheit, die wir gerade auch bei Kindern von Überlebenden finden. Doch während es den Angehörigen der „Jugendalija-Generation" gelingt, ihre Lebensgeschichte in Israel (insbesondere entlang der Themen „Zionismus" und „Leben im Kibbuz") zu erzählen, sind die Kinder der Überlebenden geradezu blockiert, eine eigene Lebensgeschichte unabhängig vom Thema Holocaust zu etablieren (vgl. Moore 1994). Während bei Kindern von Überlebenden das Leiden an der Verfolgung ihrer Eltern ganz manifest als Thema in den Gesprächen wie auch in den Familieninterviews auftaucht, versuchen die Kinder der Ermordeten, diesem Thema eher auszuweichen. Diese Differenz zeigt sich dann auch bei den Nachgeborenen. Die Kinder und Enkel der Jugendalija-Generation wissen beispielsweise viel weniger darüber, wer in ihrer Familie ermordet wurde, als die Kinder und Enkel der Überlebenden.

Die Interviews mit den ZwangsemigrantInnen verdeutlichen jedoch, wie sehr sie an ihrer Familiengeschichte leiden, sich dies aber nicht zugestehen können. Ihre biographische Selbstdarstellung ist dagegen durchzogen von mehr oder weniger manifesten Äußerungen ihrer Schuldgefühle bezüglich ihrer Emigration. Sie machen sich Vorwürfe, weil sie Eltern, Verwandte und Freunde in Europa verlassen mußten und weil sie damals die Gefahren für die Zurückgebliebenen nicht erkannten. Ihre Gefühle von Überlebensschuld sind konkret mit der Zeit verknüpft, in der ihre Eltern in Europa noch lebten und meist von ihrer Verfolgung noch berichten konnten bzw. in Briefen um Unterstützung für die eigene Emigration baten. Sie ist Resultat der damaligen eigenen Ohnmacht und der Überforderung, sich zum einen selbst in einem fremden Land einleben zu müssen und sich zum anderen verantwortlich für die Eltern und Geschwister in Deutschland zu fühlen. Viele der jungen Erwachsenen waren damals damit beschäftigt, eine eigene Familie zu gründen und sich eine Zukunft und eine neue Heimat zu schaffen. Im Rückblick erfahren sie diese biographische Konstellation als ungeheuer belastend. Um die Selbstvorwürfe nicht übermächtig werden zu lassen, versuchen manche von ihnen in ihren biographischen Konstruktionen, ihr Leben nach der Emigration vom Leben in Deutschland zu trennen[14]. Wie wir am Beispiel der Familie Arad zeigen werden, vermeiden andere weitgehend, von ihrem Leben vor der Emigration und von ihrer Herkunftsfamilie zu erzählen.

Vergegenwärtigen wir uns die Situation der jugendlichen ZwangsemigrantInnen in den Jahren bis 1945 bzw. bis zur Staatsgründung Israels. Sie lebten in einer lebensweltlichen und politischen Ungewißheit: Wird es einen Staat Israel geben, oder werden die arabischen Staaten die Juden wieder vertreiben oder gar vernichten? Wie viele Juden werden von den Engländern an der Einreise ins Land gehindert? Was geschieht in Europa mit den zurückgebliebenen Verwandten und Freunden? Diese Ungewißheiten waren Bestandteil ihres Lebens, sie wollten sich von ihnen jedoch nicht erdrücken lassen. So waren sie gerade in jener Zeit schon bemüht, die Zweifel an der Rettung ihrer Verwandten zu unterdrücken und auch einer Realisierung der Verbrechen, die in dieser Zeit stattfanden, auszuweichen. In ihren Interviews betonen sie, wie sie mit Optimismus und Gewißheit versuchten, als junge ZionistInnen und Kibbuzniks in die Zukunft zu schauen. Mit ihrer Aufbauarbeit von Eretz Israel wollten sie dem Auftrag, der mit ihrer Auswahl zur Jugendalija verbunden war, gerecht werden. Sie wollten einen jüdischen Staat zum Blühen bringen, wollten Israelis sein und ihre deutsche Vergangenheit vergessen. Dieser damalige Optimismus wie auch die Abwehr der Nachrichten aus Europa wird u.E. jedoch heute in den Interviews aufgrund ihrer Schuldgefühle überbetont. Wie auch die eingangs zitierte Aussage von Herrn Jarkoni verdeutlicht, waren es schwere Jahre, in der die Jugendlichen mit viel Mühe den sozialen Erwartungen gerecht werden mußten. Ihre Sehnsucht nach ihrer Heimat und ihren Eltern konnten sie kaum offen zeigen, die Sorgen um ihre Eltern und Verwandten begleiteten ihren Alltag.

„Eine Jugend ohne Eltern“ war ein in den 1940er und 1950er Jahren in Eretz Israel sozial wirksamer Mythos vom neuen Israeli, der die familiale europäische Tradition ablegt, die Arbeit auf dem Feld liebt, körperlich gesund ist und sich vor allem vom Image des unterlegenen Juden aus Osteuropa abzugrenzen versucht (vgl. Rubinstein 1977).

Die Wirksamkeit dieses Mythos ergab sich u.a. daraus, daß er der Lebensrealität der in den 30er und 40er Jahren im Kibbuz lebenden Jugendlichen entsprach und zudem mit den Bedürfnissen der Adoleszenten korrespondierte, die sich vom Elternhaus zu lösen versuchten und einen eigenen Lebensentwurf verfolgen wollten. Diese Art von Selbstgefühl, keine Vergangenheit und keine Eltern zu haben, birgt jedoch für Jugendliche die Gefahr in sich, daß sie auch im späteren Leben im Adoleszenzkonflikt verharren (Rubinstein 1977). Im Falle der Angehörigen der Jugendalija-Generation wurde diese Gefahr noch dadurch erhöht, daß die nach dem Zweiten Weltkrieg erfolgte Konfrontation mit der Ermordung der Eltern den Ablösungsprozeß von den Eltern regelrecht einfrieren ließ bzw. die Auseinandersetzung mit den erlebten familialen Beziehungen vor der Emigration blockierte.

Die meist erst nach 1945 erhaltene Nachricht vom Tod der Familienangehörigen, die zudem noch mit dem Kollektivschicksal der jüdischen Bevölkerung in Europa, der Ermordung von 6 Millionen Juden, verknüpft war, konnte vor diesem Hintergrund nicht in ihrer vollen Bedeutung angenommen werden. Die Trauer um den Verlust wurde mehr oder weniger unterdrückt, was auch heute noch in den Gesprächen mit den Angehörigen dieser Generationseinheit auffällt. Da sie sich schuldig fühlen, ihre Familien verlassen und ihnen dann nicht geholfen zu haben, sind sie bis heute sehr an ihre Eltern gebunden. Gerade ihre Schuldgefühle hindern diese Generation, die in ihrer mittleren Adoleszenz von den Eltern getrennt wurde, um den Verlust ihrer Eltern zu trauern und sich damit von der Bindung an sie zu lösen. Sie können sich selbst nicht zugestehen, kritisch über ihre Eltern nachzudenken, sondern fühlen vielmehr eine Verpflichtung, ihr Elternhaus und insgesamt ihre Kindheit nur im positiven Lichte zu präsentieren. Das Bedürfnis, das Elternhaus überaus positiv darzustellen, ist eine strukturelle Gemeinsamkeit all derer, die als Jugendliche zwangsemigrierten und die Eltern zurücklassen mußten. Wir nehmen an, daß die abgewehrte Trauer um den Tod der Eltern erhebliche Auswirkungen auf die Beziehung dieser Generation zu ihren eigenen Kindern hatte. Nicht nur, daß diese abgewehrte Trauer an die Kinder unbewußt vermittelt wurde; es ist auch anzunehmen, daß ihre dadurch nur ansatzweise mögliche Ablösung von den Eltern die Beziehung zu ihren Kindern störte.

Mit dem Gegenwärtigwerden der Ermordung der Familienangehörigen sowie der Realisierung des Ausmaßes der Verbrechen geriet die relative Unbekümmertheit gegenüber den Vorgängen in Europa für diese Generationseinheit wie für alle anderen außerhalb Europas lebenden Juden zum Problem. Dieses Problem korrespondierte in Israel nun deutlich mit dem öffentlichen Dialog über die Shoah. Während die jüdische Bevölkerung in Palästina zwischen 1933 und 1945 beschäftigt war mit dem Kampf für die Entstehung des zukünftigen Staates und gegen das britische Mandat sowie mit dem Aufbau von staatlichen Strukturen, war im öffentlichen Diskurs das Schicksal der jüdischen Bevölkerung in Europa kein zentrales Thema. In den Massenmedien wurde die Bevölkerung vielmehr in gewisser Weise vor der Erkenntnis der grausamen Realität des Holocaust geschützt, in dem z.B. vom Holocaust in der Vergangenheitsform berichtet wurde sowie Informationen über die Verfolgung in Europa „in biblischen Klagen und poetischen Mottos“ verpackt wurden: „Auf diese Weise distanzierten die Zeitungen den Holocaust vom Alltagsleben und enthoben ihre Leserinnen und Leser der Pflicht, ihn als Teil der Wirklichkeit zu sehen“ (Segev 1995: 145). Diese Haltung sowie die nach dem Zweiten Weltkrieg stärker publik werdenden gescheiterten und unterlassenen Hilfsmaßnahmen führten zu einem kollektiven Schuldgefühl, das die Institutionalisierung eines kollektiven Schweigens zur Folge hatte. Erst mit dem Eichmann-Prozeß 1961 wurde dieses Schweigen durchbrochen und führte in Israel zu einer dramatischen Wandlung im Verhältnis zum Holocaust. Infolge der Übertragung des Prozesses im Rundfunk, der Ausstrahlung vieler Zeugenaussagen von Überlebenden der Shoah, begann deren Leid nun zu einem öffentlichen, viel beachteten Thema zu werden (Danieli 1980; Segev 1995).

Die Form der Beschäftigung mit der Shoah bei jugendlichen ZwangsemigrantInnen entspricht weit mehr dem öffentlichen israelischen Rechtfertigungsdiskurs als den Überlegungen von Holocaust-Überlebenden. Während sich Überlebende eher mit Fragen nach ihrer individuellen Schuld quälen, argumentieren die ZwangsemigrantInnen stärker auf einer kollektiven Ebene und rechtfertigen ihre Generationseinheit insgesamt und auch den Jishuw. So sprechen sie beispielsweise darüber, daß Palästina als Mandatsgebiet und ohne Armee nichts gegen die Nazis hätte ausrichten können.

In unseren Gesprächen mit den Angehörigen der Jugendalija-Generation fällt die starke zionistische Orientierung und das Engagement in der Kibbuz-Bewegung auf. In deutlichem Kontrast zu älteren deutschen ZwangsemigrantInnen wie auch zu Überlebenden der Shoah, versuchen die Angehörigen dieser Generation, ihre Bindung an Deutschland resp. an Europa stärker zu verleugnen und sich in ihrem Habitus als Sabres zu geben. Während die älteren EmigrantInnen zum Teil bis heute kaum Hebräisch lernten, immer noch von den guten Zeiten in Europa sprechen, voller Abwehr gegen die orientalischen Lebensweisen in ihrem Land sind, beispielsweise ihre Eßgewohnheiten kaum geändert haben, identifiziert sich die Jugendalija-Generation mit ihrem Einwanderungsland. Manche von ihnen lehnten es sogar lange Zeit ab, Deutsch zu sprechen. Die Analyse der Interviews zeigt, daß ihnen ein Leben für den Zionismus, die aktive Teilhabe am Aufbau Israels, u.a. dabei hilft, die sie quälenden Schuldgefühle gegenüber ihren ermordeten Familienangehörigen zu mildern. Sie können ihrem Verlassen des Elternhauses eine Bedeutung geben, in dem sie es mit der Notwendigkeit legitimieren, für einen jüdischen Staat zu leben und zu arbeiten. Damit geht dann jedoch einher, daß sie ihre schmerzhaften Erfahrungen in Israel und im Kibbuz in ihrer Bedeutung herunterspielen müssen. Sie sind gebunden an ihre positive Identifikation mit der zionistischen Lebensführung im Kibbuz oder mit einem Leben für die israelische Kollektivgemeinschaft. Dieser Mechanismus ist vergleichbar mit dem, der sich bei jugendlichen ZwangsemigrantInnen, die sich vor 1945 in der Westemigration der Kommunistischen Partei anschlossen und nach der Staatsgründung der DDR zurückkehrten und dort ein am Sozialismus orientiertes Leben führten, beobachten läßt (vgl. Völter, 1997; Rosenthal (Hg.) 1997).

Unsere Gespräche in Israel zeigen jedoch auch, daß die Jugendalija-Generation in Korrespondenz mit dem öffentlichen Dialog in den letzten zehn bis fünfzehn Jahren begonnen hat, sich allmählich und zögernd mit ihrem Leben vor Palästina und ihren unterdrückten Sehnsüchten zu beschäftigen. Sie unternehmen Reisen nach Deutschland und Europa, besuchen ihre Heimatstädte und die Häuser, in denen sie als Kinder lebten, schreiben ihre Lebensgeschichte auf und pflegen Kontakte zu Deutschen. Wie wir im folgenden am Beispiel der Familie Arad verdeutlichen können, hat diese veränderte Haltung gegenüber Deutschland und den Deutschen Folgen für die Familiendynamik.

Die *zweite Generation*, die bisher die latente, aber dennoch spürbare Sehnsucht ihrer Eltern nach Europa ablehnte, hat mit dem Manifestwerden der Bindung ihrer Eltern an Deutschland und deren nun einsetzender Trauerarbeit erhebliche Schwierigkeiten. Diese Generationseinheit ist ca. zwischen 1943 und 1957 geboren und gehört zur Generation der ersten Sabres nach dem Holocaust. Von ihren Eltern erhielten sie, korrespondierend mit dem öffentlichen Dialog, den Delegationsauftrag, für die Zukunft Israels zu leben und nicht in die Vergangenheit zu schauen. Mit der einsetzenden Trauerarbeit ihrer Eltern werden sie selbst nun zum ersten Mal damit konfrontiert und sich selbst bewußt, daß sich ihr Bild, sie gehörten zu einer vom Holocaust unberührten Familie, nicht mit ihrer Familiengeschichte deckt. Es wird ihnen damit auch deutlich, daß sie selbst ja zur dritten Generation von Holocaust-Opfern gehören, da ihre Großeltern die Lager nicht überlebt haben. Sprachlich wird dieses Bewußtwerden z.B. darin manifest, daß sie ansatzweise beginnen, von *„meinen Großeltern“* zu sprechen und nicht mehr von *„den Eltern meiner Eltern“*.

Doch viel stärker zeigt sich in unseren Gesprächen, wie sie, ebenso wie ihre Eltern, versuchen, den mit der Shoah verknüpften Anteil der Familiengeschichte zu dethematisieren. Deshalb fällt ihnen eine Perspektivenübernahme mit den Eltern und deren Schuldgefühlen schwer. Um nicht selbst von deren Problematik bedroht zu werden, wehren sie eine Empathie mit den Eltern ab, klagen diese vielmehr wegen ihrer europäischen Lebensweise bzw. ihres mangelnden israelischen Habitus an. Verstärkt wird dieser Generationskonflikt vor allem dadurch, daß die Kinder der Jugendalija-Generation kaum ihrem an den Eltern orientierten Ich-Ideal gerecht werden können. Viele der Angehörigen der Jugendalija-Generation waren meist bereits am illegalen Kampf gegen die Engländer vor 1948 und an der illegalen Einreise beteiligt. Die meisten kämpften im Unabhängigkeitskrieg von 1948–1949 und hatten seit ihrer Alija ohne Rücksicht auf ihre in Europa begonnenen oder geplanten Berufskarrieren in harter Arbeit den Boden des Landes fruchtbar gemacht. Ihre Kinder standen vor dem Problem, Helden nachzueifern, denen sie unter den veränderten Lebensbedingungen in Israel kaum noch gerecht werden konnten. Sie konnten im wortwörtlichen Sinne kaum noch Steine beiseite tragen, auch die Zeit des Lebens in Zelten war vorbei. Auch das von den Eltern positiv besetzte Image „einer Jugend ohne Eltern“ wurde mit der Realität konfrontiert. Die Generation danach konnte diese „Waisenexistenz“ nicht mehr erfahren. In den Augen der zweiten Generation der Jugendalija-Generation sind die Eltern die unerreichbaren Helden, ohne die das Land nicht zu blühen angefangen hätte. Sie selbst konnten nicht mehr die Pioniere sein, die ihre Eltern waren. Damit wurde für sie ihr Image als Sabres (den im Land geborenen Israelis mit Eltern, aber ohne deutsche resp. jeckische Sozialisation) in Abgrenzung zu ihren Eltern (den Pionieren, mit einem deutschen/ jeckischen Habitus) zum wesentlichen Bestandteil ihrer Identität. Dieses Image diente ihnen auch dazu, ihr unerfülltes Ich-Ideal zu reparieren. Sie stellen sich als „Sabres“ in Opposition zu ihren „europäischen“ Eltern dar und attackieren diese für alles, was sie selbst als europäische Lebensweise oder Habitus interpretieren. Nicht allzu selten drückt sich dies in einer emotional sehr aufgeladenen anti-deutschen Haltung aus.

Wir könnten nun annehmen, daß diese Charakterisierung der zweiten Generation spezifisch für die zwischen 1943 und 1953 geborenen Jahrgänge ist, die als erste Generation von europäischen Juden kurz vor der Staatsgründung oder in Israel geboren ist. Kontrastiert man jedoch die Lebensgeschichten von Kindern von ZwangsemigrantInnen mit denen von Kindern von Überlebenden der Shoah derselben Jahrgänge, zeigen sich deutliche Unterschiede. Zunächst zu den Gemeinsamkeiten: Diese Jahrgänge haben ihre Kindheit im Schatten von zwei Kriegen erlebt, dem Zweiten Weltkrieg in Europa und dem Unabhängigkeitskrieg in Israel. Als Kinder erlebten sie die Staatsgründung Israels und den Sieg im Unabhängigkeitskrieg. Beide Kriege hatten einerseits viele Opfer zur Folge und waren andererseits Voraussetzung für den Aufbau des Staates Israel. Diese Generation konnte sich nach dem Leid in Europa mit dem ersten jüdischen Staat identifizieren. Sie wuchs in einer Zeit auf, in der der aktive Kampf in Abgrenzung vom passiven Leiden der verfolgten Juden im Holocaust betont wurde. Damit war ihnen die Möglichkeit geboten, sich mit dem Image des Israelis, der aktiv für sein Land lebt und kämpft, zu identifizieren. Doch während sich die Jugendalija-Generation und ihre Kinder mit einem „Zionismus als kollektivem Auftrag“ identifizierten, bedeutete der Zionismus für die Familien von Überlebenden der Shoah viel stärker „Schutz“. Während die Kinder der ZwangsemigrantInnen sich viel stärker an den kollektiven Idealen des Staates und dessen Erhalt orientieren, zentriert sich das Leben der Kinder von Überlebenden, teilweise auch entgegen ihrer Intention und Selbstdefinition, viel stärker auf die Fürsorge für ihre Eltern. Während sich die Kinder von ZwangsemigrantInnen in ihren Lebenserzählungen als Sabres mit ihrer eigenen Lebensgeschichte präsentieren, haben die Kinder von Überlebenden Mühe, ihr Leben unabhängig vom Leid ihrer Eltern darzustellen.

Der Vergleich beider Generationseinheiten verdeutlicht, daß die in diesen Jahren geborenen Kinder als Generation geprägt sind durch eine Kindheit, die bestimmt ist vom Eindruck der Verluste und des Kampfes in beiden Kriegen. Dies gibt sowohl den Kindern von Überlebenden wie den Kindern von ZwangsemigrantInnen das Gefühl, daß ihr eigenes, individuelles Leben in diesem Schatten steht. Doch während bei den Kindern von Überlebenden das eigene Leben im Schatten der Verfolgungsvergangenheit ihrer Eltern und generell der Shoah steht, tritt diese bei den Kindern von jugendlichen ZwangsemigrantInnen, angesichts der großen Aufgabe, gemeinsam einen israelischen Staat weiter zu sichern und zu festigen, in den Hintergrund. Ihre Lebenserzählungen sind dagegen eng verwoben mit der Entstehungsgeschichte des israelischen Staates. Sie betonen in ihren Lebensgeschichten die Gegenwart. Das Interesse ihrer Eltern an ihren europäischen Herkunftsländern, insbesondere Deutschland, können sie kaum nachvollziehen, haben sie doch gelernt, daß die Konsequenz aus der langen Verfolgungsgeschichte mit der Shoah als extremster Ausprägung nur ein Leben nach zionistischen Idealen sein kann. Und Zionist zu sein bedeutet für diese Generation, ihren Lebensentwurf am zionistischen „Kollektiv“ innerhalb der sich entwickelnden israelischen Gesellschaft auszurichten.

Diese Differenz in der Präsentation der eigenen Familiengeschichte bei Kindern von Überlebenden und Kindern von ZwangsemigrantInnen wird meist schon in den ersten

Zeilen der biographischen Selbstdarstellung deutlich. So beginnen Kinder von ZwangsemigrantInnen über sich selbst zu sprechen, ohne dies in die Familiengeschichte einzubetten. Ein typischer Anfang lautet:

Ich bin 1950 im Kibbuz M. geboren, als ich 6 Jahre alt war, zogen wir nach Dimona, wo ich dann auch zur Schule ging. Und die deutlichste Erinnerung, die ich an meine Kindheit habe sind die Ausflüge, das Schlafen in Zelten. Ich war aktiv in der Jugendbewegung.

Dagegen beginnt die Tochter einer Überlebenden[15] eher in folgender Weise:

Die ganze Familie meiner Mutter starb im Holocaust. ... Wir hatten eine Kleiderfabrik in der Slovakei ...

Bei diesem Anfang wird die Differenz auch in der sprachlichen Feinstruktur deutlich. Als sie die Kleiderfabrik ihres Großvaters erwähnt, spricht die Biographin im Plural und wird damit selbst Bestandteil ihrer Familiengeschichte. Bei dem davor zitierten Anfang von einem Sohn von Zwangsemigranten tauchen dagegen weder die Eltern als Personen auf, noch ist deren Familiengeschichte ein Thema. Er präsentiert sich vielmehr als Sabra, der in Israel geboren wurde und dessen Kindheit hauptsächlich von den Ausflügen mit anderen Kindern geprägt ist.

Im Kontrast zu den Kindern von Überlebenden wirkt diese Generationseinheit des „Zionismus als kollektiver Auftrag“ auf der manifesten Ebene wenig an ihre Eltern und ihre Familiengeschichte gebunden. Ihre Lebensgeschichten zeigen vielmehr eine starke Bindung an die zionistischen Ideale bzw. an den Kibbuz oder den Staat Israel. Wir nehmen jedoch an, daß diese Bindung – ähnlich wie bereits bei ihren Eltern – auf einer unbewußten oder abgewehrten Bindung an ihre Eltern und damit auf einer nicht erfolgten Ablösung basiert. Da sie sich von ihren Eltern nicht gelöst haben, ihre Loyalitätsverpflichtungen vielmehr auf den Kibbuz oder den Staat übertragen haben, fühlen sie sich an den Kibbuz oder an Israel gebunden, obwohl sie zum Teil Sehnsüchte nach einem Leben außerhalb verspüren. Diese Sehnsüchte werden nicht selten von ihren Kindern, die ca. zwischen 1969 und 1975 geboren sind, ausagiert.

Die *Enkel und Enkelinnen* der Jugendalija-Generation sind zwischen Ende der 60er Jahre und Anfang der 80er Jahre geboren. Es handelt sich dabei um eine Generation, die nach dem Sechs-Tage-Krieg 1967 in ein größeres und mächtigeres Israel geboren ist als ihre Eltern und dann jedoch im Kindesalter den Schock und die Trauer über den Jom Kippur Krieg 1973 erleben mußte. Dieser für die Israelis völlig unerwartete Krieg, der Angriff der ägyptischen und syrischen Armee am Versöhnungstag (Jom Kippur), die hohe Zahl der Todesopfer[16], belebte die so tief verankerte Furcht vor der Vernichtung wieder und stellte den Mythos der Unverwundbarkeit unwiderruflich in Frage (vgl. Segev 1995: 517ff.). Die Generation der Enkel ist damit in einer Zeit sozialisiert, in der die israelische Gesellschaft in ihrer Selbstgewißheit, ihrer Illusion von der Unbesiegbarkeit erschüttert wurde. Malkinson und Witztum (1993) sprechen in diesem Zusammenhang von einem Wendepunkt vom privaten zum öffentlichen Trauern. Mit dieser nun allmählich öffentlich einsetzenden Trauerarbeit ging einher, daß man sich von der Konzentration auf den Widerstand löste, und daß aus den bisher angeklagten Opfern, denen man vorwarf, wie „Lämmer zur Schlachtbank“ gegangen zu sein, nun Personen wurden, mit denen man sich identifizieren konnte. Dieser eingeleitete Wendepunkt wurde auch infolge des Libanonkriegs (1982) immer manifester und der Schmerz um die Toten, vor allem von den Eltern, die Söhne verloren hatten, wurde zu einem öffentlichen Thema. Dies hatte auch erhebliche Auswirkungen auf die pädagogische Arbeit mit Jugendlichen. Zunächst organisiert von den Kibbuzim, wurden für Jugendliche ab 1984 Fahrten zu den Gedenkstätten der Vernichtungslager in Polen angeboten; seit 1988 übernahm das Erziehungsministerium dieses Programm mit nunmehr staatlicher Finanzierung (vgl. Feldman 1995). Die Jugendlichen kamen oft mit vielen Fragen zurück, die sie nun an ihre Großeltern stellten, und eröffneten damit einen familialen Dialog[17]. Ebenso ausgehend von den Kibbuzim, werden seit den 70er Jahren 13jährige Jungen und Mädchen angeleitet, „Roots-papers" (Familiengeschichten) zu schreiben, die auf Interviews mit ihren Großeltern oder anderen Familienangehörigen basieren. Häufig erfahren ihre Eltern erst durch diese Arbeit ihrer Kinder von der Vergangenheit der Großeltern (vgl. Bar-On 1995: 32).

Mit dem gesellschaftlichen Wandel im Umgang mit der Shoah und den damit zusammenhängenden israelischen Mythen und Werten sowie mit den konkreten Auswirkungen auf die pädagogische Arbeit ist die Generation der Enkel und Enkelinnen zu einem anderen Verhältnis gegenüber der ersten Generation sozialisiert worden. Sie wendet sich den Verletzungen, Sehnsüchten und der europäischen Vergangenheit der Großeltern nun etwas stärker zu. Dennoch betonen auch die Enkel und Enkelinnen der Jugendalija-Generation in unseren Interviews die Immigration und den Aufbau des Kibbuz bzw. des Staates Israel und minimieren in ihrer Version der Familiengeschichte die familiale Vergangenheit im Holocaust. Sie selbst sind für ihre Eltern Symbol für die Kontinuität des Lebens im Kibbuz oder in Israel. Wenn sie das Land oder auch den Kibbuz verlassen, wird das von der Elterngeneration, die in all den Kriegen für Israel gekämpft oder auch den Kibbuz mitaufgebaut hat, die dafür gelebt hat, stabile Lebensverhältnisse zu schaffen und die zionistischen Ideen zu verwirklichen, oft als Mißerfolg verstanden.

Immer wieder finden wir in Familien, daß gerade die zweite Generation auf ihre Kinder erheblichen Druck ausübt, damit sie aus ideologischen Gründen in Israel bzw. im Kibbuz bleiben. So meint zum Beispiel einer der von uns interviewten Väter zu seinem Sohn: *„Ich möchte, daß Du im Kibbuz bleibst, nicht wegen Dir, sondern für die Gesellschaft"*. Der Vater antizipiert die folgende Antwort seines Sohnes: *„Ja Vater, ich weiß, daß Du recht hast"*.

III. Die Familie Arad: Haßliebe zu Deutschland

Bei den Arads handelt es sich um eine Familie, in der sowohl der Großvater Aharon Arad (geb. 1920) wie auch die Großmutter Dorit Arad (geb. 1922) in Deutschland geboren und aufgewachsen sind und als Jugendliche noch kurz vor Kriegsbeginn 1939 nach Palästina emigrierten. Die Arads, die bis heute im Kibbuz leben, haben eine Tochter (geb. 1943) und drei Söhne (geb. zwischen 1945 und 1957). Alle vier Kinder haben keinen Partner westeuropäischer Herkunft geheiratet; die beiden ältesten Kinder sind bzw. waren mit Juden orientalischer Herkunft verheiratet, der mittlere Sohn heiratete eine Tochter osteuropäischer Frühemigranten und der jüngste Sohn Dror eine christliche US-Amerikanerin. Während die Söhne den Kibbuz verlassen haben, der jüngste Sohn Dror in die USA emigrierte, lebt die Tochter im selben Kibbuz wie ihre Eltern und hat dort vier Kinder großgezogen. Drors Emigration aus Israel ist für die gesamte Familie eine große Enttäuschung und vor allem sein Vater und seine Schwester begreifen sie als einen „Verrat am Zionismus". Seine Mutter Dorit sieht das etwas gelassener und meint, sie würde ihn nicht anklagen, denn: *„wir sind auch nicht auf dem Schoß der Eltern geblieben auch ohne die Nazis."*

Insgesamt betrachtet ist der familiale Dialog sehr stark durch die Themen „Ablehnung Deutschland gegenüber" und „Zionismus" bestimmt. Aharon und Dorit Arad verbinden bis heute extrem ambivalente Gefühle mit Deutschland. Wie die Interviews mit der zweiten und dritten Generation zeigen, müssen sich die Kinder und Enkel vor diesen ambivalenten Gefühlen schützen. Sie übernehmen auf der manifesten Ebene eine aggressiv ablehnende Haltung gegenüber Deutschland und den Deutschen, sind durch ihre Familiengeschichte aber ebenfalls auf ambivalente Weise damit verbunden. Diese Dynamik bestimmt in allen Gesprächen auch die Interaktion mit den deutschen nichtjüdischen Interviewerinnen Gabriele Rosenthal und Bettina Völter, die beide zur Generation der Enkel von Großeltern gehören, die den Nationalsozialismus als Erwachsene in Deutschland erlebten.

Im folgenden werden wir die Analyse der familien- und lebensgeschichtlichen Konstitution dieses Dialogs anhand unserer Interviews mit beiden Großeltern, der Tochter Paz, dem Sohn Josef (geb. 1950) sowie der ältesten Enkelin Galit (geb. 1967), der Tochter von Paz, vorstellen[18] und darüber hinaus auf die zwei geführten Familiengespräche eingehen. Am ersten Gespräch waren Dorit und Aharon Arad sowie ihre Tochter Paz Israeli beteiligt, am zweiten, das ein Jahr danach stattfand, die Großeltern und die Enkelin Galit.

Zunächst ein kurzer Hinweis zu unserer Gesprächsführung. Die narrative Eingangsfrage in den Einzelinterviews[19] lautete ungefähr wie folgt: *„Wir möchten Sie bitten, uns Ihre Familiengeschichte und Ihre eigene Lebensgeschichte zu erzählen. Alles, was Ihnen einfällt. Sie haben dazu so viel Zeit, wie Sie möchten. Wir werden Ihnen erst mal keine weiteren Fragen stellen. Wir machen uns nur einige Notizen zu Bereichen, zu denen wir dann später – vielleicht auch bei einem zweiten Gespräch – noch mal genauer nachfragen möchten."* Die Familiengespräche eröffnen wir entweder mit der Frage: *„Wie ist es für Sie, nun heute ein Gespräch gemeinsam zu führen"*, oder mit der Aufforderung, zu erzählen, was in der Zwischenzeit, seit unserem letzten Besuch, in der Familie geschehen ist. Die weitere Gesprächsführung konzentriert sich dann in erster Linie auf Aufforderungen zur wechselseitigen Perspektivenübernahme (z.B.: *„Können Sie sich vorstellen, was Ihr Vater dabei empfindet"*) oder auf die Bitte, rückzumelden, wie die Aussagen eines Familienmitglieds auf einen selbst wirken (z.B: *„Was empfinden Sie, wenn sie dies von Ihrem Vater erfahren")*.

Die Großeltern Aharon und Dorit Arad. Aharon und Dorit verbindet eine sehr ähnliche Emigrationsgeschichte. Beide werden in den dreißiger Jahren als Reaktion auf die nationalsozialistische Rassenpolitik Mitglieder einer zionistischen Jugendorganisation. Beiden gelingt es, im Frühjahr 1939 in Palästina einzureisen, wo sie sich kurze Zeit später kennenlernen und heiraten. Aharon hatte seine Familie bereits 1936 als Sechzehnjähriger verlassen, um sich in Holland auf die Auswanderung vorzubereiten. Dorit mußte sich 1939 als Siebzehnjährige trennen und fuhr direkt nach Palästina. Die erzwungene Trennung von ihren Herkunftsfamilien in der mittleren Adoleszenz, in einer Zeit also, in der ihr Autonomieprozeß schon begonnen hatte, aber noch nicht abgeschlossen war, ist ein Strukturmerkmal, das bis heute die Trauer von Aharon und Dorit Arad um den Verlust ihrer Eltern bestimmt. Beide fühlen sich schuldig, daß sie ihren Eltern aus Palästina nicht öfter schrieben, und beide sind von dem quälenden Gedanken verfolgt, daß sie mehr hätten tun müssen, um ihre Eltern und Geschwister zu retten. Auch ihre Heirat steht im Kontext der erzwungenen Trennung von ihren Eltern. Aufgrund der Rekonstruktion der erzählten Lebensgeschichten läßt sich vermuten, daß sie mit dem Aufbau einer eigenen Familie, ihre Herkunftsfamilie zu ersetzen versuchten und gleichzeitig ihre Autonomie unter Beweis stellen konnten. Damit ist die Ehe bei Aharon und Dorit, wie bei anderen in dieser Konstellation geschlossenen Ehen, mit sehr hohen Erwartungen belastet bzw. damit verbunden, daß die Partner mehr oder weniger auch als Substitut für die verlorenen Eltern dienten.

Die Zwangsemigration während ihrer mittleren Adoleszenz ergab für Dorit und Aharon Arad noch ein weiteres Problem. Beide hatten eine erfolgreich verlaufene Schulzeit auf renommierten Gymnasien hinter sich und eigentlich vor zu studieren. Beide hatten zu Beginn ihrer Auswanderung die Hoffnung, nach Kriegsende zu ihren Familien zurückkehren und eine akademische Berufslaufbahn einschlagen zu können. Die Ermordung ihrer Familien im Holocaust zerstörte auch diese Zukunftsperspektive. Ihr Leben lang litten Aharon und Dorit Arad unter dem Statusverlust, den die Emigration mit sich brachte.

Hinter diesen ähnlichen Verläufen der Lebensgeschichten von Dorit und Aharon Arad bzw. hinter den ihr Ehesystem verbindenden Konstellationen steht jedoch eine unterschiedliche familiale Sozialisation. Betrachten wir zunächst *Dorit Arads* Leben bis zur Emigration. Dorit wurde 1922 als erstes Kind einer sehr angesehenen, traditionsbewußten sephardischen Kaufmannsfamilie in Norddeutschland geboren; sie war bereits sieben Jahre alt, als sie noch einen Bruder bekam. Die Eltern hatten hohe Leistungserwartungen an ihre Tochter, denen Dorit auch immer gerecht zu werden versuchte. So bemühte sie sich, insbesondere nach 1933, als Jüdin in ihrer Schulklasse die Beste zu sein. 1936 mußte sie das Gymnasium verlassen und wechselte auf eine jüdisch-orthodoxe Schule. Dorit schloß sich der zionistischen Jugend an und begann 1938 im Rahmen der Jugendalija mit einer Umschulung. Sie erwähnt, daß ihre Eltern dazu meinten:

> *Man kann gehen, die zwei Jahre in die Jugendalija, das ist nicht so schlimm, das sind zwei Jahre und nachher kommt man zurück und lernt was Ordentliches, bis dahin ist ja der Zauber vorbei.*

Die Familie antizipierte zwar den Krieg, doch sie konnten sich bis zum Novemberpogrom 1938 nicht vorstellen, daß Juden in Deutschland von der geplanten Vernichtung bedroht waren. Dorits Vater hoffte auf dem Hintergrund seiner eigenen Erfahrungen im Ersten Weltkrieg, daß die deutschen Juden auch im Zweiten Weltkrieg als kämpfende Soldaten miteinbezogen würden[20] und der Antisemitismus nur ein Intermezzo zu Beginn der nationalsozialistischen Ära sei:

> *Pogrome gab es in Polen, doch nicht bei uns ... Man hat gedacht im Krieg, so wie damals der Kaiser hat einen großen Erlaß herausgegeben „An meine lieben Juden" und so wird sich auch der Hitler erinnern, daß er da hat noch ein paar Leute, die er kann an die Front schicken.*

Erst in der Folge des Novemberpogroms begann die Familie von Dorit, an Emigration zu denken. Doch nur Dorit konnte aus Deutschland im Frühjahr 1939 entkommen, ihre Eltern und vermutlich auch ihr jüngerer Bruder wurden umgebracht. Dorit versucht, diesem Thema auszuweichen. Das Interview, das Gabriele Rosenthal 1990 auf Dorits Initiative hin mit ihr führte, war für sie das erste Gespräch, in dem sie über ihre Vergangenheit vor der Alija und über die Ermordung ihrer Familie erzählte. Sie betont, daß sie bis dahin versucht hatte, einem Nachdenken über ihr Leben in Deutschland und über die Ermordung ihrer Familie auszuweichen. Sie argumentiert auch:

> *Die Zeit vor meinem Leben in Israel ist für immer vorbei und abgeschlossen und hat nichts mit meinem Leben hier zu tun.*

Dennoch gibt es bestimmte Szenen, wie der Abschied von ihren Eltern, die Dorit ihr Leben lang verfolgten, über die sie jedoch mit niemandem spricht.

Dorit kam 1939 zunächst in einen Kibbuz im Grenzland zu Syrien und dem Libanon. Dort lernte sie dann auch ihren späteren Mann Aharon kennen. Die beiden heirateten 1941. Obwohl dies insgesamt eine sehr entbehrungsreiche Zeit war, erinnert sie sich daran, wie sehr sie das Kibbuzleben, die Zeit des Aufbaus und der Aktivität genossen hat. Der Kontakt zu ihrer Familie endete nach ihrer Darstellung mit Kriegsbeginn: *„Als der Krieg ausbrach war alles zu Ende".* Dorit spricht über ihre Schuldgefühle und darüber, daß sie sich damals so wenig Gedanken darüber gemacht habe, in welcher Situation ihre Eltern und ihr Bruder seien. Sie argumentiert, es wäre besser gewesen, in der Britischen Armee zu dienen und gegen Deutschland zu kämpfen und mit dem Kinderkriegen noch ein paar Jahre zu warten. Dorit erwähnt ihren Schuldkomplex insbesondere im Zusammenhang mit ihrem Bruder. Sie plage sich mit dem Gedanken, daß sie ihren jüngeren Bruder damals als Last empfunden und sich kaum um ihn gekümmert habe. Sie fügt schließlich noch ein, daß sie auch nach Kriegsbeginn noch einen Brief von den Eltern mit 25 Worten bekommen habe; über den Inhalt schweigt sie. Als letzter Brief, vermutlich in einer Situation geschrieben, in der die Eltern und der Bruder bereits im Ghetto oder im Lager waren, repräsentiert dieser für Dorit den Wendepunkt zur Geschichte der Ermordung ihrer Familie. Ihr Mann erzählte in seinem Interview, daß dieser Brief an seine Frau nach ihrer Heirat eintraf und seine Schwiegereltern darin nach seiner sozialen Herkunft, seinem Familienhintergrund fragten. Inwiefern diese Frage für Dorit problematisch sein konnte, verdeutlicht sie indirekt: Sie argumentiert, daß ihr Mann aus einer sehr religiösen Familie stamme, einem Milieu, das ihre Eltern betont abgelehnt hätten. Ihre Eltern grenzten sich, so Dorit, von den religiösen und vor allem von den osteuropäischen Juden ab.[21] Sie achteten beispielsweise darauf, daß ihre Kinder keine jiddischen Anklänge in ihrem Deutsch hatten; ihr Vater habe sich sehr aufgeregt, als sie einmal das Wort *„nebbich"* verwendete. Dorit evaluiert hier die Haltung ihrer Eltern in schon fast aggressiver Weise: *„Wäre der Antisemitismus nicht gewesen, sie wären gute Nationalsozialisten gewesen."* Diese Aussage ist ein Beispiel dafür, inwiefern auch Gefühle der Wut gegenüber den Eltern, die sie ansonsten unterdrücken muß, doch indirekt zum Ausdruck kommen.

Dorit erfuhr noch, daß die Eltern und der Bruder in ein Konzentrationslager nach Polen deportiert wurden. Sie hoffte lange Jahre, daß sie überlebten. Bis zum heutigen Tage kann sie den Tod ihres Bruders nicht als Realität annehmen. Immer wieder stellt sie sich vor, wie sie ihn wiederfindet; sie sucht die Adreßbücher von Deutschland, Holland und anderen Ländern ab und träumt davon, seinen Namen mit einem Professorentitel davor zu finden. Sie hat auch Vorstellungen bzw. Phantasien über den Tod ihrer Eltern. Sie imaginiert, der Vater sei entweder im Warschauer Widerstand oder auf der Flucht erschossen worden. In bezug auf ihre Mutter meint sie dagegen: *„Die hat sich sicher nicht gewehrt."*

Während Dorit Arad versucht, die Bedeutung der Shoah für ihre Familie möglichst nicht zu realisieren, beschäftigt sich ihr Mann Aharon mit zunehmendem Alter immer mehr damit. *Aharon Arad* wurde 1920 in Berlin geboren, seine Schwester war fünf Jahre älter. Seine Mutter kam aus traditionsreichem sephardischem Elternhaus und war gebürtige Danzigerin, *„keine polnische Danzigerin, sondern Danzigerin"*, betont Aharon. Aharons Vater kam aus der Provinz Posen nach Berlin, *„dem Schmelztiegel des deutschen Judentums"*, erklärt der Biograph. Der Vater war Angestellter der Jüdischen Gemeinde zu Berlin. Seine Eltern seien liberal, aufgeklärt und modern gewesen und hätten sich deutlich von den orthodoxen osteuropäischen Juden distanziert: *„Bei uns durfte nicht gejiddelt werden, mauscheln nannte man das (1) das galt als Gassensprache."* Wir können davon ausgehen, daß Aharon Arads Eltern zu dem Teil der Berliner Juden gehörten, die Anfang des Jahrhunderts oder infolge des Ersten Weltkriegs aus den abzutretenden Gebieten Posens und Westpreußens nach Berlin migriert waren, wo eine der größten jüdischen Gemeinden Europas, das Zentrum des deutschen Judentums, entstanden war.[22] Sie verstanden sich als bewußte deutsche Juden und grenzten sich damit von den osteuropäischen Juden ab, die überwiegend aus Polen, Rußland und Galizien nach Berlin gekommen waren[23]. Die Jugendlichen aus diesen deutschbetonten Elternhäusern, die wie Aharon nach Palästina emigrierten, erlebten in ihrer neuen Heimat dann genau die umgekehrten Statusverhältnisse. In Palästina waren in jener Zeit in allen leitenden Positionen Juden aus Osteuropa. Waren die Jugendlichen bisher in Deutschland in Abgrenzung von den Ostjuden erzogen, waren sie nun plötzlich in einer Welt mit umgekehrten Werten. Diese lebensgeschichtliche Konstellation hat sicher auch Anteil an ihrer ambivalenten Haltung ihrer deutsch-jüdischen Herkunft gegenüber.

Halb ernsthaft, halb ironisch führt sich Aharon Arad im Interview selbst als Deutschen ein, der blond und blauäugig gewesen sei und vor seinem Leben in Palästina den bürgerlichen deutschen Namen Ludwig Schwarz getragen habe. Deutlich wird sein Bedarf, sich gleichzeitig als jüdischer Deutscher zu präsentieren und sich andererseits von Deutschland zu distanzieren:

> *Wenn Sie wissen wollen meine persönliche Einstellung zu Deutschland (1) mit einem Wort – Haßliebe (2) Haßliebe ich komm vom Deutschen nich los wie gesagt meine Gedanken sind deutsch meine (2) Kultur ist deutsch ... aber (5) es fällt wieder (2) sehr sehr schwer eine normale Beziehung zu den Deutschen zu finden.*

Diese ambivalenten Gefühle bestimmen jede Begegnung, an der die deutschen Interviewerinnen teilnehmen. Einerseits wünscht sich Aharon, von Deutschen interviewt zu werden, und teilt in diesen Gesprächen Gefühle mit, von denen er sagt, daß seine israelische Umwelt sie nicht verstehe. Beispielsweise beschreibt er sein Gefühl, bis heute auf gepackten Koffern zu sitzen und darauf zu warten, daß seine Eltern ihn nach Deutschland zurückrufen. Auch äußert er seine Enttäuschung darüber, daß keines seiner Kinder und Enkelkinder seine biographischen Aufzeichnungen gelesen habe. Auf der anderen Seite signalisiert er deutlich die Distanz, die er gerade auch zum Deutschland der neunziger Jahre verspürt. Die Eingangssequenz seines ersten Interviews mit Bettina Völter und Gabriele Rosenthal handelt von den Überfällen auf Asylbewerberheime und antisemitischen Gewaltakten in Deutschland. Aharon Arad erklärt: *„Wir wollten vergessen, das Buch neu aufschlagen (1) in letzter Zeit sehen wir das distanzierter"*. Er und seine Frau Dorit sind ein Beispiel dafür, wie eine langjährige extreme Abneigung gegenüber Deutschen und Deutschland mit steigendem Lebensalter und in einer sich verändernden Umwelt abnehmen konnte. Seit 1971 besuchte das Ehepaar Deutschland mehrfach auf Dienst- und Privatreisen. Durch Neonazismus und Rassismus wird ihre Skepsis allerdings immer wieder neu belebt.

Aharon Arads zentrales Thema im Interview ist das Verhältnis zu Deutschland, der deutschen Kultur, den Deutschen. Er beschreibt sich als extrem gebunden an sein Herkunftsland. Diese Bindung bereitet ihm allerdings die größten Probleme, da sie seine Aggressionen gegen die Deutschen als Täter immer wieder relativiert. Er formuliert in mehreren Gesprächen: *„Ich hasse mich selbst, weil ich die Deutschen nicht hassen kann."* Um so verständlicher werden seine ambivalenten Gefühle und seine Autoaggression, wenn wir uns seine Familiengeschichte vergegenwärtigen. Aharon Arads Eltern empfanden sich so selbstverständlich als Deutsche, daß sie sich trotz allgegenwärtiger Bedrohung Mitte der 30er Jahren nicht zur Emigration entschließen konnten:

> *Mein Vater gehört zu dieser Generation, die gesagt hat, diese Sache geht vorüber. Ich bin Frontkämpfer, ich habe das EK II.*[24]

Wir müssen berücksichtigen, daß Familien, deren Väter Frontkämpfer im Ersten Weltkrieg waren, zunächst tatsächlich Privilegien hatten; so waren zum Beispiel Kinder von Frontkämpfern eine Zeitlang vom numerus clausus für jüdische Schüler ausgeschlossen. In der Vorstellung, vom nicht-jüdischen deutschen Mehrheitskollektiv anders wahrgenommen zu werden, versuchten die Eltern von Aharon, wie so viele andere auch, ihre täglichen Erfahrungen mit dem Antisemitismus und den Verfolgungsmaßnahmen als vergängliches Zeitphänomen zu verstehen. Bis alles vorüber war, sollte allerdings ihr Sohn das Land verlassen.

Aharon schloß sich dem zionistischen Jugendbund an, hatte Glück und wurde 1936 für ein Vorbereitungslager der Hechaluz in Holland ausgewählt, wo 50 Jugendliche mit deutschem Paß für die Alija in der Landwirtschaft ausgebildet wurden. 1937 kam er noch einmal nach Berlin, um die hohen jüdischen Feiertage mit seiner Familie zu feiern. Beim Abschied habe der Vater sehr geweint: *„Ich habe es nicht begriffen (1) sie haben mir zwei Wochen lang Theater vorgespielt."* Herr Arad macht sich heute bittere Vorwürfe darüber, daß er die Situation damals zu leicht nahm. Er ahnte nicht, daß er seine Eltern nie wiedersehen würde. Bis heute verfolgt Aharon Arad, daß er seinen Eltern auch nach seiner Ankunft in Palästina nur wenige Male schrieb. Im Kibbuz seien die Briefmarken rationalisiert gewesen. An anderer Stelle wird deutlich, daß das Interesse für Deutschland und die zurückgelassene Familie auch deshalb schwand, weil man sich mit allen Kräften auf die neue Situation einstellen mußte:

Wir sind ins Land gekommen (1) wir haben keine Eltern gehabt (1) unsere Gruppe war zerstreut im ganzen Land (1) wir kamen in eine vollkommen fremde Umgebung. Man hat gesucht einen Zusammenhalt (1) man hat notgedrungen eine neue Familie gründen wollen.

Die ersten Jahre in Palästina, während das Ehepaar Arad von einem Kibbuz in den andern umzog, waren von der ständigen Bedrohung durch die arabischen Staaten, von harter Arbeit, Armut und Hunger bestimmt. In dieser Situation erhielt Aharon Arad Post von seiner Schwester aus einem Internierungslager in Frankreich. Sie bat ihn dringend um Nahrungsmittel:

Wir haben selber nichts zu essen gehabt (1) wir lebten damals in einem Stadtkibbuz, es gab keine Milch für die Kinder, kein Brot, kein Mehl (1) wir haben von denen geschnorrt, die selbst nichts hatten.

Im Interview wird deutlich, daß der Aufbau und das Leben im Kibbuz für Herrn Arad im Zusammenhang mit der Shoah steht. Die entbehrungsreichen Jahre in Palästina erschwerten die Übernahme der Perspektive seiner Familie in Deutschland. Die Geschichte bindet insbesondere den Großvater Aharon Arad an den Kibbuz, in dessen Aufbau und Erhalt er viel Energie steckte.

Mit zunehmendem Alter träume er immer häufiger vom Schicksal seiner Familie, erzählt er uns im Interview. In einem oft wiederkehrenden Traum befinde er sich in fahrenden Zügen. Je älter er werde, desto genauer stelle er sich vor, was seine Angehörigen erlitten haben. Damals dagegen, 1945, als sie von den sechs Millionen Ermordeten gehört hätten, hätten sie es schlicht *„nicht fassen"* können. Erst Ende der 80er Jahre hat Herr Arad genau recherchiert, was mit seinen Eltern und seiner Schwester passierte. Im Archiv fand er den Hinweis, daß seine Schwester als „verschollen" gilt. Er hat die Phantasie, daß sie im Lager verhungerte oder deportiert wurde. Ihr Kind wurde aus einem jüdischen Kinderheim deportiert und ermordet. Über das Schicksal seiner Eltern gibt es genaue Daten. Sie kamen 1943 nach Theresienstadt und wurden über ein Jahr später nach Auschwitz deportiert. Herr Arad ist verzweifelt über die Vorstellung, daß sie wenige Monate später hätten gerettet sein können. Die letzte Karte seiner Eltern erreicht ihn 1942. Darauf stand: *„Lieber Ludwig, wir reisen. Haltet zusammen. Wünschen Nachfolge."* Aharon hofft, daß seine Eltern die Nachricht von der Schwangerschaft seiner Frau Dorit noch erhielten. Seine älteste Tochter Paz wurde 1943 geboren. Ihre Geburt fällt in eine Zeit, in der die Familie Arad keine Nachricht mehr aus Deutschland erhielt und das Schlimmste für ihre Angehörigen befürchten mußte.

Paz Israeli (geb. Arad) wurde 1943 während des Zweiten Weltkrieges als erstes Kind von Dorit und Aharon geboren, und wir können annehmen, daß sie von ihren Eltern weit mehr mit der Shoah assoziiert wird als ihre Geschwister. Dies wird von beiden Eltern auch zum Ausdruck gebracht.

Betrachten wir zunächst Paz' Biographie. Während ihrer frühen Kindheit zog die Familie mehrere Male um; sie war fünf Jahre alt, als sie mit den Eltern und dem drei Jahre alten Bruder dann in den Kibbuz zog, in dem sie und ihre Eltern noch heute leben. Dies war zur Zeit des Unabhängigkeitskrieges, der Kibbuz war erst vor zwei Jahren gegründet worden, und die Arads gehörten damit zu den Pionieren. Als Kind erlebte Paz also die Staatsgründung und den Unabhängigkeitskrieg im Zusammenhang der Entstehung ihres Heims, ihres Kibbuz.

Paz diente, wie alle Mädchen in Israel, ab dem 18. Lebensjahr für zwei Jahre in der Armee. Dort lernte sie ihren späteren Mann Oren Israeli kennen, der orientalischer Herkunft ist und ebenfalls im Kibbuz aufgewachsen war. Oren stammt aus einer zionistischen Familie, die mit ihren Kindern nach Israel emigrierte, als er sieben Jahre alt war. Kurz nach ihrer Armeezeit heirateten Paz und Oren, und er zog in ihren Kibbuz. Paz arbeitet dort als Kindergärtnerin sowie in anderen erzieherischen Bereichen, u.a. gab sie auch Sprachunterricht für neue EmigrantInnen. Mit ihrem Mann hat sie vier Kinder. Die Ehe ist heute nach 28 Jahren geschieden.

Paz Israeli lehnte es dezidiert ab, mit einer deutschen Interviewerin zu sprechen; sie wurde von der israelischen Projektmitarbeiterin Tamar Zilberman interviewt. Paz erzählt ihre Familien- und Lebensgeschichte im thematischen Feld: „Zionismus und Kibbuz". Sie präsentiert sich als Sabra, versteht sich als Kind eines Landes, das ihre Eltern gegen den deutschen Wahn, das Judentum zu vernichten, errichtet haben. Paz verurteilt die Entscheidung ihrer Brüder, nicht im Kibbuz zu leben. Den Bruder in den USA klagt sie des Verrats am Zionismus an. Insgeheim sieht sie dieses Abtrünnigwerden als Mißerfolg der Erziehung ihrer Eltern. Sie betont dagegen, daß die meisten ihrer Altersgruppe im Kibbuz geblieben sind und sich auch explizit als Zionisten verstehen. Bei diesen Ausführungen vergleicht sie sich immer wieder mit der Generation ihrer Eltern, den Pionieren, und es fallen dabei Sätze wie: *„Ich bin nichts nach der ersten Generation."* Während Paz Israeli stark mit dem ursprünglichen Anliegen ihrer Eltern, Israel aufzubauen und zu stabilisieren, identifiziert ist, klagt sie diese manifest für den Verrat der alten Ideale an. Paz Israeli kann nicht verstehen, warum ihre Eltern wieder Kontakt zu Deutschland und Deutschen aufgenommen haben, zumal ihr Vater früher beispielsweise sehr dagegen gewesen sei, daß junge Deutsche als „Volunteers" in den Kibbuz kamen.

Paz trägt einen sehr starken Konflikt mit ihrer Mutter aus. Obwohl beide im selben Kibbuz leben, spricht Paz seit mehreren Jahren kaum ein Wort mit ihrer Mutter. Sie argumentiert, daß das schlechte Verhältnis zur Mutter daher komme, daß diese ihre Gefühle nicht zeigen könne und außerdem ihre Söhne bevorzugt habe. In Paz' Vorstellung hat dies etwas mit der Erziehung der Mutter in Deutschland zu tun. Sie teilt uns zwischen den Zeilen mit, daß nicht nur ihre Eltern unter Deutschland gelitten hätten, sondern auch sie selbst unter der deutschen Erziehung ihrer Mutter. Wie auch andere Frauen ihrer Generationseinheit, kann Paz Israeli die Verhaltensweisen ihrer Mutter nicht in deren Erfahrungen einbetten und sich nicht vergegenwärtigen, daß die emotionalen Schwierigkeiten ihrer Mutter durch deren Verfolgungs- und Verlusterfahrungen bedingt sein können. Sie sieht ihre Mutter, ebenso wie ihren Vater, gar nicht als Menschen, die verfolgt wurden. Ein wesentliches Moment dabei ist sicher, daß ihre Eltern die Trauer um ihre Familien und ihre Erinnerungen an die Zeit vor ihrer Emigration lange Zeit abgespalten haben. Dies erschwert ihren Kindern den empathischen Zugang zu ihrer Lebensgeschichte.

Der Interviewtext gibt uns auch Aufschluß darüber, inwiefern bei Paz die Themen „Zionismus, Verhältnis zu den Eltern und zu Deutschland" miteinander interagieren. Paz beginnt ihre biographische Selbstpräsentation in der für ihre Generationseinheit typischen Weise, indem sie ihre eigene Biographie nicht eingebettet in die Familiengeschichte präsentiert. Auf die Bitte, ihre Familien- und ihre eigene Lebensgeschichte zu erzählen, antwortet sie: *„Ich beginne mit meiner Lebensgeschichte, das ist einfacher. Gut,* *geboren wurde ich im Kibbuz Z.*“[25] Der auf diese Regieanmerkung folgende Bericht über ihre Kindheit steht im thematischen Feld „Israelische Flüchtlinge gründen ein Kibbuz“. Nach wenigen knappen Bemerkungen zu den einzelnen Stationen vor dem Umzug in ihren Kibbuz meint sie beispielsweise:

> *... sind wir umgezogen nach K. Ich war unter den ersten Kindern die hierher kamen und später hat sich dann die ganze Kindergruppe angeschlossen. Wir sind eigentlich durch alle Phasen des Aufbaus meines Kibbuz hier. Ich bin mit den ersten Kindern aufgewachsen und wir hatten eine sehr interessante Kindheit im Vergleich zu dem was man heute sieht, weil wir die ganzen Kriege und auch die Befreiung erlebten mit allem was damit verbunden ist, die Bunker in der Nacht, alles was ein Kind erlebt während eines Krieges.*

Im folgenden verknüpft sie mit diesem Leben im Kibbuz immer wieder die zionistische Konzeption der jüdischen Geschichte: „Ständige Emigrationen und Verfolgungen werden enden, wenn wir im Land von Milch und Honig ankommen“. Für Paz ist dieses versprochene Land eng mit ihrem Kibbuz verbunden. Sie wechselt bei diesem Bericht, wie auch bereits im obigen Zitat immer wieder vom „ich“ zum „wir“ und berichtet viel mehr über die Kollektivgeschichte ihres Kibbuz als über ihren individuellen Lebensweg. Die Analyse dieses Gesprächs verdeutlicht dann auch, daß sich hinter ihrer Identifikation mit dem Kibbuz und insbesondere mit ihrer Altersgruppe eine Sehnsucht nach einer näheren Beziehung zu ihren Eltern verbirgt. Die Konzentration auf die Kollektivgeschichte hilft ihr jedoch, die für sie recht problematische Familiengeschichte zu dethematisieren. Sie spricht nicht über die schwierigen Beziehungen zu ihren Eltern, sondern präsentiert diese lieber als heldenhafte Pioniere mit klaren Idealen. Ihr Leben als erwachsene Frau thematisiert Paz dann in erster Linie über ihre beruflichen Aktivitäten im Kibbuz, die sie als zionistische Erziehungsarbeit für das Kollektiv darstellt.

Paz spricht im selbststrukturierten Teil des Interviews nicht über ihre Familiengeschichte. Auf die Frage der Interviewerin danach, weiß sie nur wenig zu antworten. Sie hat zwar Kenntnis über die Ermordung ihrer Großeltern und die Geschwister ihrer Eltern, doch sie zeigt dazu selbst keinen emotionalen Bezug. Recht fragmentarisch spricht sie über die Familie ihrer Mutter, wechselt dann zum Vater über, wo sie sich etwas sicherer fühlt. Die Geschichte der Großeltern versucht sie in die Kollektivgeschichte einzubetten: Sie spricht über den Aufstand im Warschauer Ghetto, über die Geschichte der Lager, die Briefe, die an ihre Eltern noch aus den Lagern gesandt wurden und erwähnt dann den Tod ihrer Großeltern väterlicherseits in Auschwitz. Bei diesem Thema nun wechselt Paz zu ihren Ausführungen über die Beziehungen zu Deutschen nach dem Holocaust. Sie argumentiert, ihr Haß gegen Deutsche hänge damit zusammen, daß ihr Vater heute den jungen Deutschen vergebe. Wir interpretieren diese sequentielle Folge der beiden Themen als Zeichen dafür, daß Paz' Haßgefühle mit der Ermordung ihrer Großeltern verbunden sind, doch sie selbst sie manifest mit dem Verhalten ihres Vaters und den jungen Deutschen verknüpft. Sie verschiebt damit ihre Gefühle auf Phänomene der Gegenwart, was ihr vermutlich hilft, sich von den Gefühlen der Trauer und Wut im Zusammenhang mit der Ermordung ihrer Großeltern nicht erdrücken zu lassen. Damit geht einher, daß Paz sich selbst auch nicht in das Erleben ihrer Eltern in dieser Zeit hineinversetzt. Als die Interviewerin Paz Israeli danach fragt, ob sie schon einmal versucht habe, sich vorzustellen, wie ihr Vater fühlte, als er den letzten Brief seiner Eltern bekam, antwortet sie:

Ich kann nicht versuchen, es mir vorzustellen, weil die Wahrheit ist, daß ich nie mit ihm darüber gesprochen habe. Ich weiß nicht, ob er wußte, was 1944 mit den Juden passierte. Ich weiß nicht, wieviel Informationen die Juden in Israel hatten und diejenigen, die es nicht miterlebt hatten. Ich glaube, daß wenn er Informationen gehabt hätte, er eine schwierige Zeit gehabt hätte. Aber ich kann es Ihnen einfach nicht sagen. Ich weiß nicht, ob er die Information hatte.

Die Frage der Interviewerin, ob Paz eine Situation erinnere, in der sie mit ihren Eltern über den Holocaust sprach, verneint sie:

Von meinen Eltern, habe ich fast nichts gehört einfach weil sie es nicht selbst am eigenen Leib erlebt haben.

Informationen über diese Zeit hat Paz eher von im Kibbuz lebenden Holocaust-Überlebenden als von ihren Eltern. Paz reduziert in ihrer Argumentation die Verfolgung auf den Völkermord, den nur die Überlebenden selbst miterlebt haben, und löst damit ihre Familienvergangenheit vom Holocaust. Die Verbindung zur Shoah stellt sie jedoch auf der Ebene ihrer Gefühle her, wenn sie über die Deutschen und die Verbindung ihrer Eltern zu Deutschland argumentiert und sich empört.

Aufschlußreich gestaltete sich die Dynamik während des Familiengesprächs, zu dem wir Paz Israeli und ihre beiden Eltern gebeten hatten. Paz willigte ein, diesmal auch von einer Deutschen interviewt zu werden. Das Gespräch wurde in englischer, deutscher und hebräischer Sprache von der Deutschen Bettina Völter und der Israelin Tamar Zilberman geführt. Da Aharon Arad Englisch nicht ausreichend gut sprach, um alles ausdrücken und verstehen zu können, wurden seine Beiträge während des Gesprächs für Paz Israeli und Tamar Zilberman ins Englische übersetzt, die englischen Beiträge umgekehrt für Aharon ins Deutsche. Gegen Ende des Gesprächs stellte sich heraus, daß Paz Israeli das Deutsch ihres Vaters sehr gut verstand. Als sie dies offenbarte, gaben ihre Eltern zu verstehen, daß sie ihr nicht glaubten, und vermieden weiterhin, auf deutsch direkt mit ihr zu kommunizieren. Obwohl auch ein direkter Dialog zwischen Eltern und Tochter in Hebräisch durch die Präsenz der israelischen Interviewerin möglich gewesen wäre und sogar mehrmals angeboten wurde, wandte Aharon sich nur an wenigen Stellen direkt auf hebräisch an seine Tochter. Bereits an dieser komplizierten Interaktion lassen sich Anhaltspunkte für das Verständnis der familialen Kommunikationsstruktur aufzeigen. Die aufwendige Übersetzungsarbeit hatte zur Folge, daß alle Redebeiträge über die deutsche Interviewerin liefen, also von einer weiteren Person übersetzt und damit übermittelt werden mußten. So konnten die Familienangehörigen nur schwer direkt Kontakt zueinander aufnehmen. Selten hörte einer dem anderen aufmerksam zu; auch hatten sie größte Schwierigkeiten, auf die Beiträge der anderen einzugehen. Die Übersetzung und die deutsche Interviewerin dienten als Medium für ihre Kommunikation über die Familiengeschichte. Immer waren jedoch auch die Ambivalenzen gegenüber der deutschen Interviewerin präsent. Paz kam eine halbe Stunde zu spät zur Verabredung. Ihr Vater, der im Einzelinterview sehr viel Nähe zu den Interviewerinnen hergestellt hatte, wirkte diesmal sehr nervös und unwillig. Er betonte, daß er das Gespräch möglichst kurz halten wolle. Auch Paz Israeli hatte am Telefon angekündigt, sie habe nur eine halbe Stunde Zeit. Während des Gesprächs wurde sie jedoch immer aufgeschlossener. Die Rolle des Abweisenden gegenüber Deutschen übernahm dagegen Aharon Arad. Er begann auf die allgemeine Frage, was in der Zwischenzeit passiert sei, mit dem Thema „Älterwerden und Krankheit". Er habe eine Herzoperation hinter sich und sei dadurch auch emotionaler geworden. Er verwies auf einen Satz, den er bereits im ersten Interview fallen ließ. Dieser sei ihm im letzten Jahr noch oft gekommen, da er zutreffe:

Ich hasse mich, daß ich die Deutschen nicht hassen kann.

Damit ist das Thema „Deutschland" gleich zu Anfang des Gesprächs im Raum. Auch Dorit spricht über ihr gespaltenes Verhältnis zu Deutschland, und Paz Israeli argumentiert, sie wisse zwar nichts von ihren Eltern über den Holocaust, habe aber dennoch zu Deutschland eine große Distanz. Da aber ihre Eltern sich so deutlich von Deutschland distanzieren, kann Paz Israeli überraschenderweise erklären, daß sie sich wünschte, ihre Kinder hätten mehr deutsche Kultur mitbekommen. Dies sei durch die Ablehnung ihrer Eltern ihrer deutschen Vergangenheit gegenüber aber nicht möglich gewesen. Paz klagt vor allem ihre Mutter dafür an, daß sie so wenig über deren Familiengeschichte wisse. Die biographischen Aufzeichnungen ihres Vaters habe sie inzwischen gelesen. Dorit Arad argumentiert daraufhin, daß sie die Geschichte nicht wie ihr Mann aufschreiben könne. Als wir Mutter und Tochter anbieten, die auf Tonband aufgezeichnete Lebensgeschichte von Dorit ihrer Tochter zur Verfügung zu stellen, lehnt Dorit ab:

Ich will die Geschichte für mich haben.

Wir können vermuten, daß sich Dorits Schuldgefühle gegenüber ihrer eigenen Familie auf konkrete Erlebnisse beziehen, die sie mit niemandem teilen will. Denken wir an ihre Aussage, daß es besser gewesen wäre, in der Britischen Armee zu dienen und mit dem Kinderkriegen zu warten, liegt eine andere Lesart nahe. Dorit verbindet unter Umständen auch Schuldgefühle mit der Geburt ihrer Tochter. Um diese vor ihren ambivalenten Gefühlen zu schützen, vermeidet sie, über alles zu sprechen, was mit dieser Zeit in Verbindung steht. Dies provoziert im Gespräch deutlich die Ablehnung ihrer Tochter und auch die ihres Mannes; die beiden führen zunehmend Nebengespräche und lachen sich zu, wenn Dorit spricht. Damit wird wiederum Dorit eine Atmosphäre verweigert, in der es ihr gelingen könnte, ihre schmerzhaften Erfahrungen und Schuldgefühle mit ihnen zu teilen.

Deutlich wird im Verlauf des Gesprächs schließlich Aharons Wunsch, in Begleitung seiner Tochter nach Deutschland zu reisen. Auf dieses Angebot, sich der Familienvergangenheit zu nähern, reagiert Paz ablehnend. Sie spricht ausführlich von ihren psychologischen Problemen und ihren Ängsten gegenüber Deutschland. Schließlich erklärt sie, sie reiste mit ihrem Vater allenfalls nach Deutschland, wenn er sie darum bäte. Wie ambivalent allerdings auch Aharon selbst seinen Wunsch äußert, zeigt sich darin, daß er ihn nicht an die Tochter direkt adressiert, sondern ihn der Interviewerin mitteilt. Auf deren Frage, ob er sich vorstellen könne, seine Tochter direkt um eine Reise nach Deutschland zu bitten, antwortet er: *„Ja, aber nicht auf Knien."* Sie erwidert darauf: *„Bitte, bitte mich nicht."* Welche Bedeutung diese Dynamik zwischen Paz und ihren Eltern für ihre Kinder hat, zeigt sich am Beispiel ihrer Tochter Galit.

Galit Israeli, die ebenfalls von Tamar Zilberman interviewt wurde, wurde 1967 geboren, im Jahr des „Sechs-Tage-Krieges", der eine Atmosphäre von Selbstvertrauen und Glauben in und an die eigene Stärke in Israel zur Folge hatte. Der Kibbuz galt in dieser Zeit nicht mehr unbestritten als einziger und bester Lösungsweg, den Zionismus zu verwirklichen. Überhaupt wurden nun die zionistischen Ideen mehr als zuvor hinterfragt.

In diesem Klima wuchs Galit auf, und wir können uns fragen, welchen Weg sie wählte, die Familiengeschichte fortzusetzen.

Wie ihre Großeltern und Eltern erlebte die 15jährige Galit 1982 im Libanonkrieg die Bombardierung ihres Kibbuz, der an der Grenze zum Libanon liegt. Einmal schlug auch eine Bombe in der Nähe ihres Hauses ein. Diese als „Friede für Galiläa" bezeichnete kriegerische Operation wurde in Israel sehr widersprüchlich aufgenommen[26], doch für diejenigen, die im Norden Israel, in Galiäa lebten, bedeutete sie in erster Linie die Sicherung einer ständig gefährdeten Grenze. Bevor Galit zur Armee eingezogen wurde, volontierte sie noch für ein Jahr als Betreuerin einer sozialistischen Gruppe der Jugendbewegung und zog in die Großstadt. Ihre Militärzeit absolvierte sie in einer von Mädchen sehr begehrten Position: Sie diente an einer Basis von Fallschirmspringern, für die sie als Soldatin außerhalb der Kampfhandlungen zu sorgen hatte. Hier lernte sie ihren späteren Mann Jaakov kennen, der wie ihr Vater aus einer orientalischen Familie kommt. Nach Abschluß der Armeezeit lebten die beiden noch ein Jahr in Galits Kibbuz. Das Paar ging dann für einen Monat zu Galits Onkel, dem Bruder ihrer Mutter, in die USA. Nach ihrer Rückkehr heirateten sie und verließen bald darauf den Kibbuz. Sie leben nun in Tel Aviv, und Galit hat mit einem Studium begonnen. 1993 bekamen die beiden ihr erstes Kind.

Galit teilt erstaunlich viel mit ihrer Mutter Paz Israeli. Bemerkenswerterweise klagt auch sie ihre Mutter dafür an, daß diese keine gute Mutter gewesen sei. Wie die Mutter versucht auch sie der Interviewerin zu belegen, was für eine gute Mutter dagegen sie selbst ist. Auch sie fühlt sich mehr auf der Seite ihres Vaters, insbesondere nach der Scheidung ihrer Eltern. Galit heiratet wie Paz Israeli sehr jung. Auch sie lernt ihren Mann, der aus einer orientalischen Familie kommt, während der Armeezeit kennen. Im Gegensatz zu ihrer Mutter aber und gegen deren Erwartungen verläßt Galit den Kibbuz. In ihrer Lebensgeschichte spielen Zionismus und Kibbuz nicht dieselbe Rolle wie noch für ihre Mutter, die darüber die Familiengeschichte lebensgeschichtlich bearbeitet. Die Rekonstruktion der Fallgeschichte zeigt, daß eines ihrer zentralen Themen „Tod" ist, und daß sie dieses Thema mit der Familiengeschichte verbindet.

Zunächst stellen wir fest, daß Galit auch in sehr ähnlicher Weise wie ihre Mutter das Interview beginnt. Sie spricht nicht über die Familiengeschichte vor ihrer Geburt, sondern beginnt mit ihrer eigenen Biographie: *„Ich bin 1967 im Kibbuz K. geboren, als das erste Kind, das erste Enkelkind."* Sie präsentiert dann zunächst ihre Lebensgeschichte im thematischen Feld: „Mein Leben im Kibbuz" und endet mit der Erzählung über ihr Mutterwerden. Das Verlassen des Kibbuz begründet sie damit, daß sie dort das Gefühl hatte, zu ersticken. Sie berichtet knapp von ihrem Studium. Ihr Bericht über die Jahre nach dem Verlassen des Kibbuz ist darauf konzentriert, sich als gute Israelin, die das Land nicht verläßt, zu präsentieren. Sie hat offenbar den Bedarf, zu rechtfertigen, warum sie nicht mehr im Kibbuz lebt. Kopräsent ist das Thema „Emigration aus Israel". Abschließend evaluiert Galit ihr Leben wie folgt: *„Es ist ein Leben zwischen einer Kibbuznik und einer Israelin."* Ohne Aufforderung beginnt sie nach diesem Abschluß nochmals über ihre Kindheit und Jugend zu erzählen. Es sind nun Geschichten, die verknüpft sind mit den Themen: Angst, Gefahren und Tod. Galit erzählt über die Toten in ihrem Leben. Von den Jugendlichen, mit denen sie im Kibbuz aufwuchs, seien vier gestorben. Statt über die lebenden Freunde zu sprechen, erwähnt Galit nur die toten. Auch beschäftigt sich die Enkelin mit der Todesgefahr, der sie selbst während des Libanon- und des Golfkrieges ausgesetzt war. Diese Themen sind auf der manifesten Ebene nicht mit der Shoah verknüpft. Ebenso wie ihre Mutter kommt auch Galit nicht von sich auf die Familiengeschichte zu sprechen, obwohl auch sie in der Eingangsfrage dazu aufgefordert wurde. M.a.W.: Anstatt nach der ersten chronologischen Erzählung der eigenen Biographie zu Themen der Familiengeschichte überzugehen, präsentiert Galit ihre Lebensgeschichte nochmals in einem neuen thematischen Feld oder Kontext. Hatte sie zunächst ihre Lebensgeschichte in die Kollektivgeschichte ihrer Generation im Kibbuz eingebettet präsentiert, spricht sie im zweiten Teil zu ihren Erlebnissen, die mit Angst, Gefahren und Tod zu tun haben.

Galit weiß sehr wenig über die Geschichte ihrer Großeltern und auch wenig über die Geschichte ihrer Eltern. Der fehlende Dialog zwischen ihrer Mutter und den Großeltern in bezug auf den Holocaust manifestiert sich also auch in der dritten Generation. Galit berichtet, daß ihr Großvater es *„aufgegeben habe“* über seine Vergangenheit zu erzählen und statt dessen ein Buch geschrieben habe. Auf die Frage der Interviewerin, ob sie wisse, was mit ihren Urgroßeltern passiert sei, antwortet sie: *„Sie starben in Lagern“*. Sie wisse aber nicht, in welchen. Nach ihren Phantasien zu deren Tod gefragt, antwortet sie, sie müsse sich ab und zu selbst sagen, daß ja recht nahe Verwandte im Holocaust gestorben seien, denn sie selbst fühle sich davon sehr weit entfernt.

Der Weg, sich mit den Toten in der eigenen Familie zu beschäftigen, ist für Galit wie für ihre Mutter blockiert. Sie berichtet, daß die Großeltern ihr manchmal Geschichten darüber erzählten, sie diese aber immer wieder vergesse. Unserer Annahme nach zeigt ihre Mutter Paz Israeli wenig Empathie für die Vergangenheit ihrer Eltern. Deren Schuldgefühle und Ambivalenzen erschweren allerdings auch den Dialog über die Vergangenheit. Der Großvater Aharon Arad versucht, seine Geschichte über ein Buch zu vermitteln. Eine direkte, emotionale Kommunikation über die Familiengeschichte scheint in dieser Familie eher blockiert.

Dies zeigt sich auch während des Familiengesprächs, das Gabriele Rosenthal und Bettina Völter mit den Großeltern Arad und ihrer Enkelin Galit geführt haben. Ähnlich wie beim Familiengespräch mit ihrer Mutter ist auch diesmal die Interaktion zwischen den beteiligten Familienangehörigen nur über die Interviewerinnen möglich. Obwohl sie explizit dazu aufgefordert wurden, sich auch in Hebräisch aneinander zu wenden, funktioniert dieser direkte Dialog nicht. Die Enkelin Galit bringt darüber hinaus nur eine halbe Stunde Zeit mit. Sie verabschiedet sich genau zu dem Zeitpunkt, als ihr Großvater gerade dabei ist, über seine Phantasien zum Tod seiner Eltern zu sprechen. Da er deutsch spricht und auch kaum Pausen für die Übersetzung läßt, fühlt Galit sich vermutlich aus dem Gespräch ausgeschlossen. Andererseits wird diese Sequenz mit der Frage der Interviewerinnen eingeführt, was Aharon für das Wichtigste in seiner Familiengeschichte hält, von dem er möchte, daß es nicht vergessen wird. Diese Frage und der Beginn seiner Antwort, die von seinen Ambivalenzen gegenüber Deutschland handeln, werden für die Enkelin ins Englische übersetzt. Sie wartet also die Übersetzung des zweiten Teils von Aharons Antwort nicht ab, sondern verläßt den Raum gerade an der Stelle, wo er emotional sehr bewegt über die Bedeutung der Shoah für ihn und seine Familie spricht.

Wir können davon ausgehen, daß in der Familie Arad die beiden Themenfelder „Verhältnis zu Deutschland“ und „Shoah“ in der Regel zur Störung des intergenerationellen Dialogs führen. Dies zeigt sich schließlich auch anhand des Interviews mit Josef Arad, dem drittältesten Sohn von Aharon und Dorit Arad.

Josef Arad wurde 1950 als drittes Kind von Dorit und Aharon Arad geboren. Während die Geburt seiner Schwester Paz zeitlich und emotional mit der Verfolgung und Ermordung der Großeltern während der Shoah verbunden ist, steht die Geburt von Josef eher im Zusammenhang mit dem erfolgreichen Verlauf des Befreiungskrieges 1948/49.

Wie seine Schwester beklagt sich Josef darüber, als Kind von den Eltern nicht genügend Zuwendung erhalten zu haben. Wie andere Kinder seines Jahrgangs wuchs er im Kinderhaus seines Kibbuz auf. Die mangelnde Aufmerksamkeit der Eltern führte seines Erachtens auch dazu, daß er als rebellischer Jugendlicher erhebliche Schulprobleme hatte und vor Abschluß der Universitätsreife aus der Schule flog. Josef Arad beginnt eine Lehre und wird danach, kurz nach dem 6-Tage-Krieg, zum Militärdienst an der syrischen Grenze eingezogen: *„Wir machten Jagd auf Terroristen“*, erklärt er heute in ironisch distanzierter Weise. Überhaupt sieht er einige seiner militärischen Einsätze heute im kritischen Licht. Wie die Biographien der meisten Männer seiner Generation ist auch Josef Arads Lebensgeschichte stark durch die Kriege in Israel bestimmt.

Nach seiner Armeezeit kehrt Josef Arad in den Kibbuz zurück. Zwei Jahre später beginnt 1973 der Jom-Kippur-Krieg und Josef wird eingezogen. Viele seiner Freunde fallen in diesem Krieg. Auch Josef Arad befindet sich mehrfach in Todesgefahr. Auch den Libanonkrieg von 1982–1984 erlebt er als Soldat an den Frontlinien, und während der Intifada (ab 1987) wird er wiederholt während seines jährlich zu absolvierenden Reservedienstes in den besetzten Gebieten eingesetzt. Mitte der siebziger Jahre beginnt Josef Arad Reisen in europäische Länder zu unternehmen. Dieses Datum fällt mit den ersten Reisen seiner Eltern nach Deutschland zusammen. Wie dann auch das Gespräch mit ihm zeigt, versucht Josef eher als seine Schwester nachzuvollziehen, wie es dazu kam, daß sich die Haltung der Eltern gegenüber Deutschland veränderte. Auch er besuchte Deutschland mehrmals und erklärt, daß er dort auch Freunde habe. Er hat zwischenzeitlich eine schwedische Freundin, mit der er einige Zeit in Schweden lebte. Dies können wir als Versuch interpretieren, sich auf ein Leben außerhalb von Israel einzulassen. In diesem Zusammenhang erzählt er mehrere Erlebnisse, in denen er als Jude und Israeli verletzt wurde. Dazu gehört eine Begegnung mit einem Deutschen, der ihm vorhält, die Israelis steckten Araber in KZs. Josef reagiert in dieser Situation defensiv, obwohl er voller Aggression auf den Deutschen ist. Er evaluiert die Geschichte mit einer Bemerkung, die zeigt, wie verletzbar er sich fühlt, wenn er sich außerhalb von Israel bewegt: *„Jedesmal wenn ich aus dem Land gehe, werde ich in der einen oder anderen Situation geschlagen.“* Diese Geschichte deutet an, wie schwer es dem Biographen fällt, seine Aggressionen gegenüber Deutschen auszudrücken und wie verletzlich er sich gegenüber Deutschen fühlt.

Nach seiner Rückkehr aus Europa, verläßt Josef den Kibbuz und beginnt mit behinderten Kindern orientalischer Einwanderer in Tel Aviv zu arbeiten. Dort lernt er seine Frau kennen. Sie ist in einem Kibbuz aufgewachsen, der von zionistischen Einwanderern aus Osteuropa in den 20er und frühen 30er Jahren aufgebaut worden war, zu denen auch ihre Eltern gehörten. Auch Josef heiratet also wie alle seine Geschwister in ein Familiensystem, dessen nahe Angehörige den Holocaust nicht selbst erlebt haben. Dadurch ist es ihm möglich, sich vom deutschen Herkunftsmilieu seiner Eltern abzugrenzen.

Josef bekommt 1980 seine erste Tochter. Er beginnt, Design zu studieren, findet Arbeit als Layout-Gestalter von Wochenmagazinen und arbeitet u.a. mit einigen Autoren zusammen, die über die Shoah schreiben. Er recherchiert Bildmaterial für deren Berichte und ist zuständig für das Layout. In seiner Freizeit betätigt er sich u.a. als Schriftsteller.

Wie gestaltet sich nun die Erzählung der Familien- und Lebensgeschichte von Josef im Interview? Im Unterschied zu seiner Schwester akzeptiert er neben einer israelischen auch eine deutsche Interviewerin und wird 1995 von Bettina Völter und Hagit Lifschitz auf englisch interviewt. Während des Gesprächs bezieht er sich fast ausschließlich auf die deutsche Interviewerin und wendet sich der israelischen Kollegin nur zu, um etwas auf hebräisch einzuwerfen; meist handelt es sich dabei um die Frage, *„warum erzähle ich das alles einer Deutschen?"* An der emotional dichtesten Stelle im Interview, Josef Arad beginnt zu weinen, fragt er, an die israelische Interviewerin gewandt, auf hebräisch: *„Warum weine ich vor einer Deutschen?"* Die starke Ambivalenz zwischen der Bereitschaft, sich auf eine Begegnung mit einer jungen Deutschen einzulassen, und der Aggression, die diese Nähe erzeugt, bestimmt das gesamte Gespräch. Sie drückt sich auch darin aus, daß Josef Arad uns später über seine Eltern mitteilen läßt, ihm habe das Interview sehr gut gefallen, denn er habe noch selten so offen über sein Leben sprechen können.

Noch bevor die Interviewerinnen die Eingangsfrage nach der Familien- und der eigenen Lebensgeschichte gestellt haben, versucht Josef etwas klarzustellen. Er hätte von seinen Eltern gehört, es ginge um eine Untersuchung über die *„Zweite Generation des Holocaust"*. Darunter fiele seine Familie nicht: *„Meine Eltern erlebten den Holocaust nicht selbst, ich meine sie verloren nur ihre Familien (atmet schwer)."* Wie Paz grenzt sich also auch Josef Arad zunächst von der Verfolgungsgeschichte seiner Familie ab, doch im Unterschied zu ihr eröffnet er das Gespräch mit der Thematisierung der Ermordung seiner Familienangehörigen. Mit der Formulierung, *„sie verloren nur ihre Familien"*, vermeidet er allerdings ebenso wie seine Schwester, die Perspektive seiner Eltern zu übernehmen und eine Nähe zu diesen Familienangehörigen auszudrücken. Auch im folgenden spricht der Biograph meist von den *„Eltern seiner Eltern"* und nicht von seinen Großeltern oder seiner Familie. Auf die Eingangsfrage beginnt Josef dann im Unterschied zu seiner Schwester, die Familiengeschichte seiner Eltern vor der Emigration nach Palästina zu berichten. Das thematische Feld der Eingangserzählung könnte man mit „Das verlorene Leben in Deutschland" bezeichnen. Der Biograph ist damit beschäftigt, das Leben seiner Großeltern und Eltern in Deutschland zu rekonstruieren und stellt dabei fest, daß er Mühe hat, die Geschichte zu behalten und als die seine anzunehmen:

> *Es ist ein sehr nebliges Bild, das ich über beide Elternhäuser habe, ich kann mir wenig darunter vorstellen … ich habe alles auf Video aufgezeichnet. Ich kann manchmal hingehen und ihren Geschichten zuhören ((lacht)) ich meine, wenn sie sterben werden, hab ich sie immer noch.*

Josef Arad hat vor allem das Problem, die Familiengeschichte als Teil seiner Geschichte zu verstehen, fühlt sich davon aber auf ihm unerklärliche Weise angezogen. Vor einigen

Jahren hat er seine Eltern zu deren Geschichte befragt und das Interview auf Video aufgezeichnet. Deutlich wird, daß Josef die Rolle übernimmt, die Familiengeschichte in Erinnerung zu halten. Deutlich werden allerdings auch seine Schwierigkeiten, sich mit dieser Geschichte zu identifizieren. In seiner Darstellung konzentriert er sich darauf, den gutbürgerlichen Status seiner Großeltern darzustellen. Er evaluiert:

> *Für uns, die wir in einer fast kommunistischen Gesellschaft aufgezogen wurden, so was zu hören auf sowas stolz zu sein war schwierig*

Besonders problematisch ist für Josef, von seinen Eltern immer wieder zu hören, wie vollkommen ihre Familien in die deutsche Gesellschaft integriert waren und wie stark sie sich von den „Ostjuden" abgrenzten:

> *Es war immer das Gefühl von (1) wir waren Teil des Ganzen, wir waren nicht nur Juden von Osteuropa, die nach Berlin kamen, um etwas zu essen zu finden, wir waren keine Ostjuden.*

Intensiv beschäftigt Josef Arad zudem die enge Allianz der Familie seines Vaters mit der nicht-jüdischen High-Society, auf die sein Vater seines Erachtens bis heute stolz ist. Er selbst hat die Assoziation, daß die Familie mit denjenigen befreundet war, die später Nationalsozialisten wurden. Dies korrespondiert vor allem auch mit den Einschätzungen seiner Mutter Dorit in bezug auf ihre Eltern. Josef konzentriert sich mit seiner Kritik allerdings auf seinen Vater. Er hat extreme Probleme mit dessen Ambivalenz in bezug auf Deutschland. Während seine Mutter sich eher davon distanziert hätte, sei sein Vater bis heute *„wie magnetisiert von Deutschland"*:

> *Sie sprach nicht über ihre Gefühle zu Deutschland, irgendwie trennte sie, ich meine, sie wollte Israelin werden und ihr gelang es. Vater ist mehr das, was wir „Galutee" nennen, er ist ein exilierter Jude, einer der mit einer anderen Mentalität kam, er ist kein Israeli, ich meine er ist wie im Exil.*

Josef erzählt, daß er die typisch deutschen Eigenschaften seines Vaters, wie Autoritätshörigkeit, in seiner Kindheit als Verrat empfand. Wir können vermuten, daß er persönlich auch verletzt war, weil er spürte, daß sein Vater sich nach Deutschland zurückgezogen fühlte und ihm nicht seine ungeteilte Zuwendung schenkte. Er hätte, wie er sagt, außerdem lieber einen kämpferischen Vater gehabt. Dessen Bindung an Deutschland aber verhinderte in den Augen von Josef, daß er ein richtiger Israeli wurde.

Josef bindet bereits in den selbststrukturierten Teil des Interviews einen Bericht über die Daten der Verfolgung und Ermordung seiner Großeltern ein. Er weiß nicht, wohin die Eltern seiner Mutter zu Beginn des Krieges deportiert wurden. Dagegen weiß er, daß seine Großeltern väterlicherseits 1943 nach Theresienstadt kamen, wie *„alle Juden der Elite"*, nimmt er an. Von dort seien sie nach Auschwitz gekommen: *„Ich weiß nicht sehr viel darüber"*, evaluiert er, *„ich meine das sind Leute, die ich nicht kenne."* Über das Schicksal der Schwester seines Vaters wisse er nichts, der Bruder seiner Mutter sei bereits vor der Verfolgung an den Folgen einer Operation gestorben. Die Teile der Familiengeschichte, die für seine Eltern zu den problematischsten gehören, entziehen sich also seiner Kenntnis. Wir können annehmen, daß die Schuldgefühle, die Dorit und Aharon Arad insbesondere gegenüber ihren Geschwistern haben, die Tradierung dieses Teils der Familiengeschichte blockieren. An der Textstruktur, die bestimmt ist durch den ständigen Wechsel von „was ich weiß" - „was ich nicht weiß", läßt sich ablesen, wie anstrengend für diesen Angehörigen der zweiten Generation die Rekonstruktion seiner Familiengeschichte ist, und wie sehr er sich um eine kohärente Geschichte bemüht.

Die Analyse von Josefs Präsentation der eigenen Lebensgeschichte verdeutlicht dann, wie er an die Familienvergangenheit gebunden ist, und wie er mit seinem Lebensweg versucht, die damit zusammenhängenden Schuldgefühle zu bearbeiten. Auch Josef präsentiert wie seine Schwester seine Lebensgeschichte in erster Linie eingebettet in die Kollektivbiographie seiner Generation. Die Themen „Leben im Kibbuz und „Soldat in mehreren Kriegen" bestimmen seine lebensgeschichtliche Präsentation. Josef Arad stellt sich als einen Israeli dar, dessen Aufgabe und Ziel es ist, sein Land zu verteidigen. Im Unterschied zu seiner Schwester, die sich betont als Kibbuznik präsentiert, hebt er vor allem seine Verteidigung des Landes während der Kriege hervor. Für ihn, der im jungen Erwachsenenalter den Kibbuz verließ, ist dies der Teil des zionistischen Auftrags, den er erfüllt, der ihn aber auch ins Zweifeln bringt. Ihn quälen starke Schuldgefühle, bei denen er sein aktuelles Handeln bei der israelischen Armee in den Kontext der Shoah stellt: Er fragt sich, ob er sich während der Intifada wie ein Angehöriger der Gestapo verhalten habe.

Welche Ängste sich hinter seinen Zweifeln verbergen, wird deutlicher, wenn wir ein von Josef geschriebenes Theaterstück bei der Interpretation berücksichtigen. Seine Mutter hat dieses Stück, das in Deutschland spielt, übersetzt und uns zum Lesen gegeben. So gibt auch sie uns mit diesem Stück eine indirekte Botschaft. Der Text handelt von einem Gerichtsverfahren gegen einen jungen Mann, der als Neonazi auftritt und einen alten Mann erschlagen hat. Wie sich im Laufe des Verfahrens herausstellt, war das Opfer ein alter Nazi, während der des Mordes angeklagte junge Neonazi Sohn einer Überlebenden ist. Als Tatmotiv wird die Rache des jungen Mannes am alten Nazi enthüllt. Seine Mutter war mit dem erschlagenen Mann vor 1933 liiert gewesen. Nach der Machtübernahme hatte dieser sich zum fanatischen Parteigänger entwickelt und die Mutter an die Gestapo ausgeliefert und damit ihren Transport in ein Konzentrationslager mitverantwortet.

Was vermittelt uns dieses Stück nun über die Motive des Autors? Wir könnten es als Josefs Parabel für sein Befinden und für seine Sicht der Familiengeschichte lesen. Mit der Figur der Mutter des Neonazis assoziieren wir seine Großeltern und deren Beziehung zu Deutschland, die zu ihrer Ermordung führte. Die Figur des Neonazis repräsentiert dagegen wohl Josefs Phantasie, als nachfolgende Generation die Täter zu bestrafen. Wir können uns fragen, ob sich Josef vor seinen Aggressionen fürchtet, davor, von ihnen überwältigt zu werden. Wir können darüber hinaus annehmen, daß dieses Stück auch abgewehrte Gefühle seiner Mutter Dorit ausdrückt, die diese sich verbietet, uns direkt mitzuteilen.

Josef hat jedoch auch einen Weg gefunden, seine Aggressionen und seine Schuldgefühle im Zusammenhang mit seiner Familiengeschichte lebensgeschichtlich zu bearbeiten. Nicht nur seine schriftstellerische Tätigkeit hilft ihm dabei, sondern auch sein Engagement für orientalische Juden. Lange argumentiert er im Interview darüber, wie schwierig Migrationen für die Betroffenen sind. Vor diesem Hintergrund maße er sich auch nicht an, das Verhalten seiner Eltern zu werten, auch wenn er sich in manchen Punkten ein anderes Verhalten wünschte:

Sie hatten ihre beste Zeit der Jugend hier in Israel. Als ganz Europa, die eigenen Eltern eingeschlossen, brannte, sangen und tanzten und aßen sie, was sie zu essen hatten in diesen Tagen in den vierziger Jahren ... Ich weiß nicht, wie oft sie dachten – ich habe sie nie gefragt, wie oft, wieviel, was sie fühlten in dieser Zeit. Aber ich weiß, daß man als- weil ich selber jung war, wenn du jung bist und voller Hormone und und die Sonne, die mediterrane Sonne scheint und das Meer ist blau, kümmerst du dich nicht ständig darum, was passiert, was weiß ich in Somalia. Du trinkst deinen Kaffee und verbringst eine schöne Zeit.

Josef, dessen Geburt 1950 bereits einige Jahre nach dem Ende des Zweiten Weltkrieges und des Holocaust liegt, fällt es leichter als seiner Schwester, deren Geburt zeitlich mit der Ermordung der Familienangehörigen in Europa zusammenhängt, die Perspektive seiner Eltern zu übernehmen. Dabei dürfen wir das sehr gestörte Verhältnis zwischen Paz und ihrer Mutter nicht unberücksichtigt lassen. Sie muß, um die Distanz zur Mutter halten zu können, ja geradezu eine Perspektivenübernahme mit ihr bzw. ein Nachdenken über die Folgen der Verfolgungsvergangenheit für ihre Eltern abwehren. Doch auch Josef hat Mühe, seine Eltern im Kontext der Verfolgungsvergangenheit zu sehen. In seinem Falle wie auch in dem seiner Schwester können wir dies auch als interaktives Produkt der Eltern und ihrer Kinder begreifen, das, wie wir zu zeigen versucht haben, seine Auswirkungen auch auf die dritte Generation hat.

Resümee. Die Interviews mit den Großeltern dieser Familie, die als Jugendliche aus Deutschland zwangsemigrieren mußten, zeigen, welche Schwierigkeiten mit dem Trauerprozeß um die Ermordung der Familienangehörigen verbunden sind. Diese Generation versucht ihre Traumatisierung mit einer Ablehnung ihrer deutschen Vergangenheit und einer starken Identifikation mit Israel und dem zionistischen Auftrag biographisch zu bearbeiten. An dieser Familie läßt sich darüber hinaus zeigen, daß die Kinder der „Jugendalija-Generation" den Aufbau, Erhalt und die Verteidigung Israels ebenfalls als Strategie gewählt haben, die Vergangenheit zu überwinden, sie nicht wiederholbar zu machen und für das Leben zu kämpfen. Doch mit den Ambivalenzen ihrer Eltern sowie mit deren blockierter Trauer gehen auch Störungen im intergenerationellen Dialog einher. Am Beispiel der Enkel dieser Familie der „Jugendalija-Generation" wird deutlich, daß der blockierte Dialog zwischen ihren Eltern und Großeltern es auch ihnen erschwert, einen empathischen Zugang zur Lebensgeschichte ihrer Großeltern und Eltern zu finden. Die abgewehrte Trauer und auch die Abwehr der Sehnsucht nach Deutschland bedingen sowohl im familialen Dialog wie auch in der Dynamik der einzelnen Biographien, daß Aggressionen gegen Deutschland und Schuldgefühle eine so konstitutive Rolle spielen.

Literatur

Ball-Kaduri (1964): Die Wehrmacht und die deutschen Juden im Zweiten Weltkrieg. In: Zeitschrift für die Geschichte der Juden. 1. Jg. (1-4), 141-147

Bar-On, D. (1992): Israeli and German students encounter the Holocaust through a group process: „Partial relevance" and „working through". In: International Journal of Group Tensions, Vol. 22 (2), 81-118

Bar-On, D. (1995): Fear and Hope. Three Generations of the Holocaust. Cambridge: Harvard University Press

Beling, E. (1967): Die gesellschaftliche Eingliederung der deutschen Einwanderer in Israel. Frankfurt/M: Europäische Verlagsanstalt

Danieli, Y. (1980): Countertransference in the treatment and study of Nazi Holocaust survivors and their children. Victimology, 1980 Vol. 5(2-4), 355-367

Ehmann, Annegret (1988): 1933-1945. Verfolgung - Selbstbehauptung - Untergang. In: Juden in Berlin 1671-1945. Ein Lesebuch. Berlin: Nicolai, 245-249

Feilchenfeld, W. (1972): Die Durchführung des Haavara-Transfers. In: Feilchenfeld, W./Michaelis, D./Pinnner, L.: Haavara-Transfer nach Palästina und Einwanderung Deutscher Juden 1933–1939. Tübingen: Mohr, 37-64

Feldman, J. (1995): „Über den Gräbern mit gehißter Fahne Israels" – Die Struktur und Bedeutung israelischer Jugendreisen nach dem Polen der Shoah. In: Schreier, H./Heyl, M. (Hg.): „Daß Auschwitz noch einmal sei ..." Zur Erinnerung nach Auschwitz. Hamburg: Krämer

Fischer-Rosenthal, W. (1996): Strukturale Analyse biographischer Texte. In: Brähler, E./Adler, C. (Hg.): Quantitative Einzelfallanalysen und qualitative Verfahren in der Public Health. Gießen: Psychosozial-Verlag, 99–161

Gronemann, S. (1979): Erinnerungen. In: Richarz, M. (Hg.): Jüdisches Leben in Deutschland. Selbstzeugnisse zur Sozialgeschichte im Kaiserreich. Stuttgart

Guggenheim, W. (1987): 30mal Israel. München, Zürich: Piper

Moore, Yael (1994): Narrative Biographical Analysis. Life stories of second generation to Holocaust Survivors Past and Present. Unv. MA-Arbeit, Ben Gurion University, Beer Sheva, Israel

Malkinson, R./Witztum, A. (1993): Sh'chol Ve-Hanzacha. (Bereavement and Commemoration in Israel). In: Malkinson, et. al. (Ed.): „Ovdan Ve-Sh'chol Ba-Hevara Ha-Israelit" (Losses and Bereavement in Jewish Society in Israel). Jerusalem, 231-255

Pinner, Ludwig (1972): Die Bedeutung der Einwanderung aus Deutschland für das jüdische Palästina. In: Feilchenfeld, W./Michaelis, D./Pinnner, L.: Haavara-Transfer nach Palästina und Einwanderung Deutscher Juden 1933-1939. Tübingen: Mohr, 89-112

Reinharz, J. (1986): Haschomer Hazair in Nazideutschland, 1933-1938 (auf englisch). In: Paucker, A. (Ed.): Die Juden im nationalsozialistischen Deutschland. Tübingen: Mohr, 317-351

Richarz, Monika (1988): 1918-1933. Zwischen formaler Gleichberechtigung, Zionismus und Antisemitismus. In: Juden in Berlin 1671-1945. Ein Lesebuch. Berlin: Nicolai, 126-130

Rosenthal, G. (1994): Zur Konstitution von Generationen in familienbiographischen Prozessen. Krieg, Nationalsozialismus und Genozid in Familiengeschichte und Biographie. In: ÖZG, Österreichische Zeitschrift für Geschichtswissenschaften. 5 (4), 489-516

Rosenthal, G. (1995a): Erlebte und erzählte Lebensgeschichte. Frankfurt a. M.: Campus

Rosenthal, G. (1995b) Familienbiographien: Nationalsozialismus und Antisemitismus im intergenerationellen Dialog. In: Attia, I. u.a. (Hrsg.): Multikulturelle Gesellschaft und monukulturelle Psychologie? Antisemitismus und Rassismus in der psychosozialen Arbeit. Tübingen: Dgvt-Verlag, 30-51

Rosenthal, G./Gilad, N./Völter, B./Zilberman-Paz, T. (1994) (Hg.): Der Holocaust im Leben von drei Generationen. Arbeitsbericht für die Deutsche Forschungsgemeinschaft. Kassel/Berlin/Tel Aviv

Rosenthal, G. (Hg.) (1997): Der Holocaust im Leben von drei Generationen. Familien von Überlebenden der Shoah und von Nazi-Tätern. Gießen: Psychosozial

Rubinstein, A. (1977): The birth and fall down of the mythological Sabra. In: „Lihiot Am Hofshi". Jerusalem: Shoken

Schreiber, F./Wolffsohn, M. (1989): Nahost. Geschichte und Struktur des Konflikts. Opladen: Leske und Budrich

Segev, T. (1995/hebräisch 1991): Die Siebte Million. Der Holocaust und Israels Politik der Erinnerung. Reinbek bei Hamburg: Rowohlt

Völter, B. (1994): Jüdische Familien in der DDR. Antifaschismus als Strategie der Konfliktvermeidung. In: Rosenthal et. al., 72-101

Völter, B. (1997): Die Shoa im antifaschistischen Diskurs der DDR. Zur Tradierung der Verfolgungsgeschichte in Familien mit kommunistisch orientierten Großeltern jüdischer Herkunft. In: Mansel, J./Rosenthal, G./Tölke, A. (Hg.): Generationen – Beziehungen, Austausch und Tradierung. Opladen: Westdeutscher Verlag, S. 257–170

Wetzel, Juliane (1988): Auswanderung aus Deutschland. In: Benz, W. (Ed.): Die Juden in Deutschland 1933-1945. München: Beck.

Zondek, Hermann (1973): Auf festem Fuße. Erinnerungen eines jüdischen Klinikers. Stuttgart

Anmerkungen

1 Alle Namen der hier zitierten InterviewpartnerInnen wurden anonymisiert.

2 Die ersten drei Einwanderungswellen (hebräisch: Alija) kamen zum größten Teil aus Rußland; die vierte dann aus Polen. Die erste Alija erfolgte im Jahre 1882; die zweite, die mit der Verfolgung im Kontext der Kriegsereignisse und revolutionären Unruhen im zaristischen Rußland zusammenhing, in den

Jahren 1904–1914, und die dritte Alija setzte nach dem Ersten Welkrieg ein. Die vierte Alija fand zwischen 1924 und 1931 statt (vgl. Schreiber / Wolffsohn 1989).

3 Das hebräische Wort „Alija" bedeutet wörtlich übersetzt „Aufstieg" und wird für die Einwanderung nach Eretz Israel (hebräisch: Das Land Israel) oder später die Einwanderung nach dem Staat Israel verwendet.

4 Die Zahlen beziehen sich auf den Zeitraum zwischen 1934 bis Ende März 1939. Sie unterscheiden sich allerdings je nach Quelle. Bei Segev (1995: 225f) sind es bis 1939 5000 Kinder und Jugendliche aus Deutschland, Pinner (1972: 95) gibt die Zahl 4788 an. Auch während des Krieges konnten nochmals etliche Tausend Kinder- und Jugendliche nach Palästina einreisen (Segev gibt 10 000 an, Pinner dagegen nur 2 618). Ebenfalls konnten im Rahmen der Kinder- und Jugendalija nach dem Ende des Zweiten Weltkrieges bis zur Staatsgründung Israel noch einmal 15 000 junge Menschen nach Israel emigrieren.

5 Die Organisation „Hechaluz" wurde 1918 zur Durchführung einer beruflichen Vorbereitung für die Alija gegründet. Damit war die Möglichkeit verbunden, später mit einem „Arbeiterzertifikat" einzuwandern. Die berufliche Vorbereitung, die auch Hebräischunterricht enthielt, wird als „Hachscharah" (Ertüchtigung) bezeichnet.

6 Hebräischer Begriff für Umsiedlung. Basierend auf dem Haavara-Abkommen vom August 1933, konnten die Emigranten etwa 15 000 Reichsmark (1 000 Pfund Sterling) in ausländischer Währung mitnehmen und Waren im Wert von 20 000 Reichsmark. Um ein sogenanntes Kapitalistenvisum von den Briten zu erhalten, benötigte man auch 1000 Pfund Sterling. Zum Haavara-Transfer vgl. Feilchenfeld (1972).

7 Fast die Hälfte der Immigranten aus Deutschland war über 30 Jahre alt und kam mit einem „Kapitalistenvisum" ins Land (Beling 1967: 87). Vgl. hierzu die Fallanalyse von Fischer-Rosenthal (1996).

8 Beim Kibbuz handelt es sich um eine kollektive und beim Moschaw um eine individuelle, kooperativgebundene Siedlungsform.

9 Die Studie fand unter Leitung von Prof. Dr. Fritz Schütze (Universität Magdeburg) und Prof. Dr. Regine Gildemeister (Gesamthochschule Kassel) sowie in Zusammenarbeit mit Prof. Dr. Dan Bar-On (Ben Gurion University of the Negev, Israel) statt. Tamar Zilberman war an der Erhebung der Interviews und ersten Auswertung der hier vorgestellten Familie Arad beteiligt. Bisherige Publikationen: Rosenthal 1994; Rosenthal 1995b; Rosenthal 1997.

10 Viele der Großeltern in Israel wurden bereits 1989/90 von Gabriele Rosenthal im Rahmen einer Studie zur ersten Generation interviewt (vgl. Rosenthal 1995, 120-130; 154-160).

11 Zu Drei-Generationen-Familien von Überlebenden vgl. die Studie von Dan Bar-On 1995

12 Sabra (Kaktus) ist das selbstgewählte Symbol für einen „wirklichen" Israeli, der bereits im Land geboren ist. Wie der Kaktus, der eine stachlige Hülle und ein süßes, weiches Inneres hat, wollen die Israelis sein. So können sie die Schwierigkeiten des harten Lebens in Israel und den Kampf mit den Arabern bewältigen und dabei dennoch ihre innere Integrität bewahren.

13 Bei jüdischen Remigrantenfamilien aus der ehemaligen DDR konnte hingegen das Thema „Emigration" in das sozialistische Selbstverständnis aller drei Generationen eingebettet werden, da mit der Emigration der „antifaschistische" Lebensweg der Großeltern entweder begann oder fortgesetzt wurde (vgl. Völter 1994; Rosenthal (Hg.) 1997).

14 Vgl. dazu die Fallanalyse in Rosenthal (1995), Kap. 4.4.4.

15 Vgl. die Fallstudie zur Familie Steinberg/Noifeld in Rosenthal u.a. 1994, S. 124ff.

16 „2500 Tote waren zu beklagen, jeder tausendste Bürger Israels. Nur im Unabhängigkeitskrieg waren mehr Menschen im Kampf gefallen." (Segev 1995:518)

17 Dan Bar-On (1992) diskutiert in diesem Zusammenhang, basierend auf Interviews mit Jugendlichen, daß Fahrten, die mit Familienangehörigen durchgeführt wurden, einen weit stärkeren Effekt auf die Öffnung des Dialogs hatten.

18 Eine Diskussion des Interviews mit einem weiteren Kind von Paz, dem Sohn Gal (geb. 1976), würde den Rahmen dieses Beitrages sprengen.

19 Zur genauen Darstellung der Interviewmethode wie auch zur Auswertung der Interviews vgl. Rosenthal 1995a; Fischer-Rosenthal 1996.

20 Es ist nicht auszuschließen, daß der Einzug von Juden zur Wehrmacht auch vom Oberkommando der Wehrmacht in Betracht gezogen wurde. Nach Einführung des allgemeinen Wehrgesetzes von 1935 galt zwar, daß Juden keinen aktiven Wehrdienst leisten konnten, dennoch wurde die Musterung auch bei ihnen vorgenommen. Auch nach Kriegsbeginn ging die Musterung weiter (vgl. Ball-Kaduri 1964).

21 Obwohl sich Aharon Arads Eltern als deutsche Juden aus Westpreußen sahen und sich ihrerseits von den jüdischen Migranten aus Osteuropa unterschieden wissen wollten, galten sie in den Augen der westdeutschen Familie von Dorit offenbar bereits als „Ostjuden". Der Kliniker Hermann Zondek, selbst in

Posen gebürtig und um die Jahrhundertwende nach Berlin gezogen, erinnert sich, daß damals keineswegs feststand, wer als „Ostjude“ galt: „Die geographische Bestimmung dieses Begriffes richtete sich auch für die stolzen germanisierten Juden des deutschen Westens nach dem jeweiligen Standort. Für die Juden aus Frankfurt am Main lag die kritische Grenze an der Elbe, die Juden aus Berlin-W verschoben sie bis zur Oder. Der Warthefluß war indiskutabel. Während die Juden aus Polen, dem sogenannten Kongreßpolen, als mehr oder weniger Fremdrassige gewertet wurden, nahmen wir aus der deutschen Provinz Posen den Rang von Mischlingen ein.“ (Zondek 1973: 33f)

22 Die jüdische Bevölkerung Großberlins betrug vor dem Ersten Weltkrieg (1910) mit 144 000 Personen knapp vier Prozent der Einwohnerschaft. Im Jahr 1925 leben 173 000 Juden in Berlin, was 4,3 Prozent der Berliner Bevölkerung entsprach (Richarz 1988: 179).

23 Innerhalb Berlins gab es Wohngegenden, in denen eher „Ostjuden“, und andere, in denen eher „Westjuden“ lebten. Dabei galt die Unterscheidung sowohl in bezug auf die geographische Herkunft als auch in bezug auf den sozialen Status der Leute. „Ostjude und Westjude waren in Berlin nicht so sehr geographische wie zeitliche Begriffe. Gar oft kam es vor, daß aus dem Osten eingewanderte Juden zunächst in den obengenannten Straßen (im Osten Berlins, d.V.) ihr Quartier nahmen, dann allmählich zu Wohlstand gelangten, in das vornehmere Bellevueviertel zogen, der Heimat des besseren Mittelstandes, und dann, auf der sozialen Leiter aufsteigend, ihren Wohnsitz nach Charlottenburg verlegten und Westjuden wurden“ (Gronemann 1979: 406f).

24 „Die überwiegende Mehrheit der in der bürgerlich-liberalen deutschen Bildungstradition verwurzelten jüdischen Bürger Berlins betrachtete das NS-Regime und die Übergriffe der ersten Wochen als eine vorübergehende Erscheinung ... Noch im März/April 1933 beteuerte die Jüdische Gemeinde zu Berlin in einem Brief an Hitler ihre Zugehörigkeit zum deutschen Volk und die Bereitschaft zur Mitarbeit an der Erneuerung Deutschlands“ (Ehmann 1988: 245 f).

25 Die Zitate sind aus dem Hebräischen übersetzt.

26 Während das zunächst erklärte Kriegsziel, die PLO-Infrastruktur im Südlibanon zu zerstören, von der Bevölkerung noch akzeptiert wurde, traf der weitere Kriegsverlauf, das Vordringen der israelischen Armee bis nach Beirut sowie das Nichteingreifen des israelischen Militärs bei den von libanesischen Christen begangenen Massakern in den palästinensischen Flüchtlingslagern, in der israelischen Bevölkerung auf Unverständnis und führte dann auch gewissermaßen zum Ende von Begins militärischer „Führung“ (vgl. Guggenheim 1987: 387).

Lena Inowlocki

Wenn Tradition auf einmal mehr bedeutet: Einige Beobachtungen zu biographischen Prozessen der Auseinandersetzung mit Religion[1]

Wie läßt sich das Phänomen begreifen, daß Jugendliche oder Erwachsene sich auf einmal religiös orientieren und allein oder mit ihren Familien traditionsbewußter leben wollen als zuvor? Die Rede ist hier nicht von Sektenrekrutierung, also von extremer psychischer und sozialer Abhängigkeit. Vielmehr geht es um Fälle, in denen die neue, bewußte Orientierung auf eine Religionsgemeinschaft einem eigenen, individuellen Vorhaben entspricht, als eine der Wahlmöglichkeiten einer zeitgemäßen Biographie.

Die sozialwissenschaftliche Diskussion geht seit Max Weber von einer Loslösung religiöser Praxis- und Erlebensformen von deren institutioneller (kirchlicher) Bestimmung und Bindung aus. In der gegenwärtigen Diskussion ist umstritten, ob es überhaupt noch religiöse Sinnbezüge der Lebenspraxis gibt oder nurmehr eine Differenzierung von „Life styles", die noch an die Eigenarten der jeweiligen Herkunftsreligion erinnern. Zu dieser Diskussion wird hier vorgeschlagen, Phänomene der Traditionspraxis zu untersuchen, um Bindungen an Traditionalität und religiöse Sinngebung zu verstehen. Die These vom Ende der Religion in einer säkularisierten Welt begreift nämlich nicht die Praxis der Traditionalität, deren Vermittlung und Weiterführung wie auch deren Transformation. Dies hängt möglicherweise mit einem in zweifacher Hinsicht zu engen Religionsbegriff zusammen. Erstens berücksichtigt die Gleichsetzung von „Religion" mit „Glauben", die der Auffassung von der Sinnentleerung religiöser Rituale und einem Schwinden der Religion zugrunde liegt, nicht die relative Unabhängigkeit der Religionsausübung vom Glauben. In diesem Zusammenhang hat Robert N. Bellah (1970; z.B. S. 115, 227) am Beispiel Japans und der USA gezeigt, wie gesellschaftliche Sinnzusammenhänge als „civil religion" konstituiert werden. Zweitens wird mit einem zu engen oder abstrakten Religionsbegriff nicht erfaßt, daß die Praxis der Religionsausübung nicht nur in den dafür vorgesehenen Institutionen wie beispielsweise Kirchen, Moscheen, Synagogen stattfindet, sondern auf ganz zentrale und grundlegende Weise auch zu Hause. Aus vergleichender religionswissenschaftlicher Sicht wurde bereits betont, daß „sacred space" und „ceremonial space" durch das Haus repräsentiert werden und daher „the notion of the domestic, the centrality of the domicile in religious activity" besonders beachtet werden sollte (Smith 1983, S. 221). Die Bedeutung des Hauses dafür, wie Religion gelebt wird, ist als „domestic religion" von der Kulturanthropologin Barbara Myerhoff (1978) eindrucksvoll beschrieben worden. Gerade die Konzeptualisierung einer „domestic religion" ermöglicht eine Beschreibung der Veränderungsprozesse von Traditionalität, beispielsweise der Zunahme oder Abnahme der Bedeutung religiösen Praktizierens sowie der geschlechtsrollenspezifischen Unterscheidungen des Praktizierens. Im folgenden wird also dafür plädiert, Prozesse der Veränderung religiösen Interesses anhand einer Traditionspraxis zu untersuchen. Die geschichtlichen, gesellschaftlichen und sozialen Dimensionen solcher Prozesse können durch ethnographische und kulturanthropologische Vorgehensweisen untersucht werden sowie durch biographieanalytische Fallrekonstruktion.

Während die Diskussion zu einer Auflösung beziehungsweise zur Neuschöpfung religiöser Orientierung und Traditionspraxis hier nur angedeutet werden kann, möchte ich an einem Fallbeispiel zeigen, wie es dazu kommen konnte, daß sich eine junge Frau, die in einer liberalen Familie in der jüdischen Gemeinde Antwerpens aufgewachsen ist, mit Religion auseinandersetzt und sie konsequenter praktizieren will als ihre Eltern. Neben der generellen soziologischen Annahme eines Verlustes religiöser und traditionaler Sinnbezüge und Handlungsweisen wird auch manchmal die These vom Ende diasporajüdischer Existenz vertreten (z.B. durch Wolffsohn 1997). Nach der nationalsozialistischen Vernichtung der europäischen Juden bestünde „jüdische Identität" für die Übriggebliebenen und deren Nachkommen nicht mehr aus Religion und jüdischer Geschichte, sondern nur noch in der Erleidensgeschichte, die keinen Sinnzusammenhang stiften kann. Allerdings kann mit dieser Diagnose nicht erklärt werden, wieso es eine weiter gelebte Traditionspraxis gibt, aus der auch neue Formen der Traditionalität geschöpft werden. In der jüdischen Gemeinde Antwerpens beispielsweise hat seit den 70er Jahren eine umfassende religiös-orthodoxe Entwicklung stattgefunden; der nostalgisch verklärte Besucherblick sieht ein Shtetl vor sich, ein Trompe-l'oeuil, hier sei es „schon immer" so gewesen, wie es früher einmal in Osteuropa war. Tatsächlich haben sich Orthodoxie-Trends durchgesetzt, wie die biographischen und intergenerationellen Auseinandersetzungen der Beteiligten mit der veränderten Situation innerhalb der Gemeinde zeigen (Inowlocki 1993). Vergleichbare Auseinandersetzungen finden, wenn auch in geringerem Maße, ebenso in anderen westeuropäischen jüdischen Gemeinden statt (Inowlocki 1997).

Die Frage ist, was geschieht, wenn innerhalb einer Religionsgemeinschaft die religiösen Forderungen orthodoxer Vertreter weder „automatisch" als Appell zur Pflichterfüllung wirken noch direkt zur Aufkündigung der Zugehörigkeit führen, sondern wenn eine Neuorientierung innerhalb der Religionsgemeinschaft zu einer veränderten sozialen Involvierung und zu biographischen Neubestimmungen führt: Wenn also Traditionalität, d.h. das Leben mit der Tradition und die Kommunikation darüber, auf einmal mehr bedeutet. Bezogen auf die Erweiterung eigener Handlungsmöglichkeiten durch die neue Orientierung stellt sich natürlich die Frage nach dem Verlust von Bewegungs- und Erkenntnisfreiheit im Gegenzug. Sind es Mädchen oder Frauen, die sich für eine Traditionalisierung entscheiden, so stellt sich die Frage, wieso sie sich sozusagen „freiwillig" in eine weitere Abhängigkeit begeben, wie sie das Einhalten von religiösen Gesetzen und eine in traditionellen Religionen damit verbundene Ungleichheit der Geschlechter bedeutet. Dazu wird im folgenden auf zwei Bedingungen eingegangen, die typischerweise die Dynamik der Traditionalisierung vorantreiben: dies sind der religiöse Schulunterricht für Mädchen sowie die Auseinandersetzung mit modernen Formen der religiösen Überzeugung, durch die Argumente für das Praktizieren hervorgebracht werden.

Töchter werden im allgemeinen mit den Erwartungen ihrer Familien an eine Weiterführung der religiösen und traditionellen Orientierung sozialisiert und gegebenenfalls konfrontiert. Untersuchungen in verschiedenen traditionsorientierten jüdischen Milieus zeigen die besondere Rolle, die Mädchen und Frauen als Töchter, Schwestern, Ehefrauen und Mütter für die Weiterführung eines traditionsbewußten Familien- und Gemeinschaftslebens erfüllen (Frank 1975, El-Or 1994, Inowlocki 1995). Eine weitere Schlüsselposition, die sich ebenfalls aus diesen Untersuchungen ergibt, kommt der Institutionalisierung der religiösen Erziehung für Mädchen zu. Wie die genannten Untersuchungen zeigen, werden starke Erwartungen an die Töchter gerichtet, die Traditionalität in der Herkunftsfamilie und in der späteren eigenen Familie aufrechtzuerhalten. Der Besuch einer religiösen Schule unterstützt die Sozialisierung zur Bewahrung und weiteren Entwicklung einer traditionsbezogenen Lebensweise der Töchter. Der Fall von Diana, einer jungen Frau aus Antwerpen, steht im Kontrast zu diesen Bedingungen einer weiterführenden Traditionalisierung insofern, als es in ihrer Herkunftsfamilie nur eine minimale Traditionspraxis gibt. Nachhaltig wirkt jedoch der von ihr selbst gewünschte Besuch eines religiösen Internats.

Einige Aspekte der geschichtlichen Entwicklung des jüdischen Religionsunterrichts für Mädchen sollen hierzu skizziert werden.

Paradoxien der religiösen Erziehung für Mädchen

„If we succeed in instilling in our girl students that the purpose of their studies is to aspire to emulate our matriarchs, who did not study, then we have succeeded in educating our daughters."[2]

Die Paradoxien des religiösen Unterrichts für Mädchen sind in der Entstehungsgeschichte dieses Unterrichts angelegt. Durch die Emanzipation der europäischen Juden im 19. Jahrhundert und einer Teilnahmemöglichkeit am gesellschaftlichen Leben insbesondere für die bürgerlichen Schichten eröffneten sich Alternativen zur traditionstreuen Lebensweise. Die allgemeine Schulpflicht wirkte sich vor allem auf jüdische Mädchen aus, für die es bis dahin keine Schulen gegeben hatte; Jungen konnten in vielen Fällen weiterhin die religiösen, nicht-staatlichen Schulen besuchen, in denen die hebräischen Texte studiert wurden, mit Jiddisch als Umgangssprache. Dies hatte zur Folge, daß Mädchen sich auf Polnisch, Russisch oder Deutsch bald besser ausdrücken konnten als auf Jiddisch und sich auch in ihrer Bildung und Kleidung an die nichtjüdische Umwelt anglichen. Als Reaktion auf diese Entfremdung billigte das Rabbinat in Kraków 1917 eine erste orthodoxe Mädchenschule, „Beit Ya'akov", die auf Initiative von Sarah Schenirer (1883–1935), einer Schneiderin, die sich für religiöse Bildung einsetzte, gegründet wurde.

Die israelische Kulturanthropologin Tamar El-Or beschreibt diese Schulgründung im Zusammenhang ihrer Untersuchung der Frauen einer religiösen Gemeinschaft, der Gur Chassidim[3] (1994, S. 66f). Sie kommt zu dem Schluß, daß seit den ersten orthodoxen Schulen für Mädchen in Polen bis in die israelische Gegenwart hinein der religiöse Unterricht für Mädchen von Gur gerade dann besonders gefördert wurde, wenn sich diese religiöse Gemeinschaft in ihrem Bestehen bedroht fühlte und sich stärker etablieren wollte. Umgekehrt wurde der Unterricht für Mädchen eingeschränkt, wenn die orthodoxe Lebensweise dieser Gemeinschaft gesichert schien. Als Folge-Paradoxie zeigt

El-Or die Duldung von Mädchenschulen unter dem Vorbehalt, daß der Unterricht nur für einen sehr kleinen Teil der Absolventinnen in den Beruf der Lehrerin münden soll, der eigentliche Aufgabenbereich jedoch innerhalb der zukünftigen eigenen Familie liege. Die gut ausgebildeten Frauen beschränken sich in Studiengruppen auf „Praxiswissen" und achten darauf, die Erarbeitung „substantiellen Wissens" Männern und Jungen zu überlassen.

Auch in anderen orthodoxen, wenn auch weit weniger sozial abgegrenzten jüdischen Gemeinschaften als denen der Gur Hassidim besteht ein vergleichbarer Zusammenhang zwischen dem religiösen Schulunterricht für Mädchen und der sozialen Dynamik der Gemeinde. Einerseits gilt diese Erziehung als Privileg der jüngeren Generation(en) von Mädchen, deren Mütter und Großmütter ausschließlich auf traditionelle, praxisgebundene Weise lernten, die Gebote zu erfüllen. Andererseits wird der neue, formalisierte und explizierbare Wissenserwerb in Inhalt und Lernziel deutlich von dem Unterricht der Jungen unterschieden: diese lernen, wie seit jeher, um des Lernens willens, mit dem Ziel, auch als verheiratete Männer und Väter einen möglichst großen Teil ihrer Zeit mit dem religiösen Lernen zuzubringen. Für die Mädchen soll der Schulabschluß darin münden, sich hauptsächlich ihrer Familie zu widmen. Insofern gilt für den religiösen Unterricht von Mädchen, der als ein Zugeständnis und als Anpassung an sich verändernde Zeiten institutionalisiert wurde, die oben zitierte paradoxe Erwartung, durch Lernen und Wissen dahin zu kommen, sich die biblischen Mütter zum Vorbild zu nehmen.

Die religiöse Sozialisation mit der besonderen Bedeutung des Unterrichts als Privileg und als persönliche Einschränkung verpflichtet Mädchen auf ihre familiäre und soziale Aufgabe. Die Erwartung der Eltern an ihre Töchter ist ebenfalls klar und verbindlich: Die übermittelte Lebensweise soll weitergeführt werden. Das Elternhaus gilt dabei als Maßstab für die Art und Weise der späteren Traditionsbewahrung in der eigenen Familie. Auf welche Weise ist dies jedoch in Familien möglich, die an ihrem neuen Lebensort kein „verpflanztes" Milieu vorfanden, das, wie bei den Gur Chassidim, die alte Lebensweise bis hin zu Kleidungs- und Eßgewohnheiten reproduzierte?

Es wird also nach der Traditionsorientierung in Familien gefragt, in denen die ältere Generation in einem traditionellen osteuropäisch-jüdischen Milieu aufwuchs und nach ihrer Emigration, beziehungsweise nach Verfolgung und Displacement, mit Kindern und Enkeln in den USA bzw. in Westeuropa lebt (Frank 1975, Inowlocki 1995). Folgte die ältere Generation zwar bewußt, jedoch habituell den religiösen Gesetzen, weil es „schon immer" so gehandhabt wurde, so entstand nach dem Verlassen der alten Lebenswelt in den 20er oder 30er Jahren die Notwendigkeit einer Anpassung an die neuen Verhältnisse in New York. Die traditionsgebundene Lebensweise galt den Einwanderern zunächst als unamerikanisch. Später stellte sich heraus, daß die Zugehörigkeit zu „ethnischen" Gemeinden die gesellschaftliche Integration förderte. Neben vereinzelten Rückbezügen auf die osteuropäisch-jüdische Tradition entstanden neue Formen intensivierten religiösen Lernens und Lebens (Frank 1975). Im Fall der jüdischen Displaced Persons, die die Verfolgung durch die Nazis erlitten, die Ermordung ihrer Angehörigen und die unwiderrufliche Vernichtung ihrer Lebenswelt, kommt dem Versuch, an die religiöse

Lebensweise wieder anzuknüpfen, die besondere Bedeutung zu, gegen die eigene Traumatisierung und die Zerstörung jeden Lebenssinns Bereiche lebbaren Lebens zu gestalten (Inowlocki 1993, 1997).

Über einen erweiterten und qualifizierten religiösen Schulunterricht der Töchter wirkt sich ein neues Regelbewußtsein bei der Erfüllung der Traditionsbewahrung aus, beispielsweise als Druck auf die Eltern, „konsequenter" alle Bereiche des persönlichen und des Familienlebens traditionsorientiert zu gestalten. Eine neue Plausibilitätsstruktur (Berger 1967, S. 149) der Orthodoxie wird auf diese Weise in Gang gesetzt, eine biographische und soziale Dynamik entfaltet sich. Die Umstellung von der habituellen Orientierung zu Hause („weil es sich so gehört") auf die normative Begründung der Handlungen („um Regeln zu befolgen") hat als Transformation des „Gebrauchswissens" in ein „Expertenwissen" (Schütz 1971, S. 11–17) weitreichende Folgen. Die mit der Umstellung vor allem konfrontierte mittlere Generation von Frauen bezeichnet die von ihnen für die Traditionsorientierung doch als notwendig gesehene regelbezogene religiöse Erziehung der Töchter im Schulunterricht mit reichlich Ambivalenz als „brainwashing" oder „Indoktrination" (Inowlocki 1995, 1997). Diese Kritik ist gleichzeitig Teil einer diskursiven Dynamik, in der gerade die überspitzte Formulierung des „brainwashing" darauf hinweist, daß gegenüber einer dominanten nicht jüdischen gesellschaftlichen Wirklichkeit keine andere Wahl bestehe und andere Formen religiöser Erziehung doch nicht möglich seien.

Ein Fallbeispiel

Mit dem geschilderten Zusammenhang von religiöser Erziehung und traditionsorientiertem Elternhaus kontrastiert der Fall einer jungen Frau in der jüdischen Gemeinde Antwerpens, die weder in der Schule noch im Elternhaus zur Traditionsbewahrung angewiesen wurde. Sie entschied sich sozusagen selbst dafür. Zur weiteren Bestimmung des Bewahrens und des Neuschöpfens traditionsbestimmter Lebensweisen, sowie zur Bedeutung eines Orthodoxie-Trends innerhalb der Gemeinde wird dieses Fallbeispiel vorgestellt.

Das Interview mit Diana, einer neunzehnjährigen Abiturientin aus Antwerpen, entstand im Rahmen einer Untersuchung zur Traditionsorientierung von Frauen und Mädchen in verschiedenen jüdischen Gemeinden[4]. Diana beginnt damit, daß sie in Antwerpen geboren ist, ebenso wie ihre älteren Brüder und auch ihre Eltern. Ihre Großeltern waren in Polen aufgewachsen (und, wie sie später erzählt, als Flüchtling beziehungsweise als Displaced Person nach Antwerpen gekommen). Sie hat die liberale, also die am wenigstens religiös orientierte Schule Antwerpens besucht[5] und danach, im Alter von fünfzehn Jahren, auf eigenen Wunsch zwei Jahre lang ein religiöses jüdisches Internat in England. Nach ihrer Rückkehr besuchte sie eine internationale Schule bis zum Abschluß.

Diana beschreibt ihre frühere Schulzeit in Antwerpen so, daß die jüdischen Jugendlichen in Gruppen aufgeteilt waren, nach der mehr oder weniger religiösen Orientierung der Schule und auch der entsprechenden Jugendbewegung. Mitglieder der religiösen Jugendbewegung kannte sie früher nicht und auch jetzt kenne sie, abgesehen von ihren Verwandten, niemanden, der religiös sei. Anschließend schildert Diana ihre jüdische Erziehung im Elternhaus auf folgende Weise[6]:

Diana: Die jüdische Erziehung, die ich bekam, war .. ich kann nicht sagen, religiös; sondern sehr einf/ nicht einfach .. traditionell. Sagen wir, meine Eltern sind nicht religiös, aber sie haben immer versucht, traditionell zu sein, das soll heißen, Rosch Haschanah Yom Kippur und so gehen sie in die Synagoge, und am Schabbat stecken sie Kerzen an, gut, sie halten den Schabbat nicht, und gut, ich wurde ebenso erzogen.

Die Unterscheidung zwischen „religiös" und „traditionell", die Diana hier vornimmt, entspricht einer Bewertung des Traditionellen als „einfach" gegenüber dem Religiösen, dem sie jetzt mehr Bedeutung beimißt. Das traditionelle Kerzenanzünden und der Synagogenbesuch an den hohen Feiertagen stellt für sie eine gewohnheitsmäßige, minimale Erhaltung der Religionszugehörigkeit dar, die zwar ihren Eltern ausreicht, ihr jedoch nicht. Sie weist auf den Kontrast zum Synagogenbesuch während ihrer Internatszeit hin:

Diana: Das war ganz anders als in Antwerpen, weil, in Antwerpen ging ich Yom Kippur, wenn ich schon mal zwei Stunden in der Synagoge war, dann ging ich wieder nach Hause, aber dort blieb man den ganzen Tag in der Synagoge. Wirklich den ganzen Tag hat man in der Synagoge verbracht, das war etwas, das war sehr, sehr bewegend, das war anders, weil alle zusammen waren, es gab sehr viel Respekt in der Synagoge, keinen Lärm also, das hat mich sehr bewegt.

Auch nach ihrer Rückkehr aus England hat sie „etwas gefühlt", als sie in die Synagoge kam, während ihre Freunde wie immer im Garten blieben, um sich dort zu unterhalten. Sie wußte, an welcher Stelle im Gebetsbuch man gerade war, und im Unterschied zu früher interessierte sie sich für den Ablauf des Gottesdienstes. In dieser Zeit habe sie auch begonnen, koscher zu essen, dies sei jedoch sehr schwierig gewesen, und da sie „nicht überzeugt" war, gab sie es wieder auf. Das Gefühl für die Religion sei jedoch in ihr geblieben und sei jetzt „sehr viel tiefer als vorher", wegen der zwei Jahre, die sie in England verbrachte. Vorher war es so, wie sie in Antwerpener Intonation sagt, „alle gingen, also ging man". Jetzt hingegen interessiere es sie wirklich: „wenn ich fühle, daß ich das brauche, wenn ich Lust habe, gehe ich sogar am Schabbat in die Synagoge."

Ihr individualistisch ausgedrückter Bezug auf Religion durch „Lust" und „Gefühl" entstand, so scheint es, durch den Kontakt mit „Chabad", der chassidischen Gruppe der Lubavitcher, auf den Diana später noch zu sprechen kommt. Die individualistische Ausdrucksweise bezieht sich gerade auf das erfüllte Erleben gemeinschaftlichen religiösen Feierns und die Erinnerung daran als Motiv, am Schabbat die Synagoge aufzusuchen.

Früher, sagt Diana, habe sie nie die Wahl gehabt zwischen religiös werden und nicht religiös werden, zwischen koscher essen und nicht koscher essen. Erst in England sah sie den Unterschied und verstand den Sinn:

Diana: Also ich hatte die Freiheit der Wahl, ich konnte entscheiden, entweder so weiterzumachen, wie ich erzogen war, oder etwas religiöser werden, etwas mehr praktizierend zu werden.

Sie hatte wenigstens die Freiheit der Wahl, ihre früheren Mitschüler kennen den Unterschied nicht und haben sich nie verändert.

Wer allerdings keine Wahl hat, riskiert Konfusion:

Diana: Später fängt man an, sich Fragen zu stellen, man wird ganz durcheinander, und es geht nicht mehr.

Int.: Wenn man keine Wahl hat, fängt man an, sich Fragen zu stellen?

Meine Nachfrage reagiert auf die ungewöhnliche, etwas formelhafte Weise, in der Diana davon spricht, „die Wahl zu haben“, womit sie einen Prozeß persönlicher Veränderung meint. Diana erzählt nun, da sie erklären muß, was für sie „früher“ von „später“ trennt (Schütze 1987), von einer Begebenheit, die ihr immer noch, Jahre später, unangenehm ist und sie aufwühlt:

Diana: Ja. Nein, das ist nicht, man stellt sich nicht mal soviel Fragen, aber später, wenn jemand zu Ihnen kommt, was passiert ist, daß, das ist mir einmal passiert, ich war in der Noar Hazioni[7], also es war ein Samstag nachmittag, ich trug Jeans und das Hemd, und ich gehe bei B'nei Akivah[8] vorbei, und ich sehe einen kleinen Jungen, zehn, elf Jahre alt, und ich sage, Schabbat Schalom. Und er antwortet mir, wieso Schabbat Schalom? Du bist nicht jüdisch. Am Schabbat fährst Du Auto, Du Du schreibst, Du siehst Fernsehen; also, das, ((bewegt)) als dieser Junge mir das gesagt hat, ich meine, das hat mich wirklich getroffen. Weil im Innern von mir/((fester)) gut, ich meine, ich bin jüdisch geboren, das war nicht, daß ich eine Wahl hatte oder keine Wahl hatte, ich bin jüdisch geboren und erzogen durch jüdische Personen, aber daß er mir das sagt ((langsamer, betont)) das ist nicht normal. Ich meine, wie kann mir ein kleiner Bursche, von zehn Jahren sagen „Du bist nicht jüdisch“, weil ich am Schabbat Auto fahre? Für mich ist der Sinn, die Bedeutung des Begriffs „jüdisch“ nicht .. das ist nicht, das ist nicht religiös oder nicht religiös zu sein, für mich ist man jüdisch geboren, man fühlt es, man fühlt es, das ist alles. Also gut, das hat mich, ich habe auch angefangen, mir Fragen zu stellen, als er mir das gesagt hat. Ich sagte mir, auf der einen Seite ist das nicht fair von ihm, mir das zu sagen, aber andererseits ist er so erzogen worden, also er kann meine Sichtweise nicht verstehen.

Diana erwähnt nicht, daß der Junge ihr Cousin ist; dies ergibt sich erst im Zuge der Analyse des Interviewtextes. Daß es sogar ein Verwandter war, der sie für sozial nicht zugehörig erklärte, erfüllt sie mit einer Scham, die sie Außenstehenden nicht zeigen will.

Wieso kommt der Weigerung des Jungen, Diana als Mitglied der Gemeinde anzuerkennen, ein solches Gewicht zu? Aus Dianas Sicht bestand zwar eine soziale Aufteilung der Gemeindemitglieder, die sich in den unterschiedlichen Schulen und Jugendbewegungen manifestierte. Unzweifelbar stand für sie jedoch die gemeinsame Zugehörigkeit zu einer jüdischen Gemeinde fest. Der Junge handhabt indes eine Ausschlußdefinition: nur wer die Gesetze erfüllt und nicht bricht, kann als zugehörig gelten. Das eigene Gefühl von Zugehörigkeit wird dagegen wirkungslos. Worauf könnte sich Diana ihm gegenüber berufen? Erst später spricht sie mit seinem Jugendgruppenleiter, der daraufhin den Kindern erklärt habe, jüdisch sei auch, wer nicht praktiziere, sein Judentum jedoch nicht verleugne. Dem Affront des Jungen gegenüber ist Diana jedoch zunächst sprachlos. Der Junge erfüllt das Gesetz, für alle erkennbar, durch das Tragen der vorgeschriebenen und traditionellen Haartracht und Kleidungsstücke. Im Interview sagt Diana, daß diese Insignien seiner Gesetzestreue ihm schon ausreichen könnten, sich als „idealen Juden“ zu sehen; eines Tages würden jedoch auch ihm Zweifel kommen, auch er würde die Wahl haben, und sozusagen aus umgekehrter Richtung in den Suchprozeß eintreten.

Allerdings macht es einen Unterschied, etwas aufzugeben oder sich etwas erst aneignen zu müssen. „Rückkehrer“ zum praktizierenden Glauben werden zwar ermutigt, zunächst jedoch nicht besonders geachtet; in religiösen Kreisen finden eher diejenigen Anerkennung, die auf eine ehemals religiöse Familie zurückblicken können, auch wenn sie selbst nicht praktizieren (El-Or 1994, S. 172f). Diana wird in dieser Situation deutlich gemacht, daß ihr etwas fehlt: sie besitzt, entgegen ihrer Annahme, offenbar keinen Anteil am Jüdisch-Sein. Die Kriterien innerhalb der Gemeinde haben sich geändert, es gehört nun mehr dazu, um die Standards der Zugehörigkeit zu erfüllen. Der religiöse Junge besitzt die Autorität, Diana zu beurteilen: sie sei von zu Hause vielleicht materiell gut versorgt worden, dies wiege jedoch ihren Mangel am kulturellem Kapital des Traditionswissens nicht auf.

Für den Jungen ist es eine Gelegenheit, im Vorgriff auf Autorität und Männlichkeit seine beinahe erwachsene Cousine zu maßregeln oder auch herauszufordern. Diana kann ihm keinen Vorwurf machen, weil er, wie sie sagt, ein Kind ist, das so erzogen wurde. Kinder dieses Alters können besonders genaue Beobachter und kategorische Beurteiler sein. Als symbolischer Vertreter der Gemeinschaft stigmatisiert der Junge Diana wegen ihrer Jeans. Während sie ihn, ihren jüngeren Cousin, freundlich grüßt, wird ihr mehrfacher Gesetzesbruch vorgehalten: sie schreibt, fährt Auto und sieht fern am Schabbat. Nicht ausdrücklich erwähnt wird, daß sie den Kleidungscode bricht; umso provokativer wirkt es. Es gehört zu den Grundregeln der Geschlechtertrennung, daß eine Frau keine Hosen trägt. Jeans gelten zudem als respektlos, auch ein religiöser Junge würde sie nicht tragen, schon gar nicht am Schabbat, an dem feinere Kleidung getragen wird als an Wochentagen. Dieser tief verankerte Dress-Code, den Diana sorglos bricht, zeigt an, daß sie in einer für Antwerpen ungewöhnlich liberalen Familie aufgewachsen ist. Die Orte, an denen sie wegen ihrer Kleidung nicht stigmatisiert würde, sind weniger geworden, die sozialen Abgrenzungen schärfer. Dianas Begrüßung zum für alle Juden gemeinsamen Schabbat wird zum Anlaß, ihr Transgression vorzuwerfen und sie auszustoßen. Die Nicht-Anerkennung einer verbindenden Gemeinsamkeit, noch dazu von einem Mitglied ihrer eigenen Familie ausgesprochen, trifft sie unerwartet und schwer. Was gerade noch selbstverständlich und nicht erklärungsbedürftig war, ist durch dieses Zusammentreffen tief in Zweifel gezogen, entwertet und für ungültig befunden worden.

Dianas unmittelbare Familie, ihre Brüder, Eltern und Großeltern, lebt in religiöser Hinsicht viel liberaler als ihre weitere Verwandtschaft. Dianas Großmutter und Mutter sind die einzigen verheirateten Frauen, die ihre Haare nicht bedecken, nicht einmal dann, wenn sie aus dem Haus gehen. Der Unterschied wird bereits zwischen Dianas Großmutter und deren orthodoxer Schwester deutlich. Deren Tochter, also die Cousine von Dianas Mutter, lebt bereits in einem völlig anderen Milieu, und zwar sowohl in religiöser als auch in sozio-ökonomischer Hinsicht. Sie ist Mutter von zehn Kindern, deren jüngstes zur gleichen Zeit geboren wurde wie das erste Kind ihrer ältesten Tochter. Darin ist diese Familie nicht ungewöhnlich, sondern entspricht vielmehr der neueren sozialen Enwicklung der Antwerpener Gemeinde, in der eine große Anzahl von Kindern als Sinn und Segen der Ehe gilt. Wenn die liberaleren Tanten und Cousinen zu den frommeren nach Hause kommen, zu einem der üblichen kurzen, unangekündigten Besuche, die das soziale Leben in Antwerpen so unstädtisch wie im Shtetl wirken lassen, kontrastiert ihre elegante Erscheinung mit den einfachen und beengten Wohnverhältnissen der ärmeren Verwandten. Die in den Augen der reichen Verwandten offenbar rückständige Lebensweise dieses Teiles der Familie wird dennoch von ihnen materiell unterstützt und auch nicht offen kritisiert; in moralischer Hinsicht setzen die Frommen, Kinderreichen den Standard.

Diese soziale Entwicklung hat dazu geführt, daß ein zehnjähriger Junge über die Nicht-Authentizität seiner sechzehnjährigen Cousine urteilen kann und daß darüber hinaus dieser Vorfall zum Anlaß einer Neuorientierung des Mädchens wird. Aufeinanderprallen, Schock und Neuorientierung stellen keine außergewöhnlichen Reaktionen dar, sondern vielleicht sogar typische. Dies wird deutlich, wenn Kontextwissen über die Antwerpener und andere orthodoxe Gemeinden herangezogen wird, um Dianas Interview zu interpretieren; dieses erweist sich dann als detaillierte Darstellung der sozialen Bedingungen und biographischen Prozesse, die die Orthodoxie mittragen und weiter ausbauen.

Die Situation, in der Diana von dem religiösen Jungen abgesprochen wird, jüdisch zu sein, ist für sie Jahre später immer noch Anlaß, sich zu verteidigen und zu rechtfertigen. Sie wird von dem Jungen mit Ich-Bildern konfrontiert, die ihrer Selbstauffassung zutiefst widersprechen; gleichzeitig kann sie sich nicht auf eine fraglos gegebene jüdische Identität berufen, die von dem Jungen als Repräsentanten des neuen orthodoxen kollektiven Handlungsmusters anerkannt würde. Es reicht in dieser Situation nicht zu sagen: Ich bin doch jüdisch. Als sie noch auf die liberale jüdische Schule ging, hat Dianas Gefühl des Jüdisch-Seins für sie auf zentrale, wenn auch nicht näher bestimmte Weise zu ihrer „latenten" Identitätsbestimmung gehört. Ihre eigene fraglose Zuordnung gilt jedoch auf einmal nicht mehr als soziale Zugehörigkeit. Indem sie die für das Judentum zentralen Gesetze des Schabbat nicht beachtet, hat sie sich unvermutet angreifbar gemacht. Im Interview erzählt Diana diese Begebenheit zunächst widerwillig, zur Plausibilisierung ihrer mir zunächst unverständlichen Äußerung, es sei wichtig, die Wahl zu haben, also den Sinn dessen zu verstehen, was es bedeute, koscher zu essen und die Gebete zu kennen. Auf der Grundlage dieser Kenntnis könne sie sich entscheiden, ob und wie sie praktizieren wolle, und müsse sich nicht von anderen mit ihrer Unkenntnis und ihrer Ausgrenzung konfrontieren lassen. Die Selbstbestimmung steht also im Zentrum von Dianas Bemühen um eine eigene Verortung innerhalb der jüdischen Gemeinde, deren Dynamik der Traditionalisierung als einer Durchsetzung der Orthodoxie sich auch in ihrer weiteren Familie wiederfindet.

Am entschiedensten, erzählt Diana später, grenze sich ihr Großvater gegenüber der Religion ab. Nach der Verfolgung habe er den Glauben verloren und werde wirklich böse, wenn Diana beispielsweise sage, sie würde lieber koscher essen. Von seiner Frau, also ihrer Großmutter, spricht Diana voller Bewunderung und Liebe. Diese Großmutter ist in einem traditionellen und praktizierenden ostjüdischen Milieu aufgewachsen. Auch wenn sie als einzige, im Unterschied zu ihren Geschwistern, nicht praktiziert, beruht dies doch aus Dianas Perspektive auf der Grundlage der Erfahrung eines traditionsreichen Milieus. Um vor dem Hintergrund der Tradition ähnlich wie ihre Großmutter und auch noch ihre Eltern leben zu können, verspürt Diana die Notwendigkeit, die Tradition verstehen zu lernen.

Ein weiteres Motiv ihrer Wissenssuche besteht in dem Gefühl der eigenen Verpflichtung zur Traditionsbewahrung. Dianas Großeltern sprechen mit ihr nicht über das, was sie durchlitten haben; die Großmutter hat nach der Shoah mit dem Praktizieren aufgehört, der Großvater äußert harte Kritik an der Religion. Der zweifache Traditionsabbruch der erzählbaren Familiengeschichte und der Traditionspraxis intensivieren die

Verpflichtung für Diana: sie fühlt sich persönlich gefordert, Kontinuität herzustellen. Dazu erzählt sie, daß sie bei einem Aufenthalt in Israel an einem Seminar teilnahm, in dem Überlebende der Shoah über ihre Verfolgung sprachen, damit die jüngeren Generationen dies wissen und nicht vergessen sollten.

Im unmittelbaren Zusammenhang sagt Diana daraufhin, für sie sei es jetzt nicht wichtig, die Tradition zu bewahren;

Diana: Ich würde gern, wenn ich heirate, würde ich gern jemand heiraten, der praktiziert. Und meine Kinder in eine praktizierendere Schule schicken.

Sie möchte dann einen Mann heiraten, der den Schabbat hält. Auf meine überraschte Nachfrage erklärt sie, früher hätte sie das auch nicht gesagt, aber jetzt könne sie sich nicht mehr verleugnen. Während also das Praktizieren Element ihrer „jüdischen Identität" geworden ist, verlagert sie die Praxis selbst in die Zukunft. Erst in bezug auf ein eigenes Zuhause und eigene Kinder muß sie die Verpflichtung zur Traditionsbewahrung und -weitergabe erfüllen.

Diana nimmt einen Abschluß ihres Such- und Veränderungsprozesses vorweg, wenn sie wiederholt betont, wie wichtig es sei, daß sie nun, seit ihrem Internatsaufenthalt, „die Wahl" habe. Im Zusammenhang dieses Suchprozesses erscheint es paradox, wie Diana ihr religiöses Lernen beschreibt. Im Anschluß an den Konflikt mit dem kleinen Jungen spricht sie über den Unterschied, den einerseits Jüdisch-Sein, andererseits der Glauben mache. Zwar sei eine Person jüdisch durch Geburt, das würde ihr persönlich jedoch nicht ausreichen; für sie müßte „Jiddischkeit" hinzukommen, also ein Gefühl oder Bewußtsein dafür, jüdisch zu sein. Dieses Gefühl unterscheidet sie von dem Glauben als Grundlage dafür, religiös zu leben. Auf meine Nachfrage, ob ein religiöses Leben eine Einschränkung für Frauen bedeute, betont Diana die Grundbedingung des Glaubens: Durch Glauben gebe es keine Einschränkungen mehr. Als Beleg hierfür erzählt sie von der religiösen Erziehung im Internat:

Diana: Ich hatte/ einmal, als ich in England war, gab es einen Lehrer, der Lubavitcher[9] war. Gut, ich war jemand, die, ich war eine neue Studentin, eine neue Schülerin, eine Antwerpenerin, gut, jeder weiß, daß Antwerpen eine Gemeinschaft ist, die sehr .., also gut, der Typ, was hat er gemacht, der Lubavitcher, er ist gekommen und hat versucht, einen brainwash zu machen[10] .. Ich war mir darüber nicht im klaren, das ist nicht, daß ich es habe geschehen lassen, ich habe zugehört, was er mir sagen würde. Und dann habe ich ihm gesagt, wie ich erzogen wurde, und ich habe ihm gesagt, was ich fühlen würde. Und er hat angefangen, er hat versucht, mich zu überzeugen, überzeugen, überzeugen, während eines Jahres. Jedes Mal, ein Jahr, ich hatte Schiurim[11] praktisch jeden Tag, also Schiurim, Schiurim, Schiurim, eh hm, und ein Wochenende war ich in London, ich habe ein Wochenende bei den Lubavitchern in London verbracht. So ein Wochenende. Und das hat mich, das hat mich enorm berührt. Das hat mich enorm berührt. Weil, das war wirklich ein Schabbat, der, ich weiß nicht, das hat mich geprägt, das war wirklich ein Schabbat, wie ich es nie erlebt hatte, nie verbracht hatte, ich weiß nicht, das hat mich enorm berührt. Gut, ich habe immer/ gut, unter allen Sekten, die es gibt, habe ich immer die Lubavitcher vorgezogen, weil das Leute sind, die sehr – nicht open-minded, aber – man kann nicht sagen, daß sie open-minded sind, weil sie versuchen, die Leute zu konvertieren. Aber sie sind sehr tolerant. Und in Antwerpen, als ich/ ich war sehr/ weil dieser Typ mir gesagt hatte, ich war sehr beeindruckt, aber ich ließ mich nicht beeinflussen. Und als ich nach Antwerpen zurückkam, gut, es gab hier eine Lubavitcher Gemeinschaft, und sie halten viele Vorträge. Und ich gehe immer noch zu den Vorträgen. Aber ich bin überhaupt nicht einverstanden.

Diana hat sich ein Jahr lang dem Brainwash ausgesetzt; sie hat sich dem Brainwash bewußt unterzogen, weil sie etwas lernen wollte; etwa, wie man durch „total immersion" eine Fremdsprache lernt. Die fundierte Kenntnis hat Diana in die Lage versetzt, den Schabbat, den sie bei den Lubavitchern verbrachte, tief auf sich wirken zu lassen. Dieses Gefühl gemeinschaftlich religiösen Feierns hat sie geprägt. Während der Brainwash sie nicht „überzeugt" hat, also nicht dazu veranlaßte, praktizierend und gläubig zu werden, hat sie doch das Gefühl von Jiddischkeit, das ihr in ihrem Selbstverständnis fehlte, durch das tiefe Erleben des Schabbat einholen können. Glaubensfragen sind für sie weiterhin strittig. Sie geht zu den Vorträgen der Lubavitcher, um zu diskutieren, etwa über Mischehen und Abtreibung, und streitet sich über die Anwendbarkeit und Gültigkeit religiöser Gesetze in diesen Fragen. Daß sie die Lubavitcher als „Sekte" bezeichnet, bezieht sich einerseits darauf, daß es sich um eine Gemeinschaft handelt, deren Vertreter vom religiösen Zentrum in Brooklyn aus in jüdischen Gemeinden auf der ganzen Welt darin aktiv werden, Juden zum Praktizieren der Religion und darüber zu einem religiös inspirierten Leben zu führen. Diese „missionarische" Tätigkeit ist ungewöhnlich für das Judentum; neben religiöser Anleitung in der Kindheit und Ermutigung zum weiteren Lernen bleibt es sonst den Einzelnen überlassen, inwieweit sie sich engagieren. Andererseits bezieht sich die Bezeichnung als Sekte auf die Methoden der Unterweisung, die, wie es Diana auch beschreibt, aus steter Wissensvermittlung sowie Einübung und Wiederholung bestehen, in einer Atmosphäre gemeinschaftlicher, lebhafter und (vielleicht sektenuntypischer) humorvoller Spiritualität sowie der Aufgeschlossenheit gegenüber allen Fragen und Konflikten des modernen Lebens. So ist möglicherweise Dianas Argument, „die Wahl zu haben", auf die Argumentation ihres Lubavitcher Lehrers zurückzuführen. Was Diana nicht explizit anspricht, macht möglicherweise den besonderen Reiz dieser religiösen Gemeinschaft aus: sie scheinen eine machtvolle Brükke zu bilden, zwischen dem unwiederbringlichen Leben an den chassidischen Höfen Osteuropas und der globalisierten Welt, mit dem Versprechen, diese Verbindung eigenwillig und erfolgreich zu meistern. Daß Diana die Lubavitcher als „Sekte" bezeichnet, ist ähnlich zu verstehen wie „Brainwash"; die begriffliche Distanzierung ermöglicht die weitere Auseinandersetzung.

Die Auseinandersetzungen mit den Lubavitchern auf der einen Seite sowie, auf einer anderen Seite, die Beschäftigung mit der nationalsozialistischen Verfolgung der Juden stehen zur Zeit für Diana im Vordergrund; das Praktizieren hat sie sich für ihr zukünftiges eigenes Zuhause vorgenommen. Zusammenfassend soll gezeigt werden, inwiefern diese Traditionalisierung biographisch mit der Bewegungsfreiheit und den Wahlmöglichkeiten in Einklang gebracht wird, die Diana ebenfalls für sich beansprucht.

Soziale und biographische Bedingungen und Bedeutung von Traditionalisierung

Zunächst hatte der Brainwash eine sozusagen homöopathische Funktion, indem Diana mit dem für sie notwendigen Wissen und der Erfahrung ausgestattet wurde, sich zumindest gegenwärtig von den Anforderungen eines religiös-praktizierenden Judentums distanzieren zu können. Das Thema einer Traditionalisierung auf lange Sicht ist jedoch noch nicht vom Tisch. Folgendes kommt dabei zum Tragen:

– In biographischer Hinsicht ist es für Diana, die selbstbestimmtes Handeln und Planen gewohnt ist, unvorstellbar, nicht „die Wahl zu haben". Ihren Mangel an Traditionswissen rekapituliert sie als Verlust an Wahlmöglichkeit, Konflikte und noch unabsehbare persönliche Entwicklungen subsumiert sie unter das Handlungsschema der „Wahl". Ihre Maxime der Handlungs- und Entscheidungsfähigkeit in möglichst allen Lebenssituationen führt sie gerade dazu, verstärkten Entscheidungsdruck zu spüren und sich selbst unter Zugzwang zu setzen. Nachdem sie auf die Herausforderung des Jungen nichts entgegnen konnte, sondern äußerst betroffen war, unternahm sie in der Folge Anstrengungen, um ihr Jüdisch-Sein selbst bestimmen zu können. Gleichzeitig verweist Dianas situative Machtlosigkeit auf den sich durchsetzenden Orthodoxie-Trend: sie war nicht in der Lage, auf die Herabsetzung überlegen zu reagieren, da ihr die Äußerung als symbolisches Verdikt einer Gemeinschaft erschien, als deren regelrechter Vertreter der religiöse Junge gelten kann.

Diana möchte die Wahl haben, als Einlösung der Verpflichtung, die sie empfindet, ihr Jüdisch-Sein positiv zu gestalten. Eine mögliche, auch kritisch-emanzipative Lösung zeichnet sich schon ab, indem Diana vorhat, Erzieherin für behinderte Kinder in der Gemeinde zu werden, also für eine Gruppe, die traditionell-abergläubisch nicht offenbar werden sollte. Noch ist jedoch Dianas wiederholtes, formelhaftes Bestehen auf ihrer „Wahl" ein Ausdruck dafür, biographisches Konfliktpotential einseitig als Planen, Handeln, Entscheiden zu schematisieren. Kennzeichnend dafür ist auch, daß sie ihre Identitätsbestimmung im Interview vor allem diskursiv präsentiert. Es gilt für sie, Virtuosität darin zu entwickeln, in ihrem Milieu nicht als Fremde zu gelten und gleichzeitig unabhängig zu sein. Auch dies deutet sie an, wenn sie davon spricht, „die Wahl zu haben". Als zentrale Metapher biographischer Thematisierung heißt das, sich Möglichkeiten sozialer Partizipation und Teilhabe zu eröffnen, auch in Bezug auf das Traditionswissen der Gemeinschaft, in der man leben will. Insofern ist sogar der „Brainwash" ein Instrument dazu.

– Auf der Ebene des Generationenverhältnisses stellt sich heraus, daß Diana die soziale Teilnahme, Aktivität und Anerkennung innerhalb der Gemeinde, die die Zugehörigkeit ihrer Mutter charakterisiert, auch für sich möchte. Allerdings muß Diana dafür etwas unternehmen, sie muß neues kulturelles und soziales Kapital bilden, vor allem durch die Aufwertung des kulturellen Kapitals des Traditionswissens im Zuge der stärker gewordenen Orthodoxie. Dabei wird sie zwar von ihren Eltern unterstützt, indem sie das religiöse Internat besuchen kann. Ihrem Wunsch, nach der Rückkehr weiterhin von zu Hause aus unterstützt zu werden, besonders durch eine Umstellung auf einen koscheren Haushalt, wird jedoch entgegengehalten, Diana solle erst ihre anderen Gewohnheiten ändern, also das Ausgehen, Telefonieren und Autofahren am Schabbat. Diese Opfer sind, wie die Mutter weiß, zu hoch. Diana projiziert eine Kurskorrektur auf die Zukunft, mit Unterstützung eines praktizierenden Ehemannes. Ihre Absicht, nach ihrer Heirat traditioneller zu leben als in ihrem Elternhaus und ihre eigenen Kinder dann auf eine religiöse Schule zu schicken, zeigt ihren Wunsch, ihren Kindern mehr Traditionspraxis und Religionswissen mitzugeben, sowie die Hoffnung, ihnen die eigenen sozialen und persönlichen Konflikte zu ersparen, und entspricht darin einem auch bei anderen Jugendlichen beobachtbarem typischen Muster.

– In sozialer Hinsicht ist im Zuge der Durchsetzung und Institutionalisierung religiöser Gebote und Riten ein Druck auf das liberale Milieu entstanden, auf den Jüngere unmittelbar und mit einer größeren Umstellung reagieren müssen als Ältere. Der religiösen Erziehung durch Schulen einerseits und durch Sekten-Gemeinden andererseits kommt hierbei eine Schlüsselfunktion zu. Der Unterricht des Lubavitchers ermöglicht Diana kleine Schritte der Veränderung; sie muß sich in ihrer Lebensweise nicht total umstellen, sondern kann sich gleichsam wie bei einer kontrollierten Konversion ihrer Religion zuwenden. Darin kann sie so weit gehen, wie sie will. Insofern stellt der Brainwash für sie keine radikale Veränderung dar, sondern ein Instrument der Selbstreflektion. Die Rede vom „Brainwash“ ermöglicht es, sich der Einwirkung religiösen Lernens und Praktizierens auszusetzen, indem man sich gleichzeitig scheinbar souverän von den Methoden, Zielen und Vermittlern distanziert (Inowlocki 1995, 1997). Die zeitgemäße Modernität der Sekten-Gemeinde bietet sozusagen im Package Deal eine Transformation persönlicher Alltagspraxis in sinnerfüllte soziale und geschichtliche Zusammenhänge und vermittelt gleichzeitig den Eindruck, das eigene Leben aktiver und reflektierter zu gestalten. Interessant an der Wirksamkeit der Sekten-Gemeinde ist dabei, daß durch sie religiöse und soziale Aufgaben erfüllt werden, die von den etablierten Institutionen der jüdischen Gemeinden nicht (mehr) wahrgenommen werden können.

Was ist also damit verbunden, wenn Tradition auf einmal mehr bedeutet? Die in dem Fallbeispiel angesprochenen Dimensionen der sozialen Veränderung durch Traditionalisierung sowie der biographisch-reflexiven „Traditionsarbeit“ bedingen sich gegenseitig. Es ist nicht hinreichend, traditionalitätsorientierte Lebensweisen zum Lifestyle in Zeiten der Säkularisierung zu erklären. Die Dynamik der Traditionalisierung ist vielmehr nicht ohne Rekurs auf die spezifischen sozialen und historischen Bedingungen einer Gemeinde und ihrer Mitglieder zu verstehen. Erst dann wird die Bedeutung der persönlichen Verpflichtung zur Belebung und Tradierung des religiösen (Praxis-)Wissens deutlich. Wegen der Retraditionalierung innerhalb der Gemeinde wie im Fallbeispiel wird die Verpflichtung, Jüdischsein zu gestalten, besonders akut. Die Dynamik der biographischen Auseinandersetzung mit Traditionspraxis und -wissen bewirkt jedoch auch unter sozial weniger drängenden Bedingungen deren Aneignung, Transformation und Weiterführung.

Literatur

Abicht,Ludo 1993: De joden van Antwerpen. Antwerpen-Baarn: Hadewijch

Bellah, Robert N. 1970: Beyond Belief. Essays on Religion in a Post-Traditionalist World. Berkeley and Los Angeles: University of California Press

Berger, Peter L. 1967: The Sacred Canopy. Elements of a Sociological Theory of Religion. New York: Anchor Books/Doubleday,

El-Or, Tamar 1994: Educated and Ignorant. Ultraorthodox Jewish Women and their World. Boulder & London: Lynne Rienner Publishers

Frank, Blanche 1975: The American Orthodox Jewish Housewife: A Generational Study in Ethnic Survival. Ph.D. Diss. City University of New York, New York

Inowlocki, Lena 1993: Grandmothers, Mothers and Daughters: Intergenerational Transmission in Displaced Families in Three Jewish Communities. In: Bertaux, Daniel und Thompson, Paul (Hrsg.):

Between Generations. Family Models, Myths and Memories. International Yearbook of Oral History and Life Stories Nr 2. Oxford: Oxford University Press

Inowlocki, Lena 1995: Traditionsbildung und intergenerationale Kommunikation zwischen Müttern und Töchtern in jüdischen Familien. In: Fischer-Rosenthal, Wolfram/ Alheit, Peter (Hrsg.): Biographien in Deutschland. Soziologische Rekonstruktionen gelebter Gesellschaftsgeschichte. Opladen: Westdeutscher Verlag, 1995

Inowlocki, Lena 1997: Normalität als Kunstgriff. Zur Traditionsvermittlung jüdischer DP-Familien in Deutschland. Jahrbuch des Fritz Bauer Instituts. Frankfurt/M: Campus Verlag

Myerhoff, Barbara 1978: Number Our Days. New York: Simon & Schuster

Schütz, Alfred 1971: Gesammelte Aufsätze 1. Das Problem der sozialen Wirklichkeit. Den Haag: Martinus Nijhoff

Schütze, Fritz 1987: Das narrative Interview in Interaktionsfeldstudien I. Kurseinheit 1, Fernuniversität – Gesamthochschule Hagen (Fachbereich Erziehungs- und Sozialwissenschaften)

Smith, Jonathan Z. 1983: No Need to Travel to the Indies: Judaism and the Study of Religion. In: Jacob Neusner (Hrsg.): Take Judaism, for Example. Studies toward the Comparison of Religion. Chicago: University of Chicago Press, S. 215-226

Wolffsohn, Michael 1997: Israel, die Orthodoxie oder das Nichts. Zur tragischen Absurdität diasporajüdischer Existenz. Neue Zürcher Zeitung, Int. Ausg., 29./30.3.1997, S. 37

Anmerkungen

1 Ich danke Fritz Schütze und den Teilnehmern seines Forschungscolloquiums (damals noch an der Gesamthochschule Kassel) für die Diskussion des Interviews mit Diana. Ich bedanke mich auch für die Gelegenheit, das Fallbeispiel im Rahmen einer „Wednesday Lecture" am 30.4.1997 an der J.W.Goethe-Universität vorzustellen: „Gebrainwashed mit Absicht. Biographische Prozesse der Traditionalisierung". Ursula Apitzsch und Utta Müller-Handl danke ich für ihre Hinweise.

2 Rabbiner Avraham Josef Wolf, Gründer und Direktor des Beit Ya'akov College für Mädchen in Bene Berak, Israel (zitiert nach El-Or 1994, S. 65)

3 Die chassidischen „Höfe" um Gelehrte entstanden in der Nachfolge des Baal Shem Tov ab dem späten 18. Jahrhundert und sind als eine Reaktion auf das veränderte Verhältnis zwischen Individuum, Religionsgemeinschaft und Gesellschaft in der Moderne und im Zuge der Bildung von Nationalstaaten zu verstehen. Gegen die fragwürdig gewordenen Hierarchien des etablierten Rabbinertums setzte der Chassidismus die spirituelle und expressive religiöse Erfahrung in der Gemeinschaft eines charismatischen Rabbis und seiner dynastischen Nachfolger. Die chassidische Gemeinschaft der Gurer wurde Mitte des 19. Jahrhunderts in Gora-Kalwaria gegründet. Die Gur Chassidim unterstützten ab den 20er Jahren die Ansiedlung in Palästina, im Gegensatz zu antizionistischen chassidischen Gruppen. Nach Einmarsch der Nazis in Polen flüchtete der damalige spirituelle Gur-Führer nach Palästina und gründete dort das Zentrum der Gemeinschaft. Mit einer Mitgliedschaft, die heute in Israel auf 5000 bis 8000 Familien geschätzt wird, sind die Gurer dort die politisch einflußreichste Gruppe innerhalb der Agudat Israel, einer religiösen Organisation, die in Israel als Partei insbesondere die religiösen osteuropäischen Juden repräsentiert (El-Or 1994, S. 11f).

4 Meine Fragestellung richtet sich auf Veränderungen von Traditionalität in drei Generationen von Frauen, also Großmüttern, Müttern und Töchter, in Familien jüdischer Displaced Persons. Die ältere Generation dieser Familien war in osteuropäisch-jüdischen Milieus aufgewachsen, bevor diese Lebenswelten, und zwar die orthodoxen ebenso wie die assimilierten, durch die Nationalsozialisten vernichtet wurden. Der Verfolgung in Ghetto, Lager oder im Versteck ausgesetzt, entkamen sie dem Tod; viele ihrer Familienangehörigen, Freunde und Bekannten wurden jedoch ermordet. Nach der Befreiung kamen zwischen 150.000 und 250.000 Überlebende aus Osteuropa, insbesondere aus Polen, in die damalige Alliierte Zone. Als „jüdische Displaced Persons" warteten sie in DP-Camps auf Einreisevisa in die USA, in das damalige britische Mandatsgebiet Palästina oder in ein anderes Land, das sie aufnehmen würde. Ein kleiner Teil wanderte nicht aus, sondern zog nach Auflösung der DP-Lager in verschiedene Städte Westeuropas und versuchte noch lange, Auswanderungspläne zu realisieren. Diese Untersuchung handelt von Familien, die ihre Auswanderungspläne und -versuche schließlich aufgaben und heute mit ihren Kindern und teilweise schon erwachsenen Enkeln in Amsterdam, Antwerpen und in Amstadt, einer Großstadt im Westen der Bundesrepublik, leben. Die größte jüdische Gemeinde der drei Orte besteht in Antwerpen; hier gibt es auch viele kulturelle, soziale und religiöse Einrichtungen, darunter drei Schulen, von relativ liberal bis streng orthodox.

5 Um eine knappe Skizze der Entwicklung der religiösen Schulen zu geben, sei darauf verwiesen, daß 1939 von den 45.000 Antwerpener Juden weniger als 1.500 Kinder jüdische Schulen besuchten. Für die jüdische Bevölkerung von ungefähr 13.000 im Jahre 1980 wurde hingegen geschätzt, daß zwischen 85 und 90% der Kinder auf jüdische Schulen gehen; ein Trend, der sich inzwischen noch verstärkt hat. Dies bedeutet eine weitaus stärkere Abschottung der jüdischen Gemeinde als in der Zeit vor der Verfolgung (Abicht 1993).

6 Das Interview fand auf französisch statt und wird hier so wörtlich wie möglich übersetzt wiedergegeben. Dianas „französische" Diktion unterscheidet sie von der Mehrheit der Antwerpener jüdischen Bevölkerung, deren Schul- und Umgangssprache seit den 80er Jahren Flämisch ist, oder die flämisch intonieren, wenn sie Französisch sprechen. An einigen (markierten) Stellen spricht Diana aber mit der ortstypischen „Antwerpener" Intonation. Das Transkriptionszeichen „.." steht für Pause (1 Sekunde pro Punkt), „/" für Selbstkorrektur.

7 sozialistisch-zionistische, nichtreligiöse Jugendbewegung

8 religiöse Jugendbewegung

9 Die Chabad-Lubavitcher engagieren sich mit zeitgemäßen Methoden für die „Rückkehr" von Juden in ein praktizierendes Judentum.

10 in Antwerpener Intonation gesprochen

11 Unterricht, Lektionen

II.

Traditionsbildung und Ethnizität im Europa der Gegenwart

Wolf-Dietrich Bukow

Ethnisierung der Lebensführung

Schon seit einigen Jahren trifft man bei Gesprächen, die um die Lebensführung oder den Lebensverlauf kreisen, zunehmend auf ethnische Einrahmungen. Erfahrungen und Lebenszusammenhänge werden immer häufiger in Bezug gesetzt zu nationalen, bevölkerungs- oder gruppenspezifischen, eben besonderen Herkunftstraditionen. Mir scheint das bei näherer Betrachtung aus mehreren Gründen bemerkenswert. Erstens fällt einem nämlich sehr schnell auf, wie diffus solche ethnischen Verweise formuliert werden. So beziehen sich zwar viele Menschen darauf, Deutsche zu sein, aber niemand scheint genauer zu wissen, was dies in der konkreten Situation eigentlich meint. Zweitens dürften solche Verweise aber auch deshalb irritieren, weil sich in den letzten Jahrzehnten die Vorstellung durchgesetzt zu haben schien, daß althergebrachte Lebenslagen und Lebensverläufe und die damit verbundenen Verpflichtungen längst ihre prägende Funktion verloren haben. Dementsprechend sollte ethnischen Verweisen eigentlich kaum noch Bedeutung zukommen. Was ist passiert?

Um herauszubekommen, was da plötzlich geschehen sein könnte, ist es sicherlich sinnvoll, die sich hier möglicherweise abzeichnende neue Tendenz vor dem Hintergrund der Entwicklung von Vorstellungen über Lebensführung allgemein zu diskutieren. Dann geht es darum, zwei denkbare Tendenzen miteinander zu vergleichen. Zu vermuten wäre: Es gibt *einerseits* ein *Abschmelzen traditioneller Konzepte* von Lebensführung bis hin zur Ausbildung moderner biographischer Entwürfe und *andererseits* eine *ethnische Bearbeitung* der Lebensführung und damit von biographischen Entwürfen, also so etwas wie eine Ethnisierung von Lebensführung und Biographie. Damit sind die weiteren Überlegungen vorgezeichnet.

Zur schrittweisen Auflösung klassischer Entwürfe

Das moderne biographische Selbstverständnis, also wie man seine Lebensführung deutet, hat sich analog zur Modernisierung der Gesellschaft insgesamt Schritt für Schritt, phasenweise verändert. Wer sich mit dieser Entwicklung genauer befaßt, wird schnell auf eine *erste* noch geradezu klassische Ausgestaltung dieses Selbstverständnisses stoßen. Diese erste Phase in dem Wandel des Selbstverständnisses hat sich besonders griffig in der Literatur manifestiert. Ausgesprochen plastisch wird sie in der kritischen Überpointierung bei solchen Autoren wie Thomas Mann oder Max Frisch. Noch im überspitzten Einzelfall wird ein recht einheitliches und wohlvertrautes Bild erkennbar: Menschen vergewissern sich ihrer Lebensführung, indem sie sich zunächst klassenspezifischer, später milieuspezifischer oder schließlich auch familienspezifischer Grundmuster bedienen. Der Blick auf die eigene Lebensführung wird fast automatisch zu einer systematisch geleiteten und im Einzelfall sogar bedrohlich eng erscheinenden biographischen Reflexion. In ihr kommt es darauf an, alle Ereignisse von der Geburt über alle Lebensabschnitte hinweg bis zum späteren Tod wie Perlen auf einer Linie aufzureihen. Es erscheint fast gleichgültig, zu welchem Zeitpunkt der Blick auf diese Lebensführung gerichtet wird, d.h., wie weit das Leben tatsächlich schon fortgeschritten, also „Geschichte" geworden ist. Im Grunde ist von Anfang an – vom Anfang bis zum Ende – die gesamte Biographie im Blick. Die Biographie erweist sich als ein der Position geschuldetes fast unausweichliches Korsett.

Die hier nur angedeutete erste klassische Konzeption vermittelt den Eindruck, als ob mit der gesellschaftlichen Plazierung des Menschen im Grunde schon alles gelaufen sei. Die Biographie erscheint wie ein in die Wiege gelegtes Programm, das kontinuierlich abgespult werden muß. Unvorhergesehene Ereignisse wie Notzeiten, Kriegselend oder familiale Brüche (Scheidung und andere unvorhergesehene Ereignisse) und auch ganz persönliche Ereignisse wie Krankheit, Arbeitslosigkeit oder Verarmung werden als Einbrüche von außen, eben als im Grunde unangemessene und eigentlich deplazierte Schicksalsschläge empfunden, die es irgendwie zu kompensieren gilt. Von entscheidender Wichtigkeit ist die Einhaltung jener einmal eingeschlagenen und für verbindlich gehaltenen Richtung, komme, was da wolle. Und dieses Programm wird nicht nur verbal im Gespräch oder in der Erzählung und in der Reflexion über die Lebensführung aufrechterhalten, sondern auch szenisch festgeschrieben, angefangen bei der erfolgreichen Abwicklung der verschiedenen Lebensphasen und der dort zu erbringenden Leistungen bis hin zur Organisation der zentralen biographischen Großereignisse von religiösen Festen bis zu bürgerlichen Feiern. Die klassische Biographie erscheint aus heutiger Sicht wie ein nur mühsam säkularisiertes ursprünglich durchaus eindeutig religiös fixiertes Drehbuch. Sie hat sicherlich individuelle Züge, bleibt aber trotz aller Einbrüche „von außerhalb" und Proteste „von innerhalb" im Grunde nur die Reinterpretation eines individuell für verbindlich erachteten Programms.

Zum Fraglichwerden der klassischen Biographie

Das drehbuchartig vorgegebene biographische Selbstverständnis erscheint uns heute mit seiner positionellen Verankerung und mit seiner Stabilitätsfixierung überholt. Schon angesichts moderner Urbanität und Mobilität wirkt es deplaziert. Es bietet dem zeitgenössischen Menschen keinen Halt mehr. Biographie wird schon lange nicht mehr nachvollzogen, sondern längst individuell ausgelebt. Doch schauen wir etwas genauer hin.

Zunächst wäre anzumerken, daß es sich bereits bei der klassischen Konzeption keineswegs um ein „echtes Alltagsprodukt" handelte, sondern wohl eher um eine Konzeption, die in der kulturellen Diskussion bereitgehalten wurde. Sie war das Ergebnis religiöser Besinnung und bürgerlichen Denkens. Sie wurde dann der Gegenstand von Erbauungsartikeln in den neu aufkommenden Zeitschriften, des Familienromans, überhaupt von Literatur und Kultur, schließlich automatisch auch der Wissenschaft. Es mag sein, daß sie für einzelne tatsächlich Realität wurde. Aber es scheint sich weitgehend um ein recht abgehobenes Konzept gehandelt zu haben. Das traditionelle Konzept war also ohnehin nie besonders „repräsentativ".

Heute haben sich die letzten Voraussetzungen für jene Konzeption vollends verflüchtigt. Zur Ausgestaltung individueller Lebensführung in einer Großstadt vielleicht bei mehrfach wechselndem Beruf, unterbrochen von Zeiten der Arbeitslosigkeit, bei mitunter häufiger wechselnden Beziehungen, besteht kein Anlaß mehr, sich althergebrachter klassen- oder schichtspezifischer biographischer Grundmuster zu vergewissern. Solche Muster scheinen überhaupt weitgehend aus dem Standardrepertoire des Alltagslebens verschwunden zu sein. Pointierter formuliert: Solange kein Anlaß besteht, wird Lebensführung nicht weiter thematisiert, sondern bloß gehandhabt. Solange verharrt, um Alfred Schütz zu zitieren, das Leben im Dauerablauf. *Die Lebensführung und damit der Lebenszusammenhang bleiben hinter dem Schleier*[1] *der Alltagserfordernisse weitgehend verborgen.* Auch bei Ereignissen, die sich als Teil eines biographisch geordneten Lebenslaufs ausgeben, bei Geburtstagsfeiern und Examina, bei der Verlobung oder Heirat kommen solche lebensgeschichtlichen Hintergründe allenfalls punktuell ans Licht. Sie werden nur soweit und in der Form relevant, wie es der jeweilige Anlaß gebietet.[2]

Solange das Leben weitergeht, spielen Vorstellungen über den Lebensverlauf nur eine untergeordnete Rolle, solange eine Biographie vor dem Niederschreiben oder vor einer Befragung bewahrt wird, bleibt sie unausgearbeitet und wird allenfalls einmal gesprächsweise berührt. Ein tragfähiges und wirklich differenziertes biographisches Selbstverständnis, das mehr als nur einen tabellarischen Lebenslauf enthält, wird allenfalls in ganz speziellen Situationen erkennbar und gewinnt eigentlich erst dann eine greifbare Gestalt, wenn jemand sich genötigt sieht, den Alltag weit hinter sich zurücklassend, über seinen Lebenszusammenhang nachzudenken. Vielleicht befindet er sich in einer Entscheidungssituation, die divergierende Formen der Lebensführung nahelegt. Oder er ist in eine persönliche Krise geraten und sucht deshalb einen Therapeuten auf.[3] Vielleicht gerät er in eine sozialwissenschaftlich organisierte Befragung und wird aufgefordert, über seine Lebensführung Aussagen zu machen. Erst dann entsteht ein gegebenenfalls sogar hochdifferenziertes, stets theoretisch konstruiertes biographisches Konzept. Ansonsten gilt, daß, nachdem die klassischen biographischen Konzepte fraglich wurden, biographische Reflexion überhaupt weitgehend zurückgegangen ist.

Fassen wir die wichtigsten Punkte in drei Thesen zusammen:

a) *Das erste*, was schnell festzustellen ist, ist, daß die Entwicklung eines Verständnisses von der eigenen Lebensführung und damit vom eigenen Lebenszusammenhang heute zu einer außeralltäglichen und ganz besonderen Angelegenheit geworden ist. Für sie gibt es im Alltagsablauf *zunächst überhaupt keinen Anlaß mehr.*

b) Kommt es tatsächlich einmal zum Nachdenken über die eigene Lebensführung – vereinfacht und zugleich recht anspruchsvoll formuliert: zu der Formulierung einer Biographie –, so spielt die aktuelle Situation eine ganz entscheidende Rolle. Sie liefert den ausschlaggebenden Impuls. *Zweitens* wäre also festzustellen: Biographien sind deshalb heute vom ersten Augenblick an *situationsabhängig*. Situationsabhängig meint, was auch sofort einleuchten dürfte, mehr als nur, daß das Heute und Jetzt den Anstoß geben muß. Situationsabhängig meint auch, daß die entwickelten biographischen Konstruktionen automatisch vom Anlaß her geprägt werden. Und damit werden biographische Entwürfe zu einem temporären Entwurf. Sie können theoretisch von Anlaß zu Anlaß immer wieder in einer anderen Fassung dargeboten werden. Mitunter werden Biographien mehrfach neu geschrieben.

c) Was heute und jetzt biographisch entworfen wird, erscheint zugleich recht unpräzise. Diese Ungenauigkeit entsteht deshalb, weil der biographische Entwurf nicht aus dem Alltagserleben heraus entworfen, sondern einerseits bloß im Blick auf den Alltag und andererseits einem bestimmten Anlaß verpflichtet formuliert wird. „Unpräzise“ meint dann, daß hier nicht erfahrene persönliche Alltagsprozesse rekonstruiert, sondern eine dem Alltag „fremde“ Metalogik aufgenommen und allenfalls auf persönliche Erfahrungen hin reformuliert wird. Was in einer solchen Biographie erfaßt wird, ist das Ergebnis eines zurück- bzw. vorausblickenden *kulturellen Verfahrens* zur Erzeugung einer geradezu *künstlichen Welt.*[4] Die Biographie spiegelt, was in einer Situation biographisch „angesagt“ ist. Nicht auf das Erfaßte, sondern auf die richtige Erfassung kommt es an. Und bei der richtigen Erfassung spielt das Wissen der Beteiligten eine entscheidende Rolle – das Wissen im Blick auf das, was generell geboten ist, das Wissen im Blick auf das, was an diesem Punkt des Alltagslebens geboten ist, und das Wissen darüber, auf welche Weise das alles mit mir selbst zu tun hat. *Das dritte,* was insoweit deutlich wird, ist, daß das, was im Rahmen eines biographischen Selbstverständnisses entworfen wird, stets auf einer individuell ausgestalteten und zugleich lokal bis alltagskulturell fundierten biographischen Konzeptionalisierung des Selbst beruht. Eine Biographie entsteht durch einen von den augenblicklichen Gegebenheiten abgeleiteten Rückgriff auf *alltagskulturell bereitgehaltenes und individuell angeeignetes Deuten von Erleben* bzw. auf bereits zuhandene und wieder erinnerte, zu einem vergleichbaren früheren Anlaß bereits passend formulierte persönliche Vorstellungen.

Auch wenn eine Biographie sich einem konkreten Anlaß und, damit verbunden, einer individuellen Deutung der Dinge verdankt, geht es nach wie vor um die Erzeugung einer standardisierten Gliederung des Lebens. Wie kognitive Konstruktionen sonst auch sind biographische Formulierungen deshalb im weitesten Sinn Rekapitulation vom Umgang mit zuhandenen Möglichkeiten, also wie *man* heute seine Lebensführung sieht. Mit der Aufforderung zur biographischen Reflexion sind danach immer biographische Schemata verknüpft, die sich teils als Bestandteil der unmittelbaren Erfordernisse, teils als Bestandteile eines ordentlichen biographischen Deutens ausgeben. Alles zusammengenommen wird das biographische Selbstverständnis heute zu einer recht aufwendigen, einerseits deutlich situationsabhängigen und anderseits auch sehr persönlichen Konstruktion von geringer zeitlicher Dauer.

Aktuelle Entwicklungen

Klassische positionelle Konzepte treten zurück; die Lebensführung wird generell weniger biographisch thematisiert; und wenn dies dennoch geschieht, bedarf es eines besonderen Auslösers; ein außergewöhnlicher Anlaß gibt den Anstoß, solche Deutungen aufzunehmen und zu aktualisieren, die in der Situation geboten sind. Weitere Veränderungen im Umgang mit der eigenen Lebensführung zeichnen sich ab. Diese Veränderungen gilt es genauer zu diskutieren und wichtig wird dabei insbesondere, inwiefern sich hier so etwas wie eine Ethnisierung der Biographie einfügt. Welche weiteren Veränderungen sind denkbar?

Eine weitere Radikalisierung der Entwicklungen ist nach dem, was heute diskutiert wird, grundsätzlich in zwei Richtungen vorstellbar:
a) Vorstellbar ist, daß die biographische Reflexion, soweit sie weiterhin aus der Situation heraus stimuliert wird, ganz dem „Zeitgeist“ anheimfällt. In diesem Fall wird sich der Anteil an individueller Aneignung gegenüber den angebotenen Deutungsmustern weiter reduzieren, und Biographie auf dem modernen Markt der Möglichkeiten zukünftig quasi als Fertigprodukt gekauft. So etwas wie eine Persönlichkeit, die bei der Verarbeitung des aktuellen Lebenszusammenhanges die Grundinterpretation bestimmt, ist in diesem Fall weitgehend überflüssig. Die aktuellen Erlebnisse werden dann zum einzigen Kristallisationspunkt biographischen Denkens. Damit wäre die Entwicklung vom klassischen zum heutigen biographischen Selbstverständnis radikal zu einem Ende gekommen. Dies ist genau die Linie, die Schulze in seiner Arbeit über die Erlebnisgesellschaft anspricht.[5] Nach ihm liefert die Erlebnisgesellschaft eine „komplette Lebensauffassung“. Die Biographie wird zum Produkt des „Erlebnisanbieters“. Damit ist gleichzeitig etwas über eine mögliche Ethnisierung der Biographie gesagt. Setzt sich der angedeutete Trend durch, geht die Bedeutung biographischer Selbstinterpretation weiter radikal zurück. Eine Ethnisierung der Biographie wäre unter diesen Bedingungen völlig undenkbar.
b) Vorstellbar ist umgekehrt aber auch eine Rückentwicklung der aktuellen Auffassungen. Wenn man davon ausgeht, daß die Freisetzung des einzelnen von den alten Verbindlichkeiten zugleich auch eine enorme Herausforderung darstellt, der nicht jeder gewachsen ist, liegt die Versuchung nahe, sich auf einst bewährte und noch immer zuhandene althergebrachte Muster rückzubesinnen. „Alte Gewißheiten, gerade mürbe geworden, werden wieder beschworen.“[6] Gibt es für eine solche Rückentwicklung ebenfalls Hinweise? Man kann hier ganz im Sinn von Ulrich Beck an die Mobilisierung traditioneller geschlechtsspezifischer oder ethnisch fixierter Biographiemuster denken. Der zweite Fall interessiert hier besonders. Wäre der zweite Fall nicht beispielsweise bei Einwanderern denkbar, weil sie ja eigentlich – zumindest auf den ersten Blick – schon aufgrund ihrer extremen Lage kaum noch vom aktuellen Erleben und Handeln involviert zu werden scheinen? Sind nicht gerade bei solchen Menschen die (groß-)elterlichen Einstellungen, die Heimatorientierung und die „Religion der Väter“ extrem wichtig? Dies würde auf eine Rückorientierung, auf eine „gegenmoderne“ oder „neofeudale“ Erneuerung der klassischen Konzeption abzielen. Doch wie verträgt sich diese Vorstellung mit der wohlbedachten Entscheidung zur Auswanderung und zur gezielten Einwanderung in ein hochindustrialisiertes Land?

Welche Anhaltspunkte bieten diese beiden möglichen Tendenzen im Blick auf die Frage einer Ethnisierung der Biographie? Eine Ethnisierung von Lebensführung und Biographie erscheint vor dem geschilderten Hintergrund, wie man ihn auch immer sieht, unvorstellbar. Denn entweder speisen sich die biographischen Vorstellungen nur noch aus dem „Erlebnisangebot“: Dann bleibt schon angesichts der postmodernen Ignoranz gegenüber allen althergebrachten Wertemustern und damit auch ethnischen Traditionen kein Raum für ethnische Rekonstruktionen. Oder die biographischen Vorstellungen speisen sich aus einer erfahrungsgesättigten Vergangenheit samt ihrer herkunftsfamilialen „Differentheit“: Dann bleibt natürlich die Frage, warum denn ausgerechnet die Einwanderer und deren Nachkommen plötzlich einen Sinn darin sehen, ihre Lebensführung durch eine gegenmoderne Rückorientierung zu rekonstruieren. Entweder ist die Biographie gerade dieser Menschen „seit je" durch eine ethnisch gerahmte Basispersönlichkeit ethnisch qualifiziert, oder die Biographie bleibt gerade angesichts der modernen industriegesellschaftlichen Alltagswirklichkeit dauerhaft ethnisch indifferent.

Und dennoch, wir finden heute in vielen Fällen völlig „theoriewidrig" etwas ganz Spezifisches, nämlich eine ethnisch aufgeladene Biographie gerade bei den Menschen, die man als zweite oder dritte Einwanderergeneration zu bezeichnen pflegt. Wir beobachten, wie sich jüngere Menschen der zweiten Generation von Einwanderern mit jüngeren Einheimischen über das verständigen, was ihnen wichtig geworden ist, und wie dabei sogar beide Seiten(!) spontan ethnische Konstruktionen entwickeln. In diesem Augenblick wird immer häufiger die aktuelle Lebensführung ethnisch rekonstruiert und in eine ethnisch aufgeladene Biographie eingearbeitet. Die Lebensführung wird zunächst lebenslaufspezifisch gegliedert zum Material für die Reaktivierung biographischer Linien, die auf den ersten Blick althergebracht erscheinen. Sodann wird sie aber schnell zum Ausgangspunkt vollständig neu entworfener biographischer Konstruktionen. Das moderne biographische Selbstverständnis wird nach dem, was bisher behauptet wurde, damit eindeutig *auf den Kopf gestellt*:

– Biographische Reflexion wird wieder sehr wichtig genommen.
– Bei der Beschreibung der Lebensführung wird auf ein modernes Outfit gezielt verzichtet.
– Menschen verfallen heute zunehmend (Einwanderer genauso wie Einheimische) auf diese gegenmodernen Tendenzen.

Hier wird die aktuelle Lebensführung offenbar einer *sekundären Bearbeitung* unterzogen. Die Biographie wird gewissermaßen nachträglich mit besonderen Erklärungen übermalt. Das geschieht dann oft gleich unter dem Vorzeichen eines spezifischen indexikalischen Labels („Ich als ..."). Lebensgeschichtlich orientierte Interviews bezeugen in derartigen Fällen ein unerwartetes und geradezu provokatives neues biographisches Selbstverständnis. Es steht einfach *quer* zu dem, was man gewöhnlich mit einem biographischen Selbstverständnis verbindet, auch wenn bekannte Elemente auftauchen. Sie tauchen nämlich paradox auf. Biographie wird als „angeliefertes" Fertigprodukt mit der Aura des „Althergebrachten" installiert.

Wenn also heute dennoch eine Ethnisierung der Biographien zu beobachten ist und wenn dennoch auch die bisherigen Befunde – was die gegenwärtige Situation genauso wie mögliche Tendenzen betrifft – plausibel erscheinen, dann muß die Ethnisierung der Biographie als ein Prozeß gefaßt werden, der *durch Intervention* hervorgerufen wird und sich *nicht* aus der immanenten Logik aktueller biographischer Entwicklung ergibt. Dies läßt sich noch deutlicher machen, wenn man das aktuelle biographische Grundkonzept, wie es sich gegenwärtig einspielt, noch einmal generell formuliert und es dann mit dem Konzept, das sich hinter der ethnisierten Biographie verbirgt, kontrastiert.

Postmoderne Biographizität und ethnisierte Biographie im Vergleich

Es gibt ein sehr verbreitetes biographisches Konzept, das sich eng an die Leitmerkmale moderner alltäglicher Situationen und die dort verbindlichen Standardisierungen anschmiegt. Es läßt sich fast direkt vom heute und jetzt gültigen „Outfit" bestimmen. Entscheidend für die Art, in der die persönliche Lebensführung biographisch aufgearbeitet wird, ist die Situation vor Ort, eben wo man sich zu Hause fühlt. Die Situation ist dabei gekennzeichnet durch den Alltag in der Familie, auf der Straße und im Wohnumfeld, durch Schulerfahrungen, durch Freundschaften und Gruppen, bei denen man mitmacht u.a.m. Hinzu kommt, was sich an diesen Stellen jeweils an allgemeinen Voraussetzungen, Möglichkeiten und Perspektiven ergibt. Erst später und allenfalls in der Rückschau gewinnen herkunftsfamiliale Gegebenheiten, die Lebensweise der Eltern, Ferienunternehmungen mit den Eltern usw. an Bedeutung. Im Blick auf die Zukunft werfen Einkommenserwartungen, Vorstellungen über das Leben in der Stadt, eine eigene Familie und die Ausgestaltung des privaten Alltags (vom Auto bis zur Ferienreise) ihre Schatten voraus.

Es handelt sich also um einen Typ von Biographie, der sich gut in das einfügt, was von anderen versuchsweise mit Postmoderne beschrieben wurde: Man rechnet mit einer spezifischen, für jeden obligatorischen Alltagskonstellation einer fortgeschrittenen Industriegesellschaft.

Man geht einerseits davon aus,
– daß Institutionen und Karrieremodelle global, im allgemeinen und formal gelten und
– daß die zuhandenen Möglichkeiten, die gültigen Normen und Werte, eine generelle und abstrakte Verbindlichkeit besitzen.

Andererseits wird gesehen,
– daß erheblicher Spielraum für konkretes Erleben und Handeln besteht,
– daß jeder die erforderlichen Dinge für sich allein auf die Reihe bringen muß und
– daß man sich dabei mit anderen zusammentun kann („in Gemeinsamkeit mit anderen" eine lokale/private Kultur pflegen).

Auf die Frage: *„Als was würdest Du dich heute sehen?"*, kommt die Antwort: *„als Mensch". „Nationalität spielt keine Rolle."*

Auf diese Weise wird ein biographisches Selbstverständnis entwickelt, das primär am Heute und Jetzt ansetzt und für neue Möglichkeiten, Erfahrungen, Begegnungen usw. tendenziell offen ist. Das biographische Selbstverständnis ist erst einmal eine persönliche Antwort auf eine aktuelle „Gemengelage". *Die Biographie erscheint persönlich, wird aber zunehmend flüssiger und gegebenenfalls täglich neu und bei Bedarf auch anders konstruiert.* Um diesen Typ zu kennzeichnen, will ich von Peter Alheit die Bezeichnung Biographizität übernehmen und von *postmoderner Biographizität* sprechen.[7]

Ganz anders gelagert und vorerst noch nicht repräsentativ erscheint das biographische Konzept, das auffällig stark von geradezu axiomatisch erscheinenden Feststellungen oder Behauptungen, ja von „Bekenntnissen" geprägt wird. Auf den ersten Blick sieht es freilich so aus, als würden biographische Vorstellungen nur traditionell konstruiert. Tatsächlich aber wird die aktuelle Lebensführung zunächst wie im ersten Fall recht pragmatisch aus der aktuellen Situation heraus gedeutet. Dann geschieht aber noch etwas.

Pragmatisch entworfene Arrangements werden anschließend programmatisch überhöht, noch einmal besonders markiert, gleichsam in Klammern gesetzt. Feste sind keine selbstverständlichen *familialen* oder *lebensgeschichtlichen* Ereignisse mehr, sondern werden nun als *ethnienspezifische* Sensationen „interpunktiert"[8]. Sie sind nicht länger selbstverständliche Bestandteile eines familialen Alltags oder eines selbstverständlichen Lebenslaufes („Gewohnheit"), sondern werden zu besonderen und in der Regel ethnienspezifischen Bekennersituationen („türkisches Opferfest, Zuckerfest" oder eben „deutsches Weihnachtsfest"). Gegenüber Angehörigen einer anderen Ethnie werden Freunde oder Bekannte vor ihrer eigentlichen Benennung ethnisch markiert (mein türkischer/ deutscher Freund ...). Der Schuleintritt markiert nicht mehr bloß eine neue Phase im Leben, sondern unter Umständen eine neue existentielle Qualität, gleichsam den Beginn eines Aufenthalts in der Fremde. Und die Zukunft hat weniger mit Konsumwünschen, Einkommenserwartungen, Urlaubsplänen usw. zu tun als vielmehr damit, wie man mit seinen Landsleuten zusammen weiter durchkommt.

Das persönliche Alltagsarrangement wird einfach durch besondere ethnisch-kulturelle Verweise noch einmal sekundär qualifiziert, in der Regel geradezu ethnisch aufgeladen.

> *Bei uns in der Schule ... machen sie oft Witze (über Türken), und ich komme dann zufällig vorbei. Irgendwelche Leute sagen dann immer: „Ja, ja – Du siehst nicht aus wie eine Türkin; Du bist ja keine Türkin!" Dann mache ich so: „Ja – ich bin auch eine Türkin, und es stört mich, wenn ihr über meine Landsleute so redet".*

Hier wird so etwas wie eine ethnisierte Biographie sichtbar, die sich zunehmend gegenüber allem anderen verschließt, neue Möglichkeiten als Bedrohung empfindet und deshalb ablehnt. Plötzlich wird die Zugehörigkeit zu einer noch nicht einmal traditionell gesättigten, sondern einer bloß ad hoc kreierten und allenfalls staatsangehörigkeitsgesättigten ad-hoc-Konstruktion wichtig.

Von der postmodernen zur ethnisierten Biographie

Wie ist das Nebeneinander der beiden Typen einzuschätzen? Eine erste Vermutung ist stets, daß die „Biographizität" für Einheimische und die nicht so häufige „ethnisierte Biographie" für die Minderheitenangehörigen kennzeichnend ist. Diese Vermutung bestätigt sich nicht. Zwar wird schnell deutlich, daß der erste Typ durchaus so etwas wie eine postmoderne gesellschaftliche Situation biographisch abbildet, aber dieser Typ wird nicht nur von den Einheimischen, sondern ganz pointiert gerade von Minderheitenangehörigen für sich in Anspruch genommen.

Eine Türkin: *„Religion ist etwas für Kinder", „ich habe deutsche, italienische und türkische Freunde", „ich will Psychologie studieren".*

Und der zweite Typ, der bei nüchterner Betrachtung deutlich gegenmoderne Tendenzen enthält, weil er die postmoderne Situation über ethnische Zuschreibung ethnischnational übermalend neu zu ordnen versucht, ist zwar bei manchen Minderheitenangehörigen, aber genauso bei einer zunehmenden Zahl von Alteingesessenen zu finden.

Ein Kurde: *„Ich sehe mich als kurdischer Mensch."* Und zur Zukunft: *„Es wird immer schwieriger – raus aus Deutschland!"*

Und noch etwas fällt auf, nämlich daß beide Typen offenbar unter bestimmten Bedingungen, wenn auch zu verschiedenen Zeitpunkten sogar bei demselben Menschen Verwendung finden können. Zumindest die Biographien der Minderheitenangehörigen lassen häufiger eine solche Folgerung zu:
a) Einerseits gilt: Beide biographische Konzeptionen repräsentieren eine unterschiedliche Einstellung innerhalb der aktuellen Gesellschaft, zu der offenbar unter bestimmten Bedingungen *jedes* Gesellschaftsmitglied gelangen kann. Es kommt nicht darauf an, ob man von Einwanderern abstammt oder ob man sich mit der fortgeschrittenen Industriegesellschaft identifiziert. Beide Konzeptionen finden sich nebeneinander quer durch die Gesellschaft.
b) Anderseits gilt: Beide Konzeptionen finden sich gelegentlich sogar bei der gleichen Person – natürlich nacheinander zu verschiedenen Zeitpunkten, wobei es dann eine gewisse *Abfolgelogik* zu geben scheint. Die postmoderne Biographizität wird in diesen Fällen sogar bei der Einzelperson von einer ethnisierten Biographie abgelöst. Um so intensiver stellt sich die Frage: Unter welchen Bedingungen kommt es zu dieser Abfolge?

In jedem Fall wird eine Entwicklung erkennbar, die nach den vorausgegangenen Überlegungen durch *Intervention* hervorgerufen worden sein muß – durch Interventionen, wie sie auch sonst für Prozesse der Ethnisierung verantwortlich gemacht werden müssen.

Schauen wir uns die Sequenz bei den Minderheitenangehörigen genauer an. (Über die Situation bei Einheimischen liegt mir noch kein entsprechendes Material vor):
a) Manchmal gibt es eine regelrechte Neubestimmung im Blick auf das, was zentrale Bedeutung hat, was einem wichtig ist: Zunächst waren die zu persönlich ausgestalteten Gewohnheiten gewordenen Gegebenheiten des Alltag, des städtischen Lebens usw. bestimmend. Die persönlichen Freunde, die Schul- oder Arbeitskollegen, die berufliche Situation waren der Ausgangspunkt für ein biographisches Selbstverständnis. Jetzt ist es die typisch italienische oder auch türkische Familiensituation mit ihren religiösen oder moralisch garantierten Umgangsweisen, sind es die Eltern, Verwandten und insbesondere die Geschwister, die den eigentlichen Bezugspunkt abgeben. Die Situation auf der Straße wird gemieden, die berufliche Ausbildung oder die Berufstätigkeit verlieren ihren konstitutiven Stellenwert.
b) Manchmal geschieht nur eine Akzentverschiebung im Blick auf das, was zentrale Bedeutung hat: Zunächst waren es Verständigungsschwierigkeiten in der Schule, die einem zu schaffen machten, weil man die offizielle Schulsprache nicht richtig beherrschte. Jetzt ist es die besondere Herkunftssprache, die einen formt und in der aktuellen Situation orientiert, eingrenzt, ausgrenzt, überordnet oder unterordnet.

Auf dem Weg vom ersten zum zweiten Typ geschieht mehr als ein Bruch. Wenn die tagtäglichen Gegebenheiten in eine neue Relevanzstruktur eingepaßt werden, dann ereignet sich mehr. Hier haben sich die persönlichen Verhältnisse massiv geändert. Dies hat eine *regelrechte Wende* bewirkt. Die konkreten alltäglichen Verhältnisse sind unter einen ethnisierenden Druck geraten, der sich bis in biographisch gerichtete Entwürfe fortsetzt. Ethnische Markierungen dringen in die Selbst-Konstruktion ein und gewinnen an strukturierender Kraft. Sie beginnen mit anderen, bislang bewährten, eher für selbstverständlich gehaltenen Markierungen zu konkurrieren, ja überlagern das bislang wie üblich gedeutete soziale, ökonomische und kulturelle Handeln, Erleben und Erwarten. Sie lassen die Alltagsstruktur mit ihren für selbstverständlich gehaltenen Deutungsmustern usw. in einem neuen Licht erscheinen, überziehen sie mit einer Aura ewiger und unabänderlicher Gültigkeit. Eine ethnisierte Biographie erscheint hier *als ethnische Besetzung* der Relevanzstruktur biographischer Entwürfe.[9]

Man kann natürlich an dieser Stelle einwenden, daß so etwas immer geschehen könne. Es werde nur ein anderes biographisches Verständnis üblich, das mitunter zu Brüchen führen mag. Biographie werde eben heute neu entworfen.

Ich halte diese Entwicklung jedoch keineswegs für trivial:

– Im Verlauf der biographischen Ethnisierung wird nämlich ein eigentümliches Kräftepotential erworben, das das neu definierte Subjekt gegen zukünftiges Erleben weitgehend immunisiert. Wer sich ethnisch definiert, der ist sich von jetzt ab als Deutscher oder als Kurde usw. sicher.

– Es wird ferner das biographische Niveau gewechselt. Das alte Niveau wurde von den Betroffenen wie von deren Gesprächspartnern als eher angemessen, konstruktiv, zukunftsträchtig eingeschätzt. Das neue Niveau ist offensichtlich – zumindest für die entsprechenden hier befragten Minderheitenangehörigen – problematisch. Auf dem neuen Niveau können die Betreffenden keine Auskunft darüber geben, wo sie sich zu Hause fühlen. Sie hoffen noch in der zweiten Generation auf eine Rückkehr in die längst imaginäre Heimat. Sie identifizieren sich mit ihren Eltern, obgleich sie von ihren Eltern sagen, jene hätten es nie geschafft. Sie suchen nach Kontakten unter Landsleuten, selbst wenn solche kaum greifbar sind.

– Die biographisch realisierte Ethnisierung kann psychologisch betrachtet eine regressive Identitätsentwicklung bedeuten.

– Und berücksichtigt man die oben angedeutete Einschätzung der beiden Typen im Blick auf ihre gesellschaftliche Zuordnung, so führt offenbar eine ethnisierte Biographie zu einer Abwendung von einer für das städtische Alltagsleben kennzeichnenden postmodernen und eher selbstverständlichen Gesellschaftlichkeit.

– An deren Stelle treten Beschreibungen, die die Lebensführung durch den Rückgriff auf Abstammungsgemeinschaften, auf einen Volksbegriff oder andere Mythen zementieren.

Will man sich das schematisch veranschaulichen, so gilt, daß der einzelne sich in seinem Alltag zunehmend ad hoc einrichtet, also den Anschluß sucht und dann gegebenenfalls in der von ihm ausgefüllten „Nische" auch seine Lebensführung rekonstruiert. Er kann diese Konstruktionstätigkeit bis zur Entwicklung eines Milieus ausbauen. Der erste Schritt bleibt aber in jedem Fall die Formulierung eines Konzeptes der Lebensführung nach Maßgabe dessen, was an dem Platz, an dem er sich in die diversen gesellschaftlichen Systeme überhaupt einzuschalten vermag, gilt.

Im Fall der Ethnisierung der Biographie wird zunächst die persönliche Lebensführung sekundär aufgeladen, d.h. ethnisch reinterpretiert. Dabei bleibt es aber nicht in jedem Fall. Dieser Vorgang kann auch auf den Alltag insgesamt ausstrahlen und zu einer Ethnisierung einzelner gesellschaftlicher Teilsysteme, ja der Gesellschaft generell kommen. In einem solchen Fall wäre über die Ethnisierung der Biographie hinaus von einer Ethnifizierung ganzer gesellschaftlicher Systeme zu sprechen.

Biographische Wende

Die apostrophierte Wende deutet auf eine Entwicklung hin, die eine in mehrfacher Weise problematische Richtung nimmt. Es gibt Hinweise darauf, daß die Weichen dazu im Verlauf besonders sensibler Abschnitte des Lebenslaufs gestellt werden:
a) Ein möglicher früher Zeitpunkt, zu dem die Weichen gestellt werden können, scheint der Übergang zum Kindergarten und zur Schule zu sein, wenn das Kind sich von der Familie abzulösen beginnt. Wenn in diesem schwierigen Augenblick eine Zurückweisung des Jugendlichen erfolgt, weil man ihn als Angehörigen einer Minderheit definiert oder weil er sich keine Chancen unter den Klassenkameraden ausrechnet, dann ist er schnell vom üblichen Alltagsgeschehen ausgeschlossen und kehrt in den Schoß der Familie zurück oder wendet sich schicksalsverwandten Freunden, Bekannten oder Landsleuten zu. Er beginnt, Zurückweisung und Rückorientierung in der Weise zu verarbeiten, indem er die familialen Spezifika zu konstitutiven Grundbausteinen des Lebens überhaupt aufwertet. Diskriminierung produziert eine ethnische Reinterpretation des Lebenshorizontes.
b) Eine zweite Gelegenheit zur Weichenstellung ist der Augenblick, in dem jemand ein noch tendenziell egalitär organisiertes System wie die Schule oder den Arbeitsplatz zeitweilig oder auf Dauer verläßt und sich völlig neu arrangieren muß. Stößt er dabei auf Hindernisse, solche, die seine bisherige Gesellschaftlichkeit in Frage stellen, dann sind neue Zuordnungspraktiken gefragt. Eine ethnische Zuordnung verheißt auch hier neuartige, wenn auch nicht unbedingt effektive Chancen („Du als Deutscher - ich als Türke" oder auch „Ich als Deutscher – Du als Türke"...).
Zweierlei wird in diesem Zusammenhang wichtig: Einerseits werden die ethnischen Markierungen im Kontext von erfahrener (Minderheiten) oder auch praktizierter (Einheimische) Diskriminierung durchgesetzt. Andererseits dienen die ethnischen Markierungen einer neuen Form von „Integration". Für sie ist kennzeichnend, daß man unentrinnbar-schicksalsmäßig ein- oder ausgeschlossen wird. Sie stellt Zuschreibung in reiner Form dar. Nicht der persönliche Beitrag, der im Verlauf des alltäglich sozialen Handelns erbracht wird, sondern die bloße juristische (Staatsangehörigkeit) oder herkunftsmäßige Zuordnung ist ausschlaggebend. Für den Minderheitenangehörigen wird aus einem aktiven Alltagsarrangement und einem entsprechend ausgestalteten biographischen Entwurf eben eine schicksalsergebene Beschreibung der Lage. Das Alltagsarrangement gerät für diese Menschen zunehmend zu einer *unentrinnbaren* Sackgasse. Auf der anderen Seite können die Einheimischen ihre Plazierung im Alltag auf den ersten Blick verbessern, also *schrittweise „härten"*. Sie können ihre Ansprüche über einen Austausch des Verfahrens, das die Integration organisiert, unter Umständen erfolgreicher durchsetzen. Eine Integration rein über Zuschreibungen eröffnet andere Chancen.

Allerdings ist das nur dann logisch, wenn sich eine allgemeine Renaissance neofeudaler Strukturen ankündigt. Wird nämlich eine solche Wende nur im Einzelfall realisiert, bleibt sie folgenlos, weil der Strategie die gesellschaftliche Unterstützung fehlt. Vollzieht sich jedoch eine solche Wende – wie auch immer evoziert – in einem größeren Kreis, dann ist der Versuch einer Ethnisierung von Biographie funktional. Nur sind die Folgen für eine Gesellschaft unabsehbar, die im Prinzip anderer Formen der Integration bedarf. Wenn heute Einheimische zu Nationalisten, Minderheiten zu radikalen Ghettobewohnern werden, dann zeigt sich, wie schnell *Modernisierungsprozesse umzukippen vermögen; sie sind keineswegs unumkehrbar.*

Interventionsformen

Im neuen biographischen Selbstverständnis, in der ethnisierten Lebensführung, verbirgt sich der Versuch, die für die fortgeschrittenen Industriegesellschaften zunehmend typischen Formen der über formale wie universale Inklusion garantierten Integration aufzuweichen und nach einer anderen Logik, der Logik ethnischer Zuordnung zu reorganisieren. Die Ethnizität soll wieder konstitutiv bedeutsam für die Rolle des einzelnen in der Gesellschaft werden. Dabei kommt es zunächst nicht darauf an, ob ein solcher Versuch erfolgversprechend ist oder nicht. Er legitimiert sich offenbar zunächst einmal einfach historisch, d.h. über noch immer abrufbare Nationalismen, Rassismen u.a.m.. Und das ist zumindest den hier beteiligten Einheimischen durchaus auch klar. Jedenfalls lassen das z.B. die faschistischen „Zitate" bei ausländerfeindlichen Aktionen erkennen.

Die Frage bleibt, was diesen Versuch, der ja in Widerspruch zur aktuellen gesellschaftlichen Konstruktion genauso wie zur offiziellen Version üblichen Denkens und Handelns gestartet wird, im Kleinen wie im Großen auslöst und strategisch ansprechend macht.

Im Kleinen dürften es die mehr oder weniger effektiv praktizierte bzw. erlebte tagtägliche Diskriminierung sein. Daß dies tagtäglich geschieht, bedarf keiner Bestätigung mehr, obgleich dies gerade Minderheitenangehörige nicht wahrhaben wollen.

a) Der Einheimische erlebt die Möglichkeit der Diskriminierung anderer und lernt sein Selbstwertgefühl damit auszufüllen. Er realisiert damit seinen Anspruch über andere.

b) Der Minderheitenangehörige verliert im Erleben der Diskriminierung seine Alltagsmotivation und zieht sich auf seine Landsleute zurück, die ihm im Rahmen des Möglichen immer noch mehr als nichts zu bieten haben.

Allein die zunehmende Alltäglichkeit von Diskriminierung reicht, diese neofeudale biographische Ausrichtung als reale Möglichkeit in das Blickfeld zu rücken.

Welche Ursachen *im Großen* ausschlaggebend sind, zeichnet sich auch längst ab. Die Jugendlichen erleben eine – im Rahmen der gegenwärtigen Restauration ja bewußt angestrebte – fortschreitend ethnischer differenzierte Welt. *Sie spüren dabei die »Entlastungen«, die ihnen ein ethnisierender Diskurs bei der Bewältigung eigentlich sehr komplexer und oft strukturell eingebundener gesellschaftlicher Phänomene verschafft.* Und wo sich diese neuen Formen von Differenzierung noch nicht durchgesetzt haben, werden die Grenzen heute zunehmend abgesteckt: in der Öffentlichkeit, auf der Straße, in der Politik, in der Berufswelt. Die ethnische Zugehörigkeit avanciert zur gesellschaftlichen Leitdifferenz und verdrängt erneut die sozial-universalen Leitdifferenzen, die seit der Aufklärung entworfen wurden.

Anmerkungen

1 Es wäre durchaus angebracht, im Sinn von J. Rawls vom „Schleier der Unwissenheit" zu sprechen (J. Rawls: Die Idee des politischen Liberalismus. Frankfurt 1994, S. 126 f.)

2 Man könnte in diesen Fällen von einer zyklischen Reduktion der Biographie sprechen.

3 Vgl. B. Geissler, M. Oechsle: Lebensplanung als Konstruktion. In: U. Beck, E. Beck-Gernsheim (Hg.): Riskante Freiheiten. Frankfurt 1994, S. 139 ff.

4 Vgl. H. Welzer: „Ist das ein Hörspiel?". In: Soziale Welt 1995/2, S. 181 ff.

5 G. Schulze: Die Erlebnisgesellschaft. Frankfurt 1993, S. 425 f.

6 U. Beck, E. Beck-Gernsheim: Individualisierung in modernen Gesellschaften. In: Dies. (Hg.): Riskante Freiheiten. Frankfurt 1994, S. 10 ff, hier S. 33.

7 P. Alheit: Biographizität als Projekt. Bremen: 1990 (Werkstattbericht „Arbeit und Bildung", 12).

8 P. Watzlawick: Wirklichkeitsanpassung oder angepaßte >Wirklichkeit<. In: H. Foerster u.a. (Hg.): Einführung in den Konstruktivismus. München, Zürich 1995, S. 89 ff. hier 102 f.

9 Muster zweiter Ordnung konkurrieren mit ethnisch gesättigten „Alternativen" zweiter Ordnung. Insofern handelt es sich um eine Neuformulierung oder eben Besetzung der gewohnten Muster (vgl. Watzlawick op.cit.).

Gerhard Jost

Zur Bedeutung von Ethnizität in der Flüchtlingsaufnahme Das Beispiel einer zweisprachigen Gemeinde in Österreich

Die Unterbringung von Flüchtlingen in Kleingemeinden stellt ein wesentliches Standbein in der Flüchtlingsaufnahme in Österreich dar.[1] Differenzierte Erkenntnisse über die Prozesse, die mit der Flüchtlingsaufnahme in Gemeinden entstehen, sind allerdings kaum verfügbar.[2] Warum etwa in manchen Orten die Aufnahme und Unterbringung problemlos verlaufen, in anderen aber mit Schwierigkeiten verbunden sind, ist weitgehend ungeklärt. Teilweise wird pragmatisch auf Erklärungsfaktoren zurückgegriffen, die sich an Begründungen nationaler Zuwanderungsbeschränkungen anlehnen und die Anzahl der Flüchtlinge im Verhältnis zur einheimischen Bevölkerung als Hauptursache für Schwierigkeiten lokalisiert.

Bei der Flüchtlingsaufnahme in einer zweisprachigen Gemeinde tritt insbesondere der Aspekt in den Vordergrund, inwieweit die sprachliche und kulturelle Nähe Akzeptanz- und Integrationsprozesse beeinflußt. Auf der Basis einer Studie, die die Prozeßstrukturen der Flüchtlingsaufnahme rekonstruiert,[3] soll die Bedeutung dieses Einflußfaktors erörtert werden. Die Geschichte einer zweisprachigen Gemeinde bedingt, daß sich die Analyse auf die Folgen zweier Migrationsprozesse beziehen muß: Einerseits stellt sich die Frage nach der Akzeptanz und eventuellen Integration der Flüchtlinge, andererseits nach dem Verhältnis der Gemeinde zum Umfeld und der Bedeutung dieses Verhältnisses für die Flüchtlingsaufnahme.

1. Anlage und Durchführung der Studie

Die Studie wurde in einer burgenländischen Kleingemeinde mit ca. 1.500 Einwohnern durchgeführt, die der kroatischen Minderheit zuzuordnen ist und in der mehr als 200 De-facto-Flüchtlinge und Asylbewerber beherbergt sind. Die Gemeinde wurde von politisch Verantwortlichen als vorbildlich in der Flüchtlingsaufnahme charakterisiert und ist schon seit längerer Zeit in der Flüchtlingsunterbringung engagiert. Erstmals wurden Anfang der 80er Jahre Polen in der Gemeinde aufgenommen. Die Flüchtlinge sind innerhalb des Ortes, und zwar in drei Gasthöfen und in Privatquartieren untergebracht. Ca. zwei Drittel der Ausländer sind De-facto-Flüchtlinge, großteils aus Kroatien und Bosnien, rund ein Drittel Asylbewerber verschiedenster Nationalität.

In Untersuchungen über Akzeptanz- und Integrationsprozessen von Zuwanderern kann in unterschiedlicher Weise auf die Bedeutung ethnischer Dimensionen Bezug genommen werden (vgl. allgemein: Heckmann 1992). Konzepte der Ethnizität (vgl. u.a. Dittrich/Radtke 1990; zur Ethnisierungsthese vgl. Bukow/Llaryora 1993) oder des Vorurteils (vgl. Allport 1971, zur Anwendung: Weiss 1987) bzw. sozialstrukturelle Zugänge (vgl. Hoffmann/Nowotny 1973) bieten ein weites Auffassungsspektrum. Auch die verschiedenen Paradigmen der Migrationsforschung, wie sie von Berger (1990: 119ff.)

strukturierend dargestellt werden, enthalten ein spezifisches Verständnis der zentralen Dimensionen von Zuwanderungsprozessen: Der imperialismuskritische Ansatz versucht, die problematischen Beziehungen zwischen Einheimischen und Zuwanderern mit Kategorien wie Klasse und Ausbeutung zu erklären. Arbeitsmigranten und Flüchtlinge werden aus dieser Perspektive vor allem als sozial Benachteiligte betrachtet, kulturelle Unterschiede als sekundär bewertet. Im Integrationsansatz werden bevorzugt Anpassungs- und Integrationsphänomene in den Mittelpunkt gerückt und Zuwanderung als Problem der Assimilation von Zuwanderern begriffen. Der Minoritätenansatz fokussiert schließlich ethnisch-kulturelle Besonderheiten bzw. Unterschiede.

In der vorliegenden Studie wird von keinem speziellen (migrations-)theoretischen Ansatz ausgegangen. Aufgebaut wird vielmehr auf lebensweltliche Konstruktionen der Gemeindebewohner, um die Prozeßstrukturen, die den Umgang mit den Flüchtlingen maßgeblich beeinflussen, herauszuarbeiten. Entsprechend ist die Studie methodologisch im qualitativen Paradigma positioniert (vgl. Wilson 1982; Lamnek 1993).[4] Methodisch wurde im Rahmen eines einwöchigen Feldaufenthalts in der Gemeinde auf teilnehmende Beobachtung, Interviews und Dokumentenanalyse zurückgegriffen. Die Interpretation erfolgte hauptsächlich nach der Feldphase und in Anlehnung an Verfahren der objektiven Hermeneutik (Oevermann u.a. 1979; vgl. Froschauer/Lueger 1992; Jost/Lueger 1993).

Die Analyse zeigt erstens, daß sich die Flüchtlingsaufnahme in die Struktur der gemeindespezifischen Geschichte, in deren Zentrum die Bewältigung des Minderheitenstatus steht, integrieren läßt (2). Zweitens wird die Flüchtlingsaufnahme durch das Beziehungsgefüge in der Gemeinde bestimmt, das in Verbindung mit dem spezifischen Verhältnis zu den Flüchtlingen steht (3). Abschließend wird die Fallstudie im Hinblick auf die Bedeutung von Ethnizität bei der Unterbringung von Flüchtlingen reflektiert (4).

2. Gemeindegeschichte: Die Bewältigung des Minderheitenstatus

Im Zentrum des Entwicklungsprozesses der Gemeinde steht die Bewältigung des Minderheitenstatus. Die Gemeinde wurde vor etwa 450 Jahren von kroatischen Flüchtlingsfamilien gegründet, die bis heute in der Gemeinde vertreten sind. Die Geschichte manifestiert sich in Form eines hohen Anteils kroatischsprachiger Bevölkerung und einer eigenständigen kulturellen Identität, die mit einer spezifischen Positionierung zum regionalen und überregionalen Umfeld einhergeht. Inmitten deutschsprachiger Gemeinden waren (und sind) die Beziehungen zum näheren Umfeld durch ablehnende Haltungen gekennzeichnet. Dieses Verhältnis und die ökonomische Situation der Gemeinde[5] (und der Region) legten es nahe, daß sich die Gemeinde stärker am überregionalen Umfeld orientierte. Entsprechend pendelten die Gemeindebewohner immer schon in weitere Bereiche aus – zuerst als Hirten, dann als Viehhändler und heute in großem Ausmaß als Baufacharbeiter.[6]

Die Offenheit der Gemeinde gegenüber globaleren Kontexten äußert sich in einer ausgeprägten Wertschätzung von Bildung. Folglich kann die Gemeinde auf eine hohe Akademikerrate und eine beachtliche Prominenz aus Politik, Kultur und Wissenschaft verweisen. Zum Ansehen der Gemeinde trägt auch die positive, ökonomische Bilanz bei. Obwohl Betriebsansiedlungen fehlen und nur wenige Arbeitsplätze vorhanden sind, hat die Gemeinde einen Wohlstand erreicht, der bei Bewohnern umliegender Gemeinden nicht nur Anerkennung auslöst. Im letzten Jahrzehnt wurden u.a. das zentrale Gemeindehaus, die Volksschule, eine Mehrzweckhalle und Tennisplätze neu errichtet. Der Aufstieg der Gemeinde zeigt sich nicht zuletzt darin, daß sie derzeit – im Gegensatz zu vielen anderen Gemeinden der Region – noch durch keine Abwanderung gekennzeichnet ist und Anreize geschaffen werden können, um die Attraktivität der Ansiedlung auch für die junge Bevölkerung zu erhalten.

Die sozialstrukturell verbesserte Positionierung führte zu einem überaus positiven Selbstbild der Gemeinde. Allerdings bleibt die Zuwanderungsgeschichte als Differenzkriterium bestehen. Die Zuordnung zu einer Volksgruppe fungiert für die Gemeinden der Region als Aufhänger für Abwertungen und geht mit einer starken Grenzziehung einher. Die lokale, ethnische Identität zeigt sich in vielfältiger Weise im Gemeindeleben. Ein Indikator dafür sind die Angaben zur Umgangssprache, wie sie in den Volkszählungen erhoben werden. Die Gemeinde gehört zu jenen, die einen der höchsten kroatisch sprechenden Bevölkerungsanteile im Burgenland aufweist. Gefördert wird die kroatische Kultur besonders durch den Gemeindepfarrer (der inzwischen allerdings die Gemeinde wechselte), die zweisprachige Grundschule, enge familiäre Bindungen und Vereine (u.a. der Kulturverein).[7] Die eigenständige Kultur übernimmt dabei mehrere Funktionen. Nach innen dient sie der hohen sozialen Integration. Überregional werden kulturelle Aktivitäten als folkloristische Darbietungen präsentiert (Musik und Bräuche), die das Prestige der Gemeinde im weiteren Umfeld erhöhen. Im regionalen Kontext besteht allerdings die Tendenz, mit ethnischen Symbolen zurückhaltend umzugehen, um den erreichten Status nicht zu gefährden. Auf zweisprachige Bescheide oder Ortstafeln, die möglicherweise Aufsehen erregen, wird verzichtet.

Die erhobenen Daten lassen erkennen, daß die Flüchtlingsaufnahme in die charakteristische Positionierung der Gemeinde, die Abgrenzung gegenüber den Nachbargemeinden und die Einbindung in das überregionale Umfeld, leicht integrierbar ist. Auf überregionaler Ebene zeigt man damit Hilfsbereitschaft, auf die man vielleicht aufgrund des Minderheitenstatus selbst wieder zurückgreifen muß. Auf regionaler Ebene wird den deutschsprachigen Gemeinden moralische Überlegenheit demonstriert. Indirekt läßt sich mit der Flüchtlingsaufnahme die eigene Geschichte der Diskriminierung gegenüber den umliegenden Gemeinden thematisieren. Damit kann anderen Gemeinden vorgelebt werden, was man von ihnen früher erwartet hätte. Insofern trägt die Aufnahme von Flüchtlingen zur Festigung und Bestätigung der Gemeindeidentität bei. Die lebensweltliche Integration der Unterbringung von Flüchtlingen erfolgt genau vor diesem Hintergrund: Das von Flüchtlingen erlittene Schicksal der Verfolgung und Diskriminierung erinnert an die eigene Vergangenheit.

In einzelnen Aussagen von Gemeindebewohnern werden aber auch Vorbehalte gegenüber der Flüchtlingsaufnahme deutlich, die sich auf die potentielle Beeinträchtigung des sozialen Aufstiegs und des positiven Erscheinungsbilds der Gemeinde beziehen. Insbesondere wird auf Gefährdungen des hohen Bildungsniveaus und des erreichten Status verwiesen. Weniger bedeutend ist der Arbeitsmarkt, da mit dem Fehlen von Arbeitsplätzen in der Gemeinde und aufgrund des vorherrschenden Qualifikationsniveaus (Facharbeiterschaft) keine direkte Konkurrenz mit den Flüchtlingen auftritt. Diese Faktoren, die sich als latente Grenzen in der Stabilität der Flüchtlingsaufnahme erweisen könnten, werden allerdings in den Kontext der Gemeindebiographie eingebettet und damit neutralisiert. Hinzu treten die Beziehungsstrukturen in der Gemeinde, die die Dynamik der Flüchtlingsaufnahme weiter bestimmen.

3. Beziehungsstrukturen in der Gemeinde

Die Positionierung der Gemeinde im deutschsprachigen Umfeld schafft bestimmte Voraussetzungen für die Ausformung interner Beziehungen, die auf die Prozesse der Flüchtlingsaufnahme wirken. Eine bedeutende Dimension ist das stabile verwandtschaftliche Beziehungsnetz in der vom Umfeld abgeschotteten Gemeinde. Doch wird die Dynamik der Flüchtlingsaufnahme durch einzelne Faktoren, die sich im Kontext von ethnischen Prozessen konstituieren, nicht ausreichend verständlich. Wesentlich wichtiger erscheint, wie sich die Flüchtlingsaufnahme im Geflecht der eingespielten Beziehungsstrukturen entwickelt und welches Verhältnis sich zu den Flüchtlingen ausformt.

Ausgangspunkt für die erste Aufnahme von Flüchtlingen waren die ökonomischen Interessen der Gastwirte, die infolge der geringen Auslastung in einer fremdenverkehrsarmen Region initiativ wurden. Die Geschichte der Flüchtlingsaufnahme wird insbesondere mit einem Gasthof verbunden, in dem der Großteil der Asylbewerber untergebracht ist. Die Rolle der Wirte ist allerdings nicht bloß auf die Unterbringung und Verpflegung beschränkt, sondern sie übernehmen weitere wichtige Funktionen, sowohl für die Flüchtlinge als auch für die Gemeindebewohner. Für die Flüchtlinge fungieren sie als Dolmetscher bei Behördenkontakten und als Arbeitsvermittler, leisten Hilfestellungen bei der Ausstattung mit Kleidern oder bei Arztbesuchen. Auf die Interessen der Gemeindebewohner eingehend, führen sie Maßnahmen sozialer Kontrolle ein, da ihnen das Verhalten der Flüchtlinge angelastet wird. Diese reichen von der Separierung der Flüchtlinge, die getrennte Eingänge und Speisezimmer benutzen, bis hin zur Zimmerkontrolle.

Von zentraler Bedeutung in der Flüchtlingsaufnahme sind die Aktivitäten des Pfarrers. Er setzt sich aktiv für eine vorbehaltlose Aufnahme aller Flüchtlinge ein. Als Quartiergeber nimmt er Flüchtlinge im Pfarrhaus auf und fungiert als zentrale Hilfsstelle. Über Anfragen sorgt er für die private Unterbringung und Verköstigung von Flüchtlingen und involviert damit Gemeindebewohner direkt in den Aufnahmeprozeß. Durch eigenen Verzicht übt er eine Vorbildwirkung aus: Einer öfter erzählten Geschichte zufolge soll er, nur um mehr Flüchtlingen Unterkunft gewähren zu können, schon in der Badewanne geschlafen haben. Doch bilden sein Engagement und die in der Gemeinde kursierenden Zahlen über aufgenommene Flüchtlinge Ansatzpunkte für Kritik. Der mangelnden Ankzeptanz seiner Aktivitäten kann er mit moralischen Motiven entgegentreten, indem er vielfältige Kommunikationsstrukturen nutzt. Mit der Messe verfügt er über ein wirkungsvolles öffentliches Forum, mit Musik- und Tanzgruppen erreicht er die Gemeindejugend, und als Religionslehrer kann er Volksschulkinder ansprechen.

Zusätzlich löst sein hoher persönlicher Einsatz selbst bei skeptischen Gemeindebewohnern Bewunderung aus. Indirekt übt er auf diese Weise politische Funktionen in der Gemeinde aus, die Kritik an der Flüchtlingsaufnahme nicht laut werden läßt.

Damit ist eine weitere Prozeßstruktur in der Flüchtlingsaufnahme angesprochen, die Haltung des politischen Systems. Die Gemeindepolitik zeichnet sich grundsätzlich durch Zurückhaltung aus. Auf offizieller politischer Ebene wird über Jahre hinweg die Flüchtlingsaufnahme kaum thematisiert (Gemeinderatssitungen), dementsprechend auch kaum davon berichtet (Gemeindezeitung). Die SPÖ, die seit Jahrzehnten die Gemeindepolitik dominiert, übernimmt auf der informellen Ebene die tragende Rolle. So wird die erste Initiative eines Wirtes in Zusammenhang mit politischen Beziehungen gerückt. Auch der derzeitige Bürgermeister verfolgt eine pointiert flüchtlingsfreundliche Politik. Als Integrationsfigur greift er jedoch nicht aktiv in das Geschehen ein. Aus einer wohlwollenden Position gegenüber der Flüchtlingsaufnahme beobachtet er die Akzeptanz in der Bevölkerung, um bei auftauchenden Problemen gegenzusteuern. Die Frage der Integration wird nach einem ähnlichen Muster behandelt. Sie wird nicht als politische Aufgabe aufgefaßt, da an die Auffassung der Gemeinde, Integration als langfristigen Prozeß zu verstehen, angeknüpft wird. In Einzelfällen unterstützt der Bürgermeister aber durchaus integratives Engagement, das von einzelnen Gemeindebewohnern ausgeht. Die ÖVP hält sich in der Frage der Flüchtlingsaufnahme zurück, weil sie aufgrund der Beziehungen zur Kirche und der engen verwandtschaftlichen Verflechtungen kaum Spielraum für eine Diskussion findet.

Bei meist nur unterschwellig geäußerter Kritik an Entwicklungen in der Gemeinde verfügt die Politik über legitimatorische Reserven. Die Gemeinde profitiert von der Flüchtlingsaufnahme durch den Finanzausgleich: Flüchtlinge werden in die Volkszählung aufgenommen und die Bevölkerungszahl einer Gemeinde stellt die Basis für die Verteilung von Steuereinnahmen dar. Mit der Anwesenheit von Flüchtlingen stieg die Einwohnerzahl von einer Volkszählung (1981) zur nächsten (1991) um 11%, dementsprechend auch der Anspruch auf finanzielle Zuwendungen.

Schließlich wirken die engen verwandtschaftlichen Beziehungen in die Flüchtlingsaufnahme hinein. Mit der Privatvermietung von leerstehenden Häusern wird die Eingebundenheit von Gemeindebewohnern in die Flüchtlingsaufnahme ausgeweitet, wodurch Kritik an der Flüchtlingsaufnahme nicht nur gemeinde-, sondern auch familienintern ausgetragen werden müßte. Offensichtliche Vorteile der Vermietung von Privatquartieren, die Einkünfte der Hausbesitzer und die Revitalisierung des Ortskerns, in dem die meisten vermieteten Häuser liegen, müßten in diesem Kontext ebenfalls thematisiert werden. Die Abschottung der Gemeinde verhindert letztlich, daß Gemeindebewohner Koalitionen mit potentiell aufnahmefeindlichen Personen in der Region bilden können.

Insgesamt läßt sich die Akzeptanz der Bevölkerung durch ein Zusammenspiel verschiedener Faktoren erklären. Über das verwandtschaftliche Netz, moralische Initiativen des Pfarrers und Moderationsleistungen der Politik erfolgt eine Einbindung eines großen Teils der Bewohner, die Kritiker des Aufnahmeprozesses in die Außenseiterpositionen drängen.[8] Die Konstitution von Akzeptanz besagt allerdings noch wenig über die Art der Beziehungen zwischen Einheimischen und Flüchtlingen, auf die nunmehr näher eingegangen werden soll.

Die Gemeinde definiert die Aufnahmesituation vor allem als Überbrückungshilfe und weniger als Option für einen längerfristige Ansiedlung von Zuwanderern. Die Kontakte beschränken sich typischerweise auf Hilfs- und Vermittlungsleistungen, die vorrangig von den Wirten, dem Pfarrer und den Vermietern von privaten Häusern ausgehen. Darüber hinausgehende Beziehungen bilden sich kaum aus. Selten nehmen etwa länger im Ort anwesende Flüchtlinge an kulturellen Veranstaltungen der Gemeinde und Vereinsaktivitäten teil. Im wesentlichen sind die Ausländer außerhalb der Interaktionsbahnen der Einheimischen angesiedelt. Eine Ausnahme besteht im Bildungsbereich. In der örtlichen Schule bestehen institutionell abgesicherte, intensivere Beziehungen zwischen den Kindern, fallweise auch zwischen den Eltern.

In den Aussagen der Gemeindebewohner wird deutlich, daß die Aufgabe der Beziehungsherstellung auf die Flüchtlinge verlagert wird. Erwartet wird, daß die Flüchtlinge die Initiative für eine Teilnahme am Gemeindeleben ergreifen. Das Interesse an Integration müßte primär bei den Flüchtlingen liegen und daher von ihnen, nicht von den Gemeindebewohnern, wahrgenommen werden. Die Asymmetrie in den Lebenslagen bewirkt eine eindeutige Zuschreibung von Handlungsnotwendigkeiten und Anpassungszwängen. Gleichzeitig widerspiegelt sich in den Erwartungen die eigene Strategie im Umgang mit Ungleichheit: Öffnung gegenüber dem überregionalen Umfeld und aktive, eigenständige Verbesserung der Situation. Die Gemeindebewohner bieten sich dementsprechend kaum für intensivere und symmetrische Beziehungen an und sehen weitgehend keine Notwendigkeit, von ihren eingespielten Interaktionsstrukturen abzugehen.[9] Die Erwartungen sind von den Flüchtlingen aufgrund der außergewöhnlichen, extrem unsicheren und belastenden Lebenssituation sowie kultureller und sprachlicher Differenzen kaum zu erfüllen. Die Flüchtlinge sind als Randgruppe in der Gemeinde klar abgegrenzt und über soziale Verpflichtungsstrukturen bzw. Kontrolle mit der Gemeinde verbunden.

Zum Aufbau dieses Verhältnisses tragen die politischen Rahmenbedingungen bei. Der Aufenthalt wird – ähnlich wie bei Gastarbeitern in den 60er-Jahren ("Rotationsprinzip"; vgl. Treibel 1990: 42) – als ein befristeter definiert und nicht auf Dauer gestellt. Die Gemeinde ist folglich mit einer Aneinanderreihung von mehr oder weniger kurzfristigen Flüchtlingsaufenthalten konfrontiert,[10] die eine nur vorübergehende Einbindung nahelegen. Dies führt dazu, daß die Flüchtlinge als System fluktuierender Personen akzeptiert werden, jedoch kaum eine Integration einzelner Flüchtlinge stattfindet.

Die Beziehungsstrukturen stehen in Wechselwirkung mit dem Bild, das die Einheimischen von den Flüchtlingen generieren. Kaum mit der alltäglichen, unauffälligen Bewältigung des Flüchtlingsalltags konfrontiert, beziehen sich die Wahrnehmungen wesentlich auf die Verhaltensweisen der Ausländer, die im Kontext des Gemeindealltags auffällig werden bzw. Aufmerksamkeit erregen. Erzählungen über manchmal stattfindenden Lärm, Benutzen der Telefonzellen in den Abendstunden (Billigtarife), Wegwerfen von Nahrungsmitteln, sporadische Schwierigkeiten im Alltagskontakt, Eigentumsdelikte oder Gewalttätigkeiten zeigen Differenzierungsmerkmale an, die sich um die eigene soziale Ordnung und Normvorstellungen gruppieren und soziale Bedeutungen konstituieren. Oft sind es Erlebnisse anderer und nicht eigene Erfahrungen, die dieses

Flüchtlingsbild konturieren. Damit in Zusammenhang steht das perzipierte Gefährdungspotential, das mit dem Familienstand, dem Geschlecht, dem Alter und der Nationalität der Flüchtlinge verknüpft wird. Ledige junge Männer etwa entsprechen weniger den Vorstellungen der Gemeinde als Flüchtlingsfamilien.

Die Einschätzung der Hilfsbedürftigkeit ist ein weiteres wesentliches Kriterium, nach dem Flüchtlinge betrachtet werden. Hilfeleistungen werden eher jenen Ausländern zugestanden, die nachvollziehbare bzw. akzeptable Fluchtmotive aufweisen. Personen aus bekannten Kriegsgebieten, Frauen und Kindern wird generell Akzeptanz entgegengebracht. Schwieriger ist es schon für Personen, deren Fluchtumstände etwa durch geringe Kenntnisse der Herkunftsländer nicht nachvollzogen oder aber nicht anerkannt werden – wie etwa bei jungen (kroatischen) Männern, von denen die Verteidigung der Heimat erwartet wird. Eine Ausnahme bildet der Pfarrer, der jede Flucht als Ausdrucksform von Leidensdruck sieht und daraus die Notwendigkeit der Aufnahme- und Hilfsbereitschaft ableitet.[11]

Die Leistungsbereitschaft stellt ein weiteres Differenzkriterium dar, welches das Bild von Flüchtlingen bestimmt.[12] Es wird erwartet, daß die Flüchtlinge zur Bewältigung ihrer Situation beitragen und Eigenleistungen in dem Rahmen erbringen, der sich ihnen bietet. Auch wenn die Gleichstellung am Arbeitsmarkt nicht gegeben ist und Arbeitsmöglichkeiten beschränkt sind, soll zumindest der Leistungswille demonstriert werden. Eine Gelegenheit dazu bietet sich etwa bei Hilfstätigkeiten, deren Übernahme für die Bevölkerung nicht nur die Bereitwilligkeit zur Selbsthilfe verdeutlicht, sondern auch als Anerkennung der (Hilfe-)Leistungen der Gemeindebewohner gesehen wird. Die gesellschaftliche Logik der Inklusion von Flüchtlingen reproduziert sich damit auf der Gemeindeebene: Flüchtlinge sollen arbeitsam sein und wenig fordern; für Entgegenkommen verlangt man Dankbarkeit.

4. Zur Bedeutung ethnisch-kultureller Nähe in der Flüchtlingsaufnahme

Stellt man die Kulturdifferenzhypothese in den Mittelpunkt, wäre davon auszugehen, daß die sprachliche und kulturelle Nähe ein entscheidendes Kriterium für die positive Bewältigung der Flüchtlingsaufnahme in der Gemeinde ist. Selbstverständlich zeigt sich eine gewisse Bedeutung dieses Faktors in den Aussagen der Gemeindebewohner. Mit kultureller Nähe wird generell verbunden, daß Verhaltensanforderungen eher erfüllt werden. Nicht nur mit Flüchtlingen aus Kroatien und Bosnien, sondern auch mit Tschechen, Ungarn, Polen oder Rumänen kann man sich (zumindest partiell) verständigen und Erwartungen leichter vermitteln. Die Ähnlichkeit in den Werthaltungen, der Kleidung und der Eßgewohnheiten der Flüchtlinge bewirkt, daß sich Auffälligkeiten im Gemeindealltag reduzieren und das soziale Wandlungs- und Gefährdungspotential als geringer eingestuft wird. Allerdings kommt in der Fallstudie zum Ausdruck, daß sich damit die Flüchtlingsaufnahme nur unzureichend erklären läßt. In mehreren Punkten wird deutlich, daß die ethnisch-kulturelle Nähe keinesfalls als dominierender Erklärungsfaktor in der Flüchtlingsaufnahme betrachtet werden kann.

Erstens verweist schon die Geschichte der Flüchtlingsaufnahme darauf, daß sich die Aufnahmebereitschaft nicht erst bei kroatischen und bosnischen Flüchtlingen entwikkelte, also nicht ursächlich mit ethnischen Dimensionen in Verbindung steht. Bereits seit 1980 wurden in der Gemeinde Flüchtlinge aus den verschiedensten Nationen untergebracht.

Zweitens wird kulturelle und sprachliche Nähe bzw. Distanz mit anderen Differenzierungsmerkmalen kombiniert (z.B. Hilfsbedürftigkeit, Leistungsbereitschaft). So wird etwa im Falle einer angolanischen Familie kulturelle Distanz als exotische Bereicherung aufgenommen und keineswegs mit Abwertungen belegt. Voraussetzungen dafür sind die hohe Entsprechung im Leistungsbereich – der Jugendliche ist ein ausgezeichneter Fußballspieler, die (alleinerziehende) Mutter bemüht sich schon längere Zeit um eine Arbeitsstelle – und die Einschätzung des Anpassungswillens an die lokale Kultur. Dies führte dazu, daß in der Gemeinde Aktivitäten gesetzt werden, die einen längerfristigen Aufenthalt ermöglichen sollen. Auf der anderen Seite intervenierte man vor Jahren für eine reduzierte Zuweisung von Flüchtlingen aus arabischen Ländern. Die Flüchtlinge waren vorrangig junge Männer, hatten ein ausgeprägtes Gruppenverhalten und fielen in der Öffentlichkeit (abweichend) auf. Erst diese Differenzierungslinien – und nicht nur ethnisch-kulturelle Distanz – bewirkten, daß ihnen ein Gefährdungspotential zugeordnet wurde. Deutlich zeigt sich die Kombination von Differenzierungsmerkmalen auch darin, daß bestimmte Verhaltensweisen sowohl an Flüchtlingen aus anderen Kulturen als auch an kroatischen bzw. bosnischen Flüchtlingen kritisiert werden.

Drittens bewirkt die ethnisch-kulturelle Nähe, daß sich einzelne Flüchtlinge heimischer fühlen, als die Gemeindebevölkerung wünscht. Es erweist sich, daß die Gemeindestrukturen nur marginal und in langfristiger Perspektive für Integrationsprozesse geöffnet sind. Selbst ethnisch nahe Gruppen sind davon nicht ausgenommen. Zum Vorschein kommt dabei, daß die Flüchtlingsaufnahme *nicht* in Bedeutungszusammenhänge ethnischer Traditionsbildung innerhalb der Gemeinde gestellt wird; d.h., gemeindeinterne, differenzierte Einstellungen zur Erhaltung oder Transformation kultureller Eigenheiten haben keinen Stellenwert in der Flüchtlingsaufnahme.

Letztlich wirkt die ethnische Dimension zwar nach außen potentiell identitätsstärkend, gleichzeitig werden jedoch Ängste vor Diskriminierungen im Umfeld virulent. Es wird befürchtet, daß sich die ohnedies vorhandenen Vorurteile mit der Flüchtlingsunterbringung verstärken könnten. Besondere Bedeutung erlangt dieser Aspekt auch deshalb, weil die deutschsprachigen Nachbargemeinden zum Zeitpunkt der Untersuchung keine Flüchtlinge mehr beherbergten.

Weitaus zentraler als die kulturelle und sprachliche Nähe erweist sich die Ausformung des „Wir-Gefühls" der Gemeinde, die einen bedeutenden Einfluß auf den Umgang mit den Flüchtlingen hat. Daraus läßt sich ableiten, daß Gemeinden mit größerer Anonymität und geringerem eigenen Integrationsgrad einen anderen Umgang mit Flüchtlingen ausbilden und sich vermutlich potentiell in ihren Strukturen gefährdeter fühlen. Jedoch spielen noch weitere Faktoren in die Aufnahme einer relativ großen Zahl von Flüchtlingen hinein. An prominenter Stelle sind das interne Beziehungsgefüge, die spezifische Außenorientierung bzw. Abgrenzung der Gemeinde und die ökonomischen Vorteile anzuführen. Diese Strukturen gehen überdies mit einem bestimmtem Beziehungsgeflecht zwischen Einheimischen und Flüchtlingen einher. Die Flüchtlingsaufnahme ist daher nicht als eine Frage isolierter positiver oder negativer Akzeptanz- und Integrationsfaktoren anzusehen. Genausowenig ist sie alleine aus Handlungen einzelner Personen oder Wirkungen ethnischer Dimensionen zu erklären. Eingebettet in die biographische Struktur der Gemeinde werden Handlungsweisen verknüpft und gemeindeintern abgestimmt, um der Flüchtlingsaufnahme ihre Ausformung zu geben.

5. Fazit

Die Schlußfolgerung, daß ethnische Gemeinden insbesondere durch die sprachliche und kulturelle Nähe bzw. durch tradierte Bindungen an das Herkunftsland für die Flüchtlingsaufnahme prädestiniert wären, legt diese Fallstudie nicht nahe. Ein Zusammenhang zwischen ethnischen Prozessen und der Flüchtlingsaufnahme läßt sich in dieser Gemeinde noch eher aus anderen Faktoren ableiten, wie der Inkompatibilität von Kritik an Ausländern mit der eigenen Geschichte, dem internen Beziehungsnetz, der Position des Pfarrers und der Geschlossenheit der Gemeinde im regionalen Umfeld. Allerdings kann daraus nicht geschlossen werden, daß sich durch diese – mit Ethnizität in Verbindung stehenden – Faktoren zweisprachige Gemeinden eher für Aufnahmeprozesse eignen würden. Diese Merkmale können sich ohne weiteres in anderen als ethnischen Gemeindekontexten einstellen und folgern nicht zwingend aus diesen. Damit ist ungesichert, ob eine andere als die untersuchte Gemeinde, die eine Zuwanderungsgeschichte aufweist, ähnliche Strukturen ausbildet (wie eine gefestigte Identität oder diese politische Konstellation) und damit einen ähnlichen Umgang mit Flüchtlingen entwickelt.[13]

Verantwortliche sollten allerdings verstärktes Augenmerk darauf legen, an vorhandene Interessensstrukturen der einheimischen Bevölkerung anzuknüpfen, die auf Einwanderungskontexte stabilisierend wirken zu können. Gerade im Zuge der beschränkten Rückkehrmöglichkeiten von De-facto-Flüchtlingen steht man nicht mehr nur vor der Aufgabe der kurzfristigen Unterbringung, sondern vor der Tatsache der Integrationsnotwendigkeit.[14] Wie die Studie zeigt, läßt etwa eine gefestigte Gemeindeidentität die Aufnahme leichter bewältigen. Dazu gehört auch der Aufbau dezentraler Unterbringungsstrukturen, mit denen die Einbeziehung von Gemeindebewohnern ausgeweitet werden kann. Die Studie zeigt aber ebenso, daß zentralen Institutionen (Politik, Kirche, Gastwirte) in der Flüchtlingsaufnahme eine wesentliche Bedeutung zukommt. In diesem Sinne wären vor der Unterbringung hoch integrierte Personen zu gewinnen, um diese verstärkt in den Aufnahmeprozeß einzubinden.

Literatur:

Allport, Gordon W. (1971): Die Natur des Vorurteils, Köln

Berger, Hartwig (1990): Vom Klassenkampf zum Kulturkonflikt – Wandlungen und Wendungen der westdeutschen Migrationsforschung. In: Dittrich, Eckhard J./Radtke, Frank-Olaf (Hg.): Ethnizität. Wissenschaft und Minderheiten, Opladen, S. 119-138.

Brunner, Karl-Michael/Jost, Gerhard/Lueger, Manfred (1994a): Flüchtlingsunterbringung in einer Kleingemeinde: Eine Fallstudie zur sozialen Dynamik von Migrationsprozessen. In: Soziale Welt, Jg. 45, Heft 2, S. 125-146

Brunner, Karl-Michael/Jost, Gerhard/Lueger, Manfred (1994b): Zur Soziogenese von Akzeptanz und Integration: Eine Gemeindestudie zur Beziehung zwischen Einheimischen undFlüchtlingen. In: Österreichische Zeitschrift für Politikwissenschaft (ÖZP), Jg. 23, Heft 3, S.315-329

Bukow, Wolf- Dietrich/Llaryora, Roberto (1993^2): Mitbürger aus der Fremde. Soziogenese ethnischer Minderheiten, Opladen

Buranits, Josef F./Csenar, Manfred/Dressler, Wolfgang U./Palatin, Jandre (1993): Sprache und Bewußtsein. Das Image des Kroatischen bei den burgenländischen Kroaten. In: Holzer, Werner/Münz, Rainer (Hg.): Trendwende? Sprache und Ethnizität im Burgenland, Wien

Dittrich, Eckhard J./Radtke, Frank-Olaf (Hg.) (1990): Ethnizität. Wissenschaft und Minderheiten, Opladen

Elias, Norbert/Scotson, John L.(1990): Etablierte und Außenseiter, Frankfurt/Main

Froschauer, Ulrike/Lueger, Manfred (1992): Das qualitative Interview zur Analyse sozialer Systeme, Wien

Glaser, Barney G./Strauss, Anselm L. (1967): The Discovery of Grounded Theory: Strategies for Qualitative Research, New York

Heckmann, Friedrich (1992): Ethnische Minderheiten, Volk und Nation. Soziologie inter-ethnischer Beziehungen, Stuttgart

Heitmeyer, Wilhelm (1993): Die Maßnahmen gegen Fremdenfeindlichkeit gehen an den Ursachen vorbei. In: Blanke, Bernhard (Hg.): Zuwanderung und Asyl in der Konkurrenzgesellschaft, Opladen, S. 151-163

Hemetek, Ursula (1993): Deutsch reden, kroatisch singen: Musik als Überlebensstrategie ethnischer Minderheiten? In: Holzer, Werner/Münz, Rainer (Hg.): Trendwende? Sprache und Ethnizität im Burgenland, Wien

Hoffmann-Nowotny, Hans-Joachim (1973): Soziologie des Fremdarbeiterproblems. Eine theoretische und empirische Analyse am Beispiel der Schweiz, Stuttgart

Jost, Gerhard/Lueger, Manfred (1993): Interpretationsverfahren in der qualitativen Sozialforschung. In: WISDOM Informationen-Daten-Analysen, Jg. VI/Heft 3-4, S. 61-113

Oevermann, Ulrich/Allert, Tilman/Konau, Elisabeth/Krambeck, Jürgen (1979): Die Methodologie einer „objektiven Hermeneutik" und ihre allgemeine forschungslogische Bedeutung in den Sozialwissenschaften. In: Soeffner, Hans-Georg (Hg.): Interpretative Verfahren in den Sozial- und Textwissenschaften, Stuttgart, S. 352-434

Strauss, Anselm L./Corbin, Juliet (1994): Grounded Theory Methodology: An Overview. In: Denzin, Norman K./Lincoln, Yvonna S.(ed.): Handbook of Qualitative Research, Thousand Oaks-London-New Delhi, S. 273-285

Treibel, Annette (1990): Migration in modernen Gesellschaften: soziale Folgen von Einwanderung und Gastarbeit, Weinheim

Weiss, Hilde (1987): Antisemitische Vorurteile in Österreich: theoretische und empirische Analysen, Wien

Wilson, Thomas B. (1982): Qualitative „oder" quantitative Methoden in der Sozialforschung. In: Kölner Zeitschrift für Soziologie und Sozialpsychologie, Heft 3, S. 485-508

Anmerkungen

1 In Folge des Kriegsgeschehens im ehemaligen Jugoslawien wurden ca. 70.000 Flüchtlinge in Österreich aufgenommen, rund ein Viertel dieser De-facto-Flüchtlinge und ca. 2.100 Asylbewerber sind derzeit mit (Bundes- und Landes-) Unterstützung untergebracht. Mit einer restriktiven Gesetzgebung nahm die Zahl der Asylbewerber in den letzten Jahren stark ab.

2 Forschungen konzentrieren sich meist auf isolierte Faktoren, ohne soziale Wandlungsprozesse in Aufnahmekontexten miteinzubeziehen (vgl. Heitmeyer 1993: 160ff.).

3 Vgl. Brunner/Jost/Lueger 1994a.

4 Die Anlage der Untersuchung ist am ehesten mit jener der vielbeachteten Studie von Elias und Scotson (1990) vergleichbar, die figurationssoziologisch das Beziehungsgeflecht zwischen Einheimischen und zugewanderten Arbeiterfamilien in einer englischen Gemeinde untersucht.

5 Das Gemeindegebiet bot den Bewohnern keine landwirtschaftliche Existenzgrundlage. Ausschlaggebend sind die geringe Gemeindefläche und die extrem schlechte Bodenqualität.

6 Ca. 80 % der erwerbstätigen Einwohner sind Pendler, ein hoher Prozentsatz Wochenpendler nach Wien. Diese Situation ist für das Burgenland nicht untypisch. Das Ausmaß ist jedoch besonders eklatant und

begründet sich nicht nur auf mangelnde Arbeitsplätze in der Region, sondern auch auf eine hohe Qualifikation, die eine adäquate Beschäftigung und Entlohnung erst im weiteren Bereich ermöglicht.

7 Die kroatischsprachige Messe sowie die jugendlichen Musik- und Tanzgruppen sind besonders hervorzuheben. In der Gemeinde haben sich bis in jüngster Zeit ein spezieller kroatischer Dialekt (vgl.Buranits u.a. 1993: 161) und Trauerrituale (vgl. Hemetek 1993: 183) erhalten.

8 Entsprechend wurde ein ausländerfeindliches Volksbegehren, das von der freiheitlichen Partei initiiert wurde, von kaum einem Gemeindebewohner unterschrieben.

9 Unterstützt wird die Argumentation durch vereinzelte Erfahrungen, daß Einladungen von den Flüchtlingen nicht wahrgenommen oder Verhaltensnormen nicht eingehalten wurden.

10 Die Aufenthaltsdauer der Flüchtlinge und Asylbewerber beträgt zwischen einigen Monaten und 2–3 Jahren.

11 In der Wahrnehmung der Gemeindebewohner spiegeln sich die rechtlichen Bestimmungen wider, da das Asylverfahren ebenfalls auf die Überprüfung und Bewertung der Fluchtmotive abzielt.

12 Insgesamt stellt sich die Anforderung als eine ‚double-bind'-Situation dar: Flüchtlinge sollen einerseits dem Arbeitsethos der Leistungsgesellschaft nachkommen, andererseits sollen sie den Arbeitsmarkt nicht verändern.

13 Abgesehen davon ist durch eine einzelne Fallstudie auch ungesichert, inwieweit ein Zusammenspiel anderer Gemeindestrukturen nicht zu einer ähnlichen Dynamik im Umgang mit Flüchtlingen führen kann. Die Studie (vgl. auch Brunner/Jost/Lueger 1994b) wird daher im Rahmen eines zweijährigen Projekts, das vom Fonds zur Förderung wissenschaftlicher Forschung gefördert wird und im April 1996 begann, fortgeführt. Durch den kontrastiven Vergleich der Ergebnisse mit den Aufnahmeprozessen in drei weiteren Gemeinden sollen die Erkenntnisse erweitert und eine ‚gegenstandsbezogene' Theorie entwickelt werden (vgl. Glaser/Strauss 1967; Strauss/Corbin 1994).

14 Allerdings wird in der Gemeinde virulent, daß sich die Vorbildlichkeit in der Flüchtlingsaufnahme weniger auf die Integration von Flüchtlingen bezieht.

Marina Calloni

Culture, Territory, and Ethnisation
Use and abuse of the construct "ethnicity" in public discourse

1. Ethnicity: the dialectic between social definition and self-presentation

The word "ethnicity" seems to summarise the main questions on cultural differences[1], communities, social conflicts[2] and the difficulties in achieving collective cohesion in late modern societies. My aim is to analyse the different cultural, social and political usage of this construct in recent public discourse. In particular, I would like to focus on why the concepts of "ethnic groups", "ethnicity" and "ethnisation" have changed semantically, historically and socially in the present socio-political debates, scientific domain and communication field. I do not want to refute completely the concept of ethnicity. But I want to stress that we should consider more carefully the "appropriateness" of social constructions and concepts both in public discourse and the social sciences, in order to avoid the continued segregation or marginalization of social groups and minorities that result from using fixed classifications.

On the basis of the framework mentioned above, I will try to summarise the different utilisation and meanings of the word ethnicity, as applied frequently and synonymously with the rise of social-cultural conflicts in the period of late modernity. In particular, I will indicate the following aspects: (i) political issues (politics of representation and democracy); (ii) anthropological analysis (the history of ethnicity); (iii) political and economic interests (fundamentalism, neo-nationalism, "socio-centrism"); (iv) juridical perspectives (the rights of minorities); (v) cultural use (mass communication); (vi) new social conflicts (analysis of migration as a world phenomenon).

The public, political and scientific utilisation of the word "Ethnicity" has increased since the 1980's. It did not exist in English prior to the last two decades and was translated from the French language (*Ethnicité*). It was introduced for the first time in 1977 by the Oxford English Dictionary and commonly used in scientific and ordinary language in the 1980's. *Ethnisation* is also a neologism which emphasises the particular process, through which "ethnic groups" are (re)constructed. It was introduced in the early 1990's in the European debate and referred to the "(re)invention" of ethnic groups for supporting national identities or wars. It was firstly used in Germany during the recent process of national unification (*Ethnisierung*).

Before starting my argument, I would like to specify the methodology and the perspective used in my analysis. The literature on ethnicity is extremely wide ranging and has increased enormously over the last decade. For this reason I will quote only those studies and papers which have used the word ethnicity in an original way and have applied it in different areas.

The question of the "critical" point of view of my analysis is more complex. Indeed, I have to specify from the normative perspective the standpoint from which ethnicity is considered. My intention is to stress the dialectical and ambivalent use of the word ethnicity, which interlinks the dominant discourse and the social actors involved, i.e. their *communicative interdependence*. This question in general concerns the connection or difference between the *social identification of the groups in power and the self-definition of other excluded/ included groups*. It implies both the freedom of the self-denomination enacted by social actors and the constraint to re-present their collective identity in the public domain. Yet the question becomes more complicated when we consider the relation between individuals, social groups and the state.

In general, we can assert that the connection between the individual self and a collective group is based on interaction, practices and experiences. Any individual may identify him/ herself with a range of social groups over the course of his/ her life, starting from the family. However, in post-conventional societies the sense of collective "belonging" can change over time at the political, social and cultural level and depends on the contexts in which individuals live. The self-identification thus refers to a group, in which an individual feels culturally/ politically more cohesive to his/ her existential condition, through in whatever major experience of discrimination she/he has felt (as black, woman, worker, gay, disadvantaged, etc.). However, the self-denomination related to a "cultural identity"[3] considered as a "minority", refers mostly to the experience of "extraneousness", i.e. to be "foreign" in respect to the majority.

This could also be the case of ethnicity. The self-identification with one group rather than the other has an ambivalent and contradictory consequence: the self-identification of an ethnic minority[4] as such can paradoxically become a new type of racial categorisation. The *self-representation* of minority ethnic groups against the assimilation into the majority can lead to forms of new *discriminatory ideologies and prejudices*[5], if the "group identity" is defined in a fixed way and stereotyped and if the interested individuals agree with this classification. With respect to the *social order* ethnicity has become a double effect. In many nation states ethnicity is used for the classification of "equal opportunities monitoring" and in defence of "differences." But the use of such a political-cultural construction is often very inappropriate.

For example, in the UK when "ethnic origin" is asked for in the *Census of Population*, the following alternatives are offered: Black: Caribbean, African or Other; Indian, Pakistani, Bangladeshi, Chinese, Asian, White. "Racial" categories are thus combined with references to different continents and national origins. This monitoring would be constitutionally forbidden in France, owing to the experiences of the anti-Semitic persecutions during the Vichy Regime in the last world war. When political language tries to connote social differences with the intention of respecting them, at the same time it contributes to construct new boundaries between collective identities. As van Dijk suggests, "the discourses of the mass media, education, and other forms of dominant discourse reformulate public discourse about ethnic minority groups, and thus produce the ethnic consensus that sustains modern forms of racist ideology."[6] Theorising ethnicity also means that the social scientist as citizen has to consider carefully whether on the one hand this conceptual framework induces *de facto* the artificial formation of new collective identities; and on the other hand he/ she has to point out if ethnicity is *de facto* an important issue for the *self-determination and self-representation* of minority or marginalized groups in their *struggle for recognition*.

In particular, ethnicity could become a new type of restrictive and reductive framework for the definition of the self and the collective identity he/ she refers to, when the individual as a social actor has to define strictly his/ her belonging, or worse, when he/ she has to assume the stereotypes given by a dominant group.[7] This process recreates in a new way the image of the "foreigner", who is "different by nature" and not by culture (as asserted by the right wing[8] like the French De Bounairs). Instead, "autonomy implies self-definition. Its contrary is the definition attributed by others."[9] Theorising the different usage of ethnicity allows a better understanding of the prejudices and the limits of our society and culture[10], but at the same time the interests of the "others". Considering ethnicity from the perspective of the élite in government, social actors and social scientists, we can also point out the dialectic between policy, common sense, ordinary language, and disciplinary research. Social scientists have to describe, interpret and put into context these different levels of understanding socio-political issues and claims of validity supported by excluded subjects.

2. Ethnos/ ethnicity: a semantic and social change

Since the use of the construct "ethnicity" has become broader and yet less specific, what does this recent "linguistic shortfall" mean in describing new social phenomenon? Perhaps the reasons for this semantic change can be better clarified if we reconstruct briefly the history of the concept "ethnos".

The classical reference is to Aristotle. In the *Politeia*[11] he distinguishes the citizens of Athens (*ethnos*) from the others – the *demos* –, when he starts to criticise democracy as a form of government. The Aristotelian concept of *ethnicity* is based on the principle of the "ius sanguinis". For Aristotle to be a "citizen" means to have the option of taking part in the government of the city-state and to enjoy certain rights and juridical functions. However, in Athens a citizen is a man whose parents were born in Athens. On this basis, Aristotle founds his criticism against the inclusion of new social actors in the government of the polis. The Aristotelian idea of "citizenship/ ethnicity" has thus a "natural-organic" meaning, but it differs from the bio-anthropological notion of *race*, where certain anthropometrical data became the basis for moral classifications, cognitive valuations and political discriminations against human beings and social groups. However, in the case of the famous anthropologist and psychiatrist Cesare Lombroso, the use of the concept "race" is more complex than has often been thought. For example, if we look at his book on *L'antisemitismo*[12] (1894), we can notice that the concept of "race" is precisely used as an argument against anti-Semitic tendencies and in support of the social co-operation among peoples.

Yet ethnicity is sometimes "used as an euphemism to avoid the concept of race, which is too close to racism."[13] In this sense, ethnicity is never neutral and shows needs for "classificatory order". However, "*ethnic revival*" also arises from the necessity to consider in a more complex way both the issue of *race*[14] and the question of *class*, due mainly to the crisis of the Western industrial societies/ nation states and to the consequences of post-colonialism in Africa as well in Asia. This affects also, of course, the scientific domain. For example, starting in the middle of the 1980's several books were edited on the connection or distinction between race[15], ethnicity and class.

In anthropology, sociology and political science ethnicity (although it was not terminologically mentioned as such until recent years) has been considered in two different ways: (i) as a *reconstruction* of the history of ethnic groups over time; (ii) as an *ideal-typical* construct which refers to ethnic groups as opposed to modern society and the nation state. *Ethnocentrism* may explain the transformation of "community-action" within the modern process of rationalisation and the constitution of the nation state (as assumed by Max Weber[16]). At the same time the consideration of ethnic groups has become an analytic category for understanding the reaffirmation of forms of "ethnocentrism" and racism in the context of totalitarianism and the affirmation of the authoritarian personality as suggested by the Frankfurt School.[17]

In recent political and academic debate[18] ethnicity has been mentioned for stressing the distinction between *ethnos* (traditional community) and *demos* (post-conventional democracy). It is no longer based on biological assumptions as in the case of race, but connected to *social-cultural concepts of differences and multiculturalism*[19]. Ethnicity becomes an analytic/ descriptive category, which shows the existence of pluralism, but also the persistence of discrimination. The word ethnicity, when used in the context of cultural differences, appears thus to have now at least three different meanings: (i) anthropological (the tribe assimilated by the nation state); (ii) moral (the respect of minorities within a sovereign state space); (iii) symbolic (the ethnos as a nation originally having a common space). These different meanings show that ethnicity is a *flexible construct* which could be progressive and hence promote the construction of new prejudices and borders.

3. Territory and ethnicity: economic interests, nationalism and wars

In the last decade, the link between *territory and collective identities* is stressed more and more through the neologism "ethnicity"[20], which indicates specific groups supposedly held together by ties of language, race, religion and cultural practices.[21] Indeed, the connection between territory and social actors is the basis of the process of human civilisation over centuries. From its mythical beginning with the image of the Tower of Babel, the history of humanity has always been described as the coexistence of families and cohesive groups, and also as the constant change of the *relationships between culture, territory, community and individuality*. In the Bible we can find both the origin of ethnic groups by the genealogy of Noah's sons[22] and the indication of human mobility and social transformation. Populations have always moved around, searching for better territories and richer resources, producing cultural diversities and creating political belonging.

Territory means an "anthropic" space, where the inhabitants commonly respect certain political norms, laws, cultural practices and symbolic references. Territory has always been linked to processes of conquest, control, organisation, environmental transformation and construction of ways of life. The "occupation" of a territory consequently affects a collective identification oriented around the notion of "origins" and "roots". Yet, this presumptive security of belonging to a specific geographical space from the origin of humanity also led to the nazi ideology of "*Blut und Boden*" and forms of racism against "others"[23] as inferior human beings. Language has been connected to power[24] for bellicose/ offensive use. But the fallacy is inherent in the conviction that a territory is the exclusive property of the native population which, however, emerges after different phases of "migration" and "occupation" of it.

In the modern era the connection between territory and membership has been the basis for the constitution of the nation states and democracy, i.e. *nationality* and *citizenship*. But territory and cultural identities[25] have usually been linked to two different outcomes: (i) a *sense of belonging* and (ii) *conflicts*, as indicated by the concept of ethnicity associated both to minorities' rights and genocide. Nowadays in Europe the use of "ethnicity" reflects the transformation of Western countries, it indicates the crisis of the industrial societies and refers to the fall of Communist regimes. These processes induced the change of collective/ multiple identities. These macro-economic and macro-political modification of the social system in Europe has rebounded in the territorial fights among different social groups. The social actors redefine collective action starting from a limited space of belonging. Ethnicity represents the global conflicts of late modernity.

In some cases there is a "post-modern invention of ethnicity". For example, the Italian Lega Lombarda has constructed the idea of "Padania", reinventing myths and traditions in order to claim for a national secession of Northern Italy from the rest of the country owing to financial interests. Geographic space becomes a place for organising economic interests[26]. In this case we should not associate ethnicity with a new form of ethnocentrism, but it should be seen rather as a matter of *socio-centrism*. That means the affirmation of the main interests of the politically and economically dominant groups in the existing heterogeneous society. The "cultural" integration among citizens by the Lega Lombarda is not from a common origin, but a strategic consensus with respect to local interests. This example shows that the concept of ethnicity provides an ideological and systemic answer to the transformation of cultural belonging and economic production[27]. At the very least ethnicity means in this context *particularism, diversity, inequality*.

The crisis produced by globalisation of economics and communication has induced the contrary phenomenon in some Western societies to seek to maintain themselves in a more restricted sphere of local interests. Ethnisation becomes the attempt to resolve the crises caused by the fragmentation of political power, the disintegration of traditional forms of life, the transformation of ways of production and the presence of new social actors, all of which stress the limits of the traditional politics/ policy and the supposed territorial identity of the inhabitants. Such antagonism was analysed until some years ago in the ideological terms of "*class struggle*" where the territory for conflicts was the industrial space. This construct today can no longer explain the complexities of society and collective actors.

Furthermore, in recent years political fragmentation, the emergence of localism and the fall of communist regimes have led to a *new identification between nationalism and ethnicity/ ethnicism*[28]. In this new world-panorama ethnicity represents specific forms of collective identification and mobilisation in the age of the total reorientation of the *Weltanschauungen* (images of the world) the re-stablishment of the political power and the presence of "new partners of modernity"[29]. Tradition and post-modernism are strictly linked as shown in several cases in Europe: the nationalist neo-traditionalism in the former Soviet Union[30] (in particular in Russia and the war in Chechnya); the "ethnic cleansing" in ex-Yugoslavia and the war in Kosovo; the question of the "*ius soli et sanguinis*" in unified Germany; the defensive patriotism in Greece. In all these cases the word "ethnicity" has been used, although in very different ways.

Regarding the "Slavic" peoples, the word ethnicity has been politically and culturally used in an "ethno-religious" way. For instance, in Russia ethnicity refers to the reaffirmation of the "great Slavic-orthodox nation". In the war in ex-Yugoslavia the differentiation supported by the opposing parties concerned the Orthodox Serbs, Catholic Croats and Bosnian Muslims. However, all these populations could be described as "ethnically" Slavic, although the Bosnian Muslims are "Slavic", who converted to Islam during the Turkish occupation. "Ethnicity" is not used to stress an "indigenous" group, but to manifest the hatred of people at war.

In recent public debate ethnicity has been often connected to ethnisation. An example of a new process of cultural-political re-ethnisation[31] can be found in the recent history of Germany. The claim to be "*ein Volk*" was first asserted in FRG's *Grundgesetz* (1949) and it recently became the ideological basis for the national (re)unification. Ethnicity here identifies the German people, whose citizenship is based on the principle of the *ius soli et sanguinis*. That means that a German citizen and his/ her descendants remain such over the centuries and across national boundaries[32]. The acquisition of the European citizenship and the debate in Germany on constitutional reforms are now changing this exclusive and quasi-ontological principle of belonging, which constantly can reproduce forms of racism and xenophobia.

Another case indirectly connected to the end of the era of the cold war is the Greek example, where patriotism became a form of defensive nationalism which emerged when one of the republics of former Yugoslavia adopted the name of "Republic of Macedonia", a name that for the Greek people refers to their classical past and collective imaginary. This reminder of their classical heritage has given to the Greek people a new "unity" and sense of a common political-cultural struggle[33]. Through the concept of ethnos and ethnicity the continuity of the Greek nation has thus been re-affirmed, although different political forms have been taken over the centuries.

The process of ethnisation does not affect only Europe, but Asia and Africa as well mostly due to the consequences of post-colonialism. In particular, Africa has over time been characterised by so called "interracial wars" (represented by South Africa), and now by "inter-ethnic wars" (Zaire, Rwanda and Burundi). Yet, we should not forget that ethnic distinctions were radicalised by the colonial principle of "*divide et impera*" and imposed by the "Western tradition of territoriality, *cuius regio, illius religio.*"[34] Hence the conflicts between tribes and ethnic groups in African states are not something "original" and identical over the times, that means that we can also possibly find a causal relationship between colonialism and contemporary ethnic conflicts in Africa. Instead they have been reinforced in colonial and post-colonial times causing the destruction of previous forms of life and production. Furthermore, regarding African populations correspondence between tribes, ethnic groups and nationality has often been made in a very approximate way. The same observation is valid also for the wrong correspondence, which has often been developed between "Arabs" (an ethnic definition), "fundamentalism" (a political-religious denotation based on intolerance), and "Islam" (a monotheistic and universalistic religion).

The ethnic question in Africa and Asia has often been described as caused by traditional attitudes of the local populations and tribes. In reality ethnic struggles and wars are representative of new social and political conflicts of late modernity caused by the consequences of colonialism and the establishment of the new order, which "re-invent" the tradition. The segregation of individuals, the distinction in classes and the systematic division between ethnic groups have often produced in these continents the continuous exclusion and marginalization of certain parts of the population from political life, sometimes refusing the recognition of human rights. Modernity and post-modernism were thought to have eliminated "ethnic groups" in the age of the *post-histoire* or the *end of history*[35]. However, the new social constellations seem to contradict it.

4. Ethnicity and rights of people

As I tried to point out in my previous paragraphs, the construct of ethnicity shows a *complex mechanism that produces solidarity inside the group and conflicts outside of it*[36]. The roots of some "civil wars"[37], "national struggles", "ethnic riots", "ideological fights" (different political actions, which are often interconnected) can be found in two different assumptions: (i) in a territorial demand of a nation against the central state; (ii) in an economic interest for controlling territory against "foreigners". Ethnicity in this context plays a double role as: (i) a cultural-integrative resource for the interested groups and individuals; and (ii) the cause of belligerent mobilisation.

Regarding the first case we can find different experiences in the world: from the constitutional conflicts in Canada and Belgium to terrorist activities among the Basques in Spain, Corsicans in France, Northern Irish Catholics in the UK, Kurds in Turkey, Palestinians in Israel. Ethnic struggles are here mostly connected both to national-political claims and religious-cultural demands, which legitimate the civil war. Beyond these "classic" cases of national struggles[38] we have new forms of ethnisation, which – as mentioned above – express new forms of nationalism, rooted in the fall of socialism and the end of communist internationalism. In many cases ethnicity has been associated with the idea of war and genocide. However, ethnicity can also be connected to normative assumptions and universalistic principles related to human rights.

Democracy has always emerged in connection with a territory having common laws, practices, values and a constitution (as affirmed by the two liberal revolutions, the American and the French). However, civic/ human rights have always been conceptualised in a "universalistic", trans-national and trans-territorial way. This kind of universalism permits over times the prosecution of "war criminals" who have participated in genocide or other crimes against humanity. In particular, the "protection of minorities" is connected with the experiences of totalitarianism in this century[39]. After the Second World War and the Holocaust, what was asserted in the *Declaration of Human Rights* by the United Nations (1945) was not only the affirmation of human/ civil rights, but also the *rights of peoples* – minorities, nations, ethnicities[40]. This normative and prescriptive assumption has had the following political consequences: (i) the acknowledgement of some groups as nation states (as in the case of the Israeli State); (ii) the protection of some minorities within nation states and the respect of their cultures, religions and languages in accordance to constitutional laws and social policies (as in the case of Canada and Belgium). This normative position has arisen out of the previous history of "forced integration and assimilation" of ethnic groups and a purely formal "universal" idea of citizenship.

This prescriptive consideration can be applied to the *very unlike* cases of two nation states, the USA and Italy, which have very different traditions of democracy and politics of difference[41], but have in common the need to consider constitutionally the question of minorities, mostly after the Second World War. Taking as a background the different experiences of some countries like Canada, Belgium and Switzerland, I would like to refer very briefly to the USA which had to face the problem of the native Americans and their persecution; and to Italy which had to respect in its republican constitution linguistic minorities after the experience of fascism.

In the USA there are many different kinds of social conflicts: "inter-racial" (between blacks and whites), "inter-ethnic" (between natives and colonialists), "inter-national" (between European and Hispanic immigrants) and "inter-cultural" (between religious, feminist, gay, pacifist, pro-choice/ pro-life groups). These social conflicts have induced the necessity to debate the politics of *affirmative action*[42] inside the tradition of the American costitutionalism and liberal rights. Nevertheless, a specific type of "respect" for minorities has caused some "ethnic" solution[43] like the institution of "Indian reserves". Yet cultural/ ethnic discrimination also came about through the differentiation of urban quarters distinguished hierarchically according to social classes and origins of the immigrants (as in the case of Chicago in the 1920s).

The republican history of Italy is very different, although the constitutional path related to civic liberties has a similar outcome. When Italy became a republic after the Second World War there was a necessity for the constitutional preservation of those minorities (linguistic, religious and "racial") that the fascist "*latinizzazione littoria e corporativa*" had neglected. Against this ideological offence the Italian constitution has admitted the existence of some "*regioni a statuto speciale*" like the two major islands (Sardinia and Sicily) or where certain linguistic minorities live (usually German, Slavic and French in Trentino Alto-Adige, Friuli-Venezia-Giulia and Valle d'Aosta; ten different "ethnic communities" are acknowledged over the Italian territory. In this case ethnicity means the recognition of different cultural identities but does not imply "territorial separation", because these (Italian) citizens maintain social, economic and cultural connections with the nation state.

I have considered these two very different cases, because I wanted to stress the difference between *the constitutional interpretations of ethnicity as referring to linguistic and cultural minorities* and its recent applications. Nowadays ethnicity is not only related to minorities whose members are inhabitants, i.e. citizens of a specific sovereign country where they live. It refers mostly to groups of "foreigners", i.e. migrant workers. The present process of ethnisation summarises in an ambivalent form a particular modern dynamic, where particularism can coexist with universalism. There is the respect for diversity, but there is also the tendency to classify the otherness as "different".

5. Ethnicity and public communication

The public use of the term ethnicity is very recent and from the viewpoint of *political correctness* it has replaced the traditional and regressive notions of race[44] and tribe, connected to the idea of racism. Until the 1970s the word "ethnos"[45] was usually mentioned in lexicons, encyclopaedias, anthropological studies and ethnological research, while the construct ethnicity did not exist as such. The consideration of the ethnos was based on a historical and anthropological approach, according to which the social scientist had to maintain a "neutral point of view" when observing "savage" living at the "primitive" stage of human evolution. However, this attitude was criticised and the self-comprehension of anthropologist changed, because he/ she was considered as a "participant observer".[46] The *point of view of the observer* was in fact considered as a product of the interaction between the social scientist and the interested object/ subject, i.e. ethnic groups. However, while *ethnos* is anthropologically understood, which means diachronically conceptualised and *from the distance*, ethnicity is instead *synchronically* conceived and refers to *the nearness* between the social actor and the social scientist.

Ethnicity has also been discussed as a development of the debate against racism and marginalisation of black people and as a new perspective for a politics of representation and resistance against the "epistemic violence" (Gayatri Spivak) of the hegemonic discourse. In 1988 Stuart Hall wrote a paper on *New Ethnicities*, supporting a "positive conception of the ethnicity of the margins, of the periphery". He argued that "we are beginning to think about how to represent a non-coercive and a more diverse conception of ethnicity, to set against the embattled, hegemonic conception of 'Englishness'"[47]. Ethnicity was thus connected to *identity and difference*. It is "a recognition that we all speak from a particular place, out of a particular history, out of a particular experience. (...) We are all, in that sense, *ethnically* located and our ethnic identities are crucial to our subjective sense of who we are." Hall's concept of ethnicity is in reality a definition of collective identity, where each individual is considered as a *situated and embodied self*, whose identity is not rooted in an original place of belonging, but in the present and in the place where he/ she lives.

From the middle of the 1990's many readers[48] on ethnicity started to be published and series of books on this topic were promoted by publishers[49] in the Anglo-Saxon countries, stressing the centrality of this issue both in social sciences and society. Now all the important publishing houses have volumes with titles on ethnicity.

The increasing use of ethnicity has not only characterised academic or political discourse, but mass communication as well. The language of *cultural industry* has constructed new concepts of "ethnic" and "ethnicity" which refer to something "exotic", "foreign", but in a way not "modernised" enough. Conducting a news analysis[50] on several articles published in newspapers, magazines and journals, my students and I had to admit that in the majority of the cases there was a "lack of balance" and "asymmetrical recognition" between those who write (journalists and scholars) and those who are written about (ethnic groups). The same structure of "unilateral" communication characterises the cultural industry, although the aims are the contrary of what is implicitly asserted. Ordinary language and public discourse often produce misunderstandings in relation to the content of the messages they really want to transmit. This is the case of the utterance "*multi-ethnic*" or "*multi-racial society*", which intends to recognise the cultural dignity of underrepresented minorities. Yet this concept affirms the definition that should be neglected. Do we really want to have a society composed only of ethnic groups or, worse, races? Is it not a very limited understanding of a "multicultural" democracy? Some kinds of political correctness have a boomerang effect, because they promote concepts that can have racist meanings.

Television[51] plays a dialectic role in this case. First it can offer space to "minorities" who never had access to mass communication and now represent a new public of viewers and consumers. Second, it can induce individuals to make a choice and to recognise themselves as a member of a specific social/ ethnic group. In the public arena of mass media and advertising ethnicity has often replaced other concepts, such as "*folklore*". A few decades ago folklore referred to a specific "authenticity" of the people, which survived and resisted despite the processes of modernisation and the ideological pressure of the dominant classes[52]. The semantic origin of the term 'folklore' is German and refers to presumed "genuine and authentic" products of people (*das Volk*) and "popular culture". Furthermore, folklore – in sense of *craft work* – assumed an "exotic" meaning when it refers to handmade things, coming from foreign, far-off, or "primitive" communities. But with the globalisation of commerce, finance and communication, this old framework has radically changed.

The fashion and catering industries have also developed a new use of the concept of "ethnicity" and what is considered as "real ethnic". For instance, many fashion magazines for women increasingly connect the concept of beauty with the word ethnic with semantically paradoxical results. They write "ethnic white" when they intend to refer to Indian linen; they stress that some jewels have an "ethnic flavour", when they want to indicate some original features; they comment "hair like the ethnic", when they consider "exotic" female hairstyle.[53] Furthermore, looking at magazines containing information about restaurants and leisure places – which are often managed by communities of migrants or people coming from the former colonies –, we can see they often stress the fact that they produce "*ethnic food*". Also for this reason tourism agencies which promote travel in "exotic countries", speak of "ethnic journeys". The migrants who have lived abroad for many years, become therefore "*potential ethno-tourists*" (like in the case of the Turkish *GastarbeiterInnen* in Germany[54]), when in the summer they go back to their native country.

This classification of ethnicity connected to folklore and primitivism indicates also the dreams and the ideology of a Western society, which is in search of a "lost innocence".

6. Ethnicity and migration

Ethnicity refers not only to conflicts, cultural minorities and media discourse. It refers to the transformation of collective identities and the crises of the previous model of citizenship[55], nation states and welfare.[56] The *boundaries of the liberal concept of citizenship*[57] based on the principle of the territorial sovereignty of the nation state have been strongly questioned by the increase of *mobility and migration*. This problem became evident not from within the "native communities" but of course from "abroad". The presence of citizens arriving from other nation states and communities, who migrated in order to find work and possibilities for a better quality of life[58], became more evident. Hence ethnicity is faced with the problem of migration as a world phenomenon, where each state can become a place of immigration and emigration, although with different legal restrictions. It means that there are some new countries of immigration in Europe (for instance Italy) as well as in Asia (India, Japan, China, etc.), that supplement the traditional states of immigration (like America).

The new immigration patterns have caused another kind of application of the construct ethnicity, mostly when connected to the *gender issue*[59] and new forms of discrimination between foreigners (mostly women) and inhabitants[60]. From the early 1980s'[61] feminism has started to discuss the connection between *gender, ethnic and class divisions*, pointing out their interconnection and distinction. Later, starting from the 1990's, the debate on ethnicity in public discourse became more connected to the question of *migrant workers*. But in this case ethnicity started to be defined in terms of belonging to a particular ethnic community in such a way as to suggest that they are members of a homogeneous entity, whereas in fact it may be internally very differentiated. Furthermore, the definition of ethnicity does not take into account the fact that the migrant, when he/ she left his/ her country of origin, has produced a fracture with his/ her previous system of values and way of life. Yet the presence of different cultural groups in other nation states has induced an ambivalent process: on the one hand it creates the necessity of individuals to recognise themselves as a member of specific nationalities/ ethnic groups; on the other hand it produces a simple connection between *ethnicity and collective identity*[62].

For instance, in Italy "*immigrati extra-comunitari*" (migrants from non-EU countries) coming from Northern Africa are often classified simply as Arabs. But this is a gross simplification (it would be equivalent of saying that Italian, Latin and the pre-Roman Italic are all the same people). Sometimes ethnicity is in fact confused with nationality. In the ordinary language and sometimes in the public discourse an individual coming from Senegal or Nigeria is often considered as a member of a cohesive ethnic group, although we know that these countries are composed by many "ethnic groups" and "tribes". In many Italian newspapers "*immigranti di colore*" ("colour" migrants) are often analysed as members of specific ethnic groups, frequently when cases of deviance or criminality have to be described. In these contexts, cultural differences are strongly emphasised.[63] This tendency to classify groups in terms of original belonging expresses also the need of maintaining social order. Ethnicity can thus express the problems of the "*paesi d'accoglienza*" (host countries). Ethnicity is thus confused by colour, culture and place of origin.

According to another viewpoint the construct of "ethnicity" related to migrants would not be a meaningful ascription, since these individuals live in sovereign nation states, according to democratic laws decided by the local governments. Why do we have to confuse the concept of "ethnic space" with the coexistence of groups having diverse cultures and origins, but living in the same territory? Do ethnic groups really exist? Only a cultural response based on communicative action can give a meaningful answer to this "ontological" question: ethnicity exists when we as social actors or observers construct it in a conceptual and pragmatic way, that means with specific theoretical assumptions, cultural features, political claims and economical interests. The categorisation of migrants only in terms of ethnicity cannot be accepted.

On the contrary, the concept of cultural differences[64] shows the reality of pluralism[65], struggles for recognition[66] and fights against social inequalities. We need a continuous *process of "interculturation"*, if we want to criticise the restrictions of traditional ideological languages, scientific constructions and philosophical misunderstandings. This would allow a possibility to translate culturally different languages and to develop mutual understanding based on shared experiences in the same territory. We do not need national-ethnic revolutions in democratic countries. What we need is a "*moral-cognitive revolution*", which would provide a more extensive concept of citizenship and a broader meaning of *education as life-long learning*[67].

New trans/ intercultural languages have to destroy the "essentialistic" identification between language, origin and culture. In a *multicultural society* the differences are not only ethnic, but cultural as well. However, *factual injustice and inequalities should not be confused with cultural differences.* Multiculturalism has thus to be used in a descriptive sense and not in a normative sense, signifying a "pluralistic" society which has to be tolerant and democratic. Every *civil society* has to recognise its limits and paradoxes, making its boundaries more "flexible". The modern subject lives in many places now created by cultural and virtual communication. However, the world phenomenon of migration, the expectations of the majority of individuals in the West and the commitments of present democracies also in developing countries do not seem likely to proceed in this "fundamentalistic" direction. *Ethnicity has to remain a very flexible social construction.*

Notes

1 Cf. Bernhard Peters (1996), *Kulturelle Differenzen in der heutigen westlichen Welt*, Bremen: Universität Bremen, Manuscript.

2 Donald L.Horowitz (1985), *Ethnic groups in conflict*, Berkeley: University of California Press.

3 Akeel Bilgrami (1992), "What is a Muslim? Fundamental commitment and cultural identity", *Critical Inquiry*, n.18, pp.820–842.

4 N.Hutnik (1991), *Ethnic minority identity: a social psychological perspective*, Oxford: Oxford University Press.

5 Marina Calloni (1995), "Pregiudizio e multiculturalismo. Sulla difficoltosa comunicazione dell'alterità", *Fenomenologia e Società*, n.1, pp.115-128.

6 Teun A.van Dijk (1992), *Discourse and the Reproduction of Racism*, p.2; (1989), *Communicating Racism. Ethnic Prejudice in Thought and Talk*, London: Sage.

7 See the chapter on some aspects of anti-Semitism in Max Horkheimer and Th.W.Adorno (1986), *Dia-*

lektik der Aufklärung. Philosophische Fragmente, Frankfurt a.M.: Fischer, new ed.

8 The difference between the left-wing and the right-wing is founded in the way in which "equality" is considered. Cf. Norberto Bobbio (1995), *Destra e sinistra. Ragioni e significati di una distinzione politica,* 2 ed., Rome: Donzelli.

9 Abdelmalek Sayad, "In nome della razza", *l'Unità*, 11-11-1992, p.17.

10 Abdelmalek Sayad (1991), *L'immigration ou les paradoxes de l'altérité,* Bruxelles: De Boeck-Wesmael.

11 Aristotle, *The Politics*, London: Penguin, 1981, in particular the books 1 and 3.

12 Cesare Lombroso (1894), *L'antisemitismo e le scienze moderne,* Torino-Roma: L.Roux e C.

13 Abdelmalek Sayad, "In nome della razza".

14 John Rex and David Mason (eds.) (1986), *Theories of Race and Ethnic Relations,* Cambridge: Cambridge University Press.

15 For a recent debate on this topic, see the review by Jeremy Waldron (1998), "Whose Nuremberg Laws?". In: *London Review of Books*, 19 March 1998, pp.12–14.

16 Max Weber (1922), *Wirtschaft und Gesellschaft*, Tübingen: Mohr.

17 Th.W.Adorno, F.Frenkel-Brunswick, D.J.Levinson, R.Nevitt Sanford (1950), *The Authoritarian Personality,* New York: The American Jewish Community.

18 Reiner M.Lepsius (1988), "<Ethos> und <Demos>. Zur Anwendung zweier Kategorien von Emerich Francis auf das nationale Selbstverständnis der Bundesrepublik und auf Europäische Einigung", in: *Interessen, Ideen und Institutionen*, Darmstadt: Westdeutscher Verlag, pp.247-255. Jürgen Habermas (1996). "Inklusion - Einbeziehen oder Einschließen? Zum Verhältnis von Nation, Rechtsstaat und Demokratie", in: *Die Einbeziehung des Anderen. Studien zur politischen Theorie,* Frankfurt a.M.: Suhrkamp.

19 Anthony Smith (1996), *Nations and Nationalism in a Global Era*, Cambridge: Polity Press. Will Kymlicka (1995), *Multicultural Citizenship. A Liberal Theory of Minority Rights*, Oxford: Clarendon Press.

20 See the Reader, John Hutchinson and Anthony Smith (eds.) (1996), *Ethnicity,* Oxford: Oxford University Press.

21 Gian Enrico Rusconi (1992), "Etnia: un costrutto polemico", *Polis*, No. n.3, pp. 571–587.

22 *The Bible*, "Genesis", 10.

23 Etienne Balibar (1992), *Les frontières de la démocratie*, Paris: La Découverte.

24 Cf. Pierre Bourdieu (1991), *Language and symbolic power: the economy of linguistic exchange,* Cambridge: Polity Press.

25 On the relationship between politics and cultural identities, see, Ernst Gellner (1987), *Culture, Identity, and Politics*, Cambridge: Cambridge University Press; (1983), *Nations and Nationalism*, Oxford: Blackwell.

26 Cf. M.Calloni (1994), "Ethno-Föderalismus and politischer Dezisionismus. Die Lega Lombarda/ Lega Nord als zwiespältige Alternative in der Krise des italienischen Systems", in P.Alheit et al. (eds.*), Von der Arbeitsgesellschaft zur Bildungsgesellschaft. Perspektiven von Arbeit and Bildung im Prozeß europäischen Wandels*, Bremen: Universität Bremen Verlag, pp. 683–709.

27 Ilvo Diamanti (1993), *La Lega. Geografia, storia e sociologia di un nuovo soggetto politico*, Roma: Donzelli.

28 Cf James G. Kellas (1991), *The politics of nationalim and ethnicity*, Basingstoke: Macmillan; Anthony Smith (ed.) (1992), *Ethnicity and nationalism*, Leiden-New York: Brill.

29 Shmuel N.Eisenstadt (1987), *Partners of modernity*, 2 vol., London: Pinter.

30 Alexander Motyl (ed.) (1992), *Thinking theoretically about Soviet nationalities: history and comparison in the study of the USSR*, New York: Columbia University Press.

31 Claus Offe (1996), *Varieties of transition: the Eastern Europe and East German experience*, Cambridge: Polity Press.

32 Marina Calloni (1993), "L'identità tedesca in transizione. Sulla <<nuova>>, ma non più, <<grande>> Germania", *Quaderni di azione sociale*, n.9, pp.83-100; (1993), "Quale cittadinanza per il popolo tedesco?", *Ulisse*, n.2, pp. 33–36.

33 Anna Triandafyllidou, Marina Calloni and Andonis Mikrakis (1997), "New Greek Nationalism", *Sociological Research on Line*, n.4.

34 "Indeed, the notion of ethnicity is a loan-concept from classical antiquity, successfully imported into Africa when Europeans were at pains to impose some form of classification over the various forms of social order which they met on their way through this (very ancient) new world. Neither would anyone deny that social or cultural distinctiveness was, and still is, in Rwanda as indeed anywhere, deeply shaped by the ongoing transition to modernity.", Jean-Luc Vellut, "Ethnicity and genocide in Rwanda", *Times Literary. Supplement*, 15-7-1994, p.17.

35 Francis Fukuyama (1992), *The end of the history and the last man*, London: H.Hamilton.

36 Cf. Daniele Petrosino (1993), "Segregazione e mobilitazione. Due accostamenti alla questione etnica", in Marcella Delle Donne, Umberto Melotti and Stefano Petilli (eds.), *Immigrazione in Europa. Solidarietà e conflitto*, Roma: CEDISS, pp.587–612.

37 For a historical analysis of the different meanings of a civil war and the controversial justifications for political action and collective mobilisation given by the participants (starting from the Italian case in the last world war), cf. Claudio Pavone (1991), *Una guerra civile*, Torino: Bollati Boringhieri.
38 Alberto Melucci and Marco Diani (1992), *Nazioni senza Stato. I movimenti etnico-nazionali in Occidente*, Milano: Feltrinelli, 2. ed.
39 Hannah Arendt (1958), *The Origin of Totalitarism*, New York: Meridian Books.
40 Vernon Van Dyke (1985), *Human rights, ethnicity, and discrimination*, Westport: Greenwood Press.
41 Iris Marion Young (1990), *Justice and the Politics of Difference*, Princeton: Princeton University Press.
42 Cf. Nicholas Mills (1994), *Debating affirmative action: race, gender, ethnicity, and the politics of inclusion*, New York: Delta Trade.
43 Cf. Michael Walzer (1982), *The politics of ethnicity*, Cambridge: Harvard University Press.
44 Cf. John Rex (1986), *Race and Ethnicity*, Milton Keynes: Open University Press.
45 "Ethnos: a group of people linked by both nationality and race. These bonds are usually unconsciously accepted by the members of the group, but outsiders observe the homogeneity", Charles Winch (1969), *Dictionary of Anthropology*, New York: Greenword, p.193.
46 Cf. Peter Winch (1990), *The idea of social sciences and its relation to philosophy*, London-New York: Routledge.
47 Stuart Hall (1988), "New Ethnicities". In: J.Donald and Ali Rattansi (eds.), *'Race', Culture & Difference*, London: Sage, 1992, p. 257.
48 Montserrat Gvidernan and John Rex (1997), *The Ethnicity Reader. Nationalism, Multiculturalism, and Migration*, Cambridge: Polity Press.
49 See for example the books published by the Oxford University Press.
50 I refer to the collected materials and empirical research done by my students for my course on: *Etnia e ri-etnicizzazione* (1992–1994), Milan: Dipartimento di Scienze del Territorio, Facoltà di Architettura – Politecnico.
51 Cf. Marie Gillespie (1995), *Television, ethnicity and cultural change*, London-New York: Routledge. See also the videotape: *The Black and White Media Show* (1995), London: BBC.
52 The political and cultural use of the concept of folklore and the theory of hegemonic class was firstly considered by Gramsci in the 1920's. Antonio Gramsci (1974), *Quaderni del carcere*, Torino: Einaudi.
53 *Amica*, 22-8-1994, n.34, p.35-36.
54 Sen Von Faruk, "Die potentiellen Ethnotouristen", *die tageszeitung*, 9-7-1994, p.13.
55 Ulrich K. Preuss (ed.) (1993), *Staatsbürgerschaft und Zuwanderung*, ZERP – Diskussionspapier 5/93, Bremen: Universität Bremen.
56 On the analysis of the concept of ethnic identity among immigrant ethnic groups and ethnic mobilization of immigrant minorities, John Rex (1996), "National Identity in the Democratic Multi-Cultural State", *Sociological Research Online*, vol.1, n.2.
57 On these topics, Alessandro Dal Lago (1996), "Il multiculturalismo non esiste", paper presented at the conference: *L'integrazione delle società complesse e il rinnovamento del liberalismo*, Rome: Fondazione Basso, 25-1-1997.
58 Ursula Apitzsch (1990), *Migration und Biographie*, Bremen: Universität Bremen.
59 Helma Lutz (1996), *The Limits of European-ness: Immigrant women in Fortress Europe*, Feminist Review No 57, Automn 1997, pp. 93–111.
60 Marina Calloni and Helma Lutz (1999), "Gender, Migration and Social Inequality: The Dilemmas of European Citizenship", in S.Duncan and B.Pfau-Effinger (eds.), *Gender, Work and Cultures: mapping gender inequalities in Europe*, London: UCL.
61 Floya Anthias and Nira Yuval-Davies (1983), "Contextualising feminism – gender, ethnic and class divisions". In: *Feminist Review*, N.1, pp. 62–75.
62 See for instance, Milton Israel and N.K.Wagle (eds.) (1993), *Ethnicity, identity, migration: the South Asian context*, Toronto: University of Toronto.
63 See Salvatore Palidda (1994), "Devianza e criminalità tra gli immigrati: ipotesi per una ricerca scientifica", *Inchiesta*, special issue on "Immigrazione, relazioni interetniche, razzismo" ed. by Laura Balbo, n.103, pp.25–39.
64 Anne Phillips (1993), *Democracy and Difference*, Cambridge: Polity Press.
65 Charles Taylor (1993), *Multikulturalismus und die Politik der Anerkennung*, Frankurt a.M.: Fischer; Axel Honneth (1992): *Kampf um Anerkennung*, Frankfurt a.M.: Suhrkamp.
66 Nancy Fraser (1995), "From Redistribution to Recognition? Dilemmas of Justice in the 'Post-Socialist' Age", *New Left Review*, n. 212, pp. 68–93.
67 Yael Tamir (ed.) (1995): "Democratic Education in a Multicultural State", Special Issue of the *Journal of Philosophy of Education*, n.1.

Roswitha Breckner

„... da stand ich immer zwischen den Stühlen ..."

Zur Relevanz und Funktion des Eisernen Vorhangs in Ost-West-Migrationsbiographien – rekonstruiert an einer „Fluchtmigration" aus Rumänien in die Bundesrepublik.[1]

Migrationen aus den Ländern Ost- und Ostmitteleuropas in die Bundesrepublik blieben in den Jahrzehnten vor dem Umbruch 1989 in der sozialwissenschaftlichen Diskussion nahezu unbeachtet[2]. Der Eiserne Vorhang schien nach der Unterdrückung der Aufstände in Ungarn 1956, in der Tschechoslowakei 1968 und in Polen 1980/81 kaum noch durchlässig zu sein. Die Ost-West-Migration fiel quantitativ gegenüber der Arbeitsmigration weniger ins Gewicht und vermochte das Interesse der in den 60er, 70er und 80er Jahren nahezu ausschließlich quantifizierenden sozialwissenschaftlichen Migrationsforschung nicht auf sich zu ziehen.[3] Ungarn, Tschechen, Polen, Rumänen, Jugoslawen, Bulgaren oder Russen traten in der Bundesprepublik – im Unterschied zu den seit Ende der 60er Jahre im Zuge der Vorbereitung und Etablierung der Ostverträge steigenden Zahlen deutschstämmiger „Aussiedler" – auch nicht als sozialpolitisch relevante „(Problem) Gruppen" in Erscheinung. Es wurde daher keine Notwendigkeit gesehen, für sie spezifische „Integrationsprogramme" zu erarbeiten, die eine gruppenspezifische sozialwissenschaftliche Forschung zur Voraussetzung gehabt oder zumindest nach sich gezogen hätte. Die besonderen Bedingungen und Hintergründe dieser Aus- und Einwanderungen blieben daher nahezu unbekannt und Ost-West-MigrantInnen waren vor allem in der sozialen Bewältigung des Migrationsprozesses mehr oder weniger auf sich gestellt. Eine Gruppen- oder Milieubildung hatte nur in wenigen Städten oder Regionen stattgefunden. Die Familie war häufig der einzige soziale Kontext, in dem die mitgebrachte Kultur (Sprache, Essen, spezifische Vorstellungen von Nähe und Distanz u.v.m.) gelebt werden konnte.

ImmigrantInnen von „jenseits" des Eisernen Vorhangs wurden zwar aufgrund der politischen Praxis und Ideologie des Kalten Krieges relativ problemlos als politische Flüchtlinge aus dem „Sowjetsystem" anerkannt und in der konservativen Öffentlichkeit als Beleg für die Unmenschlichkeit des „Kommunismus" willkommen geheißen. Sie wurden dennoch, v.a. im Vergleich mit den Privilegien, die ihren ehemaligen Landsleuten, den deutschstämmigen Aussiedlern, gewährt wurden (z.B. automatische Staatsbürgerschaft, finanzielle Entschädigungen für materielle Verluste im Herkunftsland, Förderung in Ausbildung und Umschulung, etc.), strukturell diskriminiert und blieben als Mitbürger unbekannt. Auch die „linke" Öffentlichkeit blieb auf Distanz zu ihnen, da eine in der Regel unnachgiebige, manchmal bittere antikommunistische Haltung der Osteuropa-Flüchtlinge den im Westen gehegten sozialistischen Utopien und ihrer politischen Umsetzung mit ihren Erfahrungen widersprachen. Lediglich Dissidenten, deren Kritik im sozialutopischen Rahmen blieb, fanden hier einige Aufmerksamkeit. Diese jeweils für die eigenen Interessen instrumentalisierten Wahrnehmungen und Typisierungen in der westlichen Öffentlichkeit legten osteuropäische MigrantInnen –

unabhängig von den konkreten biographischen Hintergründen und Umständen der jeweiligen Ausreise – auf die Repräsentation des Gegensatzes zwischen dem demokratisch-kapitalistischen „Westen“ und dem staatskommunistischen „Osten“, d.h. auf die Repräsentation eines polar organisierten Weltkonfliktes fest. In dieser Polarität des ideologisierten Freund-Feind-Schemas wurde „der Osten“ aus westdeutscher Perspektive – und zwar in allen politischen Gruppierungen – wenig differenziert wahrgenommen; die unterschiedlichen historischen, kulturellen, gesellschaftlichen, sozialen und nationalen Zusammenhänge und Beziehungen in den verschiedenen Ländern nur in „Spezialistenkreisen“ diskutiert (z.B. Balla 1969,1990 und Stölting 1992). Es fehlten auch Eindrükke aus Reiseerfahrungen, da der „Ostblock“ für „Entdeckungsreisen“ nach westlichem Muster nicht offen war. Die komplexen biographischen und historischen Kontexte und Hintergründe der jeweiligen MigrantInnen gerieten auch deshalb kaum in den Blick.

Wie erlebten ost- und ostmitteleuropäische MigrantInnen ihre „Wanderungen“ über den Eisernen Vorhang? Wie wurde und wird diese Erfahrung in ihrer Gesamtbiographie bedeutsam? Welchen Einfluß hatte und hat die Öffnung des Eisernen Vorhangs Ende 1989 auf die biographische Bearbeitung des Migrationsprozesses? Mit diesen Fragen wendete ich mich einer empirischen Untersuchung von ost- und ostmitteleuropäischen Migrationsbiographien zu. Ich ging von der konzeptionellen Annahme aus, daß die isolierte Betrachtung spezifischer Phasen oder Aspekte des Migrationsgeschehens, etwa die Motive der Auswanderung in der Zeit davor, die Migration selbst oder aber der Integrationsprozeß in der neuen Gesellschaft die Komplexität der Vorgänge und die Prozesse ihrer Deutung nicht erfaßt; vielmehr müssen diese in lebensgeschichtlichen und gesellschaftsgeschichtlichen Zusammenhängen aufgesucht werden.[4] In der empirischen Analyse von den in narrativ-biographischen Interviews entstandenen Biographien konzentrierte ich mich auf MigrantInnen aus Rumänien mit verschiedenen nationalen und kulturellen Hintergründen (rumänische, ungarische, armenische, russische, donauschwäbische etc.), die in der Zeit zwischen 1968 und 1989 in die Bundesrepublik Deutschland eingereist waren.[5] Die erste Markierung des Untersuchungszeitraumes durch das Jahr 1968 ergab sich zunächst aus den faktischen Auswanderungsdaten im Sample der Auswanderer aus Rumänien. Bei genauerem Hinsehen hängen diese mit der Liberalisierung der Außenpolitik Rumäniens unter Ceausescu zusammen, der ab 1965 die vorher in der stalinistischen Ära praktizierte Abschottung gegenüber dem Westen zumindest nach außen hin allmählich veränderte. Ab Ende der 60er Jahre entwickelten sich zunehmend Kontakte zwischen der Bundesrepublik Deutschland und Rumänien auf verschiedenen Ebenen (wirtschaftlich, sportlich, kulturell, wissenschaftlich und politisch), die im Zusammenhang der Vorbereitung der Ostverträge standen und Reisegenehmigungen in die Bundesrepublik auch für rumänische Staatsbürger ohne deutsche Abstammung nach sich zogen.

Bereits in den ersten Analysen wurde deutlich, daß die im Herkunftsland biographisch jeweils unterschiedlich relevant gewordenen und in die Familiengeschichten eingeflochtenen Beziehungen zu „Deutschland“ und das, was dieses – auch als Mythos – repräsentierte, für dessen „Wahl“ als Zielland mitbestimmend waren.[6] Damit wurde eine historische Dimension des Migrationsgeschehens sichtbar, in der die Beziehungen zwischen Herkunfts- und Ankunftsland auch aus der Zeit vor der Teilung Europas durch den Eisernen Vorhang relevant erschien. Diesem Aspekt möchte ich in diesem Beitrag anhand einer Fallrekonstruktion[7] (Teil 3) nachgehen. Sie ist darauf konzentriert zu zeigen, in welcher Weise der Migrationsprozeß die Gesamtbiographie mitbestimmt hat und umgekehrt, wie die biographischen und gesellschaftshistorischen Zusammenhänge im Migrationsgeschehen relevant und konkret geworden sind.

Da nicht vorausgesetzt werden kann, daß die spezifischen Umstände der Auswanderung aus Rumänien als einem Land im sowjetischen Einflußbereich in die Bundesrepublik Deutschland bekannt sind, möchte ich, um die Falldarstellung von Hintergrundinformationen zu entlasten, diese vorweg skizzieren (Teil 1) sowie in einige für die Interpretation des Falles relevante Zusammenhänge in den rumänisch-deutschen Beziehungen vor, während und nach dem Zweiten Weltkrieg kurz einführen (Teil 2).

1. Spezifische Bedingungen der Migration aus Rumänien in die Bundesrepublik Deutschland während des Kalten Krieges

Wodurch unterscheiden sich die Wanderungsprozesse von MigrantInnen aus Rumänien im untersuchten Zeitraum von anderen Formen der Migration? Eine Form der Auswanderung bestand z.B. darin, die Gelegenheit einer Reise ins westliche Ausland zu suchen, um sich dort abzusetzen und nicht wieder zurückzukehren. Trotz restriktiver Reisebestimmungen erhielten rumänische Staatsangehörige z.B. als Arbeiter oder Angestellte rumänischer Firmen, als Sportler oder privilegierte „Reisekader", als Wissenschaftler oder Wirtschaftsfachleute oder mit einer Einladung von Verwandten ersten oder zweiten Grades Besuchsvisa für die Bundesrepublik. Für diejenigen, die sich unter diesen Umständen für einen Verbleib im „Westen" entschieden, war die Ausreise aus der Perspektive des rumänischen Staates illegal und ihnen wurde eine ungefährdete Rückreise nach Rumänien auf Jahre hinaus unmöglich gemacht. Sollte ihre Einbürgerung in die Bundesrepublik oder ein anderes westliches Ausreiseland – wenn sie überhaupt gewährt bzw. gewünscht und beantragt wurde – Jahre dauern, konnten sie ohne Schutz einer neuen staatlichen Zugehörigkeit nicht einmal riskieren, die Grenzen zum sowjetischen Einflußbereich in einem anderen Land zu überschreiten, um dort z.B. Verwandte oder Freunde zu treffen. Hier zeigt sich eine erste Besonderheit dieser Migrationen: Sie waren verbunden mit einer mehr oder weniger langandauernden und unumkehrbaren räumlichen Trennung von zurückgelassenen Personen, von der Herkunftsgesellschaft, deren ortsgebundener Kultur und nicht zuletzt auch von den sinnlichen Eindrücken vertrauter Landschaften, Städte etc. Dies ist ein wesentlicher Unterschied z.B. zur klassischen Arbeitsmigration. Unter dem Gesichtspunkt der Unumkehrbarkeit sind sie zwar mit Zwangsmigrationen wie z.B. Flucht und Emigration im Holocaust (Rosenthal u.a. in diesem Band) oder Fluchtmigrationen aus anderen Diktaturen (Jaksic 1994) zu vergleichen. Von ihnen unterscheiden sie sich allerdings dadurch, daß sie nach 1945 in den überwiegenden Fällen nicht durch unmittelbare Gewalt und Bedrohung von Leib und Leben erzwungen wurden. Auch wenn die Lebenssituation in Rumänien als eine voller Zwang und Gewalt erlebt wurde, erfolgte die Ausreise in den meisten Fällen mehr oder weniger „freiwillig".

Wurde der legale Weg beschritten und nicht nur ein Besuchsvisum, sondern ein Auswanderungsantrag gestellt, mußte dieser gegen staatliche Hindernisse und Repressionen (von der Enteignung bis zum Berufsverbot und Schikanen gegenüber Familienangehörigen) in mühevollen Prozeduren und unter hartnäckigem persönlichen Einsatz durchgesetzt werden. Die zweite Besonderheit liegt demnach darin, daß die Wahl des Ortes oder der Gesellschaft, in der man leben wollte, der Zeitpunkt und die Umstände der Auswanderung der individuellen Disposition weitgehend entzogen waren und alleine staatliche Stellen nach meist nicht durchschaubaren Kriterien und Regeln über die Möglichkeit und den Zeitpunkt, zu gehen, bestimmten. MigrantInnen aus Rumänien wurden in der Regel vom Weggehen abgehalten, also eher „festgehalten" als „rausgeschmissen", und wenn sie es geschafft hatten, sich loszureißen, durften oder konnten sie nicht mehr zurück. Dadurch entstanden häufig problematische Trennungen, die in der Dynamik von „Festgehalten- werden" – „Flucht" – „Verstoßung" in Form lang anhaltender ambivalenter Bindungen an die Herkunftsmilieus fortlebten. Das Verhältnis zu verlassenen Personen, zur Herkunftsgesellschaft und deren Kultur und Geschichte blieb „dynamisch" (Grinberg & Grinberg 1990) und erfordert immer wieder biographische Arbeit und Reflexion.

Dies führt zur ersten auf den Analysen der Migrationsbiographien basierenden Beobachtung: Die ideologisch konstruierte Polarität zwischen den Gesellschaftssystemen „Ost" und „West" während des Kalten Krieges bestimmte das Erleben und die Erfahrungen der MigrantInnen auch in der biographischen Dimension und beeinflußte den Umgang mit den unterschiedlichen Erfahrungszusammenhängen aus den Lebenszeiten diesseits und jenseits des Eisernen Vorhangs sowie deren Integration jeweils fallspezifisch mit. Ein Leben in den verschiedenen Welten als Ausdruck doppelter oder mehrfacher Zugehörigkeiten war durch die im Eisernen Vorhang manifestierte Polarisierung der europäischen Gesellschaften in der Folge des Zweiten Weltkrieges schwieriger geworden. In den ideologisierten Freund-Feind-Schemata hatten z.B. ambivalente Gefühle sowohl gegenüber der Herkunfts-, wie auch gegenüber der Ankunftsgesellschaft kaum Platz. Die Positionierung im „Dazwischen" wurde während des Kalten Krieges in der Bundesrepublik als In-Frage-Stellen des mit der Flucht vollzogenen „Bekenntnisses zum Westen" bzw. als Denunziation des „Sozialismus" wahrgenommen und mit Mißtrauen und potentiellem Ausschluß sanktioniert, nachdem im Herkunftsland der Wunsch, in den „Westen", also zum „Feind" zu gehen, bereits mit staatlichen Sanktionen quittiert worden war.

Dennoch hatte die Trennung der Welten durch den Eisernen Vorhang in einen „Osten" und einen „Westen" im Prozeß der Migration für die MigrantInnen selbst auch eine vielfach positiv erlebte Funktion. Sie ermöglichte z.B., schwierigen Lebenssituationen zu entfliehen, ohne die Angst haben zu müssen, dorthin zurückgeschickt zu werden. Auch die öffentliche Definition des Migrationsgeschehens, einer Diktatur entflohen zu sein, schützte in gewisser Weise auch Ost-West-MigrantInnen vor der Auseinandersetzung mit problematischen Anteilen ihrer jeweiligen Vergangenheit im „Osten". Mit der Überquerung der undurchlässigen Grenze hatte man diese nun scheinbar „hinter sich" gelassen.

Nach dem Fall des Eisernen Vorhangs Ende 1989 entstand dann eine Situation, in der sich der Möglichkeitshorizont für die Rekonstruktion der vergangenen Erfahrungszusammenhänge sowie für gegenwärtige und zukünftige biographische Orientierungen und Pläne (z. B. durch neue und intensivierte Formen des Kontaktes zum Herkunftsland bis hin zu Rückkehrüberlegungen) nahezu über Nacht verändert hatte. Die Frage der Rückkehr und des Kontaktes zur Herkunftsgesellschaft ist zwar in allen Migrationsprozessen ein relevantes Thema, für Ost-West-MigrantInnen trat sie nun sehr plötzlich in ein Leben, in dem die undurchlässigen Grenzen zu einer als unveränderbar wahrgenommenen Realität geworden waren. War mit Hilfe des Eisernen Vorhangs gar das ganze Leben in ein „Davor" und „Danach" getrennt worden, zogen die gesellschaftshistorischen Veränderungen auch eine Reinterpretation der gesamten Lebensgeschichte nach sich. Gleichzeitig wurden MigrantInnen rumänischer Herkunft in der Bundesrepublik mit einem sich rasch verändernden Bild ihrer Nationalität konfrontiert. Sie wurden nun nicht mehr als politische Flüchtlinge, als Beweis für ein unmenschliches System, dem sie entkommen konnten, wahrgenommen. Vielmehr wurden sie nach 1989 zunehmend als „Ausländer", ja gar als die „Zigeuner Europas" typisiert und mit der Frage konfrontiert, ob sie als Rumänen überhaupt Europäer seien oder aber den „Balkan" mit all seinen negativen Konnotationen (z.B. „unzivilisiert" und „barbarisch") repräsentierten.[8] Die in der bundesrepublikanischen Öffentlichkeit und Presse wiederauflebenden Negativ-Bilder vom „Osten" wurden nun nicht mehr in Metaphern des Kalten Krieges als „Systemkonflikt", sondern zunehmend in nationalen bzw. ethnischen Kategorien formuliert. Die hierzu verwendeten Bilder verweisen auf ihren historischen Entstehungszusammenhang und deuten darauf hin, daß mit den gesellschaftshistorischen Umbrüchen in Europa 1989/90 die mit ihnen verbundenen historischen Zeiträume und Bedeutungszusammenhänge für die Wahrnehmung des „Ostens" wieder in den Vordergrund gerückt sind.

Zusammenfassend kann man sagen, daß der sogenannte Ost-West-Konflikt nach dem Fall des Eisernen Vorhangs in den von mir untersuchten Migrationsbiographien weiterhin einen biographisch relevanten Erfahrungszusammenhang konstituiert, allerdings mit einer wesentlichen Veränderung: Während er bis 1989 v.a. als Systemkonflikt in der biographischen Konstruktion relevant wird, treten danach vor allem seine historischen Dimensionen in den Vordergrund. In nahezu jeder Selbstpräsentation meiner InterviewpartnerInnen, die eingeleitet wurde mit der Bitte, die Lebensgeschichte darzustellen, und kontextualisiert war durch das Thema der Untersuchung „Migrationsbiographien aus Rumänien vor 1989", gewinnt die Verortung in historischen und nationalen Zusammenhängen eine fallspezifisch zwar unterschiedliche, in allen Fällen aber relevante Bedeutung.

2. Im fallspezifischen Migrationszusammenhang relevante historische Beziehungen zwischen Rumänien und Deutschland vor und nach 1945

In der Geschichte Rumäniens manifestieren sich westlich-europäische wie östlich-byzantinische Einflüsse gleichermaßen. Mit Bezug auf die latinische Sprache inmitten slawischer Kultur und die griechisch-orthodoxe Religion positionierte sich das rumänische Nationalbewußtsein im „Dazwischen" des von drei Reichen (Habsburg, Rußland und osmanisches Reich) konstituierten Spannungsfelds dieser Region. Die Behauptung der Differenzen sowohl gegenüber der slawischen Kultur als auch gegenüber der osmanischen Herrschaft und nicht zuletzt auch gegenüber den Einflüssen westlicher Modernität dienten in wechselnden Relationen zur Bestimmung eines nationalen Selbstverständnisses, obwohl alle drei Elemente konstitutiv für die rumänische Kultur und Geschichte blieben. Zev Barbu beschreibt dies wie folgt:

> *„Like most peoples who have lived for a long period in a colonial or semi-colonial state, the Rumanians suffer from a strong feeling of inferiority. Mainly because of this they tend to establish their self-identity as individuals or as an ethnic group by strong negative references. (...) This implicitly leads to a strong positive self-reference in their search for identity. In the past, there were three main ways in which they inflated their self-consciousness as a nation, by stressing their Latinity, their Christianity and their traditional rural way of life." (Barbu 1968: 151f)*

Die Beziehungen zu Repräsentanten westlich-moderner Gesellschaften stehen demnach in einem potentiell ambivalenten Kontext und sollen am Beispiel der Beziehungen zu „Deutschen" im folgenden kurz erläutert werden. Die komplexe Beziehungsgeschichte zwischen „West" und „Ost" in Rumänien und die jeweils neu gezogenen territorialen und kulturellen Grenzen, die sich auf diese in der gesamteuropäischen Geschichte seit der französischen Revolution konstituierte Differenz (Stölting 1991) beziehen, können hier jedoch nicht im einzelnen nachgezeichnet werden. Es wird lediglich darauf hingewiesen, daß Rumänien aus verschiedenen Teilen bestand und besteht, in denen jeweils unterschiedliche Beziehungen zu Deutschland zu beschreiben wären: Das sog. Altreich, bestehend aus der Moldau und der Walachei, den das rumänische Kernland konstituierenden ehemaligen Fürstentümern, wurde z.B. seit Ende des 19. Jahrhunderts bis 1940 von Königen aus dem Hause Hohenzollern regiert. Mit dem Anschluß Transsilvaniens 1918 an Rumänien (der nördliche Teil gehörte zwischen 1940–44 wieder zu Ungarn) wurden große ungarische und deutsche Minderheiten Teil des rumänischen Staates. Zu nennen wäre noch Bessarabien, das 1918–1940 zu Rumänien gehörte und ab 1944 wieder für längere Zeit zur Sowjetunion sowie die Bukowina, die ebenfalls 1918 als ehemalige „Ostprovinz" der österreichisch-ungarischen Monarchie Rumänien angeschlossen wurde.[9] Rumänien hatte sein Gebiet mit den Friedensverträgen im Anschluß an den Ersten Weltkrieg verdoppelt.

Mit dem Zerfall der österreichisch-ungarischen Monarchie wurde Deutschland in Rumänien in der Zwischenkriegszeit neben Frankreich zum wichtigsten Repräsentanten des „Westens". Dies ist die Zeit der unproblematischen Beziehungen zwischen Rumänen und Deutschen, zumal die deutsche Minderheit in Transsilvanien 1918 für ihren Anschluß an den gewachsenen rumänischen Staat votierte. Die problematischen Anteile der auch in der Nachkriegszeit weiterwirkenden Erfahrungen zwischen Rumänen und Deutschen verweisen in die Zeit, als das nationalsozialistische Deutschland sich nach „Osten" ausdehnte und diesen mit Krieg, Ideologie, Verfolgung, Mord und Vernichtung überzog (Hilberg 1961/1982, Rosh/Jäckel 1990). Dabei konnte sich das „Dritte Reich" auf die Mitwirkung einheimischer Gruppen, in Rumänien z.B. auf die deutschen Minderheiten (Komjathy/Stockwell 1980) sowie die „Eiserne Garde", eine stark antisemitische, in ländlichen Regionen verankerte faschistische Bewegung (Barbu 1968) und zunehmend auch auf die diktatorische Regierung des Marschalls Antonescu stützen (Broszat 1968, Hillgruber 1954), die vorher materiell, ideologisch und politisch gestärkt, abhängig und willfährig gemacht worden waren. Die „Siebenbürger Sachsen" und „Banater Schwaben" hatten z.B. ihre bisherige Selbstdefinition als selbständige Minderheiten in einem rumänischen Staat zunehmend aufgegeben, ihre Zugehörigkeit zum „Deutschen Reich" nun auch in staatsrechtlich relevanten Bereichen betrieben (Roth u.a. 1995) und schließlich die „Herrenvolk"-Mentalität und ihre spezifische rassistische Begründung mehrheitlich übernommen (McArthur 1990, moderater Nassehi/ Weber 1992).

Eine zentrale Interessenverbindung zwischen Rumänien und Deutschland bestand in der Vorbereitung und Durchführung des Rußlandfeldzuges, von dem sich Rumänien die Rückeroberung Bessarabiens, das 1940 von der Sowjetunion annektiert worden war, erhoffte. Eine zweite entstand im Vernichtungsfeldzug gegen die europäischen Juden. Hier trafen ein traditionaler rumänischer Antisemitismus und eine sich systematisierende deutsche Vernichtungsmaschinerie aufeinander (Broszat 1958, Friedrich 1993), eine Verbindung, die Mord und unermeßliches Leid für die in den Pogromen von Dorohoi und Jassy sowie für die nach Transnistrien deportierten Juden der Bukowina, der Moldau und Bessarabiens bedeutete (Ancel 1986 und 1987, Butnaru 1992). Ab Mitte 1942 begann der rumänische Diktator Antonescu, sich von der „Endlösung" zu distanzieren und zögerte die Deportation der Juden aus dem Altreich, aus Südtranssilvanien und dem Banat immer wieder hinaus, eine Strategie, die sich nach der verlorenen Schlacht von Stalingrad verstärkte und den Frontwechsel zu den Alliierten im August 1944 vorbereitete und begleitete. Somit ist Rumänien mit Deutschland zum einen durch die Bestialisierung der Vernichtungspraxis im Holocaust und zum anderen durch die Zurückweisung der „Endlösung", verstanden als systematische und vollkommene Vernichtung, verbunden (vgl. z.B. Lavi 1974). Ersteres schaffte eine enge Schuldverstrickung mit Deutschland, letzteres ermöglichte eine Distanzierung. Der Vorbildcharakter „der Deutschen" blieb dennoch bestehen. Umgekehrt wurden Rumänen von Nazi-Deutschland einerseits als „unterentwickelt" und „unzivilisiert" geringgeschätzt und verachtet und andererseits als „archaisches Bauernvolk" ideologisch idealisiert. Rumänen bewunderten wiederum den mit der deutschen Wehrmacht Einzug haltenden technisch-organisatorischen „Fortschritt" „der Deutschen", fürchteten aber auch ihre Überlegenheit und unterliefen ihren absoluten Machtanspruch zunehmend mit den Strategien, die sie in Jahrhunderte währender Fremdherrschaft entwickelt hatten. Diese Dynamik in den „wir"-„ihr"-Beziehungen setzte sich nach 1945 auch unter den veränderten politischen Systembedingungen unterschwellig weiter fort. Den nachfolgenden Generationen wurde eine ideologisierte und verfälschte rumänische Geschichte von vor 1944 als „Kampf des rumänischen Volkes gegen Faschismus und Krieg" vorgesetzt. Der Holocaust wurde erst gar nicht erwähnt, geschweige denn dessen rumänische Variante. Die rumäniendeutsche Minderheit wurde zum Repräsentanten „der Deutschen", denen in der staatlichen Ideologie als „den Nazis" der Schuldanteil am Zweiten Weltkrieg und seinen Verbrechen kollektiv zugeschrieben wurde (Nassehi 1994). Dadurch wurden sie für die Nachkriegsgenerationen zur einzig „präsenten" und greifbaren Verbindung zur Zeit vor 1945. Die spezifische Modellierung der Beziehungen zwischen Rumänen und Deutschen in dieser Zeit blieb jedoch unsichtbar. Von hier aus setzte sich vielmehr – trotz der ideologischen Entwertung „der Deutschen" – die Bewunderung ihres technischen „Fortschrittes" ungebrochen fort, womit die Repräsentation der schuldhaften Zusammenhänge wieder zugedeckt wurde. So konnte, ungeachtet der mit Deutschland verbundenen Vernichtungspraxis, die Bundesrepublik, die in Rumänien als die Fortsetzung des „Deutschen Reiches" wahrgenommen wurde, ein Vorbild für „modernes Leben" bleiben.[10] Neben Frankreich und Amerika wurde auch „Deutschland" – und gemeint war immer die Bundesprepublik – als Kristallisationsort „westlichen Lebensstils" wahrgenommen, an dem sich die Konsumbedürfnisse der Nachkriegsgenerationen, die Mode, Musik u.v.m. orientierte. In der Bundesrepublik wurde dagegen Rumänien als spezifisches Land bis 1989 kaum beachtet. Lediglich die dem Westen zugewandten außenpolitischen Aktionen Ceausescus fanden publizistische Aufmerksamkeit, die vom Alltagsleben in Rumänien allerdings kaum etwas erahnen ließen. Nach 1989 bestimmten die Bilder von der Tötung Ceausescus und seiner Frau sowie Bilder von in rumänischen Waisenhäusern mißhandelten Kindern die Vorstellungen von Rumänien. Mit der für Rumänien zwar notwendigen öffentlichen Berichterstattung dieser Grausamkeiten wurden in West-Deutschland jedoch gleichzeitig, da die Berichterstattung selektiv auf diese Grausamkeiten orientiert blieb, Vorurteile vom „barbarischen" bzw. „unzivilisierten" Rumänien bestätigt. Der Verdacht drängte sich auf, daß mit der Öffnung gegenüber dem durch den Eisernen Vorhang abgetrennten „Osten" möglicherweise auch Erinnerungen an die auch von Deutschen dort begangene Verbrechen wiederaufkamen, für die sich das von Rumänien gezeichnete Bild als Projektionsfläche gut eignet.

3. Der Fall: „du bist ständig konfrontiert mit Faschismus, ob du jetzt Rumäne bist oder Deutscher" – ein Leben in Opposition und Gegensätzen[11]

Romica Sadovean floh 1968, damals 17jährig aus Rumänien, indem er nicht mehr von einem Sportaufenthalt in der Bundesrepublik zurückkehrte. 1993 und 1994 führte ich mit ihm zwei jeweils vierstündige biographische Interviews. In der auf Tonband aufgezeichneten Gesprächsphase vor Beginn des ersten Interviews, das im telefonischen Erstkontakt durch die Nennung des Untersuchungsthemas sowie durch die Bitte, die Lebensgeschichte zu erzählen, bereits gerahmt worden war, nimmt der Biograph auf die Zeit unmittelbar nach seiner „Flucht", die er selbst so nennt, Bezug:

> *Es war ganz interessant, weil ich in Rumänien nie, also von Tänzen keine Ahnung, oder ich hab sogar abgelehnt sowas, es war bei uns auch übertrieben. Und hier irgendwie am Anfang fand ich das interessant nich, da hast du so ein bißchen zu den Ursprüngen … also ich hab mehr, hier erfahren über Rumänien, als in Rumänien selber. Vor allem da es von Rumänien nur von der offiziellen Seite … immer so dieses Ideologische (gab). Und hier war erst die Möglichkeit auch andere Bücher, die z.B. in Rumänien verboten waren, und mal anders zu sehen. Und auf einmal da stand das ganze Bild was wir in Rumänien hatten so auf dem Kopf (I: 1/8-28).*[12]

Der Biograph stellt hier dar, daß er paradoxerweise erst in Deutschland seine rumänische Herkunft in seine Selbstdefinition positiv zu integrieren begann. Diesen Prozeß beschreibt er heute als Umkehrung des mitgebrachten negativen Bildes in ein positives und unterstreicht damit den Aspekt der Diskontinuität in seiner Haltung zu seiner rumänischen Herkunft. Mit den angeführten Gründen macht er deutlich, daß er die Praktiken kollektiver Selbstdefinition in Rumänien negativ konnotiert (*„es war übertrieben"*, und *„dieses Ideologische“*), während die Entdeckung der rumänischen Kultur in Deutschland in einen positiven Kontext von Selbsterkenntnis und aufklärendem Wissenserwerb (*„verbotene Bücher“*) gestellt wird. Durch die argumentative Präsentationsform stellt der Biograph Distanz zum damaligen Vorgang her. Dies läßt vermuten, daß er in einem Kontext steht, dem der Biograph sich zwar zuwendet, indem er ihn anspricht, von dem er sich aber gleichzeitig auch distanziert. Was könnte damit verbunden sein?

Die damalige affirmative Zuwendung zur „Volkskultur“ könnte aus der heutigen Perspektive problematische Aspekte (z.B. hinsichtlich damit einhergehender normativer Orientierungen) enthalten, die legitimatorisch eingebettet werden müssen. Vielleicht will der Biograph zwar eine für ihn damals wichtige Erfahrung mitteilen, möchte aber heute nicht mehr auf seine damalige Begeisterung für Folklore festgelegt werden. Es könnte auch sein, daß die negative Konnotation der Erfahrungen in Rumänien auf einen in der Zeit vor der Flucht konstituierten Problemzusammenhang hinsichtlich der „Ursprünge“ verweist, den der Biograph nur indirekt über die Thematisierung der Zeit nach der Flucht anspricht. Schließlich könnte die Flucht selbst auch in einem gegenwärtigen biographischen Bilanzierungsprozeß problematisch geworden sein, und der Biograph versucht nun, ihre positiven Aspekte zu betonen. Möglicherweise spielen auch Aspekte der Interviewsituation eine Rolle. Dem Interviewpartner ist z.B. bekannt, daß die Interviewerin Rumäniendeutsche ist, die aus Transsilvanien in die Bundesrepublik migrierte. Er könnte in bezug auf sie seine spezifischen Erfahrungen als Rumäne thematisieren, um einen mit der nationalen Zugehörigkeit zusammenhängenden Unterschied im Erleben der Migration hervorzuheben. Des weiteren könnte mit dem Thema „Migration aus Rumänien“ der gegenwärtig Vorurteile mobilisierende öffentliche Diskurs gegenüber MigrantInnen aus Rumänien konnotiert sein. Der Biograph könnte in diesem Zusammenhang daran interessiert sein, eine differenzierte Vorstellung von sich und seinen Problemen zu vermitteln, um sich so vor stigmatisierenden Typisierungen zu schützen.

Sehen wir uns die verschiedenen Bedeutungszusammenhänge, auf die die Textstelle verweist, näher an.

Die Flucht im Kontext der Ankunft in Deutschland

Romica Sadovean setzte sich 1968 – bereits im Zug und auf der Rückfahrt nach Rumänien – unter nervenaufreibenden Umständen, die dem Ziel geschuldet waren, in Besitz seines rumänischen Passes zu gelangen, noch in der Bundesrepublik ab. Er war damals 17 Jahre alt, sprach kein Deutsch, hatte keine abgeschlossene Ausbildung und auch keine Verwandten oder rumänischen Bekannten in Deutschland. Bei der zentralen Aufnahmestelle für rumänische Flüchtlinge setzte er durch, den Status eines „Flüchtlings“ zu bekommen. Anschließend wurde er vom Vertreter einer „Exil-Rumänen“-Gruppe in eine deutsche Großstadt weitergeleitet. Dort lernte er einen Priester der unierten Kirche[13] kennen, der ihn mit Wohnung und Arbeit, später auch mit einem Platz in einer katholischen Internatsschule mit Realschulabschluß versorgte und – wie Herr Sadovean es ausdrückt – zur „Vaterersatzfigur“ wurde. Hier lernte er auch die erwähnten rumänischen Tänze, wurde mit der orthodox-unierten Religion sowie einer „anderen" Geschichte Rumäniens vertraut gemacht. Herr Sadovean war die ersten drei Jahre eng mit dieser Gruppe verbunden, obwohl er eigentlich mit anderen Wünschen und Vorstellungen nach Deutschland gekommen war:

> *Ich hätte mir damals gewünscht, äh daß ich, irgendwie so. so zu den Deutschen und so nicht also zu den, eingegliedert werde=aber= das=war=nicht= möglich=weil=ich= kein=Wort Deutsch sprach und da warst, du dann auf diese rumänische Exilgruppe angewiesen.*

Und dies auch noch aus einem weiteren Grund:

> *Wo mich die Leute gefragt haben wo ist Rumänien was ist Rumänien da war ich schon ein bißchen baff muß ich sagen, wo ich ihnen dann erklären mußte wo Rumänien ist (...) im Grunde genommen is Rumänien ein unbekanntes Land in Deutschland. (...) und da war ich schon ziemlich erstaunt. also ich will nicht sagen schockiert, aber da hab ich schon ein bißchen geguckt. weil du kommst hierher mit diesem Gefühl du bist Rumäne und triffst auf Leute die wissen gar nicht was das ist, was du bist. das waren so die ersten vier Jahre wo ich mich schon identifiziert habe und dann äh ((räuspert sich)) mich selber Rumänien nicht mehr interessiert hat so als Land* (II: 19/21-20/38).

Damit war Herr Sadovean in der von Alfred Schütz beschriebenen typischen Situation eines Immigranten, der erfährt, daß seine bisher selbstverständlichen „Zivilisations- und Kulturmuster" von einer anderen „wir"-Gruppe nicht geteilt werden, er deren Muster erlernen muß, um dort aufgenommen zu werden und sich dabei seiner alten neu versichert (Schütz 1973). In diesem Prozeß der Transformation alltäglicher Orientierungsmuster war unser Biograph auch angesichts seines Alters auf materielle, emotionale und symbolische Unterstützung angewiesen, die er – und auch das ist typisch – nicht von der Gruppe der „Einheimischen", sondern von der „Exil-Gruppe" der früher Eingewanderten erhielt (Arbeit und Wohnung, eine „Vaterersatzfigur" und ein durch die Gruppe abgestütztes Selbstbewußtsein als Rumäne in Deutschland). Er durchlief vermutlich auch den von Julia Mirsky und Frieda Kaushinsky für adoleszente Immigranten in Israel beschriebenen Prozeß: „Once the loss of home and familiy is recognized, the students usually spend the next year or two trying to replace what has been lost. (...) To ward off the feelings that result from acknowledging their loss, the students become preoccupied with a symbolic attempt to restore the lost union with their past and past objects. This search is usually carried out within a group of fellow immigrants." (Mirsky/Kaushinsky 1993: 735)[14]

Für den Fall spezifisch und erklärungsbedürftig bleibt, welcher Aspekte seiner „Zivilisations- und Kulturmuster" er sich neu versichern mußte und mit welchen „Objekten" der Vergangenheit er eine verlorene Verbindung mit Hilfe der Zuwendung zu seinen „Ursprüngen" wiederherstellte. Es gilt also, diesen als allgemein und typisch zu beschreibenden Vorgang der Immigration auch in seinem biographischen Bedeutungskontext zu verstehen und zu rekonstruieren. Es fällt nämlich auf, daß Romica Sadovean mit der Suche nach einer „Vaterersatzfigur" den Vater möglicherweise zu ersetzen trachtete und nicht unbedingt an mit ihm geteilte Erfahrungen anknüpfte, um Kontinuität herzustellen. Auch die Annahme des von der „Exil-Gruppe" angebotenen symbolischen Identifikationsrahmens war nicht einfach eine Fortsetzung von etwas, was bereits vor der Migration Bestandteil seines gelebten Lebens gewesen war. Romica Sadovean erlebte diesen Rahmen vielmehr – wie er in der ersten Textstelle bereits formuliert – als „auf den Kopf gestellt". Die rumänischen Tänze repräsentierten z.B. jetzt nicht mehr die ideologisierte Mehrheits-, sondern eine Minderheitenkultur, die in der Exil-Gruppe nun mit einem „realen" historischen Hintergrund verbunden worden war. In diesem „anderen" symbolischen Bezug auf seine „Ursprünge" könnte Herr Sadovean demnach sowohl seinen Bedarf nach Diskontinuität zu seinem Leben in Rumänien, dem er mit einer freiwilligen Flucht den Rücken gekehrt hatte, als auch den nach Kontinuität aufgehoben haben. Sehen wir uns diesen „anderen" Kontext etwas genauer an.

Die „Exil-Gruppe" setzte sich vorwiegend aus Mitgliedern zusammen, die 1944 den Frontwechsel Rumäniens von der Seite der deutschen Wehrmacht zur sowjetischen Armee nicht mitgemacht hatten, 1944 mit der Wehrmacht in den Westen Deutschlands gekommen und seitdem politisch aktiv geblieben waren. Dadurch repräsentierte sie eine in Deutschland hergestellte Kontinuität zur rechtsgerichteten Antonescu-Diktatur sowie den politischen Bruch mit dem staatssozialistischen Rumänien der Nachkriegszeit.[15] Die Gruppe vertrat rechtsradikale bis faschistische Positionen und machte u.a. Wahlwerbung für die NPD, an der sich Herr Sadovean beteiligte, indem er Flugblätter an der damals „studentenbewegten" Universität verteilte und in den sich daraus ergebenden Diskussionen seinen „antikommunistischen Standpunkt" mit seinen Erfahrungen in Rumänien begründete.

Vor diesem Hintergrund können wir vermuten, daß mit der Mitgliedschaft in dieser Gruppe – über ihre Funktion der Kontinuitätssicherung und der Unterstützung von Veränderungen in der unmittelbaren Migrationssituation hinaus – für Herrn Sadovean eine biographisch relevante Neuorientierung in den historisch-politischen Zusammenhängen der Geschichte seines Herkunftslandes verbunden war. Diese ging einher mit der affirmativen Zuwendung zur Zeit der Antonescu-Diktatur vor 1945, in der Rumänen gemeinsam mit Deutschen unter dem ideologischen Banner, „den Kommunismus" zu bekämpfen, gegen die Sowjetunion Krieg führten. Wieso wurde dieser Aspekt der Vergangenheit, nämlich ein Bestandteil der Geschichte seines Landes, den Herr Sadovean als Angehöriger der Nachkriegsgeneration nicht miterlebt und in Rumänien nicht gekannt hatte, für ihn ausgerechnet nach der Flucht in einer Zeit biographischer Neuorientierung relevant? Um dieser Frage näher zu kommen, kehren wir, bevor wir auf die weitere Entwicklung in Deutschland eingehen, zurück zu den eingangs negativ konnotierten Erfahrungen in Rumänien, die Herr Sadovean im Interview erst auf Nachfrage erzählt.

Die Flucht im Kontext der Zeit davor

Herr Sadovean wuchs in einer Stadt in Transsilvanien/Siebenbürgen auf, die damals einen Anteil rumäniendeutscher Bevölkerung von knapp 25% aufwies. Die Schreibweise seines Nachnamens macht ihn als Rumänen aus Siebenbürgen kenntlich und er legt großen Wert darauf, ein Rumäne aus Siebenbürgen zu sein, weil *„alle Rumänen die aus Siebenbürgen kommen sind wie die Deutsche"*. Die Bewunderung und Identifikation mit „den Deutschen" brachte es mit sich, ihre Perspektive auf Rumänen zumindest zum Teil zu übernehmen. Herr Sadovean wuchs mit dem Komplex auf, ein *„Scheißrumäne"* zu sein – wie er sagt – und tat alles, um Kontakte zur rumäniendeutschen Minderheit zu bekommen, die er bewunderte und zu der er „*hochschaute*". So trat er im Alter von 15 Jahren (1964) in einen Verein ein, in dem mehrheitlich Rumäniendeutsche Leistungssport betrieben. In der Identifikation mit „den Deutschen" verlor er sein „*Minderwertigkeitsgefühl*" – wie er im Interview sagt.

> *Sportler waren alle so Deutsche, das hat mich schon damals irgendwie fasziniert, das war so anders, als wir, ich hab' immer so ein bißchen hochgeschaut, auf die Deutschen. Und, da war ich schon sehr stolz als ich dann aufgenommen worden bin. (...) Da hab ich mich immer ein bißchen geehrt gefühlt, jetzt gehör' ich nicht mehr zu den Rumänen sondern zu den Deutschen.* (I: 90/3-11)

Dennoch gibt Herr Sadovean die rumänische „wir-Perspektive" nicht ganz auf und beschreibt „die Deutschen" auch so:

> *Es war auch eine gewisse Arroganz der Deutschen, uns gegenüber, den Rumänen. (I: 91/31-32)*

Der Biograph bezieht sich hier auf die „wir-ihr"-Beziehungen zwischen rumänischer Mehrheit und rumäniendeutscher Minderheit in Transsilvanien und deutet deren gesellschaftliche Konstellierung in der Spannung von Unter- und Überlegenen an.[16] Welche *biographische* Relevanz hat jedoch die so beschriebene Anziehung der „Deutschen"? Sie steht – wie aus der Darstellung der Familiengeschichte im Interview hervorgeht – in einem familiengeschichtlichen Zusammenhang. Nach einer allgemeinen Aufforderung, etwas über seine Familie zu erzählen, spricht der Biograph zunächst kurz ein gegenwärtiges Problem mit seiner Mutter an: sie erwartet häufigere Besuche von ihm. Daraufhin problematisiert er seine Beziehung zur Familie generell, die sich nach seiner Flucht auf Bruder, Vater, Mutter reduziert habe und spricht dann, nach einer Pause, vom Vater, den er als „Deutschbewunderer" einführt:

> *(6) Mein Vater ist auch interessant, war ein Deutsch,bewunderer (1) der hat ähm (4) der war im Zweiten Weltkrieg der war Pilot, gewesen (2) der hat Mechanik studiert (1) und er war, dadurch ähm (1) der hat immer die Deutschen bewundert, nicht, es war so seine (1) ähm (1) also wenn er mir so erzählt hat, es ging damals so um Flugzeuge und so, das waren Messerschmidt, M. 104 oder sowas das waren so die berühmte äh. Flugzeuge im Zweiten Weltkrieg gewesen (1) und (3) für, für ihn waren so die Deutschen die große Meister, nicht* (I: 106/2-12).

Die Deutschbewunderung wird konnotiert mit einer Technikfaszination im Zusammenhang mit dem Zweiten Weltkrieg, von der der Vater seinem Sohn offenbar so genau erzählte, daß dieser heute noch die Bezeichnung der Flugzeuge in seine Darstellung einflicht. Die Deutschbewunderung könnte demnach etwas positiv Verbindendes zwischen ihm und seinem Vater sein. Dafür spricht auch, daß Herr Sadovean diese in seiner Darstellung nicht hinterfragt, obwohl die Stockungen durch die vielen Pausen auf eine latente Störung der Präsentation dieses Sachverhaltes, möglicherweise auch auf eine ambivalente Haltung diesbezüglich hindeuten. Es könnte z.B. sein, daß für den Biographen die mit dem Vater als Kind geteilte Bewunderung deutscher Militärtechnik aus der heutigen Perspektive problematisch ist, wenn er die Folgen des Einsatzes dieser Technik realisiert hat. Möglicherweise verweist auch die dezidierte und wiederholte Bewunderung „der Deutschen", die jedoch nicht detailliert ausgebreitet wird, auf eine unkritische, wenn nicht gar zustimmende Haltung des Vaters dem damaligen Nazi-Deutschland gegenüber, die der Biograph nur latent wahrnimmt. Es könnte aber auch sein, daß er sie gegenüber der rumäniendeutschen Interviewerin, der er vielleicht Kenntnisse über diesen Hintergrund und eine kritische Haltung unterstellt, nicht weiter ausführen möchte, um einen positiv besetzten Aspekt der Verbindung zu seinem Vater vor Kritik zu schützen.

Herr Sadovean verläßt zunächst dieses Thema und geht über zur Präsentation seines Vaters als Bauernsohn indem er berichtet, daß dessen Vater, also Romica Sadoveans Großvater, aus einer Arbeitsmigration in die USA nach dem Ersten Weltkrieg in sein rumänisches Dorf zurückgekehrt war, dort *„das halbe Dorf aufgekauft"* habe und die Familientradition begründete, den Erstgeborenen, Romica Sadoveans Vater, studieren zu lassen und dem Zweitgeborenen das Land zu übergeben. Damit war sowohl der Anschluß der Familie an die beginnende industrielle Entwicklung des Landes hergestellt, als auch die Fortführung des Bauernhofes gesichert. Mit diesem Hintergrund fährt Herr Sadovean fort, die vom Vater erlebten beruflichen Schwierigkeiten nach 1945 zu berichten. Er durfte sein Studium nur im Fernlehrgang fortsetzen und fand bis 1964 keinen festen Arbeitsplatz, und das, obwohl Ingenieure für den forcierten industriellen Ausbau damals die meistgesuchten Fachkräfte waren. Das muß für die Familie eine sehr belastende Situation gewesen sein. Herr Sadovean erinnert sich:

> *„ich kann mich so als Kind erinnern daß er immer von irgendeiner Firma wieder gefeuert worden ist und (2) wo wir klein waren da haben wir ihn gefragt ja wieso. da hat er gesagt politisch."*

In der mit dem Regierungsantritt Ceausescus verbundenen *„liberalen Welle"* erhielt der Vater dann *„auch seine Chance"* und wurde aufgefordert, in die kommunistische Partei einzutreten, was er dann auch tat. Kurze Zeit später wurde er zweiter Direktor eines großen Betriebes. Dadurch stieg er letztlich doch noch in die technisch-administrative Elite des Landes auf, wodurch es ihm gelang, den einen Teil der Familientradition in der Rolle des Erstgeborenen über den Bruch von 1945 hinweg zu kontinuieren. Ein Jahr später zog die Familie vom ländlichen Stadtrand in ein neu gebautes Wohnviertel. Bis hierher stellt der Biograph die Geschichte des Vaters in Übereinstimmung mit dessen Perspektive dar. Aber dann:

> *Er hat, ähm in mir immer versucht so reinzupowern. seine Vorstellungen, und äh aber ich war nicht sehr fleißig da in der Schule. und das war auch so unsere Konflikt. bei uns damals, so mit diese ganze Hippiebewegung da hab ich so mein ganzes Zimmer. hab ich die Stones gehabt, und die Beatles und so weiter und manchmal hat er ein Rappel gekriegt, da hat er mir alles runtergerissen (2) und für mich war auch, ähm das war auch eine Befreiung, als ich hergekommen bin. also auch von der family.* (I: 107/19-32)

Nun wird ein Konflikt mit so viel Trennendem präsentiert, daß implizit daraus – im Zusammenhang der Darstellung einer Adoleszenzproblematik – ein Begründungszusammenhang für die Flucht nach Deutschland entsteht, die gar als „Befreiung" evaluiert wird. Bevor ich auf die heutige Funktion dieses Darstellungsmusters, eine positive Verbindung mit dem Vater in einem trennenden Konflikt enden zu lassen, eingehe, folge ich zunächst dem Inhalt des Textes, in dem weitere Aspekte des angesprochenen Konfliktes präsentiert werden.

Herr Sadovean berichtet, daß sein Vater, nachdem sich seine Leistungen in der Schule nicht verbesserten, ihn in ein Internat mit einer auf Landwirtschaft spezialisierten gymnasialen Ausbildung schickte, in einen Ort im *„tiefsten barbarischen Rumänien"*, den Herr Sadovean damals – er war 16 Jahre alt – *„total haßte"*.

> *Im Internat, die waren alle so, Bauernsöhne und, ich bin überhaupt nicht zurechtgekommen. und das war immer so im Sommer wenn wir Ferien hatten. dann. das war das Tollste. in Sportverein zu sein für mich (2) das war immer so irgendwie da kam ich mir so vor (1) also die Rumänen das sind so diese Unterentwickelten (1) und dann waren die Deutschen in S. nicht äh*

das war so (2) bestimmte Gesellschaft, nicht, und es war nämlich gar nicht so einfach für einen Rumänen. da rein zu kommen. für mich dadurch daß ich dann. in diesem Sportverein war. war schon einfacher (I: 90/18-33)

Und schließlich thematisiert er die Eifersucht des Vaters auf den rumäniendeutschenTrainer des Sportvereins, der für Herrn Sadovean zu *„so 'ne Art Vaterfigur"* geworden war. In Herrn Sadoveans Perspektive könnte der Vater demnach nicht nur versucht haben, ihn doch noch auf eine unattraktiv gewordene Fortsetzung der landwirtschaftlichen Familientradition zu verpflichten – was ihn zudem zum Zweitgeborenen degradierte, obwohl er noch einen jüngeren Bruder hatte und es kein Land mehr zu verteilen gab. Vielmehr zerstörte er gerade das, was Herr Sadovean sich selbst mühsam aufgebaut hatte, nämlich fast wie selbstverständlich in einer deutschen Clique aufgenommen zu sein, zu ihren Festen und Ausflügen eingeladen und vom rumäniendeutschen Trainer unter die Fittiche genommen zu werden. Vielleicht war dies sogar sein Weg geworden, ebenfalls über die Orientierung an „den Deutschen" einen Anschluß an ein „modernes Leben" herzustellen. Möglicherweise fühlte er sich damit sogar in der Kontinuität zum Vater, der schließlich seine „Deutschbewunderung" mit einer Faszination „moderner" Technik verbunden hatte. Dadurch, daß der Vater Herrn Sadovean faktisch nun auf eine rumänische (Land-) Identität festlegte und seine Identifikation mit „den Deutschen" störte, wurden Herrn Sadoveans Beziehungen zu „den Deutschen" Teil des Konfliktes um die Fortsetzung der Familientradition über den als Bruch erlebten gesellschaftlichen Systemwechsel von 1945 hinweg. Die Darstellung der Familiengeschichte beendet er mit der Evaluation:

Mein Vater. der hat immer so betont, du bist aus einem Bauernstamm. aber andererseits war er stolz weil er war der einzige im Dorf. der, Ingenieur war, nicht (I: 110/2-5).

Herr Sadovean könnte seinen Vater als widersprüchlich und ambivalent sowohl in seiner Haltung der bäuerlichen Herkunft, als auch „den Deutschen" gegenüber erlebt und gegen dessen Anpassung ins staatskommunistische System rebelliert haben.

Der bäuerliche Lebenszusammenhang war für Herrn Sadovean gesellschaftlich nur noch als ideologischer, aber nicht als attraktive oder realistische Möglichkeit zur Kontinuierung einer Verbundheit mit dem Land präsent. Die Kontinuierung dieses Familienstrangs war durch die Enteignung und die Umwandlung der Landwirtschaft in eine kollektivierte „Agro-Industrie", die in weiten Teilen des Landes den traditionalbäuerlichen Lebenszusammenhang faktisch zerstört hatte,[17] nahezu unmöglich geworden, während ab Mitte der 60er Jahre die nationalistische Ideologisierung des Landlebens von Ceausescu – durch die kommunistische Rhetorik z.T. verdeckt – wieder verstärkt betrieben und die „Volkskultur" wieder zur Grundlage der nationalen Selbstdefinition erhoben worden war. Möglicherweise war dadurch für Herrn Sadoveans Vater zwar eine Brücke entstanden, um in die kommunistische Partei eintreten zu können, da sie ihm nun einen strukturellen Kontinuitätszusammenhang zur Zeit vor 1945 anbot. Herr Sadovean konnte dieser Konstruktion jedoch – unter den von ihm erlebten Bedingungen in Rumänien – nicht mehr folgen.

Ähnlich könnte Herr Sadovean die Haltung seines Vaters den „Deutschen" gegenüber als widersprüchlich und ambivalent erlebt haben. Möglicherweise war mit der „Deutschbewunderung" für Vater und Sohn – trotz der Gemeinsamkeit – auch Divergierendes verbunden, da sie zu unterschiedlichen Zeiten mit verschiedenen normativen

Orientierungen gefüllt wurde. Der Vater könnte z.B. gerade die Verbindung zwischen moderner Kriegstechnik und einer antimodernen, an der Konstruktion von archaisch-ländlicher Volkskultur orientierten Ideologie an „den Deutschen" bewundert haben. Dieses damals dominierende „antimoderne" Prinzip könnte ihm scheinbar ermöglicht haben, das für die Entwicklung des Landes charakteristische und auch in der Familiengeschichte der Sadoveans relevant gewordene Problem, nämlich eine immense Spannung zwischen der Traditionalität des Agrarlandes und dem forcierten Ausbau moderner Industrie, ideologisch zu balancieren. Der Vater mußte sich z.B. in der Rolle des Ingenieurs vom „Land" trennen und könnte nach einer Kompensation für diesen Verlust gesucht haben. Die weltanschaulich-normativen Implikationen der Orientierung an „den Deutschen" konnten nach 1945 aufgrund der gesellschaftlichen Tabuisierung zunächst nicht mehr offen artikuliert werden. Sie könnten dennoch latent und unausgesprochen – reduziert auf „Technikfaszination" – Teil des Tradierungsprozesses geworden sein.

Herr Sadovean wehrte sich jedoch gegen eine normative Verpflichtung auf ein traditional-nationalistisches Gesellschaftsmodell auf bäuerlicher Grundlage. Für ihn war mit seiner Bewunderung „der Deutschen" vielmehr eine Orientierung an der über die Siebenbürger Sachsen importierten westlichen Jugendkultur der 60er Jahre verbunden, an der Musik der Beatles und der Rolling Stones, die er als das attraktivere, ausgesprochen „westliche" Gegenkonzept zum „rumänischen" Leben erlebte, vielleicht auch als Reaktion auf dessen Verbot und Unterdrückung in der staatlich bestimmten Öffentlichkeit.

> *Für mich war das erste, was mich so faszinierte das ist die Öffnung nach Westen, das waren so die Sachsen in S* .(I: 91/17-21) ... *ich kann mich noch erinnern, wenn wir tanzten und im Freibad waren, wie wir alle scharf waren auf richtige Badehosen, diese modische Badehosen die. äh von Deutschland kamen. da waren auch die Mädels besser angezogen als die Rumäninnen. das war auch damals noch bei uns so. diese Deutschland, das waren die ersten, die Deutschen, die waren die Sachsen* (I: 92/8-24).

Herr Sadovean wollte Hippie werden, für ihn damals *„so eine Art Jungkommunisten"* des Westens. Vielleicht folgte er damit unbewußt auch den Spuren seines Großvaters, der in seinem Dorf noch bis in die Kindheit von Herrn Sadovean als „der Amerikaner" galt. Er erinnert sich: *„es war so witzig, bei uns im Dorf, das war in den Westkarpaten, in den Ferien sind wir immer hingefahren, und dann waren wir immer die. Enkel von dem Amerikaner".* Die Vorstellung vom Hippieleben könnte eine mit dem Großvater verbundene Orientierung am Westen, eine mit dem Vater verbundene Orientierung an „den Deutschen" sowie noch eine gewisse Loyalität zum sozialistischen Nachkriegsrumänien beinhaltet haben und den Versuch darstellen, auf seine Weise mit den Mitteln seiner Zeit die im Familien- wie Gesellschaftskontext divergierenden und widersprüchlich gewordenen Lebenskonzepte zu integrieren. Aber gerade dieses an „anderen" entwickelte, auf seiner individuellen Leistung beruhende und als autonom wahrgenommene Gestaltungspotential für sein Leben machte der Vater dem Biographen in einer Phase streitig, in der es um die Entwicklung von Autonomie gegenüber dem Elternhaus geht. Mit der Flucht hinter den Eisernen Vorhang vollzog Herr Sadovean eine nahezu gewaltsame Ablösung vom Vater und vom Land und konnte sich nun subjektiv vor deren widersprüchlichen Erwartungen geschützt fühlen. Darüber hinaus war mit ihr die Möglichkeit verbunden, biographische Pläne weiterzuverfolgen. Bei der zentralen Aufnahmestelle für

Flüchtlinge aus Rumänien gab Herr Sadovean auf die Frage nach seinen Zukunftsplänen an, er wolle Hippie werden. Daraufhin drohte deren Leiter, ihn wieder nach Rumänien zurückzuschicken. Dem begegnete Herr Sadovean wiederum mit einer Selbstmorddrohung. Er war fest entschlossen, nicht nach Rumänien zurückzukehren.

Die Flucht nach Deutschland erscheint vor diesem Hintergrund nicht mehr als „Zufall". Sie repräsentiert vielmehr eine mit „den Deutschen" zusammenhängende Problematik, nämlich mit den durch sie präsent gebliebenen und zugleich tabuisierten Kontinuitäten aus der Zeit vor 1945 umzugehen. Damit hängt zusammen, eine im Prozeß der forcierten Industrialisierung ausgelöste kulturelle Spannung, die in den Beziehungen zu „Deutschen" als ein Feld von aufgewerteten und entwerteten Lebenskonzepten ideologisch modelliert worden war, zu bewältigen. Anders gesagt: die Flucht nach Deutschland ist in diesem Fall implizit damit verbunden, eine in der Orientierung an „den Deutschen" entstandene Lebensvorstellung einerseits fortzusetzen und andererseits den u.a. gerade daraus entstandenen undurchschauten Differenzen und Konflikten in der Familie zu entfliehen. Wie wir sehen werden, wird der Biograph sie in Deutschland wiederaufnehmen, sie z.T. entwirren und bearbeiten, aber auch an sie gebunden bleiben. Zunächst agiert er – so können wir nun vermuten – mit seinen Aktivitäten in der Gruppe der rechtsgerichteten Exil-Rumänen einen mit seinem Vater verbundenen Anteil seiner „Ursprünge" aus. Die Zuwendung zu den „Ursprüngen" erweist sich in diesem Lichte nicht als eine ahistorische und apolitische Suche nach den kulturellen „Wurzeln". Die „Ursprünge" repräsentieren in der Geschichte von Herrn Sadovean vielmehr diejenigen Anteile der Tradition, die in der Familie wie in der Gesellschaft verleugnet wurden und als latent bleibendes Problem sein Leben mitbestimmt haben.

Die Flucht im Kontext der sich in Deutschland entwickelnden Problemstruktur

Während der Schulzeit im katholischen Internat im Westen begann für Herrn Sadovean eine Phase der Annäherung an liberalere politische Positionen in der Jungen Union, der Lektüre antiautoritärer, existentialistischer sowie die Nazizeit kritisch thematisierender Romane (Camus, Sartre, Böll), die eine Emanzipation von der rumänischen „Exil-Gruppe" einleitete. Sein Einzug in eine Kommune 1972, mit der er seinen mitgebrachten Vorsatz, Hippie zu werden, zu realisieren begann, führte dann zum vollständigen Abbruch seiner Beziehungen zur rechtsgerichteten Szene der Exilrumänen und zu Rumänen überhaupt. Für diese war er jetzt ein Verräter, ein Abtrünniger. Der Biograph erlebte nun – nachdem er zwei Jahre zuvor noch Flugblätter der NPD an der Universität verteilt hatte – den Generationskonflikt der Studentenbewegung auf der „anderen Seite" mit.

> *Für uns war diese WG, egal aus welchen Gründen. ähm für viele die da wohnten es war so diese große Auseinandersetzung zwischen Eltern, also dieser Generationskonflikt* (I: 8/13-16).

Mit der Trennung von der Exil-Gruppe und der dort in Gestalt des Priesters gefundenen „Vaterersatzfigur" reinszenierte Herr Sadovean den mitgebrachten Adoleszenzkonflikt. Im zeitlich getrennten Agieren in den gegensätzlich konstruierten Welten und Milieus wiederholte sich seine biographische Erfahrung, daß ein gleichzeitiges Leben in diesen verschiedenen Welten nicht möglich war. Die in Rumänien entwickelte Handlungsstruktur im Umgang mit vorgefundenen und als gegensätzlich wahrgenommenen Lebensmodellen setzte sich hier fort: ein Leben in Opposition und Gegensätzen. Mit dem Wechsel zwischen den verschiedenen Gruppen könnte gleichzeitig der Versuch verbunden gewesen sein, im zeitlichen „Nacheinander" eine Brücke zwischen den verschiedenen biographisch relevant gewordenen Wirklichkeiten zu schlagen, den rumänischen „Ursprüngen" und dem vom Biographen angestrebten „westlichen" Lebensmodell. Daß diese aus der Kontinuität der Beschäftigung mit dem Thema „Faschismus" besteht, ist dem Biographen vermutlich bewußt nicht zugänglich und bleibt als ein gemeinsamer Bezugspunkt der verschiedenen Milieus unaufgeklärt.

Romica Sadovean stellt den gesamten bisherigen Verlauf nach der Flucht im Interview als seinen Integrationsprozeß in Deutschland dar. Ihm liegt daran, die Erfahrungen in beiden Milieus als positive zu thematisieren und den Wechsel als nachvollziehbare Entwicklung zu präsentieren. Die Zeit in der rumänischen Gruppe wird als Integrationsprozeß seiner rumänischen Herkunft, die in der Kommune als Realisierung seiner in Rumänien bereits entwickelten Vorstellung, Hippie zu werden und damit seine Zugehörigkeit zum „Westen" zu verwirklichen, dargestellt. Die drei Jahre in der international zusammengesetzten Wohngemeinschaft, mit einem Amerikaner und einem Deutschen als den engsten Freunden, in der er sich frei fühlte von normativen Erwartungen der „Außenwelt" und sich mit deutscher Philosophie und Kultur als den „guten Seiten" Deutschlands beschäftigte, beschreibt Herr Sadovean als *„eine der schönsten Zeiten"*.

> *Wir haben so wie in eine Insel. da gelebt, die Ahnungslosen um uns herum, die Spießbürger und wir. (...) das war ein schönes Haus (...) das war diese unsere Mittelpunkt und, auch eine gewisse Geborgenheit* (I: 8/19-9/2).

1975 zog Herr Sadovean aus der Kommune aus, da sie sich durch Drogenkonsum und linksextremistische politische Aktivitäten zunehmend in ein kriminalisiertes Milieu verwandelt hatte. Er nahm sich nun alleine eine Wohnung in der bisher nur durch ein *„Prisma"* wahrgenommenen *„Außenwelt"*. Eine Freundin aus der Kommune nahm sich in dieser Zeit das Leben, weil sie – wie Herr Sadovean sagt – den Wechsel der Welten nicht verkraftet hatte. Herrn Sadoveans Versuch, in einem Abendkolleg das Abitur nachzumachen, scheiterte nach ca. eineinhalb Jahren, weil er sich dort *„total alleine fühlte"*. Vermutlich sah er sich nun damit konfrontiert, daß seine Lebensvorstellung, mit der er nach Deutschland gekommen war und die er in der Wohngemeinschaft zunächst realisieren konnte, im Prozeß deren Auflösung mit zerbröckelt war. Er begann zwar, sich beruflich neu zu orientieren, und ging nun dem Ziel nach, Kameramann zu werden; aber desintegrierende Aspekte seiner Biographie, vielleicht sogar Zweifel an seiner Flucht, traten in den Vordergrund:

> *Bis ich so 28 war ich hab so gelebt, wenn ich so nachdenke als, wäre ich hier geboren. und das war das erste mal wo ich so'n Konflikt hatte wo ich, mir gedacht habe eigentlich kommst du gar nicht von hier, bist du gar nicht von hier [hmm] und:, da kam so, so'ne gewisse Spaltung in mir da hab ich so ein bißchen das Deutsche abgelehnt undäh. da bin ich sehr oft nach Italien gefahren.* (I: 10/35-11/9)

Für Herrn Sadovean ist Italien hinsichtlich der Sprache und Mentalität das Rumänien am nächsten stehende westeuropäische Land. Seinen Lebensunterhalt bestritt er in dieser

Zeit mit einem Wochenendjob bei einer Filmgesellschaft im Süden Deutschlands. Aber *„seit '85 da hat mir auch nicht mehr so viel Spaß gemacht rumzureisen"*. Er beendete sein Pendelleben und zog wieder in seine vertraute deutsche Großstadt, wo er sich als freier Mitarbeiter einer kleinen Filmgesellschaft mit seiner weitgehend autodidaktisch erworbenen Fertigkeit als Kameramann seinen Unterhalt verdiente. Dies war der Kontext, in dem er noch während der turbulenten, gewaltsamen und unklaren Ereignisse im Dezember 1989 in Rumänien, die Gelegenheit zu einer Reise dorthin ergriff.

Die Flucht im Kontext der Ereignisse um 1989

Der Drang, das Land zu sehen, überwog das Risiko. Es waren 20 Jahre vergangen, seit Herr Sadovean nicht mehr dort war. Seine Reiseerzählungen, die den dramatischen Höhepunkt des Interviews bilden und mehr als die Hälfte der Eingangspräsentation einnehmen, rahmt er am Anfang und am Ende durch folgende Argumentation:

> *Das war für mich, der ganze Ostblock, der eiserne Vorhang das war für mich, natürlich hab ich so gelesen aber äh: es hat mich nie interessiert auch so die Kontakte zu Hause ich hab, ich war sehr, muß ich schon sagen, ein schlechter Sohn weil ich hab. selten geschrieben und ab und zu mal telefoniert. und wahrscheinlich nur aus schlechtem Gewissen meiner Mutter gesagt ja mir geht's gut, äh braucht sich keine Sorgen machen. und: ja Anfang 89 ist auch meine Mutter, hergekommen, nach Deutschland, da war sie, drei Monate, bei mir, und es war so komisch weißt du weil, ich hab. äh. in gewisser Hinsicht. so was Familie betrifft, und Mutter=im Grunde genommen hab ich wie ein Waise hier gelebt, gut ich wußte ich hab irgendwo eine Familie, und ich hab immer Paketen nach Rumänien geschickt aber das war alles. und telefoniert das war der Kontakt zwischen uns aber sonst, äh wenn ich, des Telefon aufgelegt habe dann:, war schon. vorbei* (I: 12/11-33)

und:

> *Ja. und nachher* (gemeint ist: nach den ersten Reisen, R.B.) *kommt so'n Drang in mir. in Osten zu fahren. ich bin nach Budapest gefahren und. nach Prag. und dann wieder nach Rumänien=es war für mich auf einmal. was ich. mir selber auch tabuisiert habe, daran darfst du nicht denken. auf einmal steht dir offen da kannst du. runterfahren* (I: 31/20-28).

Vielleicht erlebte Herr Sadovean die Öffnung des Eisernen Vorhangs und die Reisen als Chance, die seit der Auflösung der Wohngemeinschaft möglicherweise ins Wanken geratene innere Balance und ein Gefühl der Integriertheit wiederzugewinnen. Die Reisen sind aber auch – wie wir in der thematischen Verknüpfung erkennen – mit der Konfrontation mit seinem schlechten Gewissen verbunden, die „andere Seite" des Eisernen Vorhangs mit einem Tabu belegt und die Kontakte zu seiner Familie, insbesondere zu seiner Mutter, vernachlässigt zu haben. Möglicherweise werden nun auch Schuldgefühle aktualisiert, die Mutter und den Bruder vor 20 Jahren unter den damals vorhersehbaren Umständen, nämlich nicht zurückkehren zu können, verlassen zu haben. Die Selbstbezeichnung als *„Waise"* läßt vermuten, daß die Trennung auch für Herrn Sadovean nicht einfach und mit dem „Tabu" möglicherweise besser auszuhalten war. Auf jeden Fall dürfte es nicht leicht gewesen sein, sich wieder als Mitglied einer Familie zu sehen und den Kontakt zu ihr wiederherzustellen. In der Beziehung zur Mutter thematisiert er die Problematik explizit und erzählt ihren Besuch in Deutschland detailliert. Daß sein Vater inzwischen gestorben war, erfuhr ich dagegen lediglich in einem Nebensatz vor Beginn des Interviews. Herr Sadovean konnte die mit ihm verbundene Problematik nicht explizit ansprechen. In der Darstellung der Reiseerlebnisse, von den ersten Grenzübertritten *(„das war das erste mal wo ich mich so. bekennen mußte, zum Rumänen sein“*, den ersten Kontakten mit der rumänischen Bevölkerung, von Schießereien und der Jagd nach einer Fahne, aus der das sozialistische Emblem entfernt worden war *(„absurde Situationen“),* wird jedoch deutlich, daß sie wieder virulent geworden war. Alle Situationen sind verbunden durch die Frage: „Bist du Rumäne oder Deutscher?“

> *Das war auch so interessant, so das erste mal daß wir so: kurz nach der Grenze in ein Dorf reingefahren sind, (...) des war für mich echt wie:, als der Kolumbus Amerika entdeckt hat und die ersten Eingeborenen kamen=so haben wir uns gegenseitig angeschaut. also für mich auch so. Rumänien. jetzt bist du in Rumänien, jetzt siehst du Rumänen [hm] und so haben wir uns angeschaut. sie haben zuerst gefragt Germanski [Deutscher, R.B.] ((lacht)). naja hab ich gesagt, „ihr könnt schon mit mir rumänisch sprechen ich bin Rumäne“, „oh was, Sie sprechen rumänisch“= ich sag „ja ich bin Rumäne“, und dann, ich hab mir damals gedacht ich fühle mich echt wie Kolumbus. das Volk auch so richtig gierig die Leute angeschaut was das für Leute sind äh aus welchem Land ich komme* (I: 20/23-21/6).

Der Biograph wurde nun als Deutscher typisiert, definierte sich selbst aber als Rumäne. Er beschreibt sich jedoch nicht als „im Volk“ plaziert, vielmehr stand er ihm beobachtend gegenüber. Fremdheit und Vertrautheit, Nähe und Distanz gehen hier eine bildhafte szenische Verbindung ein, die zunächst offen läßt, wie sich die darin thematisierte Beziehung zum „Land aus welchem ich komme“ gestalten und entwickeln wird. Die „Gier der Blicke“ drückt einerseits Neugierde, vielleicht sogar den Wunsch aus, die Distanz zu überwinden, und zeigt gleichzeitig, wie groß, vielleicht gar unüberbrückbar diese in den letzten 20 Jahren geworden war. Hier wird bereits eine unumkehrbare Trennung „vom Land“ angedeutet, die in der Beschreibung der ersten Begegnung mit seiner ganzen Familie, seinem Bruder und seiner Schwägerin sowie deren Sohn noch klarer wird. Sie traf er zum ersten Mal während einer der ersten Reisen bei einem Zwischenaufenthalt auf dem Bahnhof der Stadt, in der alle wohnen.

> *Naja sind wir in. C. angekommen und da war die ganze family mit Paketen die haben gerade ein, Schwein, geschlachtet und so in:. Tüten mitgebracht. was soll ich machen ich muß von Budapest nach A-Stadt fliegen, da kann ich nicht. Schlacht.fleisch nach nach. A-Stadt fahren ((lachend)) „ja das mußt du mitnehmen“. es war schon, mein Bruder ((räuspern)) ein erwachsener Mann mit Bart, so'n Vollbart. da hab ich ihm äh, beigebracht. daß. er sich ein bißchen den Bart rasieren soll ((lacht)) mit seine Frau und sein Sohn ((räuspern)), und: meine Mutter. es war auch so gespenstisch weil: 'ne viertel Stunde hat der Zug angehalten und dann sind wir weitergefahren. naja und das war so die erste Begegnung mit meine. vollständige family (2)* (I: 30/19-31/2).

In der Beschreibung dieser kurzen Begegnung thematisiert der Biograph die Differenz der Lebenswelten, in denen seine Familie und er inzwischen jeweils leben. Das für ihn mitgebrachte Fleisch von einem frisch geschlachteten Schwein ist in der Versorgungsstruktur Rumäniens ein sehr wertvolles Gut und symbolisiert Wertschätzung und Fürsorge, die ihm als Familienmitglied entgegengebracht wurde. In der großstädtischen Lebenswelt von Herrn Sadovean, symbolisiert durch das Flugzeug als modernstem Verkehrsmittel, sind jedoch die Tüten mit frisch geschlachtetem Schweinefleisch deplaziert. Befangenheit charakterisiert die Situation, in der der Bart des jüngeren Bruders Herrn Sadovean zur Korrektur herausfordert. Vielleicht versucht er latent, seine Rolle als Erstgeborener zu behaupten, da der jüngere Bruder diese möglicherweise mit seinem Vollbart, Frau und Sohn, also einem männlichen und erwachsenen Auftreten, noch dazu an der Seite der Mutter, implizit in Frage stellt. Mit seinen Kenntnissen der „westlichen“ Standards der Bartmode kann Herr Sadovean dagegen weiterhin die kulturelle Führungsrolle beanspruchen.

Mit der zitierten Darstellung der ersten Begegnungen mit seiner Familie in Rumänien legitimiert der Biograph implizit, so die Interpretation, die von ihm herbeigeführte Trennung von seiner mit ‘Rückständigkeit’ assoziierten ‘traditionalen’ Familie und deren Land, die nicht mehr rückgängig gemacht werden kann. Damit argumentiert er gegen die vor allem von seiner Mutter an ihn herangetragene Erwartung, nun wieder nach Rumänien zurückzukommen, und legitimiert implizit – wie in der Darstellung der Familiengeschichte – die Trennung vom Vater, mit dem keine Versöhnung stattgefunden hatte. Das „Land“ war mit der konflikthaften Zugehörigkeits- und Adoleszenzproblematik verbunden geblieben. Die Kontakte zur Mutter und zum Bruder wurden in den nächsten zwei Jahren zwar immer intensiver – Herr Sadovean hatte in dieser Phase zum ersten Mal rumänische Freundinnen und organisierte eine Fotoausstellung in der rumänischen Stadt C. mit Fotos aus seiner deutschen Stadt A. – aber eine „Rückkehr“, gar an seinen „alten“ Platz, war nicht mehr möglich, nicht zuletzt, weil sein Bruder den des „Erstgeborenen“ inzwischen eingenommen hatte. Außerdem fühlte sich Herr Sadovean mit seinem Leben in Deutschland ebenfalls verbunden, obwohl sich seine Erfahrungen als Rumäne in Deutschland in den letzten Jahren veränderten:

> *Ich merke wenn mich Leute fragen „woher kommst du“, ich sage „aus Rumänien“, „aha Rumänien“ – die Rumänen sind, ein bißchen die Zigeuner Europas.* (I: 32/33-35)

Dennoch beschreibt er sich am Schluß des selbststrukturierten Teils des Interviews als in seinem gegenwärtigen Berufs- und Wohnumfeld in Deutschland gut integriert. Seinen Lebensmittelpunkt hat er wieder in der Stadt konsolidiert, in der er seit 24 Jahren mit kurzen Unterbrechungen lebte und in der er sich, wie er sagt, *„wie ein Fisch im Wasser“* bewegt. Zum Zeitpunkt des Interviews war seine deutsche Freundin gerade in seine Wohnung eingezogen.

Die Flucht im Kontext der gegenwärtigen Konstruktion der Biographie

Herr Sadovean präsentiert sich als jemand, der sich nach seiner Flucht, nach der Auflösung der Kommune sowie nach dem Fall des Eisernen Vorhangs biographisch mit der Frage nach seinen Zugehörigkeiten konfrontiert sah, der mit dem Problem handelnd und reflektierend umging und dem es in allen Phasen gelang, eine lebbare „Antwort“ darauf zu finden, allerdings nur in Deutschland und nicht in Rumänien. Er beginnt die Eingangspräsentation mit der Darstellung eines zwar schwierigen, aber gelingenden Integrationsprozesses in Deutschland, läßt auf desintegrierende Erlebnisse immer integrierende folgen, mit denen er den selbststrukturierten Teil des Interviews auch beendet, ohne die problematischen Erfahrungen in Rumänien dargestellt zu haben. Wie sich in der ersten Textpassage bereits andeutet, unterteilt Herr Sadovean seine Biographie demnach in ein Leben in Deutschland, das zwar als schwierig, aber dennoch integriert präsentiert wird, und eines davor in Rumänien, das als problematisch und mit konflikthaften Zugehörigkeiten behaftetes erst auf Nachfrage im zweiten Teil des Interviews dargestellt wird. Auffallend ist, daß die Geschichten hier immer mit desintegrierenden Aspekten enden. Der Beginn des Interviews mit der Darstellung der integrativ erlebten Zeit nach der Flucht wird so zum Interpretationspunkt einer gelingenden Integration seiner verschiedenen Zugehörigkeiten, die auch im Zusammenhang der Präsentation der dramatischen Erlebnisse nach dem Fall des Eisernen Vorhangs sowie der jetzigen Lebenssituation beibehalten wird.

> *Jetzt ist es so. weiß nicht äh (3) ((räuspern)) vielleicht ist 'ne Neugier gestillt und die. ganze Auseinandersetzung also. 'ne Spaltung in mir wo gehöre ich hin.* (I: 31/30-33)

Im zögernden *„weiß nicht"*, der Pause sowie dem Räuspern machen sich dennoch Zweifel darüber bemerkbar, ob alle desintegrierenden Aspekte in seine Biographie eingebunden sind und damit Ruhe in sein Leben einkehren wird. Herr Sadovean argumentiert danach auch prompt weiter:

> *... Da stand ich immer zwischen den Stühlen...und dann jetzt auch so was in Rostock passiert ist, da war ich gerade in Rumänien. meine Mutter hat gesagt „ja jetzt kommst du wieder zurück". Da hab ich gesagt, „es is nicht so daß da ganz Deutschland in Flammen steht oder Jagd auf Ausländer gemacht wird". Aber es war schon komisch. Und meine Mutter hat auch noch zu mir gesagt „du nimmst überhaupt keine Stellung, du schimpfst auf die Deutschen du schimpfst auf die Rumänen, wo stehst du da". Ich sage „ich schimpfe auf jeden wo Unrecht (geschieht) oder wo ich denke das ist nicht in Ordnung"* (I: 31/33-32/16)

und:

> *Du bist ständig konfrontiert mit Faschismus, ob du jetzt Rumäne bist oder Deutscher (...) und des war für mich sehr wichtig weil ich hab ja erzählt die zwei Jahre da wußte ich gar nicht mehr:. wo ich hingehöre aber. wenn du ständig Chauvinismus von dort* [gemeint ist Rumänien, R.B.] *erlebst und hier mit Nationalismus konfrontiert bist ...* (I: 36/17-28).

Von hier aus gelangt er dann zur biographischen Quintessenz, die seine Perspektive, mit der er sich gegenwärtig seiner Biographie zuwendet, bestimmt:

> *Das schlimme ist, also für mich war so, du lebst in ein Land und denkst du gehörst dazu* [gemeint ist die Bundesrepublik, R.B.]. *Das war bei mir auch so weil ich hab in Rumänien auch viel mit Deutschen zusammengewohnt, da war die Umstellung nicht so groß. Man sucht sich immer die Kreisen wo man auch irgendwie aufgenommen wird. Aber manchmal, da braucht man nur so'n kleinen Gedanken haben und: „du gehörst nicht hierher". Und dann hab ich oft gedacht, dann fühlst du dich, im Grunde genommen war ich immer ein Entwurzelter, aber ich bin froh, ein Entwurzelter zu sein, weil man ein bißchen anders sieht. Auch wenn man sich manchmal einsam fühlt und sein Zweifel hat, aber ich bin, ich war immer froh ein Entwurzelter zu sein.* (I: 37/20-37)

In dieser Lebenskonstruktion als „Entwurzelter"[18] wird die Zeit vor der Flucht miteinbezogen und so eine die Flucht integrierende Kontinuitätskonstruktion geschaffen, sowie die für Herrn Sadovean nicht mehr beantwortbare Frage, ob er „Rumäne oder Deutscher" sei, zurückgewiesen. Darin besteht sein gegenwärtiger Umgang mit der Problematik, daß sich ihm seine Biographie als zweigeteilte darstellt. Das Verbindende zwischen der ersten und zweiten Hälfte seines Lebens ist: er hat eigentlich noch nie genau gewußt, wohin er gehört. Damit bezeichnet Herr Sadovean zugleich die schwierigen biographischen und gesellschaftsgeschichtlichen Konstellationen, in denen er in Rumänien aufgewachsen ist und die bereits mit „Deutschland" auf eine für ihn undurchschaubare Weise verbunden waren. Herr Sadovean hat heute noch seinen Flüchtlingspaß. Dies ist mit einigen Komplikationen bei Reisen ins Ausland verbunden, die er jedoch immer wieder in Kauf nimmt. Er würde ihn nicht freiwillig gegen einen deutschen oder einen rumänischen eintauschen.

4. Zusammenfassung: Zum fallspezifischen Zusammenhang von Migration, Biographie und historischem Ost-West-Kontext

Im Fall von Romica Sadovean hat die Migration – wie wir gesehen haben – biographisch die Funktion, den in der Familie, in den ethnischen Konstellationen und der Geschichte seines Landes entstandenen Spannungen in für ihn undurchschaubaren und auferlegten Traditionszusammenhängen zu entfliehen, um diese in strukturähnlichen, aber doch veränderten Kontexten neu zu bearbeiten. Der Biograph erlebte die Flucht hinter den Eisernen Vorhang als Befreiung aus der Familie und als Sicherung seiner in Rumänien bedrohten Autonomie. Diese Wahrnehmung konnte oder mußte trotz bzw. wegen aufkommender Zweifel, bis heute aufrechterhalten werden. Da der Biograph bis zu seinem 40. Lebensjahr nicht mehr in sein Herkunftsland reisen konnte, war der Kontakt zu seiner Familie nahezu abgebrochen und mit ihm die Chance, die Beziehungen vor allem zum Vater noch vor dessen Tod neu strukturieren zu können. Die Flucht und die Dynamik des sie auslösenden Adoleszenzkonfliktes blieb der die Gesamtbiographie bestimmende Wendepunkt.

Mit diesem Wendepunkt war wiederum die Orientierung an „Deutschland" im gesellschaftsgeschichtlichen Kontext der Modernisierung Rumäniens in der Spannung von ambivalenten und wechselnden Idealisierungen bzw. Entwertungen „modernen" vs. „traditionalen" Lebens verbunden. Ihre Modellierung in der Orientierung am „modernen" Nazi-Deutschland während des Zweiten Weltkrieges und deren vollständige Dethematisierung nach 1945 bildeten den latent bleibenden, aber die Dynamik mitbestimmenden Horizont. Dem Biographen stellten sich im Familienzusammenhang „moderne" bzw. „bäuerliche" Lebensorientierungen als widersprüchlich dar. Er reinszenierte sie in Deutschland im Wechsel der Beschäftigung mit „Folklore" in einer rechtsgerichteten Exil-Rumänen-Gruppe und der anschließenden Hippiezeit. Das mit den „Ursprüngen" zusammenhängende familienbiographische wie gesellschaftsgeschichtliche Konfliktpotential wurde dadurch zwar nicht aufgeklärt, konnte aber im Kontext des Generationskonfliktes der sogenannten '68er expliziter thematisiert werden. Dieser entsprach strukturell auch dem des Biographen: eine Rebellion gegen manifest oder latent übermittelte Anteile von in der Nazi-Zeit geformten normativen Weltbildern und den ausbleibenden Dialog mit den Eltern, vor allem den Vätern über ihre konkreten Verwicklungen in diese Zeit.[19] Der Biograph war durch seine Flucht der für ihn relevanten Familien- und Gesellschaftsproblematik nähergekommen und hatte sich gleichzeitig von ihr wieder entfernt. In Rumänien hatte er kaum eine Chance, etwas Konkretes aus der Zeit vor 1945 zu erfahren, da diese Zeit noch viel weitgehender dethematisiert worden war. In West-Deutschland konnte er dagegen Kenntnisse über den Nationalsozialismus und seine Verbrechen auch aus kritischer Perspektive erwerben. Diese waren – so ist anzunehmen – nicht konkret auf Rumänien, Orte und Personen, die dem Biographen bekannt waren, bezogen. Dadurch blieb vermutlich wiederum sein Land, sein Vater sowie das für ihn relevante Milieu „der Deutschen" aus seiner anhaltenden Beschäftigung mit dem „Faschismus" ausgeklammert.

Die Aufklärung der von Herrn Sadovean agierten Kontinuitäten in und zwischen den Gesellschaften Rumäniens und Deutschlands wurde in der Bundesrepublik auch durch die Nichtwahrnehmung all dessen, was auf der „östlichen" Seite des Eisernen Vorhangs angesiedelt war, erschwert. Wenn Herr Sadovean damit beschäftigt blieb, in deutschen Kontexten zu erklären, wo Rumänien überhaupt liegt und wie seine Hauptstadt heißt, ergaben sich dort vermutlich kaum Gelegenheiten, die mit seinem Land verbundenen biographisch relevanten Erfahrungen im Dialog mitzuteilen und dabei vielleicht auf – wenn auch nur angedeutete – Geschichten von Vätern von Deutschen zu stoßen, die während des Zweiten Weltkrieges in der einen oder anderen Funktion in Rumänien gewesen waren. Diese Geschichten gehören vermutlich eher zu den problematischen, und es war möglicherweise in aller Interesse, sie nicht zu berühren.

So gesehen könnte die Funktion der Polarisierung Europas in „Ost" und „West" auch darin bestehen, die gemeinsamen Anteile an der Zerstörung im Zweiten Weltkrieg und im Holocaust nicht mehr wahrzunehmen. Der Eiserne Vorhang schützte und schützt bzw. erschwerte und erschwert bis heute im „Osten" wie im „Westen" die Thematisierung und sozialwissenschaftliche Bearbeitung der belastenden Anteile in den Ost-West-Beziehungen. Sie wurden von den die Teilung Europas begleitenden Konstruktionen der jeweils „anderen" in Form von Freund-Feind-Schemata verdeckt.[20] Mit der Öffnung Osteuropas nach dem Fall des Eisernen Vorhangs rückten sie zwar gesellschaftsgeschichtlich wieder in den Vordergrund; die Konstruktion neuer Polaritäten („barbarisch" vs. „zivilisiert") entlang nationaler, ethnischer oder kultureller Kategorien läßt jedoch darauf schließen, daß die Distanz, ja gar Polarität nun von (west)deutscher Seite im Rückgriff auf historische Stereotype auf andere Weise wiederhergestellt wird.

Ost-West-MigrantInnen haben dagegen die Teilung und Polarisierung Europas in ihrem gelebten Leben mit Erfahrungen auf beiden „Seiten" bereits vielfach durchbrochen, auch wenn ihre Wahrnehmung von dieser Polarisierung mitstrukturiert wurde. In ihren Biographien wird die Komplexität der mit „Deutschland" verbundenen Ost-West-Beziehungen sichtbar. Darüber hinaus haben sie Strategien entwickelt, mit beiderlei Erfahrungen aus sozial, politisch und historisch polarisierten Welten umzugehen und diese zu integrieren. Dabei können sie vielfach bereits auf Erfahrungen in den mehrfachkulturellen Kontexten Ost-Europas und Ost-Mitteleuropas zurückgreifen, die zuweilen spannungsvoll gestaltet waren oder sind. Sie sind das biographische und kulturelle Potential, das den Biographen ermöglicht, Verbindungen auch zwischen polarisierten Welten herzustellen.

Die hier rekonstruierte Ost-West- Migrationsbiographie repräsentiert als Typus eine Migration, mit der ein biographischer Wendepunkt in der Adoleszenz verbunden ist. Er ist desweiteren mit den gesellschaftlichen Umbrüchen vor und nach der Teilung Europas verbunden, da diese für den 1949 geborenen Angehörigen einer Nachkriegsgeneration[21] familiengeschichtlich relevant geworden sind. In diesen Prozeß sind die bereits im Herkunftsland bestehenden „wir" - „ihr" Beziehungen zwischen Rumänen und Deutschen eingeschlossen. Sie bestimmen die „Wahl" des Ziellandes für die Migration sowie deren Dynamik insgesamt ebenfalls wesentlich mit.

Allgemein können wir schlußfolgern, daß die Migration als Diskontinuitätserfahrung im Bedeutungskontext anderer – gesellschafts- wie familiengeschichtlicher – Diskontinuitätszusammenhänge sowie im Kontext der Strategien des Umgangs mit ihnen steht. Im Zusammenhang mit der Thematisierung von Migration ist demnach zu erwarten, daß auch andere biographisch relevante Diskontinuitätszusammenhänge „präsent" werden, die mit „Migration" im engeren Sinne möglicherweise zunächst nichts zu tun haben. Vielmehr kann die Migration schon eine Form des Umgangs mit ihnen darstellen und – entgegen den gängigen Erwartungen – Kontinuitätszusammenhänge wieder stärken oder sogar erst schaffen. In dieser Perspektive wird auch deutlich, daß die Zeit vor der Migration, ihre Form (in dem hier rekonstruierten Fall nimmt sie die Gestalt einer Flucht an) sowie die Zeit nach der Migration bis zu ihrer Thematisierung in einem Interview einen sich verändernden Bedeutungszusammenhang konstituieren, der erst als ganzer betrachtet verstanden werden kann.

Literatur

Ancel, Jean (1987): The Jassy Syndrome. In: Romanian Jewish Studies I (1987), 33–50

Ancel, Jean (1986) (Ed.): Documents Concerning the Fate of Romanian Jewry during the Holocaust, 12 Bde. New York

Apitzsch, Ursula (1993): Migration und Ethnizität. In: Peripherie 49 (1993), 5–18

Bade, Klaus (1990) (Hg.): Neue Heimat im Westen: Vertriebene, Flüchtlinge, Aussiedler, Münster

Balla, Bálint (1969): Auswanderung und Gesellschaftsstruktur. Hundert Jahre ungarische Emigration aus soziologischer Sicht. In: Ungarnjahrbuch (1969), 163–183

Balla, Bálint (1990): Nation and Nationality. A Main Field of Crisis in Eastern Central Europe. In: Central Europe, Jagellonian Univ. Kraków

Barbu, Zev (1968): Romania. In: Woolf, S.J. (ed.): Fascism in Europe, London & New York

Bohn, Irina, Franz Hamburger und Kerstin Rock (1993): Die neue Ost-West Migration. In: Meulemann, H./Elting-Camus, A. (Hg.): Lebensverhältnisse und soziale Konflikte im neuen Europa, Opladen, 424–427

Breckner, Roswitha (1994a): Von den Zeitzeugen zu den Biographen. Methoden der Erhebung und Auswertung lebensgeschichtlicher Interviews. In: Berliner Geschichtswerkstatt (Hg.): Alltagskultur, Subjektivität und Geschichte. Zur Theorie und Praxis von Alltagsgeschichte, Essen: Westfälisches Dampfboot, 199–222

Breckner, Roswitha (1994b): „Ich war immer froh ein Entwurzelter zu sein". Aspekte biographischer Migrationsforschung am Beispiel einer Ost-West-Wanderung. In: Balla, B./Geier, W. (Hg.): Zu einer Soziologie des Postkommunismus. Kritik, Theorie, Methodologie, Hamburg, 37–50

Breckner, R. (1995): „Ich bin geboren so in diese Jahre...". Anmerkungen zur Frage: Wozu brauchen Biographen Geschichte? In: Balla, B./Sterbling, A. (Hg.): Soziologie und Geschichte – Geschichte der Soziologie. Beiträge zur Osteuropaforschung, Hamburg, 121–148

Broszat, Martin (1968): Deutschland – Ungarn – Rumänien. Entwicklung und Grundfaktoren nationalsozialistischer Hegemonial- und Bündnispolitik 1938-1941. In: Historische Zeitschrift 206 (1968), 45–96

Broszat, Martin (1958): Das Dritte Reich und die rumänische Judenpolitik. In: Gutachten des Institutes für Zeitgeschichte, München, 102–182

Butnaru, I.C. (1992): The Silent Holocaust. Romania and its Jews, New York, Westport/ Connecticut, London

Chalfen, Israel (1983): Paul Celan. Eine Biographie seiner Jugend, Frankfurt/Main

Chesnais, Jean-Claude (1991): L'émigration d'Europe centrale et orientale. Tendances et enjeux. In: futuribles 158 (1991), 3–22

Fischer-Galati, Stephen (1970): Twentieth Century Rumania, New York, London

Fischer-Rosenthal, Wolfram (1991): Biographische Methoden in der Soziologie. In: Flick/Kardorff/ Keupp/ v.Rosenstiel/Wolff: Handbuch qualitative Sozialforschung, München, 253–256

Fischer-Rosenthal, Wolfram (1995): The problem with identity: Biography as Solution to Some (Post-)Modernist Dilemmas. In: Comenius 15 (1995), 250–265

Fischer-Rosenthal, Wolfram (1996): Strukturale Analyse biographischer Texte. In: Brähler, E./Adler, C. (Hg.): Quantitative Einzelfallanalysen und qualitative Verfahren, Gießen, 99–161

Friedrich, Jörg (1993): Das Gesetz des Krieges. Das deutsche Heer in Rußland 1941 bis 1945. Der Prozeß gegen das Oberkommando der Wehrmacht, München-Zürich

Grinberg, León und Rebeca (1990): Psychoanalyse der Migration und des Exils, München, Wien
Hilberg, Raul (1961/1982): Die Vernichtung der Europäischen Juden. Die Gesamtgeschichte des Holocaust, Berlin
Hillgruber, Andreas (1954): Hitler, König Carol und Marschall Antonescu: die deutsch-rumänischen Beziehungen 1938–1944, Veröffentlichungen des Instituts für europäische Geschichte, Wiesbaden
Inowlocki, Lena (1993): Grandmothers, Mothers and Daughters. Intergenerational Transmission in Displaced Families in Three Jewish Communities. In: International Yearbook of Oral History and Life Stories, II (1993), 139–153
Knabe, Bernd (1992): Faktoren und Perspektiven der Ost-West-Wanderungen in Europa. In: Berichte des Bundesinstituts für ostwissenschaftliche und internationale Studien 43, Köln
Komjathy, Anthony and Rebecca Stockwell (1980): Saxons and Swabians of Romania. In: dies: German Minorities and the Third Reich. Ethnic Germans of East Central Europe between the Wars, New York, London, 103–124
Lavi, Th. (1974): The Background to the Rescue of Romanian Jewry during the Period of the Holocaust. In: Vago, B./Mosse, G. L. (eds.): Jews and Non-Jews in Eastern Europe 1918–1945, 177–186
Lieblich, Amia (1993): Looking at Change: Natasha, 21: New Immigrant From Russia to Israel. In: The Narrative Study of Lives 1 (1993), 92–129
Lutz, Helma (1991): Welten verbinden. Türkische Sozialarbeiterinnen in den Niederlanden und der Bundesrepublik, Frankfurt/Main
Lutz, Helma (1995): The Legacy of Migration: Immigrant Mothers and Daughters and the Process of Intergenerational Transmission. In: Comenius 15 (1995), 304–317
Maurenbrecher, Thomas (1985): Die Erfahrung der externen Migration. Eine biographie- und interaktionsanalytische Untersuchung über Türken in der Bundesrepublik Deutschland, Frankfurt/Main, Bern, New York
McArthur, Marylin (1990): Zum Identitätswandel der Siebenbürger Sachsen. Eine kulturanthropologische Studie, hrsg. und eingeleitet von Georg Weber, Köln, Wien
Mirsky, Julia and Frieda Kaushinsky (1989): Migration and Growth: Separation-Individuation Processes in Immigrant Students in Israel. In: Adolescence, XXIV (1989) 95, 725–740
Morokvasic, Mirjana (1983): Migration im internationalen Vergleich. In: Institut für Soziologie der Technischen Universität Berlin, Soziologische Forschungen 8, Berlin, 277–315
Morokvasic, Mirjana und Hedwig Rudolph (Hg.) (1994): Wanderungsraum Europa. Menschen und Grenzen in Bewegung, Berlin
Morokvasic, Mirjana and Anne de Tinguy (1993): Between East and West: A New Migratory Space. In: Rudolph, H./Morokvasic, M. (eds.): Bridging States and Markets. International Migration in the Early 1990s, Berlin, 245–289
Müller-Handl, Utta (1993): „Die Gedanken laufen oft zurück...". Hessische Flüchtlingsfrauen erinnern sich, Wiesbaden 1993
Münz, Rainer (1990): Massenmigration in Europa. Ein zeitgeschichtlicher Überblick. In: Journal für Sozialforschung 30 (1990), 373-378
Nassehi, Armin (1994): Die Deportation als biographisches Ereignis. Eine biographieanalytische Untersuchung über die Deportation der Siebenbürger Sachsen in die Sowjetunion 1945–1949, Bd. 1 der Habilitation, Münster
Nassehi, Armin und Georg Weber (1992): Zur ethnischen Vergesellschaftung der Siebenbürger Sachsen zwischen Tradition und Moderne. In: Forschungen zur Volks- und Landeskunde (Rumänische Akademie), Band 35, 11–38
Oevermann, Ulrich (1983): Zur Sache. Die Bedeutung von Adornos methodologischem Selbstverständnis für die Begründung einer materialen soziologischen Strukturanalyse. In: Friedeburg / Habermas: Adorno-Konferenz 1983, Frankfurt/Main, 234–292
Rosenthal, Gabriele (1993): Reconstruction of Life Stories. In: Narrative Study of Lives, 1 (1993), 59-91
Rosenthal, Gabriele (1994): Zur Konstitution von Generationen in familienbiographischen Prozessen. Krieg, Nationalsozialismus und Genozid in Familiengeschichte und Biographie. In: Österreichische Zeitschrift für Geschichtswissenschaften 5, Heft 4
Rosenthal, Gabriele (1995): Erlebte und erzählte Lebensgeschichte, Frankfurt/Main, New York
Rosh, Lea und Eberhard Jäckel (1990): „Der Tod ist ein Meister aus Deutschland". Deportation und Ermordung der Juden, Kollaboration und Verweigerung in Europa, München
Roth, Harald (Hg.) (1995): Minderheit und Nationalstaat. Siebenbürgen seit dem Ersten Weltkrieg, Köln, Weimar, Wien

Schütze, Fritz (1983): Biographieforschung und narratives Interview. In: Neue Praxis (3), 283–294
Schütz, Alfred (1971): Der Fremde. In: ders., Gesammelte Aufsätze, Bd. 2, Den Haag, 53–69
Seton-Watson, Hugh (1948): Osteuropa zwischen den Kriegen 1918–1941, Paderborn
Stölting, Erhard (1991): Festung Europa, Grenzziehungen in der Ost-West-Migration. In: Prokla 83 (1991) 2, 249–263
Stölting, Erhard (1992): Angst, Aggression und nationale Denkform. Osteuropäische Konflikte. In: Prokla 87 (1992) 2, 225–24
Völter, Bettina (1994): „Ich bin diesen Feind nicht losgeworden". Verschärfter 'Identitätsdruck' als Handlungsproblem ostdeutscher junger Erwachsener vor und nach der Wende. In: Österreichische Zeitschrift für Geschichtswissenschaften 7 (1994) 4,
Wodak, Ruth und Matouschek, Bernd (1993): Wir und die anderen: Diskurse über Fremde. In: Journal für Sozialforschung 33 (1993) 3, 293–302

Anmerkungen

1 Für Kommentare und Anregungen zu früheren Fassungen dieses Artikels danke ich Eva Brücker, Angelika Puhlmann, Susanne Rupp und Bettina Völter.

2 Eine der wenigen Ausnahmen bilden die Arbeiten von Mirjana Morokvasic, in denen die Migration aus Jugoslawien in die Bundesrepublik auch ansatzweise in ihren qualitativen Aspekten untersucht wurde (z.B. Morokvasic 1983). Zur Typologie verschiedener Migrationen aus Ost- und Ostmitteleuropa seit dem Zweiten Weltkrieg bis 1989 und ihrer jeweiligen numerischen Ausdehnung vgl. Chesnais 1991, Morokvasic/de Tinguy 1993. Am höchsten ist die Zahl der „Aussiedler", die zwischen 1950 und 1990 in die Bundesrepublik einwanderten (2.345.229), gefolgt von Polen (ca. 1 Million), Tschechen und Ungarn (ca. 40-50.000). Die Gesamtzahl der Auswanderer aus Rumänien zwischen 1966 und 1989 gibt Chesnais mit 300.000 an. Darin sind die rumäniendeutschen Aussiedler sowie die jüdischen Emigranten nach Israel und in die USA eingeschlossen. Siehe auch Bade 1990, Knabe 1992, Müller-Handl 1993, Münz 1990.

3 Erst seit den 90er Jahren, mit der Zunahme von Einwanderern aus Ostmitteleuropa, ist die „Ost-West-Migration" zu einem breiteren Forschungsthema geworden. Vgl. exemplarisch Morokvasic/Rudolph 1994.

4 In der bundesrepublikanischen Migrationsforschung ist es keinesweg selbstverständlich, Migrationsprozesse in biographischer Perspektive zu untersuchen. Es liegen allerdings Pionierarbeiten hierzu vor: vgl. exemplarisch Apitzsch 1993, Inowlocki 1993, Lutz 1991 und 1995, Maurenbrecher 1985, Nassehi 1994.

5 Außerdem interviewte ich ImmigrantInnen und Flüchtlinge aus Ungarn, aus der Sowjetunion und aus Polen sowie Ost-Ost-MigrantInnen, die aus den verschiedenen „Bruderstaaten" vor 1989 in die DDR eingewandert waren. Die Interviews fanden zwischen 1992 und 1994 statt. Es handelt sich bei dieser Untersuchung um mein Dissertationsprojekt, daß demnächst abgeschlossen sein wird.

6 Siehe auch Breckner 1995.

7 Hierbei folge ich den von Gabriele Rosenthal und Wolfram Fischer-Rosenthal in Anlehnung an die Erzählanalyse Fritz Schützes und die strukturale Hermeneutik Ulrich Oevermanns entwickelten Konzepten und Methoden der Biographieanalyse. Vgl. exemplarisch Rosenthal 1993 und 1995, Fischer-Rosenthal 1991 und 1996, Schütze 1983, Oevermann 1983. Zur Anwendung der Methoden in alltagshistorischen Forschungsfeldern siehe Breckner 1994a.

8 Vgl. z.B. die Untersuchung von Wodak/Matouschek (1993) in Österreich, wo nach 1990 vor allem Rumänen nicht mehr als Teil der harmonisch idealisierten Habsburgermonarchie, sondern nun als „fremd" und „bedrohlich" beschrieben wurden. Zur Funktion vergleichbarer Entwicklungen im innenpolitischen Diskurs der BRD vgl. Bohn, Hamburger, Rock 1993. Zur Geschichte der Abgrenzungen gegenüber dem „Osten" vgl. Stölting 1991.

9 Als Überblick zur Geschichte Rumäniens im ost- und ostmitteleuropäischen Kontext siehe Seton-Watson 1948 und Fischer-Galati 1970.

10 Wie die vom europaweiten Unterwerfungs- und Vernichtungsfeldzug betroffenen jüdischen Überlebenden Osteuropas, insbesondere die mit der deutschen Kultur eng Verbundenen ihre Beziehungen zu Deutschland erlebten und wie sich diese veränderten, konnte im Rahmen dieser Untersuchung empirisch nicht rekonstruiert werden. Die literarische Bearbeitung dieses Themas verweist auf eine tiefe Irritation und Verletzung, daß das Land, mit dessen Sprache und Hochkultur man identifiziert war, sich als „Meister des Todes" entpuppte (vgl. exemplarisch Chalfen 1983, auch Rosh/Jäckel 1990).

11 Für Anregungen zur Interpretation dieses Falles möchte ich mich bei den TeilnehmerInnen eines von mir geleiteten Seminars an der Technischen Universität Berlin bedanken.
12 I = 1. Interview, 1/8-28 = Seite 1, Zeile 8 bis 28.
13 Die unierte Kirche ist aus dem Zusammenhang des „östlichen" griechischen mit dem „westlichen" katholischen Glauben entstanden. In ihm verbindet sich der orthodoxe Ritus mit der Anerkennung des Papstes.
14 Als Fallbeschreibung dazu vgl. Lieblich 1993.
15 In den 80er Jahren gründete sich eine andere Gruppe von Rumänen in Deutschland, die sich von diesem Hintergrund abgrenzte und explizit ein demokratisches Selbstverständnis formulierte. Die Notwendigkeit, im Editorial der ersten Nummer der Zeitschrift „dialog. demokratischer Kreis der deutschland-rumänen", eine ausführliche Standortbestimmung vorzunehmen, die klare Grenzen zu „extremistischen Personen" und Positionen zieht, verweist auf das politische Gewicht, das diese bis in die 80er Jahre hinein in Exil-Kreisen behalten hatten.
16 Vgl. dazu die Ausführungen in Teil 2.
17 Die in den 80er Jahren begonnene sogenannte „Systematisierung" von Dörfern, d.h. die komplette Zerstörung alter Dorfstrukturen und der Aufbau neuer Wohnsiedlungen, ist nur der jüngste sichtbare Ausdruck der Strategie der gewaltsamen Umwandlung Rumäniens aus einem Agrar- in ein Industrieland.
18 Weitere Ausführungen zu diesem Aspekt im Kontext der Frage nach „Identität" in Migrationsbiographien und die Problematisierung der Anwendung dieses Konzeptes anhand dieses Falles, siehe Breckner 1994b. Zur allgemeinen theoretischen Diskussion zur Frage „Biographie" statt „Identität" siehe Fischer-Rosenthal 1995.
19 Zum Konzept der Generationsbeziehungen und zur empirischen Analyse u.a. der sog. 68er Generation in Bezug auf ihre Eltern vgl. Rosenthal 1994.
20 Bettina Völter (1994) hat die Bedeutung von „Feind-Schemata" in Biographien von in der DDR geborenen jungen Erwachsenen vor und nach der Wende untersucht.
21 Für Rumänien müßte diese erst noch bestimmt werden. Für Deutschland vgl. Rosenthal 1994

Aysegul Baykan

Women Uprooted: Authenticity and Transgression in Biographies of Displacement

The global events and issues of recent history have resulted in new social problems that are, by and large, framed in new categories of knowledge and discursive frameworks. These constructions transcend already established disciplines, such as sociology, political science, anthropology or philosophy, and incorporate others, such as geography, urban studies, cultural studies and women studies. In this compound, while notions of democracy, justice, citizenship, civil society, and political economy still play an important role, there is the added emphasis on issues of power and hegemony, and symbolic economy expressed through representational forms of all kinds. International migration is one such global event. As it is increasing in various forms and quantities, we realize this kind of displacement is not merely a demographic issue, or an issue of policy making, or simply a matter of quantities. Migrations across the world have created marginal populations within host societies whereby issues of difference, pluralism and representation have come to question the established analytical frameworks of disciplines like sociology, ethnography and anthropology and have introduced new forms of writings known as postcolonial works.

Below, I will first argue against a nation based moral geography, originary positions, and fixed identities that characterize the migrant subject as 'authentic'. Following some leading theories on the postcolonial, I claim that identities are unbounded, contradictory and heterogeneous, and are constituted politically in hegemonic and counterhegemonic contestations. Secondly, I analyze biographies of women as grounded on space which is defined in material, physical, symbolic and representational articulations of power. I conclude that a migrant woman's experience of displacement is a multilayered construction constituted at the site of all these articulations and is, more often than not, transgressive.

Sociology and issues of difference

Since its inception, sociology has been interested in issues of social differentiation, and it has systematically analyzed the cultural-ideational systems. However, in sociological theory these systems have basically functioned as an integrative element. The regulative functions of the cultural system bind individuals, groups on the one hand, and on the other, regulate the operation of the society, the state and the economy as a whole. With modernization, the rationalized, institutionalized order, the *Gesellschaft*, is maintained by the formal participation of the members of the society. And the cultural subsystem, primarily constituted by the rationalization, democratization and secularization of education, makes such participation possible. By implication we can argue, the referents of sociological theory would be the nation-state and the civil society, and the cultural subsystem would be the national culture. Below, I try to present some of the critical discourses that challenge the modernist, universalist and totalizing aspects of such theories.

Seen as part of the postmodern condition and analyzed as a parallel development to globalization (or as a consequence of globalization), international migration offers a challenge to the rational and hierarchical culture of modernity through cultural differentiation and pluralism and challenges the system-integrative requirements of nationally bounded social constructions. In other words, it renders suspicious the integrative elements of modernity's educational system which in fact works as a system of socialization into a national system of values (see Turner 1994). Parallel to education, other institutional structures of the modern era have also become suspect, such as the functions of the centralized state and urban/local based planning units and policy measures. Modernity's centralized project meant, for the social sciences as well as the bureaucratic institutions, that the presence of populations alien to the society would be defined as a 'problem'. That is, they were somehow unnatural to the naturalized way of things, including the cultural/ideational structures or patterns of relations. The central problem thus could be defined as, on the one hand, the problem of socialization, assimilation and enculturation of the alien cultures to the natural order of values, while on the other hand, engineering ways to resist the marks of foreign presence on material and spatial structures (such as in policies attempting to prevent 'ghettos' in Germany).

Recently, sociological theories on globalization have been arguing that, given today's complex issues of identity that are situated at and shaped by global and local frameworks simultaneously, a nationally bounded system would not be an appropriate unit for cultural and social analysis (see for example, King 1991, Robertson 1992, Chambers 1994, Turner 1994). Another line of criticism is *vis a vis* issues of identity. For example, Calhoun emphasizes the anti democratic nature of nationalism by arguing that, as a categorical identity, it can potentially 'trump' other identities of persons or groups whereby diversity within states and nations are eliminated (Calhoun 1994: 327). Similarly, the category of the social, if taken in the Parsonian way to signify a system integration function, would be a reified and an anti-democratic view of social organization (Ibid: 330). Therefore, to begin with, the nation state, "... modernity's dominant, territorial imaginary" (Shapiro 1994: 480), should not be taken as an empirical, naturalized referent to which the migrants are expected to assimilate. According to Shapiro, it is through the ethical discourses based on national sovereignity that exclusionary practices of immigrant identities become uncontentious and therefore need to be challenged. Secondly, these discourses operate by way of identifying 'high culture' as universal and the cultures of the immigrants as particular and archaic. This is again the result of the way in which the nation state, industrial capitalism, and modernity are tangled together in the West.

As it is difficult to define the host, or the hegemonic cultural identity, it is also difficult to attribute values to groups of people such as the immigrants. They should not be reified, and identities conferred on them that fix them into a singular definition must be rejected. Elsewhere I argued that originary, naturalized and ahistorical definitions of identity need to be deconstructed to see "how issues of identity and power (or lack of it) become crystallized at the intersection of various narratives about nation, religion and gender, and how, as a result, the subject (the migrant, the Muslim) is constructed as an effect" (Baykan 1993: 46). As I will argue below, subject identities are constituted at the intersection of various positions. But these positionings are not only and always voluntaristically constituted by the subject herself since she is defined by various (hegemonic) narratives as well.

Against multiculturalism

The desire to disposess the foreign and the different, however, is co-present with the desire to assimilate. For this reason, differences are often reduced to a system of multiculturalism, and reified into what Stuart Hall calls the exotica: "You take it in as you go by, all in one, living with difference, wondering at pluralism, ... a condensed form of economic power which lives culturally through difference and which is constantly teasing itself with the pleasures of the transgressive Other" (Hall 1991: 31). According to Hall, this is the global post-modern which tries to incorporate the difference. And in response to this kind of globalization, the margin tries to represent itself, or in other words, tries to come into representation. "Face to face with a culture, an economy and a set of histories which seem to be written or inscribed elsewhere, and which are so immense, transmitted from one continent to another with such extraordinary speed, the subjects of the local, of the margin, can only come into representation by, as it were, recovering their own hidden histories" (Ibid: 34–35). This is the enunciation of the difference, the self empowerment, in constructing one's own place of discourse.

A similar line of thought comes from the celebrated postcolonial theorist Homi Bhabha. According to Bhabha, in looking at cultural signification, the postcolonial critical discourse neither allows otherness to be sublated into the same, nor does it allow for "theories of cultural relativism or pluralism" (Bhabha 1994:173). For him, the margins live in a liminal space that they occupy in displacement by using culture as a (political) strategy of survival. He argues that, their assumed identities are 'transnational' as defined in displacement, and 'translational' as representations in a complex system of signification of their transnational characters. Similar to Hall's, Bhabha's articulation underlines the enunciative function of identity construction in the face of hegemonic contexts: "My purpose in specifying the enunciative present in the articulation of culture is to provide a process by which objectified others may be turned into subjects of their history and experience" (Ibid: 179). Hence, the function of culture is not epistemic, but enunciative, that is, it is to affirm a sense of self and identity. "If culture as epistemology focuses on function and intention, then culture as enunciation focuses on signification and institutionalization; if the epistemological tends towards a *reflection* of its empirical referent or object, the enunciative attempts repeatedly to reinscribe and relocate the political claim to cultural priority and hierarchy ... The enunciative is a more dialogic process that attempts to track displacements that are the effects of cultural antagonisms and articulations – subverting the rationale of the hegemonic moment and relocating alternative, hybrid sites of cultural negotiation" (Ibid: 178–179).

Contesting the premises of ethnography and authenticity

Hall and Bhabha's point is that, what is constructed as subject identity is not a given from before. Situated at present, it is constructed in language, in signification that translates its difference according to systems of power and hegemony, and always remains partial, contradictory, and hybrid. Identities are never complete, closed, or are never bounded by structures that are naturalized and ahistorical. According to this perspective, the function of structure loses its privileged position in ethnography. For example, Marcus questions the *modus operandi* of anthropology for these reasons: "While such primordial phenomena as traditions, communities, kinship systems, rituals, and power structures continue to be documented, they can no longer in and of themselves serve as the grounding tropes which organize ethnographic description and explanation" (Marcus 1992:312). The categorical duality between the traditional and the modern (whatever they stand for) is embedded within the theoretical regime of modernity itself. Therefore critical ethnography stands on an alternative ground. On this alternative ground, identity is viewed as a lived experience of both the local and the global at the same time. Hence, according to Marcus, identities are formed in resistance (to other identities) and in accommodation by the intertwining of diversity and homogeneity. In other words, subject identities are not figured on the basis of the trope of community as a spatialized set of values, but are composed of multiple fragments that overlap. "Cultural difference or diversity arises here not from some local struggle for identity, but as function of a complex process among all the sites in which the identity of someone or a group anywhere is defined in simultaneity ... This multi-locale, dispersed identity vision thus reconfigures and complexifies the spatial plane on which ethnography has conceptually operated" (Ibid:316). Marcus also argues against the tropes of history and structure, against the former since history cannot be the primary explanatory grounds of the present and against the latter because he sets structure against the voice, the embedded discourse of the observed. Ethnographic study in this manner is then a deconstructive critique of discursive formations and not their structural appropriation.

Laying out the constitutive aspects of discourses of identity allows us to place claims of authenticity within the enunciative function of identity politics. This is important because the tropes of community, history, or structure, as Marcus showed, are not givens and makers of the authentic. Authenticity, just as identity, is a process and an outcome of dialogic relations of power configurations between different groups. Ethnography, from this angle, does not proceed from cultures embedded in continuous traditions and is not an interpretation and the translation of the authentic.

> *"For example twentieth-century academic ethnography does not appear as a practice of interpreting distinct, whole ways of life but instead as a series of specific dialogues, impositions, and inventions. 'Cultural' difference is no longer a stable, exotic otherness; self-other relations are matters of power and rhetoric rather than of essence. A whole structure of expectations about authenticity in culture and in art is thrown into doubt"* (Clifford 1988: 14).

Authenticity is then synonymous with what is 'real', originary, and transcendental. In all these senses, it runs contrary to the idea of the subject being constituted as a process and in hybridity. Therefore, the critique of authenticity is not directed to the idea of the subject, but rather to the Western notion of a singular individual with a coherent, bounded self specifically defined through reason and a rational ego. To go back to the problem of assimilation and socialization of the modernist social theory, the reason the migrant subject is unable to assimilate is this lack of individual rationality and presence. In other words, the absence of the qualities that define modern subjecthood is the cause of the mismatch between her and the society she now lives in. The problem is even deeper then it appears. Not only that an authentic subjecthood is missing, but also present is an authentically originary, religious, traditional, and communal self which is alien to the possibility of any other subjecthood.

Transgressive Biographies

Implied in my criticism of the discourses in search of authenticity is the desire to separate issues of identity and subjecthood from their hegemonic constructions. Above, I defined the resistance to hegemonic definitions as enunciative. Now I would like to underline the necessity for a deconstructive listening to the voices of these enunciations. Actually, not only voices but even silences that function in the same way must be heard (Visweswaran 1994). These voices and silences constitute the symbolic economy of the migrant woman's subjecthood. They are the parts and parcels of an economy of desire. In this economy, all negotiations between alternative discourses take place – the master narratives and identity narratives, the two power configurations that constitute the *biography* of the marginal woman's subjecthood –: "Fragmented though women's experiences of feminine subjectivity may be, they maneuver through social, political, and cultural contexts in which their agency places into question any clear distinction between traditional absolutes and modern liberation" (Moruzzi 1993: 257).

By shifting the emphasis away from a subjecthood of mere consciousness, a state of mind or a set of – cultural – values, to biography, takes the focus of our analytical approach to a different level. Biography as I take it, unlike autobiography written by the individual author of the Western Subject, is a lived, material, symbolic and political practice. There are individual biographies of particular women. These biographies are situated at the junction of negotiations within patriarchal regimes of power. Patriarchy, hegemonic nationalisms, religious fundamentalisms, global capitalism, all constitute the regimes of power she has to negotiate in her daily activities for her definition of the self. This self, once again, is not merely a consciousness, a state of mind, but includes her body as well. Her body is situated within the larger body politic. Her body tells she is a woman, and a migrant, and maybe a worker. Its movements, day in and day out, take place within contradictory, heterogeneous and hybrid regimes of hegemonic interpretations and economies of desire. But her biography also shows that she is not merely an object for these regimes but she is her own subject. She asserts her own *agency*, her own desires and her own power of resistance and behavior. She contests alternative significations and chooses to act within symbolic economies of "various forms in which women negotiate as feminine subjects with the powers that mark them as such" (Ibid: 258).

Following Irigaray, Moruzzi claims that women assume the feminine role deliberately and as an imitation of a constructed feminine essence so that they transform subordination into corroboration: "Feminine mimicry, or masquerade, may allow a (female) subject to acknowledge the genealogy of her victimization and her practical experience of its constraints without becoming immobilized within the identity of the victim" (Ibid: 262). To put this in other words, female agency affirms itself in multiple ways without being appropriated by the hegemonic spaces, through mimicking and masquerading symbolic constructions (of modernity or tradition, the universal and the local, etc.) so that she can negotiate her way out. 'Out' not in the sense that she moves to an unproblematic, depoliticized space, but out of one discourse of truth and authenticity into the other. Dislocation takes her from one corner of her hybrid self to the other, dislocation in all senses, in metaphorical, symbolic and physical space. This ought to show us the ambivalence in the migrant women's position *vis a vis* expectations and definitions of her in public and private domains. Since different parts of her hybridity co-exist, co-habit, or contradict with each other, for her (as is the case of female subjects in general) separating the public and private realms is deceptive. Patriarchy appropriates both and separates them into distinct articulations where women are confined. But for a woman every space is both public and private. Every move for her is a political enunciation of her self, her sexuality, her body, her labor, her family, etc., that takes place on spaces that are articulated in many ways. Biographies are, therefore, meaningful as they are contextualized on space.

Conclusion: Spatialization of difference and identity

Space, more and more, is becoming a critical analytical category for the intersecting discourses on geography, social theory, women's and cultural studies. It contextualizes, grounds politics, power, and ideology of different groups. Identities are produced and experienced in space. They are bound to a spatial consciousness from which they derive a radical social practice. Theoretically, the emphasis on spatiality derives from the premise that everyday routine activities of a given social agent take place on space where her consciousness is intertwined with social structures. However, Edward Soja, one of the leading urban theorists on postmodern spaces, criticizes those theories in which space appears in categorical dualisms, as in structure and agency. Following Henri Lefebvre and Michel Foucault, he argues that there is a third space besides that which is externalized and which is constructed internally as claimed by humanist geographers:

> *"There are, however,* des éspaces autres, *other spaces, another spatiality to be theorized, a different way of seeing space that combines its subjectification and objectification, the interpretability of its material and cognitive forms, in a critical and emancipatory perspective that problematizes the making of geographies in much the same way critical theorists have problematized the making of history and the production and reproduction of social order"* (Soja 1993: 128).

Feminist geographers also point to the way space is inadequately rearticulated, for example by the structuration theory of Anthony Giddens:

> *"The grand debate in social theory between those stressing the causal power of human subjectivity and meaning – represented in geography by humanists – and those who emphasized structure – marxists in geography – would be ended by the recognition that individual human agents knowledgeably undertaking everyday routine tasks through time and across space produced and reproduced the structures of society, the economy, the polity and culture"* (Rose 1993: 20).

This recognition of space, however, does not solve many of the problems social theory has to encounter with respect to differences. According to Rose, although space in this model is articulated as an important medium in which social interaction takes place, it maintains its transparent, exhaustive, and universalist character, because what is implied is a 'public' space that represses all differences and assumes an agency that is homogeneous and disembodied. Whereas, for identities of difference, just as bodies are sites of struggle, the spaces they occupy are contested fields of representation to explore their differences. As Doreen Massey puts it, a place is only definable as a process and by multiple identities (Massey 1993). Personal and political subject identities and the identities of place are constituted similarly: "Just as personal identities are argued to be multiple, shifting possibly unbounded, so also, it is argued here, are the identities of place" (Massey 1994: 7). Social beings invest social power in places and constitute a grounding place for identity through material, representational and symbolic activities.

In conclusion, every biography is of displacement: material, symbolic and representational. Every woman acts her biography in mimicry and masquerade whereby she empowers herself. But all these displacements have to be grounded on space. Not in tradition, not in her naturalized sexual identity, not in any other originary category. Her biography is lived as she transgresses all these articulations of power and hegemony by moving on material, physical, metaphorical and symbolic spaces. These spaces may be those of her body, her house, her city, her neighbourhood, her religion, her community, and the nationalist and racist discourses. Therefore, she is always complex, hybrid, and transgressive.

Bibliography

Baykan A. 1993: 'Islam as an Identity Discourse: The Turkish immigrant in Germany' in ARENA journal, no. 1.

Bhabha, H.K. 1994: The Location of Culture, London: Routledge.

Calhoun, C. 1994: 'Nationalism and Civil Society: Democracy, Diversity and Self Determination' in C. Calhoun (ed.) Social Theory and the Politics of Identity, Cambridge: Blackwell.

Chambers, I. 1994: Migrancy, Culture, Identity, London: Routledge.

Clifford, J. 1988: The Predicament of Culture: Twentieth-Century Ethnography, Literature, and Art. Cambridge: Harvard University Press.

Hall, S. 1991: 'The Local and the Global: Globalization and Ethnicity' in A.D. King, Culture, Globalization and the World System: Contemporary Conditions for the Representation of Identity, Binghamton: MacMillan.

King, A.D. (ed.) 1991: Culture, Globalization and the World System: Contemporary Conditions for the Representation of Identity, Binghamton: MacMillan.

Marcus, G. 1992: 'Past, present and emergent identities: requirements for ethnographies of late twentieth-century modernity worldwide' in S. Lash and J. Friedman (eds.), Modernity and Identity, Oxford: Blackwell.

Massey, D. 1993: 'Power-geometry and a progressive sense of place' in J. Bird, B. Curtis, T. Putnam, G. Robertson and L. Tickner (eds.) Mapping the Futures: Local Cultures, Global Change, London: Routledge.

Massey, D. 1994: Space, Place, and Gender, Minneapolis: University of Minnesota Press.

Moruzzi, N.C. 1993: 'Veiled Agents: Feminine Agency and Masquerade in The Battle of Algiers' in S. Fisher and K. Davis (eds.) Negotiating at the Margins: The Gendered Discourses of Power and Resistance, New Brunswick: Rutgers University Press.

Robertson, R. 1992: Globalization: Social Theory and Glocal Culture, London: Sage.

Rose, G. 1993: 'Some notes towards thinking about the spaces of the future' in J. Bird, B. Curtis, T. Putnam, G. Robertson and L. Tickner (eds.) Mapping the Futures: Local Cultures, Global Change, London: Routledge.

Shapiro, M. J. 1994: 'Moral Geographies and the Ethics of Post-Sovereignty' in Public Culture 6:479-502.

Soja, E. W. 'Postmodern Geographies and the Critique of Historicism' in J. P. Jones III, W. Natter, and T. R. Schatzki (eds.) Postmodern Contentions: Epochs, Politics, Space, New York: The Guilford Press.

Turner, B. S. 1994: Orientalism, postmodernism and globalism, London: Routledge.

Visweswaran, K. 1994: 'Betrayal: An Analysis in Three Acts' in I. Grewal and C. Kaplan (eds.), Scattered Hegemonies, Minneapolis: University of Minnesota Press.

Helma Lutz

„Meine Töchter werden es schon schaffen“ Immigrantinnen und ihre Töchter in den Niederlanden

Je bewaart je cultuur
om de volle prijs
niet te betalen
van het nederlanderschap[1]
(Chitra Gajadin)

1. Migration und Kulturbildung

Migrationsprozesse und ihre gesellschaftlichen Folgen sind heute ein aktuelles Thema. Die deutschsprachige Migrationssoziologie hat lange Zeit die Frage der Einwanderung als Frage nach der Integrationsfähigkeit von Einwanderern und Einwanderinnen behandelt (siehe traditionell: Hoffmann-Novotny, 1973; Esser, 1980; dazu kritisch: Bukow & Llaryora, 1988; Bukow 1993; Schmidt-Koddenberg, 1989; Kalpaka & Räthzel, 1986). Vielfach wurden die Einwanderinnen und Einwanderer differenziert nach Herkunftskulturen, wobei den Herkunftskulturen wiederum integrationsfördernde bzw. -hemmende Eigenschaften zugeschrieben wurden. Eine weitere Einteilung der Migrantengruppen erfolgte nach Generationen, wobei die „erste Generation“, die handelnden Subjekte der Wanderung, in der Regel als „verlorene Generation“ und als nicht (oder schlecht) integrationsfähig bezeichnet wurde. Dagegen vermutete man, daß die Angehörigen der zweiten Generation, die in den Aufnahmeländern sozialisiert werden, sich relativ problemlos in die Gesellschaft eingliedern würden. Nur selten wurde in diesen Forschungen die Perspektive der betroffenen Einwanderinnen und Einwanderer selbst berücksichtigt (siehe dazu kritisch: Çaglar, 1990). Auch Forschungen, die Veränderungsprozesse im Alltagsleben untersuchen, sind immer noch sehr rar.

Die Untersuchung intergenerationaler Transformationsprozesse, die diesen Prozeß der Eingliederung in seiner reflexiven Wechselwirkung zwischen Aufnahmegesellschaft und Einwanderergemeinschaft empirisch untersucht und analysiert, ist ein sehr junges Forschungsgebiet, zumindest in Europa, wo – wie bereits festgestellt – Niederlassungsprozesse von Migrantinnen und Migranten bis zum heutigen Tage entweder als (unerwünschte) Übergangsphänomene betrachtet werden oder die Erwartung herrscht, daß im Zuge teleologischer Akkulturation Migrantinnen und Migranten sich allmählich dem Alltagsverhalten der einheimischen Bevölkerung anpassen und deren Sinnkonstitutionen übernehmen. Weitgehend sind die Forschungsfragen aus der Sicht des Aufnahmelandes gestellt worden, sozusagen aus der Außenperspektive. Ein Perspektivwechsel auf die Innenperspektive, auf die soziale Welt der Migrantinnen und Migranten, wird allmählich vollzogen.[2]

In dem hier vorgestellten Forschungsprojekt kommen Außen- und Innenperspektive insofern zum Tragen, als die Außenperspektive als gesellschaftliches Strukturmerkmal einen wichtigen Faktor bei der Konstruktion der Innenperspektive darstellt. Mit anderen Worten: die subjektive Sinnkonstitution von Migrantinnen und Migranten bewegt sich nicht im „luftleeren Raum“, sondern Kulturbildung ist auch eine reflexive Reaktion auf institutionelle und strukturelle Handlungsbedingungen und -möglichkeiten. Die hier vorgestellte Forschung stellt sich die folgende Frage: Wie gestaltet sich das „Soziale“ in Migrantengemeinschaften in der Reflexion von Umwelt und gruppenspezifischem Kulturwissen, und welche Veränderungen vollziehen sich dabei? Insbesondere wird gefragt, auf welche Weise Migrantinnen und ihre Töchter an kollektiver Kulturbildung teilnehmen. Wie (re)produzieren, verändern oder problematisieren sie diese, und welche biographischen Handlungsmuster bzw. -horizonte entwickeln sie dabei?

1.1 Surinamische Niederländerinnen

Diese Fragen werden an Hand einiger Ergebnisse meines Forschungsprojektes „Levensloop en beroepscarrière. Surinaamse vrouwen en hun dochters“ (Lebenslauf und Berufskarriere. Surinamische Frauen und ihre Töchter) erörtert. Ich habe in den Jahren 1992 und 1993 biographische Interviews mit zwanzig Mutter-Tochter-Paaren in verschiedenen niederländischen (Groß-)Städten durchgeführt (Lutz, 1994b; 1995b, 1996/7). Bei der Auswahl der Interviewpartnerinnen wurde sowohl auf eine möglichst große soziale Heterogenität geachtet als auch auf eine zahlenmäßig gleiche Verteilung zwischen den zwei größten ethnischen Gruppen der surinamischen Immigrantengemeinde in den Niederlanden, der Gruppe der Creolen und der Hindustaner.[3] Die Surinamer bilden heute die größte ethnische Zielgruppe der niederländischen Minderheitenpolitik (siehe auch Lutz, 1995a) und unterscheiden sich als koloniale Immigranten von den Arbeitsmigranten (Türken und Marokkaner) in ihrer rechtlichen Position: sie waren bereits bei ihrer Ankunft niederländische Staatsbürger, was allerdings nicht automatisch ihre soziale Anerkennung und Integration beinhaltet.

Bei der Kulturbildung der untersuchten Migrantinnen und Migranten spielt die spezifische kollektive Migrationsgeschichte eine zentrale Rolle. Es hat sich gezeigt, daß im Falle der surinamischen Immigration in die Niederlande, die sich vor allem kurz vor und nach der Unabhängigkeitserklärung des Jahres 1975 vollzog, die ehemalige Kolonialgeschichte zwar eindeutig eine Rolle spielt bei der reflexiven Sinnkonstitution der Immigrantinnen, daß jedoch diese Kolonialgeschichte von den unterschiedlichen ethnischen Gruppen (in diesem Falle von Creolen und Hindustaner) auch unterschiedlich verarbeitet wird. Während zum Beispiel Creolen, die Nachkommen ehemaliger afrikanischer Sklaven und/oder die Nachkommen aus Verbindungen zwischen Sklaven und niederländischen Kolonisten, Traditionen aus der Geschichte der Sklaverei und der Sklavenbefreiung oder der „black consciousness“-Bewegung der USA als kulturelle Ressourcen benützen und verarbeiten, kommen bei den Hindustanern andere Traditionen zum Tragen. Hindustaner wurden von den niederländischen Kolonialherren nach der Abschaffung der Sklaverei im Jahre 1863 aus dem damals noch unter britischer Herrschaft stehenden indischen Subkontinent als Kontraktarbeiter angeworben und nach Surinam gebracht, um dort den Platz der schwarzen Plantagenarbeiter einzunehmen. Der größte Teil wanderte um die Jahrundertwende in Niederländisch-Guyana ein; knapp zwei

Generationen später wanderten Kinder und Kindeskinder schon wieder weiter, und es kam zu einer „doppelten Migration“ innerhalb von drei Generationen. In der Kulturbildung werden genau diese Erfahrungen der doppelten Migration aktiviert. Dabei geht es um die in der Auseinandersetzung mit zwei Kolonialmächten entwickelten kulturellen Überlebensmechanismen. Dazu zählen zum Beispiel bestimmte Formen der Abgrenzung gegen die Mehrheitsgesellschaft, die eine lange Tradition haben.

In der folgenden Fallanalyse der hindustanischen Surinamerin Frau Singh und ihrer beiden Töchter werden drei Themen herausgearbeitet:

– die Migration der Mütter: zwischen „Befreiung“ und „trajectory“; –
– die „moral economy of kin“ (Verwandtschaftsökonomie) und
– „Generationsarbeit“.

2. Frau Singh und ihre Töchter

2.1 Die Migration der Mütter: zwischen „Befreiung“ und „trajectory“

Frau Singh ist 43 Jahre alt und Witwe. Mit ihren damals fünfjährigen Zwillingstöchtern kam sie 1979 nach Nordholland, wo sie auch seitdem geblieben ist. Sie ist die älteste Tochter einer neunköpfigen hindustanischen Familie. Ihre Eltern sind Analphabeten, ihre Mutter ist seit langem psychisch krank. Ihre Kindheit und Jugend hat Frau Singh in großer Armut verbracht; sie konnte sich jedoch durch ihre Ausbildung zur Krankenschwester dieser Armut entziehen. Mit einem großen Teil ihres Einkommens unterstützte sie ihre Familie. Nachdem sie mit 23 Jahren geheiratet hatte und ein Jahr später zwei Töchter bekam, blieb sie weiterhin berufstätig. Ihre Ehe hielt nur ein Jahr, dann begann ihr Mann sie zu schlagen und sie zu betrügen. Die Beziehung wurde für sie zur *Hölle.* Im Jahre 1979 zog sie mit ihren zwei Töchtern in die Niederlande. Der in Surinam zurückgebliebene Ehemann starb dort einige Monate später. Über eine Freundin fand Frau Singh eine Arbeitsstelle als Krankenschwester im Altersheim. Da sie dort nicht im Nacht- und Spätdienst zu arbeiten brauchte, schien es ihr möglich, ihren Beruf mit der Versorgung und Erziehung ihrer Kinder zu kombinieren. Die ersten Jahre in der neuen Umgebung verliefen unter größten äußeren Schwierigkeiten: Frau Singh fand erst nach langem Suchen eine gemeinsame Wohnung für sich und die Kinder und der Vermieter ließ sie eine horrende Miete zahlen. Sie mußte für die Zeit ihrer Abwesenheit die Versorgung ihrer Kinder organisieren, eine Aufgabe, die erst dann richtig gelöst war, als einer ihrer Brüder aus Surinam zu ihr zog. Als Gegenleistung finanzierte sie ihm seine Ausbildung.

Trotz aller Probleme in der neuen Umgebung und trotz der Tatsache, daß sie jetzt in einem fremden Land lebte, wo sie niemanden kannte, beschreibt Frau Singh diese Zeit retrospektiv als die schönste Zeit ihres Lebens. Sie fühlte sich frei, losgelöst von allem Elend, und sie hat(te) das Gefühl, aus eigener Kraft die schicksalhaften Einschränkungen hinter sich gelassen zu haben. Sie berichtet davon, wie sie zusammen mit ihren Kindern auf *Entdeckungsreise* ging, um die Logik der Alltagspraxis ihrer neuen Umgebung zu erforschen, und ihre kommunikativen Kapazitäten halfen ihr dabei.

Familienhistorisch betrachtet ist Frau Singh zur Wegbereiterin einer Migrationsbewegung geworden, ebenso wie ihr Großvater, der als Kontraktarbeiter in Indien für Plantagenarbeit in Surinam angeworben wurde, in ihrem Falle der doppelten Migration in die Niederlande. Vierzehn Jahre nach ihrem Fortgang wohnt nun fast ihre gesamte Familie in den Niederlanden, auch ihre Eltern. Sie hat in all den Jahren ihre Familienmitglieder aufgefangen, hat sie zeitweise beherbergt, hat ihnen eine Arbeitsstelle gesucht, Wohnraum für sie gefunden und die Behördengänge (Ausländerpolizei, Einwohnermeldeamt, Rechtsanwälte usw.) für sie erledigt. Ihr eigenes Erfahrungswissen, alles was sie in der Zwischenzeit selbst erlernt hatte, konnte sie daraufhin an andere weitermitteln. Heute wird sie in ihrer Familie die *weise Eule* genannt; sie ist diejenige, die über alle relevanten Kenntnisse verfügt.

Frau Singhs Geschichte steht hier exemplarisch gegen die Darstellungen der „Mainstream" – Migrationsliteratur, die noch immer davon ausgeht, daß die Akteure von Migrationsbewegungen primär Männer sind. Diese Perzeption ist in den letzten Jahren immer wieder kritisiert worden. So hat beispielsweise Mirjana Morokvasic (1987, 1993) schon lange darauf hingewiesen, daß die Rolle der Frauen bei der Beschlußfassung zur Emigration zwar weniger sichtbar ist, daß die Frauen jedoch bei der Gesamtentscheidung von zentraler Bedeutung sind. So hat sie in ihrer Untersuchung über jugoslawische Migrantinnen nachgewiesen, daß die Emigration nach Westeuropa für viele Frauen eine konsequente Folge ihrer bereits vorhandenen Unabhängigkeitsbestrebungen darstellte. Auch in meiner Untersuchung hat sich dies bestätigt: nur wenige Frauen sind ihrem Ehemann gegen ihren Willen in die Emigration gefolgt, die meisten haben die Emigration aktiv betrieben. Sie haben sich davon die Lösung von materiellen Problemen und/oder von Beziehungsproblemen versprochen; manchmal wurde die Emigrationsentscheidung auch als vom „Zeitgeist" motiviert (Aufbruch in eine bessere Zukunft).

So wie Frau Singh haben viele die erste Phase der Emigration als „Befreiung" empfunden. Viele Mütter wurden, wie gerade beschrieben, durch die Übersiedlung in eine fremde Gesellschaft gezwungen, Aufgaben zu übernehmen, die traditionellen Rollenmustern nicht entsprechen, und sie haben sich dadurch einen „Expertinnenstatus" in der Familie erworben.

Andererseits wurde ebenfalls deutlich, daß durch heteronome Einflüsse viele Hoffnungen und Erwartungen zerschlagen wurden, oder nur partiell realisiert werden konnten. Die biographischen Lebensgeschichten, sind in diesem Sinne auch „trajectories", Leidensgeschichten (siehe Riemann und Schütze, 1991 und Ursula Apitzsch, 1990/1999).

Frau Singh erlebte den Erwerb der neuen Lebens-Regeln als einen Prozeß mit vielen Rückschlägen. Zum Zeitpunkt unseres Interviews hat sie das Gefühl, im Leben versagt zu haben, sie ist *schrecklich unglücklich*. Dieses Gefühl steht im Zusammenhang mit ihrer Versetzung in den Vorruhestand im Alter von 40 Jahren.[4] Als man ihr die Entlassung anbot, schien ihr diese Regelung durchaus akzeptabel, da sie die jahrelange Mehrfachbelastung von Berufsarbeit, Versorgungs-/Erziehungsarbeit und die Unterstüzung ihrer Familie kaum noch ertragen konnte. Ihre Töchter hatten Probleme in der Schule, sie selbst hatte Beziehungsprobleme mit einer neuen Partnerschaft, die auch wieder zerbrach. Später jedoch entpuppte sich diese „Lösung" eher als Wolf-im-Schafspelz, als Falle:

Wissen Sie, ich bin so unzufrieden, daß sie mich in den Vorruhestand abgeladen haben. Sie haben mich gar nicht richtig betreut. Und es scheint mir, als ob es für mich gar nichts mehr gibt. Es scheint als ob.. ich hab kein Lebensziel. Ich hab noch immer die Hoffnung, daß ich doch noch Arbeit finden kann.

Nach drei Jahren Frührente fühlte sich Frau Singh von den Umständen erdrückt. „*Sie*" haben ihr ein für ihr Leben wichtiges Element geraubt: die Strukturierung ihres Alltags, die Menschen, für die sie in ihrem Beruf gesorgt hat, ein Ziel, auf das sie sich zubewegt. Die Verwendung des Plurals „sie" bei ihrer Suche nach den „Schuldigen" weist auf die Diffusität der Ursachen hin. Sie konnte die für ihre Situation Verantwortlichen nicht einfach benennen. Verschiedene Entwicklungen und Umstände, auf die sie teilweise keinen Einfluß hatte, kamen hier zusammen; allerdings muß sie sich nun mit den Folgen auseinandersetzen. Doch, so wie sie ihr Schicksal immer in die Hände nahm, versuchte sie auch jetzt, sich den Einschränkungen zu entziehen. Sie besuchte alle Instanzen, von denen sie Hilfe erwarten konnte, stieß aber überall auf Unverständnis:

Ich bin überall gewesen. Ich hab selbst mit Psychologen gesprochen. Jeder sagte mir: „Ach, Sie haben doch 'ne gute Pension, bleiben Sie doch zu Hause. Warum wollen Sie arbeiten?" Nur mein Hausarzt, der versteht mich. Ich hab ihm gesagt: „Ich bin doch keine Invalide. Ich kann doch arbeiten. Ich versteh es einfach nicht, ich habe doch soviel an meiner Ausbildung getan." Und mein Hausarzt sagt dann: „Ja, es wäre gut, wenn Sie arbeiten würden." Aber ich kann wirklich keine Arbeit finden.

Frau Singh konnte in ihrer Erzählung keine Coda, keinen Erzählschluß, finden. Sie rekonstruierte ihre Lebensgeschichte um das heutige Problem Arbeitslosigkeit und kam immer wieder darauf zurück.

Der Vorruhestand wurde zum Wendepunkt, führt zum Bruch in ihrem Leben. Ihr Leiden begann mit der Frührente, nicht mit der Emigration. Die Arbeitslosigkeit war der Auslöser ihrer Identitätskrise; die Lebensregeln und -strategien, mit denen sie sich so lange über Wasser halten konnte, verloren plötzlich ihre Relevanz.[5] Sie machte den Eindruck einer starken Frau, die gefangen sitzt. Die Krankheit ihrer Mutter, Armut, physische und psychische Gewalt, harte Arbeit und ein neues Land konnten sie nicht zerbrechen, es war die Arbeitslosigkeit, die sie handlungsunfähig, zur *Invaliden* machte. Wenn es ihr nicht gelingt, sich doch noch aus eigener Kraft aus dieser Situation zu retten, bleibt ihr zwar ihre rege Tätigkeit als ehrenamtliche Mitarbeiterin in verschiedenen (Frauen)Projekten und ihr Engagement in der Familie, doch diese Aktivitäten sieht sie nicht als gleichwertigen Ersatz. Sie hat noch eigene Zukunftswünsche und Ambitionen, die sie nicht nur auf ihre Töchter projizieren will. So läßt sich die Lebensgeschichte von Frau Singh als beides kennzeichnen, als Befreiung *und* als Leiden. Möglich, daß es ihr gelingt, sich aus dem Leiden noch einmal zu befreien.

2.2 Die „Verwandtschaftsökonomie" als biographisches Handlungsmuster

In ihrer Untersuchung unter drei Generationen pakistanischer Einwanderinnen in Nord-England hat Haleh Afshar (1989) die Bedeutung der „moral economy of kin" für den intergenerationellen Transformationsprozeß herausgearbeitet. Hier wird die besondere Rolle der Frauen deutlich, die die moralische Lebenshilfe ihrer Mütter (reflexiv) an ihre Töchter weitergeben.

Frau Singh ist ihren Eltern dankbar, daß sie ihr als Mädchen eine Schulausbildung ermöglicht haben, was besonders für hindustanische Mädchen nicht selbstverständlich war. Ihre Eltern mußten dafür Kompromisse eingehen. Hindustaner bekamen in Surinam nach langen Kämpfen erst nach dem zweiten Weltkrieg das Wahlrecht, und ihre Kinder konnten nicht die Schule besuchen. Die Schulen, die creolische und weiße Kinder aufnahmen, wurden von christlichen Gruppen und Sekten betrieben. Viele hindustanische Familien haben deshalb ihre Kinder taufen lassen, um ihnen den Schulbesuch zu ermöglichen. So auch Familie Singh.

So wie die Eltern für sie *gesorgt* hatten, sorgte Frau Singh nicht nur für ihre eigenen Kinder sondern auch für ihre Eltern, manchmal sogar noch für ihre Geschwister. Darauf war sie stolz, und daraus schöpfte sie ihre Selbstsicherheit. Das Thema Sorge und Versorgung in der Dialektik von Selbstzwang und Außenzwang bildet den roten Faden ihrer Lebensgeschichte. Sie wollte und mußte immer anderen *helfen*, nicht nur berufsmäßig, sondern auch ihrer Familie. Dieser Lebensgrundsatz schien ihr Halt zu geben in allen Veränderungen, die sie durchlebte. Im Resümee ihrer Beziehung zu ihrer Mutter und ihren Töchtern unterzieht sie jedoch diesen Grundsatz einer kritischen Betrachtung. Sie plädiert dafür, dieses Handlungsmotiv nicht ohne weiteres weiterzugeben. Auf meine Frage, welche Veränderung ihrer Meinung nach zwischen den Generationen stattgefunden habe, sagte sie:

> *Meine Töchter sind furchtbar nüchtern (im Sinne von realistisch, H.L.). Meine Töchter können es alleine schaffen ... Und ich würde von meinen Töchtern nie verlangen, daß sie mich versorgen. Aber meine Eltern, meine Familie haben dies einfach ... wie soll ich mich ausdrücken ... selbstverständlich gefunden ... Und all meine Brüder und Schwestern fanden dies auch einfach selbstverständlich. Ohne mich zu fragen, kamen sie mit all ihrem Hab und Gut zu mir. Und das wußten sie auch, die schickt uns nicht weg. Denn sie ist die Älteste. Das ist ihre Aufgabe.*

„Realitätssinn", nüchtern sein, ist für Frau Singh offenbar das Gegenteil von Verantwortungsbewußtsein. In ihrer Bewertung kommt die Ambivalenz zum Ausdruck, das Gefühl selbst keine andere Wahl gehabt zu haben, den Töchtern aber ihr Handlungsmotiv nicht aufzwingen zu wollen. Während sie selbst dem Familiencode folgt, indem sie die moralische Verpflichtung der ältesten Tochter auf sich nimmt, will sie diesen Zwang nicht weitergeben. Ohne die Evaluation zur Devaluation zu degradieren, vermittelt sie die Kontextabhängigkeit dieser Regel. Der nächsten Generation will sie die moralische Bürde ihrer eigenen Generation nicht zumuten. Von ihren Töchtern verlangt sie keine bedingungslose Familienloyalität in bezug auf die Übernahme der Selbstverständlichkeit des Helfens. Vermutlich fühlt sie sich selbst an diese Pflicht gebunden, da sie schon so viele andere (moralische) Regeln verletzt hatte (sie verließ ihren Mann, entfernte sich vom Bildungsstand ihrer Eltern, lebte ohne Ehemann), und sie kann auf diese Weise die Loyalität zu ihrer Familie bezeugen. Während Frau Singhs Familie auch ökonomisch auf sie angewiesen war, genießen ihre Töchter die Vorteile der Versorgungsarrangements des niederländischen Wohlfahrtstaates. Hier hat sich ein deutlicher intergenerationeller Bruch vollzogen; allerdings entsteht auch eine neue Anforderung, ein neuer Zwang: die Töchter können es nicht nur alleine schaffen, sondern sie müssen es auch alleine schaffen. Im Kontext des Autonomie-Diskurses der niederländischen Gesellschaft, wo jede(r) seines eigenen Glückes Schmied wird, kann die Familienbindung nicht mehr als moralische Entlastung dienen. Dasselbe gilt auch für Mutter Singh, auch sie kann und muß ohne die finanzielle Hilfe ihrer Töchter leben. Dennoch machen die Töchter sich Gedanken darüber, was mit ihrer Mutter geschieht, wenn sie einmal das Haus verlassen haben. In dieser Hinsicht ist das Thema „Sorge und Versorgung" als Handlungsmotiv auch in der nächsten Generation noch relevant. Allerdings steht der materielle Aspekt nicht mehr im Vordergrund. Das Thema „Sorgen" bekommt in der neuen Generation die emotionelle Bedeutung von Beschützen.

Ein zweites Thema, welches sich im Falle Mutter und Töchter Singh im Zusammenhang mit der „moral economy of kin" herauskristallisierte, ist das Thema Innen- und Außenraum, hier in Verbindung mit kollektivem Erfahrungswissen.

Dieses ergibt sich aus der spezifischen Geschichte der Hindustaner im Umgang mit zwei Kolonialmächten. Wie bereits erwähnt, wurden die Hindustaner von der niederländischen Kolonialmacht lange Zeit benachteiligt. So öffneten sich ihnen beispielsweise weiterführende Schulen erst nach dem zweiten Weltkrieg. Bildungsambitionen mußten mit Konvertierung zum Christentum „bezahlt" werden. Während nun die Kinder in der Schule christlich erzogen wurden, wurden zu Hause die Hindugötter weiterhin verehrt. Dieser sozialen Praxis entsprach die Entwicklung einer starken Trennungslinie zwischen Außenraum und Innenraum, und diese soziale Separation hat sich später bei der Integration der Hindustaner in die niederländische Gesellschaft als sehr funktionell erwiesen, denn eine scharfe Trennung zwischen Außen- und Innenraum kennzeichnet auch die soziale Organisation der niederländischen Gesellschaft.

Frau Singh erzählte, daß sie im öffentlichen Raum möglichst keinen Anstoß erregen wolle, um die Aufmerksamkeit ihrer Umwelt nicht auf sich zu ziehen. Das entspreche auch gar nicht ihrem Wesen, ihrem Charakter; sie sei lieb und sanft und darum sei sie den Leuten sympathisch. Nachdrücklich wies sie auf den Zusammenhang zwischen dem eigenen Verhalten und der Vermeidung von Diskriminierung hin. Ihrer Meinung nach *verhalten sich manche Leute nicht korrekt* und veranlassen die *Holländer* damit, sie zu diskriminieren:

> *Aber ich, ich habe immer gearbeitet und verhalte mich korrekt. Und ich finde, ich fange nie Streit an und ich bin immer ordentlich.*

Sie war sich offensichtlich darüber bewußt, daß sie nicht bedingungslos von den *Holländern* akzeptiert wird, daß sie nicht ohne weiteres in dieses Land paßt. Sie mußte sich anpassen und hatte dafür eine Strategie: sie kleidete und verhielt sich *ordentlich*. Sie stritt sich grundsätzlich nicht, weder mit dem Beamten des Einwohnermeldeamtes, der ihren Namen verfälschte, weil der so schwierig zu buchstabieren war, noch mit ihren Kollegen.

Frau Singh versucht im Außenraum (außerhalb des Privatraumes) zu vermeiden, als bedrohlich wahrgenommen zu werden. Wie die meisten Hindustaner pflegt sie ihre Kultur im Innenraum. Die scharfe Trennung zwischen Innen- und Außenraum findet sich auch in den Erzählungen der Töchter wieder.

Die Töchter Singh, zum Zeitpunkt des Interviews gerade 18 Jahre alt, behaupteten beide, daß sie auf Grund ihrer Herkunft oder Hautfarbe keinerlei Schwierigkeiten hätten mit den Niederländern. Sie seien auch noch nie diskriminiert worden. Selbst erklären sie dies aus der Tatsache heraus, daß sie *verwestlicht* seien und gut mit Menschen zurechtkämen. Sie pflegten den Umgang mit niederländischen Jugendlichen, paßten sich nicht nur in ihrer *westlichen* Kleidung an (kurze Röcke), sondern gingen sogar am Wochenende mit Erlaubnis ihrer Mutter in die Disco – eine Ausnahme unter hindustanischen Mädchen. Die Botschaft, daß Anpassung Schutz bietet, haben sie offenbar von ihrer Mutter übernommen. Im Privatraum verhalten sie sich dagegen als gut erzogene hindustanische Mädchen; sie unterwerfen sich den moralischen Forderungen der Mutter und begleiten ihre Mutter sogar ab und zu zum Tempel, um ihre Verbundenheit mit der hindustanischen Gemeinde zu demonstrieren. *Draußen* dagegen sind sie eben holländische Mädchen, nur ihre Hautfarbe ist ein bißchen dunkler. Die Praktizierung zweifacher Loyalität wird damit zur gelebten Alltagspraxis und läßt sich im Falle Singh offenbar gut miteinander in Einklang bringen.

Auch die andere mütterliche Auffassung ist von ihnen übernommen worden: im Gespräch mit einer Tochter erklärte diese mir, warum sie es so wichtig findet, einen guten Beruf zu haben:

> *Also, ich will doch von denen keine Sozialhilfe haben. Dann denken nämlich die Leute, da hast du wieder so'n blöden Ausländer.*

Tochter Singh reflektierte hier eine in den Niederlanden gängige Erklärung für Benachteiligung und Diskriminierung, die besagt, daß viele Einwanderer als Sozialhilfeempfänger Schmarotzer des Wohlfahrtstaats sind und letztendlich selbst für ihre miserabele soziale Stellung verantwortlich seien. Tochter Singh kombiniert diese „common opinion" mit der mütterlichen Regel: wenn man hart genug arbeitet und für sich selbst sorgen kann, fällt man auch niemandem zur Last und stört nicht. Mit der Einhaltung dieser Richtschnur hofft sie, unangenehme Erfahrungen vermeiden zu können. Das Festhalten an dieser Regel steht vermutlich auch im Zusammenhang mit ihrer Zukunft; die will sie in den Niederlanden verbringen und nicht in Surinam.

Auf meine Frage, was sie tun würde, wenn eines Tages Leute zu ihr sagen: geh' zurück, wo du herkommst, antwortet sie:

> *Ich soll zurückgehen? Nee, das sagen die Leute nicht. Das müssen sie mir direkt ins Gesicht sagen. Nein, das sagen sie nicht! Und Surinam war doch 'ne Kolonie von den Holländern? Also … sollen sie nicht rummeckern.*

Es scheint, als will sie nicht glauben, daß ihr so etwas je passieren könnte. Sobald sie diese fiktive Möglichkeit jedoch erwog, gab sie sich davon überzeugt, aus einer derartigen Auseinandersetzung als Sieger hervorzutreten. Dabei griff sie auf eine mehr rationelle Begründung zurück, die unter Surinamern gängig ist: unsere Anwesenheit hier ist die Folge der früheren Kolonialpolitik *(We are here because you were there). Sie sollen nicht rummeckern* war dann die deutlich aktivere Haltung, mit der sie sich wehren kann. Die hier beschriebenen Handlungsmotive von Frau Singh und ihren Töchern, *sich anpassen*, sich *ordentlich verhalten* und sich zumindest nach außen hin zufriedenzugeben mit der zugewiesenen gesellschaftlichen Stellung, scheinen als „Zauberformeln" Schutz vor Diskriminierung und Benachteiligung zu bieten. Dies braucht, wie gesagt, nicht notwendigerweise zur totalen Anpassung zu führen, sondern es kann zur Entwicklung eines aus verschiedenen Kulturelementen gemischten Lebensstils führen, der mit der dominanten niederländischen Kultur gut übereinstimmt.

Ein solcher „Kulturmix" kommt auch zum Ausdruck im Ideal des zukünftigen Ehemannes der beiden Töchter. Sie wünschen sich ein *Halbblut*, womit ein Kind von niederländischen und hindustanischen Eltern gemeint ist. Nach anfänglicher Verwirrung über die scheinbare Wiederkehr vom biologischen Rasse-Diskurs in der Sprache der jungen Einwanderinnen habe ich diesen Begriff als Metapher interpretiert. Ein *Halbblut* als Partner bietet ihnen die (fiktive) Lösung zahlreicher Dilemmata: die jungen Frauen und Mädchen sind zwar *verwestlicht*, doch legen sie gleichzeitig sehr viel Wert auf ihre häusliche Kultur, die Familie und die Gemeinschaft. Beides sind Bestandteile ihres Lebens, die sie nicht leugnen können und wollen. Von einem *Halbblut* erwarten sie die Verschmelzung positiver Elemente beider Kulturen, die den Bruch mit einer der beiden Seiten verhindern kann.

Die „gelebte Geschichte" dieser jungen Frauen wird jedoch vermutlich in nächster Zukunft die Realisierung ihrer Ideale nicht zulassen; nicht nur, weil es noch wenig gemischte Ehen zwischen Hindustanern und Niederländern gibt, sondern auch, weil der Anpassungsdruck von außen zu einer Schließung nach innen führen kann: unter den Bedingungen der gegebenen Restriktionen wird die Wahl auf einen hindustanischen Ehemann fallen, der bei Angehörigen der hindustanischen Elite nicht selten aus Indien geholt wird und der die Zugehörigkeit zur Gemeinschaft garantiert und symbolisiert.

2.3 Generationsarbeit

Lena Inowlocki (1993 und in diesem Band) hat darauf hingewiesen, daß bei Familien von Einwanderern, Flüchtlingen und „displaced people" die Notwendigkeit besteht,den Verlust an sozialer Kontinuität zu kompensieren. Wenn die „Routine-Bedingungen", das Denken und Handeln im Sinne des Rezeptwissens, „wie Mutter es immer gemacht hat", auf die neue Umgebung nicht ohne weiteres übertragbar sind, wenn also Alltagshandeln inkompatibel wird, entstehen Bedingungen, unter denen Eltern ***und*** Kinder generationsübergreifend eine neue, gemeinschaftliche Handlungspraxis mit den dazugehörenden normativen Begründungsmustern entwickeln können. Die gesellschaftlich schwache Position von Migranten setzt zudem die Eltern-Kind Beziehung unter Druck. Die gemeinsame Arbeit von Eltern und Kindern an einer neuen „Biographie" nennt Inowlocki „Generationsarbeit".

Im folgenden will ich darstellen, wie Frau Singh und ihre Töchter in der neuen Biographie ihre Familiengeschichte zugleich erschaffen und verarbeiten.

2.3.1 Familiengeschichte – Vererbung:

Frau Singh und ihre Töchter stellten fest, daß sie eine sehr enge emotionelle Bindung aneinander haben. Unabhängig voneinander behaupteten Mutter und Töchter, daß sie *Freundinnen* seien.[6] In den Gesprächen mit den Töchtern kam wenig Widerspruch gegen die Mutter zum Ausdruck. Eine der Töchter erzählte von zwei Eigenschaften:

> *Sie ist wirklich eine liebe, nette Mutter. Ich habe sie immer sehr respektiert. Sie hat uns immer gut behandelt, obwohl mein Vater so schlecht war. Sie hat nicht zu uns gesagt … weil ich Blut von meinem Vater habe: ja, Blut von dem Scheißkerl, also habt ihr auch. So hat sie uns nicht*

behandelt. Gemein oder so. Immer stand sie für uns bereit. Jetzt auch noch. Und meine Beziehung zu meiner Mutter ist wie zu einer Freundin. Meiner Mutter kann ich alles erzählen.

In ihren Worten wird deutlich, daß sie die Familiengeschichte um die Figur des *schlechten* Vaters rekonstruiert. Der Tatsache, daß diese Tochter sich auf das „Erbe" ihres Vaters bezieht, entnehme ich, daß Vererbung ein Thema der Familiengeschichte ist. Die Erbkrankheit ihrer Großmutter, die in diesem Zusammenhang doch wichtig wäre, spielt dagegen keine Rolle in ihrer Geschichte. Eher bietet der Vater mit seinen schlechten Eigenschaften die Basis für die starke Bindung zwischen Mutter und Töchtern. Die Krankheit der Großmutter wird im Interesse dieser emotionalen Bindung außer Betracht gelassen; während die Gefahr der sozialen Vererbung von schlechten Eigenschaften verbalisiert werden kann, bleibt die Erbkrankheit der mütterlichen Großmutter ein Tabu.

Eine andere Wendung bekam das Thema Vererbung, als Mutter Singh von ihrer zweiten Partnerschaft erzählte. In den Niederlanden hatte sie noch einmal geheiratet. Die Trauung wurde von einem Pandith, einem hindustanischen Geistlichen vollzogen und nicht vor dem Standesamt. Aber auch diese Beziehung scheiterte. Auf meine Frage, wie die hindustanische Gemeinschaft hierauf reagiert hat, antwortete sie:

Die denken, daß ich wahrscheinlich in meinem Leben gesündigt habe. In meinem vorigen Leben. Da wir Hindus ja an Reinkarnation glauben. Also sie denken, ich bin früher eine schlechte Frau gewesen. Ich habe etwas getan. Und darum muß ich in diesem Leben büßen ... obwohl ich mir einfach sage: ich habe Pech gehabt. Ich habe nie den richtigen Mann getroffen. Und ich habe mal ein Buch gelesen, darin stand, daß ein Kind von Problemeltern später auch Probleme kriegt ... Es scheint, als ob da etwas vererbt wird.

Frau Singh verbindet hier Elemente der hindustanischen Kultur mit der der niederländischen in der (Re)konstruktion ihrer (persönlichen) Geschichte. Indem sie sagt: *Wir Hindus glauben an Reinkarnation,* ordnet sie sich selbst der hindustanischen Gemeinschaft und der dazugehörenden Lebensauffassung zu. Da eine vollständige Akzeptanz einer solchen Interpretation jedoch nicht mit ihrem Bildungswissen übereinstimmt, suchte und fand sie eine andere, „professionelle" Erklärung. Mit den Worten, *es scheint, als ob da etwas vererbt wird,* verbindet sie ihren religiösen Glauben an die Vererbung von „Altlasten" aus einem vorigen Leben mit einer professionell-psychologischen Interpretation von Übertragung. Mit anderen Worten, ob es nun die Buße für Fehler in einem früheren Leben ist oder das Schicksal, problematische Eltern zu haben, die das Leben eines Menschen bestimmen, in beiden Fällen handelt es sich um Vorgänge, die „schicksalhaft" sind. Das soziale Erbe kann dann als Entlastung für das eigene Handeln dienen.

Wenn Frau Singh über ihre Stellung in der niederländischen Gesellschaft spricht, handhabt sie eine vergleichbare Strategie. Obwohl sie seit Jahren die niederländische Staatsbürgerschaft besitzt, fühlt sie sich offenbar noch immer als Außenstehende, als Gast, als Fremde. Sie ging davon aus, daß ihr Platz in der hierarchischen sozialen Einteilung der Niederlande vorbestimmt ist.

Manchmal muß ich schon mal was runterschlucken und manchmal denke ich: ja, die haben einfach Vorrechte. Meine Position ist doch schwach. Und dann sage ich im Scherz: ich bin eine Farbige und meine Position ist schwach. Und ich bin eine Frau. Ich füge mich in meine Stellung. Nach einigem Zögern fügt sie hinzu: Aber doch finde ich, daß ich hier geborgen bin. Ich habe ein ruhiges Leben, ich brauche keine Angst zu haben.

Ihre Erklärung hinsichtlich der Stellung, die ihr in dieser Gesellschaft zugewiesen wur-

de, erinnert an die Bedeutung, die der Hinduismus mit dem Begriff „Karma" verbindet: der durch Geburt vorgeschriebene, im vorigen Leben zugewiesene Platz auf der gesellschaftlichen Stufenleiter. Gleichzeitig steht diese schicksalsergebene Interpretation aber im Widerspruch zu ihrer aktiven Lebenshaltung. Also mußte sie abwägen, sich Strategien zurechtlegen, um Glaube und Widerstand im Gleichgewicht zu halten. Indem sie über ihre schwache Position *Scherze* macht, distanziert sie sich. Vielleicht ist für sie diese Strategie auch deshalb naheliegend, da Äußerung von Kritik oder Widerstand sie vor das Dilemma stellen würden, sich gegen ein Land zu wenden, in dem sie sich zu Hause fühlt und wo sie bleiben will.

Deutlich gibt es in den hier beschriebenen Begründungsmustern einen Zusammenhang mit dem oben dargestellten Umgang mit Diskriminierung. Im privaten Schutzraum distanzieren sie sich davon.

Diese Frau und ihrer Töchter versuchen die Zukunft und die Gegenwart mit der Vergangenheit in Einklang zu bringen, ohne dabei Brüche entstehen zu lassen. Daran haben beide Generationen ein Interesse; für beide muß die Familienbiographie plausibel sein und psychische Stabilität vermitteln.

Die Kulturbildung, die wir im Falle der Familie Singh kennengelernt haben, unterscheidet sich deutlich von der Migrationsgeschichte creolischer Migrantinnen. Die ehemalige Kolonialgeschichte spiegelt sich in der reflexiven Sinnkonstitution in anderer Weise. Dies soll am Beispiel von Mutter und Tochter Grant analysiert werden.

3. Frau Grant und ihre Tochter

3.1 Die Migration der Mütter: der Zufall spielte Schicksal

Frau Grant ist eine 50 Jahre alte Frau, die heute als Sozialarbeiterin in einem Nachbarschaftsheim einer großen niederländischen Stadt arbeitet. Sie hat Surinam zusammen mit ihrem Mann und ihren drei Kindern 1973 verlassen und wohnt seitdem in den Niederlanden. Frau Grant, die in der Hauptstadt Surinams, Paramaribo, aufwuchs, war die älteste Tochter einer Familie mit sieben Kindern. Ihr Vater, der als junger Mann aus Französisch-Guyana ins niederländische Guyana ausgewandert war, war der große Abwesende im Familienleben; er arbeitete im Urwald und im Goldbergwerk, während ihre Mutter mit Hilfe weiblicher Familienangehöriger den Großfamilienhaushalt führte. Frau Grant bezeichnet sich als Mitglied der creolischen Volksklasse und deutet damit den geringen Ausbildungsstand ihrer Familie an sowie ein Wertesystem, das geprägt ist von gegenseitiger Unterstützung .[7]

Sie verließ die Schule mit 14 Jahren, weil die Mutter das Schulgeld nicht aufbringen konnte, und arbeitete in einem Bekleidungsgeschäft. Sobald die Mutter wieder genug Geld hatte, wurde sie wieder zur Schule geschickt, um eine Ausbildung als Grundschullehrerin zu absolvieren. Diese Ausbildung brach sie vorzeitig ab und begann, als Assistenz-Lehrerin zu arbeiten. Einige Jahre später fand sie eine besser bezahlte Stelle als Sekretärin in einem Ministerium und wurde Beamtin. Im Alter von 23 Jahren wurde ihr erster Sohn geboren, drei Jahre später ihr zweiter Sohn und schließlich ihre Tochter.

Sie heiratete schließlich den Vater ihrer Kinder, der ebenfalls Regierungsbeamter war und mit dem sie im Konkubinat zusammengelebt hatte; Konkubinat ist ein in Surinam sowie im gesamten karibischen Raum weit verbreiteter und juristisch akzeptierter Ehe-Ersatz. Frau Grant unterbrach ihre berufliche Tätigkeit nicht, sondern regelte die Versorgung ihrer Kinder mit Hilfe weiblicher Familienangehöriger. Obwohl sie bei ihrer Übersiedlung in die Niederlande ihr gesamtes (Kinder)Versorgungsnetzwerk verlor, gibt es in der Geschichte von Frau Grant keinen Anhaltspunkt dafür, daß die Emigration ihr Leben einschneidend veränderte. Sie begründete ihre Auswanderung damit, daß sie und ihr Mann eigentlich keine Emigration beabsichtigt hatten, als sie zwei Jahre vor der Unabhängigkeitserklärung mit ihren Kindern Surinam verließen. Vielmehr hatten sie eine Möglichkeit genützt, die rechtlich allen niederländischen Reichsbeamten nach mehreren Jahren Kolonialdienst zustand: ein Sabbatjahr im *Mutterland*. Mit einem verschmitzten Lächeln bemerkte Frau Grant, daß dieses Gesetz eigentlich nicht für die schwarzen kolonialen Reichsbürger gemacht und gedacht war, sondern um weißen Kolonialbeamten eine Tropenpause zu ermöglichen.

Die Familie Grant kehrte nicht nach Surinam zurück. Nachdem ein Jahr verstrichen war, beantragten beide Ehepartner bei ihrem Arbeitgeber in Surinam die Erlaubnis zur verlängerten Abwesenheit. Die Unabhängigkeitserklärung im November 1975, *die man uns aufgehalst hat*, gab schließlich den Ausschlag: die Familie blieb vorläufig in den Niederlanden.[8]

Es gibt in der Geschichte von Frau Grant viele Hinweise, daß die Familie bereits 1975 beschlossen hatte, endgültig in den Niederlanden zu bleiben: beide Ehepartner hatten Arbeit gefunden, Herr Grant besuchte die Abendschule, um Wirtschaftswissenschaft zu studieren, die Kinder gingen zur Schule, die Familie zog in einen Vorort und kaufte sogar eine Neubauwohnung. Dennoch erzählt Frau Grant, daß ihr erst 1982 klar wurde, daß ihr Rückkehrtraum unrealistisch geworden war und daß die Emigration einen endgültigen Charakter bekommen hatte. Als Wendepunkt, der sie zu dieser Einsicht veranlaßte, bezeichnet Frau Grant die *Dezembermorde*, die Ermordung 12 herausragender surinamischer Politiker in Paramaribo im Dezember 1982, deren genauer Hergang bis heute unaufgeklärt ist und die jegliche Aussicht auf die Herstellung demokratischer Verhältnisse bis auf weiteres zerstörte. Dieses Ereignis dient bis heute vielen Surinamern als kollektive Legitimation für ihren endgültigen Aufenthalt in den Niederlanden. Frau Grant weist nun die Rükkehroption als unrealistisch ab, obwohl sie in all den Jahren Surinam regelmäßig besucht hat und engen Kontakt hielt mit dort zurückgebliebenen Familienmitgliedern. Ihre Lebensgeschichte läßt sich als die Entwicklung einer doppelten Identifikation lesen, in der eine tiefe Verbindung mit der Herkunftsgesellschaft kombiniert wird mit der Integration in die niederländische Gesellschaft.

Die Erfahrung der Migration hat nicht zu drastischen Veränderungen im Leben von Frau Grant geführt. Nach ihrer Ankunft in den Niederlanden bewältigt sie weiterhin die Sorge für ihre Kinder neben der Berufsarbeit; allerdings fehlt ihr die Hilfe ihres weiblichen Familiennetzwerkes, und sie ist auf die Unterstützung ihres Ehemannes angewiesen. Sie berichtet von den praktischen Konsequenzen, in der ihr Mann scheinbar problemlos die Aufgaben übernimmt, die sie ihm zuteilt. Im Laufe der 80er Jahre engagiert sie sich in der schwarzen Frauenbewegung, gleichzeitig setzt sie sich für die Verbesserung der Lebensbedingungen in Surinam ein: zusammen mit ihrem Mann wird sie Mitglied einer Freimaurerloge, die unter Surinamern in den Niederlanden aktiv ist und diesen ermöglicht, *etwas für Surinam tun zu können*. Während Frau Grant sich offenbar mühelos zwischen ihren beiden Heimatländern (mental) bewegt, ist sie sich der Tatsache bewußt, daß ihre Kinder in der niederländischen Gesellschaft diskriminiert werden. Diese Folge ihrer Migration hatte sie nicht vorhergesehen, und vermutlich liegt darin ein Grund für die Tatsache, daß sie ihre Migration als Beiläufigkeit, als Zufall beschreibt, etwas, das einfach so passiert ist. Sie hat ihren Kindern eine ausgezeichnete Schulausbildung ermöglicht und versucht auf diese Weise, deren Verletzlichkeit zu kompensieren. Aus ihrer Erzählung geht hervor, wieviel ihr daran liegt, als „role-model" ihren Kindern ihren Kampfgeist des „schwarzen Bewußtseins" zu übertragen. Gleichzeitig bemühte sie sich darum, ihren Kindern eine positive Beziehung zu ihren *roots* zu vermitteln; sie mußte verhindern, daß ihre Kinder das Herkunftsland ihrer Eltern ablehnen würden. In dieser Hinsicht vollführte Frau Grant, wie mit ihr die Mehrheit aller Migranten-Mütter, einen Balanceakt: einerseits müssen diese Mütter für Kontinuität der Familienregeln, Normen und Werte sorgen, andererseits müssen sie diese auch den Anforderungen des Lebens in der Emigration anpassen.

3.2 Die Verwandtschaftsökonomie der Volksklasse: Kontinuität und Diskontinuität

3.2.1 Pionierinnen

Frau Grant beschreibt sich selbst, wie gesagt, als ein Kind aus der creolischen Volksklasse. In der sozialwissenschaftlichen Literatur wird die creolische Familienstruktur als matrifokal oder latent matrifokal beschrieben (siehe z.B. Venema, 1992). Als Resultat der Sklavenökonomie und vermutlich in Verbindung mit dem matriarchalen Erbe afrikanischer Kulturen hat sich in der karibischen schwarzen Volksklasse eine matriarchale Familienstruktur herausgebildet. Dabei werden mehrere Varianten voneinander unterschieden, so zum Beispiel das Konkubinat und das „Besucher-Verhältnis", in denen die Rolle der Frau differenziert wird in Hinsicht auf ihr sexuelles Verhältnis zu einem Mann: entweder ist sie die Innen-Frau (binnenvrouw), mit der er zusammenlebt, oder die Außen-Frau (buitenvrouw), die er besucht. Grundsätzlich wird davon ausgegangen, daß Männer polygam sind und deshalb mehrere sexuelle Verbindungen gleichzeitig eingehen (können); allerdings haben sie gewisse materielle und emotionelle Verpflichtungen gegenüber den Müttern ihrer Kinder. Eine „respektable Frau" wird danach beurteilt, wie (gut) sie für ihre eigene Mutter und ihre Kinder sorgt, und nach ihrer Fähigkeit, ein Familieneinkommen durch (Berufs)Arbeit oder die (regelmäßigen) finanziellen Beihilfen ihres „Mannes" zu generieren. Obwohl das surinamische Familienleben sich im Laufe der Jahrhunderte veränderte und obwohl besonders die christlichen Kirchen und Schulen versucht haben, ihren moralischen Einfluß geltend zu machen, indem sie die christliche monogame Ehe propagierten, hat sich der Lebensstil der creolischen Volksklasse bis heute erhalten.[9] Und damit auch die Moralchiffren dieser Klasse. Es gibt Hinweise in der Erzählung von Frau Grant, daß sie große Schwierigkeiten hatte, als sie, einmal angekommen in den Niederlanden in den 70er Jahren, weiterhin berufstätig war. 1973 war die Berufstätigkeit der Niederländerinnen mit 28% eine der niedrigsten in der gesamten europäischen Gemeinschaft; aus der damaligen Sicht der niederländischen Gesellschaft vernachlässigte eine berufstätige Mutter ihre Kinder. Dies änderte sich allerdings im Laufe der 80er Jahre, und heute, in den 90ern, gilt die Kombination von Mutterschaft und Berufsarbeit als Emanzipationsziel, das immerhin bereits 54% der Frauen verwirklichen. Die doppelte Vergesellschaftung der Frau ist damit zum weiblichen Modernitätsideal geworden.

Deutlich wird hier, wie eine moralische Regel, die in einem distinkten kolonialen Kontext enstanden ist, in einem völlig anderen sozialen Umfeld „passend" sein kann: die Moralchiffren der Sklavenökonomie, die den Sklaven ein Familienleben vorenthielten und Frauen dazu veranlaßten, selbst für den Unterhalt ihrer Kinder zu sorgen, scheinen den heutigen Autonomierichtlinien zu entsprechen, die in der niederländischen Gesellschaft propagiert werden. Gerade die Diskontinuität der Geschlechterverhältnisse in West-Europa in Kombination mit fortschreitenden Individualisierungsprozessen garantieren demnach die Kontinuität der moralischen Lebensregeln der creolischen Volksklasse.

3.2.2 Respektabilität: „Das lernst du von surinamischen Frauen, daß deine beiden Hände dein Mann sind, dein richtiger Mann."

Ein wichtiger Aspekt des Moralcodes der creolischen Volksklasse ist das Thema Respektabilität, die Pflicht, eine respektable Person zu sein/zu werden. In diesem Zusammenhang fällt auf, wie Frau Grant ihre Handlungsmotivation beschreibt. Die meisten ihrer persönlichen Richtlinien stammen von ihrer Mutter; in ihrer Geschichte fungiert sie als Vorbild, als die Person mit dem höchsten Maß an Respektabilität und Glaubwürdigkeit. Die Regeln ihrer Mutter alterieren auch mit dem, „was surinamische Frauen immer sagen und tun". Ihre Mutter unterrichtete sie über ihre „natürlichen Pflichten", die materielle und immaterielle Unterstützung ihrer weiblichen Familienangehörigen, allen voran die Mutter, gefolgt von der Schwiegermutter. „Was surinamische Frauen immer sagen und tun" wird so zur Chiffre einer moralischen Klassenregel, eine Regel, die Frau Grant von ihrer Mutter übernommen hat und die sie auch an ihre eigene Tochter weitergibt. Frau Grant benützt die entschlossene Autorität des moralischen Urteilsvermögens ihrer Mutter als Legitimationsquelle für ihr eigenes Handeln. Sie zeichnet das Bild einer starken Bindung zwischen sich und ihrer Mutter; selbst ihr eigener *störrischer Charakter* wird als Familiencharakteristikum präsentiert, ein soziales Erbe ihrer Mutter. Zwar schränkt sie die Weitergabe der Morallehre ihrer Mutter auf ihre Tochter Amalia ein, sie wünsche nicht, daß ihre Tochter sich ebenso verantwortlich für sie fühle wie das bei ihr der Fall sei, dennoch erwarte sie, daß eine Tochter ihre Mutter und deren Regeln respektiere.

Es gibt in der Lebensgeschichte von Frau Grant keinen einzigen Hinweis darauf, daß die Meinung oder das Urteil ihres Vaters, ihres Ehemannes oder eines anderen männlichen Familienmitglieds für sie wichtig (gewesen) ist. Männer bleiben im Hintergrund oder existieren gar nicht, ein Phänomen, das mit folgendem Zitat erläutert wird:

> *Also, das ist jetzt nicht negativ gemeint oder so, aber ich hab das so gelernt .. daß ich für mich selbst sorgen muß, daß ich mich nicht auf einen Mann verlassen soll. Das lernst du von surinamischen Frauen, verlaß dich nicht auf deinen Mann. Deine Mutter lehrt dich das, daß deine beiden Hände dein Mann sind, dein richtiger Mann ... Ja, und ich dachte, mit drei Kindern und falls der Mann weggeht, ja dann könnte ich es schaffen, wenn ich meinen Job behalte.*

Der erste Halbsatz in diesem Zitat galt mir; sie entschuldigt sich mir gegenüber – einer weißen westlichen Frau – für diese, wie sie meint, unübliche Sichtweise, um mir danach die Regeln ihrer Mutter, die sie gleichsetzt mit einer Kollektivregel, zu erklären und anschließend ihre eigene Beziehung zu dieser Regel zum Ausdruck zu bringen. Bemerkenswert an der Lebensgeschichte von Frau Grant ist die Tatsache, daß ihre Lebensregel, die sie auch erfolgreich auf ihre Tochter übertragen hat, nicht durch die Realität des gelebten Lebens korrigiert wurde. Sie ist länger als fünfundzwanzig Jahre mit ihrem Mann verheiratet; ihr Mann hat die Familie nie verlassen, weder ihr noch ihrer Tochter sind außereheliche Beziehungen bekannt; er hat offenbar auch nach der Übersiedlung in die Niederlande einen Teil der Hausarbeit und der Kindererziehung übernommen. Dennoch bleibt er in der Erzählung seiner Ehefrau und seiner Tochter weitgehend unsichtbar. Eine mögliche Erklärung für die Stabilität dieser Lebensregel trotz oder gegen die erlebte Realität, muß in der Tatsache gesucht werden, daß die Ehe der Grants einzigartig ist in ihrem Verwandschaftsnetzwerk; die Grants sind umgeben von einem Meer gescheiterter Beziehungen, und ich vermute, daß Frau Grant sich nicht als Ausnahme dieser Familienverhältnisse präsentieren wollte. Hätte sie sich selbst als Protagonistin einer abweichenden Norm vorgestellt, dann hätte sie sich damit auch implizit losgesagt von ihrer Familie, ihrer Verwandtschaft und ihrer Klasse. Nachdem sie sich aber räumlich und sozial schon soweit von ihrer Familie enfernt hatte, will sie wohl die emotionelle Bindung nicht auch noch aufs Spiel setzen, sondern sie schützen. Hätte sich ihr Ehemann so verhalten, „wie surinamische Männer das im allgemeinen tun", dann hätte sie sich doch aus eigener Kraft Respektabilität und Glaubwürdigkeit verschaffen müssen – die soziale Kompetenz dafür hatte sie jedenfalls, und die soll auch ihre Tochter vermittelt bekommen.

3.3 Generationsarbeit

3.3.1 „Deine richtige Familie, das ist deine Mutter"

Amalia Grant hat viele Lektionen ihrer Mutter gut gelernt. Obwohl sie manchmal Schwierigkeiten hat, soviel Zeit in ihre Familie zu investieren und dabei gleichzeitig zu studieren, zu arbeiten und Freizeit mit ihrer Freundin zu verbringen, stellt sie fest: *Im Laufe der Jahre wechseln deine Freunde, aber deine Familie bleibt für immer.* Für sie ist ihre Mutter ihre richtige Familie, und unweigerlich geht dann auch die stärkste emotionelle Investition in diese Richtung.

Amalia Grants Lebensgeschichte ist eine große Lobeshymne auf ihre Mutter; es gibt allerdings eine Ausnahme: sie mißbilligt die Entscheidung ihrer Eltern, in die Niederlande zu auszuwandern. Im Gegensatz zu dem, was sie immer angenommen hatte, nämlich daß ihre Eltern Surinam aus ökonomischen Gründen verlassen hatten, hatte sie kürzlich bei einem Besuch in Surinam erfahren, daß ihre Vater dort vor der Emigration eine gute Stelle hatte.

Wenn wir dort geblieben wären, hätten wir auch nicht zur niedrigsten Klasse gezählt. Darum verstehe ich gar nicht, warum es notwendig war, in die Niederlande zu gehen.

War die Emigration für ihre Eltern eine Herausforderung, ein Abenteuer, eine zeitlich begrenzte Lösung von Arbeitsplatzproblemen oder eine Kombination aus allen diesen Aspekten, für Amalia bietet sie Anlaß zu tiefen Zweifeln. Diese Zweifel wurden jedoch nie in der Familie diskutiert. Ähnlich wie in jüdischen Familien vermieden wird, Holocaust-Erfahrungen zum Gesprächsthema zu machen (Inowlocki, 1993), oder wie der Holocaust bei den Nachkommen von Holocaust-Tätern tabuisiert wird (Rosenthal, 1995; Bar-On, 1995), scheint es für Migrantenkinder ein schmerzliches emotionelles Thema zu sein, mit ihren Eltern über deren Migrationsmotivation zu debattieren; ein Thema, das potentiell Konflikte in sich birgt, und deshalb eher gemieden wird.

3.3.2 Das Vermächtnis der Migration

Im Alter von 24 Jahren schließt Amalia Grant ihr Jura-Studium ab; sie hat sich auf internationales und europäisches Zivilrecht spezialisiert, um im Ausland arbeiten zu können. Sie plant jetzt ihre Übersiedlung nach Surinam. In Anbetracht der enormen ökonomischen und politischen Probleme des Landes – das heutige Leben in Surinam ist äußerst beschwerlich und vergleichbar mit der Situation vieler Länder der Dritten Welt – erscheinen diese Pläne eher erstaunlich. Da sie zum Zeitpunkt der Interviews gerade sechs Wochen in Surinam verbracht hatte und ausgezeichnet informiert ist über die Realität des Landes, können ihre Ambitionen nicht als unrealistische oder utopische Träumereien abgetan werden; sie weiß, worauf sie sich einläßt. Amalia faßt die Vorzüge ihrer Ausbildung, ein niederländisches Diplom, und ihrer Erziehung in einem westlichen Land zusammen: sie hat gelernt, kritische Fragen zu stellen und ihre eigene Meinung zu sagen. Damit glaubt sie einen Vorsprung zu haben, der ihr eine Karriere in Surinam erleichtert. Während sie rationale Erwägungen in den Vordergrund ihrer Bilanzierung stellt, gibt sie plötzlich auch einen Hinweis auf den emotionalen Hintergrund ihrer Entscheidung:

Es ist viel schöner dort. Das Essen ist gut und das Wetter ist viel besser, und ich, .. ich glaube, daß ich mich dort eher zu Hause fühlen kann. Ich meine, daß ich zu den Menschen passe. Verstehst du? Ich, ich fühle mich hier schon zu Hause, .. ich bin ja hier aufgewachsen .. aber .. es ist einfach anders.

Diese Äußerung überrascht mich, nicht nur, weil Stolz und „schwarzes Bewußtsein" ihr Elternhaus und ihre Erziehung geprägt haben, sondern auch, weil Amalia betont hatte, daß sie persönlich kaum Rassismuserfahrungen hatte. Amalia hat eine ausgezeichnete Schulbildung genossen, und sie spricht akzent- und dialektfrei niederländisch, was selbst für die Mehrheit der autochthonen Niederländer nicht zutrifft. Damit erfüllt sie auf den ersten Blick viele Vorraussetzungen für eine erfolgreiche Integration in die niederländische Gesellschaft; in der Terminologie des französischen Soziologen Pierre Bourdieu ist sie mit einem hohen Maß an sozialem und kulturellem Kapital ausgerüstet und damit für eine erfolgreiche Karriere in den Niederlanden vorbestimmt. Ihr Zitat muß jedoch interpretiert werden als ein Hinweis auf die Kehrseite ihres Lebens in den Niederlanden, das Gefühl „nicht autorisiert" zu sein, ein Dilemma, das das Leben vieler Migrantenkinder prägt: das Gefühl, nicht richtig „dazuzugehören", kein legitimer Teil der niederländischen Bevölkerung zu sein und aus der nationalen Symbolik herauszufallen (siehe Saharso, 1992; Leiprecht und Willems, 1994). Amalia ist sich dessen bewußt, daß sie weder in den Niederlanden noch in Surinam „richtig dazugehört": in den Niederlanden fällt ihre physische Erscheinung auf, ihre Hautfarbe, in Surinam ihre (Aus)Sprache, perfektes Niederländisch, ihre Kleidung. Dieses Paradox macht sie manchmal *wahnsinnig*. Gerne würde sie sich als „Kosmopolitin" begreifen; doch im Licht der Tatsache, daß die politische Realisierung einer solchen Option eher unwahrscheinlich ist, wird ihre Entscheidung für Surinam verständlich. Sie sei bereit, sich darum zu bemühen, ihr Niederländisch dem surinamischen Dialekt anzupassen und das (creolisch-surinamische) Sranantongo zu lernen, ebenso wie sie sich die anderen Kleidungsgewohnheiten zu eigen machen möchte. Sie ist offenbar davon überzeugt, daß ein solcher Assimilationsversuch in der multi-ethnischen Gesellschaft Surinams erfolgversprechender ist als das Warten auf radikale Veränderungen in der niederländischen Gesellschaft in bezug auf die Wahrnehmung schwarzer Mitbürger; dort fällt sie nicht auf und nicht heraus, sie ist keine Ausnahme, sondern sie „paßt zu den Menschen". Zwar besitzt Amalia nicht den Kampfgeist ihrer Mutter, die oft vergeblich versucht hat, ihre Tochter in die schwarze Frauenbewegung miteinzubeziehen, aber passiv ist sie auch nicht. Vermutlich findet Amalia es zu schwierig, gleichzeitig an zwei Fronten zu kämpfen, und sie will erst einmal die Surinam-Option ausprobieren.

Eine zweite Interpretation kann die oben genannte ergänzen: die Übersiedlung nach Surinam könnte Amalia die Suche nach Authentizität und die Ablösung von ihrer starken Mutter erleichtern, ohne daß es zu Auseinandersetzungen oder Zusammenstößen kommen müßte. Wie in vielen Mütter-Töchter-Beziehungen, so wird auch im Falle von Mutter und Tochter Grant ein schwieriger Ablösungsprozeß verhandelt. Amalia sieht ihre Mutter als starke, intelligente und rationale Person, die von vielen Menschen respektiert wird und der alles gelingt, was sie anfängt. Mutter Grant ist ihr Idol, ihr Vorbild, die Quelle ihrer Inspiration. Gerade deshalb empfindet sie es als schwere Last, wie ihre Mutter zu werden. Lange Zeit, sagt sie, habe sie sich als *schwache Imitation* ihrer Mutter gesehen, und doch strebte sie weiter danach, ihrer Mutter ebenbürtig zu werden.

Die Emigration und die damit verbundene (physische) Distanz von ihrer Mutter, könnte ihre unabhängige Entwicklung fördern. Amalia könnte so auch die Konfrontation mit ihren Eltern über deren Emigrationsentscheidung vermeiden und gleichzeitig eine akzeptable Lösung für die Dilemmata finden, in denen sie sich gefangen fühlt. Während sie die physische Nähe zu ihren Eltern lockert, verstärkt sie die emotionale Bindung, indem sie die Suche nach der Authentizität mit einer starken Familienloyalität verbindet. Die Emigration in das Herkunftsland ihrer Eltern wird damit sowohl eine Herausforderung als auch zum Vermächtnis. Amalia setzt auf diese Weise ein Familienthema fort, die Migration. Sie verlängert in der dritten Generation eine Kette, die ihr Großvater mit der Migration von Französisch- nach Niederländisch-Guyana initiierte.

Sie führt ein Thema der Familiengeschichte weiter und beginnt (symbolisch) dort, wo ihre Eltern aufhörten.

Allerdings kann Amalias Auswanderungsvorhaben auch als stiller Protest gegen ihre Eltern interpretiert werden, als eine Art von Revancheakt, denn implizit übt sie damit auch Kritik an der Entscheidung ihrer Eltern. Unter einer harmonischen Oberfläche werden so auch die Risse im Generationenkonsens sichtbar.

Zusammenfassend kann hier festgestellt werden, daß Migration für Mutter und Tochter vergleichbare, aber auch unterschiedliche Bedeutungen hat. Während Frau Grant relativ einfach die Kluft zwischen zwei Gesellschaften überbrücken kann, scheint diese Kombination für Amalia nicht nur problematischer und viel schwieriger realisierbar zu sein, sondern sie steht dieser Kombination auch viel ambivalenter gegenüber. Dennoch ist sie bereit, die (mentale) Reiseroute ihrer Eltern – in umgekehrter Richtung – zurückzureisen. Mit ihren Eltern verbindet sie ihr Vertrauen darin, daß ihr das soziale und kulturelle Kapital, das die Familie gewissermaßen in drei Generationen akkumuliert hat, bei der Eingliederung in die surinamische Gesellschaft helfen wird.

4. Schluß

In der gängigen Migrationsliteratur wird versucht, MigrantInnen einzuteilen in Migrationsgewinner und -verlierer. Die hier vorgestellte Fallanalyse sollte deutlich machen, daß eine derartige Einteilung kaum zu beantworten ist. Jedenfalls dann nicht, wenn man außer materiellen Maßstäben auch die der psychischen Verarbeitung der Migration, den Umgang mit Diskriminierung und Rassismus und andere Integrationshindernisse berücksichtigen will.

Mit den Lebensgeschichten von Frau Singh sowie Frau Grant und ihren Töchtern wollte ich zeigen, daß der Prozeß der Integration von Migrantinnen ein Prozeß permanenter Abwägung zwischen Widerstand und Akzeptanz in einer heteronom strukturierten Wirklichkeit ist. Frau Singh und Frau Grant, aber auch ihre Töchter versuchen sich unter schwierigen Umständen aktiv zu verhalten. In der Emigration müssen sie auf Fähigkeiten zurückgreifen, oder solche entwickeln, die es ihnen erlauben, ohne Verlust ihres Selbstwertgefühls ihr Leben zu meistern. Sie benutzen ihre kulturellen Ressourcen, indem sie ihr Wissen mit dem der dominanten Kultur verbinden. Dabei entwickeln sie auch Strategien, um ihre sozio-ökonomisch schwache Position zu kompensieren. In ihren Biographien spiegeln sich die Geschichten der Migrationen ihrer jeweiligen ethnischen Gemeinschaften, bei Frau Singh und ihren Töchtern die der doppelten Migration, bei Frau Grant und ihrer Tochter Amalia die Geschichte der Sklavenökonomie und ihre Folgen für die (matriarchal strukturierte) Verwandtschaftsökonomie. In der Emigration mußten beide Frauen Anknüpfungspunkte finden, um sich in dieser Gesellschaft „niederzulassen". Das gemeinschaftliche Mutter-Tochter-Projekt ist in beiden Fallstudien zwar im familiendynamischen Aspekt sehr unterschiedlich, aber dennoch übereinstimmend in der Bemühung, einen sicheren Platz in der niederländischen Gesellschaft zu erwerben. Im Falle von Amalia Grant führt dieser Weg möglicherweise zu einer Auswanderung, dennoch führt sie das Familienthema weiter.

Ob die Migrantinnen und ihre Töchter bei ihren Integrationsbemühungen erfolgreich sein werden, ist nicht so sehr eine Frage des eigenen Willens, sondern hängt eben auch davon ab, wie sanktionierend die dominante Gemeinschaft darauf reagiert.

Die große soziale Leistung, die Frau Singh, Frau Grant und beider Töchter vollbringen, ihre 'Integrationsarbeit' bleibt bei den herkömmlichen Forschungsmethoden unterbelichtet. Dagegen kann Biographieforschung diese Anstrengung sichtbar machen.

Literatur

Afshar, Haleh (1989): Gender roles and the „moral economy of kin" among Pakistani women in West Yorkshire. In: new community 15(2), S. 211–225

Apitzsch, Ursula (1996): Frauen in der Migration. In: Frauenleben im Wohlfahrtsstaat. Zur Situation weiblicher Existenzbedingungen. Münster, S. 66–91

Apitzsch, Ursula (1990/1999): Migration und Biographie. Zur Konstitution des Interkulturellen in den Bildungsgängen junger Erwachsener der zweiten Migrationsgeneration, Bremen/Wiesbaden

Bar-On, Dan (1995): Begegnungen zwischen Nachkommen von Holocaust-Überlebenden und Nachkommen von Holocaust-Tätern: ein Weg, um mit der Vergangenheit für die zukunft zu kämpfen. In: Attia, Iman u.a. (Hg.): Multikulturelle Gesellschaft, monokulturelle Psychologie? Antisemitismus und Rassismus in der psychosozialen Arbeit, Tübingen, S. 52–77

Bukow, Wolf-Dietrich & Roberto Llaryora (1988): Mitbürger aus der Fremde, Opladen

Bukow, Wolf-Dietrich (1993): Leben in der Multikulturellen Gesellschaft, Opladen

Çaglar, Ayse (1990): Das Kultur-Konzept als Zwangsjacke in Studien zur Arbeitsmigration. In: Zeitschrift für Türkeistudien, 1, S. 93–105

Esser, Hartmut (1980): Aspekte der Wanderungssoziologie, Darmstadt und Neuwied

Hoffmann-Novotny, Hans Joachim (1973): Soziologie des Fremdarbeiterproblems, Stuttgart

Inowlocki, Lena (1993): Grandmothers, mothers and daughters: intergenerational transmission in displaced families in three jewish communities. In: International yearbook of oral history and life stories. Oxford, S. 139–153

Kalpaka, Anita & Nora Räthzel (1986) (Hg.): Die Schwierigkeit, nicht rassistisch zu sein, Berlin

Leiprecht, Rudolf & Erik Willems (1994): Het zit toch dichterbij. Jongeren en racisme in Nederland. Ein Dokumentarfilm, Amsterdam

Lutz, Helma (1991): Welten Verbinden. Türkische Sozialarbeiterinnen in den Niederlanden und in der Bundesrepublik Deutschland, Frankfurt a.M.

Lutz, Helma (1993): Migrant Women, Racism and the Dutch Labour Market. In: Solomos, John & John Wrench (eds.), Racism and Migration in Western Europe, Oxford & Providence, S. 129–142

Lutz, Helma (1994a): The Tension between Ethnicity and Work. Immigrant Women in the Netherlands. In: Haleh Afshar & Mary Maynard (eds.), The Dynamics of „Race" and Gender. Some Feminist Interventions, London & Bristol, S. 182–195

Lutz, Helma (1994b): Ik maak geen ruzie en ik ga netjes. Surinaamse moeders en dochters in Nederland. In: LOVER, 21. Jrg., Nr. 2, Amsterdam, S. 53–55

Lutz, Helma (1995a): Die multikulturelle Gesellschaft – das Beispiel Niederlande. In: Informationsdienst zur Ausländerarbeit, Nr.1, Frankfurt a.M.

Lutz, Helma (1995b): The legacy of migration. Immigrant mothers and daughters and the process of intergenerational transference. In: COMENIUS, 15. Jrg., Nr. 3, Utrecht

Lutz, Helma (1996): Migration as social heritage. In: Floya Anthias, Helma Lutz, Mirjana Morokvasic: Women and Migration, London

Mihciyazgan, Ursula (1986): Wir haben uns vergessen. Ein interkultureller Vergleich türkischer Lebensgeschichten, Hamburg

Morokvasic, Mirjana (1987): Jugoslawische Frauen. Die Emigration und danach, Basel

dies. (1993): „In and out" of the labour market: Immigrant and minority women in Europe. In: New community, vol. 19, Nr. 3, S. 459–492

Naber, Pauline, (1992): Vriendschap onder jonge vrouwen. Amersfoort und Leuven

Nauck, Bernhard (1983): Arbeitsmigration und Familienstruktur, Habilitationsschrift, Bonn

Riemann, Gerhard & Fritz Schütze (1991) „Trajectory" as a basic concept for analyzing suffering and disorderly social processes. In: D.R. Maines (Hg.), Social organization and social processes. Essays in Honor of Anselm Strauss. New York, S. 333–357

Rosenthal, Gabriele (1995): Familienbiographien. Nationalsozialismus und Antisemitismus im intergenerationellen Dialog. In: Attia, Iman u.a. (Hg): Multikulturelle Gesellschaft, monokulturelle Psychologie? Antisemitismus und Rassismus in der psychosozialen Arbeit, Tübingen, S. 30–51

Saharso, Sawitri (1992): Jan en alleman. Etnische jeugd over etnische identiteit, discriminatie en vriendschap, Utrecht

Schmidt-Koddenberg, Angelika (1989): Akkulturation von Migrantinnen: eine Studie zur Bedeutsamkeit sozialer Vergleichsprozesse von Türkinnen und deutschen Frauen, Opladen

Van Lier, Rudolph (1971): Samenleving in een grensgebied, Deventer

Venema, Tijno (1992): Famiri nanga kulturu. Creoolse sociale verhoudingen en winti in Amsterdam, Amsterdam

Wekker, Gloria (1994): Ik ben een gouden munt. Subjectiviteit en seksualiteit van Creoolse volksklasse vrouwen in Paramaribo, Amsterdam

Wolpert, Barbara (1984): Migrationsbewältigung, Orientierungen und Strategien. Biographisch-interpretative Fallstudien über die „Heiratsmigration dreier Türkinnen", Göttingen

Yalcin-Heckmann, Lale (1993): Are Fireworks Islamic? Towards an Understanding of Turkish Migrants and Islam in Germany. In: Shaw, Rosalind & Charles Stewart (eds.) Syncretism/Anti-syncretism. The Politics of Religious Synthesis, London, S. 178–195

Anmerkungen

1 „Du hütest deine Kultur / um nicht den vollen Preis / zu bezahlen / für die niederländische Staatsangehörigkeit." (Chitra Gajadin ist eine hindustanisch-surinamische Niederländerin der zweiten Generation, die bereits mehrere Gedichtbände herausgegeben hat.)

2 Viele der Arbeiten, die den Perspektivwechsel vollzogen haben, sind bezeichnenderweise im Bereich der Migrant*innen*forschung zu finden (Morokvasic, 1987; Lutz, 1991; Mihciyazgan, 1986; Wolpert, 1984; familienorientiert siehe: Apitzsch, 1996; Yalcin-Heckmann, 1993; Nauck, 1983). Dieser Zusammenhang zwischen Perspektivwechsel und Migrantinnenforschung erklärt sich vermutlich aus der Tatsache, daß dieser Forschungszweig in der Tradition der Frauenforschung steht; Frauenforschung wiederum hat Kritik an denjenigen Wissenschaftsmodellen geleistet, in denen Erfahrung als soziale Kategorie ausgeschlossen war, und an Modellen, die die Perspektive der Akteure sozialen Handelns vernachlässigten.

3 Neben diesen beiden Gruppen gibt es noch surinamische Javaner, Chinesen und Wald-Creolen (geflohene Sklaven, die sich im Urwald niederließen). Die Bevölkerungszusammenstellung von Surinam und als Folge davon auch die der Migrantengemeinschaft in den Niederlanden entspricht der ethnischen Mischung des karibischen Raumes. Surinam, das frühere Niederländisch-Guyana (das sich im Norden Südamerikas zwischen Britisch- und Französisch-Guyana befindet), zählt heute etwa ebenso viele Einwohner wie die surinamische Einwanderergemeinschaft in den Niederlanden (knapp 300 000). Die Familienbeziehungen zwischen den beiden Ländern sind sehr ausgeprägt. Surinam befindet sich heute in einer tiefen ökonomischen Krise, deren soziale Folgen vorrangig durch Hilfsgüteraktionen von Familienangehörigen aus den Niederlanden abgefedert werden.

4 In den Niederlanden war es bis vor kurzem durchaus usus, bei Personaleinsparungsmaßnahmen älteren Arbeitnehmern die Vorruhestandsregelung anzubieten. Vorruhestand im Alter von 40 Jahren war zwar nicht die Regel, aber auch keine besondere Ausnahme.

5 In dem Interview mit mir versuchte sie, ihre Chance zu ergreifen und mir zu vermitteln, daß sie sich gegen ihren Willen in dieser Situation befand. Außerdem gibt es Hinweise darauf, daß Frau Singh vermutete, ich könne mit der Veröffentlichung meiner Arbeit die Situation der Frührentner besser beleuchten, als dies zum Zeitpunkt des Interviews in den niederländischen Medien geschah. Die Regierung diskutierte darüber, die Vorruhestandsregelungen abzuschaffen, und in diesem Zusammenhang wurden die Betroffenen selbst oft als arbeitsscheu bezeichnet und als Schuldige für ihren Zustand angeklagt.

6 In einer Untersuchung der Niederländerin Pauline Naber über Mädchenfreundschaften zeigt sich, daß junge Frauen heutzutage oft behaupten, ihre Mütter seien ihnen eine gute Freundin. Obwohl ich dies weiter nicht untersucht habe, könnten auch Mutter und Tochter Singh sich diese üblich gewordene Sichtweise zu eigen gemacht haben; siehe Naber, 1992.

7 Der Begriff Volksklasse hat im karibischen Raum eine andere Bedeutung als in (West)Europa. Er bezieht sich auf die Nachkommen afkrikanischer Sklaven, die heute der unteren städtischen Mittelklasse angehören, und die eine distinkte Volkskultur entwickelt haben, in der Elemente afrikanischer Kultur(en) erhalten und/oder weiterentwickelt wurden, wie zum Beispiel der Glaube an afrikanische Götter (Winti), der mit christlichem Bekenntis kombiniert wurde. Angehörige der Volksklasse unterscheiden sich explizit vom creolischen Mittelstand, der sich stark am Lebensstil und Wertesystem der niederländischen Kolonisten orientiert und mit letzteren auch (eheliche) Verbindungen eingeht (siehe van Lier, 1971; Wekker, 1994).

8 Frau Grant gibt hiermit zu erkennen, daß die nationale Unabhängigkeit von ihrer Familie ebenso wie von großen Teilen der surinamischen Bevölkerung nicht begrüßt wurde. Lediglich die (creolische) Mittelklasse und die Elite, die diesen Schritt mit der niederländischen Regierung (zum Zeitpunkt einer Mitte-Links-Regierung unter dem Sozialdemokraten den Uyl) ausgehandelt hatte, betrachtete die Trennung von der Kolonialmacht als einen notwendigen politischen Akt, während die restliche Bevölkerung befürchtete, daß die ethnischen Differenzen zu heftigen Auseinandersetzungen und zu ökonomischen Problemen führen würden. In den Jahren 1974–76 vollzog sich ein Bevölkerungsexodus aus Surinam in die Niederlande, der zu jener Zeit der „Bijlmer-Express“ genannt wurde: Reichsbürger aus Surinam wurden vorzugsweise in den Neubausilos der großen Städte angesiedelt; der in dieser Zeit entstandene Stadtteil Bijlmermeer in Amsterdam ist damit zur Metapher der Übersiedlung geworden. Bis zum Anfang der 80er Jahre erhielten diese Emigranten automatisch die niederländische Staatsbürgerschaft, nach einer Übergangsregelung wurden die später nachfolgenden Emigranten rechtlich zu Ausländern erklärt und unterliegen heute der Ausländergesetzgebung.

9 In den Niederlanden bietet der Versorgungsstaat seit den frühen 80er Jahren unverheirateten Müttern auch besseren gesetzlichen und finanziellen Schutz, was vermutlich zum Überleben dieses „life-styles“ in der Emigration beigetragen hat.

Johann Behrens

Neben erotischer Neugier bringt am häufigsten der Markt Fremde zusammen. Aber was, wenn sie zusammen arbeiten müssen?

Traditionsbildung gemischter Arbeitsteams bei grenzüberschreitender Berufstätigkeit in internationalen Organisationen und die ethnisch-multikulturelle Ständegesellschaft

1. Werden wir uns fremder, je näher wir uns kommen?

Neben erotischer Neugier bringt am häufigsten der Markt Fremde zusammen. Das haben wir seit langem begriffen. An den Grenzen einander fremder Kulturen gedeiht zuerst der Tausch gegen Ware oder Geld. Er setzt Warenkenntnis oder Vertrauen ins Geld, ins Recht voraus; später, nach wiederholtem Tauschen und Kaufen mag sich Kreditwürdigkeit einstellen oder Vertrauen in nicht sichtbare Eigenschaften der Ware. Weder Verständnis noch gar Teilen der fremden Sitten ist dabei erfordert; verständnisloses Respektieren fremder Empfindlichkeiten – im Verhandlungsstil, bei verstohlen aufdringlichen Blicken – reicht hin.

Aber was passiert, wenn die Fremden zusammen arbeiten und leben? Man kann sich nicht für immer nur auf distanzierte Kontakte beschränken. Viele Erzeugnisse verlangen, daß sie gemeinsam erstellt werden. Zusammenarbeit erfordert so flexible Feinabstimmungen, daß sie nicht vollständig über Werk- und Lieferverträge geregelt werden kann (vgl. dazu die Literaturdiskussion in: Behrens 1983). Man hält sich dann tagelang, jahrelang in denselben Räumen auf, man arbeitet zusammen, man spricht. Man muß sich riechen können. Man muß sich sehen können. Integriert das, oder werden wir uns fremder, je näher wir uns kommen?

Die Soziologie verspricht bekanntlich eine Lösung für viele dabei mögliche Probleme. Das ist die Organisation und der Beruf. In der Weberschen Soziologie werden Organisationen und Berufe als Agenturen formaler Rationalisierung thematisiert. Sie stellen einen Rahmen dafür bereit, daß Fremde zusammen arbeiten können, ohne in allem gleich zu werden und ohne daß ihre unterschiedlichen Herkünfte, Geschlechter, Alter, Haut-, Haar- und Augenfarben, Tischsitten und Religionen bei der Teilung der Arbeit zu Über- und Unterordnung führen. Gegen eine solche multikulturell rassistische, sexisitische usw. Ständegesellschaft – für die wir viele Beispiele kennen – wirken moderne Organisationen und Berufe: Moderne Organisationen und Berufe sehen demonstrativ ab von Geschlecht, Religion, Familie, Herkunft, Hobbies usw. usf. ihrer Mitglieder. Keine dieser Eigenschaften – so läßt sich das einfach und zwingend beweisen – darf bei der Anstellung im Protokoll als Aufnahme- oder Ablehnungsgrund Erwähnung finden. Als einziges protokollierfähiges Entscheidungskriterium kann allein die berufliche Qualifikation und Leistungsfähigkeit angeführt werden. Wer nach anderen Kriterien ausschließen, diskriminieren will, muß die Qualifikation anzweifeln. So fest ist diese Regel verankert, daß eine reputierte amerikanische mathematische Fakultät gesprächsweise einfließen lassen konnte, die wichtigste Eigenschaft für eine zu besetzende Professur sei: der Bewerber müsse hauptsächlich eine gut aussehende Geigenspielerin sein, die ihr Instrument so gut beherrsche, daß sie das Streichquartett der Fakultät ergänzen könne. Eine solche gesprächsweise Erklärung ist möglich, weil keine Gefahr besteht, daß irgendwer sie nicht als Witz verstünde.

Andererseits funktionieren Berufe und Organisationen als Gemeinschaften wechselseitiger persönlicher Anerkennung (vgl. dazu ausführlicher Behrens 1982). Standards persönlicher Anerkennung werden zum Teil sehr berufsbezogen in Organisation und Berufsgruppe selber erzeugt („berufliche Anerkennung"), zu einem wesentlichen Teil besteht sie aber in der nicht ausschließlich berufsbezogenen Lebensführung. Je gemeinschaftlich-homogener in diesem Sinn ein Betrieb wird, um so größer wird die Wahrscheinlichkeit, daß die Stellenbewerber sexistisch, rassistisch, religiös, kulturalistisch, ethnisch, nach dem Alter oder nach anderen nichtberuflichen Merkmalen, nach denen sie zur Gruppe der StelleninhaberInnen nicht passen, diskriminiert werden. Es sind also empirische Fragen: Integrieren Organisationen und Berufe Fremde durch eine Traditionsbildung, die von unterschiedlichen Herkünften absehen kann? Oder integrieren sie multikulturell eher rassistisch, sexistisch, ständisch durch Segregation? Werden wir uns fremder, je näher wir uns kommen?

1.1 Multikulturell segregierende Organisationen

Welche Organisationen eignen sich zur Untersuchung dieser empirischen Fragen? Viele Organisationen eignen sich eher weniger. Es gibt zahlreiche international arbeitende Organisationen, die eigentlich nicht auf die Integration, sondern auf die Segregation der von ihnen beschäftigten Menschen unterschiedlicher Herkünfte setzen. An ihnen kann die Integrationswirkungen gemeinsamen Arbeitens nicht studiert werden. Eine von uns als Fallstudie untersuchte bedeutende Firma in der Nähe Frankfurts rekrutierte in den sechziger und siebziger Jahren für ihre Fließfertigung Italienerinnen aus Sardinien und anderen Orte auf folgende Weise. Sie wandte sich zusammen mit einem katholischen Priester an die Eltern unverheirateter, aber häufig volljähriger Frauen und erweckte den Eindruck, als Firmenleitung durch Kasernierung der italienischen Arbeiterinnen die Jungfräulichkeit bis zur Eheschließung garantieren zu können. Zusammen mit den Arbeitsverträgen wurden Unterbringungsverträge mit abendlichen Ausgangssperren, Hausordnungen und dergleichen unterschrieben. Das Konzept war, ganze Produktionslinien durch kulturell, religiös, herkunfts-, geschlechts- und altershomogene Gruppen durchführen zu lassen, die durch Vorgesetzte anderer Herkunft angeleitet wurden. Dieselbe Firma machte später einen ähnlichen Versuch mit einer türkischen religiös-politischen Bewegung, der sie Einrichtungen zur Religionsausübung und politischen Versammlung errichtete. Die Leitung der weltbekannten, fast ausschließlich mit sexuellen Anspielungen aufwendig werbenden Firma hing offenbar keiner der von ihr unterstützten Weltanschauungen und Modellen der Lebensführung an. Sie begründete ihre Politik der Segregation und Abschottung mit Argumenten der Kosten- und Leistungskontrolle: Sie wolle gewerkschaftliche und überhaupt linke Einflüsse aus der Firma herauszuhalten.

Subtilere, weit weniger voluntaristische Segregationen wurden von uns 1984 und 1985 in den Tube Industries Birminghams untersucht. In den Fertigungshallen waren Arbeiterinnen und Arbeiter beschäftigt, die sich selber vorstellten als von westindischer, verschiedener indischer, englischer und schottischer Herkunft. Die Meister und Obermeister in den beiden untersuchten Hallen bezeichneten sich als Engländer und Inder. Insbesondere bei den indischen Vorarbeitern, Meistern und Obermeistern beeindruckte, mit welchem gewissermaßen soziologischen Verständnis sie sich in mindestens drei Kulturen bewegten. Die Arbeit selber war – halb zufällig, halb gewollt – nach Herkunft geteilt: Die Mitglieder des Wartungstrupps bezeichneten sich alle als Engländer und Schotten. Als Kranführer und im innerbetrieblichen Transport überwogen Arbeiter westindischen Ursprungs. Die Fertigung war am heterogensten, doch verbreitet indischer Selbstzuordnung. In Habitus, Gestik, Haarschnitt, Kleidung setzten sich alle Gruppen voneinander ab.

Im Ergebnis kam es zwischen Wartung, Transport und Fertigung eher selten zu arbeitserleichternden Solidarisierungen auf Kosten der Firma. Die Gruppen, nach Herkunft und beruflicher Stellung zugleich geschieden, schätzten sich im Gespräch in beiden Dimensionen wechselseitig gering. Sowohl in ihrer Leistungsfähigkeit als auch in ihrer Bereitschaft zur Solidarität hielten sie sich gegenseitig für nicht wirklich vertrauenswürdig. Die Meister schwammen auf den Wellen wechselseitiger Entsolidarisierung. Sie stachelten oberflächlich ethnisch gefärbte Arbeitskonflikte an und machten sich gleichzeitig als Schlichter unentbehrlich. Sie profitierten von der Entsolidarisierung und versuchten andererseits, arbeitsunterbrechende Konflikte durch fristlose Entlassungen zu unterdrücken.

Die Verknüpfung von Konfliktlinien der Arbeitsteilung mit kulturellen „ethnischen" Unterschieden führte eindeutig dazu, daß die alltägliche Zusammenarbeit sozial weniger integrierte als segregierte. Solche segregierenden Organisationen sind für die Frage nach der Integrationswirkung verständlicherweise wenig geeignet.

1.2 Voluntaristisch integrierende internationale Organisationen: „Universelle Güter und Dienste"

Geeigneter sind Organisationen mit international gemischten Arbeitsteams. Deren Integrationsbemühungen und Integrationswirkungen wurden mit unterschiedlichem Materialien und Forschungsmethoden untersucht. Anhand von organisationsinternen Benimm-Empfehlungen und vor allem anhand biographischer Darstellungen der eigenen Lebensführung von Beschäftigten wurde die Integration in denjenigen internationalen Organisationen erforscht, die wegen ihrer expliziten Integrationsabsichten und eines entschlossenen Voluntarismus für eine solche Fragestellung besonders geeignet scheinen:

Internationale Organisationen vertreten i.d.R. Güter mit dem Anspruch universeller Gültigkeit oder Nützlichkeit, die aber, um verständlich oder nützlich zu werden, einigen lokalen Bedingungen fallspezifisch angepaßt, erklärt und angewendet werden müssen. Diese Definition trifft offensichtlich auf so unterschiedliche „universelle" Güter wie wissenschaftliches Wissen, technische Produkte, auch religiöse Lehren usw. zu und damit auf sehr unterschiedliche organisatorische Gebilde, von international tätigen Industrieunternehmen bis hin zu Kirchen. Die beanspruchte universelle Gültigkeit der Produkte und Dienste ist meines Erachtens entscheidend, weil sie nach außen und daher auch nach innen alle herkunftsbedingten Verständnisgrenzen als zu überwindende Schranken markiert: Die römische Kirche sieht sich nicht als römisch, sondern als katholisch. Managementmethoden sollen, auch bei ursprünglich US-amerikanischer Entwicklung, nicht amerikanisch sein, sondern einfach vernünftig. Regeln der Statik, von englischen Ingenieurfirmen genutzt, sollen nicht nur in England gelten. Es gibt keine Deutsche Physik, und um Germanistin zu sein, braucht man nicht Deutsche zu sein. Menschen aller Völker der Welt können Germanisten werden. Dennoch bleibt immer noch die Aufgabe der lokalen Erklärung, Vermittlung, Anwendung oder sogar Anpassung des universell gültigen Gutes oder Dienstes. Lokal- und fallspezifische Anpassung/Erklärung/Anwendung ist Aufgabe spezifischer Berufsgruppen: Monteurstrupps, Kundendienstberater, Handelsvertreter, Wissenschaftler, Qualitätssicherungsfachleute, Entwicklungshelfer, Berater, Manager, Geistliche und viele ähnliche Berufe. Die meisten internationalen Organisationen – von den Kirchen bis hin zu Beratungs- und Montageunternehmen – versuchen zwar, im Kunden- und Klientenkontakt möglichst ausschließlich sogenannte „Ortskräfte" einzusetzen, die ihrer fernen Leitung unterstehen, anstatt den Klienten selber international gemischte Teams zuzumuten. Vertreter aus einer anderen Nation laufen nämlich immer Gefahr, den Klienten wesentlich fremder zu sein als das jeweilige als universell akzeptierte Gut, das sie vertreten: Dann provoziert der fremde Vertreter den Eindruck der Fremdheit des Universellen. (Universelle Managementregeln wirken amerikanisch, wenn sie ein Amerikaner erklärt. Selbst das Evangelium erscheint fremd, wenn es ein Frankfurter in Syracus erläutert.) Dennoch kommen die meisten Organisationen nicht umhin, auch international gemischte Teams direkt bei den Klienten einzusetzen. Schon logisch kann keine internationale Organisation ausschließlich aus Ortskräften bestehen. Auch der Papst kommt immer aus irgendeiner Nation. Er kann nicht für alle Nationen zugleich Ortskraft sein. Es kann bestenfalls von seiner ursprünglichen Nationalität abgesehen werden. Dann ist er weder Italiener noch Pole noch von irgendeiner anderen Nationalität, sondern Papst. Und schon lange vor diesem Punkt kommen internationale Anbieter universeller Güter und Dienste nicht darum herum, internationale gemischte Arbeitsteams einzusetzen, wollen sie nicht an Flexibilität, Wissen und Erfahrung verlieren. Solche Arbeitsteams sind die Organisationen, an denen wir untersuchen können, ob wir uns fremder werden, je näher wir uns kommen.

1.3 Methoden und Daten

Die Mitglieder dieser multinationalen Teams behalten häufig ihre Heimatadresse bei und sind insofern keine Migranten. Die Lebensführung, die sie zur Traditionsbildung, zur

Integration/Neutralisierung der vielen kulturellen Herkünfte entwickeln, läßt sich mit unterschiedlichen, sich ergänzenden Quellen erheben. Eine erste Quelle sind organisationsinterne Benimm-Empfehlungen. Gerade weil in internationalen Organisationen nicht wie in nationalen vorausgesetzt werden kann, daß alle Neueintretenden den richtigen Benimm aus Elternhaus und Schule mitbringen, wird in solchen Organisationen sehr viel mehr explizit erklärt. Während Neueintretende in nationalen Organisationen Benimm mitbringen und sich legitime Wissenslücken nur auf Spezialkenntnisse des jeweiligen universellen Gutes oder Dienstes beschränken dürfen, die eingangs geschult werden, wird in internationalen Organisationen auch Benimm geschult. Es ist nämlich keine Schande, daß man auch als Vierzigjährige/r nicht weiß, wie man sich anzieht, ob man mit den Klienten und ihren Mitarbeiterinnen und Mitarbeitern Liebesbeziehungen aufnehmen darf (Abstinenzgebot, Fraternisierungsverbot), wie man Gespräche einleitet, wozu man sich einladen lassen darf, auf welche Empfindlichkeiten Rücksicht zu nehmen ist, was ja und nein bedeuten. Insofern erzeugen solche Organisationen ein reiches, relativ leicht erhebbares, manchmal schriftliches, aber immer ziemlich explizites Material an Benimm-Empfehlungen.

Die zweite Quelle besteht in den bekannten Verfahren teilnehmender Beobachtung. Dabei ist insbesondere der Vergleich von Organisationen aufschlußreich. Zwar erwekken viele Organisationen in ihrer gezielten Traditionsbildung gern den Eindruck, ihre Traditionen seien organisationsspezifisch singulär. Eine solche vorgeblich orgnisationsspezifische Kultur behaupten nicht nur die Kirchen und diplomatischen Corps zu besitzen, sondern auch die meisten Unternehmen. Auch die Managementliteratur sieht das überwiegend so. Aber in Wirklichkeit bildet sich eine organisationsübergreifende kulturelle Tradition der Mitarbeiter/innen internationaler Organisationen aus. Die Traditionen erscheinen, wie ich noch darlegen will, eher berufs- als organisationsspezifisch. Teil dieser Berufskultur kann dann die besonders expressive Loyalitätsbekundung für die Organisation, für die man gerade arbeitet, sein. Das geradezu inbrünstige Bekenntnis zur bezeichnenderweise so genannten Unternehmensphilosophie haben sich alle international Tätigen von Kirchen und Armeen abgucken müssen. Auf diese Treue und Begeisterung hat allerdings jede Organisation, für die man im Laufe des Lebens arbeitet, Anspruch. Wie bei Berufssportlern und Söldnern bildet sich Treue und Begeisterung als ein Berufsmerkmal, nicht als Merkmal der Mitgliedschaft bei einer bestimmten Organisation heraus. Bei den Spitzen von Organisationen, z.B. Vorständen, war das schon immer so; bei internationalen Organisationen scheint das auch für das mittlere Management zu gelten. Wenn Traditionen sich eher als Berufs- denn als Organisationskulturen herausbilden, würde einer Untersuchung, die sich auf eine Organisation beschränkt, das Thema entgehen. Mit der üblichen teilnehmenden Beobachtung lassen sich gut das alltägliche Geschäftsgebaren, die Regeln der täglichen Zusammenarbeit, die Ressourcen und Lösungsmöglichkeiten allfälliger Konflikte erfassen. Will man noch mehr wissen, empfiehlt sich eine dritte Quelle.

Die dritte Quelle sind biographische Interviews mit Organisationsnovizen, die zum erstenmal in einer internationalen Organisation arbeiten, mit aktiven langjährig Berufserfahrenen und mit Pensionären. Gerade an Pensionären läßt sich die Frage, ob die Zusammenarbeit in internationalen Organisationen eine gleichberechtigt integrierende oder eher segregierende Tradition schafft, prüfen. Pensionäre sind von einigen äußeren Anpassungsleistungen entpflichtet, andererseits ist die oft vierzigjährige, in einem Fall sechzigjährige Arbeit in internationalen Organisationen ein Teil ihres Lebens gewesen, das nur schwer ungeschehen zu machen ist.

Einige Ergebnisse zur Traditionsbildung werden im dritten Abschnitt vorgestellt. Die Bedeutung wird sichtbar, die Formalisierung (auch z.B. der Kleidung), Hierarchie, Proporzsysteme, Hinnahme fremder Sitten, Kriterienreduktion, aber auch Sport- und Musikkonsum (z.B. die Bedeutung der Oper, auch wenn sie nie besucht wird) und die demonstrative Folklorisierung der eigenen Herkünfte für diese Traditionsbildung haben. Auch die Darstellbarkeit von Konflikten in Kategorien nationaler Herkünfte wird deutlich. Bevor diese auffälligen Eigentümlichkeiten vergleichend erörtert werden, ist auf die Funktion, oder genauer: auf die Lücke einzugehen, die Traditionsbildung füllen muß.

2. Welche Lücke Traditionsbildung füllen muß: Theorien der dicken und der dünnen Moral

Im folgenden zweiten Abschnitt versuche ich stichwortartig zu begründen, welche Lücke Traditionsbildung zu füllen hat. Es ist die Lücke, die drei koordinierende Institutionen, der Markt, der Rechtsstaat und die Übereinstimmung über Grundnormen, nicht schließen können. Auf deren Schließung sind Markt, Recht und Grundnormen vielmehr ihrerseits angewiesen.

2.1 Comte und die Idee der voluntaristischen Gemeinschaft

Die erste konsequente Idee der Konstruktion des Sozialen aus dem Diskurs autonom Handelnder kann in der Soziologie mit Comte verbunden werden. Für Comte (vgl. Comte 1974, S. 14, 131 ff, 151) selber war die diskursive Konstruktion noch nicht nicht Realitätsbeschreibung, sondern bekanntlich Erlösungsprogramm: Die Soziologie stiftet eine neue geistige Gemeinschaft, in dem der aufklärerische Diskurs zu einer freiwilligen, aufgeklärten einhelligen Zustimmung zur Ordnung führt. Eigeninteressierte Biographien und Gesellschaftsbedarf gelangen konsensuell zu einer Harmonie. Mit dieser Idee liest sich Comte beinahe wie eine Art Chefideologe der voluntaristischen, international integrierenden Arbeitsorganisationen. Der Ton, den er anschlägt, findet manchmal sein Echo in den Traktaten und Ratgebern der Managementliteratur. Inzwischen wird die Idee der diskursiven Konstruktion bekanntlich nicht mehr als moralische Utopie, sondern als Zustandsbeschreibung und ohne die Comtesche Begeisterung behandelt.

Theorien diskursiver Erzeugung geteilter symbolischer Welten im Schützeschen Sinne sind zuerst Meads pragmatischer Interaktionismus (vgl. Mead 1968, 1980/87), auf den Strauss' ausgehandelte Ordnung (vgl. Strauss 1963, 1991), Goffmans theatrum mundi (vgl. Goffmann 1969/1971) und vor allem Habermas' Theorie kommunikativen Handelns bauen (vgl. Habermas 1985). Strauss (1963, 1991) verengt und präzisiert Meads Idee der Verschränkung intentionaler Perspektiven zu einer Theorie der ausgehandelten sozialen Ordnung. Goffmann (1969/1971) pointiert diesen Ansatz im Bild des Theaters: Die erfolgreihe Aufführung setzt voraus, daß die Mitspieler ihre reziproken Rollen weiterspielen wollen. Am allgemeinsten und konsequentesten wird in der Theorie kommunikativen Handelns die Wirklichkeit im kommunikativenen Diskurs erzeugt und wirkt auf Identität und Biographie zurück. Die Reproduktion von Gesellschaft und Person kann immer weniger von tradierten „Beständen einer konkreten Lebensform", sie muß immer mehr von den „kooperativen Leistungen der kommunikativ Handelnden" selbst erzeugt werden (vgl. Habermas 1985, S. 399).

Da aber moralische Diskurse, die zwar auf der Umgangssprachebasieren, aber selber hochspezialisierte Diskurskulturen hervorbringen, nicht notwendig in einen Konsens münden, haben sie eher eine kritisch-verändernde als integrative Wirkung. So kommt Habermas zum Rechtsystem als Verknüpfung von Moral und Macht, während für Münch (1994) die Sozialintegration vor allem auch auf unbefragt hingenommenen Traditionsbeständen beruht. Tendenziell scheint Münch die Idee der diskursiven Selbsterzeugung der Ordnung wieder aufzugeben. Es scheint ihm schwer vorstellbar zu sein, daß diskursive Begründungen unbefragt hingenommene Traditionsbestände vollständig ersetzen könnten. Damit sind die Pole bezeichnet, zwischen denen die Diskussion zirkuliert. Wenn Begründungen ihrerseits nur auf unbefragten Traditionsbeständen gründen können, muß man sich darauf verlassen können, daß diese Bestände für alle Menschen dieseben sind. Wenn man dagegen von ganz unterschiedlichen Kulturen und Traditionen ausgeht, muß man damit rechnen können, daß im Diskurs zwischen ihren Vertretern neue Traditionen, eine dichte Moral sich entwickeln kann.

Dies Argument erscheint selbstverständlich sehr durkheimianisch. Es scheint nicht genügend ernst zu nehmen, daß Geld oder der Markt ein Äquivalent für Moral werden können. Durkheim geht in seiner Theorie der Arbeitsteilung davon aus, daß Kontakte Moral erzeugen. Und Moral ist für Durkheim (1977) das, was die Gesellschaft zusammenhält. Denn Durkheim steht in jener sozialphilosophischen Tradition, die Gesellschaft nach dem Muster von Freundschaft denkt, als durch Moral gestützte Solidarität von Personen.Wegen dieser bei mechanischer wie organischer Solidarität gleichbleibenden Funktion der Moral für den Zusammenhang der Gesellschaft läßt sich in der Nachfolge von Durkheim Arbeitsteilung, Differenzierung auch eigentlich nur nach den Hauptkategorien „segmentär" und „funktional" unterscheiden, nicht nach der Kategorie Regelungsmechanismus. Erst wenn man, wie Luhmann (1977), Geld als ein funktionales Äquivalent von Moral thematisiert, kommt man zu Unterscheidungen der Differenzierung nach dem Regelungsmechanismus. Wenn man nur einen Regelungsmechanismus kennt, kann der Regelungsmechanismus nicht zum unterscheidenden Merkmal werden. Erst die Herausbildung von Geld führt zur Ausdifferenzierung der Wirtschaft. Erst Geld nämlich ermöglicht die von Weber (1972, S. 44 ff, 78 f) im Anschluß an Marx (1972) erörterte Ausdifferenzierung und Dominanz einer besonderen Rationalität: der formalen Rationalität gegenüber der materialen. Im Prozeß der (formalen) Rationalisierung ist die Ausdifferenzierung der Wirtschaft als Movens der Ausdifferenzierung der Arbeit historisch wirksam geworden.

Die Ausdifferenzierung der Wirtschaft, die sich über Geld als Kapital von Motiven und Normen der Handelnden emanzipiert und als Konkurrenzzwang etabliert, bedeutet gerade nicht, daß die in ihr Handelnden eine spezifische, „instrumentelle" Handlungsorientierung übernehmen müssen. Gerade weil das System Wirtschaft sich von Motiven relativ unabhängig gemacht hat, ist es möglich, daß Arbeitskräfte und Unternehmer eher einen standesgemäßen Lebensstil zu verteidigen suchen als unbedingt ihre Arbeitskraft zum höchstmöglichen Preis zu verkaufen oder den größtmöglichen Profit zu ihrem Motiv zu machen. Darum ist es unsinnig, ein Profitmotiv zur Voraussetzung zu machen. Kapitalverwertungsinteressen müssen nicht verinnerlicht werden: Der über die Konkurrenz durchgesetzte Verwertungszwang des Kapitals setzt allzu abweichenden Orientierungen Grenzen; der Profitzwang genügt, eines Profitmotivs bedarf es nicht.

Die ausdifferenzierte Wirtschaft läßt sich darum auch nicht mit Nützlichkeitserwägungen und Tauschorientierungen gleichsetzen. Faßt man nämlich alle Nützlichkeitserwägungen in Wahlsituationen unter das „ökonomische Prinzip" und alle Reziprozitätserwartungen als „Tauschorientierung", dann sieht man natürlich überall, wo Menschen überhaupt eine Wahl haben, Tausch: die Mutter tauscht mit dem Säugling ein Lächeln; der Säugling maximiert seinen Nutzen an Pflege, indem er die angeborenen auslösenden Mechanismen des Kindchenschemas ins Feld führt. Dies Extrembeispiel zeigt, daß sich nicht nur unbewußtes, sondern sogar stark von angeborenen Mechanismen gesteuertes Verhalten als Tauschhandlung nach dem Nützlichkeitskalkül rekonstruieren läßt; sobald der Mensch sich selber als Ich wahrnehmen kann, wird diese Rekonstruktionsmöglichkeit von niemandem mehr bezweifelt, Insofern hat auch die neuere ökonomische Theorie, die jedes Handeln, sofern es nur Alternativen hat, in Nutzenkalkülen rekonstruieren will, keine Grenze in ihr prinzipiell unverstehbaren Arten von Handlungen; sie hat ihre Grenze nur in der Schwierigkeit, die Parameter ihrer Nutzenkalküle empirisch zu erheben. Darin kommt zum Ausdruck, daß es sich bei der These der Nutzenmaximierung um einen Formalismus handelt und um keine Theorie. Jedoch nicht alles Handeln, das den Kategorien der Ökonomen prinzipiell zugänglich ist, sollte als ökonomisches Handeln bezeichnet werden. Sonst wäre alles im Weberschen Sinne zweckrationale Handeln ökonomisch und der Begriff verlöre seinen präzisen Sinn. Zur Ehepartnerwahl z. B. haben Ökonomen Konzepte entwickelt, die sich als brauchbar herausstellen könnten, deswegen ist die Partnerwahl aber noch nicht ökonomisches Handeln.

Um „Tausch" als ökonomischen Regelungsmechanismus von normativer Obereinstimmung und Gewalt abzugrenzen, muß er eine spezifische Bedeutung annehmen: Tausch ist Warentausch gegen Geld. Diese Spezifizierung ist auch für die Auseinandersetzung mit Durkheims „Über die Teilung der sozialen Arbeit" theoriestrategisch entscheidend: erst der so spezifizierte Regelungsmechanismus Tausch kann, worauf Luhmann (1977, S. 20–35) hingewiesen hat, den Regelungsmechanismus Moral oder normative Übereinstimmung wirklich ersetzen. Gegen die Erwartung Adam Smiths, der auf dem freien Markt jede Form von Befehlswirtschaft unterlegen wähnte, hat sich allerdings historisch der Arbeitsvertrag, nicht der Werkvertrag durchgesetzt. Der nicht auf spezifische Leistungen und Gegenleistungen abstellende Arbeitsvertrag setzte sich bemerkenswerterweise gerade im selben Maße durch, wie der freie Markt die Arbeitge-

ber zur Durchsetzung der formalen Rationalisierung gegen alle traditionellen Rücksichten zwang. Je nach dem Anteil, den Befehlsgewalt und Tausch an der unmittelbaren Arbeitsverteilung haben, lassen sich die verbreitetsten Arbeitsformen in die Kategorien Arbeitsverträge, Werkverträge und direkter Verkauf selbst erstellter Waren und Dienstleistungen ordnen. Bei Arbeitsverträgen ist der Anteil der Befehlsgewalt am größten; auch diese Befehlsgewalt setzt der Herr aber im Interesse seines Überlebens am Markt ein:
1. Arbeitsverträge: Verträge, die zu generalisierter Unterordnung unter Weisungen bei spezifizierter Gegenleistung verpflichten
2. Werkverträge: Verträge, die zu spezifizierten Leistungen bei spezifizierten Gegenleistungen verpflichten
3. Aquivalententausch der Arbeitsprodukte als Waren gegen Geld: Wie ist zu erklären, daß sich Arbeitsverträge, nicht Werkverträge durchgesetzt haben?

2.2 Normative Integration als Lückenbüßer für ökonomische Integration: normative Integration und machtgestützter Konventionalismus

In der Entwicklung der Wirtschaftstheorie, insbesondere in der Transaktionskostenökonomie, läßt sich erkennen: Wenn die Theorie Probleme der Handlungskoordination über interessengesteuerte Vertragslösungen zur Kenntnis nehmen muß (externe Effekte, Gefangenendilemmata, Transaktionskosten), verfällt sie auf die Empfehlung der Einschränkung rational abwägenden Handelns zu durch unhinterfragbare Normen gesteuertes, im Weberschen Sinne traditionales Handeln: In der Empfehlung an Betriebe, sich als „Clans" (Ouchi) zu „organisieren", erscheint die contradictio in adjecto der Patentlösung, aus rationalem Handeln entstandene Gebilde traditionales Handeln einzuführen. Wenn es traditionales Handeln als reales – und nicht nur wie bei Max Weber als idealtypisiertes gedankliches Extrem, vor dessen Hintergrund sich die Typen des rationalen und charismatischen Handelns besser darstellen lassen – tatsächlich gibt, dann läßt es sich nicht „einführen".

Die parsonianische Lösung des Problems über Normen und durch sie erzeugten Konsens ist oft als normativistisch kritisiert worden. Aber in vielen Fällen ist nicht einmal die Existenz weitverbreiteter Normen fraglich, sondern deren Eindeutigkeit für lokale Konkretisierungen. Das kann man sich an der verbreiteten Norm „Du sollst nicht töten" vor Augen führen. In der Tat besteht die Norm, andere Menschen seien nicht zu verletzen oder in Gefahr für Leib und Leben zu bringen, unabhängig von Gesetzesformulierungen und auch außerhalb des Einzugsbereichs des biblischen 5. Gebotes anscheinend ziemlich universell. Für Körperverletzung liegt die Grenze des parsonianischen Normativismus daher (ausnahmsweise?) nicht, wie Luhmann (1991) und viele andere generell einwenden, darin, daß es keine genügend verbreitete und konsensuelle Normen gebe. Die Grenze liegt vielmehr darin, daß die Anwendung einer allgemein geteilten Norm, andere nicht zu verletzen oder an Leib und Leben zu gefährden, auf den konkreten, in seinen Verursachungs- und Folgeketten unübersichtlichen Einzelfall nicht unmittelbar evident ist. Auf wessen Entscheidungen zum Risiko soll man – um ein sehr häufig auftretendes Beispiel anzuführen – eine Erwerbsunfähigkeit im 6. Lebensjahrzehnt wegen Wirbelsäulenschäden zurückführen? Und wie weit sind diese Entscheidungen als schuldhaft, fahrlässig oder aber unvermeidlich erkennbar? Die Probleme des parsonianischen Normativismus liegen (vgl. ausführlicher Heinz/Behrens 1990, Behrens/Rabe-Kleberg 1993) generell weniger im Mangel an Normen als an deren weiten Auslegbarkeit und Auslegungsnotwendgkeit.

Empirisch lassen sich vor allem zwei Hauptstrategien beobachten, die Kluft zwischen Gewissensnorm und konkreter Entscheidung zu überbrücken. Die eine läßt sich vielleicht als machtgestützter Konventionalismus bezeichnen. Entschieden wird so, wie es dem Stil des Hauses, also der Meinung des Chefs in seinen bargaining-Prozessen mit der Personalvertretung, entspricht. Was als normalerweise hinzunehmende Körperverletzung gilt, wie ihr entgegenzuwirken und wie sie zu entschädigen ist, das regeln in Routinen habitualisierte lokale Konventionen, eben „local justice" (Jon Elster 1989). Machtgestützter Konventionalismus ist allerdings in doppelter Hinsicht verletzlich. Wirtschaftliche Konjunkturen und andere Verschiebungen von Machtgleichgewichten ändern ihn. Vor allem steht machtgestützter Konventionalismus, wenn er plötzlich nach universalistischen Kriterien gerechtfertigt werden soll, seltsam begründungslos da: Anrufung der Gerichte ist in der modernen Gesellschaft, trotz aller unbestimmten Rechtsbegriffe und Entscheidungsfreiheiten, der wichtigste, allen Parteien prinzipiell offen stehende Weg, machtgestützten Konventionalismus zur Begründung seiner Entscheidungen nach universellen Kriterien zu zwingen. Von ähnlich Konventionen sprengender, wenn auch geringerer Bedeutung ist das Verlangen nach „wissenschaftlicher Überprüfung" oder endlich „öffentlicher Diskussion". Das macht die zweite Strategie der Überbrückung der Kluft zwischen Gewissensnorm und konkreter Entscheidung attraktiv, nämlich die rechtsverbindlich positivierte Ge- und Verbote in Arbeitsverträgen.

2.3 Positivierte Ge- und Verbote

Bedenkliche Handlungen genehmigungspflichtig zu machen oder gleich zu verbieten scheint auf den ersten Blick viele der Probleme der eben genannten ersten beiden Lösungen zu vermeiden. Die Kluft zwischen Gewissensnorm und konkreter Entscheidung scheint irrelevant zu werden, wenn die konkrete Entscheidung zwingend vorgeschrieben ist. Man kann so weit gehen zu sagen, positiv formulierte Ge- und Verbote können unabhängig von kulturell verankerten informellen Normen bestehen. Auch die Probleme der Marktlösung (asymmetrische Anfangsausstattung der Verhandlungspartner, Gefährdung an der Verhandlung gar nicht beteiligter Dritter, d.h. kaum internalisierbare externe Effekte) scheinen völlig irrelevant geworden zu sein: Ge- und Verbote schreiben beteiligten und unbeteiligten, mächtigen und ohnmächtigen, risikobewußten und leichtsinnigen Betroffenen gleichermaßen das Richtige vor und verbieten das Falsche. In der Tat sind z.B. der Umwelt- und der Arbeitsschutz oder der Zahlungsverkehr durch eine solche Fülle von Ge- und Verboten, Genehmigungsverfahren und Vorschriften gekennzeichnet, daß sich mancher Leser gefragt haben wird, warum wir überhaupt mit der Erörterung von Markt- und Gewissenslösung begonnen haben, statt gleich mit „Vorschriften" und „schriftlichen Vereinbarungen" anzufangen. Aber sind positivierte Vorschriften und Vereinbarungen Lösungen für Marktversagen und Gewissensversagen? Tatsächlich schleppen Vorschriften einige der Probleme der ersten beiden Lösungen fort und fügen also ein neues Problem hinzu: in dem Maße, wie sie – als geschriebene Vorschriften – von informellen Normen und marktgeprägten Interessen unabhängig existieren können, sind sie auch nicht auf Interessen und Gewissensnormen als Handlungsmotive zu stützen. Wenn drohende Kosten nicht in das Preis- oder Verhandlungssystem internalisiert sind, sondern nur Vorschriften Ge- und Verbote setzen, wird es rational, alle Energie statt auf die bestmögliche Vermeidung kritischer Risiken und Gefahren vielmehr auf die Umgehung der Vorschriften, auf ihre nur buchstäbliche Erfüllung und auf ihre Verwässerung bei ihrer allfälligen Reformulierung zu richten. Das erhöht den notwendigen Kontrollaufwand.

Im Bereich Arbeit, auch in seinem kapitalistisch dominierten Teil, sind alle drei Regelungsmechanismen aufeinander angewiesen, nämlich Übereinstimmung bzw. Anerkennung, Zahlung oder Tausch und durch physische Gewalt des Staates gestützte Unterordnung als Teil von vertraglichen Verpflichtungen. Es gibt kein ausdifferenziertes System der kapitalistischen Erwerbsarbeit, daß allein durch Zahlung/Nicht-Zahlung gesteuert würde. Übereinstimmung bzw. Anerkennung ist nicht zu substituieren. Ja die Bedeutung der Zahlung liegt auch in der Anerkennung, die sie verschafft (vgl. Behrens 1982: 129–209, neuerdings und klarer auch Münch 1994).

Vom normativ-konsensuellen Prinzip, das sich auf vorgängige Übereinstimmung beruft, können wir überall dort sprechen, wo (vgl. Behrens 1982: 141–160)
– ein Leistungsanspruch und eine Leistungspflicht unabhängig von der konkreten Gegenleistung sich ergibt aus
– der Mitgliedschaft zu einer arbeitenden Gruppe (Familie, Kollegenkreis); dort wird die Arbeit verteilt nach „Prinzipien“, am häufigsten
– dem Prinzip „jedem nach seinen Fähigkeiten, jeder nach seinen Bedürfnissen“, wobei unter Bedürfnissen ein normativ- konsensuell als legitim festgelegter „Bedarf“ zu verstehen ist. Die Ferne dieses Prinzips zum Äquivalententausch von Leistungen zeigt sich, wenn ein Mitglied krank wird: seine Leistungsunfähigkeit berechtigt mich nämlich gerade nicht dazu, meine Leistungen an ihn einzuschränken; im Gegenteil. Durchgesetzt werden solche Prinzipien als Regeln des „Familiensinns“ oder der Kollegialität mit Ausschlußdrohungen, die ein feinabgestuftes System bilden: von Beleidigtsein, Schneiden und anderen Formen innerer Isolation bis zur (eher seltenen) Beendigung der Mitgliedschaft.

Solche normativ-konsensuellen Leistungsabstimmungen nach Kriterien des legitimen Bedarfs lassen sich auch im Bereich erwerbswirtschaftlicher Arbeit klar von (ökonomischem) Tausch und (politischer) Macht unterscheiden, wenn auch diese Regelungsarten jene stützen mögen. So sind die meisten Regeln, nach denen die Arbeit vor sich geht, gar nicht durch konkrete vertragliche oder strafrechtliche Regelungen gedeckt; vom staatlichen Sanktionsapparat können sie gar nicht direkt geschützt werden. Der staatliche Gewaltapparat ist ein so grobes Instrument, daß er nur Streitigkeiten bei der Auflösung von Arbeitsbeziehungen regeln kann, nicht aber funktionierende Arbeitsbeziehungen konstituieren; mit anderen Worten, er kann die Alternativen zu „freiwilliger“ gütlicher Zusammenarbeit verteuern, aber nicht vorschreiben, wie sie aussieht. Das zeigt jeder Dienst nach Vorschrift: er gilt als eine Form von Arbeitsverweigerung. Die Feinabstimmung der Zusammenarbeit steuert in unterschiedlich großem Ausmaß normativer Konsens, wie machtgestützt dieser sein mag.

Aber woher kommen diese Übereinstimmungen und Anerkennungen eines konkreten Bedarfs, der solidarisch kollegial zu befriedigen ist? Gerne würde man sagen: Sie sind in all ihrer Rigidität und Bestimmtheit lebensweltlich gewachsen. Je nach kultureller Herkunft unterscheidet sich das Suum Cuique, das Ihre und das Seine, das einem jeden zuzugestehen ist. Aber diese Antwort verschiebt die Frage nur. Wie entstehen Traditionen zwischen KollegInnen unterschiedlicher Herkunft? Auch nachdem die traditionellen Normen zerstört sind, entstehen in allen Erwerbs-Arbeitsverhältnissen Erwartungen, die funktional diffus, affektiv und partikularistisch sind und trotzdem offenbar für den Fortgang der Arbeit in Organisationen unerläßlich. Ihre geplant-ungeplante Entstehung und ihre Tragfähigkeit wird in den folgenden Ausschnitten aus den Ergebnissen skizziert. Dabei beginne ich mit den nach außen sichtbarsten Elementen einer voluntaristisch selbsterschaffenen Kultur, den geplanten Standardisierungen, und diskutiere dann die Wirkungen nach innen.

3. Ergebnisse

3.1 Standardisierung

Alle gemischte Teams in internationalen Organisationen zeichnen sich durch eine starke Standardisierung nicht nur der Arbeitsvorschriften, sondern auch der sichtbaren Lebensführung aus. Was mit der Wirkung nach außen begründet wird, wirkt homogenisierend und traditionsbildend nach innen. Die Funktion der Traditionsbildung wird dort besonders gut erfüllt, wo Standardisierung als Ausdruck höchstpersönlicher freier Wahl erscheinen kann. Das läßt sich gut an der auffälligen Standardisierung der Kleidung und in der Musik, insbesondere der Bedeutung der Oper erkennen. An der Eßkultur und der Folklorisierung der eigenen Herkünfte wird dann die Standardisierung der Regionalisierung deutlich.

3.1.1 Uniformierung und Geschmack

Selbst dort, wo es keine Uniformen und Trachten wie in Kirchen und Orden und keine vom Arbeitgeber ausgegebene Arbeitskleidung gibt, fällt auf den ersten Blick eine Standardisierung der Kleidung in internationalen Organisationen ins Auge. Die Standardkleidung besteht z. Zt. in Kostüm oder dunklem Anzug bei der Arbeit und überwiegend in Jeans, sobald die Arbeit vorbei ist bzw. am casual friday. Einige der untersuchten wirtschaftlich tätigen, wie gesagt, stark voluntaristischen Organisationen versuchten, wenn Anzüge und Kostüme in der Umwelt der Organisation seltener wurden, diese Regel zu variieren. Sie ließen etwa von einem bestimmten Montag an Kombinationen, also Jackett mit passendem Rock oder passender Hose, zu. Dieser Versuch mußte schnell wieder rückgängig gemacht werden. Die Ansicht, welche Hose zu welcher Jacke passen mag, ist schon innerhalb der einzelnen Länder und zwischen Nachbarländern wie Frankreich und Deutschland so unterschiedlich, daß man die Entscheidung keinesfalls den einzelnen überlassen darf: das führte zu den fremdartigsten Kombinationen. Die Fremdartigkeit der Zusammenstellung könnte große Zweifel daran wecken, ob man bei anderen, weniger sichtbaren Themen wirklich auf der gleichen Wellenlänge ist. Eine – tatsächlich irreale – Lösung des Problems wäre natürlich, die Mitarbeiter dazu zu verpflichten, sich ausschließlich nach den Anweisungen der Abteilungen bestimmter Modehäuser anzuziehen. Diese Modeabteilungen übernehmen faktisch das Geschäft der internationalen business-Uniformierung. In jeder untersuchten Organisation fand sich wenigstens ein hochrangiger Interviewpartner, der mit Bedauern hervorhob, daß die Angestellten der Fluggesellschaften, das Personal der Kirchen und der Armeen wesentlich stimmiger und daher eindrucksvoller angezogen wirkten als die Vertreter der eigenen Organisation. Alle diese Interviewpartner liebäugelten mit Wegen der Uniformierung oder Quasi-Uniformierung, die beispielsweise weiße Socken wirksam verhüten könne. Aber dieser Weg paßt nicht. Er ist ungeeignet, weil er gerade vom Habitus freier Selbstdarstellung entlastet. Die Selbstdarstellung muß – innerhalb der Grenzen guter Sitte – frei gewählt erscheinen, um wirklich Übereinstimmung und wechselseitige Anerkennung gemeinsamer Geschmacksurteile ausdrücken zu können. Wenn dunkle Kostüme und Anzüge vorgeschrieben sind, kann deren Auswahl mit geringerem Risiko freigestellt werden. Ein Restrisiko bleibt ohnehin: bei Uhren, die auf einmal mit Brillantsplittern über und über besetzt sind, Hüten, Schuhen, Frisuren, die den Eindruck der Fremdheit immer wieder beleben. Wenn jemand wenigstens im Grundsatz normal angezogen ist, muß man Kleidung nicht mehr so ernst nehmen. Ansonsten kann man insbesondere als Frau in der Vermeidung kleinster Farbbeimischungen guten Geschmack zeigen.

3.1.2 Internationale Kultur: die gemeinsame Welt nach der Arbeit

Gerade wenn man konkurriert, muß man sich bei der Arbeit auch über Persönlich-Versöhnliches, über die gemeinsame Welt außerhalb der Arbeit und des Arbeitsklatsches verständigen können. Was soll man sich während des Essens sagen, was in der Anwärmphase eines Geschäftsgesprächs? Hier kann plötzlich Fremdheit sichtbar werden, während man noch bei der Arbeit füreinander verständlich war. Die Gesprächspartner könnten merkwürdigen Freizeitbeschäftigungen, Sportarten und religiösen Praktiken nachgehen, merkwürdige Erziehungsgrundsätze verfolgen, merkwürdige politische Ansichten vertreten.

Es bilden sich aber kulturelle Ereignisse heraus, auf die weltweit gesprächsweise Bezug genommen werden kann, ohne gleich wirkliche Kennerschaft zu verlangen. Auffälliges Beispiel dafür ist die Repertoire-Oper (Mozart, Beethoven, Verdi, Wagner usw.) mit ihren Orchestern, Dirigenten und SängerInnen. Weit mehr Menschen, als einer ganzen Opern-Aufführung mit Genuß folgen könnten, sind über die wichtigsten Ereignisse und die Reputationen ihrer Stars informiert. (Daß der Kenntnis der ursprünglich europäischen Opern z.B. bei Japanern und Chinesen keine vergleichbare Kenntnis der japanischen und chinesischen Musik und Oper in Europa entspricht, zeigt, wessen kulturelle Errungenschaften universalisiert wurden.) Der Universalisierung der Opern-Ereignisse ähnlich ist die des Sports (wobei die Regeln gerade der jeweils populärsten Sportarten wechselseitig immer noch erstaunlich wenig bekannt sind), der Pop-Musik, des Jazz, der Belletristik, etwas seltener – und vor allem als Ausstellungs- und Auktionsereignis – die der bildenden Kunst. Universalisiert hat sich weltweit die Meinung über die Anlage von Ersparnissen und bereisenswerte touristische Landschaften einschließlich der Hotelketten und Fluggesellschaften. Es herrscht nicht nur überall die Struktur, daß es Stars und Bestleistungen gibt. Es sind sogar überall dieselben Stars und Bestleistungen. Die Kombination von Speisen schließlich hat schon immer die Funktion gehabt, die von den Essenden beherrschten Weltteile auf ihren Tellern zu verbinden und ihnen ihre Genußfähigkeit zu beweisen. Diese Funktion hat die Kenntnis von Essen und Getränken behalten. Es sind hauptsächlich einige religiöse und Diät-Vorschriften, die der Kenntnis nicht den Genuß folgen lassen; ansonsten fließt in den Adern der VertreterInnen aller Völker der Welt der gleiche gute Wein, das gleiche Cola.

So hat sich die Kenntnis und die Schätzung so vieler kultureller Güter internationalisiert, daß es Fremden leichtfällt zu zeigen, daß sie bei aller Fremdheit und Konkurrenz doch dieselben Dinge lieben und denselben guten Geschmack teilen.

3.1.3 Standardisierung der Regionalisierung: die Speisen

Auf der Basis dieser Homogenisierung und Standardisierung entwickelt sich dann eine sekundäre Regionalisierung des Essens, des Reisens, des Urlaubs, endlich eine Folklorisierung der eigenen Herkunft. Besonders eindrucksvoll läßt sich das am Essen zeigen. Die Antwort auf die Frage, was ist für den menschlichen Genuß geeignet, ist zwischen den Völkern sehr unterschiedlich. Speisen können so fremd sein, daß wir uns ekeln. Dieser Ekel ist kognitiv gar nicht zu beherrschen, sondern nur durch Exerzitien. Kleinstkinder kennen den Ekel noch nicht, stecken alles in den Mund und spucken weniges wieder aus. Ekel ist mühsam kulturell erworben, und nur mühsam ist er wieder abzutrainieren. Gleichwohl sind Prozesse des Einverleibens des Fremden weit verbreitet. Ich denke, man kann drei Formen des Einverleibens unterscheiden: die Vermischung der Speisen, das Wiedererkennen der eigenen Küche in der fremden und drittens das Einverleiben der unvermischten fremden Speise als bekannte regionale Spezialität. Während die ersten beiden Formen im vorigen Absatz unter Standardisierung einer internationalen Kultur aufgezählt wurden, ist die dritte Form eine Standardisierung der Regionalisierung.

Die erste Form, die Vermischung (auf ein Wiener Schnitzel wird eine Scheibe Ananas gelegt; Gewürze, Pilze aus aller Welt werden beim Konservieren und Kochen benutzt) stellt eine sehr alte Praxis der Weltbeherrschung dar. Die Kombination von Speisen hat – das war die These im letzten Abschnitt – schon immer die Funktion gehabt, die von den Essenden beherrschten Weltteile auf ihren Tellern zu verbinden und ihnen ihre Genußfähigkeit zu beweisen. Unzählige Kombinationsgerichte legen davon Zeugnis ab.

In „La cucina come forma d'arte" hat Peter Kubelka die Bedeutung des Zusammenkochens an der ursprünglichen schottischen Oysterstew, dem Kochen von Austern in fetter Milch mit scharfem roten Pfeffer, ausgeführt: „Was drückt dieses Gericht aus? Es ist ein Gericht von an der Küste lebenden Fischern, die zugleich Bauern sind, die eine Kuh im Stall und die eine Wiese haben, von der die Kuh lebt, d.h., sie sind die Könige des Landes, der Wiese, und sie sind die Beherrscher der Meere. Sie sind imstande, eine Kuh zu zwingen, bei ihnen zu leben und die Muttermilch abzugeben, und sie fahren hinaus ins Meer und holen dort die Austern gegen ihren Willen aus dem Wasser und bringen sie nach Hause. Wenn dieser Mensch nur Fischer wäre, würde er eben nur die Auster unterwerfen und essen. Wenn dieser Mensch nur Bauer wäre, so würde er die Kuh unterwerfen und ihre Milch trinken. Dieser Mensch aber, der Bauer und Fischer ist, der an der Küste lebt, also an der Grenze zwischen Wasser und Land, der ein Stück Land und ein Stück Wasser beherrscht, der kocht sich ein Gericht, das beide Bereiche repräsentiert.

Und nun kommt der ungeheure Akt des Essens. Wenn er einen Löffel dieser Austernsuppe zu sich nimmt, dann schmeckt er seine Position im Universum, und zwar wird zur gleichen Zeit sein Geschmackssinn auf die Wiese und aufs Meer gerichtet. „Er vermählt Meer und Wiese in seinem Mund" (Kubelka 1982: 18–20).

Wenn Vermischung und Zusammenkochen die häufigste und älteste Einverleibung ursprünglich fremder Speise ist, dann ist das Wiedererkennen der eigenen Küche in der fremden Küche, die Entdeckung und Anerkennung ihrer Ähnlichkeit die nächste. So entdeckten Juden in den süßsauren Gerichten mancher chinesischer Regionalküchen eine große Ähnlichkeit zu einigen ihrer Kochtraditionen. Aufgrund dieser Ähnlichkeit werden fremde Küchen anschlußfähig. Sie begünstigen Vermischung oder machen den täglichen Speiseplan abwechlungsreicher. Damit steht diese zweite Form der Einverleibung zwischen der ersten und der dritten, die jetzt zu behandeln ist.

Diese dritte Form hält sich viel darauf zugute, daß sie die ursprünglich fremden Speisen in ihrer möglichst unvermischten Ursprünglichkeit als regionale Spezialitäten genießt. Diese neueste Form der Einverleibung ist in internationalen Organisationen besonders verbreitet. In ihr gelten etwa weichgekochte Spaghetti mit Hackfleisch- oder Bratensoße als ungenießbar, weil diese weit verbreitete Zubereitungsarten eine barbarische Mischung regionaler Küchen darstellen.

Der Genuß unvermischt originaler, allerdings in der Würzung meist etwas neutralisierter regionaler Spezialitäten bringt dagegen zum Ausdruck, daß die Kenner die Welt gerade in ihrer Vielfalt zu genießen wissen. Gerade die Kenntnis und Vorliebe regionaler Spezialitäten hat sich internationalisiert, daß es Fremden leichtfällt, an ihrem Genuß zu zeigen, daß sie bei aller Fremdheit und Konkurrenz doch dieselben Dinge in ihrer Verschiedenheit lieben und denselben guten Geschmack teilen. Das leitet über zur reflexiven Folklorisierung der eigenen Herkunft.

3.2 Reflexive Folklorisierung der eigenen Herkunft

Daß die Welt in höchst unterschiedliche Landschaften zerfällt, über deren jeweilige Reize aber fast alle Reisenden der Welt einer Meinung sind, führt in international gemischten Abeitsteams zu einem bemerkenswerten Bezug auf die eigene Herunft. Man sieht die eigene Herkunft mit den Augen der international Reisenden. Das führt dazu, das gebürtige Niedersachsen oder Saarländer Heimatliebe und Heimweh für fränkische Fachwerkdörfer, die Heidelberger Altstadt oder Münchner Biergärten entdecken, die sie vor ihrer internationalen Zeit kaum kannten. Sie beginnen auch, Eigentümlichkeiten anzunehmen, die international für typisch deutsch gehalten werden. Sie sehen sich der Erwartung ausgesetzt, Weißwürste, Bier und Eisbein zu schätzen. Sie betonen Pünktlichkeit und Ordnung. Sie flechten das eine oder andere Dichterzitat in ihre Rede. Sie erzählen vom Oktoberfest, auch wenn sie es früher nie besuchten. Sie lesen Biographien über Beethoven und Mozart. Sie erwerben sich Kenntnisse über antinazistische und antifaschistische Bewegungen im Dritten Reich.

Sie tun das mit einer teils ironischen, teils wirklich kritischen Distanz zu ihrer deutschen Herkunft, so wie sie die Welt kennt. Das fällt Deutschen vor dem Hintergrund unserer Geschichte nicht schwer. Aber auch Franzosen, US-Amerikaner und Süd-Amerikaner, Japaner, Koreaner, Libanesen zeigen diese distanzierte Folklorisierung der eigenen Herkunft, die Sentimentalität erlaubt, weil die Internationalisierung der eigenen Lebensführung Sicherheit verbürgt. „Auch international geworden", fragen sie, wenn sie einem alten Bekannten aus ihrer Heimat in ihren Organisationen treffen. Sie haben sich in der Internationalität in Sicherheit und Unabhängigkeit gebracht.

3.3 Kampf um Anerkennung: Routine

In allen internationalen Organisationen, vom Klerus bis zu Wirtschaftsberatungen, geht es immer auch darum, wer welchen Job macht, also um Einfluß, Anerkennung, Beförderung, Autonomie. Dabei ist auch die Nationalität der Kandidaten immer ein Argument. Selbst bei der Papstwahl spielt die Nationalität der Kandidaten eine Rolle. Allerdings ist sie immer nur ein Argument unter vielen. Die nationale Herkunft spielt eine Rolle, wenn ein Kandidat glaubhaft machen kann, daß Klienten einem Angehörigen der eigenen Nation besonders vertrauen. Das Argument differenziert aber nicht zwischen mehreren Bewerbern einer Nation, und die gesamte Organisation kann logisch nicht ausschließlich aus sogenannten Ortskräften bestehen. Das relativiert das Argument der Nationalität.

Noch mehr wird Nationalität organisationsintern dadurch relativiert, daß organisationsinterne Netzwerke, die allein auf der gleichen Nationalität ihrer Mitglieder beruhen, zu wenig bündnisfähig sind. Ihr Scheitern ist von Anfang an so absehbar, daß sie sich meist gar nicht erst entfalten. So gibt es zwar in der katholischen Kirche eine erkennbare Gruppierung deutscher Bischöfe, eine Gruppierung lateinamerikanischer Bischöfe, eine US-amerikanischer Bischöfe usw., die trotz aller ihrer internen Differenzen von der Öffentlichkeit als Gruppe gesehen werden. Einflußreich können sie aber innerhalb der katholischen Kirche immer nur werden, wenn sie sich mit Angehörigen anderer Nationen zu verbinden wissen. So entwickeln sich Fraktionen in Organisationen eher nach den Kriterien Mitgliedschaft in spezialisierten Abteilungen (vgl. etwas ausführlicher auch Behrens 1992), von Schulen, von Märkten, von Kampagnen; und Netze, die aus der gemeinsamen Herkunft herrühren, müssen sich in solchen übergreifenden Parteiungen bewähren, um wirksam werden zu können. Das gilt selbst für Italiener in der katholischen Kirche und für US-Amerikaner in vielen internationalen Wirtschaftsorganisationen.

3.4 Gerechtigkeit in den Augen der Unterlegenen

Von einer dichten moralischen Traditionsbildung in international gemischten Teams läßt sich erst sprechen, wenn auch die im Kampf um Anerkennung, Einfluß und Positionen Unterlegenen die Regeln der Verteilungsprozesse – nicht unbedingt die einzelnen Entscheidungen und schon gar nicht die einzelnen Entscheidenden – anerkennen. Das ist schwer zu erreichen, weil die Prozesse meist erheblich komplexer und wesentlich schwerer zu durchschauen sind als im Sport. Dessen Beispiele setzende Attraktivität als sportlicher Wettkampf besteht gerade darin, daß der Ausgang eines Spiels – wenn die Spieler erst einmal aufgestellt sind – durch die unterschiedlich gute Erfüllung weniger, allen bekannter Regeln determiniert scheint – so sehr, daß die Unterlegenen zu keinem anderen Urteil kommen können als die Schiedsrichter.

Solche stark vereinfachten, allen bekannten und beobachtbaren Regeln gibt es außerhalb des Sports nicht. Deswegen ist es schon in den lokal homogensten Gemeinschaften unwahrscheinlich, daß die Unterlegenen glauben, alles sei mit rechten Dingen zugegangen und sie hätten das ihnen Zustehende erhalten. Aber in international zusammengesetzten Organisationen scheint dieser Glaube nicht seltener. Die Wiederholung der Züge – das Spiel ist nie abgeschlossen – führt offenbar bei allen, die noch mitspielen, zu einigerAnerkennung der Prozesse. Jede Organisation hat, bevor sie über das notwendige Personal verfügt, allein schon durch ihre Struktur Posten. Häufig sind Posten, für die es geeignete Bewerberinnen gäbe, gerade nicht vakant. Und für vakante Positionen gibt es gerade nicht die besonders geeignete Bewerberin, sondern nur eine Anzahl ziemlich gleichmäßig ungeeigneter. Wer von diesen dann einen Job bekommt, ist nie ganz zufällig, aber häufig auch weder zwingend noch ganz verständlich. Wem Gott ein Amt gibt, so die Erwartung, dem gibt er auch Talent. Das Umgekehrte, daß das Talent dem Amt vorausgeht, kommt eher selten vor. Freilich produziert jede Organisation Helden, die eine Gefahr, in der die Organisation stand, gemeistert oder eine Chance für sie ergriffen haben. Aber bis die Helden das freie Amt erlangen, sind sie häufig keine mehr.

So erzeugen internationale Organisationen alte Hasen, die immer schon wissen, wie der Hase läuft. Die Anerkennung, die sie den schwer durchschaubaren Regeln zollen, kleiden sie gern ins Gewand der Desillusionierung und Abgebrühtheit. Diese Anerkennung geht sogar über die Grenzen der Organisation hinaus, bei der sie beschäftigt sind. Während beim Klerus der katholischen Kirche Kündigungen und Austritte sehr selten sind, geht die durchschnittliche Verweildauer bei einigen Wirtschaftsorganisationen nicht über drei, vier Jahre hinaus. Die Austretenden verlassen aber in vielen Fällen das Feld nicht und treten bei ähnlichen Organisationen ein. Selbst wenn sie aus Enttäuschung aus einer Organisation ausgetreten sind, bleiben sie dem Feld erhalten. Das moralische Milieu von Einstellungen und Ansichten ist in der ganzen Szene dicht genug, ähnliche Organisationen sind häufig genug, alternative Reproduktionschancen dagegen sind selten genug, um weiter mitzuspielen.

3.5 Retirement. Fazit

Deswegen sind biographische Interviews mit Ruheständlern interessant, die sich aus dem Spiel etwas zurückgezogen haben. Hundertprozentige Ruheständler sind sehr schwer zu finden, weil fast alle früheren Mitglieder internationaler Organisationen weiter den einen oder anderen Beraterauftrag erfüllen. Aber schon bei Interviews mit solchen Teilzeit-Ruheständlern fällt auf, mit welcher Entschiedenheit und Rigidität sie Vorurteile gegenüber nationalen Herkünften zu Protokoll geben. Da ist ein dreiundsechzigjähriger Deutscher davon überzeugt, daß man nie mit Österreichern Projekte machen dürfe, denn alle Österreicher, die er je kennenlernte, seien Betrüger. Ähnlich denken zwei Amerikaner über Deutsche, ein befragter Franzose über Italiener, zwei Niederländer über Engländer, ein befragter Däne über Schweden. Es ist auf den ersten Blick erstaunlich, in welchem Ausmaß selbst Leute, die ihr Leben in international gemischten Teams verbracht haben, Enttäuschungen gerade an Merkmalen der Nationalität festmachen.

Es bilden sich zwar, wie wir sahen, in internationalen Organisationen starke Traditionen. Eigene Kulturen der musikalischen, sportlichen und Ausstellungs-Ereignisse, des Essens, der Kleidung, des Reisens können eindrucksvoll zum Ausdruck bringen, daß Menschen aller Völker dieselben regionalen Spezialitäten lieben.

Verteilungsregeln schleifen sich ein, die auch nicht weniger begründbar sind als die in herkunftsgemäß homogenen Organisationen. Überall besteht das Problem, daß Entscheidungen nicht hinreichend vollständig aus Prinzipien ableitbar sind. Die Lücke füllen Routine und Konventionen, unter denen Alter, Dienstalter und absolvierte Biographien eine besondere Stelle einnehmen. Mit der Verrechtlichung und damit auch auch mit der Formalisierung von Statuszugängen steigt der Bedarf an universalistisch einsetzbaren, standardisierbaren und zugleich objektivierbaren persönlichen Merkmalen bei der Legitimation von Verteilungsentscheidungen. Überhaupt sind derartige Merkmale knapp und werden immer weniger. Geschlecht z.B. ist als ein solches Merkmal immer weniger legitim einsetzbar. Alter und in einem Status verbrachte Verweildauer sind nicht deshalb immer wichtiger geworden, weil sie in kulturellen Traditionen oder medizinisch-biologischen Theorien fester verankert wären als früher (das Gegenteil ist der Fall), sondern weil andere, ebenfalls leicht objektiv erfaßbare persönliche Merkmale wie das Geschlecht, die Staatsangehörigkeit, die ethnische Herkunft als Zuteilungskriterien zunehmend unter Diskriminierungsverdacht gerieten. Insoweit erwiesen sich die untersuchten internationalen Organisationen im gewissen Sinne als „melting pots“ (vgl. für die zu diesem von Park und der Chicagoer Schule der zwanziger Jahre benutzten Begriff

Lindner 1990 und Apitzsch 1996). „Das auf sich selbst zurückgeworfene Individuum wird sich seiner selbst bewußt, d.h. es beginnt, sich selbst mit anderen Augen zu sehen, seine Einstellungen und Gewohnheiten, seine kulturellen Prägungen und sein soziales Erbe" (Lindner 1990, S. 206). Die Prozesse wechselseitiger Anerkennung und Traditionsbildung, auf die sich die Individuen einlassen, führen offensichtlich keineswegs lediglich zu einer Angleichung an ein schon vorher vorhandenes Modell, etwa das „amerikanische" oder das „römische". Auch beschränken sie sich auf die wechselseitige Anerkennung lediglich staatsbürgerlicher und bürgerlicher Rechte und Regeln. Vielmehr bilden sie darüberhinaus eigene Lebensstile heraus, die es erst erleichtern, jahrelang in denselben Räumen miteienander zu arbeiten. Die wechselseitige Anerkennung von Rechten allein bewirkt nämlich noch nicht, daß wir uns riechen können und sehen wollen. Die reflexive Folklorisierung der eigenen Herkunft und der Genüsse der Welt, die sich einschleifenden Verfahrensregeln überspielten in den Organisationen Unsicherheiten, die nicht nur aus der Fremdheit resultierten, sondern vor allem aus der jederzeit drohenden Übermächtigung. Daß die untersuchten Organisationen von ihren Gütern und Diensten beanspruchten, sie seien universell gültig, war für die beschriebenen Prozesse entscheidend. Der universelle Anspruch, der in fast allen Organisationen zunächst missionarisch-imperialistisch verfolgt wurde, trieb in einigen beschriebenen Fällen postkonventionell-diskursive Begründungsansprüche hervor.

Aber diese dichte Traditionsbildung bewahrt individuell nicht vor der jederzeitigen Aktualisierbarkeit nationalistischer, selbst rassistischer Vorurteile. Es sammeln sich im Laufe eines Berufslebens so viele Gründe an, gekränkt und krank zu sein, daß an fast jedes Merkmal Haß anknüpfen kann. Diese Kränkungen sind es, die uns die These verneinen lassen, Nähe mache nationalistische Rückfälle unmöglich. Im Gegenteil lassen uns Enttäuschungen fremder werden, je näher wir uns kamen. Fast jede beliebige Differenz eignet sich, Macht- und Ohnmachterfahrungen an ihr zu bündeln. Dafür sind individuelle Anfälligkeiten und Einstellungen viel weniger entscheidend als politische Bewegungen und Konjunkturen. Aber diese Schlußfolgerung überrascht nicht. Sowenig eine fünfzigjährige Ehe mit einem Rothaarigen vor dem Fazit bewahrt, alle Verbindungen mit Rothaarigen endeten böse, so bewahren auch Jahrzehnte in internationalen Organisationen nicht vor nationalistischen Vorurteilen. Dann helfen nur Freunde, die darüber lachen. Wehe, wenn sie zustimmen.

Literatur

Apitzsch, U. 1996: Migration und Traditionsbildung. Biographien Jugendlicher ausländischer Herkunft. In: Ernst Karpf/Doron Kiesel (Hg.), Politische Bildung und politische Kultur ausländischer Jugendlicher, Frankfurt am Main: Arnoldshainer Texte, Verlag Haag & Herchen

Behrens, J. 1981: Nicht nur Katzen haben viele Leben. Arbeitsmarktstruktur, Habitus und biographische Thematisierung. Vortrag vor der zu gründenden Sektion Biographieforschung der DGS, in: W. Schulte (Hrsg.), Soziologie in der Gesellschaft. Aus den Veranstaltungen der Sektionen der Deutschen Gesellschaft für Soziologie beim 20. Deutschen Soziologentag in Bremen 1980, Bremen 1981, S. 640–644

Behrens, J. 1982: Die Ausdifferenzierung der Arbeit, in: K.O. Hondrich (Hrsg.), Soziale Differenzierung, Frankfurt/New York 1982, S. 129–209

Behrens, J. 1983: Die Reservearmee im Betrieb. Machttheoretische Überlegungen zu den Konzepten der „Kontrolle", der „Eigentumsrechte" und der „Sozialen Schließung", in: Jürgens, U./ Naschold, F. (Hrsg.), Arbeitspolitik. Materialien zum Zusammenhang von politischer Macht, Kontrolle und betrieblicher Organisation der Arbeit, Leviathan, Sonderheft 5/1983, S. 133–155

Behrens, J. 1984: „Selbstverwirklichung" – Vom Verblassen aller Alternativen zur Berufsarbeit. Umfragen und Fallstudien zur Krise der Arbeit in Familie und Erwerbstätigkeit, in: H.-J. Hoffmann-Nowotny, F. Gehrmann (Hg.), Ansprüche an die Arbeit. Umfragen und Interpretationen. Soziale Indikatoren XI. Konzepte und Forschungsansätze. Sektion Soziale Indikatoren in der Deutschen Gesellschaft für Soziologie, Frankfurt/New York 1984

Behrens, J./Rabe-Kleberg, U. 1993: Gatekeeping in the Life Course: A Pragmatic Proposal for Interrelating Four Gatekeeper Types, in: Walter R. Heinz (Ed.), Institutions and Gatekeeping in the Life Course, 1993, p. 23–260

Comte A. 1974: Die Soziologie. Die positive Philosophie im Auszug. Stuttgart: Kröner

Durkheim, E. 1977: Über die Teilung der sozialen Arbeit, Frankfurt 1977: Suhrkamp

Elster, J. 1989: The Cement of Society. Cambridge: Cambridge University Press

Goffmann E. 1969: Wir alle spielen Theater. Die Selbstdarstellung im Alltag. München: Pieper

Goffmann, E. 1971: Interaktionsrituale. Über Verhalten in direkter Kommunikation. Frankfurt a.M.: Suhrkamp

Habermas 1985: Der philosophische Diskurs der Moderne. Zwölf Vorlesungen, Frankfurt a.M.: Suhrkamp

Heinz W.R./Behrens, J. 1991: Statuspassagen und soziale Risiken im Lebensverlauf, in: BIOS, Zeitschrift für Biographieforschung und Oral History, 4. Jahrgang, Heft 1/91, S. 121–140.

Honneth, A. 1992: Der Kampf um Anerkennung. Frankfurt a. M.: Suhrkamp

Kubelka, P. 1982: La cucina come forma d'arte, Milano-Berlin 1982: Design-Center

Lindner, R. 1990: Die Entdeckung der Stadtkultur. Soziologie aus der Erfahrung der Reportage, Frankfurt a.M.

Luhmann, N. 1977: Arbeitsteilung und Moral. Einleitung zu Durkheim, Über die Teilung der sozialen Arbeit, Frankfurt a. M.: Suhrkamp

Luhmann, N. 1991: Soziologie des Risikos. Berlin

Marx, K. 1972: Das Kapital. Marx-Engels-Werke Bände 23–26, Berlin 1972

Mead, G.H. 1968: Geist, Identität und Gesellschaft. Frankfurt a. M.: Suhrkamp

Mead, G. H. 1980/87: Gesammelte Aufsätze. Frankfurt a. M.: Suhrkamp (gebunden 1980, broschiert 1987)

Münch, R. 1994: Zahlung und Achtung. Die Interpenetration von Ökonomie und Moral, Zeitschrift für Soziologie, Jg. 23, Heft 5, Oktober 1994, S. 388–411.

Parsons, T. 1937: The Structure of Social Action. New York 1937

Smith, A. 1974: Der Wohlstand der Nationen, München: DVA (Original 1776/1789)

Strauss, A. 1963: The Hospital and Its Negotiated Order, in: Freidson, E. (ed), The Hospiatl in Modern Society, N.Y. S. 147–169

Strauss, A. 1991: Creating Sociological Awareness. Collective Imagines and Symbolic Representations. New Brunswick&London: Transactions

Walzer, M. 1983: Spheres of Justice. A Defense of Pluralism and Equality, New York: Basic Books

Weber, Max 1972: Wirtschaft und Gesellschaft, Tübingen 1972

Wolfram Fischer-Rosenthal

Der zugeschnürte Arm und die abgewürgte Lebenswut
Zur Biographik eines Falles von Arbeitsunfähigkeit, Migration nach Deutschland und psychiatrischer Karriere [1]

Seit einer Stunde sitze ich schon mit ihm zusammen, und er erzählt von sich. Er sieht schlecht aus, mager, bronzene Hautfarbe, tiefliegende, dunkelgeränderte Augen. Tiefschwarzes Haar, ohne Grau, undefinierbares Alter. Der rechte Arm steckt von der Hand bis zum Ellenbogen in einer geschnürten Ledermanschette. Die Schuhe hat er ausgezogen und sitzt immer auf einem Bein, das er von Zeit zu Zeit mit deutlichem Stöhnen wechselt. Er wirkt kraftlos und ohne Energie, obwohl er meistens sehr schnell spricht. Stakkato, das verstärkt wird durch sein schlichtes Deutsch. Er ist bei der Sache, er leidet, er ist engagiert bei sich, und das heißt, er ist resigniert. Ich bin der Herr Professor, für ihn ein Vertreter des Medizinischen Systems, Deutscher; er ist der Arbeiter, Patient, Türke. Bei Beginn des Gesprächs vor einer Stunde, das von Anfang an mit dem kleinen Casettenrecorder zwischen uns aufgezeichnet wird, hat er etwas Angst gehabt, was für ein Experte in Sachen Mensch ich bin. Er hat da so seine Erfahrungen, schlechte, verletzende und demütigende Erfahrungen trotz bester Absichten dieser Experten für den Körper, Recht, Arbeit und Soziales. Diese Nervosität auf beiden Seiten hat sich gelegt. Sofort, nachdem ich gesagt habe, er solle mir seine Lebensgeschichte erzählen – und: „Ich habe Zeit", sagte er: „Ich habe auch Zeit, ich bin Rentner, ich nix Arbeit, weißt Du." Und jetzt nach einer Stunde faßt er zusammen.

Doch halt, wer dies jetzt liest, lasse sich nicht durch die fiktive Vergegenwärtigung täuschen. Die Szene findet jetzt nicht statt, und es gibt jetzt weder Akteure noch Beobachter, es gibt nichts als diesen Text. Der Autor hat ihn, wer weiß wann[2], geschrieben und längst, wieder in einer anderen Zeit, ist dieses und noch mehr passiert. Einiges davon kommt hier womöglich zur Sprache. Der Autor erzählt, rekonstruiert, liefert einen Text ab. Dieser Text aus der „Feder" (es klingt romantischer als „Computer") des Wissenschaftlers in diesem Band soll und will wissenschaftlich sein. Das könnte heißen: objektiv, generalisierend, der oder doch einer Wahrheit zu ihrem Recht verhelfend, oder auch: Partei ergreifend und namens einer höheren Instanz von Wissenschaft im Sinne der Aufklärung Kritik übend. Man wird sehen. Zunächst ist es ein weiterer Text zu den vielen, die zu dem Leben dieses Mannes gehören – für ihn selber und seine weitere Lebensführung wahrscheinlich ein ganz unwichtiger oder unverständlicher Text. Prioritäten oder eine Rangordnung der verschiedenen Texte, die sich auf dieses Leben beziehen, sind jedenfalls nicht zu erstellen, wenn man beachtet, daß jeder dieser Texte seinen eigenen Beobachter und Produzenten, Zweck, eigene Relevanz und Realitätsebene hat. Die Variation der Perspektiven[3], macht die Texte selbst nicht weniger „realistisch" oder „objektiv", selbst wenn sie in Spannung zueinander stehen oder sich sogar widersprechen. Sie unterscheiden sich alle von diesem gelebten Leben und dennoch ist dieses Leben in diese Texte verwickelt, manchmal geradezu von ihnen abhängig.[4]

Welche anderen Texte – außer dem oben genannten autobiographischen Gespräch mit dem Autor und dessen soziologische Rekonstruktion in diesem Artikel – lassen sich lesen? Wie *be*-schreiben sie dieses Leben, was haben sie ihm möglicherweise *ver*-schrieben, wie kontrollieren sie es durch entsprechende *Vor*-schriften?

Etwa dieser **Brief** des „Verbandes der Kriegs- und Wehrdienstopfer, Behinderten und Sozialrentner" – kurz **VDK** genannt vom August 1987.

> *„Sehr geehrter Kamerad Isan Akdeniz,*
> *in ihrer Schwerbehindertenangelegenheit haben wir im Widerspruchsverfahren einen Abhilfebescheid erreicht. (Der Grad der Erwerbsminderung beträgt jetzt 50%.) etc. etc. Damit wäre dieses Verfahren erledigt.*
> *Mit kameradschaftlichen Grüßen."*

Wieso, fragt sich der unbefangene und uninformierte Leser, wird hier ein türkischer Arbeiter als „Kamerad" angeredet; in was für eine Art „Kameradschaft" wird er hier inkorporiert? Sind alle Schwerbehinderten etwa so etwas wie „Kriegskameraden", und was für ein Krieg wäre das?

Ein weiteres Dokument, ein Brief des **Rechtsanwaltes** an das Arbeitsamt zur Wiederaufnahme des Gleichstellungsantrags vom Mai 1985:

> *„Ich habe Herrn Akdeniz beauftragt, einmal mehrere Tage die Zahl und Menge der bewegten Tonsteine zu notieren. Ergebnis: 1. Tag 5488 kg, 2. Tag 3420 kg, 3. Tag 4080 kg, 4. Tag 4792 kg. Die rechte Hand des Herrn Akdeniz ist immer kalt und kraftlos, und er kann nur deshalb damit arbeiten, weil eine Ledermanschette eine gewisse Stütze gibt. Mehrmals wöchentlich ist die Hand geschwollen; die Schmerzen aber sind ständig da. (...) Da sich jetzt abzeichnet, daß Herr Akdeniz auf Dauer nicht den Arbeitsanforderungen standhält, ist schon heute von einer konkreten Gefährdung zu sprechen."*

Oder dieser Text, ein **Überweisungsschein** des Hausarztes an den Augenarzt vom September 1987, mit dem Vermerk:

> *„Lyskinetische Augenmuskelreaktionen bei stark potenzierten Neuroleptika".*

Oder dieser **Brief** eines griechischen Neurologen und Psychiaters vom Juni 1987, wo die Rede ist von

> *„schwerer Angstneurose, pathologischen Schwankungen des Gefühls, der Empfindung, mit Schuldgefühlen, hypochondrischen Erscheinungen" und „daß er sich mit sich selbst beschäftige, daher nicht in der Lage sei, seinen tagtäglichen beruflichen Verpflichtungen nachzugehen".*

Oder dieser **Arztbrief** eines Neurologen an den Hausarzt, Anfang Mai des gleichen Jahres, wo man liest:

> *„Jetzt gehe es vor allem um die Frage einer medikamentösen Mitbehandlung, da Herr Akdeniz den Angehörigen durch vermehrte Reizbarkeit aufgefallen war. Die Familie sah es jetzt so, als stehe es kurz vor einer Explosion. Bei der neurologischen Untersuchung fand sich bei dem krank aussehenden Patienten, mit eingesunkenen Augen, kein krankhafter Befund. (...) Vom psychischen Befund her wirkte Herr A. angespannt und um Beherrschung bemüht. Er stellte seine körperlichen Beschwerden ganz in den Vordergrund, während er persönliche Konflikte bei der hiesigen Untersuchung eher dissimulierte, z.B. den Wegzug der Tochter gegen seinen Willen vor einigen Monaten (...)*
> *Aponal forte – AU (Arbeitsunfähigkeit) bescheinigt."*

Oder dieser Text aus dem Protokoll des behandelnden **Psychotherapeuten** vom März 1987, da habe die *Frau des Patienten* geklagt:

> *„seit vier Jahren sitzt Mann depressiv rum, keiner darf was sagen, kein Fernsehen, ‚ich kann nicht mehr', 2 Kinder, sie möchte ihn trotzdem verlassen, seitdem kein GV mehr. Angst vor Mann, wenn er nachts aufsteht – rein + raus. Sohn (7 J) auch Angst, vielleicht verrückt, er guckt sich dauernd Arm an."*

Dann gibt es da schließlich noch die Texte, die der Patient selber dem Soziologen ins Mikrophon gesprochen hat.

Es gibt also genügend „objektive" Texte zu dieser in ihnen verobjektivierten Biographie. Manche sind „geheim" und dürfen unter Androhung juristischer Folgen hier nicht bekannt werden[5], sie dienen lediglich der Expertenverständigung, dem fachmännischen „Prozessieren" der Person durch die Experten. Die Texte sprechen für sich, aber sie sagen nicht dasselbe und schon gar nicht liest jeder dasselbe in ihnen – dies ist sicher ein Grund, daß die Legitimation der jeweiligen Leserschaft auch festgelegt ist.

Kommunikationstheoretisch lassen sich etwa drei Ebenen unterscheiden. Es geht erstens immer um ein konkretes Aktionsziel in den Texten, ein Interaktions-Kommunikations-Ziel. Etwa das einer Gebrauchsanweisung von Arzt A an Arzt B über das gelieferte „Patientengut". Es geht weiterhin immer darum, daß der jeweilige Verfasser sich Luft macht und sich selbst darstellt. Man erfährt in diesen Texten also eine Menge über die Verfasser. Und schließlich geht es um das Objekt. Das ist hier ein türkischer Mann in Deutschland als Teilnehmer am Arbeitsleben und als Patient. Er wird in diesen Texten zu dem Objekt, als das er erscheint. Das alles sieht man nun in diesen Texten ganz objektiv aus verschiedenen Perspektiven.

Alle drei Ebenen, die *pragmatisch-kommunikative*, die *expressive* und die *semantische* der Sachverhaltsdarstellung, sind in den Texten analytisch bestimmbar. Bereits ohne diese relativ extensiven und aufwendigen Analysen an den vorgelegten Texten explizit hier durchführen zu können, dürfte nachvollziehbar sein, daß diese Ebenen in den Texten nicht ohne weiteres kongruent sind. Sie laufen schon bei den wenigen hier präsentierten Textbeispielen nicht auf dasselbe hinaus. D.h., es gibt je nach Sprecher/Schreiber verschiedene und möglicherweise widersprechende Handlungsziele, verschiedenen Ausdrucksbedarf und divergierende Auffassungen des „Sachverhalts". Vermutlich geht es auch jeweils um ganz verschiedene „Sachen". Der VDK, der Rechtsanwalt, die verschiedenen Fachärzte, die Ehefrau, sie vertreten nicht einfach die „Interessen" von Isan Akdeniz im Sinne einer Lösung „seines Problems", sondern haben je nach Amt, nach Funktion im System der sozialen Sicherung und entsprechend ihrer eigenen Persönlichkeit ihren eigenen Anteil an der Definition und dem Fortgang der Lebensgeschichte. Das anhand der verfügbaren Texte (und es handelt sich nur um eine kleine Auswahl) in der unterschiedlichen Perspektivität zu rekonstruieren ist zu aufwendig, als daß es im Rahmen dieses Aufsatzes leistbar wäre.

Was kann also der Soziologe tun, um nicht nur dem begrenzt zugemessenen Schreibraum, sondern seinen Fachzielen, seiner Expressivität und seiner „objektiven" Weltsicht gerecht zu werden? Die Narration des Wissenschaftlers, der Soziologe als nacherzählender, sozial-politisch engagierter Feuilletonist? Nein, das wäre eine Vorspiegelung, denn ich habe aus dieser bizarren und anrührenden Begegnung nicht viel mehr „erlebt" und folglich zu „erzählen" als, daß sie stattgefunden hat. Die Narration als Wissenschaft, das wäre außerdem prinzipiell ein ungebührlicher Anspruch für eine Kommunikationsform von vergangenen Abläufen und Erlebnissen, die in der Alltagsverständigung ihren privilegierten Ort hat. Im wissenschaftlichen Diskurs dominieren jedoch in der Regel andere Symbole, Beschreibungsformen, Analyse- und Deutungsmethoden. Es läßt sich dennoch fragen, und diese Frage liegt nahe, da es hier ja um ein Individuum geht, ob diese Texte zu verweben sind zu einer einzigen Textur; ob es trotz wichtiger Differenzen in ihnen etwas gibt, was sie im Blick auf das Leben, das hier vertextet erscheint, vereint. Es geht also um die Suche nach einer grundlegenden Struktur dieses Lebens, die sich möglicherweise textanalytisch rekonstruieren läßt.

Die Antwort kann schon an dieser Stelle gegeben werden – sie ist Hypothese und Ergebnis der Analysen in einem. Es geht in allen hier verfügbaren Texten immer um einen Riß im Leben dieses Menschen, eine entgleiste Biographie; die verzweifelte Ratlosigkeit einer Verwandlung wie dieser:

> *„Als Gregor Samsa eines Morgens aus unruhigen Träumen erwachte, fand er sich in seinem Bett zu einem ungeheuren Ungeziefer verwandelt."*[6]

Diese Verwandlung, dieser Riß, ist in allen Texten sichtbar, manchmal bizarr, zum Lachen, zum Weinen und Mit-Leiden. Auch der Soziologe kann nichts anderes tun, als über diesen Riß sprechen, einen weiteren, soziologischen Text produzieren, indem er selektiv rekonstruiert, was er in jenen anderen Texten gefunden hat. Anders jedoch als in Kafkas literarischem Dokument einer existentiellen Katastrophe werden in der soziologischen Konstruktion gesellschaftliche Rahmenbedingungen deutlich sichtbar; in diesem Falle die Bedingungen einer Migration aus einem türkisch-griechischen Kulturkreis in die deutsche Industriegesellschaft der 1970er Jahre. Es wird also nicht nur ein Individuum aus seiner Erlebnisperspektive zur Sprache kommen, sondern entsprechend den soziologischen Aufmerksamkeiten wird auch die Rede sein von den gesellschaftlichen Agenturen und Gegebenheiten, die dieses Leben und seinen Riß ermöglicht haben. Methodologisch wird der Anspruch erhoben, ohne den individuellen Fall einzuebnen und ohne die gesellschaftlichen Rahmenbedingungen als allein determinierend anzusehen, durch den Fall eine allgemeine Struktur zu rekonstruieren. Falls dies in der empirischen Analyse gelingt, repräsentiert diese Struktur *einen* Typus[7] eines Migrationsverlaufs türkischer Arbeitsmigration unter anderen möglichen. Es ist zugleich ein Beispiel für die Verwobenheit von Leib und Biographie, von Krankheitstrajekt und anderen biographischen Strängen.[8]

Daraus ergibt sich auch etwas Selbstverständliches, das dennoch gesagt sein soll. Weder will diese Fallanalyse den Eindruck erwecken, daß ein Migrationsverlauf aus dem türkischen Kulturkreis nach Deutschland *in der Regel* problematisch verläuft, noch behauptet sie, daß Migration und Krankheit *zwangsläufig* zusammengehören. Weitherhin wird auch nicht gesagt, daß einige der gesundheitlichen und sozialen Probleme nicht auch bei deutschen Arbeitern, die *keine* Migrationsbiographie aufweisen, vorkommen könnten. Daß der rekonstruierte Verlauf jedoch *real* so sein *kann*, weil er so war, also auch wiederholt so sein könnte, und welche allgemeinen Faktoren dabei zusammenspielen, dies kann am Fall gezeigt werden. Der zu erwartende Wissenszuwachs betrifft ein weiteres Ausloten der Möglichkeiten der Realität unserer Gesellschaft im Bereich türkischer Arbeitsmigration und allgemeiner des Arbeitslebens und seinem Netz sozialer Sicherung in der deutschen Industriegesellschaft; es ist das empirisch gesättigte Ausbuchstabieren eines Falles von Einwanderung im Horizont seiner realen Möglichkeiten und Begrenzungen.

Doch nun zurück zur Analyse des Falles. Zunächst erhält Isan Akdeniz, wie er hier zu seinem Schutz genannt wird, das Wort. Er faßt nach einer Stunde biographischen Interviews stockend sein Leben so zusammen:

„A: Vertrauensarzt er denken ich will Rente – ich nix – ich wieder Gesundheit, – wann eine Mann nix schlafen mit Frau, weißt Du – wann eine Mann nix gehen bißchen spazieren oder frische Luft oder so – diese Mann leben oder nit leben, weißt du, spielt keine Rolle – ich bin auch so eine Mann jetzt – nix schlafen – mit Leute nit reden – ich komm vor ich will sterben – ich möchte was genommen – ich gedenken an kleine Junge – nix gedenken am meine Frau, denken an meine Junge.
I: Daß sie manchmal schon gedacht haben, sie wären lieber tot, als daß sie so krank sind.
P: Ja ich hab schon gedacht ich besser nix leben – ich besser nix leben – wann ich lebe – meine Frau geht zu andere Mann – ich bin nix dumm – ich habe eine Spannung – ich bin viel nervös gewesen – ich habe Spritze ich habe Ruhe (4 Sek. Pause)."

So evaluiert Isan Akdeniz global seine jetzige Situation. Sich gegen den demütigenden Vorwurf rechtfertigend, daß er nur auf die Rente aus sei, benennt er seine einzige Zukunft: die Wiedergewinnung seiner Gesundheit. Doch hier ist er ohne jede Hoffnung, er fühlt sich ohne Leben, dem Selbstmord nahe. Alles, was einen Mann ausmacht hat, er verloren, und er fürchtet auch um seine Ehe. Gleichzeitig drückt er eine stark beunruhigende innere Spannung aus, die nur durch ein Medikament gebannt werden kann.

Nur wenige Momente später, wir beenden gerade das Gespräch, geht es so:

„I: hat alles mit Arm angefangen
P: hat alles angefangen nach Operation, ich lüge nicht, kannst fragen, telefonieren"

Dann schweigt er eine ewiglange halbe Minute.

„Ich von früher ganz gesunder Mann. Wann ich gekommen n Deutschland auch gesunder Mann, weißt Du. Bis fünfzehn, vierzehn Jahre ich bin gewesen ganz gesunde Mann. Ich habe gearbeitet ich bin Reden, weißt du, sprechen weißt Du oder spielen ((?)) oder Spaß gemacht weißt Du aber das – nach dem Operation weißt du, Arzt Schwierigkeiten, weißt Du, ich mich ärgern, Firma mich entlassen – weißt du geht meine Hand – ich immer denken, denken, weißt du, ich hab noch nie ((gedacht)) ich in psychosomatische Klinik gehen – oder sowas, Dr. Schmitz hat mich geschickt, ‚ich schicken eine Arzt zu Dir, kannst Du hingehen' – ich hab gesagt, „is gut' – ich drei, viereinhalb Jahre hier … ich jeden Dienstag möchte kommen, ich sprechen meine Krankheit."

Das ist das gegenwärtige biographische Formular, auf das der Erzähler sein Leben einengt, ein einfaches Ablaufschema, das die Genese seiner miserablen Gegenwartsperspektive[9] verdeutlicht. Nach einem Leben und über ein Jahrzehnt langem Arbeiten in Gesundheit in Deutschland haben die mißglückte Handoperation, sein Ärger und der bedrohte Arbeitsplatz sein Leben auf die Krankheit und die damit verbundene Therapie reduziert. Das ist die Gegenwartsperspektive, seine Krankheit und die Routine der wöchentlichen Therapiestunde, in der die Krankheit zur Sprache kommt, die jahrelange „Dauer" (Bergson) ohne wirkliche Veränderung. Sie ist so sehr zur ausgedehnten Gegenwart geworden, daß auch die Zeitangabe um zwei Jahre verlängert[10] wird. Er kann sich nicht im Doppelhorizont einer eignen – oder historischen – Vergangenheit und Zukunft situieren. D.h., seine Gegenwartsperspektive ist temporal nach zwei Seiten unbestimmt. Er sieht keine lebendige Vergangenheit, aus der er schöpfen könnte und die zu ihm gehört, es gibt für ihn keine Verbindung zu diesem früheren Leben, als er ein gesunder junger Mann war. Es steht für ihn im absoluten Kontrast zu dem, was jetzt ist. Er sieht auch keine Zukunft, auf die hin er erwarten, planen, träumen könnte, weil er nur die Alternative krank – gesund kennt, und so wie es jetzt für ihn entsprechend seiner eigenen Erfahrung steht, hat er keinen Anlaß, diese Veränderung zu erwarten. Seine Zukunft ist die Krankheit, lebbar gemacht durch „die Spritze" und in gewisser Weise auch durch das psychotherapeutische Gespräch.

Diese abschließende formelhafte Selbstpräsentation entspricht dem Stil des gesamten Interviews. Isan Akdeniz war von Anbeginn an nicht in der Lage, seine Lebensgeschichte so zu präsentieren, daß dabei sein Leben vor der Krankheitsphase thematisch wurde. Es geht nur um die ausgedehnte Gegenwart seiner zunehmenden Krankheitsmisere im Kontext der Arbeitsfähigkeit, seine enorme innere Spannung und die Zurückweisung der Unterstellung einer unlauteren „Bereicherungsabsicht durch Frühberentung". Mehrfach muß er sich im Interview auch mir gegenüber, einem weiteren Experten, rechtfertigen, ohne daß meine Redeanteile ihm dafür einen Anlaß geboten hätten: Er wolle keine Rente, er wolle gesund werden, er lüge nicht. Das gesamte *thematische Feld*[11] seiner Selbstpräsentation dient der Klage über seine gegenwärtige Situation und seiner Rechtfertigung. Alles aus seinem gelebten Leben, was nicht in dieses thematische Feld paßt, wird in der Selbstpräsentation im Interview ausgelassen oder unterdrückt; es fehlen dementsprechend erfreulich erlebte biographische Ereignisse oder Phasen ebenso wie eine narrative Erlebnispräsentation, die Erfahrungsablauf und Evaluation verbindet.

Im ersten Teil des Interviews finden sich so gut wie ausschließlich Argumentationen und Beschreibungen, kaum Reports, keine Narrationen.[12] Er kontrolliert und zentriert seine Darstellung, er kann nicht über sich erinnernd und offen mitteilsam in der Weise reden, daß ein Zuhörer erkennt, was er wirklich erlebt hat. Die Emotionen von Wut und Apathie, die Argumente gegen Vertreter der Gesundheits- und Sozialversorgung wie den Orthopäden oder Vertrauensarzt werden dem Hörer klar, aber es bleibt völlig unklar, welche Ereignisse dahinterstehen, und damit auch das eigene Verhalten des Biographen in solchen Situationen. Es gibt nur eine klare duale Verteilung von aktiv und passiv: er selbst ist immer Leidender, an zentraler Stelle „Opfer". Aktiv und damit oft auch „Täter" sind nur die anderen. Sein vergangenes Leben vor der Krankheit ebenso wie seine alten Pläne und Hoffnungen sind nur aus seinem Handeln – technisch: aus der Liste der biographischen Daten – zu erschließen. Das Unglück hat alles geschluckt, eine zeitliche Situierung in einer allgemein geteilten sozialen Zeit macht ihm größte Mühe – Angaben von Zeitpunkten sind sehr ungenau und Angaben von Zeitstrecken stark überdehnt -[13], sein Leben heißt Rückzug aus allem und andauerndes stumpfes Leiden. Er stellt es so dar, daß es für ihn nur noch dieses krankheitsbelastete miserable Leben gibt. Diese Darstellung kann nicht einfach als intentionale Strategie – etwa dem Interviewer als einem Vertreter des institutionalisierten Krankenbehandlungssystems gegenüber – verstanden werden, sondern ist als nicht-intentionale Struktur der Selbstbeschreibung auf den Ablauf des gelebten Lebens und die Eigenerfahrung des Biographen zu beziehen. Letzteres wird weiter unten versucht.

Zunächst soll die Selbstbeschreibung im genannten Rahmen der Rechtfertigung und Klage aus vielen Einzelsequenzen, in denen sich diese zentrale Struktur immer wiederholt, noch etwas deutlicher rekonstruiert werden. Der Biograph stellt es so dar: Sein ganzes Unglück hat für ihn einen ereignishaft klar bestimmten Anfang. Es ist eine mißglückte Operation am rechten Handgelenk im Jahre 1984. Er stellt dies als Kunstfehler des Arztes dar, deutet Auseinandersetzungen mit ihm an und macht sichtbar, welch enorme Wut er auf diesen Orthopäden hat. Die „Gebrauchsminderung" der Hand, wie das im Amtsdeutsch heißt, war mehr als ein Funktionsverlust manueller Fertigkeiten. Sie führte in einen Sog ehrkränkender Auseinandersetzungen mit Vertretern der Arbeitswelt und ihrem medizinischen Kontrollsystem. Der mit enormer unterdrückter Wut unterlegte Prozeß führte schließlich dazu, daß er sich als Mann entwertet sieht, ohne Lebenskraft dahinsiechend. Vorher – sein Leben als türkischer Grieche in Griechenland und sein Leben als Gastarbeiter in Deutschland – war alles gut, seit der fehlgeschlagenen Operation der Hand ist das Leben ein einziges Unglück. Es war sein eigener Rückzug und ein Hinausgedrängtwerden in einem. Was sich im einzelnen auf der Handlungsebene abgespielt hat, bleibt ziemlich im Dunkeln. Gab es Vorfälle am Arbeitsplatz; Auseinandersetzungen in der Familie? Berufliche und familiäre Probleme werden nur angedeutet. Statt dessen dreht sich ihm heute alles um die Krankheit, er hat nur Interesse daran, an sonst nichts, über alles andere will und kann er nicht reden. Er gerät schon bei kurzen beliebigen Interaktionen in Spannung, wird nervös, verspürt eine abgrundtiefe Wut. Er möchte schreien, sein Hemd und seine Brust aufreißen. Diese Wut macht ihm selber Angst, sie ist seiner Meinung nach nur zu bewältigen durch ärztliche Hilfe, vor allem durch sedierende Medikamente. Nach der wöchentlichen Spritze hat er, was er will, seine Ruhe. Die zwei Gesprächsstunden beim Psychotherapeuten sind die Höhepunkte des Monats. Innerhalb der Familie und des Verwandtensystems hat er sich isoliert. Er schließt seine Frau aus seiner Leiblichkeit aus. Er schläft nicht mehr bei ihr und mit ihr; er kann den Lärm, den sie bei der Hausarbeit macht, nicht hören, er spricht nicht mit ihr. Er spricht nicht mit seinem Bruder, der am gleichen Ort wohnt und ihn öfter besucht. Die Telefonate mit seiner Mutter und seinem jüngeren Bruder in Griechenland führt seine Frau. Er kann nicht fernsehen, nicht lesen, da er nichts aufnehmen kann. Er betäubt sich abends mit starken Barbituraten, sonst kann er nachts nicht schlafen und wandert umher, auch draußen.

Die einzigen regelmäßigen sozialen Kontakte hat er zu Vertretern der Medizin; ohne sie könnte er dieses „Leben in der Krankheit“ nicht leben. Er besucht drei Ärzte die Woche regelmäßig: den Hausarzt, den Orthopäden, den Neurologen, der ihm einmal die Woche Imap injiziert, was ihm Ruhe verschafft. Er nimmt vier Sorten Tabletten täglich. Er geht einmal alle vierzehn Tage zur Psychotherapie. Ein Leben ohne dies alles – etwa in Griechenland – wäre seiner Meinung nach identisch mit einem schnellen Tod. Dies ist die ausgedehnte Gegenwart des Patienten, seine aktuelle Sicht.

Betrachtet man die rekonstruktiv erschlossenen biographischen Daten und berücksichtigt man die wenigen eigenen Äußerungen des Biographen, dann läßt sich eine ganz andere Sicht des eigenen Lebens aus der Zeit „vor dem Unglück“ rekonstruieren.

Methodisch handelt es sich um den Versuch, nur auf der Grundlage der bekannten biographischen Daten und der rudimentärer Eigenangaben im Interview eine *mögliche* frühere Gegenwartsperspektive, die sich deutlich von der jetzigen unterscheidet, sichtbar zu machen. Es geht um die vergangene Gegenwart und die dazugehörige vergangene Vergangenheit und vergangene Zukunft. Damit wird zunächst auch deutlicher, was Isan Akdeniz gegenwärtig ausblendet, und wie er sich damit womöglich selbst Handlungsoptionen verbaut. Die erinnernde Aktivierung dieser „alten Gegenwart“ mit ihrer Vorgeschichte und heute vergangenen Zukunft, an die Isan Akdeniz wieder anschließen müßte, sie möglicherweise in Teilen auch umschreiben müßte, könnte ihm eine Plattform geben, um neue Optionen zu gewinnen, die ihn aus der Sackgasse herausführen könnten. Damit soll in diesem Beitrag keinerlei therapeutischer Anspruch erhoben werden, denn Text wie Autor stehen außerhalb der konkreten therapeutischen Interaktion des Falles; es kann aber hoffentlich deutlich werden, daß therapeutisches Handeln[14] in der fallrekonstruktiven Analyse Strukturhinweise und Perspektiven gewinnen kann, die für die Interaktionsarbeit mit dem Patienten/Klienten wichtig sind.

1984 kurz vor seiner Handoperation hätte Isan Akdeniz mir seine Lebensgeschichte etwa so erzählen können.

„Ich lebe jetzt dreizehn Jahre hier in dieser deutschen Stadt, und es gefällt mir gut. Ich arbeite im Akkord und verdiene gutes Geld. Mein Deutsch ist nicht besonders, aber ich komme zurecht. Geboren bin ich 1945, ich weiß nicht genau das Datum, in der Nähe von Thessaloniki in Griechenland. Ich bin Türke. Mein Vater war Hoca, er ist jetzt kürzlich gestorben. Meine Mutter ist so Mitte sechzig, ihr geht es gut. Nach der Schule habe ich zu Hause auf dem Land gearbeitet. Wir hatten kein eigenes Land. Es gab guten Lohn im Anbau und bei der Ernte von Kichererbsen. Mit siebzehn Jahren habe ich geheiratet. Dann war ich Soldat in der griechischen Armee. Ich kann Dir ein schönes Bild von mir in Uniform zeigen, da war ich 22 Jahre. Bald kam eine Tochter (1968). Wir hatten kein eigenes Haus und wohnten zur Miete. Unser Leben war einfach, und wir hätten uns gerne mehr geleistet, hatten aber kaum Verdienstmöglichkeiten. Die Griechen mögen uns Mohammedaner und uns Türken nicht; ich spreche nicht so gut Griechisch wie sie. Viele junge Türken aus unserer Gegend sind in die Türkei gegangen. Manche nach Deutschland. Wir wollten gerne ein eigenes Haus und ein besseres Leben. Mit sechsundzwanzig kam ich hierher und arbeitete in der Maschinenfabrik. Das war 1971. Nach einem halben Jahr konnte ich einen Vertrag für meine Frau kriegen, die kam dann nach und arbeitete auch dort. Drei oder vier Jahre später konnte ich auch einen Vertrag für meinen Bruder in der Maschinenfabrik machen. Der ist immer noch dort. Ich bin stolz, daß ich das so einrichten konnte. Ich hatte nach einigen Jahren in eine PVC Fabrik gewechselt. Dort war ich etwa zwei Jahre. Dann bin ich ins Keramikwerk gewechselt. Da verdiene ich jetzt mehr. Vor ein paar Jahren – das war glaube ich 1976 – hatte ich eine Mittelohroperation, war öfter mal erkältet, Schnupfen und so, aber sonst o.k. Seitdem ist mir manchmal schwindlig, und ich habe Kopfschmerzen. Aber ich bin gesund, und es gibt ja gute Ärzte hier. Meine Frau hat auch immer gearbeitet. Ich kann alles arbeiten, ich bin stark. Ich kann anfassen. Wir haben gespart. Vor kurzem haben wir uns in Griechenland ein Haus für 20.000 Mark gekauft. Jetzt noch ohne Bad und so, das kommt dann noch, wenn wir wieder Geld haben. Es wohnt niemand drin. In der Nähe wohnt die Mutter. Bei ihr lebt noch der kleine Bruder, der ist Lehrer. Vor drei Jahren haben wir einen Sohn bekommen. Er hatte krumme Füße, die sind operiert worden. Toll, was die Ärzte hier können. Die Tochter ist jetzt sechzehn. Heiraten kann noch warten, aber ich kenne da eine gute Familie in Griechenland, wir werden uns schon einig. Ich liebe meine Kinder. Wir bauen das Haus in Griechenland fertig und gehen dann zurück, wenn der Sohn verdient. Wir haben es richtig gemacht, daß wir hierherkamen. Es geht uns allen gut."

So etwa hätte die „alte" Lebensgeschichte mit ihren Hoffnungen und Plänen lauten können. Die positive Sicht des Lebens steht ganz im Vordergrund – und im starken Kontrast zur aktuellen Selbstpräsentation im Interview. Versucht man im Blick auf die Daten des gelebten Lebens beide Selbstdarstellungen – die echte und die fiktive – analytisch zu evaluieren, finden sich in beiden Fällen strategische Ausblendungen. Die aktuelle Selbstdarstellung blendet positiv wertbare Lebensereignisse aus, während die fiktive Selbstdarstellung von 1984 alles Erleben ausschließlich positiv sieht. Die in einer Analyse der biographischen Daten sichtbaren Diskontinuitäten, die Probleme der türkischen Minderheit in Griechenland, vor allem der Wechsel der Arbeits- und Mehrheitskultur durch die Migration nach Deutschland und die deutlichen Gesundheitsprobleme mit einem ersten massiven operativen Eingriff werden vom Biographen nicht als Anzeichen eines Krisenverlaufs gesehen, zu dem er beigetragen hätte und den er somit auch in gewissen Maßen hätte steuern können. Wenn diese durch den Soziologen konstruierte Perspektive für die Vergangenheit des Biographen, also 1984, einigermaßen stimmt, dann wäre zu erwarten, daß bei sich weiter verschärfender Verlaufskurve das Trajekt[15] vollends heteronomer Formung durch entsprechende gesellschaftliche Institutionen anheimfällt. M.a.W., es wäre zu erwarten, daß von einem bestimmten Punkt an der Biograph in schockhafter Weise erlebt, daß er sein Leben und „die Welt nicht mehr versteht" und daß ihm alle Handlungsmöglichkeiten genommen sind und andere Agenturen bzw. deren Vertreter sein Leben „regeln".

In der Tat baut sich die aktuelle Lebensgeschichte, die im Interview eben nicht erzählt werden konnte, im Verlaufe weiterer kritischer Lebensereignisse auf, die der Biograph offenbar nur so interpretieren kann, daß er jetzt aus seinem eigenen Leben herausgedrängt wird. Die folgende Analyse besteht in der Rekonstruktion dieses Trajektes.

Methodisch wird versucht, die Ebene der *gelebten* Lebensgeschichte unter Einbezug des Anteils biographiekonstruierender Institutionen zu rekonstruieren. Dabei geht es nicht einfach um ein Nachbuchstabieren der „bekannten" Fakten, sondern schrittweise, also sequentiell, um die hypothetische Annahme der Handlungs- und Erlebnispotentiale, die den weiteren Verlauf strukturieren *könnten* und um ihre Verifizierung bzw. Falsifizierung[16]. Es läßt sich zeigen, wie und mit welcher Erlebnis- und Handlungslogik, d.h. Handlungsstruktur sich ein problematischer Ablauf entwickelt, der seine Vorbedingungen schon in der gelebten Lebensgeschichte vor 1984 hat und sich jetzt vollends zu einer negativen Verlaufskurve zuspitzt und in der „Sackgasse" endet, die der Biograph als seine Gegenwartsperspektive präsentiert.

Im **Jahre 1984**[17]springt Isan Akdeniz aufgrund der schweren Dauerbelastung an der rechten Hand der Knöchel heraus. Der Orthopäde empfiehlt eine Operation und nimmt an, daß die normale Funktion und Belastbarkeit der Hand nach wenigen Wochen wiederhergestellt sein wird. Das versteht jedenfalls der jetzt 39jährige Herr Akdeniz.

Hypothetisiert man aus den vorangegangenen biographischen Daten eine bereits vorhandene Erwartungstruktur, die sich auf die kommenden Ereignisse auswirkt, könnte man davon ausgehen, daß der Biograph sehr hohe Erwartungen an die operative Medizin hat. Sie repariert, was am Körper nicht funktioniert. Nicht nur wurde vor kurzem sein Sohn mit Erfolg auf Empfehlung des gleichen Orthopäden an beiden Füßen operiert, er selber hat sich von lästigen Mittelohrproblemen vor Jahren durch eine Operation „heilen" lassen. Er kommt auch hier, wie schon vor Jahren nicht auf den Gedanken, daß seine gesundheitlichen Probleme auf eine generelle Überlastung durch die Arbeits- und vielleicht Lebenssituation hinweisen könnten. Eine auch nur tentative Betrachtung und Erwägung von Problemen im Bereich seiner Arbeit oder der familialen Lebensführung kann daher nicht begonnen werden. Dazu paßt komplentär die Überschätzung der rein medizinischen Lösungsmöglichkeiten seiner Probleme. Auf der Linie dieser Überlegungen wäre dann zu erwarten, daß es im Ablauf der biographischen Daten früher oder später zu Enttäuschungen kommt, die zu einer Revision seiner eigenen Lebens- und Arbeitskonzeption zwingen. Sollte ihm dies nicht möglich sein oder möglich gemacht werden, wäre ein stärker krisenhafter Verlauf ohne adäquates Coping – im Sinne eines problemintegrierten Lebens – erwartbar. Für den letzteren Fall wäre auch erwartbar, daß die institutionell vorgegebenen Möglichkeiten des Medizinsystems und Sozialstaates, seine Biographie zu strukturieren, stärker greifen, und damit letztlich die Problemspirale stabilisiert wird.

Die Operation verläuft nicht wie erwartet. Die Hand ist steif und bleibt es. Trotz nahezu täglicher Massagen und Übungen tritt keine Besserung ein. Herr Akdeniz muß weiterarbeiten. Eine verunstaltende Ledermanschette wird notwendig, um überhaupt arbeiten zu können. Die Hand schmerzt und schwillt in kurzen Abständen stark an. Es kommt häufiger zu Krankschreibungen. Herr Akdeniz fühlt sich betrogen und hat eine Wahnsinnswut auf den Operateur. Das Gutachten des griechischen Arztes, das einen Kunstfehler nachweisen will, kann er in Deutschland nicht entsprechend geltend machen. Seine Wut auf den Orthopäden paart sich mit dem Gefühl vollkommener Ohnmacht. Er möchte diesen Arzt am liebsten erschießen und spielt schon in Gedanken damit, eine Pistole zu kaufen.

Die Analyse sieht die oben hypothetisch angenommene problematische Variante greifen. Der Biograph fühlt sich enttäuscht und getäuscht. Dabei wird das Problem fremdattribuiert: Der Arzt ist an allem schuld. Mit dieser einfachen Erklärung kann gleichzeitig die alte Erwartungsstruktur aufrechterhalten werden. Sein Leben, seine Arbeit und sogar das medizinische System sind im Prinzip in Ordnung. Das Problem liegt einzig beim Arzt, andere Erwägungen werden nicht sichtbar. Entsprechend sehen die Aktivitäten des Biographen aus: Er will Vergeltung, sein Recht. Dieser – real nur teilweise begehbare – Weg bringt jedoch keine Änderung, restitutio oder Entlastung, und es kann erwartet werden, daß weitere Komplikationen auftreten.

Es kommt zu Auseinandersetzungen mit der Firma. Er fühlt sich vom Betriebsrat, der Gewerkschaft, der Vertrauensärztin nicht ernst genommen. Sie glauben nicht an eine ernsthafte Beeinträchtigung und unterstellen, er wolle nur eine leichtere Arbeit oder die moralisch illegitime Frührente. Er ist gekränkt in seiner Ehre, er sagt oft: Ich bin ein Mohammedaner und lüge nicht. Ihm ist oft schwindelig, und er hat vermehrt starke einseitige Kopfschmerzen. Im Betrieb wird er als Springer eingesetzt, muß aber immer wieder schwere Lasten heben. Mit Hilfe eines Rechtsanwaltes beantragt er eine Minderung der Erwerbsfähigkeit beim Versorgungsamt.

In dieser Zeit zieht er sich von seiner Frau zurück. Er will nicht mehr mit ihr in einem Bett schlafen, der Geschlechtsverkehr wird eingestellt und wurde seither nicht wieder aufgenommen.

Der analytische Blick sieht, wie hier der Biograph seine eigene Leiblichkeit als Aktionsraum und Ausdrucksfeld „benutzt", vor-intentional gestaltet: Er wird krank. Offenbar „sieht" er kein anderes spannungs- und problemlösendes Handlungsfeld. Damit wird vom Soziologen keineswegs eine intentionale, etwa strategisch simulierende Verhaltensweise, die der Biograph bewußt einsetzt, unterstellt. Der Biograph sieht nicht, was er nicht sieht, und verhält sich, „handelt" in einem nicht-intentionalen Sinne so, wie es ihm (heteronom) gegeben ist. Nicht er selbst, sondern der Soziologe als Beobachter zweiter Ordnung sieht, daß er seinen Leib als Artikulationsfeld nutzt, formt und präsentiert. Ob dies im weiteren biographischen Ablauf eine dauerhafte Struktur zur Lösung seiner Probleme darstellt, hängt sowohl von der sozialen (also „äußeren") Akzeptanz und möglicherweise auch institutionellen Formung der Präsentation wie auch von der stimmigen Eigenwahrnehmung inklusive einer für den Biographen selbst erkennbaren Problementlastung in der Folgeentwicklung ab. Die Wahl des Ausdrucksmittels „Leib“ betrifft potentiell alle sozialen Interaktionsfelder des Biographen, mithin auch seine Positionen in der Arbeitswelt, Familie und seinem sozialen Milieu. Das heißt auch, daß alle diese Felder nun auf die Problempräsentation des Biographen in ihrer Weise reagieren müssen und werden.

Im Arbeitssystem gelingt es dem Biographen allerdings zunächst nicht, sein Problem adäquat zu kommunizieren, d.h., es wird bezweifelt, ob er „wirklich“ krank und damit erwerbsbeeinträchtigt ist. Er gerät damit einerseits in – kränkend erlebte – Opposition zu den Teilorganisationen der Arbeitswelt, an denen auch die Arbeitsmedizin teilhat, andererseits auch in den Sog ihrer Kriterien und Verfahrenswege. Da eine informelle Änderung der Arbeitsanforderungen im Betrieb offenbar nicht möglich ist und er selber auch in dieser Situation den Arbeitsplatz nicht wechseln will oder kann, sieht er sich offenbar gezwungen, den Weg institutioneller Anerkennung seiner Beeinträchtigung zu gehen. Im System der Reaktionsmöglichkeiten der Arbeitswelt wird damit schon jetzt eher eine Weiche zur möglichen Frühberentung als zur Wiederherstellung seiner Gesundheit bzw. Arbeitsfähigkeit gestellt. Aufgrund der verfügbaren Eigenaussagen ist es fraglich, ob Isan Akdeniz zu diesem Zeitpunkt erkennt, daß die ihm nahegelegte und auch verfolgte Lösung gerade nicht die erwünschte Akzeptanz und soziale wie leibliche Restitution bringt, sondern ihn weiter ausschließen und somit noch tiefer in Probleme hineinführen kann.

Für die Analyse ist weiterhin zentral, daß sich der Biograph in dieser Zeit aus der Familie zurückzuziehen beginnt. Damit steht fest, daß hier eine sozial-leibliche Problemdimension erreicht ist, die sich nicht mehr nur auf den berufsbiographischen Strang beschränken läßt. Mit der Wahl des Leibes als Ausdrucksfeld seiner Probleme stellt der Biograph sich in toto seiner Sozialwelt zur Disposition. Will man für die Folgezeit eine Verlaufsänderung, also eine Reintegration hypothetisieren, müßte entweder seitens des Biographen eine positive Wertung eingeschränkter Funktionsfähigkeit oder eine Neubestimmung beruflicher Identifikation und eventuell eine neue Arbeitswahl erfolgen. Auch eine stimmige Veränderung der Arbeitsaufgaben im Betrieb könnte eine Stabilisierung auf einem für beide Seiten viablen Leistungsniveau ermöglichen. Damit wären die körperlichen Problem-Manifestationen möglicherweise nicht ohne weiteres verschwunden, aber der Biograph hätte Handlungsoptionen zurückgewonnen. Wenn ihm dies nicht möglich ist oder nicht möglich gemacht wird, dürfte sich die Problemspirale erwartbar weiter nach unten drehen.

Im **Januar 1985** wird vom Versorgungsamt eine Erwerbsminderung um 40% wegen reduzierter Gebrauchsfähigkeit der rechten Hand und allgemeiner Leistungsminderung anerkannt. Herr Akdeniz beauftragt seinen Rechtsanwalt, mit der Firma wegen eines weniger belastenden Arbeitsplatzes zu verhandeln und einen Gleichstellungsbescheid nach dem Schwerbehindertengesetz beim Arbeitsamt zu erwirken. Im Mai/Juni wird er zweimal vier Wochen krankgeschrieben. Die Kopfschmerzen nehmen zu. Die Arztbesuche häufen sich. Im November ergeben ein EEG und ein Computer-Tomogramm keinen Befund. Die Kopfschmerzen und Probleme mit der Hand bleiben. Dazu kommen nun häufiger starke Magenbeschwerden. Einerseits möchte er sich ausagieren und prügeln, anderseits verfällt er in Trübsinn. Er nimmt nicht mehr am Familienleben teil, zieht sich zurück. In dieser Zeit wird er sich mit einer türkischen Familie in Griechenland einig über die Heirat seiner Tochter. Sein künftiger Schwiegersohn lebt und arbeitet in Stuttgart.

Während der anderthalb Jahre, die hier im Blick sind, geht das Trajekt weiter bergab. Der vom Biographen „gewählte" Modus der Problempräsentation kann nicht verlassen werden, er wird vielmehr weiter vertieft und festgeschrieben. Der Leib als Ausdrucksfeld wird von ihm selbst via Krankheit verstärkt eingesetzt und komplementär von den Kontroll- und Therapieeinrichtungen der modernen Industriegesellschaft qua Körper ergriffen und prozessiert. Damit bekommt er zwar Aufmerksamkeit, wird aber zum Dauerpatienten. Der autonome Handlungsspielraum wird weiter verengt und institutionelle biographische Prozessierung, also heteronome Verlaufssteuerung nimmt zu. Die scheinbare Stabilisation am Arbeitsplatz trägt nicht. Der Biograph präsentiert sich krank, ohne daß die fachmedizinischen Kriterien dabei voll von ihm erreicht werden. Die Somatisierungen nehmen zu. Bei äußerer Passivität entwickelt sich gleichzeitig eine starke polare psychische Spannung zwischen Aggression und Depressivität. Dennoch kommt er seiner Pflicht als Familienhaupt nach und arrangiert die künftige Ehe seiner Tochter. Diese Familienentwicklung könnte sich positiv auf den biographischen Verlauf auswirken, wenn sie in der Lage wäre, ihm einen Teil seiner Autonomie und seines Selbstvertrauens zurückzugeben.

Im **Juni 1986** sind die gesundheitlichen Probleme des Biographen so angewachsen, daß er eine Erhöhung des Grades der Erwerbsminderung beantragt (aufgezählt werden: Gebrauchsminderung der rechten Hand 30%; Leistungsminderung; Schwindel; Ohr-Radikal Op 20%; depressive Verstimmungen 10%; Wirbelsäulensyndrom 10%). Der Antrag wird abgelehnt, es bleibt bei 40%. Die Familie hat Probleme mit ihm, sie können nichts mehr zu ihm sagen, alles ist ihm zu laut. Er möchte keine Freunde und Bekannte mehr sehen. Es sitzt da und betrachtet stumpfsinnig seinen Arm. Gelegentlich schlägt er unkontrolliert seine Frau. Die Frau leidet darunter, daß er sie nicht mehr sexuell begehrt. Sie und der Sohn haben Angst vor ihm. Er wandert nachts in der Wohnung umher und verläßt sie manchmal für Stunden. Sie haben Angst, daß er verrückt wird.

Mitte des Jahres kommt es zur offiziellen Verlobung der Tochter. Sie ist jetzt achtzehn. Die Heirat soll noch warten.

Die Magenbeschwerden nehmen zu. Der Internist stellt im November 1986 eine hypersekretorische Gastritis fest – kein Ulcus.

Der erwartete positive Einfluß der Familie bleibt aus. Mehr noch, deutlich steigern sich im zweiten Halbjahr die Probleme im familialen Bereich. Aggressivität und sozialer Rückzug nehmen ein beunruhigendes Maß für die Familie an. Zum ersten Mal spricht man von „Verrücktheit". Der Versuch des Biographen, am Arbeitsplatz eine weitere Entspannung zu erreichen, scheitert. Er muß sich den – nach seinem Empfinden – zu hohen Anforderungen stellen. Typische psycho-somatische Beschwerden einer konfliktuösen Lebenssituation nehmen zu, halten sich jedoch medizinisch gesehen im Rahmen und wiegen sicherlich weniger schwer als die familial-sozialen Probleme. Vielleicht bringt die Heirat der Tochter dem Biographen Lebensmut.

Gegen Ende des Jahres geht die Tochter auf eigene Faust zu ihrem Verlobten nach Stuttgart und heiratet einfach ohne das übliche Familienfest. In den Augen des Vaters ist dies eine Entführung und Flucht. Er fährt „mit dem Messer in der Tasche" nach Stuttgart, um seine Tochter zu „befreien". Die Mutter vermittelt telefonisch, die Tochter habe es aus freien Stücken getan. Herr Akdeniz versteht die Welt nicht mehr. Er ist tief gekränkt in seiner Ehre und hat sich zudem noch lächerlich gemacht. Sein Schwiegersohn und seine Tochter haben sich unehrenhaft verhalten, seine Frau unterstützt oder billigt dies. Er möchte mit Tochter und Schwiegersohn nichts mehr zu tun haben, sein Wunsch nach Bestrafung bleibt unerfüllt. Die Kontakte zu den Eltern des Schwiegersohnes reißen ab. Die Magenschmerzen nehmen zu.

Im biographischen Verlauf stellen diese Ereignisse eine stark krisenhafte Zuspitzung im familialen Bereich dar. Nach der Zurücksetzung und den Problemen in der Arbeitssphäre muß der Biograph jetzt eine symbolisch noch stärkere Entwertung seiner weltanschaulich und kulturell fest gefügten Rolle als Familienoberhaupt und Vater einer Tochter hinnehmen. Die für ihn kulturell logische begonnene Aktion der Ehrenrettung kann in der Lebenssituation und im strafrechtlichen Rahmen Deutschlands nicht durchgeführt werden. Sie muß abgebrochen werden und fällt damit voll auf den Biographen zurück, denn offenbar ist er der einzige, der die Lage entsprechend seinen kulturellen Normvorstellungen so interpretiert. Alle anderen Beteiligten, einschließlich seiner Ehefrau, empfinden das Verhalten von Tochter und Schwiegersohn offenbar normal oder doch noch im Rahmen des Zulässigen. Gedemütigt und unter dem Verdacht, daß er die Realitäten der Gegenwart nicht richtig einschätzen kann, kehrt er zurück. Betrachtet man den bisherigen Verlauf, wird man hinsichtlich der bisher gezeigten Lernfähigkeit bzw. Transformationspotentiale des Biographen nach dieser Krise nicht allzu optimistisch sein. Anders gesagt, sollte es ihm nicht gelingen, seine Sicht durch diese Ereignisse zu revidieren, sind weitere Probleme erwartbar.

Im **Februar 1987** muß er sich im Klinikum einer Gastroskopie unterziehen. Es wird eine schwere erosive Gastritis festgestellt mit vielen kleinen Ulcerationen im gesamten Magen. Es wird eine psychotherapeutische Behandlung empfohlen, die Herr Akdeniz auch mit der Erwartung beginnt, daß so sein Erwerbsminderungsantrag durchgesetzt werden kann. Der Psychotherapeut diagnostiziert „depressive Entwicklung mit ausgeprägten Magen- und Kopfschmerzen auf dem Hintergrund von 40% Arbeitsunfähigkeit nach einer OP des re Unterarms". Im Arztbrief an den Hausarzt heißt es weiterhin:

„Zusammenfassend leidet der Patient einerseits sehr unter seiner Behinderung und der weiterhin schweren Arbeit, andererseits unter der familiären Situation. Beides machte ihm einen Strich durch seine Lebensplanung, was er weder verkraftet noch bisher angemessen verarbeitet hat. Wir vereinbarten mit ihm ein gemeinsames Gespräch mit seiner Ehefrau zur Klärung (...) Insgesamt überwiegt eine depressiv klagsame und verbissene Haltung des Pt, die ihn wenig Spielraum für eigenes Handeln sehen läßt. In therapeutischen Gesprächen mit seiner Ehefrau ließe sich diese resignative Haltung möglicherweise verändern."

Unmittelbar in der Folge der familialen Krise wird der Kreis der (nicht nur medizinischen) Experten, die an der Biographie „stricken", um die Psychotherapie erweitert. Es kommt so eine weitere professionelle Auslegungsinstanz ins Spiel, die sowohl dem Patienten und seiner Familie, wie auch den Vertretern der Körpermedizin, wie man im vorangegangen Textbeispiel sah, Interpretationen darüber anbietet, was mit diesem Leben der Fall ist, und wie man es ändern könnte. Läßt man diesen Eigenanspruch der Psychotherapie einmal unberührt, läßt sich soziologisch hinsichtlich der institutionellen Verflechtung feststellen, daß eine weitere biographieprozessierende Institution vom System der Arbeitswelt und körperbezogenen Krankenversorgung hinzugezogen wurde, um diese Biographie zu formen. Diese weitere heteronome Strukturierung, diesmal im Bereich der „Seele", der psycho-sozialen Lebenssteuerung, könnte das Trajekt nur dann in eine andere Richtung führen, wenn sie den Biographen befähigte oder wenn es ihm einfach von selber gelänge, neue Handlungsoptionen zu sehen und zu aktivieren. Der bisherige Verlauf und die äußerliche Passivität des Biographen geben allerdings zu dieser Erwartung wenig Anlaß. Die autoritäre Vorstellung des Patienten, daß die Experten es für ihn richten, wird zwar möglicherweise zu einer oberflächenhaften Kooperation mit dem Psychotherapeuten und zu einer weiteren Abhängigkeit führen, ob daraus eine autonome Rekonstruierung seiner Lebensmöglichkeiten erfolgen kann, muß offen bleiben. Sollte letztere allerdings tatsächlich nicht gelingen, wäre eine Fortsetzung der negativen Spirale erwartbar.

In diesen Tagen will der Patient sich das Leben nehmen, er spielt mit dem Gedanken, sich mit Waschmittel zu vergiften. Der Gedanke, daß sein Sohn dann keinen Vater mehr hat, hält ihn nach Eigenaussage zurück. Es kommt zu erneuten Reibereien mit der Vertrauensärztin. Sie schreit ihn an, er solle arbeiten oder dahin zurückgehen, wo er herkommt. Er fühlt sich von seiner Frau zurückgesetzt, befürchtet, daß er nicht mehr für die Familie wird sorgen können. Er sagt zum Therapeuten, seiner Seele sei es langweilig, der Körper arbeite, aber die Seele sei nicht dabei.

In einer gemeinsamen Therapiesitzung beim Psychotherapeuten im März 1987 schickt ihn seine Frau einfach raus, und er „gehorcht". Der Therapeut bemerkt im Protokoll:

> *„seine männliche Rolle ist bedroht – Ärztin – Frau schickt ihn raus – er versteckt sich hinterm Arm – Gewalttätigkeit als Überkompensation der Nicht-Männlichkeit."*

Parallel zur psychotherapeutischen Behandlung wird nun Herr Akdeniz regelmäßig durch einen Neurologen/Psychiater medikamentös durch Pharmaka (zunächst Aponalforte) mitbehandelt.

Die soziale und leibliche Dezentrierung des Biographen setzt sich fort. Er selber formuliert es als eine Differenz von Körper und Seele, letztere ist sonstwo, nicht „bei der Sache". Für den Psychotherapeuten wird der bandagierte Arm zum Symbol, er präsentiert Macht und Ohnmacht. Es ist nach Lage der Protokolle zu diesem Zeitpunkt sachlich unklar, ob die erwähnte Gewalttätigkeit tatsächlich oder phantasiert (vom Patienten oder Therapeuten) ist. Die Phantasie würde den Biographen im unerträglichen „Patt" belassen, tatsächliche Gewalttätigkeit, etwa gegenüber seiner Frau, könnte Bewegung in die Situation bringen. Die medikamentöse Mitbehandlung soll vermutlich eine allmähliche Wiedergewinnung von Handlungsoptionen des Biographen stützen; sollten seine Versuche jedoch zu drastisch ausfallen, ist zu erwarten, daß stärker sedierende Mittel angewendet werden. Nach dem Stand der Dinge im Frühsommer ist am Arbeitsplatz keine Entspannung für Isan Akdeniz zu erwarten.

Im Sommer 1987 der übliche Jahresurlaub in Griechenland. Er gerät Herrn Akdeniz zum Alptraum. Die große Familienfeier zur Beschneidung seines Sohnes baut ihn nicht auf, sondern stürzt ihn weiter in die Krise. Er bekommt Angstzustände, die Familie meint, er werde von bösen Geistern geplagt. Er hat Angst, zu zerplatzen oder zu zerbrechen. Er begibt sich in Behandlung des Hoca, dessen „muska" nicht hilft. Er begibt sich in Behandlung eines griechischen Psychiaters, der ihm jede Menge Psychopharmaka verschreibt. Er nimmt die meisten davon nicht.

Zurück in Deutschland wird er krankgeschrieben und die psychotherapeutische Behandlung wird im Juli intensiviert. Der Urlaub des Therapeuten ist für August geplant. Herr Akdeniz hat Angst vor dieser Zeit ohne Therapeut. Die Tochter und der Schwiegersohn besuchen ihn für mehrere Tage. Sie schenken ihm eine Armbanduhr, die er trägt. Er spricht wenig mit ihnen, grübelt viel. Der Schwiegersohn findet das Verhalten von Herrn Akdeniz merkwürdig.

Der jährliche Aufenthalt in der Heimat dient dem „touch base", der Vergewisserung der Herkunft, der Stärkung der Familienbande. All dies mißlingt jedoch diesmal gründlich. Offenbar ist gerade die Beschneidungsfeier des Sohnes, ein Fest das die religiös-kulturelle Verbundenheit mit dem Herkunftsmilieu und auch die besondere Rolle des Mannes bestätigt, für den Biographen eine spezielle Bedrohung und Quelle der Angst. Genau an dieser Stelle ist seine eigene Orientierung und Autorität in der Familie fraglich geworden. Er sieht sich gezwungen, etwas zu feiern und rituell zu vergegenwärtigen, was es für ihn so gar nicht mehr gibt. Die Handlungsoption, die möglicherweise seine Frau, Tochter und Schwiegersohn haben, nämlich „es nicht so genau" zu nehmen, an der Familien-Tradition einfach äußerlich festzuhalten und noch mitzumachen, obwohl man auch schon innerhalb anderer Ordnungsvorstellungen in Deutschland leben kann, ist ihm nicht gegeben. Er hat den orientierenden Untergrund verloren, daher reagiert er mit Angst. Die Deutungsalternativen der Familie in Griechenland bewegen sich zwischen den Angeboten der traditionell religiösen und modern-medizinischen Heilungsinstitutionen. Beide werden vom Biographen nur mit Vorbehalt wahrgenommen. Sie helfen ihm nicht, und später wieder in Deutschland macht Isan Akdeniz gegenüber seinem Psychotherapeuten seine Vorbehalte deutlich. So habe er zwar das verordnete muska akzeptiert, aber nicht daran geglaubt. Dem griechischen Arzt gegenüber, einem Vertreter der christlich-orthodoxen Mehrheitskultur, hat er durch seine praktische non-compliance demonstriert, daß er kein Vertrauen hatte.

Es wird deutlich, wie stark sich Isan Akdeniz in diesen Wochen vom Psychotherapeuten abhängig gemacht hat. Er braucht die institutionalisierte Beratung für seine Lebensführung, ohne die kann er offenbar nicht für sein Verhalten garantieren. Der Besuch von Tochter und Schwiegersohn kann als Versöhnungsangebot gelesen werden; der Biograph hat auch das Geschenk akzeptiert. Möglicherweise hat er nun die Möglichkeit, erneut Handlungsoptionen zu gewinnen. Im Urteil des Schwiegersohnes – durch den Biographen selbst dem Therapeuten vermittelt und so in den Protokolltext gelangt – überwiegt eine Problemsicht. Isan Akdeniz liegt daran, dem Therapeuten mitzuteilen: Ich bin nicht in Ordnung, ich brauche Hilfe.

Herr Akdeniz erinnert in der Therapie an seine Mordgedanken und seine immer noch spürbare Mordswut auf den Operateur seiner Hand. Der Psychotherapeut bemerkt im Protokoll:

„Mord würde das innerpsychische Gleichgewicht wieder herstellen – Arzt nahm ihm seinen starken Arm – Blut wäscht wieder rein – Tochterentführung – schwere Kränkung seiner Autorität – Tötungswunsch – innerpsychisch (Trauerarbeit) kann Ehre nicht wiederhergestellt werden – nur durch äußeren Gewaltakt.“

In den Erwägungen des Psychotherapeuten gegenüber dem mitbehandelnden Psychiater wird zum erstenmal Ende Juli eine stationäre psychiatrische Behandlung thematisiert.

Trotz Medizin (Aponalforte) steigt die innere Spannung Isan Akdeniz' in diesen Tagen. Er möchte schreien, etwas kaputtschlagen, kann es nicht. Er geht nachts spazieren. An einem Sonntag bricht es aus ihm heraus. Er verprügelt unkontrolliert seine Frau. Sie hat schwere Blutergüsse. Vom Bruder zur Rede gestellt und gegenüber dem Therapeuten, erinnert er sich an nichts.

Der Text zeigt, daß der Therapeut die Ernsthaftigkeit und psychische Logik des Rachegedankens durchspielt. Dies kann offenbar unabhängig von Referenzen auf Moral oder geltendes Strafrecht geschehen, weil der Therapeut sein eigenes institutionelles Auffangsystem, die Psychiatrie, im Hintergrund weiß und ja auch thematisiert. Die dann beobachtbare Handlung des Biographen geht allerdings in eine andere Richtung: Die eigene Ehefrau wird das Ziel eines aggressiven Ausbruches. Damit agiert Isan Akdeniz nicht in den Problembereichen Berufswelt oder medizinischer Versorgung, sondern in dem Bereich, wo er noch die meisten oder überhaupt Handlungsoptionen hat. Für ihn scheint dieses aggressive Verhalten allerdings selber derart bedrohlich und außerhab seiner willentlichen Kontrolle, daß er sich nicht daran erinnern kann. Somit ist fraglich, ob er in diesem „Abreagieren“ wirklich neuen Boden im Sinne der Rückgewinnung von Handlungsoptionen gewinnt. Die positive Unterstützung aufgrund des Vorfalls durch seine Frau oder Familie ist wegen der Destruktivität der Handlung eigentlich nicht zu erwarten. Weiter ist es fraglich, ob der Therapeut – kurz vor seinem eigenen Urlaub – die Gratwanderung gehen wird, dem Patienten zu sagen, daß es zwar begrüßenswert ist, daß er „aktiv“ wird und seinen Problemen einen neuen Ausdruck gibt, daß aber das Ziel und die Art der Aktivität fraglich sind und weitere Probleme schaffen könnten. Erwartbar sind daher in der Folge für den Biographen eher limitierende Elemente des institutionellen biographischen Prozessierens.

Die Ehefrau droht, zum behandelnden Psychiater zu gehen, um seine Zwangseinweisung zu erwirken. Als sie es nach ein paar Tagen tatsächlich tut, ist der Patient bereits über die Möglichkeit einer stationären Behandlung aufgeklärt und damit einverstanden. Die aufgestauten Haßgefühle haben sich an seiner Frau entladen. Jetzt geht es ihm besser. Herr Akdeniz geht für gut drei Wochen in stationäre psychiatrische Behandlung.

Er wird vorwiegend medikamentös behandelt. Als ihm eine Ärztin empfiehlt, wenn er immer schreien wolle, dann solle er es doch tun, tut er es. Sie erschrickt ganz furchtbar und geht seither zu ihm auf Distanz, was er gut findet. Er möchte „das Tier in sich kennenlernen und zähmen“. Ansonsten keine Veränderungen. Er ist froh, als der Aufenthalt beendet ist und möchte auf keinen Fall eine Wiederholung.

Es wird sichtbar, daß in der Folge mit Unterstützung der Ehefrau durch das Medizinsystem die institutionelle „Lösung“ Psychiatrie gewählt wird. Das Trajekt nimmt damit eine weitere Stufe institutioneller Formung an. Es werden vorübergehend auch Erweiterungen der Handlungsoptionen sichtbar; der Biograph äußert weniger Mißbefinden und entwickelt eine orientierungswirksame Metapher, seine Dezentrierung zu formulieren und zu „bewältigen". Welche konkreten Handlungschritte im Blick auf die berufliche Ausgangsproblematik und seine kulturelle Entfremdung dies allerdings bedeuten könnte, wird zu diesem Zeitpunkt an keiner Stelle deutlich. In der hypothetischen Abschätzung des Folgeverlaufs läßt sich jetzt eine Gabelung in zwei Richtungen vorstellen: Entweder es kommt zur allmählichen Umstrukturierung der alten Erfahrungs- und Handlungsmuster oder das Trajekt geht weiter bergab.

Die Arbeit wird wiederaufgenommen. Mittlerweile, während des Psychiatrieaufenthaltes, wurde die offiziell anerkannte Erwerbsminderung auf 50% gesteigert. Im September spricht der mitbehandelnde Psychiater erstmals von längerfristiger Invalidisierung und verändert seine Diagnose von „hysterisch-depressiv" auf eine lebensgeschichtlich frühere Störung: Borderline. Auch der Psychotherapeut nimmt diese Diagnose auf. Er teilt im Oktober dem Hausarzt mit:

> *„Diagnostisch handelt es sich um eine schwere depressive Entwicklung mit paranoiden Wahrnehmungen, aggressivem Kontrollverlust und hypochondrischer Fixierung auf seine körperlichen Erkrankungen. Als Hintergrund ist von einer Borderline-Persönlichkeit auszugehen (...)"*

Und gegen Ende heißt es:

> *„Angesichts der chronifizierten und schweren psychiatrischen Erkrankung von Herrn A. halten wir es für angezeigt, eine Berentung für den Patienten einzuleiten. Inzwischen sind wir weiterhin bereit, Herrn A. dabei zu unterstützen, 'das aggressive Tier in ihm' unter Kontrolle zu halten. Die Gespräche bei uns wirken entlastend für den Patienten, er kann sich verständlich machen und fühlt sich unterstützt.*
> *Mit freundlichen Grüßen (...)"*

Noch im Dezember wird eine Erwerbsminderung von 70% gewährt. Ein körperlicher Zusammenbruch im gleichen Monat kann vom Neurologen nicht aufgeklärt werden.

Die vorangegangene negative hypothetische Annahme bestätigt sich deutlich. Der Biograph findet zu keinem neuen Verhalten. Dementsprechend sieht man auf der Seite der biographieprozessierenden Institutionen im Berufs- und Krankenversorgungssystem optimistischere Erwartungen schwinden. Die Erwerbsminderung wird zweimal auf schließlich 70% gesteigert, die medizinische Diagnose wird in eine schwerere und schwerer zu behandelnde Störung verwandelt. Die medizinisch nicht aufklärbaren Somatisierungen setzen sich fort. Der Biograph wird jetzt zum offiziell anerkannten „Dauerkranken" und somit aus dem Erwerbsleben ausgeschieden. Das eigentliche Handlungsziel scheint jetzt die Berentung zu sein, während die psychotherapeutische Begleitung zweitrangig zu werden scheint und die Formulierung bereits ein Ende der Behandlung andeutet. Mit dem Gedanken der Frühberentung wird der Biograph schon jetzt potentiell aus der Arbeitswelt ausgegliedert. Eine positive Entwicklung wäre danach nur erwartbar, wenn es Isan Akdeniz gelingt, die neue Situation ohne Arbeit positiv wahrzunehmen. Dies ist möglich, wenngleich für diese Annahme nach dem bisherigen Verlauf nicht allzuviel spricht.

Im **Jahr 1988** verändert sich die Lage von Herrn Akdeniz nicht. Der Rentenantrag ist gestellt. Er wird im September gewährt. Rückwirkend vom November 1987 an erhält Herr Akdeniz eine Rente von rund 1100 Mark. Noch nicht ganz dreiundvierzig Jahre alt ist er jetzt Rentner. Seine Situation hat sich bis zum Interviewzeitpunkt ein Jahr später kaum verändert.

Der Psychotherapeut sieht leichte Fortschritte. Der Patient gewinne Abstand zu sich selbst. Könne auch mal über sich lachen. Man könne jetzt allmählich die Abstände zwischen den Sitzungen vergrößern, sich mit der Therapie *„ausschleichen"*.

Herr Akdeniz geht gelegentlich zum Hoca und läßt sich ein muska machen, obwohl er meint, das helfe nichts, und der Hoca wolle nur sein Geld. Er hat Angst, daß seine Spannung so groß wird, daß es wieder aus ihm herausbricht. Der Psychiater will das Imap absetzen. Herr Akdeniz wird unruhig und besteht auf Fortsetzung der Behandlung. Er braucht die Spritze, die ihm Ruhe verschafft.

Die Entwicklung der Problemspirale kommt mit der Berentung zu einem vorläufigen Ende. Der Biograph bleibt bei dem eingeschränkten Handlungs- und Erlebensspielraum, sieht seine Balance aktuell abhängig von der medizinischen Betreuung. Sein Leben stagniert seit der Berentung.

Als ich mit ihm spreche und ihn am Ende des Gesprächs frage, wie es besser werden könne, sagt er leise und deprimiert:

> *„weiß net – weiß net – so viel versucht – ich möchte lieber arbeiten – bin 44 Jahre alt ... Ich gucken von früher meine Kollegen zur Arbeit gehen ich habe schon weinen müssen – ich bin früher auch so gesunder Mann – ich bin auch Arbeiter, weißt Du, ich mich auch ärgern, ich ärgern, wann ich gucken meine Frau arbeiten. Frau arbeiten und Mann zu Hause bleiben ich auch ärgern."*

Es gibt keinen Ausweg für ihn. Ob er nicht nach Griechenland zurückwolle:

> *„Nein, wann ich zurückgehe, ich schnell sterben. Griechenland – ich bin Mohammedaner – Griechen nix interessieren – Psychologiearzt in Griechenland – ich nix gut sprechen griechisch, er nix gut sprechen türkisch – ich kann meine Krankheit nicht reden ... Gott wird auch helfen."*

Der Biograph artikuliert hier – in der Sequenz der verfügbaren Daten zum Fall abließend – klar sein Dilemma. Die Arbeit, ein zentraler Bereich seiner Identität ist ihm auf Dauer verwehrt, und dies bringt ihn erneut in eine spannungsvolle Situation zur berufstätigen Ehefrau. Eine Rückkehr in sein altes Leben, seine alte Welt erscheint ihm gleichbedeutend mit dem Tod, denn nur in Deutschland kann er sich in seiner Krankheit zur Sprache bringen. Nur das erscheint ihm als sein gegenwärtiges Leben, ein Leben, das nicht aufhört und nicht weitergeht.

Methodisch ist die Analyse damit wieder bei der oben konstatierten Gegenwartsschwelle der Selbstdarstellung angekommen. Der rekonstruierte Verlauf des gelebten Lebens kommt schließlich am gleichen Punkt an, wie die Rekonstruktion der Selbstpräsentation im Interview. Die verzagte und deprimierte ausweglose Selbstsicht wird somit genetisch aus dem gelebten Leben unter Einschluß eigener Handlungs- und Erfahrungsmomente des Biographen wie der hohen Anteile institutioneller Biographieprozessierung nachvollziehbar.

In der Beobachtungsperspektive des Soziologen, also einer Beobachtung zweiter Ordnung[18], läßt sich nun abschließend eine **Verlaufsstruktur** rekonstruieren, die gelebtes und präsentiertes Leben umfaßt.

Der Biograph wächst im ländlichen Griechenland nach dem Zweiten Weltkrieg als ältester von drei Brüdern auf. Seine Familie steht als Familie des Hoca im moslemisch/türkischen Gemeindezusammenhang in exponierter sozialer und religiöser Stellung. Wirtschaftlich ist die Familie nicht gut gestellt und kommt erst allmählich nach dem Krieg auch mit seiner Unterstützung zu so viel Wohlstand, daß erst der dritte Sohn eine bessere Schul- und Ausbildung genießen kann. Die Familie gehört in der primär griechischen Kultur und griechisch-orthodoxen christlichen Umwelt einer Minderheit an, die unter politischem und sozialem Druck steht. Im insulären Familiensystem übernimmt der Biograph eine moslemisch-religiöse und türkische Identität, die außerhalb des Verwandtensystems und der moslemischen Diasporagemeinde nicht gilt, ja verachtet ist. Der Junge merkt schon früh: Die Griechen interessieren sich nicht für Leute wie mich.

Hier lassen sich bereits die Möglichkeiten einer künftigen sozialen Dezentrierung erkennen. Als Angehöriger dieser Minderheitenkultur wird der Biograph ein schwieriges Leben haben; er ist nur innerhalb seiner engeren sozialen Umwelt wer, außerhalb gilt er nichts. Wird diese Identifikation und Zugehörigkeit aus irgendwelchen Gründen prekär, droht Orientierungsverlust. In der Rückschau kann der soziologische Beobachter zweiter Ordnung hier ein zentrales Risiko ausmachen, das im späteren institutionell präformierten Verlauf und angesichts der späteren problematischen Wahlen des Biographen als wesentliche Handlungseinschränkung und damit als genetischer Beginn des Problemtrajektes anzusehen ist. Dies ist keine einfache Kausalitätsfeststellung, wohl aber eine retrospektive hypothetische Identifikation einer problematischen Möglichkeit. Sie hätte auch anders wahrgenommen oder entwickelt werden können, wurde aber tatsächlich nicht anders realisiert.

Der Biograph muß sich nach der Regelschulzeit als Lohnarbeiter in der Landwirtschaft seinen Lebensunterhalt verdienen und die Familie unterstützen. Er gründet – auch für dortige Verhältnisse früh – mit siebzehn Jahren seine eigene Familie. Intentional und erwünscht schafft er sich damit seine eigene soziale Schutzwelt, die gleichzeitig besonders auf seine aktive Unterstützung angewiesen ist. Der familiale Raum erhält damit eine verstärkte biographieformende Funktion.

Der Preis dieser familialen „Absicherung" ist eine Abhängigkeit, die beim „Ausfall" der Familie für den Biographen ein hohes Risiko seiner Integrität und Handlungsfähigkeit darstellt und zentrale Restrukturierungen erfordert, wenn es nicht zum Zusammenbruch seiner Aktionskapazität kommen soll. Wollte man numerieren, könnte man hier vom zweiten Risikobereich sprechen.

Nach dem Pflichtwehrdienst, in dem ihm eine nationale Anerkennung zuteil wird, auf die er stolz ist, kommt eine Tochter zur Welt. Er wohnt zur Miete und hat sein Auskommen, ohne weitere Pläne machen zu können. Die Auswanderungswelle junger türkischer Männer und Familien in die Türkei und die Bundesrepublik inspiriert auch ihn. Er faßt den Plan, aktiv durch seine eigene Arbeit in der Bundesrepublik zum wirtschaftlichen Wohlstand seiner Familie beizutragen. Er geht mit seiner Familie in die Bundesrepublik und zieht auch den Bruder und dessen Familie nach. Die Minderheitensituation ist hier verschärft. Ehemann und Frau arbeiten hart und sparen jeden Pfennig. Er erlebt in dieser Phase sein Leben aktiv durch seine eigenen Leistungen strukturiert. Arbeit und die aktive Orientierung in der Arbeitswelt zu seinen Gunsten sind Potentiale, die er sich selber zurechnen kann. Daß er dabei auch seitens der Arbeitsorganisation verbraucht wird und sein Leben kulturell limitiert wird, braucht zunächst nicht in seinen Blick zu kommen.

Als weitere biographische Risikobereiche werden dem soziologischen Blick sichtbar: einmal die hochinstrumentelle Arbeitsorientierung und Selbstdefinition über Arbeit; zum anderen der Wechsel aus einer Agrargesellschaft in eine Industriegesellschaft mit einer ihm völlig fremden Arbeits-, Alltags- und Kulturwelt.

Die Kräfte des Biographen zehren sich auch bald körperlich erkennbar auf, ohne daß er dies wahrnimmt oder daraus Konsequenzen zieht. Er fühlt sich stark, weil ein Mann per definitionem stark zu sein hat und weil er bislang nach seinen eigenen Maßstäben durch den instrumentellen Einsatz seiner Körperkräfte sehr erfolgreich war. Die häufigen Infektionen werden nicht als Warnzeichen einer Überlastung und womöglich eines problematischen Lebens ernst genommen. Als es nicht mehr geht, wird eine rein körperbezogene Interpretation und Lösung gewählt. Die chirurgische Radikaloperation des Mittelohrs erscheint ihm als geeignete „Reparatur". Der Biograph kann nicht sehen, daß dies nur ein Teil des Problems war und daß diese Lösung keine ist. Nach der Operation bleiben Kopfschmerzen, sie werden medikamentös angegangen. Häufiger Schwindel wird vom Biographen rein organisch gedeutet und in den Zuständigkeitsbereich der ärztlichen Versorgung verwiesen.

Bereits für diesen Zeitpunkt erkennt der Beobachter zweiter Ordnung eine starke Abhängigkeit des Biographen vom deutschen Medizinsystem, das offenbar in seiner körperbezogenen Grundorientierung der Haltung des Patienten entspricht. Der Biograph kann weiter seine belastende und nun auch potentiell durch Krankheit gefährdete Arbeitssituation in seiner generell instrumentellen Betrachtung und Überschätzung seiner Leistungsfähigkeit und Zielerwartungen nicht in den Blick bekommen. Nach knapp zehn Jahren ist ein Hauptziel der Migration erreicht: Das Haus in Griechenland kann gekauft werden. Ein zweites Kind wird geboren, der Stammhalter. Die Tochter hat eine deutsche Schule absolviert und soll nach türkischem Brauch gut verheiratet werden. Der soziale Aufstieg scheint gelungen, die alten Wünsche sind erfüllt. Der Biograph kann nicht sehen, was er nicht sehen kann: Nämlich daß durch die neue Lebenssituation in Deutschland seine patriarchale Stellung in der Familie de facto bereits unterhöhlt wurde. Noch ist die Erosion seiner körperlichen Ressourcen latent.

Die vorher genannten Risikopotentiale treten durch die Verletzung und dauerhafte Funktionsminderung seiner Hand zunehmend in den Vordergrund. Von jetzt an schrumpft unter Mitwirkung von biographieprozessierenden Institutionen des Medizin- und Arbeitssystems das Handlungspotential des Biographen auf fast „Null" zusammen. Es bleibt sein eigener Koordinatenkreuzpunkt, sein Leib. Im Ausdrucksfeld des Leibes, über die Präsentation von Krankheitssymptomen und Krankheit, Rückzug in sich selbst stellt er sich seiner Umgebung zur Disposition. Er erwartet akzeptierende Integration; die sozialen Agenturen Arbeitswelt, Krankenversorgung, Familie reagieren so, daß er sich auf Dauer nicht einklinken kann und prozessieren ihn damit. Der in jeder Phase der Entwicklung sich wechselseitig bedingende Prozeß läßt sich so lesen: Er findet nicht zu Handlungsoptionen und schließlich einer autonomen Lebensführung zurück; die genannten Institutionen prozessieren ihn heteronom und verrücken und stellen ihn außerhalb seiner bisherigen Welt.

Doch das ist bereits ein Vorgriff; zunächst geht der Prozeß schrittweise so weiter. Trotz der enttäuschenden Erfahrung einer fehlgeschlagenen Operation wird der bisherige Glaube in die moderne Medizin nur personenbezogen und partiell in Frage gestellt. Als Patient verstrickt sich der Biograph immer tiefer in ein ambivalentes medizinisches Unterstützungs- und Abhängigkeitssystem. Als Mann in den besten Jahren sieht er sich in der Familie und im Arbeitsleben ausgeschaltet. Seine Wut, sein verzweifelter Kampf zeigen ihm zugleich seine Ohnmacht. Die Mittel, die er kennt, versagen in der bürokratischen Struktur des Arbeitslebens. Schritt für Schritt betreibt er einen Kampf um seine Rechte mit den Organisationen der Arbeitswelt und der sozialen Sicherung. Er erscheint sich als aktiv Handelnder, wird aber letztlich von diesen Institutionen prozessiert und „landet" schließlich im sozialen Abseits der Frührente – angesichts der zentralen Bedeutung der Arbeit für ihn ein Pyrrhussieg.

Der zentrale Bereich familialer Unterstützung, doppelt wichtig in der Dauermigration, bricht für ihn vollkommen zusammen. Man demonstriert ihm, daß er nichts mehr zu sagen hat und daß er und die alten Sitten außer Kraft gesetzt sind. Angesichts seiner Potentiale und oben genannten Risiken gibt es für diesen Biographen keine Möglichkeit zu trauern, keine Potentiale der kognitiven Umorientierung, keine wirkliche Handlungsoption. Er kann nur blinde Wut und Aggression empfinden, Gefühle, die er nicht in eine Handlung umsetzen kann, weil es entweder gar keine konkreten Objekte/Personen für diese Wut gibt oder eine Umsetzung strafrechtliche Folgen hätte. So wird er selbst sein eigenes Opfer. Die leibliche Manifestation seiner Lebensprobleme trifft ihn eben selbst und schaltet ihn aus. Er entwickelt einerseits multiple Krankheitsprobleme. Der martialisch in der Manschette steckende Arm taugt nicht einmal dazu, auf den Tisch zu schlagen. Er zieht sich trotzig zurück, fühlt sich schwach, verliert seine „Manneskraft". Andererseits bleibt die latente Zerstörungswut spürbar, er erfährt sie wie etwas abgespaltenes, ein Tier in ihm. Dieses Tier bricht aus und fällt seine Frau an, macht anderen Angst; erfordert den Schutzraum Psychiatrie. Es muß gebändigt, gefesselt, stillgelegt werden. Das gelingt nur mit professioneller Unterstützung. Je mehr er sich selber zurückzieht, durch Neuroleptika stillegen läßt, desto ungefährlicher ist dieses Tier in ihm. Er ist am Ende der Sackgasse angelangt und findet nicht zurück. Er sieht es so: Es ist seine eigene Lebendigkeit, die ihn archaisch anzufallen droht. Er muß diese Lebendigkeit abwürgen, um nicht leben zu müssen; er muß sie in Schach halten, um nicht sterben zu brauchen. Krankheit, manifest am Leibe, wird sein Leben. Dies ist die minimale Handlungsoption und Gestaltungsmöglichkeit seiner Lebensproblematik, die er elaboriert und die ihm durch die Art der institutionellen Unterstützung, die er erfährt, gegeben wird. Überspitzt gesagt, kann man sagen, daß die Probleme dieses Lebens einer Migration durch Krankheit fixiert, stillgestellt, aber nicht wirklich gelöst werden.

Es ist grob gesprochen der Typus eines Migrationsverlaufs, bei dem in Wechselwirkung der Biograph selbst und das Arbeits- und Versorgungssystem der modernen Gesellschaft einen Rückzug auf die Leiblichkeit des Migranten, auf Krankheit als Problemartikulation und Problemfixierung wählen und bewirken.[19] Bei der Prozeßbetrachtung wurde sichtbar, wie der Biograph stufenweise (durch jugendliche Identifikation und Übernahme eines religiös-kulturell angefochtenen Handlungs- und Erfahrungssystems; enger familialer Orientierung; instrumentelle Arbeitsorientierung und - Identifikation; Migration in eine fremde Arbeits- Alltags- und Kulturwelt) Risiken kumulierte, die beim Auftreten einiger migrationstypischer und gesellschaftstypischer Probleme alle „aktiviert" wurden, d.h. zu einem Zusammenbruch seiner Orientierung, einem Versagen seines ihm verfügbaren Problemlösungspotentials hinführten. Gleichzeitig wurde auch die Tendenz sichtbar, daß die gesellschaftlich verfügbaren institutionellen Problemlösungsangebote selber wenn nicht zu einer Problemgenerierung so doch zu einer Problemfixierung beitragen.

Der Biograph kann nicht sehen, was er nicht sehen kann. Daß er selbst wie auch die interpretative und handlungspraktische Beteiligung des medizinischen und psychotherapeutischen Systems an der Kodifizierung und Bändigung des Tieres teilhat, entgeht ihm ebenso wie den Therapeuten selber. Letztere handeln als Beobachter erster Ordnung in bester einschlägiger Absicht, eben therapeutisch. Daß die für den Biographen hoch ambivalente Initiierung der Frühberentung und damit Problemverschärfung durch die gleichen medizinischen Institutionen erfolgte, kann er ebensowenig sehen wie vermutlich die Akteure in diesen Institutionen selbst. Für die Akteure auf beiden Seiten, also den leidenden Biographen wie die Vertreter der biographieprozessierenden Institutionen, erscheint ihr Handeln entsprechend ihrer realitätsstiftenden Beobachtung erster Ordnung als Problemlösung, als „Hilfe", die dennoch offenbar zu einem unerwünschten paradoxalen Ergebnis der Stagnation führt. In der vom Handlungsdruck freien soziologischen Beobachtung zweiter Ordnung werden jeweils die beiden anderen Seiten sichtbar. Es zeigt sich einmal, wie sehr die helfenden Agenturen in die institutionelle Schaffung des problematischen Verlaufs bis zu seiner Fixierung in der Stagnation beteiligt sind; es zeigt sich zum anderen auch, wie sehr sich der Biograph selber Handlungsmöglichkeiten im Lebensverlauf von Anfang an struktural einengte bzw. Risiken schuf und aussetzte.

Wem nützt, so sei selbstkritisch am Ende gefragt, ein solches fallbezogenes und allgemeines soziologisches Wissen? Potentiell, so hofft der Soziologe, kann es den „beiden Seiten", den Experten wie dem Biographen nützen. Voraussetzung für die Wirksamkeit ist allerdings die rezipierbare Einbindung, Vermittlung und verändernde Fortschreibung und realitätsstrukturierende Rückverwandlung solcher Analysen und Ergebnisse in den jeweiligen therapierelevanten und therapeutischen Diskurs. Daß dies möglich ist, wollte der Autor zeigen, ob dies möglich ist, realisiert der Leser.

Biographische Daten Isan Akdeniz[20]

Nov. 1945	geboren in Komotini, Griechenland; als erster Sohn eines Hoca; Angehöriger der türkischen Minderheit dort; wächst türkischsprachig auf; Zweitsprache Griechisch; Religion der griechischen Mehrheitskultur: christlich-orthodox; arme Familie; in den Folgejahren werden zwei weitere Brüder geboren; Isan arbeitet nach der Regelschule in der Landwirtschaft.
ca. 1963	Heirat mit 17
ca. 1967	Militärdienst in Griechenland
1968	Geburt der Tochter
1971	26jährig: Migration nach Deutschland in mittelhessische Universitäts- und Industriestadt, wo er bis heute lebt
ab 1971	Arbeit in Maschinenbaufabrik Frau und Kind kommen 6 Monate später nach; er erreicht, daß sie in der gleichen Fabrik arbeitet;
ca. 1975	Mit seiner Unterstützung emigriert der ältere Bruder in die gleiche Stadt in Hessen; (lebt dort bis heute mit Frau und 2 Kindern und arbeitet immer noch in der gleichen Fabrik); jüngster Bruder ist Lehrer in Griechenland und lebt im Haushalt der Mutter; Mitte der 1970er Jahre leidet Isan häufiger an Mittelohrinfektionen.

1976	Operation am Ohr (Implantat künstlicher Funktionsteile); seither häufig Schwindelgefühle
1976	Arbeitsplatzwechsel in PVC-Fabrik
1978	Arbeitsplatzwechsel (nach 28 Monaten) in Industriekeramik-Firma; die Akkordarbeit umfaßt manuelle Bewegung von bis zu ca. 10 Tonnen Ton-Steine und Kacheln täglich
1980	Geburt des Sohnes
Ende 70er	Hauskauf in Griechenland für 20.000 DM am Wohnort der Mutter;
Anfang 80er	(das Haus wird seither nicht um sanitäre Anlagen ausgebaut und steht leer)
ca. 1983	Sohn wird an den Füßen operiert
1984	Dislokation von Isan Akdenizs' rechtem Handgelenk; Operation; seither steifes Handgelenk und bleibende Leistungseinbuße des Armes; seither arbeitet Herr Akdeniz nur mit stützender Ledermanschette; Rückenschmerzen; häufige Fehlzeiten im Betrieb; zunehmend Arztbesuche
Ende 1984	Antrag auf Erwerbsminderung durch RA beim Versorgungsamt
Jan. 1985	Versorgungsamt bescheinigt 40% Erwerbsminderung
Febr. 1985	Gleichstellungsantrag nach dem Schwerbehindertengesetz durch RA
Nov. 1985	neurologische Untersuchung (EEG): Verdacht auf spondylogene Kopfschmerzen; negativ
Juni 1986	Neuantrag auf Erhöhung des Grades der Minderung der Erwerbsfähigkeit wegen: Gebrauchsminderung der re Hand 30%; Leistungsminderung; Schwindel; Ohr-Radikal OP 20%; chronische Gastritis 10%; depressive Verstimmung 10%; Wirbelsäulensyndrom 10%
Juli 1986	Versorgungsamt lehnt Antrag ab; es bleibt bei 40% Erwerbsminderung; Widerspruchsverfahren durch VDK namens Isan Akdeniz' eröffnet.
ca. Juni/Juli 1986	Anläßlich des jährlichen Griechenlandaufenthaltes arrrangiert Herr Akdeniz die Verlobung der 18jährigen Tochter mit der Familie eines Griechisch-Türken, der in Stuttgart lebt und arbeitet.
Nov. 1986	Magenbeschwerden; internistische Diagnose: hypersekretorische Gastritis
12 1986	Tochter geht gegen den Willen des Vaters nach Stuttgart zum Verlobten.
12 1986	Vater fährt zur Tochter, um sie zur Rückkehr zu bewegen und um gegenüber dem künftigen Schwiegersohn (mit dem Messer) seine Ehre wiederherzustellen. Vergeblich: Sie bleibt und heiratet in der Folge ohne das übliche Familienfest; Vater nimmt nicht an der Hochzeit teil und bricht jeden Kontakt ab.
Febr. 1987	Magenbeschwerden; Gastroskopie: schwere erosive Gastritis; kleine Ulcerationen im gesamten Magen.
Febr.1987	Aufnahme ambulanter psychotherapeutischer Behandlung. Diagnose: depressive Entwicklung mit ausgeprägten Magen- und Kopfschmerzen vor dem Hintergrund von 40% AU
März 1987	erste gemeinsame Therapiesitzung mit Frau (die gelegentlich wiederholt wird)
April 1987	neurologische Untersuchung: kein krankhafter Befund; unterstützende Behandlung mit Aponal forte
Juni/Juli 1987	Fahrt nach Griechenland zur Beschneidungsfeier des Sohnes; gesteigerte Beschwerden in Griechenland, begibt sich dort in neurolog. Behandlung; Spritzen; Lexotnil, Limbitrol, Tolvon, Dihyergot; auf Drängen der Mutter auch Besuch beim Hoca, der ihm Amulett gegen Geister verordnet, das er auch trägt. Keine Besserung des Befindens.
Juli 1987	Rückkehr nach Deutschland: Tochter und Schwiegersohn besuchen ihn; Schwiegersohn schenkt Herrn Akdeniz eine Armbanduhr, die er trägt.
Juli 1987	Isan Akdeniz schlägt in einem Wutausbruch seine Frau – ärztlich werden bei ihr schwere Blutergüsse festgestellt. Er erinnert sich auf Befragung von Bruder und Ärzten nicht daran. Gedanke/Plan an stationäre psychiatrische Behandlung taucht in der psychosomatischen Therapie auf.
3.8. 1987	Mit Einwilligung von Isan Akdeniz Einweisung in die Psychiatrie; 25 Tage stationäre Behandlung; Diagnose: „depressiv-hysterische Neurose“; medikamentöse Behandlung mit Saroten; Mellenil; Effortil; Rohypnol; körperliche Betätigung
19.8. 87	Versorgungsamt erhöht die Erwerbsminderung rückwirkend ab Antrag Dez 85 auf 50%.
ab Sept 87	nach Entlassung aus der Psychiatrie Fortsetzung der ambulanten Psychotherapie (wöchentlich); Isan Akdeniz' subjektives Befinden ist unverändert schlecht. Fortsetzung der neurolog. Behandlung mit Neuro- und Thymoleptika (wöchentlicher Besuch beim Neurologen); Neurologe bezweifelt Neurose-Diagnose des PKH und vermutet jetzt frühkindliche Borderline-Störung; wöchentliche Injektion von Imap (wird bis in Gegenwart fortgesetzt)
Sept. 1987	Überweisung des Hausarztes an Augenarzt wegen Nebenwirkungen der Medikamente (lyskinet. Reaktion der Augen).
Okt. 1987	Psychologe an Hausarzt: Berentung einleiten

Nov. 1987	Berentung wird eingeleitet
Dez. 1987	Versorgungsamt: Erwerbsminderung 70%
Dez. 1987	Zusammenbruch von Herrn Akdeniz; neurolog. Untersuchung ohne Befund
Sept. 1988	Rentenbescheid: rückwirkend ab 11 87 (42jährig) erhält Herr Akdeniz monatlich 1.045,92 DM; ab Juli 1988 1.111,50 DM
März 1989	ungeplanter Besuch in Griechenland, wg. Krankheit der Mutter (Mammakarzinom)
Aug. 1989	Interview mit dem Soziologen

Literatur

Bauer-Wittmund, Th. (1996): Lebensgeschichte und subjektive Krankheitstheorien. Frankfurt: Verlag für akademische Schriften (VAS).

Blankenburg, W. (1986): Biographie und Krankheit. In: K.-E. Bühler (Hg.), Zeitlichkeit als psychologisches Prinzip. Köln: Janus-Presse, 85–123

Fischer, W. (1982): Time and Chronic Illness. A Study on the Social Constitution of Temporality. Berkeley (Eigenverlag) – Habilitationsschrift Fakultät für Soziologie Bielefeld 1982

Fischer, W. (1985): Prekäre Leiblichkeit und Alltagszeit. Kontingenz und Rekurrenz in der Zeiterfahrung chronisch Kranker. In: Fürstenberg, F./Mörth, I. (Hg.), Zeit als Strukturelement von Lebenswelt und Gesellschaft. Linz: Trauner, 237–257

Fischer, W. (1986a): Alltagszeit und Lebenszeit in Lebensgeschichten von chronisch Kranken. In: Hurrelmann, K. (Hg.), Lebenslage, Lebensalter, Lebenszeit. Weinheim: Beltz, 157–171

Fischer, W. (1986b): Soziale Konstitution von Zeit in biographischen Texten und Kontexten. In: Heinemann, G. (Hg.), Zeitbegriffe. Freiburg: Alber, 355–377

Fischer-Rosenthal, W. (1996): Strukturale Analyse biographischer Texte. In: E. Brähler/C. Adler (Hg.) (1996): Quantitative Einzelfallanalysen und qualitative Verfahren in Public Health. Gießen: Psychosozial-Verlag, 99–161

Fischer-Rosenthal,W./Rosenthal, G. (1996): Narrationsanalyse biographischer Selbstbeschreibungen. In: Hitzler, R./Honer, A. (Hg.), Sozialwissenschaftliche Hermeneutik. Opladen: Leske & Budrich (utb), im Druck

Foerster, H.v. (1981): Observing Systems. Seaside Cal

Gurwitsch, A. (1974): Das Bewußtseinsfeld. Berlin/New York: deGruyter

Hildenbrand, B. (1983): Alltag und Krankheit. Stuttgart: Klett-Cotta

Hildenbrand, B. (1988): Krankheit und Geschichtlichkeit des menschlichen Daseins. Fallbezogene Überlegungen zum Verhältnis von anthropologischer Psychiatrie und sinnverstehender Soziologie, in: Fundamenta Psychiatrica 4: 239–250

Jaspers, K. (1973): Der Lebenslauf, in: Ders., Allgemeine Psychopathologie, 9. Aufl. Berlin: Springer, 566–593

Kallmeyer, W./Schütze, F. (1977): Zur Konstitution von Kommunikationsschemata der Sachverhaltsdarstellung. In: Wegner, D. (Hg.), Gesprächsanalysen. Hamburg: Büske, 159–274

Luhmann, N. (1990): Die Wissenschaft der Gesellschaft. Frankfurt: Suhrkamp

Luhmann, N. (1991): Soziologie des Risikos. Berlin: de Gruyter

Luhmann, N. (1995): Die Kunst der Gesellschaft. Frankfurt: Suhrkamp

Mead, G.H. (1927/1959): The Objective Reality of Perspectives. In: Ders., The Philosophy of the Present. La Salle, Ill.: Open Court Publ., 161-175; dt. in: Ders., Philosophie der Sozialität. hg. v. H. Kellner, Frankfurt: Suhrkamp 1969, 213–228

Oevermann, U. (1991): Genetischer Strukturalismus und das sozialwissenschaftliche Problem der Erklärung der Entstehung des Neuen. In: Müller-Doohm, S. (Hg.), Jenseits der Utopie. Frankfurt: Suhrkamp, 267–336

Oevermann, U. u.a. (1979): Die Methodologie einer objektiven Hermeneutik und ihre allgemeine forschungslogische Bedeutung in den Sozialwissenschaften. In: H.-G. Soeffner (Hg.), Interpretative Verfahren in den Sozial- und Textwissenschaften. Stuttgart: Metzler, 352–4434

Oevermann, U. u.a. (1980): Zur Logik der Interpretation von Interviewtexten. In: Heinze, Th./Klusemann, H.W./Soeffner, H.-G. (Hg.), Interpretationen einer Bildungsgeschichte. Bensheim: päd extra, 15–69

Riemann, G. (1987): Das Fremdwerden der eigenen Biographie. München: Fink

Rosenthal, G. (1995): Erlebte und erzählte Lebensgeschichte. Frankfurt: Campus

Schütze, F. (1981): Prozeßstrukturen des Lebenslaufs. In: Matthes, J. u.a. (Hg.), Biographie in handlungswissenschaftlicher Perspektive. Nürnberg: Sozialwissenschaftliches Forschungszentrum, 67–156

Schütze, F. (1982): Narrative Repräsentationen kollektiver Schicksalsbetroffenheit. In: Lämmert, E. (Hg.), Erzählforschung. Ein Symposion. Stuttgart: Metzler, 568–590
Schütze, F. (1989): Kollektive Verlaufskurve oder kollektiver Wandlungsprozeß. Dimensionen des Vergleichs von Kriegserfahrungen amerikanischer und deutscher Soldaten. In: BIOS 2, 31–109
Schütze, F. (1994): Das Paradoxe in Felix' Leben als Ausdruck eines „wilden" Wandlungsprozesses. In: Koller, H.-Ch./Kokemohr, R. (Hg.), Lebensgeschichte als Text. Zur biographischen Artikulation problematischer Bildungsprozesse. Weinheim: Deutscher Studienverlag, 13–60
Uexküll, Th.v. (1981): Lebensgeschichte und Krankheit. In: F. Maurer (Hg.), Lebensgeschichte und Identität, Frankfurt (Fischer Tb), 150–167
Zacher, A. (1988): Kategorien der Lebensgeschichte. Ihre Bedeutung für Psychiatrie und Psychotherapie. Berlin/ Heidelberg: Springer

Anmerkungen

1 Ich danke den einstigen Kollegen am Zentrum für Psychosomatische Medizin der Justus-Liebig-Universität Gießen Michael Gallisch und Michael Wirsching für die Vermittlung des Informanten und die Kooperation.

2 Eine erste Textversion des hier stark erweiterten Artikels wurde im September 1989 in Hagen auf der Jahrestagung der Sektion Biographieforschung in der Deutschen Gesellschaft für Soziologie vorgetragen; die verwendeten Textbeispiele und Auszüge aus der Krankenakte stammen aus der zweiten Hälfte der 80er Jahre; das biographische Interview wurde im August 1989 geführt. Die Namen sind anonymisiert.

3 Zum Konzept der Objektivität der Perspektiven vgl. Mead 1969.

4 Das gilt nicht nur für die „instrumentellen" Texte zur Strukturierung einer professionellen Praxis wie etwa eines Arztbriefes oder des Gutachtens eines „Sachverständigen", sondern auch schon für den Biographen in seiner Selbstbeobachtung bzw. autobiographischen Präsentation; vgl. prinzipiell zur Differenz von gelebtem und selbst erzähltem Leben Rosenthal 1995.

5 Die übliche Reaktion auf den rechtlich limitierten Zugang zu Informationen über Personen und Handlungen in der fallrekonstruktiven Sozialforschung ist die Anonymisierung und gelegentlich auch Veränderung anderer Daten aus Gründen des Personenschutzes. Wissenssoziologisch gesehen ist es eine eigene Frage, welches Wissen in einer Gesellschaft allgemein und öffentlich zugänglich ist und welches bestimmten Personenkreisen (etwa Experten) oder Institutionen allein vorbehalten ist.

6 F. Kafka, Die Verwandlung.

7 Vgl. zum Problem der Verallgemeinerbarkeit von Fallanalysen Oevermann 1979, 1980, 1991; zur Typenbildung Fischer-Rosenthal 1996, 107 f.; Fischer-Rosenthal/Rosenthal 1996.

8 Vgl. hierzu Fischer 1982; 1985; Hildenbrand 1983; 1988; Riemann 1987; Bauer-Wittmund 1996; allgemein: Uexküll 1981; Blankenburg 1986; Zacher 1988 und schon Jaspers am Beginn unseres Jahrhunderts: ders., 9. Aufl. 1973.

9 Vgl. zum Konzept der Gegenwartsperspektive im Zusammenhang mit chronischer Krankheit Fischer 1982, 1986a; 1986b.

10 Vgl. die Liste der biographischen Daten am Ende des Artikels. Generell will der Biograph selber oft Zeitangaben machen, die sehr ungenau geraten. Oft sagt er, daß er einen Zeitpunkt nicht weiß; bzw. gibt er Zeitstrecken an, die fast ausnahmslos viel zu lang sind. Zur Interpretation dieses Phänomens braucht man zwar kulturell unterschiedliche Zeitwahrnehmungen nicht unbedingt auszuschließen, es scheint m.E. jedoch fruchtbarer, diese Abweichungen auf das vorherrschende biographische Problem, bzw. die Gegenwartsperspektive zu beziehen. Der Biograph bezieht seine Konzentrationsunfähigkeit selber auf die Krankheit; damit steht auch ein Medikamenteneinfluß auf die reduzierte Merkfähigkeit im Raum.

11 Vgl. zum Begriff und seiner methodischen Verwendung in der Biographieforschung Fischer-Rosenthal/ Rosenthal 1996; Rosenthal 1995; die textanalytisch sequentiell durchgeführte „Thematische Feldanalyse" zur analytischen Gewinnung der Basisstruktur der Selbstpräsentation kann hier nicht vorgeführt werden, liegt aber der Darstellung zugrunde. Vgl. weiter ursprünglich zu den Kategorien „Thema", „Feld" und „Rand" des Berwußtseinsfeldes Gurwitsch 1974.

12 Zur Verwendung und pragmatischen Funktion der Textsorten „Argumentation", „Beschreibung" und „Erzählung" vgl. Kallmeyer/Schütze 1977.

13 Vgl. Fußnote 10.

14 Dies gilt m.E. nicht nur für die Handlungsbereiche der Psychotherapie, sondern potentiell für alle ärztlichen Fachgruppen (wie auch der anderen Experten), die an der Mit-Konstruktion dieser Lebensgeschichte beteiligt waren oder sind.

15 Ich folge hier dem Gebrauch des Trajektbegriffs, wie er zunächst von Anselm Strauss geprägt wurde. Es handelt sich um eine thematische und im Falle von Krankheit leibliche Verknüpfung von biographisch relevanten Ereignissen in der sequentiellen Abfolge ihres Auftretens unter Einschluß der „Arbeit" an der Formung des Verlaufs. Fritz Schütze hat das Konzept mit „Verlaufskurve" übersetzt und bezieht es m.E. auf negative Verläufe, in denen der Akteur zunehmend passiv wird und heteronomen Einflüssen ausgesetzt ist. Vgl. Schütze 1981; 1982; 1989; 1994.

16 Die sequentielle Analyse der biographischen Daten im hypothesenbildenden und -testenden Verlauf und die weitere Überprüfung der Strukturannahmen durch Textmaterialien kann hier nur grob abgekürzt dargestellt werden; zur Methode im einzelnen vgl. Fischer-Rosenthal/Rosenthal 1996. Das Verfahren läßt sich auch verstehen als eine Beobachtung zweiter Ordnung, die den Raum der Handlungs*möglichkeiten* auslotet, im Unterschied zu Beobachtungen erster Ordnung, die mit ihren Unterscheidungen Realität schafft; „die Welt des Möglichen ist eine Erfindung des Beobachters zweiter Ordnung, die für den Beobachter erster Ordnung notwendig latent bleibt", Luhmann 1995, 104.

17 Im anschließenden Text werden in der Darstellung jeweils mehrere biographische Daten blockweise zusammengefaßt; die hypothetischen Aussagen dazu erscheinen im Kursivdruck. Die vollständige Datenliste findet sich am Ende des Aufsatzes.

18 Vgl. zum Konzept Foerster 1981; Luhmann 1990, 68 ff.; 1991, 76 ff; 235 ff; 1995, 92 ff.

19 Vgl. die Fallrekonstruktion eines biographischen Verlaufs einer Zwangsmigration 1934 aus Deutschland nach Palästina, wo bei ganz anderen Voraussetzungen (Bildung des Migranten; Gesellschaftssysteme) ebenfalls „Krankheit als Lösung" sichtbar wurde, in: Fischer-Rosenthal 1996.

20 Die Liste ist rekonstruiert aus dem Interview und allen verfügbaren Daten der Krankenakte; zur besonderen Problematik siehe Fußnote 10.

Maria Kontos

Migration – Zwischen Autonomie und Tradition

Die Arbeitsmigration ist als eine Bewegung zu begreifen, die nicht nur von der ökonomischen Entwicklung diktiert wird, sondern auch die aktive Beziehung der Arbeitskraft zum Wirtschaftsraum zum Ausdruck bringt. Eine Bewegung, welche die Fremdbestimmung und die Autonomie des wandernden Menschen gleichzeitig offenbart (Dos Santos/Marie 1972). Die Sozialforschung über das Leben in der Migration hat den Schwerpunkt auf die Analyse der Diskriminierungsstrukturen gesetzt, mit denen die Migranten/innen im Aufnahmeland konfrontiert sind. Der Schwerpunkt der Forschung liegt auf dem Leiden an der Migration. Die Migration erscheint hauptsächlich als die Bewegung, die von der ökonomischen Entwicklung und den sozialen Strukturen diktiert wird. Die Analyse der kreativen Potentiale, mit denen die Menschen in der Migration aus Situationen des Leidens sich herausbewegen, werden vor allem im Rahmen der biographischen Forschung allmählich zum Gegenstand der Diskussion (Apitzsch 1990).

Denn Migration muß gedacht werden als intentionale Aktion und Leiden zugleich, als Fremd- und Selbstbestimmung, als Akt der Autonomie und Tatsache des Ausgeliefertseins an soziale Strukturen und an gesellschaftliche Ereignisse (Apitzsch 1996). Wie läßt sich aber die Verbindung zwischen Autonomie und Fremdbestimmung herstellen? Zwischen Aktivität und Leiden?

Ich möchte im Folgenden am Fall von Suna A., einer in der Bundesrepublik lebenden türkischen Frau, die biographischen Ressourcen analysieren, die die Quelle kreativen Handelns werden, über die Suna A. Situationen des Ausgeliefertseins und des Leidens, d.h. biographischer Verlaufskurven (Schütze 1981) überwinden und das Projekt eines „besseren Lebens" verfolgen konnte. In diesem Zusammenhang möchte ich die Rolle der Tradition diskutieren und die Art und Weise, wie individuelle, d.h. von der Tradition abgelöste, moderne Lösungsansätzte entwickelt werden.

Tradition wird hier als die überlieferte Sinngebung verstanden, die kulturell und religiös den Alltag und das Leben der Menschen regelt. Tradition ist kein monolithischer Block, sondern wird ständig transformiert und geformt und neuen Verhältnissen angepaßt. Die Veränderungen finden statt als ein reflexiver Prozeß des ständigen Bezuges der Individuen auf Tradition (Inowlocki 1996).

Die biographische Erzählung

Die hier analysierte biographische Erzählung[1] von Suna A. wurde im September 1994 in deutscher Sprache aufgenommen. Suna A. hat sich die deutsche Sprache unsystematisch im Arbeitsalltag angeeignet, so daß sie ein sehr gebrochenes Deutsch spricht.

Frau A. ist 43 Jahre alt. Sie kam 22jährig nach ihrer Scheidung mit ihrem einjährigen Kind in die Bundesrepublik. Sie war zunächst als Arbeiterin in einer Bekleidungsfabrik in A-Stadt beschäftigt. Sie kam bald nach B-Stadt und nahm verschiedene Tätigkeiten auf als Arbeiterin in der Bekleidungsindustrie und in Textilreinigungen.

Zusammen mit ihrem zweiten Mann machte sie ein Lokal auf. Sie mußte aus diesem Projekt wieder aussteigen, als der Mann sich einer anderen Frau zuwandte. Ein weiteres Selbständigkeitsprojekt mit einem anderen „Partner" endete ähnlich. So entschloß sie sich, wieder ein abhängiges Arbeitsverhältnis einzugehen, um sich und ihr Kind ernähren zu können. Nach einer Zeit der Arbeitslosigkeit betreibt Frau A. jetzt einen Textilhandel als Reisegewerbe.

Die Kindheit. Bildung als Autonomiequelle?

Frau A. ist Tochter eines erfolgreichen Kaufmanns aus C-Stadt, einer mittelgroßen Stadt in der Türkei. Sehr früh trennten sich die Eltern, die Mutter ließ die Tochter bei dem Vater und heiratete wieder. Frau A. wuchs beim Vater und seiner zweiten Frau und deren weiteren Kindern auf. Die zweite Frau des Vaters behandelte Frau A., verglichen zu ihren eigenen Kindern, sehr schlecht. Erst mit 11 Jahren erfuhr Frau A., daß die Frau des Vaters nicht ihre Mutter war. Sie besuchte ihre Mutter in D-Stadt, einer Großstadt in der Türkei, und entschied sich, bei ihr zu bleiben. Ab diesem Punkt findet für Frau A. ein dauerndes Pendeln zwischen D-Stadt und C-Stadt mit wechselndem Schulbesuch statt, was sie selbst initiierte, um Konflikte mit dem jeweilig präsenten Elternteil und seinem Ehepartner zu vermeiden bzw. zu bewältigen.

In ihrem unruhigen Leben scheint die Schule der ruhende Pol zu sein. Den Besuch der Realschule muß sie gegen traditionelle Auffassungen über die Rolle der Frau erkämpfen. Um den Realschulbesuch durchzusetzen, schafft sie es, den Vater als Verbündeten zu gewinnen, gegen den Widerstand des älteren Bruders, der Schulbildung für Frauen für unangebracht hält. Die Fortsetzung ihres Schulbesuchs scheitert daran, daß auch der Vater nun der Meinung ist, ihre bisherige Bildung sei für Frauen ausreichend, sie solle nun in eine Schneiderschule gehen; diese Ausbildung sei passender für ihre hausfrauliche Zukunft. Die Bildungsmotivation von Frau A. ist hoch, sie hat auch in der Schule guten Erfolg. Aber sie muß ihren Bildungsweg mit dem Diplom der Schneiderlehre beenden, weil ihr vor allem als Frau von der Familie keine weiteren Bildungszeiten zugestanden werden.

> *Ich wollte auch die Realschule anfangen und mein älterer Bruder sagt mir: „Mädchen kann das nicht ... Schule weiter. Besser ... nur Zuhause". Und mein Vater hat mir gesagt: „Nein, du bist schlau genug und kannst in .. die Schule, lesen und schreiben". (...) So, .. ich hab die Realschule weitergemacht. Und ich wollte auch weiter Schule gehen. Mein Vater sagt: „Jetzt, bist du erwachsen, besser in Schneiderschule gehen, nur deinem Mann die Sachen – Knopf nähen, oder Hemd –, ist genug für dich, was will du weiter Schule machen." Ich wollte aber zur Universität und alles weitermachen. Auch der andere Bruder und so will nichts. Mein Vater sagte: „Ich kann nichts machen, will nicht anders" ...*

Die Diskrepanz zwischen den Meinungen von Vater und Bruder über die Bildung von Frauen zeigt, daß bereits im familiären Umfeld von Frau A. in einem städtischen türkischen Milieu, moderne sowie traditionelle Werte angelegt sind, mit denen sich Frau A. und die anderen Familienangehörigen auseinandersetzen müssen. Nicht erst die Auswanderung stellt Frau A. vor die Dualität von Tradition und Modernität, sondern bereits in ihrer Heimat muß sie sich mit modernen Lösungswegen auseinandersetzen.

Der Bildungswunsch wird von ihr im Interview nicht unmittelbar mit einem konkreten Berufsziel in Verbindung gebracht. Sie sagt nicht, welche Erwartungen sie mit der Bildung verknüpft, z.B. eine berufliche Karriere, eigenes Einkommen. Im Zusammenhang mit der Bildungsmotivation betont sie nur den Wunsch nach „Lernen". Sie beschreibt auch nicht die Schule als solche als einen Ort der Autonomie, der Egalität etc. Es ist aber denkbar, daß Bildung als Ort der Nicht-Familie, als Ort des Nicht-Haushaltes, als Ort der Öffentlichkeit für ein insbesondere an Familie und Haushalt auf erdrückende Art gebundenes junges Mädchen Autonomie bedeutet.

Um ihren Bildungswillen besser einzuordnen, wäre es wichtig, den Stellenwert von Bildung in der türkischen Gesellschaft insgesamt zu hinterfragen. Kann diese „Verselbständigung" des Bildungswunsches vielleicht als ein Ausdruck der relativen Abkopplung von Bildung und Arbeitsplatz in dieser Gesellschaft gesehen werden? Hat Bildung in einer Gesellschaft wie der türkischen auch andere Aspekte als den Aspekt des Berufsplatzzuweisers? Sicherlich ist Bildung in der türkischen Gesellschaft auch Prestigemittel, ohne praktischen Gebrauchswert. Die sozialen Ungleichheitsverhältnisse erlauben, daß diejenigen, die Bildung bezahlen können, sich auch Bildung leisten, wenn andere Möglichkeiten den Lebensunterhalt absichern.

Migrationsentscheidung, Beruf und Emanzipation

Lange Zeit galten die Frauen in der Migration als „Familienangehörige". Diese Betrachtungsweise prägte auch die Einschätzung ihrer Migrationsmotivation. In den letzten Jahren wurde vielfach darauf hingewiesen, daß dies eine verkürzte Sichtweise ist und daß ein nicht unerheblicher Teil der migrierten Frauen aus eigener Motivation als Arbeiterinnen ausgewandert sind (Ley 1979, Morokvasic 1987), bzw. viele aktiv die Familienentscheidungen zur Migration unterstützt haben, d.h., der „Motor" des Migrationsprozesses der Familien waren (Apitzsch 1990).

Im Fall von Frau A. stellt sich die Migrationsentscheidung als eine Verbindung dar zwischen Wunsch nach Anlehnung und Wunsch nach Unabhängigkeit. Sie entscheidet sich zur Migration, nachdem sie eine Reihe von sukzessiven Ablösungsprozessen hinter sich gebracht hat.

Als Kind wanderte sie zwischen D-Stadt und C-Stadt, mit dem Ziel, einer bedrükkenden Situation zu entgehen und in der Person der Mutter oder des Vaters eine/n Verbündete/n zu gewinnen im Konflikt mit der Vater-Frau und dem Mutter-Mann. Später sieht sie ein, daß das Pendeln zwischen den Eltern nicht die Lösung ist und daß sie erst ein besseres Leben führen kann, wenn sie eine eigene Familie gegründet hat, also wenn sie geheiratet hat. Die Ehe ist für sie ein Weg, aus den Elternhäusern und der dort (vor allem in der Vaterfamilie) erlebten Gewalt zu entfliehen und durch den Status der Hausfrau einen sozialen Aufstieg zu erleben. Das ist auch eine Art von Auszug/ Auswanderung. Nach dem Scheitern der Ehe, nach erneuten Gewalterlebnissen, stellt sie nun fest, daß sie besser auf eigenen Beinen stehen sollte. Sie nimmt ihr Kind und geht nach D-Stadt, nicht zur Mutter, sondern sie nimmt sich eine eigene Wohnung. Sie versucht, durch eigene Berufstätigkeit den Lebensunterhalt für sich und ihr Kind zu verdienen. In D-Stadt bekommt sie eine Stelle als Erzieherin, da in der Schneiderausbildung auch Erziehungsfächer unterrichtet worden waren. Sie hat hier großen Erfolg, sie wird von einer anderen Kindertagesstätte abgeworben und kann in ein sozialversicherungspflichtiges Arbeitsverhältnis einsteigen.

Sie probiert also das Repertoire an Lösungen aus, das die Tradition einer jungen Frau zum sozialen Aufstieg und zur Vermehrung ihrer Autonomie zur Verfügung stellt: nämlich den Wechsel in die Familie der Mutter oder die Gründung einer eigenen Familie. Das Ergebnis ist nicht das erhoffte. Sie stürzt vielmehr durch die schlechte Ehe in eine Verlaufskurve, eine Situation, in der sie nicht mehr agieren kann. Ab diesem Punkt und um aus der Verlaufskurve herauszukommen, setzt sie auf modernere Lösungen, mit dem Risiko, von der türkischen Gesellschaft ausgegrenzt zu werden.

Sie migriert nicht aus finanzieller Not nach Deutschland. Die Entscheidung zu migrieren, fällt in einem Moment, in dem sie beruflich im Erziehungsbereich großen Erfolg hat. Ausschlaggebend für die Migrationsentscheidung ist vielmehr die Migration des geschiedenen Ehemannes nach Deutschland. Sie denkt, sie muß auch dorthin gehen, wo der Mann ist. Sie hat die Phantasie, sie könnte mit ihm wieder zusammenkommen. Gleichzeitig aber trifft sie die Migrationsentscheidung, weil sie sich in Deutschland für sich als alleinlebende Frau ein besseres Leben verspricht, d.h., weil sie durch die Migration ihre Freiräume als Frau erweitern will. Beide Motive stehen nebeneinander. In ihrer Phantasie wandert sie als Familienangehörige aus. In ihrer Phantasie wandert sie auch als eigenmotivierte Person aus. Zur Gewichtung und Beurteilung dieser eher konträren Motivationsstränge ist die Art und Weise interessant, wie diese Motivationsstränge in die Erzählung eingebaut sind. Das Motiv, beim Mann zu sein, die Wanderung als Familienangehörige, benutzt sie dazu, um sich aus der Verpflichtung gegenüber ihrem damaligen Arbeitgeber zu lösen. Das Emanzipationsmotiv wiederum wird erst in der eigenen Rekonstruktion ihrer damaligen Handlung für sie bedeutsam. Die Wanderung als Familienangehörige scheint stark zur Legitimation der Migrationsentscheidung gegenüber dem sozialen Umfeld zu dienen, während die Wanderung als Autonomiesuchende in der späteren Reflexion ihrer Handlung als gegen das gegebene soziale Umfeld gerichtete Entscheidung erscheint.

> *Und er ist in D-Stadt gekommen und sagt: „Ich will Deutschland gehen, als Student." Und ich habe auch gutes Herz, ich habe am Zug gute Reise gesagt und er kommt in Deutschland. (...) nachher* (holt tief Luft) *mein Herz natürlich bißchen tut weg ..* (bitter) *Ich – Erster Mann kennengelernt noch nicht anderer Mann in meiner Hand – ne? Und Kind meine .. mit mir .. ich kann .. fängt an bißchen Depression .. diese Zeit. Und er hat gekommt Deutschland, nachher ich habe in Zeitung gelesen, sucht Deutschland noch Schneiderinnen. Ich habe gesagt – ich kann noch melden, – vielleicht kann ich gehen. (...)*
> *Und ich hab .. alles – ohne Bescheid sagen ... Erste mal meine Papier immer hin und zurück. Richtig gemacht, und dann hab ich gesagt: „Bitte lassen Sie mich." Vielleicht, wenn – eh- mein Mann da- Nichts für Liebe. Aber – wie kann er .. Deutschland. Ich muß auch Deutschland. So war da ein Gefühl. Nichts für Geld und sowas. (...)*
> *In Deutschland jetzt wenn leben, eine Frau kann auch mit Freunden zusammen leben. Aber in Türkei .. nicht so. Wenn ich einen Freund habe in meiner Wohnung, .. Leute immer denken*

falsch. Aber .. ich hab auch Freund .. manchmal gehen Essen und so was in D-Stadt ist ... C-Stadt war Angst .. aber D-Stadt ist.. habe keine Angst gehabt.

In diesen Passagen wird klar, daß sie beide Motive hatte. Das Motiv „geschiedenen Ehemann treffen“ benutzt sie als Legitimation für ihre Entscheidung gegenüber der Umwelt. Es ist in diesem Sinne aber kein vorgeschobenes Motiv – sie wird ja depressiv mit dem Gedanken, der geschiedene Ehemann ist nach Deutschland gegangen. Das Motiv „Freiheit“ knüpft sich an die Erfahrungen geschlechtsspezifischer sozialer Kontrolle in der Türkei, die aber auch dort als abgestuft vorkommende erlebt wird.

Dennoch migriert sie nicht nach B-Stadt, wohin der Ehemann gegangen ist, sondern geht mit einem Arbeitsvertrag nach A-Stadt in eine Bekleidungsfabrik.

In der Migrationsentscheidung von Frau A. ist die Rückkehr nicht miteingeplant. Sie geht weg, um nicht zurückzukehren. Sie migriert auch nicht im Auftrag der Familie. Sie ist die Familie. Die Rückkehr wird nur später in einem Moment, in dem sie alles verloren hat, als resignativer Verzweiflungsakt in Betracht gezogen, eine Art Selbstaufgabe, die wieder zurückgenommen wird, sobald sie wieder aus sich heraus Kraft schöpft.

Aufgrund ihrer formalen Bildung bekommt sie einen Arbeitsvertrag der Bekleidungsfabrik in A-Stadt, der gleichzeitig eine Art sozialen Abstieg bedeutet, weil er sie auf einfache Anlerntätigkeiten fixiert. Sie nimmt aber die Gelegenheit wahr, wieder sozial aufzusteigen. Dafür benutzt sie ihre Fähigkeit, sich zwischen den Kulturen zu bewegen: Innerbetrieblich erlangt sie in der Bekleidungsfabrik eine Schlüssel-Funktion, weil sie trotz mangelnder Deutschkenntnisse durch ihre Englischkenntnisse zur Dolmetscherin und Vermittlerin zwischen Personalabteilung und beschäftigten Türken/innen gemacht wird.

Sie verläßt diese Arbeitsstelle, um zu dem geschiedenen Mann nach B-Stadt zu ziehen. Einerseits ist diese Entscheidung konsequent im Sinne des Wunsches, mit ihrem geschiedenen Mann wieder zusammenzukommen. Andererseits ist diese Entscheidung Ergebnis einer starken Verunsicherung durch die Demonstration sexueller Freiheit in der bundesrepublikanischen Gesellschaft. Sie befürchtet, und der geschiedene Ehemann bestätigt die Angemessenheit dieser Befürchtung, daß die sexuelle Freiheit in Deutschland mit einer Verallgemeinerung der Prostitution zusammenhängt, zu der sie gezwungen werden könnte. In diesem Moment sucht sie Schutz bei dem geschiedenen Ehemann, der erklärt, sie vor der drohenden Prostitution schützen zu wollen und zu können.

Unternehmerische Aktivitäten, Unternehmertum und Tradition

Das Charakteristische an der Biographie von Frau A. ist nicht nur der hohe Bildungswille, sondern auch die Motivation, unternehmerisch tätig zu werden. Es scheint, daß das Unternehmerische in einer Linie mit dem Bildungswunsch steht. Bildung und unternehmerische Aktivität sind die Strategien, die sie einsetzt, um aus problematischen biographischen Verlaufskurven herauszukommen. Wenn durch Heirat und Kind Bildung nicht mehr möglich ist, entscheidet sie sich dafür, unternehmerisch aktiv zu werden, um aus der Krise, in diesem Fall: der finanziellen Not, herauszukommen.

Als die ersten finanziellen Schwierigkeiten in ihrem Leben auftauchten und sie feststellen muß, daß der Ehemann nicht in der Lage war, den Lebensunterhalt für sie und das gemeinsame Kind zu verdienen, hat Frau A. versucht, durch elementare „unternehmerische" Aktivitäten Einkommen zu erzielen. Sie strickte, häkelte und verkaufte privat die Produkte ihrer Arbeit. Dadurch wollte sie nicht nur die gemeinsame Familie unterstützen, sondern wollte auch einen Teil für sich abzweigen und ihre eigene Autonomie gegenüber der unterdrückenden Familie erreichen.

In der Bundesrepublik gänzlich auf sich gestellt, stellte sie fest, daß sie mit Änderungen im Schneiderbereich Geld verdienen kann. Sie arbeitete an zwei Arbeitsstellen schichtweise und sparte, sie führte abends Haushaltsbuch, um den Sparprozeß zu intensivieren. Es scheint, als ob sie von einer Art „protestantischer Ethik" geleitet wird. Mit dem ersparten Kapital will sie nicht, wie häufig bei Migranten/innen, im Herkunftsland ein Haus kaufen oder ein Geschäft aufmachen, sondern in der Bundesrepublik eine Änderungsschneiderei eröffnen.

Sie erzählt, wie ihr Vater sie zur „Kapitalakkumulation" erzog. Er kaufte ihr eine Wohnung in C-Stadt und übertrug ihr gleichzeitig die Pflicht der Rückzahlung des Restkredits.

> *Alles von meinem Vater gelernt .. ich. Wenn ich vorher .. wenn diese Wohnung nichts kaufen gewesen .. Mein Vater, wenn alles Geschenk gemacht, gewesen .. ich kann nicht wissen, wie kann Bank Geld ...*

Zur Erreichung ihres Zieles (in der Bundesrepublik eine Änderungsschneiderei zu eröffnen) wendet sie sich an einen Mann, der sie bereits umwirbt und der, wie sich später herausstellte, es auf ihr Geld abgesehen hat. Er überzeugt sie, daß sie keine Änderungsschneiderei, sondern zusammen mit ihm ein Lokal aufmachen sollte. Sie stellt fest, daß sie diejenige ist, die bei diesem Aufbau sowohl das Know-how als auch die Arbeit und das Geld einbringt. Das Lokal geht gut. Auf Initiative des Mannes und obwohl sie selbst zunächst keine Erweiterung der Geschäfte wünscht, werden weitere Lokale gekauft. Sie ist eine erfolgreiche Unternehmerin. Aus dem Unternehmen scheidet sie aus, als der Mann sie mit einer anderen Frau betrügt. Ein weiteres erfolgreiches Unternehmen wird aufgebaut. Sie scheitert auch in diesem Fall an ihrer Neigung, sich mit Männern zu verbinden, um ein Unternehmen aufzubauen. Die Männer betrügen sie. Sie muß wieder, wie sie sagt *„von Null anfangen"*.

Sie versteht sich als Geschäftsfrau. Sie ist eindeutig mit dem Vater als Unternehmer identifiziert. Während der biographischen Erzählung gewinnt der Vater deutlich an Kontur. Die Mutter bleibt als Figur schwach. Sie zitiert häufig den Vater, wenn sie über die Hintergründe ihres Handelns spricht, vor allem wenn es um ihre unternehmerischen Aktivitäten geht. Ihre Unternehmungen beziehen sich entweder auf den Textilbereich, einen Bereich, auf dem auch der Vater unternehmerisch tätig ist, oder aber auf den gastronomischen Bereich, einen Bereich, den sie durch ihren zweiten Mann kennenlernte.

Ihre Auseinandersetzung mit dem Thema Tradition findet vor dem Hintergrund ihrer psychodynamischen Entwicklung statt. Es scheint mir sinnvoll an dieser Stelle, die Interpretation der Handlungen von Frau A. nicht nur als eine Frage nach ihrer Auseinandersetzung mit der eigenen Kultur und eigenen Tradition zu sehen, sondern auch als Frage nach ihrer Verarbeitung der Konflikte ihrer Kindheit. Die Bedeutung des Vaters als Vorbild oder aktiv Unterstützender wird in den Untersuchungen über erfolgreiche Frauen deutlich (Hennig/Jardim 1978, Metzler 1985). Es ist dennoch auch hier sichtbar, daß die Botschaft des Vaters an die Tochter doppeldeutig ist (Benard/Schlafer 1989 und Rohde-Dachser 1990). „Die Väter unterstützen zwar einerseits Ehrgeiz und Leistungsorientierung ihrer Töchter, vermitteln aber gleichzeitig, daß die Tochter diesen Weg nicht für sich selbst gehen soll, sondern für den Vater und sie nur so lange mit seiner Unterstützung rechnen kann, wie sie in der Rolle der loyalen Tochter bleibt – um den Preis ihrer Kreativität und Selbständigkeit“ (Flaake 1991, S. 138).

So ist die unternehmerische Tätigkeit, die Frau A. von ihrem Vater gelernt hat, einerseits ein Weg, um unabhängig zu werden, gleichzeitig aber findet dieser Prozeß immer in Zusammenarbeit und schließlich in Abhängigkeit von einem Mann statt. Frau A. wendet sich zunächst an die Männer, um ihre größeren Projekte zu verwirklichen. Sie wird von ihnen enttäuscht. Obwohl sie feststellt, daß sie tüchtiger ist als ihre männlichen Partner, daß sie besser arbeiten kann, will sie immer eine männliche Begleitung bei diesen Projekten haben. Die Unternehmungen enden dabei meistens mit ihrem verlustreichem Ausstieg aus den Projekten.

In diesem sich wiederholenden Muster ist nicht nur das Muster der psychoanalytisch erklärbaren Handlung der typischen „Vatertochter“ zu erkennen, sondern auch die Reproduktion einer aus der traditionellen Frauenrolle entspringenden ständigen Referenz der Frau auf den männlichen Partner. Die letzten Unternehmungen zeugen von einem in Gang gesetzten Lernprozeß. Sie sucht sich nicht mehr einen männlichen Partner, sondern entscheidet sich, einen Textilhandel allein aufzubauen.

In ihrer biographischen Erzählung ist die unternehmerische Tätigkeit verbunden mit einem ausgeprägten Stolz auf die eigene Fähigkeit zu arbeiten. Sie schöpft ihr Selbstbewußtsein aus ihrer Fähigkeit zu arbeiten, *„Tag und Nacht“*. Unternehmertum ist für sie nicht nur die Fähigkeit, neue Ideen zu entwerfen, sich autonom zu fühlen (für sich und nicht für andere zu arbeiten), sondern auch die Fähigkeit zu arbeiten, zu produzieren (schaffen) und insbesondere zu verkaufen. Sie ist stolz auf ihre Fähigkeit, zu verkaufen und Kunden zu gewinnen. Und sie ist stolz darauf, daß sie immer wieder Niederlagen überwinden konnte, *„von Null anfangen“* kann.

Wie stark ist ihr Handeln an die Tradition gebunden? Und wie definiert sie selbst in ihrer Erzählung implizit ihre Handlungen als in einer Tradition eingebettet?

Sie versteht sich als moderne Frau. In ihrem Selbstkonzept bezieht sie sich negativ auf die Tradition. Sie setzt sich ab von den im türkischen Dorf oder in den dorfähnlichen Ansiedlungen der türkischen Städte lebenden Frauen *„mit Kopftuch“*. Sie zeigt deutlich, daß es für sie nicht in Frage kommt, so zu leben. Sie wird jedoch häufig mit einer anderen Wahrnehmung der Modernität konfrontiert. Sie muß feststellen, daß sie in der Türkei in D-Stadt als nicht bzw. weniger modernes Mädchen in der Schulklasse ausgegrenzt wird. Später muß sie feststellen, daß Menschen in der Bundesrepublik von ihr erwarten, daß sie als Türkin ein Kopftuch trägt. Sie beschreibt ihr Leben als eine permanente Bewegung zwischen Modernität und Tradition. Sie lebt im Bewußtsein eines immer präsenten Modernitätsgefälles, das sie einmal defensiv (sie gilt als Rückständige), ein andermal offensiv (sie ist die Moderne) angehen muß. Aus ihrer Erfahrung mit den verschiedensten Milieus in der Türkei (C-Stadt / D-Stadt, als Gesellschaften mit unterschiedlich ausgeprägten Bindungen an die Tradition), entwickelt sie die Fähigkeit, in der Migration zwischen den Welten zu vermitteln. Sie kann in der Bekleidungsfabrik als Vermittlerin fungieren (Dolmetscherin). Sie bezieht sich auf die Modernität und auf die Tradition und handelt aus beiden heraus. So ist ihre Neigung, ständig einen Mann zu suchen, der ihr beim Aufbau ihres Unternehmens hilft, als eine eher traditionelle Lebenshaltung zu werten, obgleich diese Neigung von ihr selbst nicht mit der Tradition in Verbindung gebracht wird. Sie setzt sich als moderne Frau von der Tradition ab. Und dennoch mißt sie immer wieder ihr Tun am Maßstab der Tradition, einer anderen als jener, die sie als bedrohlich empfindet. So versteht sie ihre Neigung zum Unternehmertum als Teil ihrer Familiengeschichte und ihrer besonderen Familientradition, und ihren Erfolg deutet sie vor dem Hintergrund der religiösen Tradition. Es ist Gottes Wille, daß sie Erfolg als Unternehmerin hat.

Sie schöpft Kraft aus der Tradition und dem Glauben, bleibt auch aus sich heraus sehr aktiv. In ihrer Erzählung vermittelt sie das Bild einer sehr tatkräftigen Frau. Sie verharrt nicht in der Darstellung von Hindernissen. Bezeichnend ist die Art und Weise, wie sie über ihre Herzkrankheit redet. Sie erwähnt, daß sie als junges Mädchen sehr viel Zeit im Krankenhaus verbracht hat, aber sie breitet ihre Krankheitsgeschichte nicht weiter aus, begnügt sich mit einem Satz. Sie beschreibt die Situationen, in denen sie fremdbestimmt leben mußte, insbesondere in den zwei Ehen. Schnell aber stellt sie dar, wie sie sich aus der Situation befreien und initiativ werden konnte.

Um so interessanter ist, daß sie am Ende ihrer Erzählung, in einer Art Resümee, ihr aktives Leben vornehmlich auf die Hilfe Gottes zurückführt. Gottes Wille erscheint damit als eine ultimative Sinngebung. Vor dem Hintergrund der religiösen Tradition, wie Frau A. sie sich geformt hat, konstruiert sie damit eine positive Fremdbestimmung für ihr Leben. Nicht ihre Kraft, sondern Gottes Wille hat ihren positiven Lebensweg gestaltet. Sie braucht Gott als idealen Helfer und Beschützer. Ihr Gott ist entgegen der westlichen Islam-Interpretation nicht autoritär und furchterregend. In ihrer Erzählung entwirft sie eine persönliche Beziehung zu Gott als Quelle der Hoffnung. Gott ist Teil ihrer Tradition, ihrer ganz privaten Religion, die sie deutlich abgrenzt von der offiziellen Islam-Version und von der „stereotypen" Islam-Version der deutschen Gesellschaft. So sagt sie ausdrücklich, daß sie das Alkoholverbot für *„Hokuspokus"* hält.

> *Ich habe sovielmal in meinem Leben .. Treppe, Treppe angefangen. Aber weil die Leute machen das alles .. ich wieder unten. Und dann ich wollte jetzt wieder anfangen aber Gott sei Dank jetzt .. Ich habe kämpfen und .. alles ihm gemacht .. bis jetzt alles was ich will. Gott hat mir alles gegeben. Gott sei Dank, ich sage dem Gott Danken. Das ist nie .. meine Taschen ohne Geld bis jetzt geblieben. (...) Und ich habe gesagt: „Gott, guck mal, du hast immer mir helfen." Bis jetzt auch was ich will, Gott, hat mir immer gegeben.*

Einige Erzählsequenzen davor hat sie ihr Verkaufskonzept, das sie von ihrem Vater übernommen hat, ihre Theorie über Kaufmotivation und ihre Beeinflussung durch den gezielten, psychologisch durchdachten Umgang mit den Kunden, breit dargelegt. Sie erzählt, daß sie dem Kunden sofort eine ihm passende Farbe und die ihm passende Größe zur Anprobe aussucht. Wenn der Kunde anprobiert hat, versucht sie mögliche Unebenheiten des Kleidungsstückes zu glätten und läßt den Kunden in den Spiegel sehen. Sie agiert als Verkäuferin kundenorientiert und versucht auf alle Wünsche der Kunden einzugehen. Sie hat von ihrem Vater gelernt, daß man den Kunden zufriedenstellen muß, auch wenn er 20 Pullover aus den Regalen holen läßt. „ ... *muß alle Regale leer machen, für ein Stück verkaufen. Ich hab so gelernt.*"

Schlußfolgerungen

Die biographische Erzählung zeigt ein wechselvolles Leben, schwankend zwischen drohenden und eintretenden Verlaufskurven und deren kreativer Überwindung. Vor allem ihre soziale Stellung als Frau und Tochter einer ausgestoßenen Frau, aber auch als ausländische Frau in der Bundesrepublik haben zur Häufung und zur Wiederkehr dieser Verlaufskurvenpotentiale geführt. Sie als Tochter der geschiedenen ersten Frau des Vaters befindet sich in der Familie des Vaters von Anfang an in einer schwierigen Position, aus der sie aus eigener Anstrengung herausfindet.

Bereits in der Jugendphase zeigt sich, wie in der biographischen Erzählung von Frau A. belegt, die Spannung zwischen traditionellen und modernen Handlungsschemata. Sie setzt Strategien ein, die die Tradition für die Erweiterung der Autonomie einer Frau vorsieht. So geht sie von der einen Familie zur anderen. Und sie setzt moderne Strategien ein, die in Ansätzen in der türkischen Gesellschaft akzeptiert werden. Sie will nämlich studieren und dadurch ihre Autonomie erhöhen. Ihr Bildungswunsch scheitert an dem Traditionsverständnis ihres Bruders und ihres Vaters. Nach dem Scheitern der modernen Strategie Bildung entscheidet sie sich für die traditionelle Autonomieerweiterung einer Frau, indem sie ihre eigene Familie zu gründen und zur Ehefrau und Mutter aufzusteigen versucht.

In ihrer biographischen Erzählung spiegelt sich somit die Spannung zwischen Tradition und Modernität wider, welche die türkische Gesellschaft nach Atatürk prägt. Diese Spannung zeigt sich nicht nur in den Strategien, die sie zur Überwindung der Verlaufskurvenpotentiale einschlägt, sondern auch in ihrer dezidierten Ablehnung traditioneller Lebensformen, wie sie auf dem Lande praktiziert werden, aber auch in der Umkehrung, die dieses Selbstverständnis erfährt, als sie in D-Stadt als traditionelle Frau stigmatisiert wird.

Vor dem Hintergrund dieser Spannung findet bereits in der Türkei eine Auseinandersetzung mit der Tradition statt. Sie begreift sich als religiös, setzt sich aber von der herrschenden Meinung über den Islam ab und gestaltet ihre Religion als ihre private Religion. Es läßt sich ein Prozeß der Traditionsveränderung feststellen. Ein Prozeß der Abwägung von Tradition und der Modernisierung von Tradition durch den reflexiven Bezug auf Tradition und Modernität. Dadurch bedeutet Autonomie als Motiv nicht den totalen Bruch mit der Tradition. Anstrengungen zur Erweiterung der Autonomie werden von ihr zwar im Konflikt mit der Tradition entwickelt, aber sie bedienen sich traditioneller Ressourcen. Ihre Hauptstrategie zur Überwindung von Verlaufskurven und zur Erreichung von Autonomie ist das Unternehmertum. Auch das Unternehmertum ist Teil der Tradition, nämlich der unternehmerischen Tradition in ihrer Familie, und lehnt sich an das Verständnis von Unternehmertum an, welches der Vater ihr vermittelt hat. Und letztlich greift sie stets auf ihre von ihr transformierte religiöse Tradition, um

Kraft zu schöpfen und um dem Leben und dem Projekt eines besseren Lebens einen Sinn zu geben.

Sie scheitert mehrmals an der mangelnden Differenzierung zwischen Liebe und Geschäft und sie scheitert daran, daß sie das Geschäft nur in seiner nach außen gerichteten Funktion (Verkauf) wahrnimmt und sich nur auf ihre Arbeits- und Verkaufsfähigkeit verläßt. Sie sorgt intern nicht für eine rechtliche Strukturierung des Geschäftes. So daß sie rechtlos bleibt, wenn der Mann-Partner sie herausdrängen will. Die Geschäftsbeziehungen sind eine Spiegelung der Ehebeziehungen, weil sie auch da nicht bestimmen und nicht definieren kann, wie diese Beziehungen strukturiert sein sollen. So wie sie, um einen sozialen Status zu erreichen, einen Ehemann braucht, sieht sie keine andere Möglichkeit, ihr Geschäft aufzubauen, als mit Hilfe eines Mannes als Partner. Dieses auf traditionellen Stereotypen und Selbstverständnissen basierende Konzept fängt sie nun an aufgrund ihrer Erfahrung in Frage zu stellen und mehr auf ihre eigenen Kräfte zu vertrauen: Ihr letztes Unternehmen hat sie ohne männliche Hilfe aufgebaut.

Literatur

Apitzsch, U. (1990): Migration und Biographie. Zur Konstitution des Interkulturellen in den Bildungsgängen junger Erwachsener der 2. Migrantengeneration, Habil., Bremen

Apitzsch, U. (1996): Biographien und berufliche Orientierung von Migrantinnen, in: Kersten, R./Kiesel, D./Sargut, S. (Hrsg.): Ausbilden statt Ausgrenzen. Jugendliche ausländischer Herkunft in Schule, Ausbildung und Beruf, Frankfurt am Main

Benard, C./Schlaffer, E. (1984): Anne ist immer für den Mann da. Von den ambivalenten Ängsten der Frauen vor dem Erfolg, in: Frankfurter Rundschau vom 24.10.1984

Dos Santos, J. R./Marie, M. (1972): Wanderungen und Arbeitskraft, in: Szell, G. (Hrsg.): Regionale Mobilität, München

Flaake, K. (1991): Frauen und öffentlich sichtbare Einflußnahme. Selbstbeschränkungen und innere Barrieren, in: Feministische Studien 1991, S. 136-142

Hennig, M./Jardim, A. (1978): Frauen und Karriere, Reinbek

Inowlocki, L. (1996): Traditionalität im Migrationsprozeß. Überlegungen zu einer vergleichenden biographieanalytischen Untersuchung in jüdischen Displaced-Persons-Familien und in Familien griechischer Arbeitsmigranten, in: Mansel, J./Rosenthal, G./Tölke, A. (Hrsg.): Generationenbeziehungen im Austausch und Tradierung, Opladen, erscheint demnächst

Ley, K. (1979): Frauen in der Emigration – Eine soziologische Untersuchung der Lebens- und Arbeitssituation italienischer Frauen in der Schweiz, Frauenfeld und Stuttgart

Metzler, G. (1985): Frauen, die es geschafft haben. Portraits erfolgreicher Karrieren, Düsseldorf

Morokvasic, M. (1987): Jugoslawische Frauen. Die Emigration – und danach, Basel

Rohde-Dachser, C. (1990): Über töchterliche Existenz. Offene Fragen zum weiblichen Ödipuskomplex, in: Zeitschrift für Psychosomatische Medizin 4/1990, S. 303-315

Schütze, F. (1981): Prozeßstrukturen und Lebenslauf, in: Matthes, J., u.a. (Hrsg.): Biographie in handlungswissenschaftlicher Perspektive, Nürnberg

Anmerkung

1 Namen und Ortsbezeichnungen sind anonymisiert.

III.

Transformationsprozesse von Traditionalität in der globalen Peripherie

Hans Bosse

Zur Interdependenz individueller und kollektiver Sinnbildungsprozesse – Religiöse Erfahrung jugendlicher Bildungsmigranten aus Papua Neuguinea[1]

1. Die Interdependenz individueller und kollektiver Sinnbildungsprozesse: Biographieforschung als Gruppenforschung

Der westliche Modernisierungsprozeß wird heute gern als umfassender Prozeß einer Individualisierung von Lebensläufen verstanden (s. etwa Beck 1986). Begründet wird diese Sicht mit dem historischen Prozeß einer Relativierung kollektiver Sinntraditionen, die bis dato, noch dazu durch autoritäre kirchliche und staatliche Machtstrukturen gesichert, dem Individuum als verbindlich gelten mußten. Diese Entwicklung ist von Honneth (1992, vgl. dazu Bosse/King 1996) treffend als „Privatisierung" von Lebensläufen beschrieben worden. Die Biographieforschung hat mit ihrem Diktum vom „Ende der Normalbiographie" diesen Ansatz aufgegriffen und untersucht entsprechend den Prozeß der biographischen Arbeit als einen individuellen Vorgang der Stellung und Beantwortung der drei Grundfragen: „Wo komme ich her, wer bin ich, wo gehe ich hin?" Aus diesem theoretischen Ansatz hat die Biographieforschung auch eine entsprechende strategische und methodologische Schlußfolgerung gezogen. Sie untersucht vor allem die biographische Arbeit von Individuen statt der von Gruppen (z.B. der von Familiensystemen, Jugendlichengruppen, religiösen Gruppen usw.). Ich folge in diesem Artikel einer anderen Linie. Auf dem Hintergrund einer Fallstudie, die ich hermeneutisch erschließe, will ich die These erhärten, daß biographische Arbeit auch nach oder seit dem historischen Säkularisierungs-, Modernisierungs- und Individualisierungsprozeß sich in einer unauflösbaren Spannung zwischen individueller und kollektiver Sinnbildung vollzieht. Das heißt, daß die Frage „Wo komme ich her?" nur im Zusammenhang der kollektiven Frage „Wo kommen wir her?" gestellt und beantwortet werden kann. Sinnbildende Institutionen, wie beispielsweise Schulen oder Kirchen, Parteien oder Vereine haben zwar einen grundlegenden Einfluß auf individuelle und kollektive Sinnbildung, doch sind sie zum einen von strategisch-instrumentellen Zielen durchsetzt, und entsprechend läßt sich in ihnen „nur" der politisch interessante Kampf und Kompromiß zwischen genuinen Sinnbildungsmotiven und institutioneller Sinnbildungsarbeit im Dienste strategischer Institutionsziele wie Machterhalt, Durchsetzung traditioneller Herrschaftsformen, Rekrutierung usw. verfolgen. Andererseits sind sinnbildende Institutionen, wie Ernst Troeltsch in seiner bahnbrechenden historischen und soziologischen Untersuchung „Die Soziallehren der christlichen Kirchen und Gruppen" (1923) zum Übergang von religiösen Bewegungen („Sekten") in Institutionen („Kirchen") herausgehoben hat, oft nur das Spätstadium einer im Ursprung „reinen", d.h. ausschließlich von Sinnbildungsmotiven getragenen Gruppenbildung. Will man das Spezifische von kollektiven Sinnbildungsprozessen erschließen, muß man entsprechend hinter die Phase der sekundären Institutionalisierung zurückgehen und den primären Gruppenbildungsprozeß untersuchen.

Wenn wir biographische Arbeit in Gruppen untersuchen, stoßen wir auf einen überraschenden Sachverhalt. Individuen, die sich im Gruppenprozeß die biographische Grundfrage „Wo komme ich her“ usw. stellen, stellen damit auch bisherige, in der Gruppe gültige Sinngebungen zur Disposition. Umgekehrt fordern Gruppen im Prozeß kollektiver Sinnbildung jedes beteiligte Individuum auf, sein „individuelles Lebensskript“, wie ich es nenne, neu zu überdenken und zu formulieren. Empirisch, wie wir noch sehen werden, arbeiten Individuen in Gruppen an der Beantwortung der individuellen Grundfrage; dabei kommt dieser Prozeß erst zur Ruhe, wenn die Gruppe zum individuellen Skript des Einzelnen Stellung genommen bzw. das Individuum zu einer erneuten Sinnbildungsarbeit aufgefordert und das Individuum ein neues Skript entwickelt und der Gruppe vorgelegt hat. Umgekehrt sehen wir, daß eine Gruppe nur zu einem gemeinsamen Lebensskript finden kann, wenn sie sich mit einzelnen, von Gruppenteilnehmern vertretenen neuen oder abweichenden biographischen Entwürfen auseinandersetzt und verbindlich zu ihnen Stellung genommen hat, sei es durch Ausschluß oder Integration individueller Entwürfe an ein kollektives Skript, sei es durch Nivellierung, Veränderung oder Sanktionierung individueller Entwürfe.

Individuelle und kollektive Sinnbildungsprozesse erweisen sich so weder logisch noch historisch als Gegensätze. Vielmehr macht die unaufhebbare Spannung zwischen individueller und kollektiver Sinnbildung das Zentrum und den Kern jeder biographischen Arbeit aus. Wir würden aus dem historischen Ableben der „Normalbiographie“ falsche Schlüsse ziehen, würden wir es mit einer Individualisierung des Sinnbildungsprozesses selbst gleichsetzen.

Aus der bisherigen Argumentation läßt sich ableiten, daß biographische Arbeit sich historisch unaufhebbar zwischen Individuen in der Dimension einer passiven und aktiven Angewiesenheit auf wechselseitige Anerkennung vollzieht. Mit meinem methodologischen Vorschlag, Biographieforschung stärker als bisher als Gruppenforschung zu betreiben, möchte ich deshalb der theoretischen Perspektive der biographischen Arbeit als eines Kampfes (Honneth 1986) um wechselseitige Anerkennung als einer Grunddimension einen wesentlicheren Platz in der Biographieforschung geben, als sie dort gegenwärtig einnimmt. Der Gewinn dieser Perspektive wird vor allem dann deutlich, wenn wir, den *Modernisierungsprozeß historisch als potentielle Autonomisierung biographischer Arbeit betrachtend*, individuelle oder gruppale Lebensskripte daraufhin untersuchen, ob sie progressiv oder regressiv an diesen Prozessen Anteil haben, das heißt, ob sie vorfindliche Welt- und Selbstbilder öffnen oder schließen und ob Individuen und Gruppen, in psychoanalytischer Perspektive, die von ihren Lebensmotiven vorangetriebene Erweiterung ihrer Wunsch- und Vorstellungshorizonte und die damit verbundenen Ängste in ihr Skript integrieren können oder im Gegenteil unbewußt machen und halten, also abwehren müssen. *Betrachten wir den Modernisierungsprozeß in der Dimension eines Kampfes um wechselseitige Anerkennung von Lebensskripten, so erweist sich Autonomisierung von Lebensentwürfen nicht etwa als Befreiung und Abweisung von kollektiver Sinnbildung, sondern im Gegenteil gerade als neue Ausgestaltung des Verhältnisses von Individuen und Gruppe, von individueller und kollektiver Sinnbildung.* In vormodernen Gesellschaften (s. Bosse 1994a, S. 11 f., 52 f., 211 f., 241 f.) und in regressiven Gruppenprozessen im modernen soziokulturellen Kontext ist der Spielraum des Einzelnen, eine neue Sinntradition zu begründen, durch die kollektiv gültige Sinntradition eingeschränkt, die seine Bezugsgruppe vertritt und die sie mittels angedrohter Sanktionen auch durchsetzt. Aber auch in Gruppen, die die strukturellen Modernisierungsschritte in ihren Gesellschaften für eine zunehmende Autonomie ihres Lebensentwurfs nützen, sucht das Individuum selbst für einen radikal individuellen Entwurf die Anerkennung durch eine Bezugsgruppe. Der materielle Entwurf mag dabei durchaus von der Bezugsgruppe abgelehnt werden – und meine Fallstudie wird zeigen, daß in Gruppenprozessen diese Nichtanerkennung durch die Gruppe geradezu vom Individuum provoziert werden kann. Diese Merkwürdigkeit wird dann verständlich, wenn wir annehmen, daß das Individuum mit dieser Provokation in einer anderen Dimension gerade die Anerkennung durch die Gruppe einfordert, nämlich die Anerkennung seines Rechts auf Ausbildung eines vom materiellen Gruppenkonsens abweichenden Lebensskripts, so wie das Individuum auch umgekehrt das Recht proklamiert, den materiellen Gruppenkonsens über ein Skript für sich selber abzulehnen. *Autonomie im Skriptbildungsprozeß des Einzelnen und der Gruppe wird also gerade dort möglich, wo wechselseitige Anerkennung die wechselseitige Nichtanerkennung mit einschließt.* Dabei findet die Nichtanerkennung des anderen ihre Grenze in dem Respekt vor der Unabhängigkeit des anderen, vor seinem Recht auf eine eigene Lebensperspektive; diese Haltung vereinnahmt den anderen nicht, noch führt sie zum Abbruch der Beziehung. In der Fallstudie dieses Artikels werde ich den Kampf um wechselseitige Anerkennung als einen fluktuierenden Prozeß zwischen Autonomisierung und Heteronomisierung, zwischen Progressivität und Regressivität in Prozessen kollektiver und individueller Sinnbildung anhand eines Gruppengesprächs mit Jugendlichen aus Papua Neuguinea im Übergang von einem ethnisch-traditionellen zu einem modern-individuellen Lebensentwurf verfolgen. Im Fallmaterial stoßen wir dabei durchgängig und jeweils an zentralen Stellen des Sinnbildungsprozesses auf *religiöse Erfahrungen*, die entweder im Gruppenprozeß selbst auftreten oder die narrativ eingeführt werden. Ich werde anhand dieses Materials untersuchen, ob und inwiefern wir in diesen religiösen Prozessen nicht nur historische Formen, sondern, biographietheoretisch gesehen, auch systematische Muster von Sinnbildungsarbeit überhaupt aufschlüsseln können, die für die Biographieforschung auch zur Untersuchung nachreligiöser Biographien Gültigkeit hätten. Zugleich hätten wir damit auch einen Ansatz zum Religionsverständnis gefunden, bei dem Religion als Prozeß biographischer Sinnbildungsarbeit verständlich würde. Ich werde diese biographie- und religionstheoretischen Fragen nach der hermeneutischen Interpretation des Gruppengesprächs im Ergebnisteil (5) und im Schlußteil (6) und (7) wiederaufgreifen.

2. Zur Methode des ethnoanalytischen biographischen Gruppengesprächs und der Ethnohermeneutik als einer psychoanalytisch-sozialwissenschaftlichen Interpretationsmethode

Die interpretationsleitende Prämisse des ethnoanalytischen und ethnohermeneutischen Ansatzes ist, daß alle Äußerungen der Teilnehmer auf die Forschungssituation zu beziehen sind (vgl. ausführlich dazu Bosse und King 1996). Das gilt sowohl für den Verstehensprozeß des Forschers im Gespräch selber wie für die nachträgliche Rekonstruktion anhand des Textdokumentes. Die Forschungssituation gilt dabei einmal als ein konstituierter Raum, der durch das Ziel und den Charakter des Gesprächs (z.B. Forschung statt Therapie oder religiöser Versammlung), durch die daraus resultierenden Rollen von Forscher und Teilnehmern, durch die professionelle Haltung des Forschers, durch die Darlegung und Einhaltung spezifischer Regeln des gruppenanalytischen Gesprächs (s. Bosse 1994, S. 19 f.), durch die Biographie der Teilnehmer und das soziokulturelle Milieu, dem sie entstammen, vorgegeben ist. Im Unterschied zu anderen Ansätzen der empirischen Sozialforschung (vgl. dazu Schnell, Hill, Esser 1989) berücksichtigt die psychoanalytisch-sozialwissenschaftliche Hermeneutik jedoch, daß die so vorgegebene Realität der Forschungssituation durch Phantasien der Teilnehmer unbewußt so umgestaltet wird, daß sie den spezifischen lebensgeschichtlichen Bedürfnissen der Teilnehmer entgegenkommt. Die Forschungssituation wird so zu einem Übertragungsraum. Im folgenden Gruppengespräch sehen wir entsprechend die Verwandlung der Forschungssituation in einen Ort religiöser Sinnbildung als Ausgestaltung der Forschungssituation durch Übertragungen, über die auch dem Forscher von den Teilnehmern eine bestimmte Gestalt zugewiesen wird. Der Erkenntnisgewinn dieser methodischen Analyse einer Differenz von institutionalisiertem und Übertragungsraum, von institutioneller Realität und ihrer Ausgestaltung in der Übertragung, liegt darin, daß wir die fallspezifische Sinnbildung als ein Verhältnis von Realitätswahrnehmung und Abwehr (Unbewußtmachung) erkennen können. Im Zug der ethnohermeneutischen Rekonstruktion in den vier Dimensionen des ethnographischen, des soziologischen, gruppenanalytischen und psychoanalytischen Verstehens können wir die Abwehrformation dann in einem weiteren Schritt in die verschiedenen Lebenswelten eines Individuums zurückverfolgen. In der klassischen Variante der psychoanalytischen und gruppenanalytischen Theorie der Übertragung wird die Übertragung dabei als im Dienste der Abwehrarbeit des Ichs stehend verstanden. So interpretieren etwa Bion (1971) und Slater (1970) in ihren gruppenanalytischen bzw. gruppendynamischen Studien religiöse Übertragungen auf den Gruppenleiter, etwa die „Vergottung des Leiters als Schutz vor Entbehrung“, als eine Abwehr von Ungewißheitszuständen. In der Wende zu einem neuen, erweiterten Verständnis der Übertragung als eines schöpferischen, probeweise Auslotens neuer Sinnräume für das eigene Lebensskript (s. King 1995 a) statt bloßer Wiederholung von abwehrenden Sinngebungen, die in vorausliegenden traumatischen Lebenssituationen entstanden, kann die Forschungssituation jedoch über einen angemessenen Umgang mit den angesonnenen Übertragungen der Teilnehmer auch zu einem Ort werden, an dem sich der bewußte, sprachliche Anteil im Sinnbildungsprozeß gegenüber dem abwehrenden (unbewußt machenden und haltenden) erweitert.

Zu einer ausführlichen Darlegung und Durchführung der Technik der Transkriptanalyse ist beim beschränkten Umfang der folgenden Falldarstellung kein Raum. Doch wird der Leser im Text einige kurze Passagen einer Transkriptanalyse als einer spezifischen Form des Zusammenhangs von Form-, Prozeß- und Inhaltsanalyse (s. dazu King 1995 b) finden. Die Anschlußfähigkeit an andere Hermeneutiken, z.B. die Sprachanalyse der objektiven Hermeneutik, ist dabei durchaus gewollt.

3. Ein Gruppengespräch mit adoleszenten Bildungsmigranten in Papua Neuguinea

Amban war ein 18jähriger Iatmul vom Sepik-Fluß. Als einer der ersten seiner Ethnie von Gartenbauern und Fischerinnen hatte er sein Dorf verlassen. Seine Eltern hatten ihn nach der Primarschule auf die vierjährige Provinzoberschule geschickt, und er hatte sich später gegen den Willen seines Clans auch den Weg auf die zum Abitur führende Nationale Oberschule erzwungen, wo mein Mitarbeiter Werner Knauss und ich ihn 1984 kennenlernten. Das vorliegende Gruppengespräch fand während unserer zweiten gemeinsamen Forschung mit Amban und einer Reihe seiner Klassenkameraden und -kameradinnen unmittelbar nach ihrem Abitur 1985 statt. Als ich sechs Jahre später eine erneute Forschung mit den inzwischen berufstätigen Erwachsenen machte, war Amban nicht mehr unter ihnen. Er war zwei Jahre zuvor, verheiratet, mit zwei Kindern und erfolgreich in seinem Beruf als Techniker in der Hauptstadt, nach mehrwöchiger Krankheit verstorben. Amban glaubte sich damals von Sangumas-Mördern aus seinem Heimatdorf auf magische Weise vergiftet, und alle anderen glaubten es auch. Zwei Bluttransfusionen im Krankenhaus hatten ihn nicht retten können. Das paßte zum Glauben an die Wirkung der berüchtigten Sangumas-Injektionen, der gegenüber weiße Medizin machtlos sei. Hier vermochten nur einheimische Heiler zu retten, wenn die Vergiftung rechtzeitig von einem heilkundigen Sepik diagnostiziert wurde.

Papua Neuguinea ist ein seit 1975 unabhängiger demokratischer Staat, bestehend aus ca. 850 kleinen Sprachgruppen. Die jungen Oberschüler und -schülerinnen gehören zur „Speerspitze" einer Gesellschaft im Umbruch von kleinen Ethnien mit Ansprüchen potentieller Gleichheit und einem dichten Netz sozialer Kontrolle über den Einzelnen zu einer Klassengesellschaft mit staatlichem Gewaltmonopol, systematischer sozialer Ungleichheit und individuellen, für die Sepiks neuartigen Freiheiten (Bosse 1994 a, S. 11 f., S. 52 f., S. 211 f.). Am wichtigsten ist dabei vielleicht das Recht auf Ausbildung eines eigenen männlichen oder weiblichen unabhängigen Lebensentwurfs, unabhängig von der Kontrolle durch Eltern, Clan oder Ethnie. Dieser Lebensentwurf entsteht oder erfüllt sich entweder über interne Bildungsmigration vom Dorf in die städtischen und Internatsschulen oder über die gewiefte Aneignung von Ressourcen, wie bei den Großbauern, Händlern oder Politikern. In jenem ungeheuren und rapiden sozialstrukturellen und soziokulturellen Umwälzungsprozeß einer äußeren und zugleich „inneren" Modernisierung spielt nun die Berufung auf die ethnische Tradition der Sangumas eine zentrale Rolle. Tendenziell sind alle Jugendlichen, die über das zehnte Schuljahr hinaus gehen und damit unwiderruflich den ethnischen Lebensentwurf einer dörflichen Subsistenzökonomie verlassen, in Papua für einen Sangumas-Mord „vorgemerkt". Im Sangumas-Mord, in der Regel eine Auftragsarbeit eines Angriffszauberers (Stephen 1987), finden wir eine traditionelle Form der Vergeltung für individuelle Abweichung vom ethnischen Lebensentwurf. Die Oberschüler der Forschungsgruppe haben nun ihren Weg in die Moderne als Delegierte ihrer Clans begonnen. Innerlich jedoch entwickelt sich zunehmend aus dem Auftrag, dem Clan Prestige und Kapital zu beschaffen, ein eigenes individuelles Lebensskript, das auf persönliche Lebensziele ausgerichtet ist. So werden aus den Delegierten Verbrecher an der ethnischen Ordnung. Daraus wird verständlich, daß die Auseinandersetzung mit der Morddrohung, die ständig über den Köpfen der Jugendlichen schwebt und die den manifesten Inhalt des folgenden Gruppengesprächs ausmacht, eine zentrale Rolle bei der Ausbildung des individuellen und kollektiven Lebensskripts der Jugendlichen spielt. Die Frage, woher sie kommen, wohin sie gehen und wer sie sind, wird für die Jugendlichen zu einer Frage auf Leben und Tod.

3.1 Das Gruppengespräch

Im Gruppengespräch am Abend zuvor hatte Yaramong erzählt, wie er vor einem halben Jahr seinen Freund Krisawa, der hier in der Gruppe unter uns saß, eines Abends im Schlafsaal des Internats bewußtlos aufgefunden und die Zeichen einer Sangumas-Injektion an ihm entdeckt hatte. Mit dem Schulauto hatten sie ihn nachts in Krisawas Heimatdorf zu einem Heiler gebracht, der ihn vor dem sicheren Tod rettete. In die ernste Stimmung platzte schließlich Amban mit einem Geheimnis. Mit erregter und begeisterter Stimme berichtete er, sein Vater, selber früher ein großer Zauberer, habe ihm erzählt, wie man ein Angriffszauberer werden könne. Man müßte dazu sein erstgeborenes Kind umbringen und mit seiner eigenen Tochter schlafen. Erregt und beunruhigt schnitt die Gruppe Amban das Wort ab und beschloß, er solle davon am nächsten Morgen ausführlich erzählen. Am Morgen erschienen nun die neun jungen Männer ohne Ango, die einzige weibliche Teilnehmerin, die später hinzustieß. Das Gespräch begann mit einer merkwürdigen Pause. Einer der jungen Männer ergriff das Mikrofon und sprach die Worte „Testen, testen, testen“ hinein. Dann wurde das Thema vom Abend vorgeschlagen, doch zuerst, unterbrach ein Teilnehmer, müßten sie von dem „Poltergeist“ erzählen – sie verwendeten das deutsche Wort statt des üblichen „ghost“ oder „spirit“ –, der sie nachts in ihren Schlafräumen heimgesucht hatte. Amban war noch wach gewesen und hatte Geräusche gehört. Die anderen waren aufgewacht und „hatten große Angst“. Sie suchten nach dem Geist, um ihn zu vertreiben, fanden ihn aber nicht. Nach diesem Bericht wurde Amban das Wort erteilt. Amban begann mit der Warnung, mit den Sangumas-Mördern sei das alles sehr schwierig und komplex. Und schloß dann in einem Atemzug fünfzehn größtenteils selbst erlebte Episoden als Kind und Jugendlicher an, in denen die Sangumas-Mörder, die sich in Tiere verwandeln und durch die Lüfte fliegen können, eine zentrale Rolle spielten; wie eine ganze Familie von ihnen ausgerottet wird, wenn sie einen Sangumas-Mörder getötet hat; wie sein Vater ihn eines Nachts aufforderte, einen als fliegenden Fuchs verkleideten Sangumas mit dem Speer zu töten; wie er den kleinen Sohn in den Wald schickte, eine bestimmte Art von Hölzern zu schneiden, mit denen sich der Clan dann gegen die Sangumas schützte; wie er eines Tages im Wald von seinem Onkel, dem großen Zauberer, überrascht wurde, der aber von Ambans Mutter ermahnt wurde, ihren Sohn in Ruhe zu lassen; wie er als Jugendlicher Ohrenzeuge der gräßlichen nächtlichen Hinrichtung eines kleinen Jungen durch die Sangumas wurde, dessen Vater den Brautpreis nicht bezahlt hatte; wie er die Sangumas-Mörder wie Lichterscheinungen durch die Lüfte fliegen sah; wie einer seiner Vettern und sein Stiefbruder, die in die ferne Stadt Lae verzogen waren, dort von

Sangumas-Mördern umgebracht wurden, in derselben Stadt, in der er in wenigen Tagen sein Studium beginnen will; wie seine Onkels im Dorf, mächtige Zauberer, ihn vor den Sangumas in Lae schützen würden, so daß ihm nichts zustoßen könne; wie die Schule in solchen Fragen von Leben und Tod versage, weil man dort nichts Lebenswichtiges lerne. Die Gruppe ließ Amban ausreden, unterbrach ihn nur einige Male mit Gegengeschichten. Dann erzählten alle anderen Gruppenmitglieder von ihren eigenen Sangumas-Episoden. Aika wurde als Kind magisch vergiftet und von seiner Mutter gerettet, kürzlich wurde seine Tante magisch umgebracht, weil sich Dorfbewohner an Aikas Familie dafür rächen wollten, daß sie als einzige im Dorf zwei Oberschüler hervorgebracht hatte. Aika habe seine Vergiftung überlebt, das sei von nun an sein Schutz. Marikia erzählte, wie in seinem Dorf ein Kind für die Schuld der Mutter von Zauberern geopfert wurde, und fügte hinzu, das könne ihnen allen passieren, jederzeit könne man ein Stellvertreteropfer werden. Kunandi erzählte, wie an der Provinz-Jungenoberschule sein jüngerer Cousin und in der Universitätsstadt Lae zwei seiner Onkel als Studenten von Sangumas-Mördern umgebracht wurden. Er wisse, ihm könnte dies auch passieren, denn auch er wolle dort studieren. Er wisse, was dort auf ihn warte. Kampari erzählte, wie die „Männer mit Macht" im Dorf die tödliche Kraft mittels der Initiation an die Jüngeren weitergeben. Ango erzählte, daß man mehrfach versucht hatte, ihren Vater zu vergiften, der in der Hauptstadt in einem College arbeitet. Ginge sie nach Lae, könnten Sangumas-Mörder sie dort erwischen, so wie es einigen ihrer Verwandten in der Hauptstadt bereits ergangen sei. Yaramong und Krisawa schwiegen. Sie hatten bereits am Vorabend erzählt, wie Krisawa zur Strafe für seine Schulkarriere von Sangumas-Mördern auf dem Campus hypnotisiert und vergiftet wurde. Weitere Geschichten von angstvollen Begegnungen mit Geistern schlossen sich an.

Amban hatte die ganze Zeit über geschwiegen, steuerte jedoch gegen Ende des Gesprächs noch eine Geschichte bei, die die meisten von ihnen vor einem Jahr erlebt hatten und in der Amban im Mittelpunkt stand. Man habe ihm erzählt, ein Geist (spirit) könne einem ein langes und glückliches Leben verschaffen, wenn man nur stark genug sei, seine Erscheinung auszuhalten. Kampari, der initiierte junge Mann mit Macht, provozierte ihn zu weiteren Aussagen mit der Bemerkung, man könne den Geist sogar zu sich herrufen. Dazu fiel Aika ein Erlebnis aus ihrer gemeinsamen Schulzeit ein. Während des Kunstunterrichts ein halbes Jahr zuvor war Amban mit einigen von ihnen ins Nebenzimmer gegangen und hatte dort eine spiritistische Sitzung veranstaltet – Geist, Geist, kannst du mich hören? Ein Wasserglas diente ihm als Medium. Der Geist erschien ihnen. Da wurden sie von anderen Schülern überrascht. Der Geist geriet außer sich und schlug Amban zu Boden. Der lag da bewußtlos, das Glas noch in der Hand. Sie waren alle überzeugt, der Geist würde ihn umbringen. Trotzdem versuchten sie, Amban mit einem Schluck Wasser wieder zum Leben zu bringen. Schließlich kam Amban wieder zu Bewußtsein.

Aika verstummte nach diesem Bericht. Wir alle blickten erwartungsvoll auf Amban. Dieser erläuterte uns nun souverän den Vorgang. Er habe den bösen Geist gerufen, weil der ihm und den anderen die Zukunft vorhersagen könne. Wenn der Geist mit einem sei, könne einem nichts passieren, und er werde einem Macht, Reichtum, Erfolg bei den Frauen und ein langes Leben bescheren. Wenn der Geist aber nicht mit einem sei, werde er wild und könne einen töten. Kampari ließ uns keine Zeit, Ambans Geschichte und Bekenntnis zum selbstmörderischen Spiel mit dem bösen Geist zu verarbeiten. Er schloß unmittelbar die letzte Geschichte dieses Morgens an. In seinem Heimatdorf habe er erlebt, wie ein Bambusholz, von den starken Männern des Dorfes auf den Weg geschickt, selbsttätig den Weg in die Hütte eines Diebes fand. Das Bambus sei ein Geist. Andere ergänzten, und Amban beteiligte sich daran, daß der Geist denjenigen erschlage, der stehle oder gewalttätig sei und so die Ordnung des Dorfes durcheinanderbringe. Damit schloß das Gespräch.

4. Erstinterpretation

4.1 Das Gespräch als kollektiver und individueller Sinnbildungsprozeß

In diesem Gespräch werden 65 zumeist autobiographische Episoden mit Sangumas-Mördern oder Geistern aus Kindheit und Jugend der Teilnehmer ausgebreitet, an die sich Szenarios künftiger Episoden am nächsten Studienort der Teilnehmer anschließen. Aus der formalen Struktur der Erzählungen (die ich hier nicht im einzelnen darstellen kann) wird deutlich, daß hier persönliche Erfahrungen am eigenen Leib oder im engsten Kreis von Familie und Verwandtschaft mit den berüchtigten Sangumas wiedergegeben werden. Die Arbeit der Gruppe besteht darin, diesen verschiedenen persönlichen Erfahrungen einen Sinn zu geben, der offensichtlich zwischen Amban und dem Rest der Gruppe umstritten ist. Es zeigt sich dabei, daß die Jugendlichen über diese Sinngebung der Erfahrungen mit Sangumas-Mördern zugleich ihren Ort in den zwei Welten, der ethnischen und der modernen bestimmen, daß sie ihren Lebensentwurf und ihr Lebensziel definieren und die Legitimität dieses Entwurfes, seine intersubjektive Geltung in der Gruppe und seine Risiken auskundschaften und schließlich die Chancen testen, ihn erfolgreich und unbeschädigt sich bewähren zu lassen. An der Form des Gesprächs fällt auf, daß die Gruppe zuerst Amban drängt, seine eigenen Erfahrungen mit den Sangumas zu erzählen, und daß sie anschließend seiner Sinngebung entschieden widerspricht und dazu ähnliche Geschichten anführt, denen sie aber einen entschieden anderen Sinn gibt als Amban. In diesen Gegengeschichten wird nun ein gemeinsames und endgültiges Lebensskript der Gruppe entwickelt, demgegenüber sich Ambans Geschichten als vorläufige und unhaltbare Entwürfe entpuppen. Amban hat sich an dieser kollektiven Skriptbildung nicht beteiligt und scheint nun ohne einen verbindlichen Lebensentwurf dazustehen. Doch provoziert die Gruppe ihn, eine bisher in seinen Erzählungen verschwiegene zentrale Erfahrung mit einem von ihm herbeigerufenen Geist wiederzugeben, dessen Zeuge sie waren. Amban läßt sich dazu herbei, kommentiert die von Aika erzählte Episode und bestimmt damit sein von der Gruppe weiterhin entschieden abweichendes definitives Lebenscredo. Im Gegenzug erhält er über die sich unmittelbar anschließende letzte Sangumas- bzw. Geistergeschichte, in der der Geist in Gestalt eines Wurfholzes von den starken Männern ihrer Heimatdörfer ausgeschickt wird, um die Verbrecher an der ethnischen Ordnung zu töten, eine abschließende vernichtende Einschätzung und Bewertung seines Skripts durch die Gruppe, durch die er den

Verbrechern im Dorfe gleichgestellt wird – eine Bewertung, an der er sich irritierenderweise selber beteiligt und die er offensichtlich heiter annimmt.

Von seinem Ende her gelesen, zeigt sich das ganze Gruppengespräch so als eine nur auf den ersten Blick heiter endende, beim weiteren Hinsehen jedoch tragische Inszenierung, in der die Gruppe einen Teilnehmer dazu verwendet, ein gemeinsames endgültiges Lebensskript zu finden, und in der Amban die Hilfe der Gruppe in Anspruch nimmt, um für sich selbst ein individuelles Lebensskript zu finden. Es ist das Skript des Roulettespielers, der sich dem bösen Geist aussetzt, der ihn entweder tötet oder ihm zu unendlicher Fülle verhilft: Beide Seiten erreichen ihr Ziel, aber in diesem kollektiven und individuellen Sinnbildungsprozeß wird einer von ihnen am Schluß den Verbrechern im Dorfe gleichgestellt, die zur Strafe für den Bruch mit der ethnischen Ordnung vom Geist umgebracht werden.

4.2 Aggression und Begehren. Die szenische Entwicklung eines noch unbewußten Gruppenskripts in der Übertragungssituation

Im vorherigen Abschnitt habe ich die formale Struktur des Gruppengesprächs herausgearbeitet. Es wurde deutlich, daß das Gespräch von den Teilnehmern als biographischer Sinnbildungsprozeß angelegt ist, der sich in einer Auseinandersetzung zwischen Amban und den anderen Teilnehmern vollzieht. Der Streitpunkt zwischen ihnen ist die Auslegung ihrer zumeist autobiographischen Erfahrungen mit den allgegenwärtigen Geistermenschen, den Sangumas-Mördern, die ihr Leben bedrohen. Im nächsten Abschnitt wechsle ich die Interpretationsebene entsprechend dem Ansatz der ethnohermeneutischen Interpretationsmethode, nach der der Sinn einer Äußerung (hier eines Gruppengesprächs) stufenförmig in einem Mehr-Ebenen-Verfahren rekonstruiert wird, bei dem Form-, Prozeß- und Inhaltsanalyse sich verbinden (Bosse 1991, 1994 a, Bosse/King 1996).

Entsprechend lese ich das Gruppengespräch im nächsten Abschnitt zunächst als eine Inszenierung, in der die Gruppenäußerungen als Reflex der Forschungssituation betrachtet werden. Die Annahme dabei ist, daß die reale Forschungssituation – in diesem Fall repräsentiert durch mehrwöchige tägliche narrative und frei assoziierende Gespräche papuanischer Schulabsolventen mit zwei weißen männlichen Forschern – nach bewußten Wünschen und unbewußten Bedürfnissen szenisch in einer Weise umgestaltet wird, daß sie Rückschlüsse auf den noch nicht versprachlichten und bewußten Sinn der Gruppenäußerung zuläßt. Erkenntnisleitend sind dabei insbesondere Übertragungen, d.h. innere Bilder der Jugendlichen über sich, über Forscher und ähnliche mächtige Männer und über ihre Beziehung zu diesen, mit denen sie die reale Situation strukturieren.

Die nach Form und Inhalt monströse Präsentation von insgesamt 65 aneinandergereihten mörderischen Sangumas- und Geisterepisoden war für den Forscher schwer auszuhalten. Das wiederholte sich in der fachlichen Supervision und in der nunmehr elfjährigen Interpretationsarbeit. Ebenso erging es dem Supervisor, und es würde sich vermutlich auch für Leser und Leserinnen wiederholen, die das Tonband anhören oder das transkribierte Wort lesen. Der Forscher verstand, von dieser Irritation ausgehend, daß es für die Jugendlichen gerade darum ging, einen Raum zu finden, in dem sie die widersprüchlichen Geschichten ausbreiten konnten. Ambans 15 Eingangsgeschichten ließen keine klare Linie erkennen, sondern nur Konfusion. Wenn so viele Jugendliche, die sich wie Amban vom ethnischen Lebensentwurf getrennt hatten, umgekommen waren, warum hatte er als einziger nichts zu fürchten? Auch in seiner Darstellung der Sangumas-Mörder – allemal Menschen mit übernatürlicher destruktiver Macht (Stephen 1987) – herrschte Konfusion. Einmal waren sie ehrbare Zauberer wie sein Vater und seine beiden Onkel, die die sich der Moderne verschreibenden Jugendlichen vor Mordanschlägen aus den Heimatdörfern schützten; dann die Vorläufer der Moderne selber, weil sie es in der vormodernen Ethnie wagten, die verbindlichen Gesetze der ethnischen Ordnung (z.B. durch Inzest) zu durchbrechen, und so verbrecherisch das Fundament ihrer Macht zu sichern; dann wiederum waren sie verantwortliche Henker, die im Namen der Dorfordnung Verbrecher magisch hinrichteten; und schließlich unberechenbare Tötungsmaschinen, die jeden Mordauftrag annahmen, um so ihre eigene persönliche Macht zu erweitern. Auch wenn Amban sich in diesem Szenario totaler Konfusion an illusionären Gewißheiten festklammerte, wie wir noch sehen werden, – der Forscher verstand den Sinn dieser Präsentation gleichzeitig als Zustandsbeschreibung dahingehend, daß man, auf den Weg innerer Modernisierung geraten, überhaupt kein einigermaßen gewisses Lebensskript mehr zustande bringt, daß man „nicht mehr weiß, wer man ist“, – und als Aufforderung an den weißen Forscher, der in der Moderne ein fähiger und erfolgreicher Mann geworden zu sein schien, zu bezeugen, daß man diese Ungewißheit aushalten kann und schließlich doch ein konsistentes und Leben verbürgendes Skript zu finden imstande ist. Die Forschungssituation wurde also als ein Ort verstanden, an dem, verbürgt durch den Forscher, die Erfahrung der Ungewißheit erst einmal ausgebreitet und aufbewahrt werden konnte. Bion (1971) bezeichnet dieses Aufbewahren (containment) als Aufgabe des Gruppenleiters.

In zwei weiteren Irritationen des Forschers wurde deutlich, daß die Gruppe die Idealfigur, die diese Gewißheit und Lebbarkeit eines Skripts in der Moderne verbürgen sollte – nämlich der Forscher selber – mit spezifischen Zügen ausstattete. Zur Überraschung des Forschers erschienen die jungen Männer an diesem Morgen, was sie nur noch einmal während dieser Feldforschung wiederholten, in kurzen Shorts und präsentierten, auf den Stühlen sitzend, ihre attraktiven Körper. Der Forscher verstand dies in Anlehnung an die Tradition der männlichen Initiation, bei der die Initiatoren die Körper der Jungen am Ende der Initiation zum Zeichen ihrer geglückten Verwandlung in männliche Wesen (wie die Initiatoren selber) und zum Zeichen ihrer Aufnahme in den Männerbund hingebungsvoll pflegen, verschönern und schließlich in ihrer ganzen Pracht dem ganzen Dorf präsentieren (Tuzin 1980), als Wunsch der Jugendlichen, der Forscher solle als modernes Ebenbild der ethnischen Initiatoren ihnen seine Macht übereignen und sie als erfolgreich Modernisierte in seine Gemeinschaft (z.B. in seine Profession) aufnehmen.

Die andere Irritation lag in dem Bericht von der nächtlichen Erscheinung eines Geistes, der in ihren Schlafraum eingedrungen war. Die Jugendlichen benutzten an diesem Morgen statt des sonst üblichen Wortes „spirit“ oder „ghost“ das deutsche Wort „Poltergeist“. Sie gaben damit unbewußt zu verstehen, daß mit dem Geist, den sie schließlich vertrieben hatten, der Forscher selber in seiner bedrohlichen Gestalt gemeint war. Der Forscher verstand, daß ihre nächtliche kollektive Halluzination einen Distanzierungswunsch gegenüber dem Forscher ausdrückte, den Wunsch, der Forscher solle nicht aggressiv und vergewaltigend in ihr Leben eindringen.

Beide Episoden, die morgendliche Selbstpräsentation ihrer schönen Körper und die nächtliche Geisterscheinung können als gemeinsame Gruppenübertragung verstanden werden des Inhalts, daß die Jugendlichen im Forscher selber einen Mann sehen, der mit teils schützenden und fördernden, teils bedrohlichen und zerstörerischen Fähigkeiten ausgestattet ist. Wenn sie dieser Person die 65 Sangumas- und Geisterepisoden anvertrauen, vertrauen sie offenbar darauf oder erwarten, daß der Forscher die dort erscheinenden divergierenden Bilder von Zauberern in sich zu einem klaren und evidenten Skript eines starken und erfolgreichen Mannes in der Moderne vereinigt, wie es vor dem Einbruch der Moderne in ihre eigene Gesellschaft die inzwischen historisch hinfällig gewordene Gestalt des „verantwortungsvollen Zauberers" (Stephen 1987) einst vermochte. Das spiegelt sich bereits in der formalen Struktur der Anfangsszene. Das nachfolgende Gespräch über die bedrohlichen Sangumas-Mörder wird dem Forscher mit der allerersten Äußerung „Testen, testen, testen" angekündigt. Daß er es ist, der hier getestet werden soll, wird durch die auffällige Einrahmung der Sangumasgeschichten ausgedrückt. Der Ankündigung, sie würden über die Sangumas sprechen, folgt der Einwurf, zuerst müßten sie noch über den „Poltergeist" – den offensichtlich deutschen Geist – sprechen. Die manifesten anschließenden Geschichten von Sangumasmördern müssen so als Gegenbild zu den szenischen Übertragungen auf den Forscher gelesen werden, als Negativbild zu der Idealfigur des starken Mannes in der Moderne, der wie die „verantwortungsvollen Zauberer" der Tradition und wie die Initiatoren selber (Bosse 1994, S. 52 f.) die destruktiven und heilenden Fähigkeiten integrieren kann. In den gräßlichen Geschichten und autobiographischen Berichten wird die gegenwärtige ethnische Welt als eine aus den Fugen geratene präsentiert, in der Männer mit magischer Macht unberechenbar geworden sind und ihrer Nachkommenschaft kein gewisses und verläßliches Lebensskript mehr übereignen können. Indem der Forscher diese Präsentation des Grauens aushält, statt zu flüchten, zeigt er sich einerseits zugänglich für die Wünsche der Jugendlichen nach Nähe; indem er sich jedoch mit Interpretationen oder Fragen zurückhält, statt in die Jugendlichen einzudringen (wie die Sangumas-Mörder, die den Hypnotisierten das tödliche Gift einflößen oder magisch die Seele oder das Blut aussaugen), respektiert er andererseits ihr Bedürfnis nach Distanz. Daß der Forscher diese Übertragung versteht und übernimmt, daß er den „Text versteht", hat Wirkungen im weiteren Verlauf des Gesprächs. Indem er zunächst einmal die Gruppenübertragung einer mächtigen männlichen Idealfigur auf ihn zuläßt, bietet er der Gruppe Raum für Zuwachs an Autonomie. Seine Teilnahme, Zurückhaltung und Verläßlichkeit beruhigt die Gruppe, vor allem ihre Ängste, daß sie durch ihre eigene Modernisierung in eine Lebenssituation geraten sind, in der sie nicht mehr wissen und wissen können, wer sie sind und wohin sie gehen werden.

Sie beginnen daraufhin, in der Kritik an Ambans konfusem Lebensskript ein bewußtes und konsistentes Bild von sich als Wanderer zwischen zwei Welten zu entwikkeln. Die Übertragung auf den Forscher wirkt dabei noch auf eine andere Weise als Motor der Entwicklung neuer, bewußter Skripte.

In der an den Forscher adressierten Präsentation ihrer attraktiven Männerkörper und in der nächtlichen Halluzination eines „deutschen" bedrohlichen Geistes im Jungenschlafraum, von der sie eingangs berichten, entwerfen sie ein noch unbewußtes, d.h. nicht versprachlichtes oder ein „sinnlich-symbolisches" (Lorenzer 1981) Bild von sich als gleichzeitig aggressiven und Nähe suchenden Partnern des Forschers. Dieses Bild möchte ich als die unbewußte oder sinnlich-symbolische Vorform ihres bewußten Lebensskripts bezeichnen. Die eingangs vor das Gespräch gesetzte Klammer „Testen, testen, testen" erhält so eine zweite Bedeutung. Sie gehen in das Gespräch, um ein noch nicht bewußtseinsfähiges Skript von sich zu testen. Wird dieses Protoskript vom Forscher, auf den sich die Übertragung richtet, anerkannt, dann läßt sich, wie wir im folgenden sehen, daraus ein bewußtes, neues Gruppenskript entwickeln. Der Übertragungsraum wird so zu einem Raum, um noch ungelebte, unbewußte Skripte zu entwickeln und auszuprobieren. Getestet wird die im Protoskript bereits ausgedrückte Ambivalenz gegenüber dem Forscher. Daß der Forscher Liebe und Aggression, Nähe und Distanzierungswunsch aushält, wird von der Gruppe in dieser Lesart so verstanden, daß ihr Protoskript den Test bestanden hat. Wir sehen auch, daß im Übertragungsverlauf die vier Grunddimensionen, die ich meinem Modell der Bildung biographischer Skripte zugrunde lege, ins Spiel gebracht werden und daß das Protoskript die vier Tests besteht, die auch ein bewußtes Skript bestehen muß, um als definitiv gelten zu können:

(1) Das Skript muß evident sein. Hier steht die Wahrheit der Erkenntnis auf dem Spiel. Indem der Forscher sich nicht auf eine Seite der Übertragung – als „Guter" oder als „Bedrohlicher" – schlägt und nicht die Widersprüchlichkeit ihrer Äußerungen als konfus diskreditiert, verbürgt er sich für die Evidenz ihres Skripts;

(2) das Skript muß Anerkennung finden. Hier steht seine intersubjektive Geltung auf dem Spiel. Indem der Forscher Aggression und Liebe, Nähe- und Distanzierungswunsch überlebt und respektiert, erkennt er ihr Protoskript ambivalenter Haltungen zu mächtigen Erwachsenen an;

(3) ein Skript kann von der Abwehr der Angst vor den Folgen eines neuen Lebensentwurfs getragen werden oder aber kreativ mit der Angst umgehen. Hier steht der Umgang mit der Leiblichkeit auf dem Spiel – den Ängsten, Schuld- und Schamgefühlen, die durch Triebwünsche ausgelöst werden, die im Skript einen Platz finden sollen. Die Gruppe hat die in der nächtlichen Halluzination auftretende Angst vor dem Poltergeist im Gespräch geäußert. Indem diese nach dem Ethos der Sepiks „unmännliche", nämlich Angst benennende Äußerung nicht vom Forscher belächelt wird, kann sie kreativ zu einem Bestandteil auch des im folgenden formulierten bewußten Skripts werden. Angst vor den Lebensrisiken der eigenen individuellen Modernisierung kann als sinnvoll, nämlich als Motor einer Risikoeinschätzung in die männliche Lebensführung integriert werden. Indem außerdem die nächtliche Aggression gegen den Geist, die dem Forscher galt, im Gespräch vom Forscher ausgehalten wird, kann sie kreativ sublimiert werden zu einer Haltung, durch die der Forscher nicht vertrieben werden muß, wie die Gruppe es mit dem Geist versuchte;

(4) ein Skript muß sich in der „sozialen Zeit" (Oevermann 1995) bewähren. Hier steht die Treue zum Skript auf dem Spiel. Die Gruppe setzt ihr unbewußtes oder sinnlich-symbolisches Skript zunächst dem Gang des Gesprächs aus. Indem sich der Forscher

darauf einläßt, bewährt es sich in der sozialen Zeit der Zusammenkunft und kann nun potentiell auf die Zeit außerhalb der Forschungsbeziehung ausgedehnt werden.

4.3 Der Kampf zwischen einem geschlossenen und einem offenen Lebensskript. Die Entwicklung eines bewußten Gruppenskripts

(1) Aus den Übertragungen auf den Forscher, wie sie insbesondere aus dem merkwürdigen Gesprächsbeginn deutlich werden, habe ich ein vorläufiges Lebensskript der Jugendlichen rekonstruiert, das von den Jugendlichen an den Reaktionen des Forschers getestet worden war und den Test bestanden hatte. Dieses Protoskript zeigt sich formal gesehen als bündig und inhaltlich als offen, d.h., der Unabschließbarkeit der Sinnfrage Rechnung tragend. Im nächsten Abschnitt kehre ich nun wieder zur Auseinandersetzung zwischen der Gruppe und Amban zurück und wechsle dabei erneut die Interpretationsperspektive.

Anhand der materialen Auseinandersetzung der Gruppe mit Amban über die Auslegung der autobiographischen Sangumas-Episoden verfolge ich den Übergang des szenischen zu einem reflexiven (bewußten, versprachlichten) Gruppenskripts; im Gegenzug dazu arbeite ich auch Ambans Eingangsskript heraus, das erst über die Kritik der Gruppe an ihm deutlich wird. Der gebotenen Kürze dieses Textes halber kann ich das nur in ergebnishafter Form tun.

Amban entwertet und verleugnet seinen faktischen Entschluß vor Jahren, mit seiner Oberschulkarriere die ethnische Ordnung und Lebensperspektive auf immer zu verlassen. Statt zu seiner Karriere als Ausgebildeter und später im modernen Papua Neuguinea Berufstätiger zu stehen, flüchtet er sich in die Illusion, als Erwählter seines Clans nur eine ethnische Mannesrolle mit traditionellen Pflichten übernommen zu haben, die er im modernen Sektor ausführt. Er präsentiert dieses Skript mit absoluter Gewißheit, ohne jeden Zweifel, um später an der jähen Erfahrung, daß er sich getäuscht hat, daß sein Clan ihn nicht erwählt, sondern anscheinend verdammt und den Sangumas-Mördern des Dorfes überlassen hat, zugrunde zu gehen. Anders die anderen Jugendlichen. Sie präsentieren stolz ihre Entscheidung, künftige Professionelle zu werden, doch gleichzeitig lassen sie sich ein Hintertürchen offen. Sie betonen ihre Rechte, Bindungen und Privilegien in der ethnischen Gesellschaft, zwei von ihnen haben sich initiieren lassen. Sie versuchen, in beiden Welten Fuß zu fassen. Sie kümmern sich um den Landbesitz ihres Clans und können deshalb, sollten sie in der Moderne scheitern, immer zurück in ihr Dorf gehen. So gründet sich die *Evidenz* des kollektiven Lebensskripts als Modernisierter darauf, daß die Jugendlichen dem Zweifel kreativ Raum geben, daß die moderne Gesellschaft Papuas, in die sie nun endgültig aufgenommen sind, den Gefahren begegnen kann, die ihnen aus der Alten Welt drohen. Ambans Skript und seine Skript-Gewißheit, vom Stamme erwählt und in die Moderne delegiert zu sein, nähren sich dagegen vom Ausschluß jeden Zweifels.

(2) Amban vertraut auf eine *vollkommene Anerkennung* durch seinen Clan. Er glaubt fest daran, sich auf den magischen Schutz durch seinen Clan verlassen zu können, auch wenn bereits ein Vetter und ein Stiefbruder in der Universitätsstadt Lae umgekommen

sind. Keine Warnung der Gruppe kann ihn erreichen. Später im Berufsleben sieht er in einer Krankheit den Beweis totaler Nichtanerkennung durch seinen Clan und Stamm und geht daran zugrunde, statt bei einem Gegenzauberer und Heiler Hilfe zu suchen. Er stirbt ohne Gegenwehr wie sein Vater, den ich als todkranken Mann, „von Sangumas vergiftet", später im Dorfe antraf. Die Gruppe vertritt demgegenüber ein *offenes Skript.* Die Sangumas-Anschläge sind für sie der mögliche Preis für das historische Verbrechen der Modernisierungskarriere, für das Verbrechen, einen Lebensentwurf in Selbstbestimmung zu entwerfen. Sie selber tragen mit dafür Verantwortung, daß das System der „sozialen Treue" (Bosse 1994a) im Dorf durch die Modernisierung zerstört ist. So rechnen sie nur noch auf eine sehr begrenzte Anerkennung und entsprechend Förderung und Schutz durch ihre Familien und Clans im Dorf. Krisawa will überhaupt nicht mehr in sein Dorf zurückkehren, weil er vor dem Neid und dem Haß in seiner eigenen Familie und Verwandtschaft nicht mehr sicher ist. Auf der anderen Seite bringt die demonstrative Anerkennung der ethnischen Ordnung lebenswichtige Vorteile. Über die Initiation kann man sich die magische Macht der Männer aneignen, mit deren Hilfe man dann die moderne Karriere leben kann. Im kollektiven Skript der Gruppe wird der lebensgeschichtlichen Erfahrung, mit der eigenen inneren Modernisierung auch auf Nicht-Anerkennung durch die Herkunftsethnie zu stoßen, Rechnung getragen. Die sich daraus ergebenden Lebensrisiken werden sorgsam eingeschätzt, während Amban sich in die Illusion einer vollkommenen Anerkennung durch seinen Clan flüchtet.

(3) Das Fehlen jeglicher Anzeichen eigener *Angst* vor den Folgen seines Lebensentwurfes als Modernisierter weist bei Amban ebenfalls auf ein geschlossenes Lebensskript. Während er am Abend zuvor noch mit leuchtenden Augen, Begeisterung in der Stimme und mit dem gewissen „heiligen Schauder", wie es in der Religionswissenschaft heißt, von den Sangumas-Zauberern erzählte, die, um das Fundament ihrer Macht zu legen, ihr erstgeborenes Kind töten, ist an diesem Morgen seine Stimme ton- und ausdruckslos, als er die grausigsten Geschichten erzählt. Er spricht wie ein gelangweilter ethnologischer Informant. Seine Leiblichkeit ist wie abgestellt – kein Zeichen von Entrüstung oder Abscheu, Ekel oder Angst verrät, daß er hier großenteils autobiographisches Material berichtet, das ihn tief bewegen müßte. Anders die anderen Gruppenteilnehmer. Sie berichten von Erlebnissen, in denen Geister oder Sangumas-Mörder sie zu Tode ängstigten. Angst erscheint in ihrem Skript als Mutter der Vorsicht und Umsicht. Sie wird ins Skript integriert, statt in der Pose eines vom Stamm Erwählten, dessen Leben in der Ewigkeit der Stammesgeschichte aufgehoben ist, unbewußt gemacht zu werden. Die Integration ihrer Angst macht das Kreative ihres Lebensentwurfes aus.

(4) In den 15 autobiographischen Episoden mit Sangumas-Mördern, die uns Amban im ersten Gesprächsteil präsentiert, blickt er zurück auf seine Kindheit im Sepik-Dorf und in der Stadt, auf der Internatsschule fern von den Eltern und blickt voraus auf seine zukünftige Existenz in der noch ferneren Stadt Lae, in der schon gleichaltrige Vewandte und Dorfnachbarn durch Sangumashand umgekommen sind. Es fällt auf, daß er dabei keinerlei Hinweis darauf gibt, wie er sich im Leben als vom Stamm Delegierter in der sozialen Zeit des Studiums *bewähren* will. Er scheint sich ganz auf die aus seinem Dorf wirkende schützende Macht seiner mächtigen Zauberer-Onkel zu verlassen. (Später, als ich nach Abschluß der Gruppengespräche mit ihm sein Heimatdorf und

seine alten Eltern besuchte, wurde ich indirekter Zeuge seines Geheimtreffens mit dem Zauberer-Onkel, dessen magischen Schutzes er sich versicherte.) Amban scheint sich ganz auf die Magie seiner vermeintlichen Verbündeten im Dorf zu verlassen. Wir sehen nicht, daß er für sein Skript als Delegierter im täglichen Handeln aktiver Solidarisierung mit seinen Clan-Verwandten – wo immer er auch ist – im täglichen Leben Verantwortung übernimmt. An die Stelle praktischer Bewährung tritt der Glaube an einen magischen Schutz seiner Person. Anders die Gruppe. In ihren Warnungen an Amban entwickelt sie ein offenes Skript der Modernisierten. Man muß sein Skript der mit dem Clan verbunden bleibenden Modernisierten sich täglich bewähren lassen – durch Gaben an die im Dorf Zurückgebliebenen, durch Versorgung Verwandter in der Stadt, durch Teilnahme an den Dorfritualen, in den Schul- oder Semesterferien etc.

Amban hatte anfangs der Gruppe und dem Forscher jene 15 autobiographischen Episoden präsentiert, die sich als im Widerspruch zueinander stehende Lebensszenarios entpuppten. Aus den einzelnen Entgegnungen und Warnungen von seiten der Gruppe ließ sich jedoch ein konsistentes Lebensskript rekonstruieren, das Amban in das Gruppengespräch mitbrachte. Die Konsistenz dieses Skripts liegt im konsequenten Ausschluß jeden Zweifels an der Evidenz seines Lebensentwurfs als Delegierter, im illusionären Beharren auf vollkommener Anerkennung durch Clan und Stamm, in strikter Verleugnung jeglicher Angst als Mutter der Lebensvorsicht und in der Weigerung, sein Skript als Delegierter in der sozialen Zeit durchzuhalten. Es ist die Konsistenz eines „geschlossenen Skripts", das sich auf allen vier Ebenen einer Selbstreflexivität verschließt.

In ihrer vernichtenden Kritik dieses Skripts entreißt die Gruppe Amban seine Gewißheit und führt ihn in eine offene Situation, in der er ein neues Skript entwickeln muß. Gleichzeitig verwendet die Gruppe Ambans Äußerungen, um an ihm im Gegenzug ein offenes Skript als Modernisierter, – nun auch in reflexiver Form zu erarbeiten, nachdem sie zu Beginn ein noch nicht versprachlichtes Skript szenisch in der Übertragung auf den Forscher entwickelt und getestet hatte. Mit der Konfrontation zweier gegensätzlicher und unvereinbarer Skripte – eines kollektiven offenen mit einem individuellen und geschlossenen (Amban) endet der mittlere Teil des Gesprächs. Im folgenden Abschnitt gehe ich zu den Schlußszenen über, um zu rekonstruieren, zu welcher Lösung dieser Kampf zwischen geschlossenem und offenem Lebensskript, zwischen der Gruppe und einem vom Gruppenkonsens abweichenden Individuum führt.

4.4 Amban – der Modernisierte als Vabanquespieler in der Risikogesellschaft

Die Schlußszenen beginnen mit einer Überraschung. Von Teilnehmern verführt und provoziert, die auf eine frühere, von ihnen miterlebte spiritistische Sitzung in Ambans Regie in der Schule hinweisen, gibt Amban schließlich ein im Entwicklungsprozeß des Gesprächs neues Skript preis. Es ist das Skript eines Vabanque- oder Roulettespielers, der regelmäßig die Begegnung mit einem bösen Geist erzwingt, um aus dieser Begegnung entweder lebendig und im Bewußtsein, ein „starker Mann" zu sein, hervorzugehen oder aber tot, und das Urteil über sein Leben der Bezugsgruppe überlassend. Ambans neues Skript wird auch in den nachfolgenden Gruppengesprächen durchgehalten (vgl.

Bosse 1994, S. 265ff.); wir können es deshalb als seinen endgültigen Lebensentwurf ansehen. Im neuen Skript wird das Leben als offener Prozeß gesehen, in dem die Antwort auf die Frage „Wer bin ich, wohin gehe ich?" immer weiter neu gestellt werden muß und je neu in der Begegnung mit dem bösen Geist zur Beantwortung ansteht. Ambans voriges Skript eines vom Stamm Erwählten, in die Moderne Delegierten und dort Geschützten wird damit zur Makulatur. Mit dieser Entwicklung Ambans innerhalb eines einzigen Gruppengesprächs bestätigt sich am Material meine biographietheoretische Anfangsthese, daß das Individuum auch in der Moderne auf eine Gruppe angewiesen bleibt, um ein endgültiges individuelles Lebensskript zu entwickeln und für sich verbindlich zu übernehmen. Zugleich bestätigt sich meine These, daß ein Individuum in der Moderne auch dann auf eine Gruppe angewiesen bleibt, wenn es deren kollektivem Skript ein radikal anderes und eigenes entgegensetzt. Denn Amban geht mit seinem Entwurf weit über den Gruppenkompromiß zwischen Moderne und Tradition, zwischen der Wahl eines vom Stamm unanbhängigen Entwurfs und der Fortsetzung eines ethnischen Lebensentwurfs hinaus. Das neue Skript zeigt überraschend, daß er bestimmte Tendenzen der modernen Risikogesellschaft radikaler als seine Mitstreiter internalisiert hat. Das will ich im folgenden an seiner radikalen Umwandlung des ethnischen Lebensentwurfs des Angriffs- und Heiler-Zauberers, dem er so offensichtlich nachstrebt, zum Selbstentwurf des „Selfmade-Zauberers" herausarbeiten. Seine spiritistischen Sitzungen können wir dabei als eine modernisierte und in ihrem Sinn radikale Neubildung der Selbstermächtigungsrituale ethnischer Zauberer verstehen.

Bei den Sepiks setzt sich der Zauberer immer wieder, nicht nur bei seiner „Ausbildung", rituell der destruktiven übernatürlichen Macht aus (Stephen 1987). Psychologisch gesprochen, verschafft er sich Zugang zu seiner eigenen Destruktivität. Wie in einer vormodernen Selbstanalyse lernt er durch wiederholte Arbeit, seine eigene Destruktivität wie die seiner Mitmenschen in seinem eigenen Bewußtsein präsent zu halten und mit ihr in seinem status- und positionsgemäßen Verhalten verantwortlich umzugehen, als Heiler oder als Angriffszauberer. Seine Ausbildung gibt ihm eine gewisse Sicherheit im Umgang mit seinem destruktiven Potential und den mit ihm verbundenen Ängsten. Seine soziale Position in der ethnischen Gemeinschaft gibt ihm eine Legitimität dazu. Amban greift in seinen „spontanen" Ritualen (Bosse 1996a) des Selfmade-Zauberers diese Tradition auf, entblößt sie aber von ihren Sicherheits- und Legitimitätsaspekten. Wir haben gesehen, daß Amban sich nicht bewußt als künftiger Professioneller definiert, sondern zu Vorstellungen von seiner Erwählung und Delegation als Vertreter seines Clans im modernen Papua Neuguinea Zuflucht nimmt. Aber diese Obsession, sich wie ein Selfmade-Zauberer in der Gruppe und vor der Gruppe zu stilisieren, diese zentrale Phantasie, mit der er seinen endgültigen Lebensentwurf ausdrückt, zeugt von Erfahrungen, die er täglich in der Risikogesellschaft macht, für die die 12 Jahre Schulzeit stehen, die er gerade hinter sich hat. Die erste Erfahrung, die er mit allen Teilnehmern der Risikogesellschaft teilt, ist die, daß der Lebensentwurf der Herkunftsfamilie seine Gültigkeit und Verbindlichkeit verloren hat. Die Schule macht keinen Hehl daraus, daß diese Jugendlichen, die, wie sie selber sagen, die „Glücklichen" sind, nicht dem Lebenslauf ihrer Väter und Mütter oder ihrer Altersgenossen, die im Dorf verblieben sind, folgen müssen. Sie gelten auch als die „Tüchtigen", die imstande sind, der neuen Ordnung zu folgen. In Ambans Lebensskript ist die aggressive Seite dieser kulturellen Trennung, die vom Staat und den einflußreichen Kirchen im Namen einer neuen Ordnung ausgerufen wird, deutlicher und prägnanter ausgedrückt als in den Feiern einer modernen Ordnung. Wenn Amban sich als Zauberlehrling phantasiert, der die heiligsten Regeln der ethnischen Ordnung durchbrechen darf, dann liegt, wie wir anfangs sahen, die Aggressivität nicht im phantasierten Inzest oder im phantasierten Kinder- oder Ehefrauenmord, sondern in der Entschiedenheit, in Ambans Augen vielleicht sogar Ruchlosigkeit, mit der sich der junge Professionelle von der Kontrolle durch die Herkunftsfamilie absetzt. Die Phantasie vom Vabanque-Spieler ist also eine aggressive Absage an die Kontrolle seines Clans über seinen Lebensentwurf, eine aggressive Selbstbefreiung aus seiner, mit ethnischen Augen gesehen, selbstverständlichen Abhängigkeit von den Entscheidungen und Planungen seines Clans, sein adoleszentes und künftiges Leben betreffend. Die Risikogesellschaft macht ihren Mitgliedern schnell und unerbittlich klar, daß der von der Herkunftsfamilie vorgesehene Lebensentwurf für das Fortkommen unerheblich ist, daß zum Fortkommen andere Maßstäbe gesetzt werden. In den vielen Klagen der jugendlichen Oberschüler über das Unverständnis ihrer Väter für das, was sie hier in der Schule tun, und daß sie hier nach Leistung und nicht aufgrund ihrer verwandtschaftlichen Beziehungen zu Lehrern beurteilt werden, lasten sie den Vätern als Versagen an, was in Wahrheit die tägliche Botschaft der modernen Institution ist – daß die Schule ihnen neue Selbstperspektiven eröffnet und abfordert.

In der Phantasie vom Selfmade-Zauberer, der sich bei seiner Konfrontations des bösen Geistes ohne Sicherheitsgarantien Tod oder Leben ausliefert, drückt sich eine zweite allgemeine Erfahrung der Risikogesellschaft aus. Es gibt kein allgemeines Lebensskript mehr, das relative Sicherheit im individuellen Lebenslauf garantierten könnte. Es gibt keine sozialen oder religiösen Ordnungen mehr, die ihren Mitgliedern, die die inhärenten Normen respektieren, Lebenssicherheit verspräche – in diesem oder in jenem Leben. Die Risikogesellschaft bedeutet nicht nur das Ende ethnischer Biographien, sondern jeder „Normalbiographie" überhaupt. Mit der Freigabe des individuellen Lebensentwurfes ist auch das Lebensrisiko dem einzelnen übertragen. Keine Institution nimmt es ihm ab. Amban erlebt und versteht nun die moderne Risikogesellschaft wie ein Roulettspiel, ja eher noch wie russisches Roulett. Man lebt oder stirbt, und zwar unabhängig vom eigenen Verhalten. Amban kann in seinem Lebensskript nur diese Seite der Risikogesellschaft ausdrücken, nicht die andere, von den übrigen Gruppenmitgliedern ausgedrückte Perspektive, daß man die Lebensrisiken klein halten kann, wenn man die Normen der verschiedenen partikularen Lebenswelten respektiert, in die man integriert ist. Die ethnische und die der modernen Institutionen. Er kann nicht sehen, daß es neue, partikulare Subkulturen gibt, die ihre eigenen Standards haben, und deren Befolgung eine relative Sicherheit in Aussicht stellt.

Und schließlich drückt Ambans Lebensskript richtig, wenn auch in verzerrter Form aus, daß sich die *Legitimität des eigenen Handelns* in der Risikogesellschaft nicht mehr wie in der ethnischen aus der Befolgung traditioneller Normen ableiten läßt. Die destruktive Macht, die er sich in seiner Phantasie als Selfmade-Zauberer zu eigen macht, entbehrt für ihn jeglicher Legitimität, weil sie nicht mehr im Dienst einer bestimmten

Lebensführung und einer bestimmten sozialen Position übermittelt wird. Für ihn dient sie dazu, sich einen eigenen Lebensentwurf zurechtzuzimmern: Alter, Glück und Schadensfreiheit, wenn er seine Aggression einsetzt. Auch damit trifft er eine bestimmte Seite der Risikogesellschaft, ja, seine Phantasie wirkt geradezu post-modern. Anything goes. Amban ist ein guter Schüler der Moderne. Hinter den heiligen Standards moderner Professionen verbirgt sich oft Unverbindlichkeit, Beliebigkeit und Ziellosigkeit. Amban drückt die selbstdestruktiven Seiten der Erfahrung aus, daß es keine vorgegebenen Sinnperspektiven mehr gibt und daß ein Invididuum damit überfordert sein kann, dem eigenen Leben eine Sinnperspektive zu geben, die einerseits die Eigenverantwortlichkeit für den Entwurf nicht einschränkt, ihn aber andererseits wieder an die Gemeinschaft oder Gesellschaft zurückbindet und so sinnvolles soziales Handeln für andere oder mit anderen möglich macht.

4.5 Die Schlußszene. Das Grauen vor den Risiken der Moderne

Nach der von mir eingangs behaupteten Logik von Sinnbildungsarbeit in Gruppen können wir erwarten, daß die Jugendlichengruppe zu Ambans Lebensentwurf, der ihr gerade entwickeltes gemeinsames Skript radikal in Frage stellt, verbindlich Stellung nimmt. Diese Erwartung wird durch die Schlußszene bestätigt – wiederum durch eine inhaltlich überraschende Wende.

Die Schlußszene, die Kampari mit der Geschichte vom Bambus-Geist in seinem Heimatdorf, der einen Dieb erschlug, unmittelbar an Ambans Lebenscredo eines spiritistischen Vabanque-Spielers anschließt, fällt durch einen merkwürdigen Stimmungswechsel auf, der von einem ebenso merkwürdigen Perspektivenwechsel begleitet ist. Kampari beginnt die Geschichte mit der Eröffnung, in seinem Dorf gebe es ein Bambusholz, einen Geist – aber er könne es nicht glauben, daß die Männer seines Dorfes das Bambusholz benützten, um etwas – offensichtlich etwas Schlimmes – herauszufinden. Das Bambus fliege einfach fort, gehe überall hin, man müsse ihm nur folgen. In den nächsten Sätzen wird deutlich werden, daß Kampari an die Geschichte, deren Zeuge er war, und an die Macht des Bambus-Geistes mit absoluter Gewißheit glaubt. Wenn er also sagt, er „könne“ nicht glauben, dann heißt dies, daß er nicht glauben will, was da Schreckliches geschieht. Der Anfang der Schilderung ist aus der Perspektive eines potentiellen Opfers formuliert, das sich etwas Schlimmes vom Leibe halten will, das mit den starken Männern und dem Bambus-Geist im Dorfe zusammenhängt. Nun greifen die Teilnehmer jedoch Kamparis begonnene Geschichte auf und führen sie, wie der Forscher im Transkript notiert hat, mit „freudiger“ und „stolzer“ Erregtheit zu Ende. Kampari beginnt jetzt zu lachen. Alle bewundern die Macht des Bambus-Geistes, und Kampari führt schließlich Grund und Ziel der Geistaktion an. In seinem Dorf wurde jemand des Diebstahls beschuldigt, und das Holz fand tatsächlich den Weg in seine Hütte. Weitere Strafberichte aus den Heimatdörfern der Jugendlichen schließen sich an. Die durch den Bambusgeist gesühnten Verbrechen sind allemal Diebstähle, Gewalttätigkeit oder andere Störungen der ethnischen Ordnung und Verletzung ihrer Regeln. Begonnen wurde die Geschichte aus der Perspektive eines möglichen Opfers der strafenden

Macht der starken Männer im Dorf, beendet wird sie in der Identifikation mit den Männern, die die Verbrecher an der ethnischen Ordnung durch den Geist hinrichten lassen. Dem entspricht der Stimmungswechsel von Ängstlichkeit zur stolzen, freudigen Erregung und schließlichen Entspannung. Diese überraschende Wende wird verständlich, wenn wir die ganze Schlußszene als Kommentar zu Ambans spiritistischem Lebenscredo verstehen, ja schärfer noch: als einen Akt, mit dem die Gruppe Ambans Skript eines Vabanque-Spielers ein regressives Skript entgegensetzt – das eines Lebens im Schoße und nach den Normen der traditionellen Dorfgemeinschaft. Das ethnische Lebensskript wird in der Geschichte sinnfällig ausgebreitet: Wer gegen die traditionelle Ordnung und die mit ihr verbundenen Pflichten verstößt, wird im Bündnis von starken Männern und Geistern als Verbrecher mit dem Tode abgestraft. Was in der Geschichte ausgebreitet wird, geschieht gleichzeitig im Verhältnis zwischen der Gruppe und Amban. Mit dieser Geschichte rückt die Gruppe von Amban ab. Sie stellt ihn auf eine Stufe mit den Verbrechern im Dorf, und die Schlußszene wird zu einer Gerichtssitzung und einem Todesurteil für Amban.

Was ist Ambans Verbrechen? Die Gruppe hat schon einmal, vor sechs Monaten, Amban halbtot am Boden liegen sehen, niedergeworfen vom bösen Geist – eine Folge seines selbstmörderischen Skripts. Aber er ist unbelehrbar und bekräftigt sein Skript noch einmal in diesem Gespräch. Das löst eine Erschütterung in der Gruppe aus. Wir sehen sie sinnfällig in der Angst dokumentiert, die die Gruppe plötzlich ergreift. Plötzlich hat sie Todesangst überwältigt, die sie sich zuvor im Gespräch hatte zugestehen können, über die sie hatte sprechen und die sie damit hatte integrieren können – sie hatten nächtens Angst vor dem erscheinenden Poltergeist, sie haben Angst vor den Sangumas-Überfällen. Die Gruppe wird der plötzlichen Panik nur Herr, indem sie die paralysierende Angst unbewußt macht und ebenso die Quelle ihrer Ängste – ihre eigene Trennungsaggression – ihre Aggression gegen die kontrollierenden Eltern, Clans und starken Männer, die den modernisierten Lebensentwurf verhindern wollen – eine Aggression, die sie zuvor in der Übertragung auf den Poltergeist und den damit gemeinten Forscher erstmals akzeptiert und bewußt hatte erleben können (sie versuchte, den „Poltergeist" zu vertreiben). Die Unbewußtmachung von Angst und Trennungsaggression wird über den Abwehrmechanismus der Verschiebung erledigt – die eigenen Aggressionen gegen die Vertreter der ethnischen Ordnung werden in der Schlußszene auf den nunmehr einen und einzigen „Verbrecher" in der Gruppe verschoben; nur einer von ihnen, nicht wie zuvor sie alle, hat nun gegen die ethnische Ordnung gesündigt, als er das traditionelle Lebensskript aufgab.

Mit diesem Akt kehrt die Gruppe überraschend von einem offenen zu einem geschlossenen Lebensskript zurück. In diesem neuen Skript ist wechselseitige Anerkennung nur durch Gehorsam gegenüber traditionellen Normen, durch Erzwingung ihrer Einhaltung und durch Sanktion für ihre Verletzung möglich. Eine wechselseitige Anerkennung von Subjekten, die sich durch ihre Lebensoptionen unterscheiden, gibt es in diesem Entwurf nicht mehr. Individualisierung und Individuierung sind bereits das Todesverbrechen und werden mit totaler Nichtanerkennung bestraft, deren Ausdruck die Todesstrafe ist. Zugleich kehrt die Gruppe in der Identifikation mit den Bewahrern der ethnischen Ordnung zu einem Lebensskript zurück, das von einem absoluten

Gewißheitsanspruch ist. Es gibt nur eine Wahrheit – die der ethnischen Ordnung. Zwischen Anerkennung und Nichtanerkennung gibt es keine vermittelnde Beziehungsform mehr, wie sie in Beziehungen zwischen autonomen Subjekten möglich wäre, über Erkenntnis von Gleichheit oder Gemeinsamkeit bei wechselseitigem Respekt vor der Unterschiedlichkeit und Unabhängigkeit des anderen. Mit der Unbewußtmachung der Angst, die als schärfster Stachel der eigenen Leiblichkeit in jeder Gewißheit steckt, wird der Leiblichkeit wieder ihre bedrückende Grenze genommen. Wer im Dorf treu seine Pflicht erfüllt, den wird kein Bambusholz treffen, kein Sangumas-Mörder wird ihm das Blut und die Seele aussaugen. Das Skript ist wieder unbegrenzt lebbar geworden. Die Gruppe konnte sich die Entzauberung der Welt, die zur Autonomie als eine Annahme der Relativität und Vorläufigkeit aller eigenen Lebensgewißheiten führt, nur bis zu der Grenze leisten, an der sie sich eine Anerkennung ihres Lebensentwurfs durch die Dorfgemeinschaft und durch die neue Gemeinschaft der modernisierten Jugendlichen vorstellen konnte. In dem Moment, als diese Grenze, wie in Ambans endgültigem Skript, überschritten wurde, mußte die Gruppe ihre Ängste unbewußt machen und regressiv zu einem geschlossenen Weltbild zurückkehren.

5. Zweitinterpretation. Religiöse Erfahrung als Medium der Freisetzung oder Rücknahme autonomieorientierter Sinnbildungsprozesse

5.1 Die Entstehung des Fundamentalismus

Den Lesern und Leserinnen wird aufgefallen sein, daß ich bisher den auffällig religiösen Charakter der Vorstellungen über Lebensskripte der Sepikjugendlichen nicht gewürdigt habe. Das will ich nun nachholen, und zwar im Sinne meiner Eingangsfrage, ob wir nicht in der materialen Religion Grundmuster der Sinnbildungsarbeit als Prozeß und ebenso auch Grundmuster von Lebensskripten (offenen oder geschlossenen) vorfinden, die wir als Grundmuster von biographischer Sinnbildung überhaupt – in einer material-religiösen Gestalt – erkennen und in der Biographieforschung auch bei nachreligiösen Biographien verwenden können und müssen. Als Teilnehmer an der Moderne wird uns dabei vor allem interessieren, ob wir in den materiell-religiösen Sinnbildungsprozessen, die mit dem religiösen Material traditionaler, vormoderner Gesellschaft arbeiten, bereits Spuren des Kampfes um individuelle Autonomie finden, den wir als Zentrum der „inneren Modernisierung" der Gesellschaft ausmachen und der das Verhältnis von Individuum und Gruppe fundamental verändert.

Im Gruppengespräch von Jugendlichen, die über ihre Bildungsmigration die ethnischen Lebensentwürfe ihrer Herkunftsfamilien und Ethnien faktisch endgültig verlassen haben und dabei zwischen die Mühlsteine eines traditionellen, geschlossenen und eines potentiell offenen Welt- und Selbstbildes geraten, taucht ein religiöses Muster kollektiver Sinnbildung auf. In der Religionssoziologie wird das religiöse Skript, zu dem die Gruppe sich am Schluß (in Reaktion auf Ambans spiritistisches Skript) hinwendet, als fundamentalistisch bezeichnet (vgl. Kepel 1991). Der Fundamentalismus gilt gemeinhin als eine Position, bei der der materielle Gewinn gesellschaftlicher Modernisierung, die Möglichkeit individueller Bildungs- und Berufskarrieren (soziale Mobilität) sowie der Zuwachs an politischen und ökonomischen Lebensressourcen und kulturellem Einfluß (Prestige) „mitgenommen", dabei jedoch die Autonomisierungsangebote zurückgewiesen werden. Ich vertrete hier einen ganz anderen Ansatz, der sich aus der Analyse zahlreicher jugendlicher Sinnbildungsprozesse ergeben hat und auch vom Verlauf des obigen Gruppengesprächs bestätigt wird. Im Gruppengespräch folgt die fundamentalistische Wende der Gruppe einem markanten Prozeß der Autonomisierung ihres Lebensskripts in der ersten Hälfte des Gesprächs. Dort entwickelt die Gruppe ein gemeinsames Lebensskript relativer Gewißheiten. Im Gegensatz zu Ambans Entwurf, er sei als künftiger Professioneller nur ein Delegierter seines Stammes, der einen traditionellen ethnischen Lebensentwurf ausführt, erkennen die anderen Teilnehmer, daß sie selber den ethnischen Entwurf verlassen haben und für die sich daraus ergebenden objektiven Lebensrisiken die Verantwortung auch selbst tragen. Ihr Skript als Modernisierter zeigt eine Lösung des Evidenz- und Anerkennungsproblems, des Kreativitäts- und Bewährungsproblems, die für Irrtum und Korrektur, für Angst und Zweifel – also für Ungewißheit offen bleibt. *Ihr Fundamentalismus, wie er sich am Ende des Gesprächs in der Rückkehr zu einem geschlossenen Weltbild und in der Unbewußtmachung eigener Ängste vor den Folgen ihrer Autonomie ausdrückt, ist demnach keine Barriere gegen Autonomisierung, sondern vielmehr ein Rückschritt, eine Revision bereits vollzogener „innerer Modernisierung" eine Rücknahme eines bereits gelungenen eigenen Autonomisierungsprozesses.* Möglicherweise führt dieses Ergebnis zu einem *Paradigma biographischer Arbeit*, mit dem wir sowohl den Fundamentalismus wie auch religiöse Biographien überhaupt verstehen können. *Das Paradigma wäre dann, daß geschlossene Weltbilder sowie Abwehr von Angst und Zweifel nicht notwendig als Ausdruck bleibender Bindung an vorgegebene kollektive Sinntraditionen zu verstehen sind, sondern als Rücknahme bereits vollzogener Autonomisierungsschritte im Leben einer Person oder Gruppe.* Um dieser Hypothese weiter nachzugehen, müßten wir uns allerdings von respektablen Trends der Forschung über religiöse Biographien trennen, die zum Beispiel die entscheidende biographische Festlegung bereits in der Kindheit ansetzen (Freud 1927), ehe sich überhaupt mit der Adoleszenzphase Chancen einer autonomen Entwicklung eines Ichs auftun.

5.2 Das Motiv der fundamentalistischen Regression und die Unabschließbarkeit des Autonomisierungsprozesses

Wenn die Einnahme der fundamentalistischen Position eine Rücknahme bereits individuell oder kollektiv erarbeiteter Autonomisierungsschritte darstellt, dann möchten wir erfahren, welche biographische Situation diesen Schritt „erzwingt". Hier erlaubt uns nun die gruppenanalytische Gesprächs- und die ethnohermeneutische Interpretationsmethode, Einblick in die Dynamik derartiger Sinnbildungsprozesse mit ihrer überraschenden Wende zu nehmen. Indem wir den verschlungenen und oft gegenläufigen Bewegungen von Bewußtmachung und Unbewußtmachung schuld-, scham- und angstbesetzter Gefühle, Vorstellungen und Lebenswünsche nachgehen, stoßen wir darauf, daß die schließlich bewußt formulierten Antworten auf die Fragen „Wer sind wir? Wer bin ich? usw." motivgeleitete Vorstellungen vom eigenen Selbst in der Welt und in der Lebenszeit sind. Werden im Entstehungsprozeß eines Lebensskripts derartige angst-, schuld- oder schambesetzte Vorstellungen und Triebwünsche bewußt integriert oder sublimierend bearbeitet, spreche ich von einem offenen oder selbstreflexiven Lebensskript; werden sie im Entstehungsprozeß des Skripts unbewußt gemacht, spreche ich von einem geschlossenen oder defensiven Lebensskript.

In Ambans Entwurf wird, trotz der Flucht in den Spiritismus, ein entscheidender Autonomieschritt vollzogen, mit dem er die anderen Teilnehmer überholt. Für Amban ist die existentielle Lebensunsicherheit und Ungewißheit nicht mehr Werk unberechenbarer magischer Mächte wie der Sangumas-Zauberer, denen man ausgeliefert ist, auch nicht Werk neidischer Dorfnachbarn, sondern ist der Endlichkeit menschlichen Erkenntnis- und Praxisvermögens selbst geschuldet. In Ambans spiritistischem Skript ist diese Gewißheit einer unaufhebbaren existentiellen Ungewißheit allerdings auf eine selbstzerstörerische Spitze getrieben, weil sie mit ihrer Resignation vor der Aufgabe relativer Lösungen für das Evidenz- und das Anerkennungsproblem, für das Kreativitäts- und Bewährungsproblem des eigenen Lebens die Gruppe das Fürchten lehrt. Während nun die Gruppe im Schlußteil des Gesprächs sich auf der manifesten Skriptebene mit Hilfe eines wieder geschlossenen, ethnischen Lebensskripts strafender Autorität von Amban distanziert, gerät sie auf der dynamischen Ebene in den von Amban ausgelösten Sog der Verunsicherung. Am Wechsel von Kamparis angstvoller und aus der Perspektive eines möglichen Opfers eingeleiteten Schlußbemerkungen hin zur triumphalen Einnahme der Rächerperspektive ethnischer Autoritäten durch die Gruppe sehen wir, daß der Wechsel zum fundamentalistischen Skript vom selben Motiv der Abwehr von Schuldgefühlen, gegen die Prinzipien der ethnischen Ordnung „gesündigt zu haben", und von derselben Abwehr der daraus resultierenden Bestrafungs- und Todesängste getragen ist wie Ambans Skript, mit dem er sich als ein furchtloser Held, als Vabanque-Spieler zu erkennen gibt, der aus eigenem Antrieb sich dem „Gottesurteil" des bösen Geistes über sein Leben unterwirft. Das Opfer dieser Abwehr von Schuldgefühlen und Todesängsten ist die Trennungsaggression der Jugendlichen, deren Auftreten in der Übertragung auf den Forscher als bedrohlichem Poltergeist, den sie vertreiben wollten, den Autonomisierungsschritt der Gruppe in diesem Gespräch einleitete. *Das hier nachweisbare Motiv des Fundamentalismus ist also Triebabwehr zur Entlastung von Schuld- und Angstgefühlen, die mit der Triebäußerung, die einen Autonomieschritt bedeutet, auftreten. Die überraschende Wende von einem autonomen zu einem fundamentalistischen Lebensskript bei den Teilnehmern zeigt, daß Autonomisierungsprozesse zwingend unabgeschlossen sind und daß auch die Integration der Ungewißheit ins Lebensskript, daß also die Versöhnung mit der eigenen Endlichkeit nur als eine Daueraufgabe der biographischen Arbeit gefaßt werden kann und insofern selber auch ungewiß bleibt und unter neuen Lebensbedingungen zu einer Abwehr der mit der Autonomie verbundenen Ängste und Schuldgefühle und zu einer Weltbildschließung führen kann.*

5.3 Religiöse Erfahrung als Autonomisierungsschritt in der biographischen Sinnbildung

In der Interpretation der Gruppenübertragung auf den Forscher, die sich in der morgendlichen Präsentation der attraktiven Jungenkörper und in der nächtlichen Begegnung mit einem „Poltergeist" szenisch vollzog, wurde deutlich, daß im Schutze dieser angesonnenen und vom Forscher intuitiv und reflexiv übernommenen Übertragung wesentliche Autonomisierungsschritte in der biographischen Sinnbildungsarbeit der Gruppe möglich wurden. Von dieser Interpretation ausgehend, möchte ich abschließend die Hypothese formulieren, daß religiöse Erfahrung selber als Ort der Entstehung von Autonomisierungsschritten in der biographischen Arbeit verstanden werden kann. Dabei darf allerdings der Unterschied zwischen religiöser Erfahrung und der Übertragung, die nach ihrer Zulassung und Durcharbeitung am Ende wieder relativiert wird, nicht verwischt werden. Im Übertragungsprozeß wird der Forscher am Ende als Forscher erkennbar, der weder Geist noch Zauberer ist. Doch fallen einige Parallelen in der Bedeutung der Konstruktion der religiösen Bilder und der Übertragung auf.

Wenn man die Übertragung der Jugendlichen auf den Forscher nicht als unbewußte Wiederholung durch frühkindliche Traumatisierung ausgelöster realitätsverzerrender Bilder vom Selbst und Anderen sieht, sondern als produktive, phantasierende und inszenierende Ausgestaltungen der Forschungssituation als eines Übertragungsraums, und wenn der Forscher sich entsprechend verhält, wird, wie in dieser Fallstudie deutlich geworden, dieser Freiraum von den Teilnehmern für die Erweiterung ihres Spektrums eigener Wünsche, Vorstellungen, Phantasien und Gefühle verwendet. Innerhalb des Gruppengesprächs wurden diese Autonomieschritte erstens daran sichtbar, daß die Teilnehmer imstande waren, das Illusionäre, d.h. die Angstabwehr in Ambans Skript vom Delegierten seines Stammes zu erkennen und dagegen ein offenes Lebensskript zu setzen. Der Autonomisierungsschritt wurde dabei zweitens bereits in der inhaltlichen Fassung der Übertragung auf den Forscher deutlich. Indem er als Mann und Geist mit den magischen Fähigkeiten konstruiert wurde, einerseits Förderung und Aggression verantwortlich zu regulieren und in einer verläßlichen Haltung zu integrieren und andererseits die Nähe- und Förderungswünsche, aber auch Aggression und die Distanzierungsbedürfnisse der Jugendlichen auszuhalten und ohne Distanzierung oder Bestrafung zu beantworten, vollzogen die Jugendlichen selbst eine Integrationsleistung. Widerstrebende und widersprüchliche eigene Gefühle, Wünsche und Vorstellungen konnten an eine Person gerichtet werden, statt auf verschiedene Personen oder Geister verteilt und aufgespalten zu werden. Adoleszenztheoretisch betrachtet, vollziehen die Jugendlichen damit einen entscheidenden Autonomisierungsschritt. Das vorliegende Gruppengespräch markiert, wenn wir es auf dem Hintergrund vorhergehender Gruppengespräche und Einzelinterviews lesen, die ich dem Leser hier nicht mehr im einzelnen nahebringen kann, insofern eine Wende in der Biographie der Jugendlichen, als es ihnen hier zum ersten Mal gelingt, gegenüber einer Person, die sie lieben und deren Anerkennung sie suchen, die Ambivalenz ihrer Gefühle – Bindungswunsch und Distanzierungsbedürfnis – in der Form einer rituell und religiös gefärbten Übertragung auszudrükken. *Stellvertretend am Forscher vollzogen, beginnt hier ein Ablösungsprozeß, der Nähe nicht beendet, sondern sich ihrer gleichzeitig versichert.* Im Leben der Jugendlichen gilt dieser Ablösungsprozeß ihren nächsten Bezugspersonen, also den Eltern und Geschwistern, den Mutterbrüdern und nächsten Verwandten in der Ethnie – ein Ablösungsprozeß, ohne den Adoleszenz nicht zur Autonomie führen kann. Im realen Leben der Jugendlichen ist diese Ablösung für sie bis dahin unmöglich, weil sie glauben, die Familie als Schutz vor dem Neid und der Rache der Umwelt im Angesicht ihres Modernisierungsprivilegs dringend zu brauchen. Bevor die Weißen kamen, wurden Autonomiewünsche von Jugendlichen durch rituelle Einbindung der nachrückenden Generation hintertrieben und wurde Autonomie durch Verführung und Erzwingung eines gemeinsamen „Auszugs" der Männer mit den Jungen, der Frauen mit den Mädchen während der Initiationsphase unmöglich gemacht (Bosse 1994 a, S. 52 ff. u.ö.). Im modernen Papua Neuguinea gibt es zwar Angebote individueller Bildungs- und Berufskarrieren, die die Jugendlichen begierig ergreifen, aber keine institutionalisierten Freiräume für Ausbildung jugendlicher Autonomie. Die Folge ist, daß Jugendliche ihre Distanzierungsbedürfnisse gegenüber geliebten oder gefürchteten Bezugspersonen unbewußt machen. Wir sehen das im Gruppengespräch an der Idealisierung der Eltern oder nächsten Verwandten als der Beschützenden; an der potentiellen Lebenslüge, sie seien selber nur Delegierte ihrer Familien und hätten sich nicht auch selbst vom Lebensentwurf der Eltern und Geschwister getrennt; an der Verschiebung der Trennungsaggression auf Gleichaltrige wie auf Amban im Gruppengespräch, oder auf andere Gruppenteilnehmer in einer zweiten Forschungsgruppe (Bosse 1994 b) und schließlich in der Verschiebung der Trennungsaggression auf Geister und auf Sangumas-Mörder, von denen sie sich jederzeit in ihrer Karriere bedroht sehen. Wird, wie aus anderen Gruppengesprächen erkennbar, die Trennungsaggression dennoch einmal gegenüber den Eltern geäußert, so tritt sie zumeist als Enttäuschung über mangelnde Unterstützung und geringes Verständnis für die Lebenssituation der Jugendlichen in der Moderne auf; sie steht also nicht im Dienste von Autonomie, sondern im Dienste enttäuschter Bindungs- und Versorgungswünsche (Bosse 1996 a). Im vorliegenden Gruppengespräch kann sie zum ersten Male in der Übertragung auf den Forscher, eingefärbt in eine nächtliche Erfahrung mit dem „Poltergeist", als Wunsch der Jugendlichen ausgedrückt werden, daß ihr Freiraum respektiert wird, in dem ihr Lebensentwurf sich ausbilden kann. Bedeutsam ist dabei, daß die Jugendlichen dieses Distanzierungsbedürfnis ausdrücken können, ohne ihre Bindungs- und Nähewünsche verleugnen zu müssen. Das steht in krassem Gegensatz zu den individuellen Lebensläufen einiger Teilnehmer, bei denen eine Distanzierung von den Eltern zu mehrjährigen Beziehungsabbrüchen führte.

Zur Integration ihrer Trennungsaggression und ihrer Distanzierungsbedürfnisse in ihr Lebensskript braucht die Gruppe offensichtlich einen idealisierten Anderen, der Aggression und Liebe, Bindungs- und Trennungswunsch, Distanz- und Nähebedürfnis der Jugendlichen aushalten kann. Diesen schafft sich die Gruppe in einer Übertragung auf den Forscher. An der Übertragung ist weniger bedeutsam, daß die Person, auf die sich die Übertragung richtet, mit Fähigkeiten ausgestattet wird, die in der Tradition Geistern und Zauberern vorbehalten ist. Wichtiger ist, daß sie die Gewißheit verbürgt, daß die Jugendlichen, anders als in ihrer bisherigen Alltagswelt, ihre Trennungsaggression ausdrükken dürfen, ohne tödlichen Schaden zu nehmen.

Im Gruppenprozeß fällt eine Autonomie ermöglichende Übertragung der Jugendlichen teilweise mit einer religiösen Erfahrung in eins. Von daher können wir argumentieren, daß wir auch die religiöse Erfahrung als eine unbewußte Konstruktion eines idealisierten „Anderen" betrachten können – eine Konstruktion, die in bestimmten Fällen wie die Übertragung einen Freiraum für Autonomisierungsschritte bei der Bildung eines Lebensskripts hergibt. Die religiöse Erfahrung „absoluter Gewißheit" wäre demnach nicht von vornherein identisch mit Weltbildschließung, Angst-, Scham- und Schuldabwehr, kurzum, mit Unbewußtmachung der Ungewißheit, die mit der Endlichkeit des Lebens in jeder Dimension des Lebensskripts einhergeht. Wir hätten vielmehr, so wie in der obigen Fallstudie durchgeführt, den mit der religiösen Erfahrung einhergehenden Sinnbildungsprozeß im einzelnen dahingehend zu untersuchen, ob das Evidenz- und Anerkennungsproblem, das Kreativitäts- und Bewährungsproblem weltbildöffnend oder weltbildschließend gelöst wird und ob die Bildung eines bewußten Lebensskripts von einer Erweiterung des Vorstellungs-, Wunsch- und Phantasiehorizonts getragen oder von der Abwehr damit verbundener Angst-, Scham- und Schuldgefühle bestimmt ist. In der Fallstudie sind wir mit diesem Ansatz auf zwei Typen religiöser Erfahrung gestoßen, die sich, bezogen auf das Autonomieproblem in der biographischen Sinnbildung konträr und gegenläufig zueinander verhalten.

5.5 Amban – Eine selbstzerstörerische Variante radikalisierter Sinnbildungsarbeit in der Moderne

Ambans Lebensskript „Entweder bin ich ein starker, erfolgreicher, glücklicher und lang lebender oder ein schwacher, erfolgloser, unglücklicher und kurz lebender Mann" scheint auf den ersten Blick das modernste und offenste unter den Skripten der Jugendlichen, weil es die Beantwortung der Frage, wer man ist und wohin man geht, immer nur für den gegenwärtigen Lebensmoment in Angriff nimmt und so die Unabschließbarkeit des biographischen Frage- und Antwort-„Spiels" betont. Bei Amban gilt die Erfahrung, daß er eine spiritistische Sitzung überlebt hat und deshalb „stark" ist, immer nur für die unmittelbare Lebensspanne nach einer religiösen Erfahrung mit dem bösen Geist, kann aber durch jede folgende Sitzung widerlegt werden. So bleibt sein Wissen um sich selbst als „starker Mann" ausdrücklich als ein vorläufiges, in der Zukunft jederzeit widerlegbares Skript offen. Auf den zweiten Blick sehen wir jedoch, daß in Ambans religiöser Erfahrung mit dem Spiritismus die biographische Arbeit in all ihren vier Dimensionen stillgestellt wird und Religion dabei ihren historischen Sinn einbüßt. Amban steht am Ende ohne ein evidentes, anerkennungsfähiges, kreatives und zu bewährendes Lebensskript dar, und daran geht er zugrunde. Aus der spiritistischen Begegnung mit dem bösen Geist erwächst ihm keine zu bewältigende Lebensaufgabe – ganz im Gegensatz zum traditionellen Heiler und Zauberer, der seine Aneignung übernatürlicher Kräfte in den Dienst der Bewahrung seiner Ethnie stellt; sie lehrt ihn auch keinen kreativen Umgang mit seiner Angst vor den Lebensrisiken, sondern ignoriert seine Ängste; sie sublimiert nicht seine Triebwünsche, sondern verstärkt seine infantilen Bedürfnisse – ganz im Gegensatz zur religiösen Praxis des Heiler- und Angriffszauberers, der sich durch asketische Übungen auf die Begegnung mit dem gefährlichen „Geist schierer Destruktivität" vorbereitet; als Privatreligion verstärkt sie seine Illusion, auf keine Anerkennung seines Lebensentwurfs durch andere angewiesen zu sein – im Gegensatz zum Heiler oder Angriffszauberer, der seine Profession und seinen Gebrauch übernatürlicher Kräfte vor der ethnischen Gemeinschaft legitimieren muß. Mit seinem Schlußskript sagt sich Amban von der Anerkennungsarbeit als zentraler biographischer Arbeit los. Er vollzieht damit eine selbstzerstörerische Wende. Hatte ihn doch gerade der dringende Wunsch, ein endgültiges und anerkennungsfähiges Lebensskript zu finden, dazu gebracht, das Thema des Gruppengesprächs vorzugeben und seine Skriptideen der Gruppe von Kameraden und Freunden auszusetzen. Und schließlich treibt Ambans Religion kein Evidenzerlebnis mehr hervor; in der religiösen Tradition gilt die Evidenz des Skripts als durch die sinnliche Erscheinung einer wirklichen Kraft verbürgt: der Poltergeist erscheint nächtens in den Schlafräumen, der Wurfholzgeist im Dorf, der böse Geist in Ambans spiritistischen Sitzungen. Wir haben die Erscheinung als Projektion eines idealisierten Anderen untersucht, mittels derer Individuen und Gruppen die Erkenntnis über sich selbst erweitern oder verändern. Im idealisierten Anderen wird ein neuer Lebensentwurf hergestellt, eine Vorform des neuen, progressiven oder regressiven Lebensskripts. Die Evidenz, die dem neuen Skript zugeschrieben wird, entspringt der Erfahrung des eigenen Erkenntniszuwachses. So wurde in der religiösen Gruppenübertragung auf den Forscher als bedrohlichem Poltergeist und freundlich förderndem Initiator von den Jugendlichen ein noch unbewußter neuer Lebensentwurf probeweise entwickelt, mit dem sie erstmals gleichzeitig sowohl Aggression und Liebe, Distanzierungs- und Nähewünsche ausdrükken konnten. Im Gegenzug fördert jedoch Ambans Herbeirufen des bösen Geistes keine neue Erkenntnis über sich selbst, kein neues Skript zutage. Ambans Lebenserwartung – Stärke und Erfolg, Reichtum und langes Leben – steht bereits fest und bleibt unverändert. Religionserfahrung reduziert sich auf die Erfüllung eines Wunschzettels. Auch hier fällt Amban hinter die religiöse Tradition seiner Ethnie zurück, in der der Heiler oder Angriffszauberer in der imaginativen Reise etwas Neues über sich erfährt. In Ambans spiritistischem Lebensskript finden wir somit einen dritten Typ religiöser Erfahrung. Hier hebt sich religiöse Erfahrung selber auf, denn sie treibt aus sich kein Lebensskript mehr hervor. Sie löst weder das Evidenz- noch das Anerkennungsproblem, weder das Kreativitäts- noch das Bewährungsproblem. *In Ambans Lebensskript scheint deshalb die innere und äußere Modernisierung selbstzerstörerisch auf die Spitze getrieben: Sie bedeutet nicht nur das Ende der Normalbiographie, sondern das Ende von Biographie überhaupt: Das Individuum findet auf die Frage „Wer bin ich?" keine verbindliche Antwort mehr.*

6. Religiöse biographische Traditionsbildung als Bewältigung von Migrationserfahrungen

Ich habe den Schwerpunkt meiner obigen Fallinterpretation darauf gelegt, nicht nur die Bedeutung religiöser Tradition für Biographie und Biographieforschung aufzuschlüsseln, *sondern den Bildungsprozeß selber zu untersuchen, durch den sich biographierelevante religiöse Traditionen neu herausbilden und alte religiöse Traditionen verwendet und umgestaltet werden.* Offensichtlich spielen religiöse Formen und Vorstellungsinhalte eine zentrale Rolle in der Sinnbildungsarbeit von Migranten. In dieser Fallstudie sind es interne Bildungsmigranten, die den traditionellen ethnischen Lebenslauf aufgegeben und sich einer modernen Berufskarriere verschrieben haben, die mit einer modernen Bildungskarriere beginnt. Wir haben drei unterschiedliche Gestalten religiöser Sinnbildungsarbeit kennengelernt, die alle demselben Ziel dienen, den in der Sepikgesellschaft noch neuen und kontroversen Umstieg vom ethnischen zum modernen Leben eine Rechtfertigung und eine Erfolgsperspektive zu geben. Überraschenderweise zeigt sich in der Fallstudie, daß die Sepikjugendlichen, die alle aktive Mitglieder christlicher Sekten und Kirchen sind, in ihrer Sinnbildungsarbeit dabei nicht auf die neuen – christlichen – Traditionen zurückgreifen, sondern auf die ethnischen. Offensichtlich bilden die traditionellen Vorstellungen einen geeigneteren Übergangsraum für die Entwicklung radikal neuer Sinnentwürfe als die fremden christlichen.

Bei der Untersuchung zeigte sich, daß mit der „äußeren“ strukturellen Modernisierung, die den Migranten z.B. in Form von Bildungsmöglichkeiten gegenübertritt, auch Angebote „innerer“ Modernisierung gemacht werden. Innere Modernisierung soll dabei als Zuwachs von Autonomie in dem Sinn verstanden werden, daß Individuen und Gruppen vorgegebene Sinnentwürfe nicht einfach übernehmen – sei es den traditionell männlichen oder weiblichen, sei es den des „Gruppenschülers“, des „Gruppenchristen“ usw. –, sondern eigenständig, selbstverantwortlich und selbstreflexiv entwickeln. Die Sinnbildungsarbeit der jugendlichen Migranten entpuppt sich unter dieser Perspektive als offener Kampf um das Maß an Autonomie und um das Maß an Anlehnung an vorgegebene Sinntraditionen. In diesem Kampf spielt nun die religiöse Erfahrung eine zentrale Rolle. Untersucht man an den religiösen Traditionen nicht nur manifeste Glaubensinhalte, sondern den *Sinnbildungsprozeß selber, der sich in der Form individueller religiöser Erfahrung oder als Gruppenerfahrung vollzieht*, wird deutlich, daß ethnische Religion sowohl bei der Bildung autonomer, individuierter Lebensskripte eine zentrale Rolle spielen kann wie auch bei der fundamentalistischen Schließung bereits zuvor modernisierter Weltbilder und individuierter Lebensskripte. Am Material der Untersuchung zeigt sich dabei, daß dieser Kampf zwischen autonomisierend-progressiven und regressiven Lebensskripten im Leben von Individuen und Gruppen unabgeschlossen bleiben kann und daß identische inhaltliche Traditionen (im Sinne religiöser Vorstellungsinhalte wie des Geisterglaubens) für radikal gegensätzliche Lebensskripte stehen können.

7. Schlußfolgerungen

Aus diesem empirischen Ergebnis möchte ich eine religionssoziologische und eine biographietheoretische Schlußfolgerung im Sinne einer offenen Hypothese ableiten. Die jüngere Religionssoziologie hat einige bemerkenswerte Arbeiten hervorgebracht, die die religiöse Sinnbildungsarbeit tiefenhermeneutisch (Lorenzer 1981) oder strukturalhermeneutisch (Oevermann 1995) aufschließen und dabei jeweils Entwürfe ausmachen, die sich am zentralen Punkt autonomer Lebenspraxis und Sinngebung polarisieren. Oevermann stellt einer von der jüdisch-christlichen Mythologie ausgehenden Religiositätsstruktur „nicht stillstellbare(r) Bewährungsdynamik" den nachfolgenden Koran als Beispiel ihrer wirksamen Tilgung gegenüber (Oevermann 1995, S. 89 f.). Lorenzer interpretiert etwa in der christlichen Gegenwartsreligion den süditalienischen Madonnenkult als autonomiefördernde Sinngebung für ansonsten ödipal an ihre Mütter gebundene adoleszente Söhne und stellt ihm die Sinnhorizont schließenden Tendenzen in der Kultreform des Zweiten Vatikanischen Konzils gegenüber. Eine Anfrage an diese, meinem Ansatz nahestehenden Arbeiten geht dahin, ob sich innerhalb eines Religionssystems einzelne Erscheinungen wie Mythen, religiöse Bewegungen oder Subkulturen so ausschließlich jeweils *einem* quasi „reinen" Typ von Religiosität zuordnen lassen. Vielleicht ist es zur Beantwortung dieser Frage methodologisch dienlich, noch einen Schritt hinter den Mythenvergleich (Oevermann 1995) oder die Untersuchung des Umgangs mit Kultfiguren (Lorenzer 1981) zurück zur Dimension der *religiösen Erfahrung* als Ausgangsthematik der Gründer der Soziologie (Durkheim 1984) und der Kulturanalyse (Freud 1927 und 1913) zu gehen. Untersucht man die hinter der religiösen Erfahrung liegende Dynamik von Sinnbildungsprozessen, erweist sich, wie die vorangehende Fallstudie erwiesen hat, die jeweilige und spezifische religiöse Tradition selber als ein inhärenter, unabgeschlossener Kampf zwischen autonomiefördernden und autonomieverhindernden Sinnbildungsprozessen (vgl. Bosse 1970). Möglicherweise läßt sich das Ergebnis in dem Sinne verallgemeinern, daß Religion kein eindeutiges, sondern ein widersprüchliches und zweideutiges Verhältnis zur Autonomie von Sinnbildungsprozessen hat.

Für die *Biographieforschung* bedeutet die Untersuchung religiöser Prozesse der Sinnbildung mehr als nur die Beschäftigung mit einer historischen Form biographischer Arbeit. Beim Durchgang durch die Dimensionen religiöser Erfahrung erweist sich, daß im religiösen Sinnbildungsprozeß diejenigen Dimensionen bereits eindeutig ausgebildet sind, die für die Biographieforschung bei der Untersuchung jedweder Biographie, auch nachreligiöser, gültig sind – die Dimension der Evidenz des Lebensskripts oder der Wahrheit der Erkenntnis; die Dimension der Anerkennung oder intersubjektiven Geltung des Lebensskripts; die Dimension der Kreativität des Lebensskripts oder der Einbeziehung der Leiblichkeit der Person; und die Dimension der Lebbarkeit oder Bewährung des Lebensskripts in der eigenen Lebenszeit.

Literatur

Beck, Ulrich (1986): Risikogesellschaft, Frankfurt a.M.
Bettelheim, Bruno (1992): Die symbolischen Wunden. Pubertätsriten und der Neid des Mannes, Frankfurt a.M.
Bion, W.R. (1971): Erfahrungen mit Gruppen und andere Schriften, Stuttgart
Bosse, Hans (1970): Marx-Weber-Troeltsch. Religionssoziologie und marxistische Ideologiekritik, München und Mainz
ders. (1991): Zugänge zur verborgenen Kultur der Jugendlichen. Ethnoanalyse in Papua New Guinea und ethnohermeneutische Textinterpretation. In: Combe, Arno/Helsper, Werner (Hg.): Hermeneutische Jugendforschung, Opladen, S. 200–229
ders. (1993): Rituale als Problemlösung. Zur Bedeutung ethnischer Tradition in der Moderne. Manuskript für die Deutsche Forschungsgemeinschaft, Frankfurt a.M.

ders. (1994a): Der fremde Mann. Jugend, Männlichkeit, Macht. Eine Ethnoanalyse. Gruppengespräche mit Jugendlichen in Papua-Neuguinea, Frankfurt a.M.

ders. (1994b): Das „böse Selbst" einer Gruppe in Papua Neuguinea – Gibt es eine wahre Heimat in der Moderne? In: Arbeitshefte Gruppenanalyse (Münster), 9. Jg., H. 1, S. 29–49

ders. (1996a): Entstehung und Ritualisierung von Geschichtsbewußtsein. Eine ethnoanalytische Argumentation mit Fallmaterial aus einer sich modernisierenden Gesellschaft (Papua Neuguinea). In: Rüsen, Jörn/Straub, J. (Hg.): Die dunkle Spur der Vergangenheit. Psychoanalytische Zugänge zum Geschichtsbewußtsein, Frankfurt a.M. (im Druck)

ders. (1996b): Nicht länger Daddy's Liebling. Schicksale schöpferischer Weiblichkeit in der Adoleszenz. In: Heinemann, Evelyn/Krauss, Günter (Hg.): Beiträge zur Ethnopsychoanalyse 3. Nürnberg

Bosse, Hans/King, Vera (1996): Adoleszenz und die Ambivalenz zwischen der Angst vor dem Fremden und der Sehnsucht nach dem Fremden. Fallstudie einer Gruppe von Spätadoleszenten, interpretiert nach dem Ansatz psychoanalytisch-sozialwissenschaftlicher Hermeneutik. In: König, Hans-Dieter (Hg): Sozialpsychologie des Rechtsextremismus. Beiträge zur hermeneutischen Sozialforschung. Frankfurt a.M. (in Vorbereitung)

Durkheim, Emile (1984): Die elementaren Formen des religiösen Lebens. Frankfurt a.M.

Erdheim, Mario (1990): Sinngebung und Kulturwandel. In: Glaube, Magie, Religion. Ethnopsychoanalyse 1. Frankfurt a.M.

Freud, Sigmund (1913): Totem und Tabu. G.W. IX, Frankfurt a.M. (1968)

ders. (1927): Die Zukunft einer Illusion. G.W. XIV, Frankfurt a.M. (1968)

Honneth, Axel (1986): Kampf um Anerkennung. Zur moralischen Grammatik sozialer Konflikte, Frankfurt a.M.

Kepel, Gilles (1991): Die Rache Gottes. Radikale Moslems, Christen und Juden auf dem Vormarsch, München

King, Vera (1995a): Die Urszene der Psychoanalyse. Adoleszenz und Geschlechterspannung im Falle Dora, Stuttgart

dies. (1995b): Zwischen Wirklichkeit und Wahrheit. Zur psychoanalytisch-sozialwissenschaftlichen Hermeneutik. Vortragsmanuskript zum Vortrag über Psychoanalyse und Sozialforschung in der „Werkstatt für Gesellschafts- und Psychoanalyse" Salzburg, Frankfurt a.M.

Lorenzer, Alfred (1981): Das Konzil der Buchhalter. Die Zerstörung der Sinnlichkeit. Eine Religionskritik. Frankfurt a.M.

Oevermann, Ulrich (1995): Ein Modell der Struktur von Religiosität. Zugleich ein Strukturmodell von Lebenspraxis und von sozialer Zeit. In: Wohlrab-Sahr, Monika (Hg.): Biographie und Religion, Frankfurt a.M., S. 27–102

Schnell, Hill, Esser (Hrsg.): 1989, Methoden der empirischen Sozialforschung, München und Wien

Slater, Philip E. (1970): Mikrokosmos. Eine Studie über Gruppendynamik, Frankfurt a.M.

Stephen, Michele (1987): Masters of Souls: the Mekeo Sorcerer. In: dies. (Hg): Sorcerer and witch in Melanesia. Melbourne, S.41–80

Troeltsch, Ernst (1923): Die Soziallehren der christlichen Kirchen und Gruppen, Tübingen 3. Auflage

Tuzin, Donald F. (1980): The Voice of the Tambaran. Truth and Illusion in Ilahita Arapesh Religion, Berkeley

Weber, Max (1963): Wirtschaft und Gesellschaft, 2 Bde., Köln

ders. (1963): Gesammelte Aufsätze zur Religionssoziologie, 3 Bde., Tübingen

1 Ich danke der Deutschen Forschungsgemeinschaft, die mir durch ein Freisemester ermöglicht hat, das Fallmaterial meiner Forschungen von 1984, 1985 und 1991 in Papua Neuguinea neu zu bearbeiten. Der vorliegende Artikel ist ein Ergebnis der Neuinterpretation des Materials und verweist voraus auf eine kommende größere Studie zur Bedeutung ethnischer rituell-religiöser Tradition in der Moderne (vgl. Manuskript Bosse 1993).

Elisabeth Rohr

Die fundamentalistische Entzauberung der Welt
Das ethnopsychoanalytische Fallbeispiel eines indianischen Mormonen in Ecuador.

1. Einleitung

Wenn ich mich im Folgenden mit den lebensgeschichtlichen Folgewirkungen fundamentalistischer Missionsgesellschaften in Lateinamerika beschäftige, so fragt sich zurecht, was diese Thematik mit Migrationsprozessen zu tun haben mag. Nur auf den ersten Blick scheinen dies jedoch zwei völlig disparate Themenbereiche zu sein. Bei näherer Betrachtung eröffnet sich hingegen eine Perspektive, die durchaus einen Vergleich von Migrations- und Bekehrungsprozeß erlaubt: so läßt sich die von fundamentalistischen Missionsgesellschaften aus den USA betriebene Bekehrung von katholischen Indianern in Ecuador durchaus als eine Form der Migration, als *Prozeß einer inneren, religiösen Migration* verstehen, wobei die Bekehrung eine ähnlich gravierende und die Lebenssituation insgesamt verändernde Krise bewirkt wie etwa die Migration in eine fremde Kultur.[1] Durch die Bekehrung verändert sich die Lebensführung, aber auch das Geschlechterverhältnis und schließlich der individuelle und kollektive Identitätsentwurf.[2] Konvertiten sind insofern ähnlich wie Migranten mit psychischen und sozialen Konflikten, vor allem mit Trennungs-, Verlust-, Abgrenzungs- und Anpassungskonflikten konfrontiert.[3] Sowohl Bekehrung wie auch Migration setzen deshalb eine biographische Zäsur: Sie sind zugleich Ausdruck wie auch Ergebnis einer lebensgeschichtlichen Krise, von deren Bewältigung die Gestaltung des zukünftigen Lebensentwurfes abhängig ist. Von daher lassen sich Bekehrung und Migration auch als Sozialisationschancen begreifen, die im Erwachsenenleben eine neue Möglichkeit bieten, festgefahrene Strukturen der eigenen Identität und unbewältigte Konflikte aus Kindheit und Jugend aufzugreifen, zu revidieren und einer befriedigerenden Lösung zuzuführen.[4] In diesem Sinne würde die durch Bekehrung und Migration heraufbeschworene Krise ein existentielles Bemühen um Korrektur und Emanzipation beinhalten.[5] Allerdings besteht auch die Gefahr, daß diese Chance ungenutzt bleibt und es lediglich zur Wiederholung alter Konfliktmuster kommt. Dann wäre die Bekehrung und die Migration lediglich die Fortsetzung, bzw. die Neuauflage alter Konflikttraditionen, die auch die neuen Lebensverhältnisse, wenn auch unter anderen Vorzeichen, weiter bestimmen.

Am einem konkreten Fallbeispiel aus meiner ethnopsychoanalytischen Forschung in Ecuador möchte ich das durch die Bekehrung virulent gewordene Krisenszenario in seinen verschiedensten Erlebnisfacetten und die daraus resultierenden Bewältigungsstrategien aufzeigen. Im Mittelpunkt meiner Überlegungen steht dabei die Frage, inwieweit sich biographische Tendenzen einer Neubearbeitung von lebensgeschichtlichen Konflikten, oder aber Tendenzen, die mehr auf eine Wiederholung biographischer Konflikte hindeuten, durchsetzen und welche Faktoren diese Entscheidung beeinflussen. Die lebensgeschichtliche Rekonstruktion einer „Konversionsbiographie“ könnte dann Aufschluß darüber geben, inwieweit die durch die fundamentalistische Mission herbeigeführten gesellschaftlichen Transformationsprozesse eher progressive oder eher regressive Tendenzen von Entwicklung verstärken und in welche Richtung der soziale Wandel getrieben wird. Eine ethnopsychoanalytische Analyse versucht somit auch einen Beitrag zur Analyse und zum Verständnis gesellschaftlicher Transformationsprozesse zu leisten.[6]

Bevor ich mich jedoch diesen Fragen im einzelnen widme, möchte ich zunächst die hier angewandte ethnopsychoanalytische Gesprächs- und Interpretationsmethode erläutern.[7] Im Anschluß daran werde ich einen knappen Überblick geben über die soziologischen Hintergründe nordamerikanisch-fundamentalistischer Missionsaktivitäten in Lateinamerika.[8] Dann folgt die Darstellung eines Gespräches mit einem indianischen Mormonen aus Ecuador, eine ausführliche ethnopsychoanalytisch-hermeneutische Interpretation des Gesprächsprotokolls und schließlich eine theoretische Auswertung der Interpretationsergebnisse.

2. Ethnopsychoanalyse und Biographieforschung: einige methodologische Überlegungen

Ethnopsychoanalytische Forschung ist von ihrem Selbstverständnis her immer auch Biographieforschung. Wie bei der „klassischen Biographieforschung" steht auch im Mittelpunkt des ethnopsychoanalytischen Erkenntnisinteresses die Analyse subjektiver Sinnstrukturen im Kontext einer kulturkritischen Analyse gesellschaftlicher Modernisierungsprozesse.[9] Doch Ethnopsychoanalyse und Biographieforschung unterscheiden sich fundamental in ihrem Subjektverständnis. Geht es der Ethnopsychoanalyse im wesentlichen um ein auch die unbewußte Dimension einschließendes Verständnis von Subjektivität, so geht es der Biographieforschung vorrangig um die Analyse manifester Subjektstrukturen und ihrer kommunikativen Objektivierungen. Diese grundsätzliche Differenz schlägt sich auch nieder in ihren Forschungsverfahren: Die Ethnopsychoanalyse – und auf eine Erläuterung dieses Verfahrens möchte ich mich im Folgenden beschränken – zeichnet sich in ihrer Forschungspraxis durch eine systematische Reflexion der Forschungsbeziehung aus und dies bezieht die Produktionsbedingungen des Forschungsgespräches, die Teilhabe der Forscherin am Gespräch und schließlich das Produkt der Gespräche, das Protokoll, mit ein.

Die ethnopsychoanalytische Reflexion berücksichtigt dabei zwei hermeneutische Felder:[10] die Feldforschungspraxis sowie ihre Interpretation und Auswertung. Deshalb ist die im Gespräch schon geleistete ethnopsychoanalytische Reflexion um ein psychoanalytisch-hermeneutisches Verfahren zu erweitern.[11] Diese hermeneutische Interpretationsarbeit ist die methodologisch bedeutsame und zugleiche entscheidende Ebene.[12] Denn erst diese Interpretation der Forschungsgespräche kann rückblickend Aufschluß über den in den Gesprächen zum Ausdruck gekommenen „Prozeß der Selbstaufklärung" liefern und zugleich als „Instrument einer einzelfallrekonstruktiven Kulturanalyse … zeigen, in welche Richtung sich die Begegnung und Integration zweier Kulturen bewegt …"[13]

Für die Auswertung der Gespräche eignen sich nun das von Devereux entwickelte Konzept einer Gegenübertragungsanalyse und das von Lorenzer entwickelte tiefenhermeneutische Verfahren des szenischen Verstehens.[14]

Eine Gegenübertragungsanalyse impliziert, daß alle im Kontext des Gespräches und seiner Auswertung auftauchenden Wahrnehmungen und Gefühle der Forscherin als unmittelbare Reaktionen auf die in der Beziehung zum Forschungsobjekt ausgelösten Regungen verstanden werden.[15] Die Analyse der *Wirkung* dieser Gespräche erlaubt einen Zugang zu den unbewußten Konflikten des Gesprächspartners und den kulturspezifischen Konflikten seiner Gesellschaft. Insofern stellen „die ethnopsychoanalytischen Gespräche (...) eine Form von gesellschaftlicher Interaktion auf einer libidinösen Ebene dar".[16]

Eine Gegenübertragungsanalyse setzt mithin voraus, daß der Forscher – wie Devereux schreibt – „den Teil seiner Psyche als Wahrnehmungsapparat – oder Empfänger – verwende(t), den die meisten anderen Verhaltenswissenschaftler abzuschirmen suchen".[17]

Daß diese Eigenart psychoanalytischen Verstehens immer wieder Zielpunkt von Kritik ist, begründet sich für Devereux aus dem Paradigmenwechsel, den die Psychoanalyse vollzogen hat.[18] Er schreibt dazu: ... „es ist offensichtlich, daß ‚das Subjektive' von den meisten Verhaltenswissenschaftlern als Quelle systematischer Fehler behandelt wird, während der Psychoanalytiker es als hauptsächliche Informationsquelle behandelt, und zwar einfach deshalb, weil er infolge seiner Lehranalyse derlei subjektive Informationen zu ertragen" und wie ich hinzufügen würde – auch zu verarbeiten „in der Lage ist ..."[19]

Ohne Selbsterfahrung ist damit psychoanalytisch-hermeneutisches Sinnverstehen kaum denkbar. Schließlich muß der Forscher seinen Gesprächspartnern erlauben, „ihn zu erreichen und in ihn hineinzureichen. Er duldet, daß in ihm selbst eine Störung hervorgerufen wird, und untersucht die Störung sogar sorgfältiger als die Äußerungen" seiner Gesprächspartner. „Er sagt: ‚Und dies nehme ich wahr', nur im Hinblick auf diese Echos ‚in ihm selbst' ..."[20]

Von Bedeutung für das ethnopsychoanalytische Vorgehen ist also, daß die Forscherin sich *innerlich* von den Erzählungen und den dabei ins Spiel gebrachten Gefühlen berühren läßt und diese Störungen als Ausgangspunkt ihrer interpretativen Spurensuche und „als Schlüssel zur fremden Kultur" begreift.[21]

Die Übernahme dieser Erkenntnisperspektive hat zur Folge, daß das Forschungsobjekt zumindest partiell aus seinem Objektstatus entlassen wird, da sich das traditionelle Forschungsverhältnis insofern auflöst, als es nicht mehr um eine distanzierte Beobachtung des Fremden, sondern um eine systematische Verstehensanalyse der *Forschungsbeziehung* geht.

Nun reicht eine systematische Analyse subjektiv-sinnlicher Erfahrungen alleine nicht aus, um zu wissenschaftlich verwertbaren Erkenntnissen zu gelangen. Vielmehr bedarf es zusätzlicher methodologischer Schritte, um die Störungen zu dechiffrieren und zum unbewußten Sinngehalt des Gesprächstextes vorzudringen.

Mit Hilfe des von Lorenzer entwickelten „szenischen Verstehens" lassen sich nun die Bilder, d.h. die noch nicht sprachfähigen, sinnlich-symbolischen Szenen, die sich in Form von Irritationen und Störungen bemerkbar machen, entschlüsseln.[22]

Das szenische Verstehen beschäftigt sich, wie Lorenzer schreibt, „mit den Vorstellungen des Subjektes, und zwar so, daß es die Vorstellung als Realisierung von Beziehungen, als Inszenierung der Interaktionsmuster ansieht".[23] In diese Interaktionsmuster steigt die Forscherin ein und sichert Verstehen durch Evidenzerlebnisse, die immer an Interaktionen geknüpft sind:[24]

Verstehen ohne Interaktion ist deshalb undenkbar. Beim szenischen Verstehen wird nun aber nicht nur die Beziehung betrachtet, sondern auch die in dieser Beziehung produzierten Inhalte, die Bilder, die sich in Gesten und Mimik, aber auch in Wortspielen verdichten und so in Szene setzen. Von Bedeutung ist dabei, daß das szenische Verstehen darauf zielt, die noch ungeordneten Irritationen zu systematisieren und zu szenischen Komplexen zu ordnen, bis sie sich schließlich durch strukturelle Verknüpfungen zu einem bislang verschlossenen, jedoch in seiner Plausibilität überzeugenden, neuen Sinnzusammenhang verdichten, der Aufschluß gibt über die im Text verborgenen und vom gesellschaftlichen Konsens ausgeschlossenen Verhaltensentwürfe.[25]

Szenisches Verstehen und Gegenübertragungsanalyse sind also beides Instrumente, die an der Sinnlichkeit der Forscherin anknüpfen, ohne diese zu pathologisieren oder als bloße Subjektäußerungen aus dem Wissenschaftsdiskurs auszuschließen.[26]

Dies gewährleistet zumindest eine Annäherung an Objektivität, da weder das „Störende", noch der vermeintliche „Abhub" als irrelevant aus dem Erkenntnisprozeß ausgeklammert werden.

3. Fundamentalistische Missionen und Mormonen in Ecuador.

Vor rund 30 Jahren begann in Lateinamerika eine neue Epoche religiöser Eroberung: Nordamerikanischen Missionen, vor allem protestantisch-fundamentalistischen und charismatischen Kirchen gelang es, trotz erbitterter Gegenwehr von Seiten der katholischen Kirche, in Lateinamerika Fuß zu fassen.[27]

Weltpolitisch bestimmte der Kalte Krieg das Klima zwischen Nord und Süd, und Anfang der 60er Jahre drohten den USA in Lateinamerika Einbrüche in ihr hegemoniales Imperium. Um die Konjunktur marxistischer Weltanschauungen einzudämmen, wurden deshalb politische Strategien entworfen, die einerseits die Ökonomie Lateinamerikas enger an die USA anbinden und gleichzeitig über großangelegte Agrar- und Demokratiereformen dem revolutionären Potential in Lateinamerika die Motivation entziehen sollten.[28]

Von dieser „demokratischen" Offensive profitierten auch die fundamentalistischen Missionskirchen, die zum ersten Mal Zugang erhielten zu der aus feudaler „Leibeigenschaft" befreiten Landbevölkerung. Doch erst das Projekt „the church goes native" mit Bibelübersetzungen und einer Indianisierung, bzw. Latinisierung des religiösen Kultes schaffte den missionarischen Durchbruch.[29] Seitdem haben insbesondere die Pfingstkirchen, aber auch die Adventisten und die unzähligen unabhängigen protestantischen Missionsgesellschaften und nicht zuletzt auch die Mormonen sensationelle Bekehrungserfolge erreicht.[30]

Der Erfolg der Mormonen gründet unterdessen auf einigen religionsspezifischen Eigenheiten, die ich hervorheben möchte, um das religiöse Umfeld, in dem sich Don Ignacio bewegt und von dem später noch die Rede sein wird, näher zu kennzeichnen.

Im Mittelpunkt der missionarischen Arbeit der Mormonen steht die Überzeugung, daß Jesus in Amerika war und daß die Indianer Abkömmlinge eines der zwei verlorenen Stämme Israels sind.[31] Diese im Buch Mormon beschriebene Verkündigung Jesu in seinen amerikanischen Tagen bildet nicht nur die wesentliche Legitimation für das mormonische Missionswerk in Lateinamerika, sondern begründet auch ihre sensationellen Bekehrungserfolge unter den Indianern des Kontinents: Denn die Bekehrung zum Mormonentum verspricht sowohl Heil, Rettung und Wahrheit wie auch eine weiße Hautfarbe, die den Sündern bei einer Taufe zuteil wird.[32]

Neben ihren stark ausgeprägten caritativen Seiten, die das politisch einflußreiche und ökonomisch prosperierende Mormonentum in Entwicklungsländern in besonderem Maße attraktiv macht, ist es vor allem dieses Heils-Versprechen, das missionarisch überzeugend wirkt: indem sie den Ausgebeuteten und Unterdrückten das Gefühl vermitteln, auserwählt und gar „von königlichem Geblüt" zu sein, thematisieren sie das koloniale Trauma und machen zugleich auf ethnische Identitätsverunsicherungen aufmerksam, die sie mit einem moralisch rigiden und sinnesfeindlichen Resozialisierungsprogramm bekämpfen.[33]

Diese Art der Resozialisierungsbemühungen eint die Mormonen – trotz aller theologischen Differenzen – mit den übrigen in Lateinamerika tätigen protestantisch-fundamentalistischen Religionsgemeinschaften.[34]

Kann man in Lateinamerika also von einer fundamentalistischen Neuauflage der Reformation sprechen, die für Kultur, Gesellschaft und das Individuum ähnliche Folgen und Konsequenzen zeigen wird, wie sie Max Weber in seiner „Protestantischen Ethik" für Europa und die USA einst analysiert hatte? Eine ganze Reihe von Autoren stimmt dieser Auffassung ohne Einschränkung zu.[35] So z.B. der britische Religionssoziologe Martin (1990), der in seinem Buch „Tongues of Fire" zu dem Ergebnis gelangt, daß der protestantische Fundamentalismus den katholischen Lateinamerikanern die Chance einer schnellen Modernisierung und Demokratisierung ihrer Lebens- und Gesellschaftsverhältnisse verspricht. Denn nur der protestantische Fundamentalismus – so argumentiert er in Anlehnung an Max Weber – bietet jenen Nährboden, auf dem der „Geist des Kapitalismus", Individualismus und eine bürgerliche Gesellschaft gedeihen können.[36]

Begreift Martin also den protestantischen Fundamentalismus als einen Wegbereiter der Moderne, so behauptet Gilles Kepel (1991) in seinem Buch „Die Rache Gottes", daß der Fundamentalismus jeder Religionsrichtung im wesentlichen eine radikale Kritik an der Moderne beinhaltet. Er schreibt: „Wie ein roter Faden zieht sich durch die vielfältigen Ausgestaltungen dieser Debatte die Forderung nach Überwindung einer gescheiterten Moderne, in deren Gottesferne die Ursache aller Mißerfolge und Ausweglosigkeiten gesehen wird. Es geht nicht mehr um eine Modernisierung des Islams, sondern um eine ‚Islamisierung der Moderne'."[37]

Übertragen auf Lateinamerika ließe sich mithin von einer Protestantisierung der Moderne sprechen, wobei diese Protestantisierung ein radikal-fundamentalistisches Modernisierungskonzept beinhaltet. In kritischer Erweiterung von Martins These gilt es also, die fundamentalistische Einschränkung und Begrenzung der Modernisierung hervorzuheben. Denn anders als der Islam sieht der protestantische Fundamentalismus nicht in der Gottesferne, sondern in dem, in Lateinamerika weitverbreiteten synkretistischen (heidnisch-magischen) Gottesbild und damit in einem falschen Religionsverständnis die Ursache aller Misere. Von daher zielt die Entzauberung dieser magischen Welt auf eine fundamentalistische „Reformation" der bestehenden Herrschaftsverhältnisse und damit auf ein fundamentalistisch begrenztes Resozialisierungs- und Modernisierungsprojekt.

Was diese radikal-protestantische und zugleich fundamentalistisch begrenzte Resozialisierung und Modernisierung sowohl konkret aus der biographischen wie auch aus sozialisationstheoretischer Perspektive für einen indianischen Bauern und Weber aus dem Hochland Ecuadors bedeuten, das möchte ich nun an Hand der Interpretation eines Gespräches zeigen, das ich im Rahmen meiner ethnopsychoanalytischen Forschung in Ecuador mit einem indianischen Mormonen führte.

Es handelt sich hier um das zweite von insgesamt 21 Gesprächen mit Don Ignacio im Jahre 1983, das den Beginn einer langjährigen Forschungsbeziehung markierte, die bis 1990 andauerte und an deren vollständigen Auswertung ich zur Zeit noch arbeite.[38]

4. Ein ethnopsychoanalytisches Fallbeispiel

4.1 Zur Person Don Ignacios

Don Ignacio ist ein etwa 40jähriger indianischer Weber, der sich ohne Zögern bereit gefunden hatte, mit mir regelmäßige Gespräche über seine Bekehrungserfahrungen zu führen. Zum Zeitpunkt dieses Gespräches waren etwa 5 Jahre vergangen, seit er sich mitsamt seiner 12köpfigen Familie zum Mormonentum hatte bekehren lassen. Er und seine Familie gehören zum Volk der Otavaleños, und wie viele andere in dieser Region bestritt er seinen Lebensunterhalt vor allem durch Weberei und durch eine kleine Subsistenzwirtschaft.[39]

4.2 Das Gespräch und das Drama der Bekehrung

Auf dem Wege zu Don Ignacios Haus hört man überall in den Häusern das geschäftige Klappern von Holzwebstühlen.[40] Auch bei Don Ignacio sind die beiden Söhne und er selbst am Weben, und er gibt mir zu verstehen, daß er gleich fertig ist. Alsbald kommt er hinter seinem Webstuhl hervor, und wir begeben uns in einen kleinen Raum, wo er mich bittet, an einem Tisch Platz zu nehmen.

Unser Gespräch dreht sich zunächst um seinen Ausschluß aus einer Musikgruppe und um ein Sektenlied, das diese Gruppe kurz danach veröffentlichte. Er erzählt:

> *„In dem Lied wird gesagt, die Sekten würden uns betrügen, uns ausnutzen, uns für ihre Ziele mißbrauchen und uns mit Gewalt bekehren. Daß meine eigene Musikgruppe dieses Lied geschrieben hat, verstößt gegen meine Würde, das haben sie gegen mich und alle Mormonen geschrieben ..."*

Ich sage:

> *„Die Gruppe behandelt dich, wie die Nachbarn dich behandeln?"*

Don Ignacio:

„Ja, genauso, sie sprechen nicht mehr mit mir und wollen nichts mehr mit mir zu tun haben … Aber ich weiß genau, daß ich recht habe, daß ich den rechten Glauben habe. Ich bin ganz ruhig, sicher und fürchte nichts. Sie verurteilen, ohne etwas zu wissen. Nur falsche Gerüchte verbreiten sie. Z.b. daß wir bei der Taufe ins Wasser geworfen werden, aber das stimmt überhaupt nicht. Man behandelt uns mit sehr viel Zärtlichkeit. Niemand zwingt uns, den Glauben zu ändern, uns taufen zu lassen. Wir steigen völlig freiwillig in das Becken, und dann steigt derjenige, der uns taufen wird mit in das Becken, und dann geschieht folgendes. Schau her" – und er nimmt ein kleines Heftchen in die Hand – *„dies ist die Person, die sich taufen läßt, und vor ihr steht jemand, der sie an der Hand hält, und hinter ihr steht jemand, der den Oberkörper des Täuflings rücklings unter das Wasser beugt und wiederaufrichtet."*

Ich frage:

„Und du hattest keine Angst?"

Don Ignacio:

„Nein, überhaupt nicht, das Ganze geschah mit sehr viel Zärtlichkeit. Ich fühlte fiel Freude und Ruhe. Die Nachbarn aber verbreiten nur falsche Gerüchte, sagen, daß die gringos (US-Amerikaner, E.R.) unsere Frauen mißbrauchen. Stell dir mal vor, das sagen sie. Aber kannst du dir vorstellen, daß wir uns bekehren lassen, damit die gringos uns unsere Frauen wegnehmen können? Nichts als falsche Gerüchte sind das … Sie kommen und lehren uns, wie man das Haus sauberhält, wie man seine Kinder und seine Frau zu behandeln hat, wie man besser Arbeiten und Geschäfte machen, wie man seine Kranken heilen kann. Sie lehren uns vieles. Was für ein schlechtes Leben hatte ich vorher. Immer nur betrunken, habe meine Frau schlecht behandelt und geprügelt, meine Kinder vernachlässigt, kaum gearbeitet."

Ich sage:

„Das Gegenteil von dem ist wahr, was die Nachbarn sagen?"

Don Ignacio:

„Genau, das Gegenteil, sie betrügen uns nicht, sie belehren uns. Alle Nachbarn haben sich gegen uns gestellt, inklusive mein eigener Bruder, meine eigenen Schwestern. Aber das sind nicht nur meine Nachbarn, das ist überall so in der Gemeinde. Das geht sogar soweit, daß die eigenen Väter die eigenen Söhne enterben …"

Ich frage:

„Hat dich dein Vater auch enterbt?"

Don Ignacio:

„Nein, nein, mein Vater starb vor anderthalb Jahren. Aber das ist eine Geschichte, die muß ich dir genauer erzählen. Wie ich dir schon sagte, war meine ganze Familie, auch mein Vater sehr gegen meine Bekehrung. ‚Warum hast du das getan?', fragten sie mich immer wieder. Und ich versuchte mit ihnen zu sprechen, aber sie wollten nicht verstehen. Und mein Vater war ein brujo (Heiler, Schamane E.R.) gewesen, weißt du, und er antwortete mir immer: ‚Weißt du mein Sohn, ich bin schon zu alt, um nochmals meine Religion zu ändern. Das hat jetzt keinen Sinn mehr, ich werde bald sterben. Warum soll ich das jetzt noch tun?' Er wurde dann sehr krank an der Lunge, und er sagte, er wäre jetzt bereit zu sterben. Ich ging wiederum zu ihm hin und bat ihn eindringlich, sich taufen zu lassen. Er willigte ein. Ich nahm ihn also – dies war am Montagmorgen – mit in die Kirche, und er wurde getauft. Sofort danach brachte ich ihn zum Arzt, der jedoch sagte mir, daß man nichts mehr für ihn tun könnte. Daraufhin brachte ich ihn nach Ibarra ins Hospital, und dort starb er noch am selben Abend. Alle meine Brüder beschuldigten mich nun, daß ich am Tode des Vaters schuldig sei, weil ich ihn habe taufen lassen. Und dann wollte man uns daran hindern, ihn auf dem katholischen Friedhof zu begraben, wie damals, als meine kleine Tochter starb. Doch obwohl die Nachbarn sogar beim Bischof in Ibarra vorsprachen, um das Begräbnis auf dem katholischen Friedhof zu verhindern, ließ uns der Friedhofswärter meinen Vater ohne irgendwelche Schwierigkeiten begraben."

Er kam dann auf den Tod seiner kleinen Tochter zu sprechen und auf das Zerwürfnis mit seiner comadre Emma:[41]

„... In den alten Zeiten hätte ich sie benachrichtigen müssen vom Tod des Kindes. Und sie wäre gekommen, hätte einen Altar aufgebaut, Essen gekocht, das Kind in einer Prozession zum Friedhof gebracht und sich danach mit allen Verwandten betrunken. Nein, ich habe sie nicht benachrichtigt, weil wir zwar noch aus Tradition comadre und compadre zueinander sagen, aber dies bedeutet mir nichts mehr ... "

Im Verlaufe des weiteren Gesprächs erklärt er, daß sie sich nicht mehr an viele der alten Rituale halten, er allerdings nicht bereit ist, am größten und wichtigsten ihrer synkretistischen Feste, an San Juan, auf das Tanzen zu verzichten:

„Zwar machen mir meine Älteren immer Vorhaltungen, und ich bereue es auch, mitgetanzt zu haben, aber ich mache troztdem mit. Ich trinke nicht, aber ich tanze mit ... "

Ich frage:

„Und dir gefällt es mitzutanzen, es ist ja auch das größte Fest des Jahres, nicht wahr?"

Don Ignacio:

„Ja, ja, mir gefällt es sehr mitzutanzen, auch wenn es nicht ganz richtig ist."

Inzwischen war Don Ignacios Frau hereingekommen, hatte einige, wie mir schien, recht unfreundliche Bemerkungen auf quichua fallengelassen und war wieder verschwunden. Als sie wieder hereinkommt, spreche ich sie an und meine, es müßte ja auch für sie ein großer Wandel zum Guten gewesen sein, als sie sich haben bekehren lassen. Sie setzt sich daraufhin, halb abgewandt, an den Tisch, nimmt den kleinen Sohn auf den Schoß, und Don Ignacio antwortet für sie, ‚ja, ja, das sei ein glücklicher Wechsel auch für sie gewesen', und er fordert sie auf, mir zu zeigen, wie gut sie – ganz allein mit Hilfe des Geistes Gottes – lesen gelernt habe. Und sie nimmt ein Buch und liest flüssig, aber ohne Punkt und Komma, eine ganze Seite herunter und strahlt vor Stolz.

Ich verabschiede mich bald, und beide begleiten mich bis zur Tür und laden mich dann mit Nachdruck ein, am Samstag mit ihnen in den Tempel zum Gottesdienst zu gehen, doch ich weiche aus, erkläre, daß ich in Quito wäre und dort das Wochenende verbringen wollte.

4.3 Erste Eindrücke von dem Gespräch

Eindringlich war die Vorstellung von dem alten, todkranken Mann, den man zur Taufe in das eiskalte Wasser taucht und der noch am selben Tag sein Leben läßt, in meinem Gedächtnis haften geblieben. Das, was Don Ignacio mir gerade erzählt hatte, schien so ungeheuerlich, daß ich mich verunsichert fragte, ob dies tatsächlich Realität oder etwa seiner Phantasie ensprungen war. Noch ganz aufgewühlt und verwirrt von diesem Gespräch, kehrte ich nicht sogleich in meine Pension zurück, sondern besuchte die Eltern eines Freundes im gleichen Dorf und fragte sie, ob es wahr sei, daß Don Ignacio seinen Vater, todkrank, noch taufen ließ und dieser daraufhin starb. Sie bestätigten dies und zeigten Verständnis für mein Erschrecken. Auch sie und mit ihnen das ganze Dorf haben mit Entsetzen auf diese Taufe reagiert. Seitdem würde man sich von ihm und seiner Familie fernhalten, sie mit Ablehnung und teils auch unverhohlener Verachtung bestrafen.

Die Geschichte, die Don Ignacio mir erzählt hatte, war also nicht frei erfunden, sondern wahr. Diese Erkenntnis war beunruhigend. Zwar wußte ich nun, daß die Dorfbewohner mein Entsetzen teilten, doch veränderte dieses Wissen meine Haltung zu den Gesprächen, verlieh ihnen eine Ernsthaftigkeit und eine Bedeutungsschwere, die ich ihnen vorher nicht beigemessen hatte.

In die Forschung war mit einem Schlage das Leben eingekehrt: Don Ignacio erzählte nicht nur spannende Geschichten, sondern in diesen Geschichten breitete er sein Leben, seine Niederlagen und seine Siege vor mir aus, und das ließ mich nicht unberührt. Neben meine beobachtende und forschende Distanz waren Anteilnahme und eine irritierende Emotionalität getreten, die von nun an als ständige Begleiter in den Forschungsgesprächen und bei der Auswertung zu reflektieren waren.

Nachhaltig beunruhigt hatte mich aber auch die Einladung in den Tempel. Er bestand offensichtlich darauf, einen aktiven Part in unserem Forschungsarrangement einzunehmen, und verstand es, mir unmißverständlich klarzumachen, daß er keinesfalls bereit sein würde, die traditionelle Rolle eines Forschungsobjektes einzunehmen. Er führte also nicht nur umstandslos demokratische Verhältnisse in die Forschung ein, sondern ließ zugleich keinen Zweifel daran, daß er selbst kein Objekt mehr sein wollte, sondern lieber andere zum Objekt machen würde.

Doch bei allem Verständnis für Don Ignacios Wünsche, löste diese Vorstellung, als Forscherin selbst zum Objekt zu werden, doch erhebliches Unbehagen und sogar eine diffuse Angst in mir aus. Denn diese Einladung in den Tempel war nicht nur mit Nachdruck, sondern auch mit einem unüberhörbar drohenden Unterton ausgesprochen worden. Dies führte dazu, daß Don Ignacio sich in meiner Phantasie zu einer eher bedrohlichen Gestalt verwandelte. Wer war dieser Mann, der früher seine Frau geschlagen und seine Kinder vernachlässigt hatte und eingestandenermaßen ein Trunkenbold gewesen war und der nun, vom Saulus zum Paulus gewandelt, zwar seine Frau nicht mehr schlug, dafür aber seinen Vater den neuen „Göttern" opferte? Mußte ich nicht ähnliches befürchten, wenn er und seine Frau mich mit Nachdruck in den Tempel einluden?

Auch die dramatischen Geschichten, die er mir erzählt hatte, erschienen plötzlich in einem eher bedrohlichen Licht und überwältigten mich fast. Schließlich war es doch erst unser zweites Gespräch und weder war ich auf solche dramatischen Geschichten, noch auf diesen missionarischen Eifer und erst recht nicht auf diese Nähe und Intimität, die er herstellte, vorbereitet gewesen. Seine fast schon distanzlose Offenheit erschreckte und faszinierte mich in einem, denn für meine Forschungsabsichten war dies zwar ein wahrer Glücksfall, doch erschreckte mich die fast schon hemmungslos zu nennende Vertrauensseligkeit, mit der er mir, einer fremden, weißen Frau, Einblicke in sein Seelenleben und in die Abgründe seiner durchaus ja nicht nur heldenhaften Seele gestattete. Während er mir einerseits fast sein Herz zu Füßen legte, drohte er mir im nächsten Augenblick, in auffälliger Eintracht mit seiner Frau, mit einem Tempelbesuch – und vielleicht sogar mit Zwangstaufe und Gewalt?

Meine gefühlsgetragenen Reaktionen und Assoziationen auf das Gespräch verdichteten sich also mehr und mehr zu einem Konglomerat von diffusem Unbehagen, Entsetzen und Erschrecken, die ich im wesentlichen mit zwei Szenen in Verbindung brachte:[42] zunächst mit der Schilderung der Taufe des Vaters und mit der bedrohlich klingenden Einladung in den Tempel.

An diesem Entsetzen und Erschrecken, die ich als irritierende Gegenübertragungsreaktionen begreife, und an der ersten der damit in Verbindung gebrachten Szenen, an der Taufe des Vaters, möchte ich nun mit meiner Interpretationsarbeit beginnen.

4.4 Taufe und Tod des Vaters

Auffällig ist, daß Don Ignacio dieses Entsetzen der Dorfbewohner und seiner Geschwister weder teilt, noch verstehen kann, denn er ist davon überzeugt, den Vater im letzten Moment errettet zu haben. Und nun erntet er nichts als Verachtung dafür. Wenn er denn überhaupt einen Schrecken empfindet, so gilt dies eher der Reaktion seiner Geschwister und der Dorfgemeinschaft, die ihm vorwerfen, Schuld am Tod seines Vater zu sein und seine Tat nicht als Heldentat, sondern als Verbrechen, gar als Mord, verurteilen.

Diese Vorwürfe kränken und verwirren ihn, doch bleiben sie ihm letztlich fremd. Zu mächtig ist offenbar sein Gefühl, im Ringen um die Seele des Vaters, den Sieg davongetragen zu haben. Damit verleugnet er nicht nur die Verwerflichkeit, sondern auch die immanente Gewalt seiner Tat. Allerdings bietet seine Verleugnung keine sichere Zuflucht mehr, denn sie rettet ihn nicht vor dem Vorwurf der Geschwister und der Dorfgemeinschaft, Mörder seines eigenen Vaters zu sein.

Das Erschrecken der Familie, des Dorfes und schließlich auch mein eigenes Erschrekken rühren mithin von der hier offengelegten Lösung eines *ödipalen Dramas*, das allerdings nicht nur Phantasie geblieben, sondern blutiger Ernst geworden war. Don Ignacio hatte Grenzen überschritten und das ödipale Drama „life“ inszeniert und das war das eigentlich Verstörende daran.

Zu dem Entsetzen trugen allerdings auch die Umstände der Tat bei. Denn Don Ignacio hatte den langanhaltenden Widerstand seines Vaters erst auf dem Totenbett überwunden, und dem an Lungenentzündung leidenden Mann nicht das Eintauchen in das eiskalte Wasser des Taufbeckens erspart. Erschreckend war deshalb auch die Gewalt und die Würdelosigkeit, die diesen Tod umgaben.

In dem Erleben des Sohnes aber dominiert einzig das Gefühl, aus diesem zähen Kampf als Sieger und als Held hervorgegangen zu sein, wobei der Tod des Vaters unterschlagen wird. Gerade diese Doppeldeutigkeit aber macht die Spannung dieses ödipalen Dramas aus: *Denn Don Ignacios Sieg ist der Tod des Vaters.* Seinem Triumphgefühl tragen auch die Mormonen Rechnung, wenn sie in der Taufe des Vaters nur die Errettung, aber nicht seinen Tod sehen.

Die Taufe des Vaters kann somit als religiös verbrämte und bereinigte Fassung eines ödipalen Dramas gelten, das nur in seiner zensierten Form, als Taufe und Errettung und als siegreiche Tat, ins Bewußtsein dringen darf.

Psychoanalytisch betrachtet, kann deshalb von einem unbewußten und mit zentralen Aspekten des ödipalen Dramas ausgestatteten Vatermord gesprochen werden. Unbewußt deshalb, weil Don Ignacio ja von seiner ihm bewußten Absicht her den Vater nicht töten, sondern im Gegenteil, sogar retten wollte.[43]

Doch der Widerspruch zwischen seiner bewußten Absicht und dem Resultat seiner Handlung läßt Irritationen bei ihm spürbar werden, die sich unterdessen an den Vorwürfen der Dorfgemeinschaft entzünden. Unerträglich für ihn ist, daß sie die Gewalt in der Taufe des Vaters erkennen und thematisieren, die er zu verdrängen gezwungen ist. Deshalb kann er nicht umhin, ein gewisses Gefühl der Entfremdung zwischen ihm und der Dorfgemeinschaft und seinen Geschwistern wahrzunehmen, die nicht bereits sind, seine Version von der Taufe des Vaters zu teilen.

In der unterschiedlichen Haltung zur Taufe des Vaters kommt in der Tat die Entfremdung bzw. die Entfernung zwischen der ethnischen und der mormonischen Welt in aller Deutlichkeit zum Ausdruck. Denn offensichtlich ist ja, daß diese Art von „Vatermord" bei den Mormonen auf Zustimmung stößt, während diese Tat keinerlei Zustimmung erfährt innerhalb der ethnischen Gemeinschaft.[44]

Hier manifestieren sich also Differenzen in Bezug auf den in der Taufe des Vaters inszenierten ödipalen Konflikt: Die Schilderung Don Ignacio's legt die Vermutung nahe, daß der Vatermord als Lösung des ödipalen Dramas ganz im Sinne der Mormonen ist: sie haben die Taufe – was sonst unüblich ist – ohne Vorbereitungen realisiert. Demgegenüber läßt die ethnische Gemeinschaft keine Zweifel daran, daß sie den Vatermord als Lösung einer ödipalen Auseinandersetzung mit dem Vater kategorisch ablehnt.

An der Taufe des Vaters kristalisieren sich mithin unterschiedliche und zum Teil gegensätzliche Vorstellungen eines *indianischen und mormonischen Vergesellschaftungsprozesses*: Unterstützen die Mormonen eine radikale Trennung und Ablösung von dem Vater und damit ein Subjekt-Modell, das an Autonomie und Individualität orientiert ist, so verurteilt die ethnische Gemeinschaft diese Entwicklung und dieses Subjekt-Modell.

In der ablehnenden Haltung der indianischen Gesellschaft kommen dabei die Verwerflichkeit, aber auch die Würdelosigkeit und die Gewalt dieses Vergesellschaftungsprozesses zum Ausdruck, Aspekte, die von den Mormonen einer radikalen Unbewußtmachung unterworfen und sogar in ihr Gegenteil verkehrt werden.

Dieser hier deutlich werdende Unterschied von indianischen und mormonischen Vergesellschaftungsvorstellungen, begründet offensichtlich auch den Kernkonflikt Don Ignacios, der sich für die Mormonen entschied, die ihm mehr Autonomie und Individualität zustanden als der Vater und die ethnische Gemeinschaft es erlaubten. Sie haben ihn in seinem Streben nach Unabhängigkeit, nach Autonomie und Individualität unterstützt, während sein Vater ihn womöglich an der Realisierung dieser Freiheitswünsche hinderte und die ethnische Gemeinschaft ihn deswegen sogar verurteilte und ausgrenzte.

Doch obwohl er seine Entscheidung für das mormonische Vergesellschaftungsmodell hartnäckig verteidigt, tauchen Zweifel an seinem Wandel und an seiner wahren religiösen Überzeugung auf. So scheint zwar die Taufe des Vaters ein besonderer Beweis seiner religiösen Treue darzustellen, doch gleichzeitig könnten die Umstände der Taufe auch ein Hinweis darauf sein, daß seine Hingabe an die neue Religion noch so wenig gefestigt und sein neuer religiöser Lebensentwurf noch so labil waren, daß es eines Opfers bedurfte, um seine Treue zu den Mormonen unter Beweis zu stellen und seine inneren Zweifel zu überdecken.

Die Vermutung, daß es bei der Taufe seines Vaters vielleicht nicht nur um dessen Seelenheil, sondern vor allem um sein eigenes Seelenheil ging, ist nicht von der Hand zu weisen. Schließlich ermöglichte *es die Taufe des Vaters, statt mehr von seiner eigenen Seele, „nur" die Seele des Vaters zu opfern.*

Auf diesem Hintergrund würde sich die Taufe seines Vaters als ein taktisches Meisterstück erweisen: Vordergründig hat er durch diese Tat, für alle sichtbar, seine Treue zur neuen Religion unter Beweis gestellt, in Wirklichkeit aber innerlich Distanz gewahrt und seine eigene Seele vor einer völligen Hingabe an die Mormonen bewahrt. Seine Beziehung zur neuen Religion scheint weder so gefestigt, noch so eindeutig und letztlich auch nicht so positiv zu sein, wie er es darstellt. Daraus erwächst auch sein neuer Konflikt, denn die Mormonen fordern völlige Hingabe, insbesondere eine vollständige Loslösung von der Familie, den Eltern und der ethnischen Gemeinschaft. Er aber opfert seinen Vater, statt den Rest seiner eigenen Seele, und versucht mit diesem Opfer die neuen „Götter" zu besänftigen und die eigene Seele vor weiteren Zugriffen zu schützen.

Wie aber ist es zu verstehen, daß er einerseits die Vorteile des mormonischen Vergesellschaftunsmodells in allen Tönen lobt und gleichzeitig seine Hingabe an die neue Religion einschränkt?

Werfen wir nochmals einen Blick auf die Taufe seines Vaters, dieses Mal jedoch auf die von ihm so vehement verleugnete Gewalt und fragen nach den tieferen Ursachen dieser Verleugnung.

4.5 Die Gewalt der Bekehrung

Unzweifelhaft bedurfte es ja der Gewalt, um Don Ignacios Vater taufen zu lassen. Solange dieser noch bei Kräften war, hatte er sich dem Ansinnen des Sohnes widersetzt, nun aber, im Augenblick seiner größten Schwäche, ist er seinem Sohn hilflos ausgeliefert, und dieser nutzt die Schwäche, läßt ihn taufen und nimmt den Tod des Vaters billigend in Kauf. Neben der Gewalt, die hier ins Auge springt, ist es vor allem die Würdelosigkeit, ja sogar der Eindruck von Erniedrigung, die die Gewalt begleiten und die insgesamt von Don Ignacio verleugnet werden.

Erklärlich wird dieses Verhalten nur, wenn es als Ausdruck eines Wiederholungszwangs betrachtet wird: Muß er die Gewalt, die er seinem Vater im Akt der Taufe antat, deshalb so nachhaltig verleugnen, weil er ansonsten befürchtet, daran erinnert zu werden, daß auch er der Gewalt bedurfte, um sich bekehren zu lassen? Hat er demzufolge seine eigene Taufe ebenfalls als Gewaltakt erlebt, und muß er deshalb seinem Vater das antun, was die Mormonen ihm angetan haben, um die am eigenen Leibe erlittene Gewalt zu vergessen? Denn möglicherweise haben die Mormonen auch bei ihm, nach monatelangen Bekehrungsgesprächen, einen Augenblick der Schwäche ausgenutzt und ihn mitsamt seiner Familie ins Taufbecken getrieben. Hat er also seine eigene Taufe ähnlich erniedrigend und entwürdigend erlebt, wie es die Taufe des Vaters in den Augen seiner Geschwister und der Dorfgemeinschaft war?

Verständlich wäre dann sein Wunsch, die Erinnerung an die bei seiner Taufe erlebte Gewalt und Erniedrigung aus seinem Gedächtnis zu tilgen. *Auf diesem Hintergrund wäre die Taufe seines Vaters ein hilfloser, wenngleich von den Mormonen anerkannter Versuch, durch Identifikation mit dem mormonischen Aggressor, aus der Opfer- in die Täterrolle zu schlüpfen und dadurch die Erfahrung, einst selbst Opfer und Objekt der Missionierung gewesen zu sein, zu überwinden, indem er selbst zum Missionar wird.* So wäre erklärlich, warum nur der Tod des indianischen Vaters den Weg frei räumen konnte für eine Identifikation mit den Missionaren.

Doch der Prozeß einer Identifikation mit den Mormonen ist weder abgeschlossen, noch so weit gefestigt, wie es zunächst den Anschein hat. Zwar verweist die Taufe seines Vaters deutlich auf seine Identifikation mit den Mormonen, doch gleichzeitig wird offensichtlich, daß der Verinnerlichungsprozess noch außerordentlich brüchig ist. Denn im Gespräch mit mir durchbricht er die Identifikation mit den Mormonen, da er ja mir, wenn auch verschlüsselt und unbewußt, seine eigene Erfahrung von Gewalt vermittelt. Zwar bringt er das Anstößige nicht im verbalen Diskurs, sondern lediglich szenisch in seinen Geschichten zum Ausdruck, wobei der unbewußte Bedeutungsgehalt der Szene seinen Worten völlig widerspricht: Verbal vertritt er die Perspektive der Mormonen, wenn er behauptet, in der Taufe viel Zärtlichkeit erlebt zu haben. Jedoch schildert er dann in dramatischen und eindringlichen Bildern das Gegenteil, wenn er von der Taufe seines Vaters spricht.

Die Zärtlichkeit der Taufe und die Verleugnung der Gewalt entsprechen somit der Lesart der Mormonen und nur die nicht zur Mormonen-Gemeinde gehörenden Dorfbewohner und seine Geschwister, erkennen und verurteilen die Gewalt, die er nicht mehr erkennen darf.

Im Prozeß der Bekehrung wird somit die erlebte und erlittene wie auch die selbst ausgeübte Gewalt einem *Prozeß der Unbewußtmachung* unterworfen. Auch darin unterscheiden sich mithin ethnische und mormonische Gesellschaft, denn in der indianischen Gesellschaft bleibt die Gewalt bewußt, während sie in der mormonischen Kultur massiv unterdrückt und vor allem auch vollständig unbewußt gemacht wird.

Dieser Prozeß der Unbewußtmachung beschränkt sich jedoch nicht auf die Gewalt in der Taufe des Vaters, sondern wird auch in einer anderen Szene deutlich: Im Zusammenhang mit der Taufe seines Vaters fallen ihm nämlich Gerüchte ein, wonach die Mormonen gekommen seien, indianische Frauen zu mißbrauchen. Damit bringt er die Mormonen assoziativ mit kolonialem Terror und Gewalt in Verbindung, äußert zwar seine Empörung über diese Gerüchte, breitet sie dennoch vor mir aus. Daran zeigt sich nicht nur exemplarisch die Wirkungsweise des Unbewußten, wobei szenisch das zum Ausdruck kommt, was er selbst und die Mormonen als anstößig und verpönt erachten, sondern daran zeigt sich auch, daß seine vollständige Loslösung von der ethnischen Gemeinschaft ebensowenig gelungen ist wie seine völlige Hinwendung zu den Mormonen. Denn in der Empörung zeigt sich seine Identifikation mit den kolonisierten Indianern, deren Frauen von den Eroberern vergewaltigt wurden. D.h., durch die Bekehrung wurde die Bindung an die indianische Gesellschaft nicht vollständig aufgegeben, sondern „nur" ins Unbewußte abgedrängt, und muß sich deshalb, in verzerrter Form, als „Symptom" bemerkbar machen. Wie Devereux sagt: die Bekehrung bringt nicht die einstigen Götter zum Verschwinden, sondern sie verwandeln sich lediglich in Teufel.[45] Ganz in diesem Sinne verteufelt Don Ignacio sein ehemaliges, sündiges Leben und seine ethnische Gemeinschaft, wobei die Verteufelung sowohl „Symptom", wie auch verzerrter Ausdruck einer Unbewußtmachung ist und spiegelbildlich der Idealisierung der Mormonen entspricht. Verteufelung und Idealisierung bedingen sich dabei gegenseitig und dienen ebenso der Abgrenzung zur ethnischen Gemeinschaft wie auch der Stärkung der Identifikation mit den Mormonen und sind deshalb notwendige Mechanismen, um einen bedeutungsvollen Objekt-Wechsel zu bewältigen.

Don Ignacios Lösung des ödipalen Konfliktes hat demzufolge einige sehr auffällige Besonderheiten aufzuweisen: die Identifikation mit den Mormonen, d.h. dem Aggressor, wird nicht alleine durch die eigene Bekehrung hergestellt, sondern darüber hinaus macht sie die Taufe und den anschließenden Tod des Vaters erforderlich, *so als müßte Don Ignacio den indianischen Vater erst aus dem Wege räumen, um die Mormonen als neue Väter anerkennen zu können. Damit aber hätte er die Missionare statt sich selbst an die Stelle des Vaters gerückt und deren Autorität und Gesetz übernommen.*

Der ödipale Konflikt hat somit eine autoritäre Lösung erfahren, die dem mormonischen Freiheitsversprechen eine Praxis von Zwang und Gehorsam gegenübersetzt. Der mormonische Vergesellschaftungsprozeß hätte demzufolge eine besondere Wendung angenommen*: das Potential einer emanzipativen Lösung ging verloren, denn statt der erwünschten Autonomie und Individualisierung hat er sich lediglich neuen Vätern unterworfen, allerdings gleichzeitig unbewußt an der Bindung zur ethnischen Gemeinschaft festgehalten, die er nun verteufelt.*

4.6 Ein brujo stirbt als Mormone

Verschärfend kommt nun aber noch hinzu, daß es sich bei diesem Vater um einen brujo handelte, er also nicht nur einen Vater, sondern einen Vater, der zugleich brujo war, durch die Missionare ersetzte. Der Vergesellschaftungsprozeß wird hier, unvermittelt, zum sozialen Drama.

Das Erschrecken über den Tod des alten Mannes, von dem ich anfangs sprach, hat insofern auch damit zu tun, daß Don Ignacio in den Augen der Dörfler nicht nur zum Mörder seines Vaters, sondern auch zum Mörder eines brujos geworden war.

Brujos aber sind lebende Symbole einer magisch-ethnischen, an Rausch und Sinnlichkeit orientierten Gegenwelt,[46] die die westliche Kultur bislang nicht gänzlich zu unterwerfen und zu zerstören vermochte.[47] Einen brujo mit Gewalt zum Mormonentum zu bekehren heißt deshalb auch, einen zentralen Teil der ethnischen Kultur und Tradition zu opfern und eine Symbolfigur der indianischen Gesellschaft zu töten. In der Taufe des brujos bekämpfte Don Ignacio mithin seine Zugehörigkeit zur indianischen Gesellschaft und seine ethnische Identität. Durch den Tod des brujos tritt an die Stelle des durch ihn repräsentierten „Clan-Gewissens“ (das kollektive Über-Ich) die fundamentalistische Religion.[48] Nun ist aber die Identifikation mit dem Mormonentum mit der Errichtung einer besonders rigiden Über-Ich-Instanz verknüpft. Wenn Don Ignacio nun sein ehemaliges, wie er sagt, sündiges Leben, und sein einstiges Vagabundendasein verteufelt und er demgegenüber voller Stolz seine neuen Errungenschaften wie Ordnung, Sauberkeit, Disziplin und Fleiß hervorhebt, dann verdeutlicht er, wie sehr er sich dieser neuen, an asketisch-puritanischen Idealen orientierten Lebensführung bereits verbunden fühlt.[49]

Das mormonische Vergesellschaftungsmodell fordert demzufolge nicht nur eine Umdeutung und Reformulierung aller bisherigen Welterfahrung, sondern fordert darüber hinaus eine neue Moral, und das heißt in diesem Fall: insbesondere einen umfassenden Trieb- und Lustverzicht.

Doch obwohl er bereit ist, vieles der neuen Glaubensgemeinschaft zu opfern: seine Musikgruppe, seinen Vater und brujo, seine Trunksucht, seine aggressiven Triebimpulse gegenüber seiner Frau, sein Vagabundendasein und schließlich sogar seine an Verwahrlosung grenzende Freiheitsliebe, so stößt seine Opferbereitschaft wie auch seine Identifikation mit der fundamentalistischen Moral doch an Grenzen, die er nicht überwinden kann und wohl auch nicht überwinden will. Denn hartnäckig und entgegen allen Verboten hält er an seinem Wunsch, an San Juan mitzutanzen, fest.

Der von den Mormonen geforderte Trieb- und Lustverzicht hat Grenzen: das Vergnügen an der Sinnlichkeit des Tanzes läßt er sich nicht nehmen.

Auch hier erweist sich mithin die Identifikation mit den Mormonen als brüchig und keineswegs als so gefestigt, wie es zunächst den Anschein hat. Vielmehr wird immer deutlicher, daß er innerlich zerissen ist und er in seiner Zwiespältigkeit nur einen äußerst prekären, jedoch keinen sicheren Ort der Selbstbehauptung findet. Der Zwiespalt wird deshalb zum strukturellen Grundmuster seiner Interaktionspraxis und spiegelt sich in allen Bildern, die er von seiner Beziehung zu den Mormonen in unserem Gespräch entwirft:

– Skrupellos ist er bereit, seinen Vater zu opfern, um vielleicht Ehre und Anerkennung bei den Mormonen zu erringen, nur um diese Anerkennung dann leichtfertig aufs Spiel zu setzen und entgegen den Weisungen der Mormonen-Missionare an den synkretistischen Festen und Tänzen seiner ethnischen Dorfgemeinschaft teilzunehmen. So sehr er einerseits seine Loslösung von der ethnischen Gemeinschaft und seine Integration in die mormonische Glaubensgemeinschaft betreibt, so wenig ist er andererseits bereit, seine sinnliche und rebellische Natur vollständig zu unterdrücken.

– Spricht er einerseits ohne jeden Anflug von Verlegenheit von der Zärtlichkeit, Ruhe und Sicherheit, die er bei der Bekehrung erlebte, und von seiner Wandlung vom Saulus zum Paulus, so schildert er gleich darauf, fast bruchlos, den gewaltsamen Akt der Taufe seines Vaters.

– So sehr er die Mormonen als Retter und Heilsbringer preist, die ihm und seiner Frau Zugang zu wertvollem Wissen und zivilisatorisch wichtigen Kulturtechniken wie Lesen und Schreiben geschenkt haben, so hält ihn das nicht davon ab, im nächsten Augenblick wildeste Gerüchte zu kolportieren, die Mormonen seien nur gekommen, um indianische Frauen zu vergewaltigen. Hebt er die Mormonen also einerseits voller Bewunderung in den Himmel, so macht er sie andererseits gleich darauf zu ruchlosen Verbrechern, von denen er sich distanziert.

Sein Zwiespalt rührt also daher, daß die Mormonen, zwar selbst alles andere als Heilige, ihm vieles bieten, was die ethnische Gemeinschaft ihm immer vorenthalten hat: Unzweifelhaft haben sie ihm und seiner Frau wertvolles Wissen geschenkt und bei ihm einen Teil seiner wilden Leidenschaften und Gewalttätigkeiten – seine Neigung, Frau und Kinder zu schlagen, und seine Hingabe an alkoholische Exzesse – gebändigt. Sie haben ihm zu einem zivilisierteren Dasein und Leben verholfen, so daß er sich seiner

Taten nicht mehr zu schämen brauchte. Er war ein besserer Familienvater und Ehemann geworden, der ein gewisses Maß an Stolz nicht verbergen konnte, angesichts der gelungenen Zähmung seiner aggressiven Triebausbrüche. Die Mormonen hatten ihm dazu verholfen, sich endlich als ehrenhafter und der Rationalität verpflichteter Mann und nicht als ein der Triebhaftigkeit verfallener Mensch zu fühlen. Demgegenüber hatte er die indianische Gesellschaft als unfähig erlebt, sein Bedürfnis und seine Sehnsucht, zu reifen und erwachsen zu werden, und seinen Hunger nach Wissen und Bildung, zu stillen, und er fühlte sich von ihr in seinem Streben, ein Mann zu werden, im Stich gelassen. Gründet darin auch der unausgesprochene Vorwurf, den er an seinen Vater und brujo richtet?

Die Attraktivität des mormonischen Vergesellschaftungskonzeptes wird also verständlich, wenn berücksichtigt wird, daß der von den Mormonen geforderte Trieb- und Lustverzicht nicht nur durch psychische Reifungsprozesse, sondern auch durch zivilisatorische Errungenschaften kompensiert wird, die sowohl das Selbstwertgefühl wie auch das Maß an Selbstverfügung steigern.

Deutlich wird also, daß die *indianische Gesellschaft nicht nur ein anderes Vergesellschaftungs-, sondern, damit zusammenhängend, auch ein anderes Triebmodell als die Mormonen vertritt:* Erachten die Mormonen eine asketische und an den protestantischen Sekundärtugenden orientierte Lebensführung als Grundlage von Reifung und damit von Kultur und Zivilisation, so verteidigt die ethnische Gemeinschaft ein Triebmodell, das nicht primär auf Entsagungen, sondern auf Sinnlichkeit und Rausch und damit auf einem größeren Maß an unmittelbarer Triebbefriedigung aufbaut. Allerdings ist dieses Modell, und darauf weist Don Ignacio mit seiner unerbittlichen Kritik ja hin, wohl mittlerweile so pervertiert, daß aus Rausch und Sinnlichkeit Trunksucht und Gewalt und aus Triebbefriedigung Verwahrlosung geworden ist und deshalb, so ließe sich dieser Gedanke nun weiterführen, Entwicklungsmöglichkeiten beschnitten und Reifungsprozesse unterbrochen wurden.

Während das mormonische Reifungsmodell also *Trennung und Loslösung* als essentiell betrachtet, favorisiert die ethnische Gemeinschaft ein Konzept von Erwachsenwerden, daß nur begrenzte Freiräume für individuelle Freiheits- und Autonomiewünsche zur Verfügung stellt. Das kollektiven Bindungen Priorität einräumende Reifungskonzept der indianischen Gesellschaft widerspricht somit einem auf Trennung und Loslösung aufbauenden Reifungskonzept der Mormonen.

Carol Gilligan hat nun dieses auf Trennung und Loslösung aufbauende Reifungskonzept als „männliches" Modell und das auf Bindungen bauende Reifungskonzept als „weibliches" Modell charakterisiert.[50] Demzufolge würden die Mormonen ein eher als „männlich", die indianische Gesellschaft jedoch ein eher als „weiblich" zu kennzeichnendes Gesellschaftsverständnis ihren jeweiligen Trieb- und Reifungskonzepten zugrunde legen. Und dies hätte gravierende Folgen für die ödipale Auseinandersetzung und für die in diesem Prozeß bedeutsam werdende Entwicklung der Geschlechtsrollenidentität: *Zwar haben die Mormonen Don Ignacio darin unterstützt den Konflikt mit seinem Vater und mit der ethnishen Gemeinschaft zu wagen, jedoch hat er das darin freigesetzte emanzipative Potential durch die Realisierung der Tötungswünsche verspielt und den Vater und brujo durch die Missionare ersetzt und sich ihrer religiösen Weltanschauung unterwor-*

fen. D.h., es kommt weder zu einer positiven Lösung, d.h. einer Identifikation mit dem Vater, noch zu einer negativen Lösung, einer gescheiterten Identifikation mit dem Vater, sondern zu einer Pseudo-Lösung: an die Leerstelle des Vaters und brujos tritt die Identifikation mit der religiösen und männlich geprägten Ideologie der Mormonen. Damit entsteht eine Art Pseudo-Männlichkeit oder, anders formuliert, ein um wesentliche Erlebnisbereiche verkürztes Männlichkeitsmodell, da es sich hier, wie Ulrike Prokop in einem anderen Zusammenhang schreibt, um eine Verinnerlichung von „Vaterimagines ... von zeichenhaftem Charakter" handelt.[51] Die Identifikation mit dieser „abstrakten Gesetzlichkeit, die zeichenhaft, ins Über-Ich aufgenommen weder Korrektur, noch Widerstand duldet, sondern nur die quälerische Wechselspannung eines zugleich revoltierenden und zugleich unterwürfigen Verhältnisses duldet", ist demzufolge Kennzeichen eines unter fundamentalistischen Vorzeichen initiierten Vergesellschaftungsprozesses, der den Untergang des männlichen Ödipuskomplexes kennzeichnet.[52] Ergebnis ist ein männlicher Lebensentwurf, der die Unbewußtmachung einer als weiblich-rauschhaft und regressiv angesehenen Kultur und zugleich eine zeichenhaft verstümmelte, sowohl revoltierende wie unterwürfige Beziehung zu den mormonischen Vätern beinhaltet.

Auch bei Don Ignacio läßt sich diese revoltierende und zugleich unterwürfige Haltung gut erkennen, wenn er seine ethnische Kultur verteufelt und sogar seinen Vater opfert, ihn das aber nicht davon abhält, unbeirrt, an seinen Tanzgelüsten festzuhalten.

Obwohl also der Prozeß der Unbewußtmachung der ethnischen Kultur ebensowenig abgeschlossen oder gelungen ist, wie die Identifikation mit dem abstrakten Gesetz der neuen Väter, so fragt sich nun, was diese Konstruktionen für die im ödipalen Konflikt zur Debatte stehenden Männlichkeitsentwürfe Don Ignacios bedeuten.

Und damit komme ich zum letzten Anknüpfungspunkt der Interpretation, nämlich zur gemeinsam von Don Ignacio und seiner Frau ausgesprochenen Einladung in den Tempel.

4.7 Die weiße Frau und die Einladung in den Tempel

Diese Einladung, das hatte ich ja bereits erwähnt, hatte bedrohlich in meinen Ohren geklungen und Erschrecken hervorgerufen. Seit diesem Gespräch wurde ich, trotz aller rationalen Besänftigungsversuche, immer wieder von der Phantasie heimgesucht, ihre Einladung in den Tempel habe nur dem Zweck gedient, mich ebenfalls, wie den Vater, zwangstaufen zu lassen. Wie aber ist das Erschrecken und diese Phantasie, die Einladung sei eine versteckte Androhung einer Zwangstaufe, zu verstehen?

Als erstes fällt auf, daß die Nähe, die Don Ignacio zu mir herstellte, immer mit Gewalt verknüpft war: Lockte er einerseits mit Vertrauensseligkeit und faszinierenden Geschichten, so breitete er andererseits Szenen voller Gewalt vor mir aus. Die Beziehung, die er zu mir herstellte, war durchwoben von Intimität und von Gewaltphantasien. Mit der Einladung in den Tempel versuchte er die Gefahr zu bannen, die von einer zu großen Nähe zu mir ausging. Im sakralen Raum der Mormonen wären die auf mich gerichteten Phantasien mit einem wirksamen Tabu belegt. Daß dies durchaus auch im Sinne der Ehefrau war, versteht sich von selbst, insofern hatte auch sie ein nicht unerhebliches Interesse an meiner Taufe. Denn ihre mir gegenüber gezeigte Feindseligkeit, die während all der Gespräche nie ganz verschwand, kann auch als Reaktion auf eine Verführungssituation verstanden werden, die sie spürte und die sie in einen Rivalitätskonflikt mit mir brachte.

Die Anwesenheit einer fremden, weißen und „ungläubigen" Frau bedroht sie beide, denn diese könnte ihren mühsam errungenen Seelenfrieden gefährden, alte Leidenschaften in ihm wachrufen und ihn zurückfallen lassen in die „Barbarei".

Meine Anwesenheit stellt mithin den mormonischen Vergesellschaftungs- und Zivilisierungsprozeß auf die Probe. Ähnlich wie dies vielleicht der Vater als brujo tat. Deshalb wissen sich beide nicht anders zu helfen, als durch die phantasierte Flucht in den Tempel: hier – und das haben sie schließlich am eigenen Leibe erlebt – ist eine Zivilisierungsdressur wirksam, die alle Triebhaftigkeit und Leidenschaften auszutreiben vermag. Auch in dieser Vorstellung verschwindet, ähnlich wie in der Taufe des Vaters, die immanente Gewalt der Phantasie unter einer als Wohltat getarnten Einladung. Und Don Ignacio wird in der Phantasie wiederum selbst zum Missionar, der nun mir die Zärtlichkeit wie auch die Gewalt zumutet, die er selbst in der Kirche und speziell in der Taufe erlebt hat und die er dadurch überwindet, daß er nun andere zum Objekt seiner Wünsche macht. Durch die Gewalt der Taufe hat er entscheidend an Potenz gewonnen. Damit wird ein Aspekt deutlich, der in der Taufe des Vaters nicht zum Vorschein gekommen war:

Beschwörend hatte Don Ignacio das Gerücht, die Mormonen seien gekommen, indianische Frauen zu vergewaltigen, ins Gespräch eingestreut, sich zwar voller Empörung davon distanziert und doch diese Vergewaltigungsszene sehr eindringlich vor mir entfaltet. Nun da er selbst Mormone und in der Phantasie auch Missionar geworden war, könnte er nicht ähnliche Phantasien in bezug auf die Frauen der Weißen hegen? Das wäre dann seine Art und Weise mit dem erlebten kolonialen und dem neuerlichen, religiösen Trauma fertigzuwerden und die erlittene Demütigung durch die Vergewaltigung einer weißen Frau aufzuheben. In der Phantasie würde er dann zum Mann nicht dadurch, daß er seine Frau nicht mehr schlägt und seine Kinder nicht mehr vernachlässigt, sondern dadurch, daß er – in der Phantasie – die Frauen der Weißen vergewaltigt und er so Rache nimmt an den Vätern. Die Taufe seines Vaters und schließlich die an mich gerichtete Einladung in den Tempel wären auf diesem Hintergrund lediglich der konsequente Ausdruck dieser Phantasien, der notwendige Akt auf dem Weg hin zu einer Identifikation mit den weißen Aggressoren. Mehr als alles andere hatte offenbar die Bindung an den Vater und brujo diese Identifikation mit den imperialistischen, sexuell-repressiven Mormonen, die nur gekommen waren um indianische Frauen zu vergewaltigen, unmöglich gemacht und ihn zugleich gefesselt an die Geschichte der Kolonisation, in der er lediglich als gedemütigtes und erniedrigtes Opfer und Objekt der Unterdrückung auftauchte. *Dies hat ihn daran gehindert zum Mann und Eroberer, d.h. zum Täter auch gegenüber weißen Frauen zu werden. Dazu haben ihm nun die Mormonen durch die Bekehrung verholfen. Das ist sein eigentlicher Sieg und sein wahrer Triumph.*

Das Männlichkeitsmodell der Mormonen beinhaltet somit ein Reifungsmodell, bzw. ein männliches Identitätsmodell, das auf der Vergewaltigung und Unterwerfung der Frau beruht.

Dies macht auch die kleine Szene am Schluß des Gespräches deutlich, als er seiner Frau keinerlei Chance läßt, mir zu antworten: Er spricht für sie, er zeigt ihr, wo ihr Platz ist, der Platz einer Unterworfenen: er macht sie stumm, sie darf lediglich die gedruckten Worte der Mormonen nachplappern. In diesem Geschlechterarrangement nimmt die indianische Frau nun alleine den Platz der Kolonisierten ein, während er in Phantasien der Eroberung und Vergewaltigung flüchtet.

Diese Vergewaltigungsphantasie findet im Gespräch auf drei verschiedenen Ebenen ihren Niederschlag:
– *zunächst inhaltlich*: Don Ignacio fallen Gerüchte über die Mormonen ein, die sie als potentielle Vergewaltiger darstellen;
– *dann szenisch*: die Beziehung zu mir ist gekennzeichnet von einer Spannung, die sowohl Nähe und Intimität, wie auch Gewalt und Bedrohung umfaßt und schließlich
– *in meiner Gegenübertragung:* Don Ignacio erscheint als ein zugleich bedrohlicher wie auch faszinierender Mann, der Angst und Schrecken erzeugt. Er rückt mir zu schnell viel zu nah auf den Leib, so daß ich von seiner Vertrauensseligkeit fast überwältigt bin und voller Erschrecken den Impuls verspüre zu flüchten.

In dieser Inszenierung von Vergewaltigungsphantasien wird nun auch ein kulturelles Übertragungsmuster sichtbar: Der von den Mormonen eingeleitete Vergesellschaftungsprozeß hat bei Don Ignacio zu *einer Umkehrung kolonialer Vergewaltigungserfahrung* geführt: In einer Überreaktion wird er zum Mörder seines Vaters und brujos und eignet sich wie in dem von Freud beschriebenen „Totem und Tabu" in der Phantasie die bislang tabuisierten Frauen der weißen „Väter" an, während er gleichzeitig seine eigene Frau verstummen und sie seine neue Männlichkeit spüren läßt. Somit ist seine neu gewonnene männliche Identität unmittelbares Resultat der Taufe und Tötung seines Vaters und zugleich Resultat eines nur unvollständig vollzogenen Unbewußtmachen einer als weiblich-regressiv bezeichneten ethnischen Kultur und der damit zusammenhängenden partiellen Identifikation mit „Vaterimagines von zeichenhaftem Charakter".

Das heißt, die Identifikation mit den Mormonen basiert einerseits auf *der radikalen und gewaltsamen Trennung vom indianischen Vater und brujo und ermöglicht von daher nur eine Identifikation mit der Ideologie der Mormonen, jedoch nicht die Herausbildung eines autonomen Selbst. Andererseits beinhaltet dies eine Identifikation mit den Mormonen als Vergewaltiger und von daher ein Männlichkeitskonzept, das der Unbewußtmachung und Vergewaltigung von Frauen bedarf.*

In Ansätzen wird darin eine Männlichkeit sichtbar, die in Lateinamerika als Machismo bekannt ist und vereinfacht, auf der Überhöhung alles Männlichen und der Entwertung alles Weiblichen beruht, allerdings mit einer entscheidenden kulturellen Variante beim indianischen Machismo:[53] hier werden die Frauen der Weißen zum begehrten Sexual-Objekt, während die indianische Frau zur Sprachlosigkeit verdammt, zum kulturellen „Nichts" wird. Und die indianische Frau bei den Mormonen akzeptiert diese Wendung offenbar, weil sie statt eines gewalttätigen und der Trunksucht verfallenen Ehemanns, einen Ehemann gewinnt, der sie nicht mehr schlägt und der sich bemüht, seine Pflichten und Verantwortlichkeiten als Familienoberhaupt wahrzunehmen.[54]

Der indianische Machismo verweist mithin auf eine ödipale Auseinandersetzung, die eine höchst problematische und kulturell äußerst fragwürdige Wendung angenommen hat. Was nämlich fehlt und was in dieser von den Mormonen herbeigeführten Wendung des ödipalen Konfliktes gänzlich vermieden wird, ist *die Auseinandersetzung mit einem Vater*, der Repräsentant einer als defizitär und entwicklungsunfähig erlebten ethnischen Gesellschaft ist, die angesichts eines zunehmenden Modernisierungsdrucks keine überzeugenden Alternativen und Lebensperspektiven mit größeren individuellen Freiräumen und Entfaltungsmöglichkeiten anbieten kann. Statt einer Auseinandersetzung mit diesen Entwicklungshemmnissen wird von seiten der Mormonen ein Vergesellschaftungsmodell installiert, das zwar die Defizite der indianischen Gemeinschaft aufgreift und ihnen auf eine sehr spezifische Art und Weise begegnet, ohne jedoch zu einer konstruktiven Auseinandersetzung und damit einer möglichen „Reformierung" der ethnischen Kultur anzuregen.

5. Schlußfolgerungen

Die ethnopsychoanalytische Interpretation hat sowohl den Gewinn, aber auch die Verluste, die die Bekehrung Don Ignacio einbrachten, aufschlüsseln können:

Unzweifelhaft gewonnen hat er ein größeres Maß an Selbstverfügung. Er ist nicht mehr ganz so ohnmächtig seinen Begierden ausgeliefert, sondern hier hilft ihm die Religion, seine Triebe zu züchtigen, aggressive Impulse unter Kontrolle zu bringen, sich zu individuieren, zu reifen und erwachsen zu werden. Darüber hinaus verhilft die Religion ihm dazu, ethnische Unterlegenheitsgefühle und Bindungen und nicht zuletzt auch das koloniale Trauma abzuschütteln und ein Selbstwertgefühl zu erringen, das mit Stolz, Selbstachtung und Macht verbunden ist. Dieser Zivilisierungs- und Modernisierungseffekt ist für einen nur Demütigung und Diskriminierung kennenden Indianer wahrlich nicht wenig und dies dürfte ein starkes Motiv sein, sich dieser religiösen Gemeinschaft anzuschließen.

Doch die Verlustbilanz ist nicht minder imposant. Da werden drei zentrale Symbolfelder indianischer Kultur, die zugleich als kollektive Sozialisationsinstanzen die Reproduktion ethnischer Lebensentwürfe sicherstellen, vom gesellschaftlichen Konsens ausgeschlossen und unbewußt gemacht: die brujeria (indianische Heilkunst), die compadrazgo (soziale Patenschaften) und die synkretistischen Kulte (kollektive Feste).[55]

Interessant ist nun, daß Don Ignacio *die Vernichtung der compadrazgo und der brujeria und damit die Entzauberung seiner Welt* relativ widerspruchslos hinnimmt. Schließlich ist mit dem Verzicht auf Rausch und Sinnlichkeit eine größere Triebkontrolle und damit ein zivilisatorisch bedeutungsvoller Reifungsprozeß verbunden. Doch bei den synkretistischen Kulten macht er halt, gewiß, weil ihm da ein zu großer Lustverzicht abverlangt wird, wenn die Mormonen ihm selbst das Tanzen und damit auch die Teilnahme an den Festen verbieten wollen, aber sicherlich auch, weil er eine Institution schützen will, die für das ethnische Kollektiv und für ihn von identitätsstiftender Bedeutung ist. An diesem Kernstück ethnischer Lebenswelten möchte selbst ein ansonsten kaum vor einer unpopulären Tat zurückschreckender Don Ignacio nicht rütteln, zu existentiell wichtig scheinen ihm die Kulte zu sein, als daß er sie leichtfertig opfern könnte.

Trotz aller Zivilisierungsmaßnahmen zeigt sich hier ein Widerstand, den die Mormonen nicht haben besiegen können, und trotz aller Identifikation mit den Missionaren hat er es verstanden, etwas von seiner Lust, seiner rebellischen Natur und seiner ethnischen Identität vor ihrem Zugriff zu bewahren.

Auf der sozialisationstheoretischen Ebene hat die ethnopsychoanalytische Interpretation den durch die Bekehrung ausgelösten Wandel von Lebensentwürfen als einen Vergesellschaftungsprozeß begriffen und diesen bis in seine unbewußten Dimensionen hinein aufgeschlüsselt. Dabei wurde deutlich, *daß die Taufe des Vaters als Inszenierung eines ödipalen Konfliktes* begriffen werden kann: Besonderes Merkmal dieses ödipalen Dramas war der Tod des Vaters und die Verleugnung der Gewalt. Während die Gewalt in der Taufe des Vaters von den Geschwistern und der Dorfgemeinschaft erkannt und verurteilt wird, erfährt sie bei den Mormonen eine Umkehrung ins Gegenteil: Aus der Gewalt wird Zärtlichkeit, aus dem Vatermord eine religiöse Errettung.

Die Identifikation mit den Missionaren konstituiert insofern ein neues, allerdings unbewußt gemachtes Gewaltverhältnis. *So nimmt der ödipale Konflikt eine repressive und zugleich regressive Wendung*: Zwar erlauben die Mormonen eine Befreiung aus familialen und ethnischen Bindungen, doch nutzen sie dieses Befreiungspotential lediglich zur Herstellung neuer, repressiver und autoritärer Bindungen: *An die Stelle des Vaters und brujos tritt nicht das aus der Auseinandersetzung gestärkt hervorgehende Selbst, sondern die Identifikation mit der Ideologie fundamentalistischer Missionare*: Ein rigides und an asketischen Idealen orientiertes Über-Ich verbündet sich mit „Vaterimagines von zeichenhaftem Charakter". Es entsteht eine um wesentliche Erlebnisbereiche verkürzte Persönlichkeitsstruktur, die autoritärer Identifikationen und einer Unbewußtmachung der nun als weiblich diskriminierten indianischen Kultur bedarf. Dabei wird das ethnische Vergesellschaftungsmodell, das Bindungen Priorität und individuellen Autonomiebestrebungen nur begrenzte Entfaltungsmöglichkeiten einräumt, insgesamt als triebhaft, entwicklungsunfähig und deshalb als regressiv verteufelt. Allerdings stellt diese Verteufelung der in den Untergrund getriebenen ethnischen Bindungen eine absolut stabile Konstruktion dar, da sie unmittelbar mit der Idealisierung der Mormonen und dem Unbewußtmachen von Gewalterfahrungen verknüpft ist. In diesem Spannungsverhältnis von Verteufelung und Verliebtheit entfaltet sich Don Ignacios Selbstbehauptungswille: er rettet nicht nur einen Teil seiner Widerständigkeit, sondern auch einen Teil seiner Lust und damit einen Teil seines indianischen Lebensentwurfes.

Und ebensowenig wie es den Mormonen gelingt, seinen rebellischen Geist, seine Lust am Tanz und am Widerspruch zu zähmen, so wenig gelingt es ihnen, vollständige Kontrolle über seine Phantasien zu gewinnen. Denn die in der Taufe des Vaters szenisch zum Tragen kommende ödipale Dramatik thematisiert und problematisiert nicht nur seine Bindungen an den Vater und an die ethnische Gemeinschaft, sondern zur Debatte gestellt werden ebenfalls ethnische Männlichkeitsvorstellungen und damit auch seine kolonialen Erfahrungen der Unterdrückung als Mann.

Seine eigene Bekehrung, aber insbesondere die durch Taufe und Tod des Vaters möglich gewordene Identifikation mit den Missionaren, weckt deshalb noch ganz andere, und in der ethnischen wie in der weißen Gesellschaft höchst verpönte, Wünsche: Macht über die Frauen der Weißen zu gewinnen und sie zu mißbrauchen. Das verinnerlichte koloniale Trauma kommt hier als Symptom zum Ausdruck und enthält noch als Symptom die Erfahrung von Demütigung und Erniedrigung, die sich nun in dem Wunsch äußert, Rache zu üben an den Weißen: So wie die Weißen einst indianische Frauen vergewaltigten und dadurch indianische Männer demütigten und entmachteten, so soll diese Ohnmacht durch die Vergewaltigung einer weißen Frau aufgehoben und überwunden werden. Aus dem einst gedemütigten Opfer und Objekt der Kolonisation wird nun ein Täter und Missionar, der sich allerdings nicht nur mit dem abstrakten Gesetz der neuen Väter, *sondern auch mit deren verpönten Phantasien identifiziert.*

Das auf gewaltsamer Trennung aufbauende patriarchale Vergesellschaftungsmodell der Mormonen beinhaltet deshalb eine sehr spezifische Ausgestaltung des männlichen Lebensentwurfes:

Zwar schlägt Don Ignacio seine Frau nicht mehr – was ja zweifellos ein Fortschritt ist – doch ergreift er für sie das Wort und entmachtet sie. Die nur noch in subtiler Unterdrückung sich äußernde Gewalt gegenüber indianischen Frauen erfährt jedoch eine Ausweitung hin zu Vergewaltigungsphantasien gegenüber einer weißen Frau. D.h., die Identifikation mit dem Missionar als Eroberer und Vergewaltiger ist ebenso integraler Bestandteil des von den Mormonen initiierten männlichen Sozialisationsprozesses, wie die Identifikation mit dem Missionar als Retter und Heilsbringer. *Diese Konstellation aber bringt – und das ist das Entscheidende – das Individuationsgeschehen nicht zur Blüte und treibt es nicht zur Emanzipation, sondern verhindert letztendlich die Reifung und friert die sozialisatorische Entwicklung auf einem ödipalen Niveau ein. Es kommt lediglich zu einem Austausch von Abhängigkeitsbeziehungen, wobei zwar das Objekt wechselt, auch rudimentär ein relativ rigides Über-Ich etabliert wird, jedoch keinerlei Synthese, bzw. Integration geleistet werden kann, da Affekt und Bewußtsein voneinander losgekoppelt wurden.* Man könnte es auch prosaischer ausdrücken: Die Liebe zu den Mormonen basiert auf dem Tod des Vaters, die neue Religion wird zum stützenden Korsett, das Don Ignacio zwar Orientierung und Halt verleiht, ihn jedoch beim Tanzen behindert.

Die Bekehrung erweist sich somit nur dem Anspruch nach als Chance einer nachholenden Sozialisation, da der im ödipalen Konflikt aufgehobene mormonische Vergesellschaftungsprozeß

– auf einem gewaltsamen Losreißen aus ethnischen und familialen Bindungen beruht, statt die Auseinandersetzung mit der ethnischen Gesellschaft zu fördern,
– auf der Identifikation mit neuen Vätern und ihrer abstrakten Gesetzlichkeit besteht und nicht die Entwicklung eines stabilen Selbst begünstigt,
– statt einer Auseinandersetzung mit einer kolonialistisch deformierten Kultur diese einem Prozeß der Unbewußtmachung unterwirft
– und schließlich ein Männlichkeitsmodell entwirft, das Macht nur aus Herrschafts- und Gewaltphantasien über Frauen gewinnt.

Die Mormonen erweisen sich somit von ihrer Intention her als „regressive Modernisierer", wobei es einerseits darum geht, einer asketisch und puritanisch-sinnesfeindlichen Variante von Zivilisierungsstandards der westlichen Welt zur universellen Gültigkeit zu verhelfen, und andererseits die Aneignung von Lebensentwürfen, die den

Anforderungen einer fundamentalistisch mißverstandenen Moderne entsprechen, auch psychisch zu verankern.[56] Regressive Modernisierung heißt deshalb in diesem Kontext ein Identitätsmodell zu installieren, das zwar die Moderne trägt, jedoch ohne jedwede Kritik und ohne jedweden Widerstand und ohne historisches Bewußtsein. Spezifisch daran ist weiterhin, daß diese Moderne lediglich Männern ein Recht auf Zukunft einräumt, während Frauen daraus verdrängt werden. Das von den Mormonen initiierte patriarchale Vergesellschaftungsmodell trägt somit entscheidend zu einer *Vermännlichung der Kultur* bei und verbannt die Frauen ins kulturelle Abseits, alphabetisiert sie zwar, jedoch nur um ihnen um so effektiver die Worte einflößen zu können, die nun ihre Gedanken und Phantasien bevölkern dürfen.

Doch hin und wieder stoßen nicht nur die Mormonen auf einen solch widerständigen und eigensinnigen Indianer wie Don Ignacio, der sie zumindest partiell daran hindert, ihr missionarisches Werk der Kulturdeformation zu vollenden, und der darauf besteht, seinen eigenen, durchaus fragwürdigen und widersprüchlichen Weg der Identitätsfindung zu gehen. Daß Don Ignacio weit über das Ziel hinausschießt, zeigt allerdings, mit wie vielen Risiken, existentiellen Kämpfen und Krisen dieser innere Migrationsprozeß verbunden ist und welche höchst konfliktbeladenen Integrationsleistungen dies von dem Einzelnen erfordert.

Literatur

Albán Estrada/Maria/Muñoz, Juan Pablo (1987): Con Dios todo se puede. La Invasión de las Sectas al Ecuador, Quito

Apitzsch, Ursula (1990): Migration und Biographie. Habilitationsschrift, Bremen

Apitzsch, Ursula (1994): Migration und Ethnizität. In: Kößler, Reinhart/Schiel,Tilman (Hg.): Nationalstaat und Ethnizität, Frankfurt, S.161–178

Bastian, Jean Pierre (1983): Protestantismo y Sociedad en Mexico, Mexico, D.F.

Bleger, José/Castelnuovo, Allan/Pedersen, Duncan (1984): Teoria Psicoanalitica y Tercer Mundo, Quito

Bosse, Hans (1994): Der fremde Mann. Jugend, Männlichkeit und Macht. Eine Ethnoanalyse, Frankfurt

Eissler, Kurt R. (1958): Bemerkungen zur Technik der psychoanalytischen Behandlung Pubertierender nebst einigen Überlegungen zum Problem der Perversion. In: Psyche 1966: 837–872

Erdheim, Mario (1983): Die gesellschaftliche Produktion von Unbewußtheit, Frankfurt

Flaake, Karin/King, Vera (1992): Weibliche Adoleszenz. Zur Sozialisation junger Frauen, Frankfurt

Hohenstein, Jane de (1991): Das Reich der magischen Mütter. Eine Untersuchung über die Frauen in den afro-brasilianischen Besessenheitskulten Candomblé, Frankfurt

Hutten, Kurt (1982): Seher, Grübler, Enthusiasten. Das Buch der traditionellen Sekten und religiösen Sondergemeinschaften, Stuttgart

Kepel, Gilles (1991): Die Rache Gottes. Radikale Moslems, Christen und Juden auf dem Vormarsch, München

Kohl, Karl-Heinz (1979): Exotik als Beruf. Zum Begriff der ethnographischen Erfahrung bei B. Malinowski, E.E. Pritchard und C. Lévi-Strauss, Wiesbaden

Krüger-Zeul, Mechthild (1982): Gegenübertragung – ein Stiefkind der Psychoanalyse. In: Das Unbehagen in der Psychoanalyse. Eine Streitschrift, Frankfurt, S. 71–85

Lewis, Oscar (1964): Seventh Day Adventism in a Mexican Village: A Study in Motivation and Cultur Change. In: Manners, R.A. (ed.): Process and Pattern in Culture – Essays in honor of J. H. Steward, Chicago, S.63–83

Leithäuser, Thomas/Volmerg, Birgit (1979): Anleitung zur empirischen Hermeneutik. Psychoanalytische Textinterpretation als sozialwissenschaftliches Verfahren, Frankfurt

Lorenzer, Alfred (1974): Die Wahrheit der psychoanalytischen Erkenntnis. Ein historisch-materialistischer Entwurf, Frankfurt

ders. (1981): Das Konzil der Buchhalter. Die Zerstörung der Sinnlichkeit. Eine Religionskritik, Frankfurt
ders. (1986): Tiefenhermeneutische Kulturanalysen. In: Ders. (Hg.): Kultur-Analysen. Psychoanalytische Studien zur Kultur. Frankfurt, S. 11–98
Martin, David (1990): Tongnes of Fire. The explosion of Protestantism in Latin America, Oxford/Cambridge
Meier, Peter, C. (1982): Artesania Campesina e integración al mercado:Algunos ejemplos de Otavalo. In: ILE-PUCE (ed.), Quito, S.212–148
Muratorio, Blanca (1982): Etnicidad, Evangelización y Protesta en el Ecuador, Quito
Nadig, Maya (1986): Die verborgene Kultur der Frau, Frankfurt
Oevermann, Ulrich (1993): Die objektive Hermeneutik als unverzichtbare methodologische Grundlage für die Analyse von Subjektivität. Zugleich eine Kritik der Tiefenhermeneutik. In: Jung, Thomas/Müller-Doohm, Stefan: 'Wirklichkeit' im Deutungsprozeß, Frankfurt, S.106–189
Parin, Paul/Morgenthaler, Fritz/Parin-Matthèy, Goldy (1971): Fürchte Deinen Nächsten wie dich selbst, Frankfurt
Prien, Hans-Jürgen (1978): Die Geschichte des Christentums in Lateinamerika, Göttingen
Prokop, Ulrike (1989): Unveröffentlichter Teil der Habilitation.
dies. (1991): Die Illusion vom großen Paar, Frankfurt
Riesebrodt, Martin (1990): Fundamentalismus als patriarchalische Protestbewegung, Tübingen
Rohr, Elisabeth (1990): Der Traum vom Fliegen. In: Ethnopsychoanalyse. Glaube, Magie, Religion, Frankfurt, S. 55–87.
dies. (1990): Über die Ursachen des Erfolges protestantischer Missionsunternehmen in Lateinamerika. In: Peripherie 39/40, S. 196–216
dies. (1991): Die Zerstörung kultureller Symbolgefüge. Über den protestantisch-fundamentalistischen Einfluß in Lateinamerika und die Zukunft des indianischen Lebensentwurfes, München
dies. (1992): Der protestantische Fundamentalismus in Lateinamerika: ein paternalistisches Surrogat? In: Beiträge zur feministischen Theorie und Praxis, No. 32, S. 37–45
dies. (1993): Fundamentalismus: eine Utopie der Entrechteten? Eine ethnopsychoanalytische Fallstudie aus Ecuador und einige Überlegungen zur Methode psychoanalytischer Feldforschung. In: Peripherie 50, S. 19–36
dies. (1996): Rausch und Askese. Zur Ethnopsychoanalyse des Fundamentalismus. In: Journal für Psychologie
Schäfer, Heinrich (1992): Protestantismus in Zentralamerika, Frankfurt
Steger, Hanns-Albert (1989): Kreolischer Synkretismus: vudú, macumba, umbanda. In: Steger, H.-A.: Weltzivilisation und Regionalkultur, München
Stoll, David (1990): Is Latin America turning Protestant? The Politics of Evangelical Growth, Berkeley/Los Angeles/Oxford
Ströbele-Gregor, Juliana (1988): Die Dialektik der Gegenaufklärung. Zur Problematik fundamentalistischer und evangelikaler Missionierung bei den urbanen aymara in La Paz (Bolivien), Bonn
Weber, Max (1965): Die protestantische Ethik und der Geist des Kapitalismus, München/Hamburg
Salomon, Frank (1973): Weavers of Otavalo.In: Gross, Daniel R.(ed.): Peoples and Cultures of Native South America. Garden City, N.Y., S. 463–492

Anmerkungen

1 Lewis 1964, Muratorio 1982, Bastian 1983, Rohr 1992
2 Vgl. Ströbele-Gregor 1988, Riesebrodt, M. 1990
3 Vgl. Apitzsch 1994
4 Vgl. Eissler 1958, der darauf aufmerksam machte, daß die Adoleszenz nicht zwangsläufig zu einer Wiederholung frühkindlicher Erlebnismuster führen muß, sondern auch eine zweite Chance sein kann zur Korrektur der in der Kindheit fehlgelaufenen Entwicklungen. Vgl. auch Erdheim 1983, Flaake/King 1992. Der Begriff der zweiten Sozialisation taucht auch bei Kohl 1979: 88 auf, der in Anlehnung an Lévi-Strauss die Feldforschung als eine zweite Sozialisation beschreibt.
5 Vgl. Erdheim 1983, der in seiner ethnopsychoanalytischen Analyse der Adoleszenz auf die verschiedenen Sozialisationsverläufe in westlichen und in anderen Kulturen aufmerksam gemacht hat. Vgl. auch Bosse 1994
6 Vgl. Apitzsch 1994

7 Für eine ausführlichere Darstellung der Methode siehe Rohr 1993 und 1995
8 Für eine umfassendere Analyse siehe Rohr 1991
9 Vgl. Apitzsch 1990: Migration und Biographie. Habilitationsschrift, Bremen
10 Vgl. Leithäuser/Volmerg 1979: 149
11 Vgl. Nadig 1986-54 ff. und Bosse 1994: 80 ff.
12 Darin ist selbst ein ansonsten die Ethnopsychoanalyse furios kritisierender Soziologe wie Oevermann mit ihr einig. Vgl. Oevermann 1993: 176
13 Vgl. Bosse 1994: 84
14 Vgl. Devereux 1976 und Lorenzer 1970
15 Vgl. Krüger-Zeul 1982
16 Vgl. Nadig 1986: 49
17 Vgl. Devereux 1976: 335
18 Besonders profiliert hat sich hier Oevermann 1993
19 Ebd.: 336
20 Vgl. Devereux: 335
21 Die Wahrnehmung und Benennung dieser „Störungen" irritiert jedoch auch die unbefangene Leserschaft, wird doch damit immer wieder das traditionelle Wissenschaftsverständnis durchbrochen und gleichzeitig auf eine im Text vorhandene latente Sinnebene aufmerksam gemacht, die „stört", weil hier „Anstößiges", noch sinnlich-symbolisch verschlüsselt, ins Bewußtsein drängt. Vgl. auch Bosse 1994: 15
22 Vgl. Lorenzer 1970
23 Ebd.: 108
24 „Richtet sich das Verstehen als *szenisches Verstehen* auf das Erkennen der dramatischen Entwürfe (die sich in ... Interaktionen realisieren), so tritt der Analytiker in der ‚unmittelbaren Teilhabe' (deren wichtigste Spielfiguren in der Psychoanalyse Übertragung und Gegenübertragung sind) ins angebotene Drama selbs*t als Akteur ein.*" Ebd.: 1974: 138
25 Ebd.: 1970: 153
26 Zu Oevermanns diesbezüglicher Kritik vgl. Rohr 1996
27 Unter charismatischen Kirchen sind hier die Pfingstkirchen zu verstehen, die in Lateinamerika den größten Teil der protestantisch-fundamentalistischen Kirchen ausmachen. Vgl. Prien 1978, Muratorio 1982, Bastian 1983, Stoll 1990
28 Z.B. das unter Kennedy einberufene Programm einer Allianz für den Fortschritt. Vgl. Stoll 1993: 34 und 135 ff.. Vgl. Stoll: 13 ff. und 99, auch Schäfer 1992: 111 ff.
29 Vgl. Muratorio 1982: 83
30 Vgl. Rohr 1991, auch Prien 1978. Heute gehören alleine in Chile bereits 27% der Gesamtbevölkerung, in Guatemala über 24% und in Brasilien knapp 20% einer protestantisch-fundamentalistischen Mission an. Vgl. Johnstone 1993: 62. In Guatemala und in Ecuador zählen die Mormonen mittlerweile nach den Katholiken und den Protestanten zur drittstärksten Religionsgemeinschaft. Vgl. Johnstone: 1193: 201
31 Vgl. Hutten 1982: 433 ff.
32 Ebd.: 453, auch Albán Estrada/Muñoz 1987: 100
33 Vgl. Hutten: 453
34 Trotz aller theologischen Differenzen lassen sich im Bereich von Moral und Politik, Ideologie und Ökonomie viele soziologische Übereinstimmungen mit anderen fundamentalistischen Kirchen feststellen.
35 Vgl. Martin 1990, Bastian 1983
36 Zu einer ähnlichen Auffassung ist auch Bastian 1983 und Ströbele-Gregor 1989 in ihrer Untersuchung einer adventistischen Aymaragemeinde in Bolivien gelangt.
37 Kepel 1991: 14
38 Vgl. auch Rohr 1990
39 Die Otavaleños sind ein etwa 40 000 Personen umfassendes Volk im Norden von Ecuador, das auf der Hochebene im Tal zwischen den Vulkanen Imbabura und Cotacachi siedelt. Die Webprodukte – Ponchos, Schals, Decken und Wandteppiche – verkaufte er auf Märkten in Otavalo, in Quito und in anderen Städten des Landes, so daß er als Händler viel reiste und sich auskannte in der Welt der Weißen.
40 Noch 1983 gab es in Otavalo keine elektrisch betriebenen Webstühle, der einsetzende Touristenboom führte jedoch dazu, daß nur 5 Jahre später ein großer Teil der Familien elektrische Webstühle angeschafft hatte und in die Großproduktion einstieg. Vgl. Salomon 1973 und Meier, C. 1982
41 Patin der Tochter, heißt jedoch übersetzt: Gevatterin und impliziert in Lateinamerika eine sozial bedeutungsvolle Beziehung zwischen den Eltern und den Paten des Kindes.
42 Die zwar der Faszination nicht entbehrten, sie jedoch überlagerten.

43 Konsequenterweise bleiben deshalb auch sein Gewaltimpuls und seine Todeswünsche unbewußt, während die Phantasie, den Vater errettet zu haben, seine Verdrängung stützt und ihn vor Schuldgefühlen schützt.

44 Auch an einer ganz alltäglichen Taufe würden sich naturgemäß die Geister scheiden, doch an diesem besonderen Fall zeigt sich die Skrupellosigkeit der Mormonen, die hier auf besondere Ablehnung stößt.

45 „Es ist ein historischer Gemeinplatz, daß ein Volk, wenn es zu einer neuen Religion konvertiert, den Glauben and die Realität und die Macht der früheren Götter zunächst nicht verliert. Sie werden einfach nur in Teufel verwandelt, d.h. neu definiert." Vgl. Devereux 1976: 172

46 Vgl. Steger 1989: 209

47 Brujos erleben in Zeiten des verstärkten Eindringens der Moderne eine Hochkonjunktur, sie werden gebraucht in Zeiten des Auseinanderfalls traditioneller Welten. Vgl. Hohenstein, J. 1991.

48 Vgl. Parin/Morgenthaler/Parin-Matthèy 1971: 542 ff.

49 Vgl. Bleger/Castelnuovo/Pedersen 1984: 134 ff.

50 Vgl. Gilligan 1982

51 Vgl. Prokop 1989: 684

52 Vgl. Prokop 1989: 685. Was Prokop hier für die Entfaltung und Entstehung des Geschlechterverhältnisses im 18. Jahrhundert beschreibt, scheint auf eine eigentümliche Art mit den Vorgängen zu korrespondieren, die, ausgelöst durch die fundamentalistische Mission, zur Zeit in Lateinamerika zu beobachten sind. Mit dem Unterschied allerdings, daß hier „in vivo" geschieht, was dort längst Geschichte wurde und allenfalls analytisch zu rekonstruieren ist. Vgl. auch Prokop 1991

53 Vgl. Nadig 1986, die sich mit diesem Phänomen beschäftigt hat

54 Vgl. zu dieser Problematik Rohr 1992

55 Bei diesen kulturellen Symbolsystemen handelt es sich um kollektive Sozialisationsinstanzen, die einzig die Reproduktion indianischer Lebenswelten sicherstellen. Denn insbesondere die synkretistischen Kulte sind „zum einzigen Ort kollektiver Selbstdarstellung für die Eingeborenen" geworden, „zum einzigen Darstellungsfeld, in dem sich die Indios in ihren Lebensentwürfen artikulieren und wiedererkennen konnten". Vgl. Lorenzer 1981: 220. D.h. gerade synkretistische Kulte sind zum unveräußerlichen Symbol indianischer Identität geworden.

56 Vgl. Apitzsch 1994: 170 ff.

Reinhart Kößler

Migration und lokale Identität im Süden Namibias[1]

Das Südliche Afrika ist eine Großregion, in der seit etwa 120 Jahren Migrationsprozesse überaus nachhaltig gesellschaftliche Zusammenhänge auf verschiedenen Ebenen geprägt und verändert haben. Vorherrschend und bestimmend war dabei die Migration in der Form der Kontrakt- und Wanderarbeit. Für die meisten Menschen gehörten damit periodische, meist weiträumige Migrationserfahrungen zum festen Bestandteil ihres Lebens, sei es, daß sie selbst migrierten, was meist für jüngere Männer zutraf, sei es, daß sie, wie vor allem Frauen und Alte, sich mit den Folgen der Abwesenheit der Migranten auseinanderzusetzen hatten. In jedem Fall wurden die Lebensläufe der übergroßen Mehrheit entscheidend durch das Wanderarbeitssystem mit bestimmt. Auch wenn sich aufgrund der politischen Transformation und neuer wirtschaftlicher Entwicklungen ein Ende der Wanderarbeit abzeichnet, so gehören diese Verhältnisse doch noch immer nicht vollständig der Vergangenheit an, und mit ihren sehr vielschichtigen Folgen wird die gesamte Region noch lange zu leben haben. Auf einige davon will ich am Schluß dieses Beitrags etwas näher eingehen.

Ich möchte zunächst einige Beobachtungen dazu machen, wie die Zwänge und Chancen der Kontrakt- und Wanderarbeit sich auf typische (männliche) Biographien ausgewirkt haben und noch immer auswirken und dabei auch Inhalte von kollektiver Identität bestimmen, die in den betrachteten Fällen meist als Ethnizität kodiert ist. In einem zweiten Schritt skizziere ich die spezifischen, in gewisser Hinsicht vielschichtigeren Verhältnisse, die ein knappes Jahrhundert Wanderarbeit im südlichen Teil Namibias hervorgebracht hat. Dabei beziehe ich mich auf die lokalen Identitäten, wie sie sich bis heute artikulieren und von mir am Beispiel der Orte Gibeon und Berseba untersucht wurden.

Neben der aktuellen institutionellen Umbruchsituation sind unterschiedlichste Wanderungsprozesse mit einer zeitlichen Tiefe von bis zu 200 Jahre zu berücksichtigen. Die Wanderarbeit bildet daher nur einen Teilaspekt. Die zuvor anzustellenden Überlegungen zum größeren regionalen Kontext des Südlichen Afrika werden freilich auch hilfreich sein für das Verständnis der etwas konkreter zu entwickelnden Zusammenhänge in Namibia.

I. Das regionale Migrationssystem im Überblick

Das Südliche Afrika ist eine Großregion oder ein Subkontinent, der entscheidend durch Migrationsprozesse geprägt ist. Neben der hegemonialen Stellung Südafrikas und den damit zusammenhängenden Ausrichtungen der Infrastruktur auf dieses Zentrum war es jahrzehntelang eben die massenhafte Wander- und Kontraktarbeit, die den bestehenden regionalen Zusammenhang geschaffen und zudem die Infrastruktur geprägt und Südafrikas Hegemonialstellung ermöglicht hat. Die Wanderarbeit hat nicht zuletzt zu einem Netz interregionaler informeller Kommunikation beigetragen, das auch in einzelnen Lebensläufen, Migrationskarrieren und dadurch bestimmten Familienstrukturen zum Ausdruck kommt.[2] Zwar ist Wanderarbeit als solche keineswegs regionspezifisch. Das gilt aber für ihre spezifische Ausformung und Systematisierung und vor allem für ihre Weiterentwicklung zu einem tragenden Pfeiler in der Politik der Apartheid.

Zu unterscheiden sind einerseits die *spontane, informelle, illegale und dauerhafte* Urbanisierung sowie auch die illegale Lohnarbeit im ländlichen Raum, die in gewissem Maß dem allgemeinen Bild von Prozessen der Urbanisierung und der informellen Lohnverhältnisse in anderen Teilen der Dritten Welt entsprechen; auch sie werden aber bis heute wesentlich geprägt durch die Folgen der zweiten, in dieser regionalspezifischen Ausprägung der Wanderarbeit, der *systematischen* Wander- oder Kontraktarbeit. Sie war bis zur Aufhebung der Apartheidsgesetzgebung im Regelfall strikt reglementiert und umfaßte kurz- und mittelfristige Migrationsprozesse, die freilich immer auch vermischt waren mit informellen und illegalen Komponenten. Letzteres bestimmt wesentlich auch die heutige Situation in der Republik Südafrika mit mehreren hunderttausend illegalen Migranten aus Moçambique, einem der traditionellen Herkunftsländer von Wanderarbeitern aus der Minenindustrie. Diese Situation hat nach dem Erreichen der Mehrheitsherrschaft und dem Ende des Bürgerkrieges in Moçambique zu einer verstärkten Debatte über die Ausweisung von Illegalen geführt (vgl. taz, 22.4.94).

Zunächst einmal erfolgte die Systematisierung der regionalen Wanderarbeit aufgrund des Arbeitskräftebedarfs vor allem der Minenindustrie (Diamanten, Gold, Kupfer, Kohle u.a.), aber auch der kommerziellen weißen Landwirtschaft und größerer Infrastrukturprojekte, insbesondere des Eisenbahnbaus.[3] Die kolonialen Verwaltungspraktiken und formalisierten Bestimmungen waren auf die systematische Mobilisierung der Arbeitskraft der Kolonisierten ausgerichtet. Dies sollte durch die Erhebung einer monetären Hütten- und Kopfsteuer bewirkt werden. Der dadurch ausgeübte Zwang zur Lohnarbeit wurde mit dem Topos des „faulen Negers“ legitimiert. „Faulheit“ kodiert hier eindeutig die vielfältigen Strategien der Autochthonen zur Umgehung von Lohnarbeit zumal dann, wenn sie unzureichend bezahlt ist, sowie der Wanderarbeit und speziell der Arbeit in den Minen unter Ausnutzung der – nicht zuletzt durch die Expansion der Nachfrage nach Nahrungsmittel durch den Bergwerksboom – sich bietenden Marktchancen. Die Vermeidung der Lohnarbeit war also verbunden mit durchgreifender Innovation, technologischen Veränderungen und der Umstellung der bäuerlichen Wirtschaften auf die Warenproduktion. Das bedeutete auch von Beginn an eine ethnische Differenzierung: Die tatsächliche Möglichkeit zur Nutzung vorübergehend sich bietender Marktchancen waren ebenso ungleich verteilt wie die strukturellen Zwänge und Einbruchsstellen, die in bestimmten Ethnien vor allem die jungen Männer frühzeitig zur Wanderarbeit gleichsam prädestinierten.[4]

Vor allem die nach Südafrika und in die Bergwerksregion am Witwatersrand ausgerichtete Wanderarbeit war von Beginn an regional zugeschnitten, d.h. sie griff über das heutige Südafrika hinaus. Frühzeitig wurde dieser Zusammenhang durch eine einheitliche Organisation systematisiert, die Witwatersrand Native Labour Association (WENELA): Ihre klassischen Rekrutierungsgebiete waren das heutige Malawi und der Süden Moçambiques. Erst nach der Unabhängigkeit Moçambiques 1975 erhielt die Rekrutierung innerhalb Südafrikas aber auch in Lesotho ihre heutige Bedeutung. Neben diesem beherrschenden Migrationszusammenhang entstanden weitere, subordinierte wie die Versorgung der kommerziellen weißen Landwirtschaft im damaligen Südrhodesien, dem heutigen Zimbabwe, mit Arbeitskräften aus Malawi, während aus Südrhodesien selbst Migranten in die besser bezahlte Minenindustrie strömten (vgl. Clarke 1980).

Das System der Grand Apartheid umfaßte die Schaffung formell unabhängiger *homelands* als Arbeitskräftereservoire. Der weitergehende Plan bezog die gesamte Region einschließlich der erst 1975 unabhängig gewordenen ehemaligen portugiesischen Kolonien Angola und Moçambique und des damaligen Südrhodesien – 1980 unabhängig geworden als Zimbabwe – in einen Hegemonialverbund ein, der als „Constellation of States" formalisiert werden sollte. Durch diesen mit dem politisch-militärischen Sieg der Befreiungsbewegungen in Angola, Moçambique und Zimbabwe gescheiterten Plan wäre das regionale System der Arbeitskräfterekrutierung auf der Ebene des Subkontinents dauerhaft verankert und in ein mehrdimensional institutionalisiertes Hegemonialsystem überführt worden.

Zugleich erwies sich das allen diesen Plänen zugrundeliegende strategische Ziel als nicht realisierbar, nämlich dem periodisch ablaufenden Migrationsprozeß gleichsam Dauer in Form eines beständigen Kreislaufs von Arbeitskräften zu verleihen. Damit sollte langfristig einerseits der Zustrom von Arbeitskräften gesichert, zugleich aber verhindert werden, daß aus Wanderarbeitern ein sedentäres schwarzes städtisches Proletariat wurde. Neben dem institutionalisierten System der Wanderarbeit stand daher immer auch die erwähnte spontane Urbanisierung, die das auf periodischer Rückführung der Migranten beruhende Wanderarbeitssystem beständig unterlief. Zugespitzt wurden diese Widersprüche, als die seit 1948 regierende Nationale Partei versuchte, durch gewaltsame Umsiedlungen auch die bereits eingetretene Urbanisierung rückgängig zu machen. So gesehen kann die Apartheidspolitik als strategischer Versuch gewertet werden, auf das Scheitern des Projektes der Segregation der damit verbundenen periodischen Arbeitsmigration mit dessen Radikalisierung zu antworten.

Was bedeutete dies nun und heißt dies noch für die Individuen? Es lassen sich prägende Eingriffe in die typische Biographie von Wanderarbeitern konstatieren. Unbeschadet des jahrzehntelangen passiven Widerstandes einiger Ethnien gegen die Wanderarbeit ist diese Erfahrung heute vielfach ein fester Bestandteil nicht nur des individuellen Lebenslaufes, sondern auch der Normbiographie; einige Aspekte davon will ich unter Bezug auf das Modell des männlichen Wanderarbeiters benennen:

Der erste Kontrakt tritt häufig an die Stelle oder bildet eine wesentliche Voraussetzung der Initiation, ist also entscheidend für die Definition des Abschlusses der (männlichen) Adoleszenzphase; ganz pragmatisch bedeutet die Möglichkeit zur Lohnarbeit auch die Chance der Akkumulation für den „Brautpreis" *lobola*, der seinerseits zusehends Waren- und Geldform angenommen hat.

Wanderarbeit und die damit verbundene längerfristige Abwesenheit von Heim und Familie ist wenigstens in bestimmten Fällen zu einem wesentlichen Bestandteil des ethnischen Selbstverständnisses geworden (s. hierzu Maré 1993, S. 17 ff). So grenzen sich Zulu-Wanderarbeiter von den Weißen durch ihre – praktisch erwiesene – Fähigkeit ab, monatelang von ihren Frauen getrennt zu leben, wozu die Weißen ihrer Ansicht nach nicht imstande wären.

Die Realität der Wanderarbeit ist zugleich gekennzeichnet durch vielfältige Verschiebungen innerhalb der Verwandtschafts- und Familienstrukturen bis hin zu ihrer Auflösung, sowie durch eine bereits über Generationen hinweg erfahrene notgedrungene Veränderung der geschlechtsspezifischen Arbeitsteilung (Innovationsarbeiten) (s. u.a. First 1983).

Die langfristige Bereitstellung von Wanderarbeit bewirkte, daß die Herkunfts-Gemeinschaften der Migranten und ihre engeren Familien und Verwandtschaftsgruppen seit langem abhängig von den – in aller Regel unsicheren – Bargeld-Zuflüssen aus Wanderarbeit oder auch aus hierdurch erworbenen Rentenansprüchen sind. Nach 1975 hatte die schnelle Reduzierung der Wanderarbeit aus Moçambique entsprechend katastrophenartige Auswirkungen für die Lokalgemeinschaften. Kleine Katastrophen wurden aber ganz alltäglich durch die informelle/illegale Urbanisierung der Migranten ausgelöst. Das gilt insbesondere für die Auflösung von Familienverhältnissen, wenn Wanderarbeiter an den Zielorten der Migration neue Familien gründen und ihren Pflichten gegenüber Frauen und Kindern im Herkunftsgebiet vernachlässigen oder ihnen überhaupt nicht mehr nachkommen (vgl. bes. Wilson/Ramphele 1988, Kap. 3, 6, 8, 9 und *passim;* Ramphele 1993).

Aus alledem resultiert eine sehr vielschichtige Bewertung der Wanderarbeit als Zwang und Erfahrung von Unterdrückung ebenso wie als Möglichkeit im Falle Moçambiques, der kolonialen Zwangsarbeit (*chibalo*) zu entgehen; als harte Schule und Prüfung; als Quelle des mehr und mehr systematisch benötigten Bargeldes; als Unterdrückungssystem (vgl. First 1983).

II. Wanderarbeit in Namibia

Namibia kann unter dem Gesichtspunkt der Wanderarbeit geradezu als ein Mikrokosmos des Südlichen Afrika gesehen werden. Das namibische Wanderarbeitssystem wies aber auch einige spezifische Eigenheiten auf. Mit der Unabhängigkeit 1990 und der nach Artikel 21(g) der neuen Verfassung garantierten Freizügigkeit für alle Bürgerinnen und Bürger im ganzen Land ist eine weitere wesentliche Modifikation der Wanderungsprozesse verbunden. Insbesondere bedeutet die neue, auf das gesamte Staatsgebiet bezogene Niederlassungsfreiheit auch, daß Migrationsprozesse nicht mehr durch rechtliche und administrative Beschränkungen reglementiert werden können. Insbesondere kann eine Periodizität von Wanderarbeit nicht mehr durch staatliche Maßnahmen durchgesetzt werden. Freilich bleibt die Niederlassungsfreiheit durch besondere Verfügungsrechte begrenzt, vor allem durch das Eigentumsrecht an privaten Farmen und durch die Kontrolle von *traditional authorities*[5] über die „kommunalen Gebiete" in den ehemaligen *homelands*. Dennoch haben das während der Kolonialzeit installierte System der Wanderarbeit innerhalb Namibias ebenso wie die Einordnung des Landes in den übergreifenden regionalen Migrationszusammenhang tiefgreifende Auswirkungen, die sich noch auf längere Sicht bemerkbar machen werden.

Die Rekrutierungs- und Wanderungsprozesse wurden noch während der Schlußphase der deutschen Kolonialherrschaft i. W. innerhalb des Landes organisiert. Das systematische Problem der „Leutenot" war durch die genozidartige Unterdrückung und die massenhaften Deportationen nach dem landesweiten Aufstand 1904/06 noch verstärkt worden.[6] Die repressive Gesetzgebung ließ den Afrikanern kaum eine andere Option als die Lohnarbeit, und 1912 befanden sich 90% der männlichen Afrikaner in einem Lohnverhältnis (s. Bley 1968, S. 250). Da trotzdem in den für die weiße Besiedelung und damit für eine kommerzielle Landwirtschaft geöffneten Gebieten („Polizeizone") nicht genügend Arbeitskräfte rekrutiert werden konnten, begann die Kolonialverwaltung die Rekrutierung von Arbeitskräften im bevölkerungsreichen, zunächst aber nur formell unterworfenen Gebiete im Norden, vor allem im Siedlungsgebiet der Ovambo und im Kavango-Gebiet (vgl. etwa Stals 1984, S. 47). Nach der Eroberung des Territoriums 1915 durch die südafrikanische Armee begann die neue Verwaltung, diese Rekrutierung von „Northern Natives" analog zur WENELA durch eine spezialisierte Agentur namens SWANLA zu systematisieren. Neben die kommerzielle Landwirtschaft der Siedler (meist extensive Viehwirtschaft) traten als Ziele dieser stark reglementierten Migration die Minenindustrie und die sehr begrenzte verarbeitende Industrie, vor allem die Fischindustrie in Walfischbai.

Das hatte nicht nur Auswirkungen auf die sozioökonomische Situation. Nicht zuletzt bildeten diese Wanderarbeiter ein entscheidendes politisches Mobilisierungspotential schon während der Phase des revindikativen Widerstandes in den frühen 1920er Jahren, als die Marcus Garvey-Bewegung Widerhall unter den Herero und unter den Ovambo-Wanderarbeitern vor allem auf den Diamantenfeldern in der südlichen Namib-Wüste fand (vgl. Emmet 1988; Pirio 1988). Aber auch die OPO, die Vorläuferorganisation der heutigen Regierungspartei SWAPO, wurde von Wanderarbeitern in der Fischindustrie von Walfischbai gegründet (vgl. Katjavivi 1988, S. 19–23).

Ein plastisches Beispiel für die Bedeutung der Wanderarbeit aus dem Norden in den Süden Namibias sowohl für die individuelle Biographie wie für die politische Entwicklung des Landes bietet die Autobiographie des führenden SWAPO-Aktivisten Vinnia Ndadi (1978, bes. S. 14 ff). Er schildert den ökonomischen und sozialen Druck, der ihm mit 17 Jahren „keine andere Wahl" ließ, als sich um seinen ersten Kontrakt zu bemühen; die ablehnende Haltung der Rekrutierungsbeamten gegenüber einem noch „grünen Jungen" und seine Einklassifizierung zunächst als „C boy", die ihm einen Job als *houseboy* in der Nähe von Mariental im Süden des Landes einbrachte, schließlich auch die Anfänge der gewerkschaftlichen Organisation und politischen Mobilisierung in Walfischbai und seine Flucht als SWAPO-Aktivist. In Vinnia Ndadis Erinnerungen kommen die Faktoren klar zum Ausdruck, die Jugendliche in teilweise sehr frühem Alter in die Wanderarbeit drängten: Zur ökonomischen Not kam der Wunsch, sich als erwachsener Mann zu bewähren und seinen Status durch die Eingruppierung bestätigt zu bekommen. Dieser Bericht ist aus der Perspektive eines Wanderarbeiters geschrieben, der aus dem Norden des Landes stammt und in verschiedenen Landesteilen Arbeitsstellen vermittelt bekommt. Wesentliche Motive des Berichtes sind die weite Entfernung von der Heimat, das jahrelange Erlebnis der Fremde gegen einen äußerst geringen finanziellen Ertrag und die Auseinandersetzung mit dem brutalen Chef, dem *Baas*.

Der Süden und das Zentrum Namibias sind nun nicht einfach nur Zielgebiete der Arbeitsmigration gewesen, sondern zugleich auch selbst Schauplatz der Rekrutierung und begrenzt auch Ausgangsgebiet der Migration von Arbeitskräften. Die südafrikanische Mandatsmacht hatte hier von Anfang an die Politik verfolgt, in jedem Distrikt ein Reservat zu schaffen, das in erster Linie als Arbeitskräftereservoir konzipiert war. Diese Politik stellte die enge Verknüpfung zwischen der Verfügung über Land und der Mobilisierung von Arbeitskräften für die kommerzielle Landwirtschaft der Siedler in den Mittelpunkt. Die Festlegung der flächenmäßig sehr begrenzten, in ihrem Wert als Weideland bestenfalls fragwürdigen Reservate schuf zugleich Voraussetzungen für den verstärkten Zustrom weißer Siedler, vor allem aus Südafrika, auf die riesigen, dadurch von der legalen Nutzung durch Afrikaner ausgeschlossenen Flächen (vgl. Werner 1993, S. 135 f, 141 ff).

Die Durchführung der Politik der *Grand Apartheid*, deren spezifische Ausformung für Namibia im Odendaal-Plan von 1964 konzipiert wurde (s. Republic of South Africa 1964), bedeutete die Konsolidierung dieser Reservate in *homelands*; im Süden Namibias war dies neben dem mit einem speziellen Status ausgestatteten *Gebied* der Rehobother vor allem Namaland. Auch diese Gebiete dienten ungeachtet der Rhetorik der „Entwicklung", die untrennbarer Bestandteil der Politik der *Grand Apartheid* war, schon aufgrund der bestehenden permanenten Notsituation, der sich die dort lebenden Menschen ausgesetzt sahen, faktisch mehr oder weniger als Arbeitskräftereservoire.

Zugleich war der Süden Namibias während der gesamten Zeit der südafrikanischen Herrschaft (1915–1990) weiterhin Zielgebiet für Wanderarbeiter aus dem Norden. Das gilt vor allem für die Diamantenindustrie, in geringerem Maß auch für die Fischindustrie in Lüderitz und etwas später für die kommerzielle Landwirtschaft. Die Migrations- und Ansiedelungsprozesse innerhalb des Südens folgten, soweit das vorliegende Material das erkennen läßt, einem etwas anderen Muster. Die Diamantenindustrie trat bereits während des Abschwungs infolge der Weltwirtschaftskrise Ende der 1920er und Anfang der 1930er Jahre ungeachtet der relativen räumlichen Nähe als Ziel der Arbeitsmigration aus dem Süden selbst deutlich zurück. Hier bestand frühzeitig ein Übergewicht an „Northern and Extraterritorial Natives", doch die Anteile von Migranten aus „anderen" Teilen des Mandatsgebietes, d.h. aus der Polizeizone und damit in erster Linie aus den 200–300 km entfernten Reservaten des Südens, wurden zusehens geringer.[7] Die Arbeitskräfterekrutierung in die gleichfalls in Lüderitz ansässige Fischindustrie spielte längerfristig eine Rolle auch für das Migrationsgeschehen im Süden.[8] Diese Arbeit wies ebenso wie das gleichfalls bevorzugte Scheren von Schafen ein hohes Maß an Saisonalität auf und erlaubte daher die periodische Rückkehr nach wenigen Wochen oder Monaten. Aus etwas späterer Zeit wird auch von der Verstetigung der Beziehungen einzelner Scherteams aus dem Berseba-Gebiet zu bestimmten Farmern berichtet, bei denen sie immer wieder arbeiteten.[9] Die hier vor allem herangezogenen Berichte der *Native Commissioners* und der zur unmittelbaren Aufsicht über die Reservate eingesetzten *Welfare Officers* aus den 1940er und frühen 1950er Jahren belegen nicht nur vielfältig das bekannte kolonialistische Vorurteil von der „Faulheit" und dem „Müßiggang" der „Eingeborenen". Vielmehr werden Strategien erkennbar, sich Lohnarbeitsverhältnissen nach Möglichkeit zu entziehen und da, wo dies nicht gelang, doch nach eigenen, höchst rationalen Kriterien zu handeln. Im konkreten Fall bedeutete dies, die schlecht bezahlte längerfristige Arbeit auf den Farmen der Weißen zu meiden, wodurch die auch für andere Siedlergesellschaften notorische Arbeitskräfteknappheit in der kommerziellen Landwirtschaft verstärkt wurde. Hinzu kam eine spürbare Tendenz zur Urbanisierung.[10] Doch blieb andererseits die Bindung an die lokalisierten „traditionellen Gemeinschaften" unverkennbar, deren Führungsgruppen sich zusehens Anliegen der Lohnarbeiter zueigen machten.

Die unzureichenden Löhne für die Arbeit auf den Farmen wurden zu einem festen Bestandteil in den Beschwerdekatalogen auf den seit 1951 von der Verwaltung durchgeführten und von den einzelnen lokalen Gruppen beschickten jährlichen „Nama-Versammlungen",[11] die schließlich als politisch riskant eingestellt wurden.[12] Die Identifikation mit „traditionellen Gemeinschaften" und die Orientierung auf ihre sozialen und lokalen Lebenszusammenhänge schließt es eben nicht aus, in den „modernen" auf Gelderwerb und Lohnarbeit ausgerichteten Wirtschaftszusammenhängen nach eigenen strategischen Kriterien zu agieren.

Auch im Fall der eigenständigen Landwirtschaft bedeutet dies zwar die zeitweilige Abwesenheit vom Bezugsort, doch handelt es sich um eine relativ kleinräumige Migration. Die Entfernungen sind erheblich, legt man die traditionellen Formen der Fortbewegung zu Fuß oder mit dem Eselskarren zugrunde; doch andererseits handelt es sich „nur" um 1–3 Autostunden; der Bezug auf die lokalen Gemeinschaften bleibt weitgehend erhalten. So läßt sich heute etwa im kommunalen Gebiet von Berseba die Erwerbstätigkeit im 350 km entfernten Windhoek oder das öffentlich Amt im 70 km entfernten Keetmanshoop oder aber auch das Betreiben einer etwa ebenso weit entlegenen Farm wenn auch unter Schwierigkeiten mit der Wahrnehmung von Führungsfunktionen innerhalb der beiden traditionellen Gemeinschaften verbinden.

Früher diente das Reservat in dieser Perspektive gleichsam als virtuelle Operationsbasis: In der Lebensplanung erscheint es als Rückzugsgebiet für das Alter, aber auch als Zielraum, wo die Möglichkeit besteht, mit einer durch – oft in Naturalien entgoltenen – Lohnarbeit verdienten Herde unterzukommen. Das erwies sich oft gerade für erfolgreiche Migranten als notwendig, wenn sie so viel Kleinvieh akkumuliert hatten, daß sie Schwierigkeiten hatten, einen Farmer zu finden, der ihnen neben einer Anstellung Weiderechte zugestehen wollte. Während der periodisch eintretenden, oft über Jahre andauernden Dürren verschärfte sich das Problem. Diese Situation wird heute noch weiter kompliziert durch die vereinzelten, aber relevanten Fälle kommerzieller Landwirtschaft außerhalb der kommunalen Gebiete.

Die Zuordnung der Reservate zu bestimmten, durch ethnische oder lokale Bezüge definierten Bevölkerungsgruppen war durch die großräumigen Verschiebungen des Jahrzehnts nach 1905 ebenso erschwert wie durch die Zweideutigkeiten der südafrikanischen Politik. Diese schwankte zwischen der Behandlung der Reservate in erster Linie als lokale Arbeitskraftreservoire und der Schaffung einer eher durch ethnische Zugehörigkeit bestimmten „Heimat". Mit der zweiten Tendenz waren eindeutig Bestrebungen der Autochthonen angesprochen. Zwar sind die traditionellen, um bestimmte Hauptorte zentrierten lokalen Gemeinschaften nur bedingt als „Ethnien" anzusprechen: Schon im 19. Jahrhundert ist es zu nachhaltigen Mobilisierungen und Wanderungsprozessen gekommen, die mit dem *kommando* (s. Lau 1987) eine Form des sozialen Zusammenhanges geschaffen haben, der wohl am ehesten als „Gefolgschaft" zu bezeichnen wäre; bis heute ist die „Aufnahme" Außenstehender in die lokalen Gemeinschaften möglich. Durch die aufeinanderfolgenden Kolonialregime sind die Lokalgemeinschaften mehrfach überformt worden; in der Anfangsphase der südafrikanischen Mandatsherrschaft boten sich mit der Schaffung einiger weniger neuer Reservate begrenzte Möglichkeiten einer ethnisch-revindikativen Politik, die freilich bald an die objektiven Grenzen der Reservate stießen (s. im Einzelnen Kößler i.E.); später wurde mit der Konstruktion des *homeland* Namaland eine völlig andere Struktur der „zweiten Verwaltungs-Ebene" geschaffen, unterhalb derer sich die Lokalidentitäten aber weiter hielten. Einige dieser lokalen Gemeinschaften wandten sich entschieden gegen die Fortdauer der Kolonialherrschaft und spielten eine entscheidende Rolle beim Aufbau einer internen Struktur der Befreiungsorganisation SWAPO im Süden des Landes (vgl. SWAPO 1981, S. 30 ff; Leys/Saul 1995, S. 75 ff).

Die lokalen Gemeinschaften waren und sind nun für ihre Reproduktion auf Außenbeziehungen entscheidend angewiesen und damit von der Migration nach außen abhängig; die Arbeitsbeschaffung in den angrenzenden „weißen" Gebieten ebenso wie umgekehrt die Rekrutierung von Arbeitskräften im *homeland* etwa für die Krabben- und Langustenindustrie in dem kleinen Fischereihafen Lüderitz spielten dementsprechend eine wesentliche Rolle.[13] Wie schon angedeutet, ist es frühzeitig zu Urbanisierungsprozessen gekommen: Ziele waren die Hauptstand Windhoek, die älteren Regionalzentren Keetmanshoop und Rehoboth, später das neue Zentrum Mariental. Das ändert nichts an starken Identifikationen mit den Herkunftsgemeinschaften: So wird die „Zugehörigkeit" auch entfernter Farmen zu lokalen Zentren deutlich artikuliert, etwa anläßlich der ersten nach allgemeinem Wahlrecht abgehaltenen Regional- und Lokalwahlen im Dezember 1999. Die Lokalwahlen waren auf die relativ eng umgrenzten *townlands* beschränkt, während das umliegende, sehr dünn besiedelte Farmgebiet keiner Gebietskörperschaft zugeordnet wurde. Bei einem kurzen Besuch in Gibeon anläßlich der Beobachtung der Wahlen wurde mir gegenüber Unzufriedenheit geäußert, daß auf den Farmen wohnende Personen nicht wahlberechtigt waren, obwohl sie „zu Gibeon gehörten".[14]

Neben den relativ kleinräumigen Migrationsprozessen, die für die soeben betrachteten Prozesse der kollektiven Identitätsbildung und -Verschiebung von Bedeutung waren, steht seit ca. 80 Jahren die großräumige Rekrutierung von Arbeitskräften aus dem Norden, vor allem von Ovambo sowie von Bewohnern der Kavango-Region. Auch hier besteht z.T. die Tendenz zur Verstetigung und Urbanisierung. Hinzu kommen immer wieder Arbeitsmigranten aus dem benachbarten Südafrika, aber auch aus Botswana, die etwa Mitte der 1160er Jahre als ernste Konkurrenz für die einheimischen Schafscherer auftraten.[15]

Das wesentliche Moment war aber die Nord-Süd-Migration innerhalb Namibias. Die kommerziellen Farmer sahen sich gezwungen, etwa die Hälfte der von ihnen benötigten Arbeitskräfte überregional zu rekrutieren. In der speziellen Situation Namibias bedeutete dies aber nicht vorwiegend die zeitweilige Rekrutierung ausländischer Arbeitskräfte wie etwa im kolonialen Südrhodesien. Vielmehr wurden auch hier in einem während der 1140er und 1150er Jahre zunehmendem Maß Arbeitskräfte aus dem Norden Namibias rekrutiert. In Notfällen griffen die Farmer auf Migranten aus dem benachbarten Südafrika zurück, doch die „Northern Natives" galten allgemein als „zuverlässiger und vertrauenswürdiger" gegenüber den Nama, die dem Topos des „von Natur aus faulen und sorglosen Hottentotten" subsumiert wurden.[16] Innerhalb des regionalen Lohngefüges ordneten sich die Migranten aus dem Norden am untersten Ende ein: Ihre Löhne lagen deutlich unter den bereits vergleichsweise sehr niedrigen Löhnen, die lokal rekrutierte Farmarbeiter zu erwarten hatten. Dies hat die Entstehung langfristiger Konkurrenzverhältnisse, aber auch von Ressentiments zumindest begünstigt. Wie auch das oben zitierte biographische Beispiel belegt, war die Migration aus dem Norden, hauptsächlich von Ovambo, zunächst eine durch die Laufzeit der Arbeitskontrakte zeitlich strikt auf ein bis zwei Jahre befristet. Die anhaltende Orientierung der Kontraktarbeiter auf ihre Herkunftsgesellschaft wird unterstrichen durch Berichte, sie schafften es, „fast ihren ganzen Lohn zu sparen", freilich kauften sie dann „eine Menge unnötiger und extravaganter Dinge, um sie nach Ovamboland mitzunehmen".[17]

Es ist so eine komplizierte Kombination unterschiedlicher Migrationssysteme mit sehr unterschiedlichen Zeithorizonten entstanden: Angehörige der *lokalen* Ethnien, d.h. unterschiedlicher Nama-Gruppen, werden als Arbeitskräfte in die kommerzielle Landwirtschaft rekrutiert oder steigen in begrenztem Ausmaß selber ein; dies geschieht verstärkt seit der Unabhängigkeit. Gleichfalls nach der Unabhängigkeit hat sich der Trend zur Verstetigung der Nord-Süd-Migration deutlich verstärkt. Heute ist die Anwesenheit von zahlreichen Ovambo-Familien und längst nicht mehr nur männlicher Kontraktarbeiter in den Farmgebieten und in den (klein)städtischen Zentren des Südens offensichtlich.

Die unterschiedlichen Identitäten, die sich aus diesen Verschränkungen ergeben, lassen sich an modernen politischen Orientierungen festmachen: Zunächst bildet die Wahrnehmung oder das Ressentiment einer *Ovambo gevaar*, d.h. der verstärkten Zuwanderung von Ovambo angesichts des Wegfalls gesetzlicher Beschränkungen und einer „Ovambo"-Regierung auf nationaler Ebene, ein Argument der oppositionellen DTA, das auch aufgegriffen wird und angesichts der extremen Knappheit an natürlichen Ressourcen, vor allem Wasser, Ansatzpunkte in der Realität findet. Die ambivalente Reservatspolitik der südafrikanischen Besatzungsmacht ließ in der Vergangenheit immer wieder auch andere, gleichfalls ethnisch kodierte Gegensätze und Konflikte aufbrechen, etwa zwischen „Nama" und „Herero", deren Vorfahren während des 11. Jahrhunderts eingewandert oder nach dem großen Aufstand hier angesiedelt worden waren, oder auch zwischen „Nama" und „Damara". Gegenwärtig liegt die Artikulation solcher Spannungen freilich – anders als die *Ovambo gevaar* – in keinem parteipolitischen Interesse. Doch sollten diese Ressentiments nicht überschätzt werden, denn zugleich artikulieren sich die älteren wie die neueren, durch Umsiedelungsaktionen der südafrikanischen *homeland*-Politik erst geschaffenen lokalen und regionalen Oppositionen gleichfalls im Koordinatensystem der beiden national relevanten Parteien.

Schon äußerlich gesehen geringe Unterschiede in der Intensität der Zuwanderung – exemplifiziert durch das etwas zentralere, etwa 4000 Einwohner zählende Gibeon einerseits und das abgelegene Berseba mit etwa der halben Einwohnerzahl andererseits –

haben erhebliche Auswirkungen auf die Wahrnehmung der Bedeutung der Zuwanderung aus dem Norden. In Berseba ist eine Zuwanderung kaum zu verzeichnen und spielt daher auch keine Rolle; hier steht nach wie vor der seit etwa 20 Jahren auch parteipolitisch zugespitzte Gegensatz zwischen den beiden ortsansässigen Clans oder richtiger den beiden Hälften der führenden Familie deutlich im Vordergrund, wenn nach aktuellen Problemen gefragt wird.[18] Aber auch in Gibeon steht eher die Neubestimmung des Verhältnisses zwischen den nunmehr legitimen staatlichen Institutionen und den traditionellen, teilweise im Widerstand gegen das Kolonialregime gestärkten und legitimierten Führungsinstanzen im Vordergrund der Überlegungen; dies überkreuzt sich mit der schwierigen Frage, welchen Platz generell aus sehr verschiedenen Gründen zugewanderte Gruppen gegenüber dem von vielen der seit 1860 ansässigen Witboois formulierten Verfügungsanspruch einnehmen sollen.

Dem kann hier nicht im Einzelnen nachgegangen werden. Gerade der Süden Namibias bietet ein eindrucksvolles Beispiel für ein regional spezifisch ausgeprägtes Migrationsmuster, das in wesentlichen Teilen weit über ein halbes Jahrhundert hinweg bestanden hat und so langfristig kollektive Identifikationen und typische Lebensläufe prägt.

Nachweise:

1. Archivmaterial

National Archives of Namibia, Windhoek:
Box SWAA 474: A 50/188/7 Native Affairs. Annual Reports 1942
Box SWAA 475: A 50/188/10 (Deel 27) Magistrates Annual Reports 1944
Box SWAA 476: A 50/188/10 (Deel 29) Annual Reports: Native Affairs: 1945
Box SWAA 477: A 50/188/12 v1 [Pt. 6] Annual Report 1947
Box SWAA 478: A 50/188/13 Pt. 2 N.A. Annual Reports 1948 Originals
Box SWAA 479: A 50/188/1950 (Pt. 2); Annual Reports [N.A.] 1950 – Originals
Box SWAA 479 A 50/188/1951; Annual Reports: Native Affairs 1951 (Duplicates)
Box SWAA 480: A 50/188/1953: Native Affairs. Annual Reports from Sub-Offices (1953/54)
Box SWAA 491 A 50/238 Native Affairs. Nama (Hotnot) Tribal Meetings v1-3 (1951–1955)
Box SWAA 912: A 73/26 Annual Report 1945. v3 Annexures
Box SWAA 1426: A 217/1 Berseba Hottentots General, v4 from 1952
Box BAC 38: (3) N 1/15/2 Berseba (1964–66)
Box BAC 50: HN 1/15/5/3 Jaarl. Vergaderings: Nama v1-4 (1955–61)
Box BAC 51: HN 1/15/5/3 Jaarl. Vergaderings: Nama v5-6 (1960–63)
Box BAC 62: HN 1/15/6/27 Hoofbantoesakekommissaris (1962–64)
CRN Box 1: 1/1/3/2; Sake Rakende Suidwes-Afrika(1969–1980)
CRN Box 69: 6/1/6: Woongebiede en behuising: (Kleurling Woonbuurte) Aspekte rakende Suidwes-Afrika. v3 18.8.71

2. Literatur

Beinart, William/Colin Bundy (1987): Hidden Struggles in Rural South Africa, London/Berkeley & Los Angeles/Johannesburg
Bley, Helmut (1971): South-West Africa under German Rule 1894-1914, Evanston (dt. 1968)
Drechsler, Horst (1980): Let Us Die Fighting. The Struggle of the Herero and Nama against German Imperialism (1884–1915), London (dt. 1966)

Emmet, Tony (1988): Popular resistance in Namiba, 1920-5. In: Wood 1988, S. 224–258
First, Ruth (1983): Black Gold. The Mozambiquan Miner, Proletarian and Peasant, Sussex/New York
Katjavivi, Peter (1988): A History of Resistance in Namibia, London/Addis Ababa/Paris
Kößler, Reinhart (1993): Test für Demokratie, In: Informationsdienst Südliches Afrika 1993/1, S. 27–29
Kößler, Reinhart (i.E.): „Het goede leven hebben wy nog niet gezien". On the revindicative politics of the Witboois in Southern Namibia, 1915–1995
Lau, Brigitte (1987): Southern and Central Namibia in Jonker Afrikaner's Time, Windhoek
Leys Colin/John Saul (1995): Namibia's Liberation Struggle. The Two-Edged Sword, London/Athens, Ohio
Maré, Gerhard (1993): Ethnicity and Politics in South Africa, London & New Jersey
Moorsom, Richard (1977): Underdevelopment, Contract Labour and Worker Consciousness in Namibia, 1915–72. In: Journal of Southern African Studies 4, S. 52–87
Ndadi, Vinnia (1978): Kontraktarbeiter Klasse B. Mein Leben in Namibia, Zürich
Pirio, Gregory (1988): The role of Garveyism in the making of Namibian nationalism. In: Wood 1988, S. 259–267
Ramphele, Mamphela (1993): A Bed Called Home. Life in the Migrant Labour Hostels of Cape Town, Cape Town/Athens, Ohio/Edinburgh
Republic of South Africa (1964): Report of the Commission of Enquiry into South West African Affairs 1962–1963, Pretoria.
Silvester, Jeremy Gale (1993): Black pastoralists, white farmers: The dynamics of land dispossession and labour recruitment in Southern Namibia 1915-1955, PhD, Department of History, School of Oriental and African Studies, University of London
Stals, E.L.P. (1984): Duits-Suidwes-Afrika na die Groot Opstande. 'n Studie in die verhouding tussen Owerheid en Inboorlinge, Pretoria.
SWAPO Department of Information and Publicity (1981): To be Born a Nation. The Liberation Struggle for Namibia, Luanda/London
Union of South Africa (1929-1933, 1939,40): Report Presented by the Government of the Union of South Africa to the Council of the League of Nations Concerning the Administration of South West Africa for the Year 1928 (1929–1932, 138, 1939)
Werner, Wolfgang (1993): A Brief History of Land Dispossession in Namibia. In: Journal of Southern African Studies 19, S. 135–146.
Wilson, Francis/Mamphela Ramphele (1988): Uprooting Poverty. The South African Challenge, New York/ London
Wolpe, Harold (1977): Kapitalismus und billige Arbeitskraft in Südafrika: Von der Rassentrennung zur Apartheidspolitik. In: Peter Ripken/Gottfried Wellmer (Hg.), Wanderarbeit im Südlichen Afrika. Ein Reader, Bonn, S. 99–141
Wood, Brian (Hg.), Namibia 1884-1984: Readings in Namibia's history and society. London/Lusaka

Anmerkungen

1 Der folgende Beitrag steht in der Thematik des Forschungsprojektes „Nationale Integration und Lokalidentitäten im Süden Namibias", das ich am Institut für Soziologie der Universität Münster im Rahmen des DFG-Schwerpunktes „Die Transformation der Ausbreitung Europas vom 16.-20. Jahrhundert" durchgeführt habe. Im Zentrum meines Interesses standen die Lokalzusammenhänge in den südnamibischen Orten Berseba und Gibeon und die Entwicklungen in den dort lebenden traditionellen Gemeinschaften.

2 So ist es keineswegs ungewöhnlich, etwa im Süden Namibias auf einen gebürtigen Zimbabwer zu treffen, der zunächst nach Südafrika migrierte und dann mit einer einheimischen Frau eine Familie gründete, die die Kontakte nach Zimbabwe weiterhin aufrechterhält, sich aber auf sprachlicher Ebene völlig an den lokalen Verhältnissen orientiert, also nicht etwa Shona, sondern je nach dem sozialen Kontext Nama, Afrikaans und Englisch spricht.

3 Einer der besten Einführungstexte ist Wolpe 1977.

4 Stellvertretend für eine Reihe von neueren Studien zu diesem Problemkreis siehe Beinart/Bundy 1987.

5 Ich orientiere mich hier ebenso wie im folgenden am gegenwärtigen amtlichen Sprachgebrauch über *traditional authorities* und *traditional communities* in Namibia, womit freilich nichts über die sozial- und geschichtswissenschaftliche Analyse von „Tradition" gesagt ist.

6 Vgl. Drechsler 1980, S. 207–217; auch Bley 1971, S. 259 f. Die neuerdings wieder aufgeflammte Kontroverse über das Ausmaß und die Gründe des Genozids oder wenigstens des nachhaltigen Bevölke-

rungsrückgangs nach dem Aufstand betrifft offensichtlich nicht das praktische Problem der Arbeitskräfterekrutierung, eben die „Leutenot"; zur Geschichte des Rekrutierungssystems siehe auch Moorsom 1977, bes. S. 55 ff.

7 die Größenordnungen ergeben sich aus folgender Tabelle: Beschäftigte in Diamantenminen (jährliche Durchschnittszahlen)

	Polizeizone	Ovambo (+ Okavango)	Angola	Gesamt
1928	100 *	2649 **	228 ***	4673
1929	466	1985	1328	5651
1930	209	1611	987	3880
1931	49	425	398	901
1932	36	173	192	422
1936	65	1783	23	1918
1937	60	2119	41	2554
1938	53	1499	57	1644
1939	42	407	43	520
1942	32	503	*	549
1943	23	719	1	757
1944	21	1010	–	1036
1945	13	1257	–	1279

*) Januar bis Juli keine, danach 200-250
**) bis Oktober einschließlich „Angolan Natives"
***) nur für November und Dezember ausgewiesen.
Zusammengestellt nach Union of South Africa (UoSA) 1929, § 590; UoSA 1930, § 493; UoSA 1931, § 675; UoSA 1932, § 466; UoSA 1933, § 498; UoSA 1939, § 716; UoSA 1940, § 1346; NAN:SWAA A 50/188/7; A 73/26 v3.

8 Vgl. die Berichte für die Distrikte Keetmanshoop und Bethanië in NAN:SWAA A 50/188/10 (Deel 27, 29), A 50/188/12 v1 [Pt.6]; A 50/188/13 Pt. 2; Vermerk des Regionalvertreters J.A. Nel an den Sekretär des Department of Coloured Relations and Rehoboth Affairs, 10.12.71; NAN:CRN 6/1/6; allerdings sollten zu diesem späteren Zeitpunkt Frauen rekrutiert werden.

9 Superintendent Berseba an Landdros Keetmanshoop, 3.2.67; NAN:HNK (3) N 1/15/2

10 Siehe hierzu und zum folgenden neben den in Anm. 8 zitierten Berichten ferner auch die Berichte zu den Disktrikten Gibeon/Mariental, Maltahöhe und Warmbad/Karasburg ebd., sowie die Berichte in: NAN:SWAA A 50/188/1950 (Pt. 2); A 50/188/1951; A 50/188/1953

11 Siehe NAN:SWAA A 50/238, v1-3, NAN:BAC HN 1/15/5/3, v1-6 passim

12 Siehe vertrauliches Schreiben Waarnemende Hoofbantoesakekommisaris (Gerber) an Sekretaris Bantoe Administrasie en Ontwikkeling, Datum nicht entzifferbar (1963); NAN:BAC HN 1/15/6/27

13 Schreiben des Regionalvertreters J.A. Nel an den zuständigen Staatssekretär aus dem Jahr 1971; NAN:CRN 1/1/3/2; 6/1/6.

14 Informelle Interviews während der Wahlbeobachtung, 2.12.1992, siehe auch Kößler 1993.

15 Superintendent Berseba an Landdros Keetmanshoop, 3.2.67; NAN: (3) N 1/15/2

16 Magistrate Keetmanshoop an Chief Native Commissioner, 7.1.1949, Native Affairs Annual Report 1948; Welfare Officer Berseba an Magistrate/Native Commissioner Keetmanshoop, Annual Report on Native Affairs. 1948 Berseba N. Res.; NAN: SWAA A 50/188/13 Part 2

17 Magistrate Mariental an Chief Native Commissioner, 5.1.1948: Annual Native Affairs Report: 1947; NAN:SWAA A 50/188/12 v1 [Pt. 6]

18 Ich beziehe mich auf Interviews, die im Oktober/November 1995 in Berseba und Gibeon geführt wurden.

Autorinnen und Autoren

URSULA APITZSCH, Professorin für Soziologie und Politik an der Johann Wolfgang Goethe-Universität Frankfurt am Main im Schwerpunkt „Kultur und Entwicklung". Sie ist seit 1995 Vorsitzende der Sektion Biographieforschung in der Deutschen Gesellschaft für Soziologie. Arbeitsschwerpunkte: Migrationsforschung, Kulturtheorie.

AYSEGUL BAYKAN, Professorin für Soziologie an der Privatuniversität Koc, Türkei. Sie studierte Soziologie, Ökonomie und Philosophie in der Türkei und den USA. An der Universität Pittsburgh promovierte sie mit dem Thema: The Transition from Ottoman Empire to Turkish Republic: A Search for Social Identity. Sie lehrte an den Universitäten in Pittsburgh und Cincinnati. Ihre Arbeitsschwerpunkte sind: Feministische Theorie und Geschichte, Migration, Theorien der Moderne und Postmoderne.

JOHANN BEHRENS, Prof. Dr. phil., promovierter Soziologe (Frankfurt a. M.), habilitierter Sozialökonom (Bochum), seit 1982 Vorstand des Frankfurter Instituts für Supervision, Institutionsberatung und Sozialforschung, seit 1988 Leiter von Projekten des DFG-Sonderforschungsbereichs „Statuspassagen und Risikolagen im Lebensverlauf", der sozialmedizinischen Abteilung des Zentrums für Sozialpolitik der Universität Bremen und des norddeutschen Forschungsverbundes public health.

HANS BOSSE ist Professor für Soziologie und Sozialpsychologie n der J. W. Goethe-Universität in Frankfurt am Main. Feldforschung in Papua Neuguinea und Westafrika. Er ist Gruppenanalytiker in freier Praxis und Supervisor.

ROSWITHA BRECKNER, Soziologin, lebt in Berlin. 1990–1995 Wissenschaftliche Mitarbeiterin am Institut für Sozialwissenschaften der Technischen Universität Berlin. Sie forscht über die europäische Ost-West-Migration zwischen 1945–1989 und ihre Bedeutung für Biographien. Ihre Arbeitsschwerpunkte sind Biographieforschung, interpretative Methoden, Alltagsgeschichte und Migrationssoziologie.

WOLF-DIETRICH BUKOW, geb. 1944, Studium der ev. Theologie, der Soziologie, Psychologie und Ethnologie, lehrt am Seminar für Sozialwissenschaften der Erziehungswissenschaftlichen Fakultät der Universität zu Köln Kultur- und Erziehungssoziologie. Er ist Mitbegründer der Forschungsstelle für Interkulturelle Studien (FiSt), wo zur Zeit eine Forschungsgruppe an einer Feldstudie über „Städtischen Multikulturalismus" arbeitet. Sein Hauptforschungsgebiet sind Minderheiten, soziale Netze, Alltagsleben und Sozialisation.

MARINA CALLONI, geb. 1958, Dr. phil., Senior Researcher – European Network Coordinator am Gender Institut der London School of Economics and Political Science, London. Sie studierte Philosophie in Mailand und promovierte in Pavia. Forschung an der Universität in Frankfurt am Main, Mitarbeiterin am Europäischen Hochschulinstitut in Florenz. Gastprofessorin für Sozialwissenschaften am Fachbereich Architektur-Politecnico Mailand, Vertretungsprofessorin am Fachbereich Erziehungs- und Gesellschaftswissenschaften an der Universität Bremen.

WOLFRAM FISCHER-ROSENTHAL, geb. 1946. Studium der Soziologie, Philosophie, Publizistik und evangelischer Theologie in Frankfurt/Main und Münster. 1976 Promotion in Soziologie. 1980–1982 als DFG-Habilitationsstipendiat Mitglied der Forschungsgruppe von Anselm Strauss in San Francisco. 1982 Habilitation an der Fakultät für Soziologie der Universität Bielefeld. Derzeit Professor am Fachbereich Sozialwesen an der GHK Kassel. Forschungsschwerpunkte: Wissenssoziologie, Medizinische Soziologie, Biographieforschung.

JACQUELINE GIERE, geboren 1939 in Aberdeen, USA, studierte an der Stanford Universität, Kalifornien, an der Albert Ludwig Universität in Freiburg/Breisgau und an der J.W. Goethe-Universität in Frankfurt/Main. 1992 Dissertation mit dem Thema: Erziehung und Kultur in den jüdischen Displaced Persons-Lagern der amerikanischen Besatzungszone im Nachkriegsdeutschland. Seither Mitarbeit beim Aufbau des Fritz Bauer Instituts in Frankfurt am Main, einem Studien- und Dokumentationszentrum zur Geschichte des Holocaust.

NOGA GILAD, geboren 1963 in Israel. Studium der Soziologie an der Universität Tel-Aviv. 1993–1996 Wissenschaftliche Mitarbeiterin im DFG-Forschungsprojekt „Der Holocaust im Leben von drei Generationen nicht-jüdischer und jüdischer Familien in Israel, Ost- und Westdeutschland."

LENA INOWLOCKI, Hochschulassistentin im Fach Soziologie an der Johann Wolfgang Goethe-Universität, Frankfurt a.M. Veröffentlichungen u.a.: Traditionalität im Migrationsprozeß. Vorüberlegungen zu einer vergleichenden biographieanalytischen Untersuchung in jüdischen Displaced-Persons-Familien und in Familien griechischer Arbeitsmigranten. In: Mansel, J./Rosenthal G./Tölke, A. (Hg.) (1997): Generationen-Beziehungen, Austausch und Tradierung. Opladen (Westdeutscher Verlag). Weitere Forschungsschwerpunkte in qualitativ-interpretativer Soziologie, insbesondere der Biographieanalyse: Untersuchungen zum Zugehörigkeitsprozeß Jugendlicher in rechtsextremen Gruppen; Jugendliche und Familien in der Einwanderungsgesellschaft.

GERHARD JOST, Jg. 1959, Soziologe, Dr.rer.soc.oec.; Universitätsassistent am Institut für Allgemeine Soziologie und Wirtschaftssoziologie an der Wirtschaftsuniversität Wien.

MARIA KONTOS, Dr. phil., Soziologin. Dissertation zur Ausländerpolitik von Gewerkschaften und Arbeitgeberverbänden. Arbeitsschwerpunkte: Migrationssoziologie, Sozialgeschichte der griechischen Migration, Frauenforschung, Biographieforschung. Seit 1997 Wissenschaftliche Mitarbeiterin an der J.W. Goethe-Universität Frankfurt in dem von Ursula Apitzsch geleiteten TSER-Forschungsprojekt „Self employment activities concerning women and minorities" in sechs europäischen Ländern.

Reinhart Kössler, geb. 1949, Dr. phil., apl. Professor am Institut für Soziologie der Universität Münster, Redaktionsmitglied der „Peripherie“, Vorstandsmitglied der Informationsstelle Südliches Afrika (ISSA) e.V., Bonn. Neuere Veröffentlichungen u.a.: Despotie und Moderne (1993); Chancen internationaler Zivilgesellschaft (1993, mit Hennig Melber); Postkoloniale Staaten (1994); Nationalstaat und Ethnizität (1994, hg. mit Tilman Schiel); Auf dem Weg zu einer kritischen Theorie der Modernisierung (1996, mit Tilman Schiel).

Helma Lutz, geb. 1953, Dr. phil., Soziologin, lebt seit 11 Jahren in Amsterdam. Arbeitsschwerpunkte: Frauen und Migration in Westeuropa, (Anti-)Rassismus, multikulturelle Gesellschaft, Migration und Biographieforschung. Sie veröffentlichte u.a.: „Welten Verbinden. Türkische Sozialarbeiterinnen in den Niederlanden und der Bundesrepublik Deutschland“, Frankfurt am Main 1991; „Crossfires. Nationalism, Racism and Gender in Europa“ (herausgegeben zusammen mit A. Phoenix und N. Yuval-Davis) London 1995; und: „The New Migration in Europe. Social Constructions and Social Realities“ (herausgegeben zusammen mit K. Koser), London 1997.

Elisabeth Rohr, Dr. phil., Soziologin und Gruppenanalytikerin. Ab 1997 als Professorin für interkulturelle Erziehung an der Universität Marburg tätig. Arbeitsschwerpunkte: Interkulturelle Sozialisationsforschung, das Geschlechterverhältnis in der eigenen und der fremden Kultur, Fundamentalismusanalysen.

Gabriele Rosenthal, geb. 1954, Studium der Soziologie und Psychologie an der Universität Konstanz. Dr. rer. soz. 1986 an der Universität Bielefeld. 1993 Habilitation in Allgemeiner Soziologie; Schwerpunkt: Interpretative Soziologie. Privatdozentin an der Gesamthochschule Kassel, Fachbereich Sozialwesen. Zur Zeit Vertretungsprofessur an der Universität zu Köln.

Bettina Völter, geb. 1964, studierte in Erlangen, Paris und Berlin Politikwissenschaft, Soziologie und Geschichte. 1993–1995 Wissenschaftliche Mitarbeiterin im DFG-Forschungsprojekt „Der Holocaust im Leben von drei Generationen nicht-jüdischer und jüdischer Familien in Israel, Ost- und Westdeutschland.“ Seit 1995 Wissenschaftliche Mitarbeiterin am Institut für Sozialwissenschaften, Fachgebiet Allgemeine Soziologie, Technische Universität Berlin.